Doug Cutting：序

Hadoop 起源于 Nutch 项目。我们曾尝试构建一个开源的 Web 搜索引擎，但是始终无法有效地将计算任务分配到多台(也就寥寥几台)计算机上。直到谷歌公司发表 GFS 和 MapReduce 的相关论文，我们的思路才清晰起来。他们设计的系统已可精准地解决我们在 Nutch 项目中面临的困境。因此，我们(两个半天工作制的人)也尝试重建这些系统，将其作为 Nutch 的一部分。

我们成功地在 20 多台机器上运行了 Nutch。但是我们很快就意识到，只有在几千台机器上运行 Nutch 才能够应付 Web 的超大规模，但这个工作量远远不是两个半天工作制的开发人员能搞定的。

几乎就在那个时候，雅虎公司也对这项技术产生了浓厚的兴趣，并迅速组建了一支开发团队。我有幸成为其中一员。我们剥离了 Nutch 的分布式计算模块，将其称为 Hadoop。在雅虎的帮助下，Hadoop 很快就能够真正处理 Web 数据了。

从 2006 年起，Tom White 就对 Hadoop 贡献良多。我很早以前通过他的一篇非常优秀的有关 Nutch 的论文认识了他，在这篇论文中，他以一种优美的笔调清晰地阐述了深刻的想法。很快，我发现他开发的软件也同样优美且易于理解。

Tom 从一开始就乐于站在用户和项目的角度来考虑问题。与其他开源程序开发人员不同，Tom 不会刻意调整系统使其更加符合他个人的需要，而是尽可能地让所有用户用起来都很方便。

Tom 最初专注于如何让 Hadoop 在亚马逊的 EC2 和 S3 服务上运行良好。之后，他转而解决更为广泛的难题，包括如何提高 MapReduce API，如何增强网站特色，如何设计对象序列化框架，等等。在所有工作中，Tom 都非常精准地阐明了想法。在很短的时间里，Tom 进入了 Hadoop 委员会，并在不久之后成为 Hadoop 项目管理委员会的一员。

现在，Tom 是一个受人尊敬的 Hadoop 开发社区的高级成员。尽管他是这个项目多个技术领域的专家，但他的专长是使 Hadoop 易于理解和使用。

因此，当我得知 Tom 有意写一本关于 Hadoop 的书时，我非常高兴。是的，谁能够比他更胜任呢？现在，你们有机会向这位大师学习 Hadoop——不单单是技术，也包括一些常识和通俗的笔调。

Doug Cutting

加州，院内小屋

Hadoop 权威指南

(第 2 版)

(美)Tom White 著

周敏奇 王晓玲 金澈清 钱卫宁 译

O'REILLY®

Beijing • Cambridge • Farnham • Köln • Sebastopol • Tokyo

O'Reilly Media, Inc. 授权清华大学出版社出版

清华大学出版社

北 京

内 容 简 介

本书从 Hadoop 的缘起开始，由浅入深，结合理论和实践，全方位地介绍 Hadoop 这一高性能处理海量数据集的理想工具。全书共 16 章，3 个附录，涉及的主题包括：Haddoop 简介；MapReduce 简介；Hadoop 分布式文件系统；Hadoop 的 I/O、MapReduce 应用程序开发；MapReduce 的工作机制；MapReduce 的类型和格式；MapReduce 的特性；如何构建 Hadoop 集群，如何管理 Hadoop；Pig 简介；HBase 简介；Hive 简介；ZooKeeper 简介；开源工具 Sqoop，最后还提供了丰富的案例分析。

本书是 Hadoop 权威参考，程序员可从中探索如何分析海量数据集，管理员可以从中了解如何安装与运行 Hadoop 集群。

图书在版编目(CIP)数据
Hadoop 权威指南(第 2 版)/(美)怀特(White, T.)著；周敏奇，王晓玲，金澈清，钱卫宁译.
—北京：清华大学出版社，2011. 7
书名原文：Hadoop: The Definitive Guide，Second Editon
ISBN 978-7-302-25758-5
Ⅰ. ①H…　Ⅱ. ①怀…　②周…　③王…　④金…　⑤钱…　Ⅲ. ①数据处理－应用软件－指南
Ⅳ. ①TP274-62
中国版本图书馆 CIP 数据核字(2011)第 097732 号

责任编辑：文开琪
封面设计：Ellie Volckhausen　张　健
责任印制：李红英

出版发行：清华大学出版社
网　　址：http://www.tup.com.cn，http://www.wqbook.com
地　　址：北京清华大学学研大厦 A 座　　**邮　　编：**100084
社 总 机：010-62770175　　**邮　　购：**010-62786544
投稿与读者服务：010-62776969，c-service@tup.tsinghua.edu.cn
质 量 反 馈：010-62772015，zhiliang@tup.tsinghua.edu.cn
印 刷 者：清华大学印刷厂
装 订 者：北京市密云县京文制本装订厂
经　　销：全国新华书店
开　　本：178mm×233mm　**印　张：**39　**插　页：**1　**字　　数：**761 千字
版　　次：2011 年 7 月第 2 版　　**印　　次：**2012 年 12 月第 7 次印刷
印　　数：20001～22500
定　　价：89.00 元

产品编号：039083-01

O’Reilly Media, Inc.介绍

O’Reilly Media 通过图书、杂志、在线服务、调查研究和会议等方式传播创新知识。自 1978 年开始，O’Reilly 一直都是前沿发展的见证者和推动者。超级极客们正在开创着未来，而我们关注真正重要的技术趋势——通过放大那些“细微的信号”来刺激社会对新科技的应用。作为技术社区中活跃的参与者，O’Reilly 的发展充满了对创新的倡导、创造和发扬光大。

O’Reilly 为软件开发人员带来革命性的“动物书”；创建第一个商业网站(GNN)；组织了影响深远的开放源代码峰会，以至于开源软件运动以此命名；创立了 Make 杂志，从而成为 DIY 革命的主要先锋；公司一如既往地通过多种形式缔结信息与人的纽带。O’Reilly 的会议和峰会集聚了众多超级极客和高瞻远瞩的商业领袖，共同描绘出开创新产业的革命性思想。作为技术人士获取信息的选择，O’Reilly 现在还将先锋专家的知识传递给普通的计算机用户。无论是通过书籍出版，在线服务或者面授课程，每一项 O’Reilly 的产品都反映了公司不可动摇的理念——信息是激发创新的力量。

业界评论

“O’Reilly Radar 博客有口皆碑。”

——Wired

“O’Reilly 凭借一系列(真希望当初我也想到了)非凡想法建立了数百万美元的业务。”

——Business 2.0

“O’Reilly Conference 是聚集关键思想领袖的绝对典范。”

——CRN

“一本 O’Reilly 的书就代表一个有用、有前途、需要学习的主题。”

——Irish Times

“Tim 是位特立独行的商人，他不光放眼于最长远、最广阔的视野并且切实地按照 Yogi Berra 的建议去做了：‘如果你在路上遇到岔路口，走小路(岔路)。’回顾过去 Tim 似乎每一次都选择了小路，而且有几次都是一闪即瞬的机会，尽管大路也不错。”

——Linux Journal

推荐序

由 Google 公司研发的 Google 文件系统和 MapReduce 编程模型以其 Web 环境下处理大规模海量数据的特有魅力，在学术界和工业界引起了非同小可的反响。以此为开端，学术界不断涌现出针对海量数据处理、立足于 MapReduce 的研究成果。而在工业界，大量类似于 Google 文件系统、采用类 MapReduce 编程模型的系统也得到了广泛的部署和应用。

今天，在像互联网应用、科学数据处理、商业智能数据分析等具有海量数据需求的应用变得越来越普遍时，无论是从科学研究还是从应用开发的角度来看，掌握像 Google 文件系统和 MapReduce 编程模型这样的技术已成为一种趋势。在这样的背景下，实现了 MapReduce 编程模型的 Hadoop 开源系统就成为大家一种自然而又合理的选择。

MapReduce 编程模型之所以受到欢迎并迅速得到应用，在技术上主要有三方面的原因。首先，MapReduce 所采用的是无共享大规模集群系统。集群系统具有良好的性价比和可伸缩性，这一优势为 MapReduce 成为大规模海量数据平台的首选创造了条件。

其次，MapReduce 模型简单、易于理解、易于使用。大量数据处理问题，包括很多机器学习和数据挖掘算法，都可以使用 MapReduce 实现。

第三，虽然基本的 MapReduce 模型只提供一个过程性的编程接口，但在海量数据环境、需要保证可伸缩性的前提下，通过使用合适的查询优化和索引技术，MapReduce 仍然能够提供相当好的数据处理性能。

显然，要真正掌握 MapReduce 编程技术，需要对上述技术有一个较为深入的了解，也需要熟悉支撑 MapReduce 的运行环境及系统的部署要求。非常令人兴奋的是，Hadoop 开源项目负责人 Tom White 所写的 *Hadoop: The Definite Guide* 一书为我们解决了这一问题。

读者所看到的这本《Hadoop 权威指南》是对 Tom White 原著的翻译，它用中文再现了原著的精彩。它不仅介绍了 Hadoop 系统的使用方法，还深入讲解了 Hadoop 的运行原理，并介绍了多个基于 Hadoop 的海量数据处理系统的使用和应用实例。尤其是，本书的译者都是在第一线从事 MapReduce 编程与 Hadoop 研究的大学教师，他们的这种经历使得《Hadoop 权威指南》的内容生动而又准确。这使得本书无论是对于 Hadoop 的使用者，还是对于海量数据分析应用的开发者、研究者，都具有很强的参考价值。

周立柱

北京，清华园

译者序

据 2011 年 4 月加州大学圣地亚哥分校公布的报告[1]，2008 年全球 2700 万台服务器共处理的数据量已达 9.57 ZB[2]。如何有效管理、高效分析上述海量数据已成为当前急需解决的问题。另外，三大类海量数据(商业数据、科学数据、网页数据)的异构性(充斥着结构化、半结构化以及非结构化数据)又进一步加剧了海量数据处理的难度。2011 年 2 月出版的《科学》杂志刊登的专题[3]，围绕目前各类数据量的激增展开讨论，认为海量数据的搜集、维护和使用已成为科学研究的主要工作。对许多学科而言，海量数据处理意味着更严峻的挑战，然而更好地管理和分析这些数据也将会获得意想不到的收获。

学术界和工业界已在关系数据管理方面积累了较多经验。20 世纪 70 年代，关系模型的提出，IBM System R 和伯克利 Ingres 系统的研制成功，证明了关系数据库系统处理商业数据的优越性。20 世纪 80 年代，由此模型派生出的 IBM DB2，Sybase SQL Server、Oracle Database 等以事务处理(OLTP)为主的数据库系统的蓬勃发展，使数据库系统得到了充分的商业化。20 世纪 90 年代，W. H. Inmon 提出的整合历史数据，通过在线分析(OLAP)、数据挖掘等方法实现商业规划、决策支持等商业智能服务的数据仓库系统，为数据库系统的应用开辟了崭新的篇章，然而这一长达 40 年、一体适用(one size fits all)的数据库系统架构在当今的海量数据处理面前显得力不从心，逐渐无法胜任当前的需求。

2003 年以来，谷歌陆续公布了 GFS，MapReduce 等高可扩展、高性能的分布式海量数据处理框架，并证明了该框架在处理海量网页数据时的优越性。上述框架实现了更高应用层次的抽象，使用户无需关注复杂的内部工作机制、无需具备丰富的分

① James E. Short Roger E. Bohn Chaitanya Baru. "How Much Information? " 2010 Report on Enterprise Server Information。

② 1 ZB=1 万亿 GB。

③ "Special Online Collection: Dealing with Data"，*Science* special issue 2011。网址为 *http://www. sciencemag.org/site/special/data/*。

布式系统知识及开发经验，即可实现大规模分布式系统的部署，以及海量数据的并行处理。Apache Hadoop 开源项目克隆了这一框架，并推出了 Hadoop 系统。该系统已被学术界、工业界认可，且广泛采纳，并孵化出了众多子项目(如 Pig，Zookeeper，Hive 等)，日益形成一个易部署、易开发、功能齐全、性能优良的系统。

华东师范大学海量计算研究所从 2006 年开始从事海量数据方面的研究，且在集群(288 核，40 TB 存储)上部署了 Hadoop 系统，并成功完成多项研究。多年从事有关海量数据学术研究和项目实施的经历，使我们对 Hadoop 系统及其开发有了较深入的理解和认识，在 Hadoop 部署、调优和优化等方面积累诸多经验。2010 年，Tom White 推出了《Hadoop 权威指南》的第 2 版，该书内容组织得很好，思路清晰，且紧密结合实际问题，于是我们重新翻译了此书。希望能为广大的 Hadoop 管理者和使用者提供部分帮助。

全书主要包括 16 章和 3 个附录。本书的翻译和审校由周傲英教授组织完成。参加翻译工作的有周敏奇(第 1 章～第 4 章)，王晓玲(第 5 章～第 7 章)，金澈清(第 8 章～第 10 章，附录 A、B、C)，钱卫宁(第 11 章～第 13 章)，宫学庆(第 14 章～第 15 章)，张蓉(第 16 章)。译者排序按照所译章节先后排列，并受可列人数限制，仅列出前四位。

由于本书涉及面广，许多术语目前尚无固定译法，翻译难度确实很大。有时，为一个术语选择一个简洁、达意的译法，译者虽经过反复推敲、讨论，但仍然难免词不达意。此外，由于译者水平有限，译文中的不当之处也在所难免。译文中的错误应当由译者负责，我们真诚地希望同行和读者们不吝赐教。如果能将您的意见和建议发往 mqzhou@sei.ecnu.edu.cn，xlwang@sei.ecnu.edu.cn，cqjin@sei.ecnu.edu.cn，wnqian@sei.ecnu.edu.cn，xqgong@sei.ecnu.edu.cn，rzhang@sei.ecnu.edu.cn，我们将不胜感激。

周敏奇
上海，华东师大海量计算研究所

前言

数学和科普作家马丁·加德纳(Martin Gardner)曾在一次采访中谈到：

*“除了微积分，我什么都不会。这个是我的专栏之所以成功的秘密。我花了好长一段时间才明白如何以大多数读者都能明白的方式将我所知道的东西娓娓道来。”*①

在很多方面，这也是我对 Hadoop 的感受。它的内部工作机制非常复杂，依托于一个集分布式系统理论、实际工程和常识于一体的系统。而对于门外汉，Hadoop 则难以理解。

但我们并不需要这样来理解它。避开 Hadoop 的内核不谈，Hadoop 提供的用于构建分布式系统的工具——用于数据存储、数据分析和协调处理——都非常简单。如果说这些工具有一个共通的主题，那就是它们提供了一定层次的抽象——为偶尔有大量数据需要存储的程序员，或有大量数据需要分析的程序员，或有大量计算机需要管理的程序员，同时却没有足够时间、技巧或者不想成为分布式系统专家的程序员，提供一套组件使其能够利用 Hadoop 来构建基础平台。

这样简单、通用的特性集，使得我在开始使用 Hadoop 时，明显觉得 Hadoop 的确值得广泛应用。但起初(2006 年初)，设置、配置和编写 Hadoop 应用是一门高深的艺术。之后，情况确实有所改善：文档增多了；示例增多了；碰到问题时，可以向大量邮件列表发邮件进行询问。对于新手而言，最大的任务是理解这个技术有哪些能耐，它有哪些擅长，如何使用它。这正是我写这本书的动机。

Apache Hadoop 社区经过很多努力最终实现了 Hadoop。在过去的三年多时间里，Hadoop 项目开花结果并孵化出约半打子项目。到目前，这个软件在性能、可靠性、可扩展性和可管理性方面实现了巨大的飞跃。但是，为了让更多人采用 Hadoop，我认为我们需要把 Hadoop 变得更好用。这需要创建更多的工具，集成更

① “The science of fun”，Alex Bellos，*The Guardian*，5 月 31 日，2008 年，网址为 *http://www.guardian.co.uk/science/ 2008/may/31/maths.science*。

多的系统，创建新的、改进的 API 函数。我希望我自己能参与，同时也希望本书能够鼓励其他人参与 Hadoop 的开发。

说明

在正文中讨论特定的 Java 类时，我常常会忽略其包的名称以避免杂乱。如果想知道一个类在哪个包内，要想查阅相关子项目的 Hadoop Java API 文档，可以访问 Apache Hadoop 主页(*http://hadoop.Apache.org*)。如果使用 IDE 编程，则可以充分利用其自动补全机制（也称自动完成机制）。

相似的，尽管它偏离传统的编码规范，但如果要导入同一个包的多个类，程序可以使用星号通配符来节省空间(例如 import org.apache.hadoop.io.*)。

本书中的示例代码可以从本书网站下载，网址为 *http://www.hadoopbook.com/*。可以根据网页上的指示获取本书示例所用的数据集以及运行本书示例所需要的详细说明、更新链接、额外的资源与我的博客。

本书包含哪些内容？

本书是这样组织的。第 1 章强调为什么需要 Hadoop，然后概述项目发展历史。第 2 章简要介绍 MapReduce。第 3 章深入剖析 Hadoop 文件系统，特别是 HDFS。第 4 章包含 Hadoop 的基本 I/O 操作：数据完整性、压缩、序列化及基于文件的数据结构。

接下来的第 5 章～第 8 章深入剖析 MapReduce。第 5 章全景呈现了 MapReduce 应用开发所涉及的具体步骤。第 6 章从用户的角度来看如何在 Hadoop 中实现 MapReduce。第 7 章主要包含 MapReduce 编程模型和 MapReduce 可以使用的各种数据格式。第 8 章是 MapReduce 高级主题，包括排序和数据连接。

第 9 章和第 10 章主要面向 Hadoop 管理员，主要描述如何在 Hadoop 集群上设置和维护运行 HDFS 和 MapReduce。

第 11 章～第 15 章专门介绍在 Hadoop 上构建的特定项目或相关内容。第 11 章和第 12 章描述的是 Pig 和 Hive，这两个分析平台构建在 HDFS 和 MapReduce 之上，而第 13 章、第 14 章和第 15 章分别介绍 HBase、ZooKeeper 和 Sqoop。

最后，第 16 章收集了 Apache Hadoop 社区成员提供的一系列实例。

第 2 版新增了哪些内容？

《Hadoop 权威指南》(第 2 版)新增两章内容(第 12 章和第 15 章)，分别介绍 Hive 和 Sqoop。第 4 章新增一个小节专门介绍 Avro，第 9 章概述 Hadoop 新增的安全特性，第 16 章新增一个新的实例分析，介绍如何使用 Hadoop 来分析海量网络图。

第 2 版继续介绍 Apache Hadoop 0.20 系列发行版本，因为这是本书写作期间最新、最稳定的发行版本。本书中有时会提到一些最新发行版本中的一些新特性，但在最开始介绍这些特性时，将说明具体的 Hadoop 版本号。

本书采用的约定

本书采用以下排版约定。

斜体

用于表明新的术语、URL、电子邮件地址、文件名和文件扩展名。

`等宽字体 Consolas`

用于程序清单，在正文段落中出现的程序元素(如变量或函数名)、数据库、数据类型、环境变量、语句和关键字也采用这样的字体。

`等宽字体 Consolas+加粗`

用于显示命令或应该由用户键入的其他文本。

`等宽字体 Consolas+斜体`

表明这里的文本需要替换为用户提供的值或其他由上下文确定的值。

这个图标表示重要的指示、建议或通用的说明。

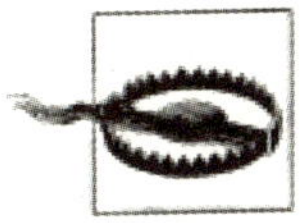

这个图标表示警告或需要注意。

示例代码的使用

本书的目的是帮助你完成工作。通常情况下，可以在你的程序或文档中使用本书中给出的代码。不必联系我们获得代码使用授权，除非你需要使用大量的代码。例如，在写程序的时候引用几段代码不需要向我们申请许可。但以光盘方式销售或重新发行 O'Reilly 书中的示例的确需要获得许可。引用本书或引用本书中的示例代码来回答问题也不需要申请许可。但是，如果要将本书中的大量范例代码加入你的产品文档，则需要申请许可。

我们欣赏引用时注明出处的做法，但不强求。引用通常包括书名、作者、出版社和 ISBN，例如“Hadoop: The Definitive Guide， Second Edition，by Tom White. Copyright 2011 Tom White， 978-1-449-38973-4”。

如果觉得使用示例代码的情况不属于前面列出的合理使用或许可范围，请通过电子邮件联系我们，邮箱地址为 permissions@oreilly.com。

Safari Books Online

Safari Books Online 是一个定制的数字图书馆，可以在此轻松搜索 7500 多本技术类、创新类的图书和视频，快速返回需要的结果。

订阅这个数字图书馆后，可以从我们的图书馆在线阅读任何一页内容，观看任何一个视频。可以在手机或移动设备上读书。可以在图书印刷之前获取新书书目，并且可以获取进展中的草稿并向作者提出反馈意见。可以复制和粘帖示例代码，组织自己的收藏夹，下载样章，在关键章节加上书签，做笔记，打印书页，从而享受到很多节约时间的特性。

O'Reilly Media 已将本书英文原版上传到 Safari Books Online 服务系统。在 *http://my.safaribooksonline.com* 免费注册，即可访问完整的本书英文原版电子版以及 O'Reilly 与其他出版社的同类图书。

联系我们?

对于本书，如果有任何意见或疑问，请按照以下地址联系本书出版商：

美国：

O'Reilly Media, Inc.

1005 Gravenstein Highway North

Sebastopol, CA 95472

中国：

北京市西城区西直门南大街 2 号成铭大厦 C 座 807 室(100035)

奥莱利技术咨询(北京)有限公司

本书也有相关的网页，我们在上面列出了勘误表、范例以及其他一些信息。网址如下：

http://www.oreilly.com/catalog/9780596516246(英文版)

http://www.oreilly.com.cn/book.php?bn=978-7-302-25758-5(中文版)

对本书做出评论或者询问技术问题，请发送 E-mail 至：

bookquestions@oreilly.com

希望获得关于本书、会议、资源中心和 O'Reilly 网络的更多信息，请访问：

http://www.oreilly.com

http://www.oreilly.com.cn

致谢

在本书写作期间，我仰赖于许多人的帮助，直接的或间接的。感谢 Hadoop 社区，我从中学到很多，这样的学习仍将继续。

具体说来，我要感谢 Michael Stack 和 Jonathan Gray，HBase 这一章的内容就是他们写的。我还要感谢 Adrian Woodhead，Marc de Palol，Joydeep Sen Sarma，Ashish Thusoo，Andrzej Białecki，Stu Hood，Chris K. Wensel 和 Owen O'Malley，他们为第 16 章提供了实例分析。

我要感谢为草稿提出有用建议和改进建议的评审人：Raghu Angadi，Matt Biddulph，Christophe Bisciglia，Ryan Cox，Devaraj Das，Alex Dorman，Chris Douglas，Alan Gates，Lars George，Patrick Hunt，Aaron Kimball，Peter Krey，Hairong Kuang，Simon Maxen，Olga Natkovich，Benjamin Reed，Konstantin Shvachko，Allen Wittenauer，Matei Zaharia 和 Philip Zeyliger。Ajay Anand 组织本书的评审并使其顺利完成。Philip（“flip”）Komer 帮助我获得了 NCDC 气温数据，使本书示例颇具特色。特别感谢 Owen O'Malley 和 Arun C. Murthy，他们为我清楚解释了 MapReduce 中 shuffle (混洗)的复杂过程。如果还有任何错误，当然得归咎于我。

对于第 2 版，我特别感谢 Jeff Bean，Doug Cutting，Glynn Durham，Alan Gates，Jeff Hammerbacher，Alex Kozlov，Ken Krugler，Jimmy Lin，Todd Lipcon，Sarah Sproehnle，Vinithra Varadharajan 和 Ian Wrigley，感谢他们仔细审阅本书，并提出宝贵的建议，同时也感谢对本书第 1 版提出勘误建议的读者。我也想感谢 Aaron Kimball 对 Sqoop 所做的贡献和 Philip(“flip”)Kromer 对图处理实例分析所做的贡献。

我特别要感谢 Doug Cutting 对我的鼓励、支持、友谊，以及为本书所写的序。

我还需要感谢在本书写作期间以对话和邮件方式进行交流的其他人。

在本书写到一半的时候，我加入了 Cloudera，我想感谢我的同事，他们给我提供了大量帮助和支持，使我有足够的时间写书，并且很快完成了写作。

我非常感谢我的编辑 Mike Loukides 与其 O'Reilly Media 的同事，他们在本书准备阶段提供了很多帮助。Mike 一直在回答我的问题，阅读我的草稿，并使我能如期完成写作。

最后，写作本书是一项艰巨的任务，如果没有家庭的长期支持，我是不可能完成的。我的妻子 Elianc，不仅包办家庭琐事，还帮助我审稿、编辑和字斟句酌。我的女儿 Emilia 和 Lottie，一直对我表示理解，在这里，我期望能有更多的时间陪陪她们。

目　录

第 1 章

初识 Hadoop

古代，人们用牛来拉重物。当一头牛拉不动一根圆木时，他们不曾想过培育更大更壮的牛。同样，我们也不需要尝试开发超级计算机，而应试着结合使用更多计算机系统。

——格蕾斯·霍珀

数据！数据！

我们生活在数据时代！很难估计全球以电子方式存储的数据总量有多少，但 IDC 的一项预测曾指出，“数字宇宙”(digital universe) 项目统计得出，2006 年的数据总量为 0.18 ZB，并预测在 2011 年，数据量将达到 1.8 ZB。① 1 ZB 等于 10^{21} 字节，或等于 1000 EB，1 000 000 PB，或是大家更熟悉的 10 亿 TB 的数据！这相当于世界上每人一个磁盘驱动器所能容纳数据的数量级。

数据“洪流”有很多来源。以下面列出的部分为例。②

- 纽约证券交易所每天产生 1 TB 的交易数据。
- Facebook 存储着约 100 亿张照片，约 1 PB 存储容量。
- Ancestry.com，一个家谱网站，存储着 2.5 PB 数据。
- The Internet Archive(互联网档案馆)存储着约 2 PB 的数据，并以每月至少 20 TB 的速度增长。
- 瑞士日内瓦附近的大型强子对撞机每年产生约 15 PB 的数据。

① 来自 Gantz 等所写的文章“The Diverse and Exploding Digital Universe”(March 2008)，网址为 *http://www.emc.com/collateral/analyst-reports/diverse-exploding-digital-universe.pdf*。

② 来源为 *http://www.intelligententerprise.com/showArticle.jhtml?articleID=207800705*，*http://mashable.com/2008/10/15/facebook-10-billion-photos/*，*http://blog.familytreemagazine.com/insider/Inside+Ancestrycoms+TopSecret+Data+Center.aspx*，*http://www.archive.org/about/faqs.php* 和 *http://www.interactions.org/cms/?pid=1027032*。

此外还有大量数据。但是你可能会想它对自己有何影响。大部分数据严密保存(locked up)在一些大型互联网公司(如搜索引擎公司)，或科学机构，或金融机构，难道不是吗？难道所谓的“大数据”的出现会影响到较小的组织或个人？

我认为是这样的。以照片为例，我妻子的祖父是一个狂热的摄影爱好者。成年之后，他经常拍照片。整个照片集，包括普通胶片、幻灯片、35 mm 胶片，在扫描成高解析度图片之后，大约有 10 GB。相比之下，2008 年我家用数码相机拍摄的照片就有 5 GB。我家照片数据的生成速度是我妻子祖父的 35 倍！并且，这个速度还在不断增加，因为拍摄照片变得越来越容易了。

更一般的情况是，个人数据的产生量正在快速地增长。微软研究院的 MyLifeBits 项目(*http://research.microsoft.com/en-us/projects/mylifebits/default.aspx*)显示，在不久的将来，将普及个人信息档案。MyLifeBits 是这样的一个实验：获取并存储个人与外界的联系情况(电话、邮件和文件)，以供后期访问。收集的数据中包括每分钟拍摄的照片等，其数据量达到每月 1 GB 左右。当存储成本下降得足够多，以至于可以存储连续音频和视频时，未来 MyLifeBits 项目所存储的数据量将是现在的许多倍。

目前的趋势是保存每个人成长过程中产生的所有数据，但更重要的是，计算机产生的数据可能比个人产生的更多。机器日志、RFID 检测器、传感器网络、车载 GPS 和零售交易数据等——所有这些都将使数据量显著增加。

公开发布的数据量也在逐年增加。组织或企业，不仅需要管理好自己的数据，更需要从其他组织或企业的数据中获取有价值的信息，以便在未来获得更大的成功。

这方面的先锋，如 Public Data Sets on Amazon Web Services、Infochimps.org 和 theinfo.org，正在培育“信息共享系统”(information commons)，任何人都可以在此自由下载和分析这些数据(例如通过 AWS 平台实现共享，并以合理的价格收费)。不同来源的信息混合处理后，将带来意外的效果和今天难以想象的应用。

以 Astrometry.net 项目为例，这是一个观察和分析 Flickr 网站上天文小组所拍星空照片的项目。该项目分析每一张照片，并辨别出该图片是天空或其他天体(例如恒星和银河系等)的哪一部分。该项目表明，如果可用的数据足够多(在本例中，为加有标签的图片数据)，这些数据可用于数据创建者也想象不到的一些应用(例如，图片分析)。

曾有这么一句话："大量的数据胜于好的算法。" 意思是说对于某些应用(譬如基于先前偏好进行电影和音乐推荐)，不论你的算法有多好，大量可用的数据总能带来更好的推荐效果。①

现在，我们已经有了大量的数据，这对我们来说是个好消息。不幸的是，我们当下正纠结于存储和分析这些数据。

数据存储与分析

我们遇到的问题很简单：多年来磁盘存储容量快速增加的同时，其访问速度——磁盘数据读取速度——却未能与时俱进。1990 年，一个普通磁盘可存储 1370 MB 的数据并拥有 4.4 MB/s 的传输速度，②因此，读取整个磁盘中的数据只需要 5 分钟。20 年后，1 TB 的磁盘逐渐普及，但其数据传输速度约为 100 MB/s，因此读取整个磁盘中的数据需要约两个半小时。

读取一个磁盘中所有的数据需要很长的时间，写甚至更慢。一个很简单的减少读取时间的办法是同时从多个磁盘上读取数据。试想，如果我们拥有 100 个磁盘，每个磁盘存储 1%的数据，并行读取，那么不到两分钟就可以读取所有数据。

仅使用磁盘容量的 1%似乎很浪费。但是我们可以存储 100 个数据集，每个数据集 1 TB，并实现共享磁盘的访问。可以想象，该类系统的用户会很乐意使用磁盘共享访问以便缩短数据分析时间；并且，从统计角度来看，用户的分析工作会在不同的时间点进行，所以互相之间的干扰不会太大。

尽管如此，但要实现对多个磁盘数据的并行读写，还有更多的问题要解决。

第一个需要解决的问题是硬件故障。一旦使用多个硬件，其中任一硬件发生故障的概率将非常高。避免数据丢失的常见做法是使用备份：系统保存数据的冗余复本，在发生故障后，可以使用数据的另一可用复本。例如，冗余磁盘阵列(RAID)就是按这个原理实现的，另外，Hadoop 的文件系统，即 HDFS(Hadoop Distributed FileSystem)也是一类，不过它采取的方法稍有不同。详见后文描述。

第二个问题是大多数分析任务需要以某种方式结合大部分数据共同完成分析任务，即从一个磁盘读取的数据可能需要和从另外 99 个磁盘中读取的数据结合使用。各

① 引自 Anand Rajaraman 的文章"Netflix Challenge"(*http://anand.typepad.com/datawocky/2008/03/ more-data-usual.html*)。Alon Halevy，Peter Norvig 和 Fernando Pereira 在他们的文章中也给出了相似的观点，文章标题为"The Unreasonable Effectiveness of Data"(*IEEE Intelligent Systems*, March/April 2009)。

② 这些规格针对的是 Seagate ST-41600n。

种分布式系统允许结合多个来源的数据并实现分析，但保证其正确性是一个非常大的挑战。MapReduce 提出了一个编程模型，该模型将上述磁盘读写的问题进行抽象，并转换为对一个数据集(由键/值对组成)的计算。后文将详细讨论该模型，需要指出的是，该计算由 map 和 reduce 两部分组成，而只有这两部分提供对外的接口。与 HDFS 类似，MapReduce 自身也具有较高的可靠性。

简而言之，Hadoop 提供了一个可靠的共享存储和分析系统。HDFS 实现存储，而 MapReduce 实现分析处理。纵然 Hadoop 还有其他功能，但这两部分是它的核心。

与其他系统相比

MapReduce 似乎采用的是一种蛮力方法。每个查询需要处理整个数据集——或至少数据集的很大一部分。反过来想，这也正是它的能力。MapReduce 是一个批量查询处理器，并且它能够在合理的时间范围内处理针对整个数据集的即时(ad hoc)查询。它改变了我们对数据的传统看法，并且解放了以前存储在磁带和磁盘上的数据。它赋予我们对数据进行创新的机会。那些以前需要很长时间处理才能获得结果的问题现在已经迎刃而解，但也引发了新的问题和见解。

例如，Rackspace 的邮件部门 Mailtrust，使用 Hadoop 处理邮件日志。他们写的即席查询是找出用户的地理分布。他们是这么描述的：

> “这些数据是非常有用的，我们每月运行一次 MapReduce 任务来帮助我们决定哪些 Rackspace 数据中心需要添加新的邮件服务器。”

通过整合数百 GB 的数据，并用 MapReduce 分析这些数据，Rackspace 的工程师们从中了解到以前没有留意的数据，并且，他们可以运用这些信息改善现有的服务。第 16 章将详细介绍 Rackspace 公司是如何运用 Hadoop 的。

关系型数据库管理系统

我们为什么不能使用数据库来对大量磁盘上的大规模数据进行批量分析呢？我们为什么需要 MapReduce?

这些问题的答案来自磁盘的另一个发展趋势：寻址时间的提高远远慢于传输速率的提高。寻址是将磁头移动到特定磁盘位置进行读写操作的过程。它是导致磁盘操作延迟的主要原因，而传输速率取决于磁盘的带宽。

如果数据的访问模式中包含大量的磁盘寻址，那么读取大量数据集所花的时间势必会更长(相较于流式数据读取模式)，流式读取主要取决于传输速率。另一方面，如果数据库系统只更新一小部分记录，那么传统的 B 树更有优势(关系型数据库中使用的一种数据结构，受限于寻址的比例)。但数据库系统更新大部分数据时，B 树的效率比 MapReduce 低得多，因为需要使用"排序/合并"(sort/merge)来重建数据库。

在许多情况下，可以将 MapReduce 视为关系型数据库管理系统的补充。两个系统之间的差异如表 1-1 所示。MapReduce 比较适合以批处理的方式处理需要分析整个数据集的问题，尤其是即席分析。RDBMS 适用于"点查询"(point query)和更新，数据集被索引后，数据库系统能够提供低延迟的数据检索和快速的少量数据更新。MapReduce 适合一次写入、多次读取数据的应用，而关系型数据库更适合持续更新的数据集。

表 1-1. 关系型数据库和 MapReduce 的比较

	传统关系型数据库	MapReduce
数据大小	GB	PB
访问	交互式和批处理	批处理
更新	多次读写	一次写入多次读取
结构	静态模式	动态模式
完整性	高	低
横向扩展	非线性	线性

MapReduce 和关系型数据库之间的另一个区别在于它们所操作的数据集的结构化程度。**结构化数据**(structured data)是具有既定格式的实体化数据，诸如 XML 文档或满足特定预定义格式的数据库表。这是 RDBMS 包括的内容。另一方面，**半结构化数据**(semi-structured data)比较松散，虽然可能有格式，但经常被忽略，所以它只能用作对数据结构的一般指导。例如，一张电子表格，其结构是由单元格组成的网格，但是每个单元格自身可保存任何形式的数据。**非结构化数据**(unstructured data)没有什么特别的内部结构，例如纯文本或图像数据。MapReduce 对于非结构化或半结构化数据非常有效，因为在处理数据时才对数据进行解释。换句话说：MapReduce 输入的键和值并不是数据固有的属性，而是由分析数据的人员来选择的。

关系型数据往往是**规范的**(normalized)，以保持其数据的完整性且不含冗余。规范化给 MapReduce 带来了问题，因为它使记录读取成为异地操作，然而 MapReduce 的核心假设之一就是，它可以进行(高速的)流式读写操作。

Web 服务器日志是一个典型的非规范化数据记录(例如，每次都需要记录客户端主机全名，导致同一客户端全名可能会多次出现)，这也是 MapReduce 非常适合用于分析各种日志文件的原因之一。

MapReduce 是一种线性可伸缩的编程模型。程序员编写两个函数，分别为 map 函数和 reduce 函数——每个函数定义一个键/值对集合到另一个键/值对集合的映射。这些函数无需关注数据集及其所用集群的大小，因此可以原封不动地应用到小规模数据集或大规模的数据集上。更重要的是，如果输入的数据量是原来的两倍，那么运行的时间也需要两倍。但是如果集群是原来的两倍，作业的运行仍然与原来一样快。SQL 查询一般不具备该特性。

但是在不久的将来，关系型数据库系统和 MapReduce 系统之间的差异很可能变得模糊。关系型数据库都开始吸收 MapReduce 的一些思路(如 Aster DATA 的和 GreenPlum 的数据库)，另一方面，基于 MapReduce 的高级查询语言(如 Pig 和 Hive)使 MapReduce 的系统更接近传统的数据库编程方式。①

网格计算

高性能计算(High Performance Computing，HPC)和**网格计算**(Grid Computing)组织多年来一直在研究大规模数据处理，主要使用类似于消息传递接口(Message Passing Interface，MPI)的 API。从广义上讲，高性能计算的方法是将作业分散到集群的各台机器上，这些机器访问由存储区域网络(SAN)组织的共享文件系统。这比较适用于计算密集型的作业，但如果节点需要访问更大量的数据(几百个 GB 的数据，这时 MapReduce 开始发挥其优势)，那么很多计算节点会由于网络带宽的瓶颈问题而空闲下来等待数据。

① 2007 年 1 月，David J. DeWitt 和 Michael Stonebraker 发表的论文“MapReduce: A major step backwards”(*http://databasecolumn.vertica.com/database-innovation/mapreduce-a-major-step-backwards*)引起了人们的争论。在文中，他们认为 MapReduce 不适合替代关系型数据库。许多评论认为这是一种错误的比较(参见 Mark C. Chu-Carroll 的文章“Databasesare hammers; MapReduce is a screwdriver”(*http://scienceblogs.com/goodmath/2008/01/databases_are_hammers_mapreduc.php*)及 DeWitt 与 Stonebraker 的回复“MapReduce II”(*http://databasecolumn.vertica.com/database-innovation/mapreduce-ii*)，他们对评论的主要观点进行了阐述。

MapReduc 会尽量在计算节点上存储数据，以实现数据的本地快速访问。[①]**数据本地化**(data locality)特性是 MapReduce 的核心特征，并因此而获得良好的性能。意识到网络带宽是数据中心环境最珍贵的资源(到处复制数据很容易耗尽网络带宽)之后，MapReduce 通过显式网络拓扑结构尽力保留网络带宽。注意，这种排列方式并未降低 MapReduce 的计算密集型的数据分析能力。

MPI 赋予了程序员极大的控制能力，但是需要程序员显式控制数据流机制，包括通过 C 语言构造低层次的功能模块(例如套接字)和高层次的数据分析算法。而 MapReduce 则在更高层次上执行任务，即程序员仅从键/值对函数的角度考虑任务的执行，这样数据流是隐含的。

在大规模分布式计算环境下，协调各进程间的执行是一个很大的挑战。最困难的是合理地处理系统部分失效问题——在不知道一个远程进程是否已失效的情况下——同时还需要继续完成整个计算。MapReduce 让程序员无需考虑系统的部分失效问题，因为自身的系统实现能够检测到失败的 map 或 reduce 任务，并让正常运行的机器重新执行这些失败的任务。正是由于采用了**无共享**(shared-nothing)框架，所以 MapReduce 才能够实现失败检测，这意味着各个任务之间彼此独立。(这里讲得过于简单了一点，因为 MapReduce 系统本身控制着 mapper 的输出结果传给 reducer 的过程；这种情况下，重新运行 reducer 比重新运行 mapper 更需要格外小心，因为 reducer 需要获取必要的 mapper 的输出结果，如果没有获得必要的输出结果，必须再次运行相关 mapper 重新生成输出结果。) 因此，从程序员的角度来看，任务的执行顺序是无关紧要的。相比之下，MPI 程序必须显式地管理自身的检查点和恢复机制，尽管更多的控制权交给了程序员，但也加大了编程的难度。

MapReduce 听起来似乎是一个相当严格的编程模型，而且在某种意义上看，它的确如此：用户被限定于使用具有特定关联的键/值对，mapper 和 reducer 彼此间可做的协调非常有限(每个 mapper 将键/值对传给 reducer)。由此自然会联想到一个问题：能用该编程模型做一些有用或不普通的事情吗？

答案是肯定的。MapReduce 是由谷歌的工程师开发的，用于构建搜索引擎的索引，并且他们证明了它能够一次又一次地解决这一索引问题。MapReduce 的灵感来自于传统的函数式编程、分布式计算和数据库社区，此后该模型在其他行业有着很多其他的应用。我们惊喜地发现，有许多算法可以使用 MapReduce 来表达，从

① Jim Gray 首先支持在存储数据附近的机器上进行计算。参见“Distributed Computing Economics”(March 2003)，网址为 *http://research.microsoft.com/apps/pubs/default.aspx?id=70001*。

图像图形分析到各类基于图像分析的问题，再到机器学习算法。[①]当然，它不能解决所有问题，但它确实是一个比较通用的数据处理工具。

我们将在第 16 章介绍 Hadoop 的一些典型应用。

志愿计算

人们第一次听说 Hadoop 和 MapReduce 的时候，经常会问："它们和 SETI@home 有什么不同？" SETI，全称为 Search for Extra-Terrestrial Intelligence(搜寻外星智慧)，执行着一个称为 SETI@home 的项目(*http://setiathome.berkeley.edu*)。在该项目中，志愿者把自己计算机 CPU 的空闲时间贡献出来分析无线天文望远镜的数据，借此寻找外星智慧生命信号。SETI@home 因拥有大量志愿者而非常出名，其他还有 Great Internet Mersenne Prime Search(搜索大素数)与 Folding@home 项目(了解蛋白质构成及其与疾病之间的关系)。

志愿计算项目将他们试图解决的问题分成多个块，每个块称为一个**工作单元**(work unit)并将它们发到世界各地的电脑上进行分析。例如，SETI@home 的工作单元是约 0.35 MB 的无线电望远镜数据，分析这样的数据，一台普通计算机需要数小时或数天。完成分析后，结果被发送回服务器，之后客户端获得另一个工作单元。为防止欺骗，每个工作单元被送到 3 台不同的机器上执行，且至少收到两个相同结果才被接受。

虽然表面上看起来，SETI@home 与 MapReduce 比较相似(将问题分为独立的块，然后进行并行计算)，但依旧还有很多显著的差异。SETI@home 问题是 CPU 高度密集的，比较适合在全世界成千上万的计算机上运行，[②]因为用于计算的时间会远大于工作单元数据的传输时间。志愿者贡献的是 CPU 周期，而非网络带宽。

MapReduce 的设计目标是服务于那些只需数分钟或数小时即可完成的作业，并且运行于内部通过高速网络连接的单一数据中心内，并且该数据中心内的计算机需要由可靠的、定制的硬件构成。相比之下，SETI@home 则需要在接入互联网的不可信的计算机上长期运行，这些计算机具有不同网络带宽，且对数据本地化没有要求。

① Apache Mahout(*http://mahout.apache.org/*)是一个在 Hadoop 上运行的机器学习类库(例如分类和聚类算法)。

② 2008 年 1 月，SETI@home 发表评论说每天使用 320 000 台计算机处理 300 GB 数据，同时他们也在做其他的一些数据计算，*http://www.planetary.org/programs/projects/setiathome/setiathome_20080115*。

Hadoop 发展简史

Hadoop 是 Apache Lucene 创始人 Doug Cutting 创建的，Lucene 是一个广泛使用的文本搜索系统库。Hadoop 起源于 Apache Nutch，一个开源的网络搜索引擎， 它本身也是 Lucene 项目的一部分。

> **Hadoop 名字的起源**
>
> Hadoop 这个名字不是一个缩写，它是一个虚构的名字。该项目的创建者 Doug Cutting 如下解释 Hadoop 这一名称的来历：
>
> “这个名字是我的孩子给一头吃饱了的棕黄色大象取的。我的命名标准是简短，容易发音和拼写，没有太多的含义，并且不会被用于别处。小孩子是这方面的高手。Googol 就是小孩子起的名字。”
>
> Hadoop 的子项目及后续模块所使用的名称也往往与其功能不相关，通常也以大象或其他动物为主题取名(例如“Pig”)。较小一些的组件，名称通常具有较好的描述性(也因此更俗)。这个原则很好，这意味着你可以通过它的名字大致猜测它的功能，例如，jobtracker[1]用于跟踪 MapReduce 作业。

从头开始构建一个网络搜索引擎是一个雄心勃勃的计划，不仅是因为编写一个爬取并索引网页的软件比较复杂，更因为这个项目需要一个专门的团队来实现——项目中包含许多需要随时修改的组件。同时，构建这样一个系统的代价非常高——据 Mike Cafarella 和 Doug Cutting 估计，一个支持 10 亿网页的索引系统单是硬件上的投入就高达 50 万美元，另外每月运行维护费用也高达 3 万美元。[2]不过，他们认为这项工作仍然是值得的，因为它开创了优化搜索引擎算法的平台。

Nutch 项目始于 2002 年，一个可以运行的网页爬取工具和搜索引擎系统很快“浮出水面”。但后来，开发者认为这一架构可扩展度不够，不能解决数十亿网页的搜索问题。2003 年发表的一篇论文为此提供了帮助，文中描述的是谷歌产品架构，该架构称为谷歌分布式文件系统，简称 GFS。[3]GFS 或类似的架构，可以解决他们在网页爬取和索引过程中产生的超大文件的存储需求。特别关键的是，GFS 能够节省系统管理(如管理存储节点)所花的大量时间。在 2004 年，他们开始着手实现一个开源的实现，即 Nutch 的分布式文件系统(NDFS)。

① Mike Cafarella 和 Doug Cutting 的文章“Building Nutch: Open Source Search”(*ACM Queue*, April 2004)，网址为 *http://queue.acm.org/detail.cfm?id=988408*。

② Sanjay Ghemawat，Howard Gobioff 和 Shun-Tak Leung 的文章“The Google File System”(October 2003)，网址为 *http://labs.google.com/papers/gfs.html*。

③ 本书中我们使用小写形式(如 jobtracker)来表示对实体的应用，代码形式(如 JobTracker)来表示对 Java 类的实现。

2004 年，谷歌发表论文向全世界介绍他们的 MapReduce 系统。[①]2005 年初，Nutch 的开发人员在 Nutch 上实现了一个 MapReduce 系统，到年中，Nutch 的所有主要算法均完成移植，用 MapReduce 和 NDFS 来运行。

Nutch 的 NDFS 和 MapReduce 实现不只是适用于搜索领域。在 2006 年 2 月，开发人员将 NDFS 和 MapReduce 移出 Nutch 形成 Lucene 的一个子项目，称为 Hadoop。大约在同一时间，Doug Cutting 加入雅虎，雅虎为此组织了一个专门的团队和资源，将 Hadoop 发展成一个能够处理 Web 数据的系统(见第 11 页的补充材料)。在 2008 年 2 月，Yahoo!宣布其搜索引擎使用的索引是在一个拥有 1 万个内核的 Hadoop 集群上构建的。[②]

2008 年 1 月，Hadoop 已成为 Apache 的顶级项目，证明了它的成功、多样化、活跃性。到目前为止，除 Yahoo!之外，还有很多公司使用了 Hadoop，例如 Last.fm、Facebook 和《纽约时报》等。第 16 章和 Hadoop wiki 都介绍了一些案例，Hadoop wiki 的网址为 *http://wiki.apache.org/hadoop/PoweredBy*。

《纽约时报》是一个很好的宣传范例，他们将扫描往年报纸获得的 4 TB 存档文件通过亚马逊的 EC2 云计算转换成 PDF 文件，并上传到网上。[③]整个过程使用了 100 台计算机，历时不到 24 小时。如果不将亚马逊的按小时付费的模式(即允许《纽约时报》短期内访问大量机器)和 Hadoop 易于使用的并发编程模型结合起来，该项目很可能不会这么快开始启动并完成。

2008 年 4 月，Hadoop 打破世界纪录，成为最快的 TB 级数据排序系统。通过一个 910 节点的群集，Hadoop 在 209 秒内(不到三分半钟) 完成了对 1 TB 数据的排序，击败了前一年的 297 秒冠军(详情参见第 553 页的“Apache Hadoop TB 级数据排序”小节)。同年 11 月，谷歌在报告中声称，它的 MapReduce 对 1 TB 数据排序只用了 68 秒。[④]本书第 1 版出版的时候(2009 年 5 月)，有报道称 Yahoo!的团队使用 Hadoop 对 1 TB 数据进行排序只花了 62 秒。

① Jeffrey Dean 和 Sanjay Ghemawat 的文章“MapReduce: Simplified Data Processing on Large Clusters”(December 2004)，网址为 *http://labs.google.com/papers/mapreduce.html*。

② 参见“Yahoo! Lauches World’s Largest Hadoop ProductionApplications”(Feb. 19, 2008)，网址为 *http://developer.yahoo.com/blogs/hadoop/posts/2008/02/yahoo-worlds-largest-production-hadoop/*。

③ Derek Gottfrid 的文章“Self-service, Prorated Super Computing Fun!”（Nov. 1, 2007），网址为 *http://open.blogs.nytimes.com/2007/11/01/self-service-prorated-super-computing-fun/*。

④ “Sorting 1PB with MapReduce”（Nov. 21，2008），*http://googleblog.blogspot.com/2008/11/sorting-1pb-with-mapreduce.html*。

Yahoo！的 Hadoop

构建互联网规模的搜索引擎需要大量的数据，因此需要大量的机器来进行处理。Yahoo！Search 有 4 个主要组成部分：Crawler，从网页服务器爬取网页；WebMap，构建一个已知网页的链接图；Indexer，为最佳页面构建一个反向索引；Runtime，处理用户的查询。WebMap 构建的链接图非常大，大约包括一万亿条边(每条边代表一个网页链接)和一千亿个节点(每个节点代表不同的网址)。创建并分析如此大的图需要大量计算机运行若干天。2005 年初，WebMap 所用的底层架构称为 Dreadnaught，需要重新设计使其可以扩展到更多的节点。Dreadnaught 成功地从 20 个节点扩展到 600 个，但需要一个完全重新的设计，才能进一步扩大。Dreadnaught 与 MapReduce 在很多方面都很相似，但灵活性更强且结构更松散。具体说来，Dreadnaught 工作的每一个片断(fragment，也称"分块")都可以输送到下一阶段的各个片断继续执行，而排序是通过库函数完成的。但实际情形是，大多数 WebMap 阶段是两两构成一对，并对应于一个 MapReduce。因此，WebMap 应用不需要做大量的重构操作，便可以适应 MapReduce。

Eric Baldeschwieler(Eric14)组建了一个小团队，于是我们开始设计并在 GFS 和 MapReduce 上用 C++来建立一个新框架的原型，最后用它来取代 Dreadnaught。尽管我们的当务之急是需要一个 WebMap 新框架，但更清楚的是，标准化 Yahoo! Search 的批处理平台对我们更重要。使平台更通用以便支持其他用户，才能够更好地实现新平台的均衡性投资。

与此同时，我们关注 Hadoop(当时还是 Nutch 的一部分)及其进展情况。2006 年 1 月，Yahoo！聘请了 Doug Cutting。一个月后，我们决定放弃我们的原型，转而采用 Hadoop。与我们的原型和设计相比，Hadoop 的优势在于它已经在 20 个节点上实际应用过(Nutch)。这样一来，我们便能在两个月内搭建一个研究集群，并能够更快地帮助我们的客户使用这个新的框架。另一个显著的优点是 Hadoop 已经开源，较容易(尽管也不是太容易！)从 Yahoo!法务部门获得许可对该开源系统进行进一步研究。因此，我们在 2006 年初构建了一个 200 个节点的研究集群，并将 WebMap 的计划暂时搁置，转而为研究用户使用 Hadoop 提供支持以及进一步开发。

Hadoop 大事记

- 2004 年——由 Doug Cutting 和 Mike Cafarella 实现了现在 HDFS 和 MapReduce 的最初版本。
- 2005 年 12 月——Nutch 移植到新框架，Hadoop 在 20 个节点上稳定运行。
- 2006 年 1 月——Doug Cutting 加入 Yahoo！。
- 2006 年 2 月——Apache Hadoop 项目正式启动以支持 MapReduce 和 HDFS 的独立发展。

- 2006 年 2 月——Yahoo！的网格计算团队采用 Hadoop。
- 2006 年 4 月——在 188 个节点上(每个节点 10 GB)运行排序测试集需要 47.9 个小时。
- 2006 年 5 月——Yahoo！建立了一个 300 个节点的 Hadoop 研究集群。
- 2006 年 5 月——在 500 个节点上运行排序测试集需要 42 个小时(硬件配置比 4 月的更好)。
- 2006 年 11 月——研究集群增加到 600 个节点。
- 2006 年 12 月——排序测试集在 20 个节点上运行 1.8 个小时，100 个节点上运行 3.3 小时，500 个节点上运行 5.2 小时，900 个节点上运行 7.8 个小时。
- 2007 年 1 月——研究集群增加到 900 个节点。
- 2007 年 4 月——研究集群增加到两个 1000 个节点的集群。
- 2008 年 4 月——在 900 个节点上运行 1 TB 排序测试集仅需 209 秒，成为世界最快。
- 2008 年 10 月——研究集群每天装载 10 TB 的数据。
- 2009 年 3 月——17 个集群总共 24 000 台机器。
- 2009 年 4 月——赢得每分钟排序，59 秒内排序 500 GB(在 1400 个节点上)和 173 分钟内排序 100 TB 数据(在 3400 个节点上)。

（作者：Owen O'Melly）

Apache Hadoop 和 Hadoop 生态圈

尽管 Hadoop 因 MapReduce 及其分布式文件系统(HDFS，由 NDFS 改名而来)而出名，但 Hadoop 这个名字也用于一组相关项目的统称，这些相关项目都使用这个基础平台进行分布式计算和海量数据处理。

本书所提到的大多数核心项目都受 Apache 软件基金会支持，该基金会对开源软件项目的组织提供支持，其中包括最初的 HTTP Server 项目。随着 Hadoop 生态圈的成长，出现了越来越多的项目，其中不乏一些非 Apache 主管的项目，这些项目对 Hadoop 是个很好的补充，或提供一些更高层的抽象。

本书所提到的 Hadoop 项目简述如下。

Common

　　一组分布式文件系统和通用 I/O 的组件与接口(序列化、Java RPC 和持久化数据结构)。

Avro

　　一种支持高效、跨语言的 RPC 以及永久存储数据的序列化系统。

MapReduce

　　分布式数据处理模型和执行环境，运行于大型商用机集群。

HDFS

分布式文件系统，运行于大型商用机集群。

Pig

一种数据流语言和运行环境，用以检索非常大的数据集。Pig 运行在 MapReduce 和 HDFS 的集群上。

Hive

一个分布式、按列存储的数据仓库。Hive 管理 HDFS 中存储的数据，并提供基于 SQL 的查询语言(由运行时引擎翻译成 MapReduce 作业)用以查询数据。

HBase

一个分布式、按列存储数据库。HBase 使用 HDFS 作为底层存储，同时支持 MapReduce 的批量式计算和点查询(随机读取)。

ZooKeeper

一个分布式、可用性高的协调服务。ZooKeeper 提供分布式锁之类的基本服务用于构建分布式应用。

Sqoop

在数据库和 HDFS 之间高效传输数据的工具。

第 2 章

关于 MapReduce

MapReduce 是一种可用于数据处理的编程模型。该模型比较简单，但用于编写有用的程序并不简单。Hadoop 可以运行由各种语言编写的 MapReduce 程序。本章中，我们将看到用 Java、Ruby、Python 和 C++语言编写的同一个程序。最重要的是，MapReduce 程序本质上是并行运行的，因此可以将大规模的数据分析任务交给任何一个拥有足够多机器的运营商。MapReduce 的优势在于处理大规模数据集，所以这里先来看一个数据集。

一个气象数据集

在我们的例子里，要编写一个挖掘气象数据的程序。分布在全球各地的很多气象传感器每隔一小时收集气象数据，进而获取了大量的日志数据。由于这些数据是半结构化数据且是按照记录方式存储的，因此非常适合使用 MapReduce 来处理。

数据的格式

我们将使用国家气候数据中心(National Climatic Data Center，简称 NCDC，网址为 *http://www.ncdc.noaa.gov/*)提供的数据。这些数据按行并以 ASCII 编码存储，其中每一行是一条记录。该存储格式能够支持众多气象要素，其中许多要素可以有选择性地列入收集范围或其数据所需的存储长度是可变的。为了简单起见，我们重点讨论一些基本要素(如气温等)，这些要素始终都有且长度固定。

例 2-1 显示了一行采样数据，其中重要字段已突出显示。该行数据已被分成很多行以突出显示每个字段，在实际文件中，这些字段被整合成一行且没有任何分隔符。

例 2-1. 国家气候数据中心数据记录的格式

```
0057 332130       # USAF weather station identifier
99999             # WBAN weather station identifier
19500101          # observation date
0300              # observation time
4 +51317          # latitude (degrees x 1000)
+028783           # longitude (degrees x 1000) F
M-12
+0171             # elevation (meters)
99999
V020
320               # wind direction (degrees)
1                 # quality code
N
0072
1
00450             # sky ceiling height (meters)
1                 # quality code
C
N
010000            # visibility distance (meters)
1                 # quality code
N
9 -0128           # air temperature (degrees Celsius x 10)
1                 # quality code -0139
# dew point temperature (degrees Celsius x 10)
1                 # quality code 10268
# atmospheric pressure (hectopascals x 10)
1                 # quality code
```

数据文件按照日期和气象站进行组织。从 1901 年到 2001 年，每一年都有一个目录，每一个目录中包含各个气象站该年气象数据的打包文件及其说明文件。例如，1999 年对应文件夹下面包含如下记录：

```
% ls raw/1990 | head
010010-99999-1990.gz
010014-99999-1990.gz
010015-99999-1990.gz
010016-99999-1990.gz
010017-99999-1990.gz
010030-99999-1990.gz
010040-99999-1990.gz
010080-99999-1990.gz
010100-99999-1990.gz
010150-99999-1990.gz
```

因为有成千上万个气象台，所以整个数据集由大量的小容量文件组成。通常情况下，处理少量的大型文件显得更容易且有效，因此，这些数据需要经过预处理，将每年的数据文件拼接成一个独立文件。具体做法请参见附录 C。

使用 Unix 工具进行数据分析

该数据集中每年全球气温的最高记录是多少？我们先不使用 Hadoop 来回答这一问题，因为只有提供性能基准和结果检查工具，才能和 Hadoop 进行有效对比。

传统处理按行存储数据的工具是 *awk*。例 2-2 是一个用于计算每年最高气温的程序脚本。

例 2-2. 该程序从 NCDC 气象记录中找出每年最高气温

```
#!/usr/bin/env bash
for year in all/*
do
  echo -ne `basename $year .gz`"\t"
  gunzip -c $year | \
    awk '{ temp = substr($0, 88, 5) + 0;
           q = substr($0, 93, 1);
           if ( temp!=9999 && q ~ /[01459]/ && temp > max) max = temp}
         END { print max }'
done
```

该脚本循环遍历按年压缩的数据文件，首先显示年份，然后使用 *awk* 脚本处理每个文件。*awk* 脚本从数据中提取两个字段：气温和质量代码。气温值通过加上一个 0 转换为整数。接着测试气温值是否有效(用值 9999 替代 NCDC 数据集中缺少的记录)，通过质量代码检测读取的数值是否可疑或错误。如果数据读取正确，那么该值将与目前读取到的最大气温值进行比较，如果该值比原先的最大值大，就替换目前的最大值。处理完文件中所有的行后，再执行 END 块中的代码并打印出最大气温值。

下面是某次运行结果的起始部分：

```
% ./max_temperature.sh
1901    317
1902    244
1903    289
1904    256
1905    283
...
```

由于源文件中的气温值被放大了 10 倍，所以 1901 年的最高气温是 31.7° C (20 世纪初记录的气温数据比较少，所以该结果是可能的)。使用亚马逊的 EC2 High-CPU Extra Large Instance 运行该程序，查找一个世纪以来气象数据中的最大气温值需要 42 分钟。

为了加快处理，我们需要并行运行部分程序。从理论上讲，这很简单：我们可以通过使用计算机上所有可用的硬件线程来处理，其中每个线程处理不同年份的数据。但是，其中依旧存在一些问题。

首先，将任务划分成大小相同的作业块通常并不容易或明显。在我们的例子中，不同年份数据文件的大小差异很大，因此部分线程会比其他线程更早运行结束。即使让它们继续下一步的工作，整个运行时间依旧由处理最长文件所需的时间决定。另一种更好的方法是将输入数据分成固定大小的块，然后把每块分配到各个进程，这样一来，即使有些进程能处理更多数据，我们也可以为它们分配更多的数据。

其次，将独立进程运行的结果合并后，可能还需要进一步的处理。在我们的例子中，每年的结果独立于其他年份，并可能将所有结果拼接起来，然后按年份进行排序。如果使用固定大小块的方法，则需要特定的方法来合并结果。在这个例子中，某年的数据通常被分割成几个块，每个块进行独立处理。我们将最终获得每个数据块中的最高气温，所以最后一步是寻找这些分块数据中的最大值作为该年的最高气温，其他年份的数据均需如此处理。

最后，我们依旧受限于一台计算机的处理能力。如果手上拥有的所有处理器都用上，至少也需要 20 分钟，结果也就只能这样了。我们不能使它更快。另外，某些数据集的增长会超出一台计算机的处理能力。当我们开始使用多台计算机时，整个大环境中的其他因素将对其产生影响，其中最主要的是协调性和可靠性两大因素。哪个进程负责运行整个作业？我们如何处理失败的进程？

因此，尽管可以实现并行处理，但实际上非常复杂。使用 Hadoop 之类的框架来实现并行数据处理将很有帮助。

使用 Hadoop 分析数据

为了充分发挥 Hadoop 提供的并行处理优势，我们需要将查询表示成 MapReduce 作业。经过一些本地的小规模测试，我们将能够在集群设备上运行 Hadoop。

map 阶段和 reduce 阶段

MapReduce 任务过程被分为两个处理阶段：map 阶段和 reduce 阶段。每个阶段都以键/值对作为输入和输出，并由程序员选择它们的类型。程序员还需具体定义两个函数：map 函数和 reduce 函数。

map 阶段的输入是原始 NCDC 数据。我们选择文本格式作为输入格式，以便将数据集的每一行作为一个文本值进行输入。键为该行起始位置相对于文件起始位置的偏移量，但我们不需要这个信息，故将其忽略。

我们的 map 函数很简单。由于我们只对年份和气温这两个属性感兴趣，所以只需要取出这两个属性数据。在本例中，map 函数只是一个数据准备阶段，通过这种方式来准备数据，使 reduce 函数能在该准备数据上继续处理：即找出每年的最高气温。map 函数还是一个比较适合去除已损记录的地方：此处，我们将筛选掉缺失的、可疑的或错误的气温数据。

为了全面了解 map 的工作方式，我们思考以下几行作为输入数据的示例数据（考虑到页面篇幅，去除了一些未使用的列，并用省略号表示）：

```
0067011990999991950051507004...9999999N9+00001+99999999999...
0043011990999991950051512004...9999999N9+00221+99999999999...
0043011990999991950051518004...9999999N9-00111+99999999999...
0043012650999991949032412004...0500001N9+01111+99999999999...
0043012650999991949032418004...0500001N9+00781+99999999999...
```

这些行以键/值对的方式来表示 map 函数：

```
(0, 0067011990999991950051507004...9999999N9+00001+99999999999...)
(106, 0043011990999991950051512004...9999999N9+00221+99999999999...)
(212, 0043011990999991950051518004...9999999N9-00111+99999999999...)
(318, 0043012650999991949032412004...0500001N9+01111+99999999999...)
(424, 0043012650999991949032418004...0500001N9+00781+99999999999...)
```

键(key)是文件中的行偏移量，map 函数并不需要这个信息，所以将其忽略。map 函数的功能仅限于提取年份和气温信息(以粗体显示)，并将它们作为输出(气温值已用整数表示)：

```
(1950, 0)
(1950, 22)
(1950, -11)
(1949, 111)
(1949, 78)
```

map 函数的输出经由 MapReduce 框架处理后，最后被发送到 reduce 函数。这一处理过程中需要根据键对键/值对进行排序和分组。因此，我们的示例中，reduce 函数会看到如下输入：

```
(1949, [111, 78])
(1950, [0, 22, -11])
```

每一年份后紧跟着一系列气温数据。所有 reduce 函数现在需要做的是遍历整个列表并从中找出最大的读数：

```
(1949, 111)
(1950, 22)
```

这是最终输出结果：每一年的全球最高气温记录。

整个数据流如图 2-1 所示。在图的底部是 Unix 的**流水线**(pipeline，也称管道或管线)命令，用于模拟整个 MapReduce 的流程，部分内容将在讨论 Hadoop Streaming 时再次涉及。

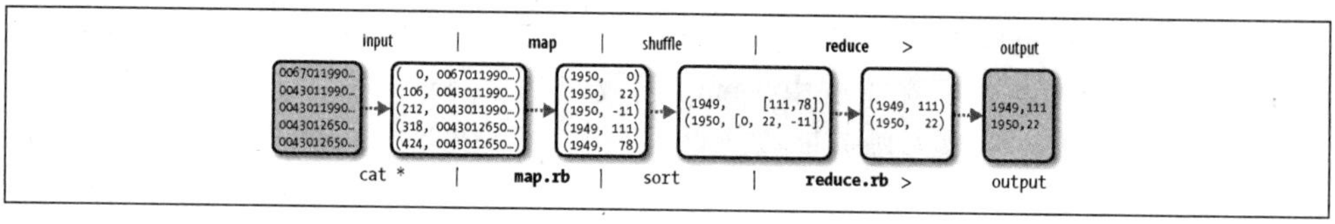

图 2-1. MapReduce 的逻辑数据流

Java MapReduce

明白 MapReduce 程序的工作原理之后，下一步便是通过代码来实现它。我们需要三样东西：一个 map 函数、一个 reduce 函数和一些用来运行作业的代码。map 函数由 `Mapper` 接口实现来表示，后者声明了一个 `map()`方法。例 2-3 显示了我们的 map 函数实现。

例 2-3. 查找最高气温的 Mapper

```
import java.io.IOException;

import org.apache.hadoop.io.IntWritable;
import org.apache.hadoop.io.LongWritable;
import org.apache.hadoop.io.Text;
import org.apache.hadoop.mapred.MapReduceBase;
import org.apache.hadoop.mapred.Mapper;
import org.apache.hadoop.mapred.OutputCollector;
import org.apache.hadoop.mapred.Reporter;

public class MaxTemperatureMapper extends MapReduceBase
  implements Mapper<LongWritable, Text, Text, IntWritable> {

  private static final int MISSING = 9999;

  public void map(LongWritable key, Text value,
      OutputCollector<Text, IntWritable> output, Reporter reporter)
      throws IOException {

    String line = value.toString();
    String year = line.substring(15, 19);
    int airTemperature;
    if (line.charAt(87) == '+') { // parseInt doesn't like leading plus signs
      airTemperature = Integer.parseInt(line.substring(88, 92));
    } else {
      airTemperature = Integer.parseInt(line.substring(87, 92));
    }
    String quality = line.substring(92, 93);
    if (airTemperature != MISSING && quality.matches("[01459]")) {
      output.collect(new Text(year), new IntWritable(airTemperature));
    }
  }
}
```

该 Mapper 接口是一个泛型类型，它有四个形参类型，分别指定 map 函数的输入键、输入值、输出键和输出值的类型。就目前的示例来说，输入键是一个长整数偏移量，输入值是一行文本，输出键是年份，输出值是气温(整数)。Hadoop 自身提供一套可优化网络序列化传输的基本类型，而不直接使用 Java 内嵌的类型。这些类型均可在 org.apache.hadoop.io 包中找到。这里我们使用 LongWritable 类型(相当于 Java 中的 Long 类型)、Text 类型(相当于 Java 中的 String 类型)和 IntWritable 类型(相当于 Java 中的 Integer 类型)。

map()方法的输入是一个键和一个值。我们首先将包含有一行输入的 Text 值转换成 Java 的 String 类型，之后使用 substring()方法提取我们感兴趣的列。

map()方法还提供了 OutputCollector 实例用于输出内容的写入。在这种情况下，我们将年份数据按 Text 对象进行读/写 (因为我们把年份当作键)，将气温值封装在 IntWritable 类型中。

我们只在气温数据不缺失并且所对应质量代码显示为正确的气温读数时，才将其写入输出记录中。

reduce 函数通过 Reducer 进行类似的定义，如例 2-4 所示。

例 2-4. 查找最高气温的 Reducer

```
import java.io.IOException;
import java.util.Iterator;

import org.apache.hadoop.io.IntWritable;
import org.apache.hadoop.io.Text;
import org.apache.hadoop.mapred.MapReduceBase;
import org.apache.hadoop.mapred.OutputCollector;
import org.apache.hadoop.mapred.Reducer;
import org.apache.hadoop.mapred.Reporter;

public class MaxTemperatureReducer extends MapReduceBase
  implements Reducer<Text, IntWritable, Text, IntWritable> {

  public void reduce(Text key, Iterator<IntWritable> values,
      OutputCollector<Text, IntWritable> output, Reporter reporter)
      throws IOException {

    int maxValue = Integer.MIN_VALUE;
    while (values.hasNext()) {
      maxValue = Math.max(maxValue, values.next().get());
    }
    output.collect(key, new IntWritable(maxValue));
  }
}
```

同样，针对 reduce 函数也有四个形式参数类型用于指定其输入和输出类型。reduce 函数的输入类型必须与 map 函数的输出类型相匹配：即 Text 类型和 IntWritable 类型。在这种情况下，reduce 函数的输出类型也必须是 Text 和

`IntWritable` 这两种类型，分别输出年份和最高气温。该最高气温是通过循环比较当前气温与已看到的最高气温获得的。

第三部分代码负责运行 MapReduce 作业(请参见例 2-5)。

例 2-5. 该应用程序在气象数据集中找出最高气温

```
import java.io.IOException;

import org.apache.hadoop.fs.Path;
import org.apache.hadoop.io.IntWritable;
import org.apache.hadoop.io.Text;
import org.apache.hadoop.mapred.FileInputFormat;
import org.apache.hadoop.mapred.FileOutputFormat;
import org.apache.hadoop.mapred.JobClient;
import org.apache.hadoop.mapred.JobConf;

public class MaxTemperature {

  public static void main(String[] args) throws IOException {
    if (args.length != 2) {
      System.err.println("Usage: MaxTemperature <input path> <output path>");
      System.exit(-1);
    }

    JobConf conf = new JobConf(MaxTemperature.class);
    conf.setJobName("Max temperature");

    FileInputFormat.addInputPath(conf, new Path(args[0]));
    FileOutputFormat.setOutputPath(conf, new Path(args[1]));
    conf.setMapperClass(MaxTemperatureMapper.class);
    conf.setReducerClass(MaxTemperatureReducer.class);
    conf.setOutputKeyClass(Text.class);
    conf.setOutputValueClass(IntWritable.class);

    JobClient.runJob(conf);
  }
}
```

`JobConf` 对象指定了作业执行规范。我们可以用它来控制整个作业的运行。在 Hadoop 集群上运行这个作业时，我们需要将代码打包成一个 JAR 文件(Hadoop 会在集群上分发这个文件)。我们无需明确指定 JAR 文件的名称，而只需在 `JobConf` 的构造函数中传递一个类，Hadoop 将通过该类查找包含有该类的 JAR 文件进而找到相关的 JAR 文件。

构造 `JobConf` 对象之后，需要指定输入和输出数据的路径。调用 `FileInputFormat` 类的静态函数 `addInputPath()`来定义输入数据的路径，该路径可以是单个文件、目录(此时，将目录下所有文件当作输入)或符合特定文件模式的一组文件。由函数名可知，可以多次调用 `addInputPath()`实现多路径的输入。

通过调用 FileOutputFormat 类中的静态函数 setOutputPath()来指定输出路径。该函数指定了 reduce 函数输出文件的写入目录。在运行任务前该目录不应该存在，否则 Hadoop 会报错并拒绝运行该任务。这种预防措施是为了防止数据丢失(一个长时间运行任务的结果被意外地覆盖将是非常恼人的)。

接着，通过 setMapperClass()和 setReducerClass()指定 map 和 reduce 类型。

setOutputKeyClass()和 setOutputValueClass()控制 map 和 reduce 函数的输出类型，正如本例所示，这两个输出类型往往相同。如果不同，map 函数的输出类型则通过 setMapOutputKeyClass()和 setMapOutputValueClass()函数来设置。

输入的类型通过 InputFormat 类来控制，我们的例子中没有设置，因为使用的是默认的 TextInputFormat(文本输入格式)。

在设置定义 map 和 reduce 函数的类后，便可以开始运行任务。JobClient 类的静态函数 runJob()会提交作业并等待完成，最后将其进展情况写到控制台。

运行测试

写好 MapReduce 作业后，通常会拿一个小型的数据集进行测试以排除代码相关问题。首先，以独立(本机)模式安装 Hadoop，详细说明请参见附录 A。 在这种模式下，Hadoop 在本地文件系统上运行作业运行程序。让我们用前面讨论过的 5 行采样数据为例子来测试 MapReduce 作业(考虑到篇幅，这里对输出稍有修改)：

```
% export HADOOP_CLASSPATH=build/classes
% hadoop MaxTemperature input/ncdc/sample.txt output
09/04/07 12:34:35 INFO jvm.JvmMetrics: Initializing JVM Metrics with
processName=Job Tracker, sessionId= 09/04/07 12:34:35 WARN mapred.JobClient:
Use GenericOptionsParser for parsing the arguments. Applications should
implement Tool for the same.
09/04/07 12:34:35 WARN mapred.JobClient: No job jar file set.  User classes
may not be found. See JobConf(Class) or JobConf#setJar(String).
09/04/07 12:34:35 INFO mapred.FileInputFormat: Total input paths to process:1
09/04/07 12:34:35 INFO mapred.JobClient: Running job: job_local_0001
09/04/07 12:34:35 INFO mapred.FileInputFormat: Total input paths to process:1
09/04/07 12:34:35 INFO mapred.MapTask: numReduceTasks: 1
09/04/07 12:34:35 INFO mapred.MapTask: io.sort.mb = 100
09/04/07 12:34:35 INFO mapred.MapTask: data buffer = 79691776/99614720
09/04/07 12:34:35 INFO mapred.MapTask: record buffer = 262144/327680
09/04/07 12:34:35 INFO mapred.MapTask: Starting flush of map output
09/04/07 12:34:36 INFO mapred.MapTask: Finished spill 0
09/04/07 12:34:36 INFO mapred.TaskRunner: Task:attempt_local_0001_m_000000_0
is done. And is in the process of commiting
```

```
09/04/07 12:34:36 INFO mapred.LocalJobRunner:
file:/Users/tom/workspace/htdg/input/n cdc/sample.txt:0+529
09/04/07 12:34:36 INFO mapred.TaskRunner:Task'attempt_local_0001_m_000000_0' done.
09/04/07 12:34:36 INFO mapred.LocalJobRunner:
09/04/07 12:34:36 INFO mapred.Merger: Merging 1 sorted segments 09/04/07
12:34:36 INFO mapred.Merger: Down to the last merge-pass, with 1 segments
left of total size: 57 bytes
09/04/07 12:34:36 INFO mapred.LocalJobRunner:
09/04/07 12:34:36 INFO mapred.TaskRunner: Task:attempt_local_0001_r_000000_0
is done. And is in the process of commiting
09/04/07 12:34:36 INFO mapred.LocalJobRunner:
09/04/07 12:34:36 INFO mapred.TaskRunner: Task attempt_local_0001_r_000000_0
is allowed to commit now
09/04/07 12:34:36 INFO mapred.FileOutputCommitter: Saved output of task
'attempt_local_0001_r_000000_0' to file:/Users/tom/workspace/htdg/output
09/04/07 12:34:36 INFO mapred.LocalJobRunner: reduce > reduce
09/04/07 12:34:36 INFO mapred.TaskRunner:Task'attempt_local_0001_r_000000_0' done.
09/04/07 12:34:36 INFO mapred.JobClient:  map 100% reduce 100%
09/04/07 12:34:36 INFO mapred.JobClient: Job complete: job_local_0001
09/04/07 12:34:36 INFO mapred.JobClient: Counters: 13
09/04/07 12:34:36 INFO mapred.JobClient:   FileSystemCounters
09/04/07 12:34:36 INFO mapred.JobClient:   FILE_BYTES_READ=27571
09/04/07 12:34:36 INFO mapred.JobClient:   FILE_BYTES_WRITTEN=53907
09/04/07 12:34:36 INFO mapred.JobClient:   Map-Reduce Framework
09/04/07 12:34:36 INFO mapred.JobClient    Reduce input groups=2
09/04/07 12:34:36 INFO mapred.JobClient:   Combine output records=0
09/04/07 12:34:36 INFO mapred.JobClient:   Map input records=5
09/04/07 12:34:36 INFO mapred.JobClient:   Reduce shuffle bytes=0
09/04/07 12:34:36 INFO mapred.JobClient:   Reduce output records=2
09/04/07 12:34:36 INFO mapred.JobClient:   Spilled Records=10
09/04/07 12:34:36 INFO mapred.JobClient:   Map output bytes=45
09/04/07 12:34:36 INFO mapred.JobClient:   Map input bytes=529
09/04/07 12:34:36 INFO mapred.JobClient:   Combine input records=0
09/04/07 12:34:36 INFO mapred.JobClient:   Map output records=5
09/04/07 12:34:36 INFO mapred.JobClient:   Reduce input records=5
```

如果调用 hadoop 命令的第一个参数是类名，则 Hadoop 将启动一个 JVM 来运行这个类。使用 hadoop 命令运行作业比直接使用 Java 命令运行更方便，因为前者将 Hadoop 库文件(及其依赖关系)路径加入到类路径参数中，同时也能获得 Hadoop 的配置文件。我们需要定义一个 HADOOP_CLASSPATH 环境变量用于添加应用程序类的路径，然后由 Hadoop 脚本来执行相关操作。

> 以本地(独立)模式运行时，本书中所有程序均假设按照这种方式来设置 HADOOP_CLASSPATH。命令的运行需要在示例代码所在的文件夹下进行。

运行作业所得到的输出提供了一些有用的信息。无法找到作业 JAR 文件的警告信息是意料之中的，因为我们没有使用 JAR 文件在本地模式下运行。在集群上运行时，将不会看到这个警告。例如，我们可以看到，这个作业有指定的标识，即 job_local_0001，并且执行了一个 map 任务和一个 reduce 任务(使用 attempt_local_0001_m_000000_0 和 attempt_local_0001_r_000000_0 两个

ID)。在调试 MapReduce 作业时，知道作业和任务的 ID 是非常有用的。

输出的最后一部分，以 Counters 为标题，显示在 Hadoop 上运行的每个作业的一些统计信息。这些信息对检查这些大量的数据是否按照预期进行处理非常有用。例如，我们查看系统输出的记录信息可知：5 个 map 输入产生了 5 个 map 的输出，然后 5 个 reduce 输入产生 2 个 reduce 输出。

输出数据写入 *output* 目录，其中每个 reducer 都有一个输出文件。我们的例子中包含一个 reducer，所以我们只能找到一个文件，名为 *part-00000*：

```
% cat output/part-00000
1949	111
1950	22
```

这个结果和我们之前手动寻找的结果一样。我们把这个结果解释为 1949 年的最高气温记录为 11.1℃，而 1950 年为 2.2℃。

新增的 Java MapReduce API

Hadoop 的版本 0.20.0 包含有一个新的 Java MapReduce API，有时也称为“上下文对象”(context object)，旨在使 API 在今后更容易扩展。新的 API 在类型上不兼容先前的 API，所以，需要重写以前的应用程序才能使新的 API 发挥作用。[①]

新增的 API 和旧的 API 之间，有下面几个明显的区别。

- 新的 API 倾向于使用虚类，而不是接口，因为这更容易扩展。例如，可以无需修改类的实现而在虚类中添加一个方法(即用默认的实现)。在新的 API 中，mapper 和 reducer 现在都是虚类。
- 新的 API 放在 org.apache.hadoop.mapreduce 包(和子包)中。之前版本的 API 依旧放在 org.apache.hadoop.mapred 中。
- 新的 API 充分使用上下文对象，使用户代码能与 MapReduce 系统通信。例如，MapContext 基本具备了 JobConf、OutputCollector 和 Reporter 的功能。
- 新的 API 同时支持“推”(push)和“拉”(pull)式的迭代。这两类 API，均可以将键/值对记录推给 mapper，但除此之外，新的 API 也允许把记录从 map() 方法中拉出。对 reducer 来说是一样的。“拉”式处理数据的好处是可以实现数据的批量处理，而非逐条记录地处理。

① 在本书写作期间，0.20 发布包中新增的 API 还不完整(或稳定)。为此，本书仍然使用旧的 API。不过，本书所有范例将用新增的 API 重写(针对 0.21.0 和更新版本)，可从本书网站下载。

- 新增的 API 实现了配置的统一。旧 API 通过一个特殊的 JobConf 对象配置作业，该对象是 Hadoop 配置对象的一个扩展（用于配置守护进程，详情请参见第 130 页的“API 配置”小节）。在新的 API 中，我们丢弃这种区分，所有作业的配置均通过 Configuration 来完成。
- 新 API 中作业控制由 Job 类实现，而非 JobClient 类，新 API 中删除了 JobClient 类。
- 输出文件的命名方式稍有不同。map 的输出文件名为 *part-m-nnnnn*，而 reduce 的输出为 *part-r-nnnnn*(其中 *nnnnn* 表示分块序号，为整数，且从 0 开始算)。

例 2-6 显示了使用新 API 重写的 MaxTemperature 应用。不同之处已加粗显示。

> 将旧 API 写的 Mapper 和 Reducer 类转换为新 API 时，记住将 map() 和 reduce()的签名转换为新形式。如果只是将类的继承修改为对新的 Mapper 和 Reducer 类的继承，编译的时候也不会报错或显示警告信息，因为新的 Mapper 和 Reducer 类同样也提供了等价的 map()和 reduce()函数。但是，自己写的 mapper 或 reducer 代码是不会被调用的，这会导致难以诊断的错误。

例 2-6. 用新上下文对象 MapReduce API 重写的 MaxTemperature 应用

```
public class NewMaxTemperature {

  static class NewMaxTemperatureMapper
    extends Mapper<LongWritable, Text, Text, IntWritable> {

    private static final int MISSING = 9999;
    public void map(LongWritable key, Text value, Context context)
        throws IOException, InterruptedException {

      String line = value.toString();
      String year = line.substring(15, 19);
      int airTemperature;
      if (line.charAt(87) == '+') { // parseInt doesn't like leading plus signs
        airTemperature = Integer.parseInt(line.substring(88, 92));
      } else {
        airTemperature = Integer.parseInt(line.substring(87, 92));
      }
      String quality = line.substring(92, 93);
      if (airTemperature != MISSING && quality.matches("[01459]")) {
        context.write(new Text(year), new IntWritable(airTemperature));
      }
    }
  }
}
```

```
  static class NewMaxTemperatureReducer
    extends Reducer<Text, IntWritable, Text, IntWritable> {
    public void reduce(Text key, Iterable<IntWritable> values,
        Context context)
        throws IOException, InterruptedException {

      int maxValue = Integer.MIN_VALUE;
      for (IntWritable value : values) {
        maxValue = Math.max(maxValue, value.get());
      }
      context.write(key, new IntWritable(maxValue));
    }
  }

public static void main(String[] args) throws Exception {
  if (args.length != 2) {
    System.err.println("Usage: NewMaxTemperature <input path> <output path>");
    System.exit(-1);
    }

    Job job = new Job();
    job.setJarByClass(NewMaxTemperature.class);

    FileInputFormat.addInputPath(job, new Path(args[0]));
    FileOutputFormat.setOutputPath(job, new Path(args[1]));

    job.setMapperClass(NewMaxTemperatureMapper.class);
    job.setReducerClass(NewMaxTemperatureReducer.class);
    job.setOutputKeyClass(Text.class);
    job.setOutputValueClass(IntWritable.class);

    System.exit(job.waitForCompletion(true) ? 0 : 1);
  }
}
```

横向扩展

前面介绍了 MapReduce 针对少量输入数据是如何工作的，现在我们开始鸟瞰整个系统以及有大量输入数据时数据是如何处理的。为了简单起见，到目前为止，我们的例子都只是用了本地文件系统中的文件。然而，为了实现**横向扩展**(scaling out)，我们需要把数据存储在分布式文件系统中，一般为 HDFS (详见第 3 章)，由此允许 Hadoop 将 MapReduce 计算移到存储有部分数据的各台机器上。下面我们看看具体过程。

数据流

首先定义一些术语。MapReduce 作业(job) 是客户端需要执行的一个工作单元：它包括输入数据、MapReduce 程序和配置信息。Hadoop 将作业分成若干个小任务(task)来执行，其中包括两类任务：map 任务和 reduce 任务。

有两类节点控制着作业执行过程：一个 jobtracker 及一系列 tasktracker。jobtracker 通过调度 tasktracker 上运行的任务，来协调所有运行在系统上的作业。tasktracker 在运行任务的同时将运行进度报告发送给 jobtracker，jobtracker 由此记录每项作业任务的整体进度情况。如果其中一个任务失败，jobtracker 可以在另外一个 tasktracker 节点上重新调度该任务。

Hadoop 将 MapReduce 的输入数据划分成等长的小数据块，称为**输入分片**(input split)或简称**分片**。Hadoop 为每个分片构建一个 map 任务，并由该任务来运行用户自定义的 map 函数从而处理分片中的每条记录。

拥有许多分片，意味着处理每个分片所需要的时间少于处理整个输入数据所花的时间。因此，如果我们并行处理每个分片，且每个分片数据比较小，那么整个处理过程将获得更好的负载平衡，因为一台较快的计算机能够处理的数据分片比一台较慢的计算机更多，且成一定的比例。即使使用相同的机器，处理失败的作业或其他同时运行的作业也能够实现负载平衡，并且如果分片被切分得更细，负载平衡的质量会更好。

另一方面，如果分片切分得太小，那么管理分片的总时间和构建 map 任务的总时间将决定着作业的整个执行时间。对于大多数作业来说，一个合理的分片大小趋向于 HDFS 的一个块的大小，默认是 64 MB，不过可以针对集群调整这个默认值，在新建所有文件或新建每个文件时具体指定即可。

Hadoop 在存储有输入数据(HDFS 中的数据)的节点上运行 map 任务，可以获得最佳性能。这就是所谓的**数据本地化优化**(data locality optimization)。现在我们应该清楚为什么最佳分片的大小应该与块大小相同：因为它是确保可以存储在单个节点上的最大输入块的大小。如果分片跨越两个数据块，那么对于任何一个 HDFS 节点，基本上都不可能同时存储这两个数据块，因此分片中的部分数据需要通过网络传输到 map 任务节点。与使用本地数据运行整个 map 任务相比，这种方法显然效率更低。

map 任务将其输出写入本地硬盘，而非 HDFS。这是为什么？因为 map 的输出是中间结果：该中间结果由 reduce 任务处理后才产生最终输出结果，而且一旦作业完成，map 的输出结果可以被删除。因此，如果把它存储在 HDFS 中并实现备份，难免有些小题大做。如果该节点上运行的 map 任务在将 map 中间结果传送给 reduce 任务之前失败，Hadoop 将在另一个节点上重新运行这个 map 任务以再次构建 map 中间结果。

reduce 任务并不具备数据本地化的优势——单个 reduce 任务的输入通常来自于所有 mapper 的输出。在本例中，我们仅有一个 reduce 任务，其输入是所有 map 任务的输出。因此，排过序的 map 输出需通过网络传输发送到运行 reduce 任务的节点。数据在 reduce 端合并，然后由用户定义的 reduce 函数处理。reduce 的输出通常存储在 HDFS 中以实现可靠存储。如第 3 章所述，对于每个 reduce 输出的 HDFS 块，第一个复本存储在本地节点上，其他复本存储在其他机架节点中。因此，reduce 的输出写入 HDFS 确实需要占用网络带宽，但这与正常的 HDFS 流水线写入的消耗一样。

一个 reduce 任务的完整数据流如图 2-2 所示。虚线框表示节点，虚线箭头表示节点内部的数据传输，而实线箭头表示节点之间的数据传输。

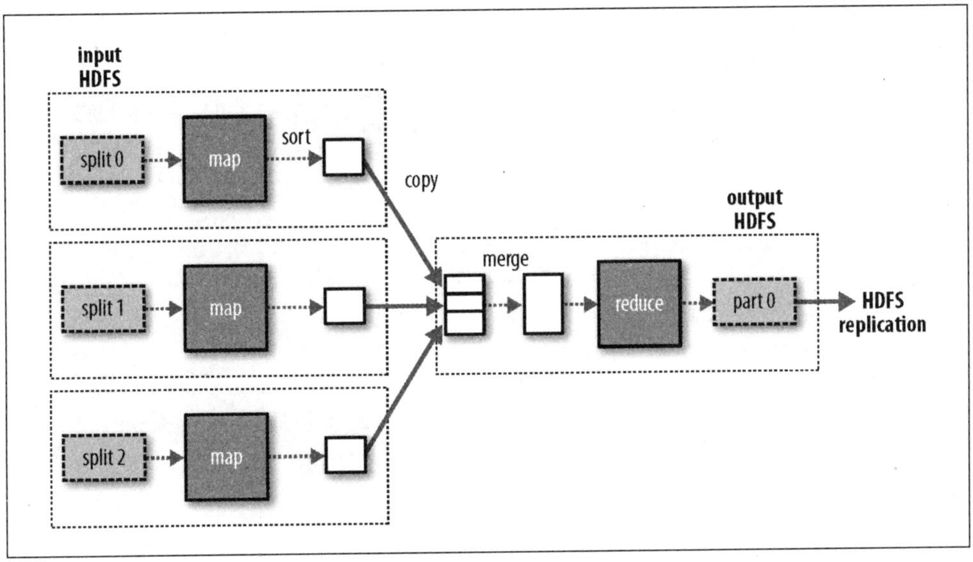

图 2-2. 一个 reduce 任务的 MapReduce 数据流

reduce 任务的数量并非由输入数据的大小决定，而是特别指定的。第 191 页的“默认的 MapReduce 作业”小节将介绍如何为指定的作业选择 reduce 任务的数量。

如有多个 reduce 任务，则每个 map 任务都会对其输出进行**分区**(partition)，即为每个 reduce 任务建一个分区。每个分区有许多键(及其对应值)，但每个键对应的键/值对记录都在同一分区中。分区由用户定义的分区函数控制，但通常用默认的分区器(partitioner，文中有时也称“分区函数”)通过哈希函数来分区，这种方法很高效。

一般情况下，多个 reduce 任务的数据流如图 2-3 所示。该图清楚地表明了为什么 map 任务和 reduce 任务之间的数据流称为 **shuffle(混洗)**，因为每个 reduce 任务的输入都来自许多 map 任务。混洗一般比此图所示的更复杂，并且调整混洗参数对作业总执行时间会有非常大的影响，详情参见第 177 页的“混洗和排序”小节。

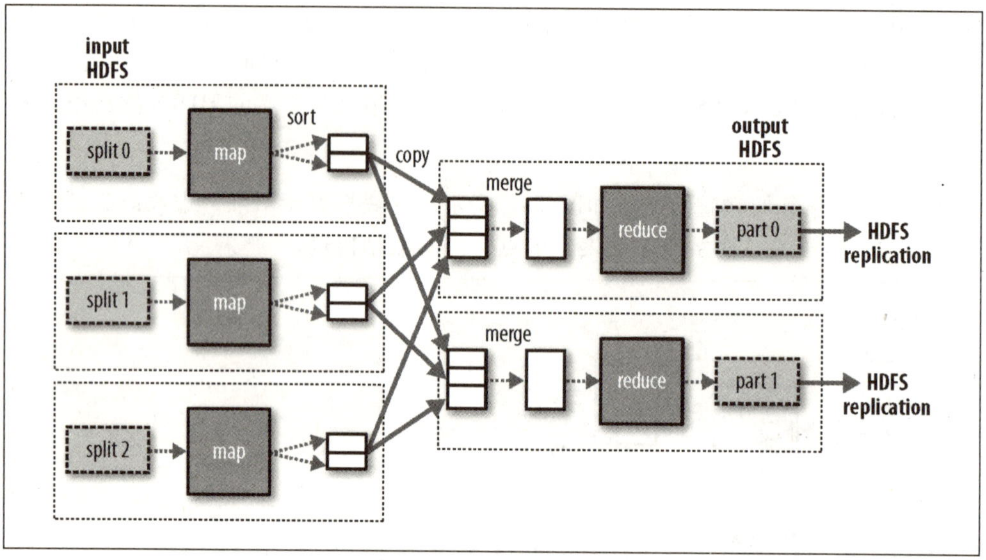

图 2-3. 多个 reduce 任务的数据流

最后，也有可能没有任何 reduce 任务。当数据处理可以完全并行时，即无需混洗，可能会出现无 reduce 任务的情况(示例参见第 211 页的“NLineInputFormat”小节)。在这种情况下，唯一的非本地节点数据传输是 map 任务将结果写入 HDFS(参见图 2-4)。

combiner

集群上的可用带宽限制了 MapReduce 作业的数量，因此最重要的一点是尽量避免 map 任务和 reduce 任务之间的数据传输。Hadoop 允许用户针对 map 任务的输出指定一个合并函数(文中有时也称作 combiner，就像 mapper 和 reducer 一样——译者注)——合并函数的输出作为 reduce 函数的输入。由于合并函数是一个优化方案，所以 Hadoop 无法确定针对 map 任务输出中任一条记录需要调用多少次合并函数(如果需要)。换言之，不管调用合并函数多少次，0 次、1 次或多次，reducer 的输出结果都应一致。

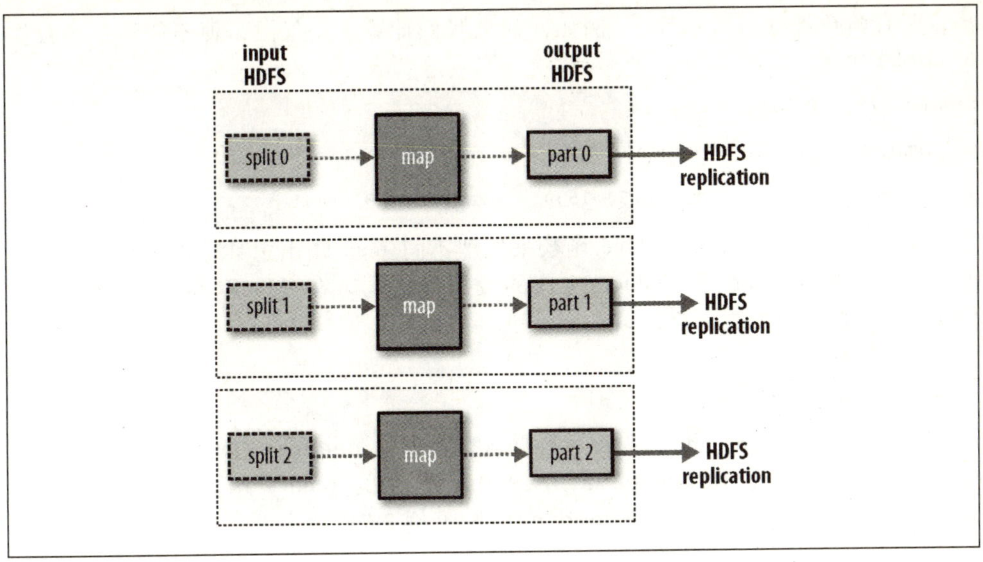

图 2-4. 无 reduce 任务的 MapReduce 数据流

合并函数的规则限定了可以使用的函数类型。这里最好通过一个例子来说明。依旧假设以前计算最高气温的例子，1950 年的读数由两个 map 任务处理(因为它们在不同的分片中)。假设第一个 map 的输出如下：

```
(1950, 0)
(1950, 20)
(1950, 10)
```

第二个 map 的输出如下：

```
(1950, 25)
(1950, 15)
```

reduce 函数被调用时，输入如下：

```
(1950, [0, 20, 10, 25, 15])
```

因为 25 为该列数据中最大的，所以其输出如下：

```
(1950, 25)
```

我们可以像使用 reduce 函数那样，使用合并函数找出每个 map 任务输出结果中的最高气温。如此一来，reduce 函数调用时将被传入以下数据：

```
(1950, [20, 25])
```

reduce 输出的结果和以前一样。更简单地说，我们可以通过下面的表达式来说明气温数值上的函数调用：

```
max(0, 20, 10, 25, 15) = max(max(0, 20, 10), max(25, 15)) = max(20, 25) = 25
```

并非所有函数都具有该属性。[①]例如，如果我们计算平均气温，便不能用平均数作为 combiner，因为

mean(0, 20, 10, 25, 15) = 14

而 combiner 不能取代 reduce 函数：

mean(mean(0, 20, 10), mean(25, 15)) = mean(10, 20) = 15

为什么呢？我们仍然需要 reduce 函数来处理不同 map 输出中具有相同键的记录。但它能有效减少 map 和 reduce 之间的数据传输量，在 MapReduce 作业中使用 combiner，是需要慎重考虑的。

指定一个合并函数

让我们回到 Java MapReduce 程序，合并函数是通过 reducer 接口来定义的，并且该例中，它的实现与 MaxTemperatureReducer 中的 reduce 函数相同。唯一需要做的修改是在 JobConf 中设置 combiner 类(见例 2-7)。

例 2-7. 使用合并函数快速找出最高气温

```
public class MaxTemperatureWithCombiner {

  public static void main(String[] args) throws IOException {
    if (args.length != 2) {
      System.err.println("Usage: MaxTemperatureWithCombiner <input path> " +
                         "<output path>");
      System.exit(-1);
    }

    JobConf conf = new JobConf(MaxTemperatureWithCombiner.class);
    conf.setJobName("Max temperature");

    FileInputFormat.addInputPath(conf, new Path(args[0]));
    FileOutputFormat.setOutputPath(conf, new Path(args[1]));

    conf.setMapperClass(MaxTemperatureMapper.class);
    conf.setCombinerClass(MaxTemperatureReducer.class);
    conf.setReducerClass(MaxTemperatureReducer.class);

    conf.setOutputKeyClass(Text.class);
    conf.setOutputValueClass(IntWritable.class);

    JobClient.runJob(conf);
  }
}
```

① 在 Gray 等人 1995 年发表的论文“Data Cube: A Relational Aggregation Operator Generalizing Group-By, Cross-Tab, and Sub-Totals”中，具有该属性的函数被称为是“分布式的”。

运行分布式的 MapReduce 作业

无需修改，便可以在一个完整的数据集上直接运行这个程序。这是 MapReduce 的优势之一：它可以根据数据量的大小和硬件规模进行扩展。这里有一个运行结果：在一个 10 节点 EC2 集群运行 High-CPU Extra Large lnstance，程序执行时间只有 6 分钟。①

我们将在第 5 章分析在集群上运行程序的机制。

Hadoop 的 Streaming

Hadoop 提供了 MapReduce 的 API，并允许你使用非 Java 的其他语言来写自己的 map 和 reduce 函数。Hadoop 的 Streaming 使用 Unix 标准流作为 Hadoop 和应用程序之间的接口，所以我们可以使用任何编程语言通过标准输入/输出来写 MapReduce 程序。

Streaming 天生适合用于文本处理(尽管到 0.21.0 版本时，它也可以处理二进制流)，在文本模式下使用时，它有一个数据的行视图。map 的输入数据通过标准输入流传递给 map 函数，并且是一行一行地传输，最后将结果行写到标准输出。map 输出的键/值对是以一个制表符分隔的行，它以这样的形式写到标准输出。reduce 函数的输入格式相同——通过制表符来分隔的键/值对——并通过标准输入流进行传输。reduce 函数从标准输入流中读取输入行，该输入已由 Hadoop 框架根据键排过序，最后将结果写入标准输出。

下面使用 Streaming 来重写按年份查找最高气温的 MapReduce 程序。

Ruby 版本

例 2-8 显示了用 Ruby 编写的 map 函数。

例 2-8. 用 Ruby 编写查找最高气温的 map 函数

```
#!/usr/bin/env ruby
STDIN.each_line do |line|
  val = line
  year, temp, q = val[15,4], val[87,5], val[92,1]
  puts "#{year}\t#{temp}" if (temp != "+9999" && q =~ /[01459]/)
end
```

① 就其速度而言，这比在单台计算机上依顺序运行的 *awk* 快 7 倍。这里之所以性能不是线性增加是由于输入数据不是均匀切分的。为了方便，输入数据时按年份压缩成 gzip 文件，这导致晚些年份的数据文件比较大，因为那些年记录的天气数据更多。

程序通过程序块执行 STDIN(一个 IO 类型的全局常量)中的每一行来迭代执行标准输入中的每一行。该程序块从输入的每一行中取出相关字段，如果气温有效，就将年份以及气温写到标准输出(使用 puts)，其中年份和气温之间有一个制表符\t。

> 值得一提的是 Streaming 和 Java MapReduce API 之间的设计差异。Java API 控制的 map 函数一次只能处理一条记录。针对输入数据中的每一条记录，该框架均需调用 Mapper 的 map()方法来处理，然而在 Streaming 中，map 程序可以自己决定如何处理输入数据，例如，它可以轻松读取并同时处理若干行，因为它受读操作的控制。用户的 Java map 实现的是“推”记录方式，但它依旧可以同时处理多行，具体做法是通过 mapper 中实例变量将之前读取的多行汇聚在一起。①在这种情况下，需要实现 close()方法，以便知道何时读到最后一条记录，进而完成对最后一组记录行的处理。

由于该脚本只能在标准输入和输出上运行，所以最简单的方式是在 Unix 管道上进行测试，而不是在 Hadoop 中进行测试：

```
% cat input/ncdc/sample.txt | ch02/src/main/ruby/max_temperature_map.rb
1950    +0000
1950    +0022
1950    -0011
1949    +0111
1949    +0078
```

例 2-9 显示的 reduce 函数更复杂一些。

例 2-9. 用 Ruby 编写的查找最高气温的 reduce 函数

```
#!/usr/bin/env ruby

last_key, max_val = nil, 0
STDIN.each_line do |line|
  key, val = line.split("\t")
  if last_key && last_key != key
    puts "#{last_key}\t#{max_val}"
    last_key, max_val = key, val.to_i
  else
    last_key, max_val = key, [max_val, val.to_i].max
  end
end
puts "#{last_key}\t#{max_val}" if last_key
```

① 另一种方法是，可以在新增的 MapReduce API 中使用“拉”的方式来处理。详情参见第 25 页的“新增的 Java MapReduce API”小节。

同样地，程序遍历标准输入中的行，但在我们处理每个键组时，要存储一些状态。在这种情况下，键是气象站的标识符，我们存储看到的最后一个键和迄今为止见到的该键对应的最高气温。MapReduce 框架保证了键的有序性，由此我们知道，如果读到一个键与前一个键不同，就需要开始处理一个新的键组。相比之下，Java API 系统提供一个针对每个键组的迭代器，而在 Streaming 中，需要在程序中找出键组的边界。

我们从每行取出键和值，然后如果正好完成一个键组的处理(`last_key` & `last_key = key`)，就针对该键组写入该键及其最高气温，用一个制表符来进行分隔，最后开始处理新键组时我们需要重置最高气温值。如果尚未完成对一个键组的处理，那么就只有当前键的最高气温被更新。

程序的最后一行确保了处理完输入的最后一个键组后会有一行输出。

现在可以用 Unix 管线来模拟整个 MapReduce 管线，该管线与图 2-1 中显示的 Unix 管线是相同的：

```
% cat input/ncdc/sample.txt | ch02/src/main/ruby/max_temperature_map.rb | \
  sort | ch02/src/main/ruby/max_temperature_reduce.rb
1949    111
1950    22
```

输出结果和 Java 程序的一样，所以下一步是通过 Hadoop 运行它。

`hadoop` 命令不支持 Streaming 函数，因此，我们需要在指定 Streaming JAR 文件流与 `jar` 选项时指定。Streaming 程序的选项指定了输入和输出路径，以及 map 和 reduce 脚本。如下所示：

```
% hadoop jar $HADOOP_INSTALL/contrib/streaming/hadoop-*-streaming.jar \
  -input input/ncdc/sample.txt \
  -output output \
  -mapper ch02/src/main/ruby/max_temperature_map.rb \
  -reducer ch02/src/main/ruby/max_temperature_reduce.rb
```

在一个集群上运行一个庞大的数据集时，我们要使用`-combiner` 选项来设置合并函数。

从 0.21.0 版开始，合并函数可以是任何一个 Streaming 命令。对于早期版本，合并函数只能用 Java 编写，所以一个变通的方法是在 mapper 中进行手动合并，进而避开 Java 语言。在这里，我们可以把 mapper 改成流水线：

```
% hadoop jar $HADOOP_INSTALL/contrib/streaming/hadoop-*-streaming.jar \
  -input input/ncdc/all \
  -output output \
  -mapper "ch02/src/main/ruby/max_temperature_map.rb | sort |
    ch02/src/main/ruby/max_temperature_reduce.rb" \
  -reducer ch02/src/main/ruby/max_temperature_reduce.rb \
```

```
  -file ch02/src/main/ruby/max_temperature_map.rb \
  -file ch02/src/main/ruby/max_temperature_reduce.rb
```

还需注意-file 选项的使用，在集群上运行 Streaming 程序时，我们会使用这个选项，从而将脚本传输到集群。

Python 版本

Streaming 支持任何可以从标准输入读取和写入到标准输出中的编程语言，因此对于更熟悉 Python 的读者，下面提供了同一个例子的 Python 版本。[①]map 脚本参见例 2-10，reduce 脚本参见例 2-11。

例 2-10. 用 Python 编写用于查找最高气温的 map 函数

```
#!/usr/bin/env python

import re
import sys

for line in sys.stdin:
  val = line.strip()
  (year, temp, q) = (val[15:19], val[87:92], val[92:93])
  if (temp != "+9999" and re.match("[01459]", q)):
    print "%s\t%s" % (year, temp)
```

例 2-11. 用 Python 编写用于查找最高气温的 reduce 函数

```
#!/usr/bin/env python

import sys

(last_key, max_val) = (None, 0)
for line in sys.stdin:
  (key, val) = line.strip().split("\t")
  if last_key and last_key != key:
    print "%s\t%s" % (last_key, max_val)
    (last_key, max_val) = (key, int(val))
  else:
    (last_key, max_val) = (key, max(max_val, int(val)))
if last_key:
  print "%s\t%s" % (last_key, max_val)
```

① 作为 Streaming 的替代方案，Python 程序员可考虑 Dumbo，它能使 Streaming MapReduce 接口更像 Python、更好用。其网址为 *http://www.lost.fm/dumbo*。

我们可以像测试 Ruby 程序那样测试程序并运行作业。例如，可以像下面这样运行测试：

```
% cat input/ncdc/sample.txt | ch02/src/main/python/max_temperature_map.py | \
  sort | ch02/src/main/python/max_temperature_reduce.py
1949    111
1950    22
```

Hadoop 的 Pipes

Hadoop 的 Pipes 是 Hadoop MapReduce 的 C++接口代称。不同于使用标准输入和输出来实现 map 代码和 reduce 代码之间的 Streaming，Pipes 使用套接字作为 tasktracker 与 C++版本 map 函数或 reduce 函数的进程之间的通道，而未使用 JNI。

我们将用 C++重写贯穿本章的示例，然后，我们将看到如何使用 Pipes 来运行它。例 2-12 显示了用 C++语言编写的 map 函数和 reduce 函数的源代码。

例 2-12. 用 C++语言编写的 MaxTemperature 程序

```
#include <algorithm>
#include <limits>
#include <stdint.h>
#include <string>

#include "hadoop/Pipes.hh"
#include "hadoop/TemplateFactory.hh"
#include "hadoop/StringUtils.hh"

class MaxTemperatureMapper : public HadoopPipes::Mapper {
public:
  MaxTemperatureMapper(HadoopPipes::TaskContext& context) {
  }
  void map(HadoopPipes::MapContext& context) {
    std::string line = context.getInputValue();
    std::string year = line.substr(15, 4);
    std::string airTemperature = line.substr(87, 5);
    std::string q = line.substr(92, 1);
    if (airTemperature != "+9999" &&
        (q == "0" || q == "1" || q == "4" || q == "5" || q == "9")) {
      context.emit(year, airTemperature);
    }
  }
};

class MapTemperatureReducer : public HadoopPipes::Reducer {
public:
  MapTemperatureReducer(HadoopPipes::TaskContext& context) {
  }
  void reduce(HadoopPipes::ReduceContext& context) {
    int maxValue = INT_MIN;
    while (context.nextValue()) {
```

```
      maxValue = std::max(maxValue,
HadoopUtils::toInt(context.getInputValue()));
    }
    context.emit(context.getInputKey(), HadoopUtils::toString(maxValue));
  }
};

int main(int argc, char *argv[]) {

returnHadoopPipes::runTask(HadoopPipes::TemplateFactory<MaxTemperatureMapper,
MapTemperatureReducer>());
}
```

应用程序对 Hadoop C++库链接提供了一个与 tasktracker 子进程进行通信的简单封装。通过扩展 HadoopPipes 命名空间中定义的 mapper 和 reducer 两个类，我们定义了 map()和 reduce()方法，同时我们提供各种情况下 map()和 reduce()方法的实现。这些方法采用了上下文对象(MapContext 类型或 ReduceContext 类型)，进而提供了读取输入数据和写入输出数据，以及通过 JobConf 类来访问作业配置信息的功能。本例中的处理过程类似于 Java 的处理方式。

与 Java 接口不同，C++接口中的键和值按字节缓冲，用标准模板库(Standard Template Library，STL)中的字符串表示。这样做简化了接口，但把更重的负担留给了应用程序开发人员，因为开发人员必须来回封送(marshall)字符串与特定应用领域内使用的具体类型。这一点在 MapTemperatureReducer 中有所体现，我们必须把输入值转换为整型值(通过 HadoopUtils 中定义的方法)，然后将找到的最大值转化为字符串后再输出。在某些情况下，我们可以省略这类转化，如 MaxTemperatureMapper 中的 airTemperature 值无需转换为整型，因为 map()方法并不将它当作数值类型来处理。

这个应用程序的入口点是 main()方法。它调用 HadoopPipes::runTask，该函数连接到 Java 父进程，并在 mapper 和 reducer 之间来回封送数据。runTask()方法被传入一个 Factory 参数，由此新建 mapper 或 reducer 实例。新建 mapper 还是创建 reducer，Java 父进程可通过套接字连接进行控制。我们可以用重载模板 factory 来设置 combiner、partitioner、record reader 或 record writer。

编译运行

现在我们可以用 Makerfile 编译连接例 2-13 中的程序。

例 2-13. C++版本 MapReduce 程序的 Makefile

```
CC = g++
CPPFLAGS = -m32 -I$(HADOOP_INSTALL)/c++/$(PLATFORM)/include

max_temperature: max_temperature.cpp
    $ (CC) $(CPPFLAGS) $< -Wall -L$(HADOOP_INSTALL)/c++/$(PLATFORM)/lib
    -lhadooppipes \ -lhadooputils -lpthread -g -O2 -o $@
```

在 Makefile 中需要设置许多环境变量。除了 HADOOP_INSTALL 变量(如果遵循附录 A 中的安装说明，应该已经设置好)，还需要定义 PLATFORM 变量，该变量指定了操作系统、体系结构和数据模型(例如，32 位或 64 位)。我在 32 位 Linux 系统的机器编译运行了如下内容：

```
% export PLATFORM=Linux-i386-32
% make
```

成功编译之后，可以在当前目录中找到名为 max_temperature 的可执行文件。

我们需要以**伪分布式**(pseudo_distrinuted)模式(其中所有守护进程运行在本地计算机上)运行 Hadoop 来运行 Pipes 作业，具体设置步骤请参见附录 A。Pipes 不能在独立模式(本地运行)下运行，因为它依赖于 Hadoop 的分布式缓存机制，而该机制只有在 HDFS 运行时才起作用。

Hadoop 守护进程开始运行后，第一步是把可执行文件复制到 HDFS，以便在启动 map 和 reduce 任务时，tasktracker 能够找到关联的可执行程序：

```
% hadoop fs -put max_temperature bin/max_temperature
```

示例数据同样也需要从本地文件系统复制到 HDFS。

现在可以运行这个作业。我们用 hadoop Pipes 命令使其运行，使用-program 参数来传递在 HDFS 中可执行文件的 URI：

```
% hadoop pipes \
  -D hadoop.pipes.java.recordreader=true \
  -D hadoop.pipes.java.recordwriter=true \
  -input sample.txt \
  -output output \
  -program bin/max_temperature
```

我们使用-D 选项来指定两个属性：hadoop.pipes.java.recordreader 和 hadoop.pipes.java.recordwriter，这两个属性都被设置为 true，表示我们并不指定 C++记录读取函数或记录写入函数，而是使用默认的 Java 设置(用来设置文本输入和输出)。Pipes 还允许我们设置一个 Java mapper、reducer、合并函数或分区函数。事实上，在任何一个作业中，都可以混合使用 Java 类或 C++类。

结果和其他语言版本的结果一样。

第3章

Hadoop 分布式文件系统

当数据集的大小超过一台独立物理计算机的存储能力时，就有必要对它进行分区(partition)并存储到若干台单独的计算机上。管理网络中跨多台计算机存储的文件系统称为**分布式文件系统**(distributed filesystem)。该系统架构于网络之上，势必会引入网络编程的复杂性，因此分布式文件系统比普通磁盘文件系统更为复杂。例如，使文件系统能够容忍节点故障且不丢失任何数据，就是一个极大的挑战。

Hadoop 有一个称为 HDFS 的分布式系统，全称为 Hadoop Distributed Filesystem。在非正式文档或旧文档以及配置文件中，有时也简称为 DFS，它们是一回事儿。HDFS 是 Hadoop 的旗舰级文件系统，同时也是本章的重点，但实际上 Hadoop 是一个综合性的文件系统抽象，因此下面我们也将看到 Hadoop 集成其他文件系统的方法(如本地文件系统和 Amazon S3 系统)。

HDFS 的设计

HDFS 以流式数据访问模式来存储超大文件，运行于商用硬件集群上。[①]让我们仔细看看下面的描述。

超大文件

"超大文件"在这里指具有几百 MB、几百 GB 甚至几百 TB 大小的文件。目前已经有存储 PB 级数据的 Hadoop 集群了。[②]

① Konstantin Shvachko，Hairong Kuang，Sanjay Radia 和 Robert Chansler 的论文"The Hadoop Distributed File System"(Proceedings of MSST2010, May 2010) 详细叙述了 HDFS 的架构，网址为 *http:// storageconference.org/2010/Papers/MSST/Shvachko.pdf*)。

② Yahoo！将 Hadoop 扩展到 4000 个节点，详情访问 *http://developer.yahoo.net/blogs/hadoop/2008/09/scaling_hadoop _to_4000_nodes_a.html*。

流式数据访问

HDFS 的构建思路是这样的：一次写入、多次读取是最高效的访问模式。数据集通常由数据源生成或从数据源复制而来，接着长时间在此数据集上进行各类分析。每次分析都将涉及该数据集的大部分数据甚至全部，因此读取整个数据集的时间延迟比读取第一条记录的时间延迟更重要。

商用硬件

Hadoop 并不需要运行在昂贵且高可靠的硬件上。它是设计运行在商用硬件(在各种零售店都能买到的普通硬件①)的集群上的，因此至少对于庞大的集群来说，节点故障的几率还是非常高的。HDFS 遇到上述故障时，被设计成能够继续运行且不让用户察觉到明显的中断。

同样，那些不适合在 HDFS 上运行的应用也值得研究。目前某些应用领域并不适合在 HDFS 上运行，不过以后可能会有所改进。

低时间延迟的数据访问

要求低时间延迟数据访问的应用，例如几十毫秒范围，不适合在 HDFS 上运行。记住，HDFS 是为高数据吞吐量应用优化的，这可能会以高时间延迟为代价。目前，对于低延迟的访问需求，HBase(参见第 12 章)是更好的选择。

大量的小文件

由于 namenode 将文件系统的元数据存储在内存中，因此该文件系统所能存储的文件总数受限于 namenode 的内存容量。根据经验，每个文件、目录和数据块的存储信息大约占 150 字节。因此，举例来说，如果有一百万个文件，且每个文件占一个数据块，那至少需要 300 MB 的内存。尽管存储上百万个文件是可行的，但是存储数十亿个文件就超出了当前硬件的能力。②

多用户写入，任意修改文件

HDFS 中的文件可能只有一个 writer，而且写操作总是将数据添加在文件的末尾。它不支持具有多个写入者的操作，也不支持在文件的任意位置进行修改。可能以后会支持这些操作，但它们相对比较低效。

① 详见第 9 章的典型计算机规格。

② 对于 HDFS 的纵向可扩展性限制，请参见 Konstantin V. Shvachko 的文章“Scalability of theHadoop Distributed File System”，网址为 *http://developer.yahoo.net/blogs/hadoop/2010/05/scalability_of_the_hadoop_dist.html*。另外还有他的论文“HDFS Scalability: The limits to growth”(April 2010，pp. 6-16)，网址为 *http://www.usenix.org/publications/login/2010-04/openpdfs/shvachko.pdf*)。

HDFS 的概念

数据块

每个磁盘都有默认的数据块大小，这是磁盘进行数据读/写的最小单位。构建于单个磁盘之上的文件系统通过磁盘块来管理该文件系统中的块，该文件系统块的大小可以是磁盘块的整数倍。文件系统块一般为几千字节，而磁盘块一般为 512 字节。这些信息——文件系统块大小——对于需要读/写文件的文件系统用户来说是透明的。尽管如此，系统仍然提供了一些工具(如 *df* 和 *fsck*)来维护文件系统，它们对文件系统中的块进行操作。

HDFS 同样也有**块**(block)的概念，但是大得多，默认为 64 MB。与单一磁盘上的文件系统相似，HDFS 上的文件也被划分为块大小的多个分块(chunk)，作为独立的存储单元。但与其他文件系统不同的是，HDFS 中小于一个块大小的文件不会占据整个块的空间。如果没有特殊指出，本书中的"块"特指 HDFS 中的块。

> **为何 HDFS 中的块如此之大？**
>
> HDFS 的块比磁盘块大，其目的是为了最小化寻址开销。如果块设置得足够大，从磁盘传输数据的时间可以明显大于定位这个块开始位置所需的时间。这样，传输一个由多个块组成的文件的时间取决于磁盘传输速率。
>
> 我们来做一个速算，如果寻址时间为 10 ms 左右，而传输速率为 100 MB/s，为了使寻址时间仅占传输时间的 1%，我们需要设置块大小为 100 MB 左右。而默认的块大小实际为 64 MB，但是很多情况下 HDFS 使用 128 MB 的块设置。以后随着新一代磁盘驱动器传输速率的提升，块的大小将被设置得更大。
>
> 但是该参数也不会设置得过大。MapReduce 中的 map 任务通常一次处理一个块中的数据，因此如果任务数太少(少于集群中的节点数量)，作业的运行速度就会比较慢。

对分布式文件系统中的块进行抽象会带来很多好处。第一个最明显的好处是，一个文件的大小可以大于网络中任意一个磁盘的容量。文件的所有块并不需要存储在同一个磁盘上，因此它们可以利用集群上的任意一个磁盘进行存储。事实上，尽管不常见，但对于整个 HDFS 集群而言，也可以仅存储一个文件，该文件的块占满集群中所有的磁盘。

第二个好处是，使用块抽象而非整个文件作为存储单元，大大简化了存储子系统的设计。简化是所有系统的目标，但是这对于故障种类繁多的分布式系统来说尤为重要。将存储子系统控制单元设置为块，可简化存储管理(由于块的大小是固定的，因此计算单个磁盘能存储多少个块就相对容易)。同时也消除了对元数据的顾虑(块只是存储数据的一部分——而文件的元数据，如权限信息，并不需要与块一同存储，这样一来，其他系统就可以单独地管理这些元数据)。

不仅如此，块非常适合用于数据备份进而提供数据容错能力和可用性。将每个块复制到少数几个独立的机器上(默认为 3 个)，可以确保在发生块、磁盘或机器故障后数据不丢失。如果发现一个块不可用，系统会从其他地方读取另一个复本，而这个过程对用户是透明的。一个因损坏或机器故障而丢失的块可以从其他候选地点复制到另一台可以正常运行的机器上，以保证复本的数量回到正常水平。参见第 75 页的“数据的完整性”小节，进一步了解如何应对数据损坏。同样，有些应用程序可能选择为一些常用的文件块设置更高的复本数量进而分散集群中的读取负载。

与磁盘文件系统相似，HDFS 中 `fsck` 指令可以显示块信息。例如，执行以下命令将列出文件系统中各个文件由哪些块构成(参见第 301 页的“fsck 工具”小节)：

```
% hadoop fsck / -files -blocks
```

namenode 和 datanode

HDFS 集群有两类节点，并以管理者-工作者模式运行，即一个 namenode(管理者)和多个 datanode(工作者)。namenode 管理文件系统的命名空间。它维护着文件系统树及整棵树内所有的文件和目录。这些信息以两个文件形式永久保存在本地磁盘上：命名空间镜像文件和编辑日志文件。namenode 也记录着每个文件中各个块所在的数据节点信息，但它并不永久保存块的位置信息，因为这些信息会在系统启动时由数据节点重建。

客户端(client)代表用户通过与 namenode 和 datanode 交互来访问整个文件系统。客户端提供一个类似于 POSIX(可移植操作系统界面)的文件系统接口，因此用户在编程时无需知道 namenode 和 datanode 也可实现其功能。

datanode 是文件系统的工作节点。它们根据需要存储并检索数据块(受客户端或 namenode 调度)，并且定期向 namenode 发送它们所存储的块的列表。

没有 namenode，文件系统将无法使用。事实上，如果运行 namenode 服务的机器毁坏，文件系统上所有的文件将会丢失，因为我们不知道如何根据 datanode 的块来重建文件。因此，对 namenode 实现容错非常重要，Hadoop 为此提供了两种机制。

第一种机制是备份那些组成文件系统元数据持久状态的文件。Hadoop 可以通过配置使 namenode 在多个文件系统上保存元数据的持久状态。这些写操作是实时同步的，是原子操作。一般的配置是，将持久状态写入本地磁盘的同时，写入一个远程挂载的网络文件系统(NFS)。

另一种可行的方法是运行一个辅助 namenode，但它不能被用作 namenode。这个辅助 namenode 的重要作用是定期通过编辑日志合并命名空间镜像，以防止编辑日志过大。这个辅助 namenode 一般在另一台单独的物理计算机上运行，因为它需要占用大量 CPU 时间与 namenode 相同容量的内存来执行合并操作。它会保存合并后的命名空间镜像的副本，并在 namenode 发生故障时启用。但是，辅助 namenode 保存的状态总是滞后于主节点，所以在主节点全部失效时，难免会丢失部分数据。在这种情况下，一般把存储在 NFS 上的 namenode 元数据复制到辅助 namenode 并作为新的主 namenode 运行。

详情请参见第 294 页的“文件系统镜像与编辑日志”小节。

命令行接口

现在我们通过命令行交互来进一步认识 HDFS。HDFS 还有很多其他接口，但命令行是最简单的，同时也是许多开发者最熟悉的。

参照附录 A 中伪分布模式下设置 Hadoop 的说明，我们先在一台机器上运行 HDFS。稍后介绍如何在集群上运行 HDFS ，以提供伸缩性与容错性。

在我们设置伪分布配置时，有两个属性项需要进一步解释。第一项是 `fs.default.name`，设置为 `hdfs://localhost/`，用于设置 Hadoop 的默认文件系统。文件系统是由 URI 指定的，这里我们已使用 `hdfs` URI 来配置 HDFS 为 Hadoop 的默认文件系统。HDFS 的守护程序将通过该属性项来确定 HDFS namenode 的主机及端口。我们将在 `localhost` 默认端口 8020 上运行 namenode。这样一来，HDFS 客户端可以通过该属性得知 namenode 在哪里运行进而连接到它。

第二个属性 dfs.replication，我们设为 1，这样一来，HDFS 就不会按默认设置将文件系统块复本设为 3。在单独一个 datanode 上运行时，HDFS 无法将块复制到 3 个 datanode 上，因此它会持续给出块复本不足的警告。设置这个属性之后，就不会再有问题了。

基本文件系统操作

至此，文件系统已经可以使用了，我们可以执行所有常用的文件系统操作，例如，读取文件，创建目录，移动文件，删除数据，列出目录，等等。可以输入 hadoop fs -help 命令获取所有命令的详细帮助文件。

首先从本地文件系统将一个文件复制到 HDFS：

```
% hadoop fs -copyFromLocal input/docs/quangle.txt hdfs://localhost/user/tom/quangle.txt
```

该命令调用 Hadoop 文件系统的 shell 命令 fs，该命令提供了一系列子命令，在这里的例子中，我们执行的是-copyFromLocal。本地文件 quangle.txt 被复制到运行在 localhost 上的 HDFS 实例中，路径为/user/tom/quangle.txt。事实上，我们可以简化命令格式以省略主机的 URI 并使用默认设置，即省略 hdfs://localhost，因为该项已在 *core-site.xml* 中指定。

```
% hadoop fs -copyFromLocal input/docs/quangle.txt /user/tom/quangle.txt
```

我们也可以使用相对路径，并将文件复制到 HDFS 的 home 目录中，本例中为 */user/tom*：

```
% hadoop fs -copyFromLocal input/docs/quangle.txt quangle.txt
```

我们把文件复制回本地文件系统，并检查是否一致：

```
% hadoop fs -copyToLocal quangle.txt quangle.copy.txt
% md5 input/docs/quangle.txt quangle.copy.txt
MD5 (input/docs/quangle.txt) = a16f231da6b05e2ba7a339320e7dacd9
MD5 (quangle.copy.txt) = a16f231da6b05e2ba7a339320e7dacd9
```

由于 MD5 键值相同，表明这个文件在 HDFS 之旅中得以幸存并保存完整。

最后，我们看一下 HDFS 文件列表。我们首先创建一个目录看它在列表中是如何显示的：

```
% hadoop fs -mkdir books
% hadoop fs -ls .
Found 2 items
drwxr-xr-x   - tom supergroup     0 2009-04-02 22:41 /user/tom/books
-rw-r--r--   1 tom supergroup   118 2009-04-02 22:29 /user/tom/quangle.txt
```

返回的结果信息与 Unix 命令 ls -l 的输出结果非常相似，仅有细微差别。第 1 列显示的是文件模式。第 2 列是这个文件的备份数(这在传统 Unix 文件系统是没有的)。由于我们在整个文件系统范围内设置的默认复本数为 1，所以这里显示的也都是 1。这一列的开头目录为空，因为本例中没有使用复本的概念——目录作为元数据保存在 namenode 中，而非 datanode 中。第 3 列和第 4 列显示文件的所属用户和组别。第 5 列是文件的大小，以字节为单位显示，目录大小为 0。第 6 列和第 7 列是文件的最后修改日期与时间。最后，第 8 列是文件或目录的绝对路径。

HDFS 中的文件访问权限

针对文件和目录，HDFS 有与 POSIX 非常相似的权限模式。

一共提供三类权限模式：只读权限(r)、写入权限(w)和可执行权限(x)。读取文件或列出目录内容时需要只读权限。写入一个文件，或是在一个目录上创建及删除文件或目录，需要写入权限。对于文件而言，可执行权限可以忽略，因为你不能在 HDFS 中执行文件(与 POSIX 不同)，但在访问一个目录的子项时需要该权限。

每个文件和目录都有**所属用户**(owner)、所属组别(group)及模式(mode)。这个模式是由所属用户的权限、组内成员的权限及其他用户的权限组成的。

默认情况下，可以通过正在运行进程的用户名和组名来唯一确定客户端的标识。但由于客户端是远程的，任何用户都可以简单地在远程系统上以他的名义创建一个账户来进行访问。因此，作为共享文件系统资源和防止数据意外损失的一种机制，权限只能供合作团体中的用户使用，而不能在一个不友好的环境中保护资源。注意，最新版的 Hadoop 已经支持 Kerberos 用户认证，该认证去除了这些限制，详见第 281 页的“安全”小节。但是，除了上述限制之外，为防止用户或自动工具及程序意外修改或删除文件系统的重要部分，启用权限控制还是很重要的(这也是默认的配置，参见 `dfs.permissions` 属性)。

如果启用权限检查，就会检查所属用户权限，以确认客户端的用户名与所属用户是否匹配，另外也将检查所属组别权限，以确认该客户端是否是该用户组的成员；若不符，则检查其他权限。

这里有一个**超级用户**(super-user)的概念，超级用户是 namenode 进程的标识。对于超级用户，系统不会执行任何权限检查。

Hadoop 文件系统

Hadoop 有一个抽象的文件系统概念，HDFS 只是其中的一个实现。Java 抽象类 `org.apache.hadoop.fs.FileSystem` 定义了 Hadoop 中的一个文件系统接口，并且该抽象类有几个具体实现，如表 3-1 所示。

表 3-1. Hadoop 文件系统

文件系统	URI 方案	Java 实现(均包含在 org.apache.hadoop 包中)	描述
Local	file	fs.LocalFileSystem	使用了客户端校验和的本地磁盘文件系统。没有使用校验和的本地磁盘文件系统 RawLocalFileSystem。详情参见第 76 页的"本地文件系统"小节
HDFS	hdfs	hdfs.DistributedFileSystem	Hadoop 的分布式文件系统。将 HDFS 设计成与 MapReduce 结合使用，可以实现高性能
HFTP	Hftp	hdfs.hftpFileSystem	一个在 HTTP 上提供对 HDFS 只读访问的文件系统(尽管名称为 HFTP，但与 FTP 无关)。通常与 distcp 结合使用(参见第 70 页的"通过 distcp 实现并行复制"小节)，以实现在运行不同版本的 HDFS 的集群之间复制数据
HSFTP	hsftp	hdfs.HsftpFileSyste	在 HTTPS 上提供对 HDFS 只读访问的文件系统(同上，与 FTP 无关)
HAR	har	fs.HarFileSystem	一个构建在其他文件系统之上用于文件存档的文件系统。Hadoop 存档文件系统通常用于需要将 HDFS 中的文件进行存档时，以减少 namenode 内存的使用。参见第 71 页的"Hadoop 存档"小节。
hfs (云存储)	kfs	fs.kfs.kosmosFileSystem	CloudStore(其前身为 Kosmos 文件系统)是类似于 HDFS 或是谷歌的 GFS 的文件系统，用 C++编写。详见 *http://kosmosfs.sourceforge.net/*
FTP	ftp	fs.ftp.FTPFileSystem	由 FTP 服务器支持的文件系统
S3 (原生)	s3n	fs.s3native.NativeS3FileSystem	由 Amazon S3 支持的文件系统。可参见 *http://wiki.apache.org/hadoop/AmazonS3*
S3 (基于块)	s3	fs.sa.S3FileSystem	由 Amazon S3 支持的文件系统，以块格式存储文件(与 HDFS 很相似)以解决 S3 的 5 GB 文件大小限制

Hadoop 对文件系统提供了许多接口，它一般使用 URI 方案来选取合适的文件系统实例进行交互。举例来说，我们在前一小节中遇到的文件系统命令行解释器可以操作所有的 Hadoop 文件系统命令。要想列出本地文件系统根目录下的文件，可以输入以下命令：

```
% hadoop fs -ls file:///
```

尽管运行的 MapReduce 程序可以访问任何文件系统 (有时也很方便)，但在处理大数据集时，你仍然需要选择一个具有数据本地优化的分布式文件系统，如 HDFS 或 KFS(参见第 27 页的"横向扩展"小节)。

接口

Hadoop 是用 Java 写的，通过 Java API 可以调用所有 Hadoop 文件系统的交互操作。[1]例如，文件系统的命令解释器就是一个 Java 应用，它使用 Java 的 FileSystem 类来提供文件系统操作。其他一些接口也将在本章中做简单介绍。这些接口通常与 HDFS 一同使用，因为 Hadoop 中的其他文件系统一般都有访问基本文件系统的工具(对于 FTP，有 FTP 客户端；对于 S3，有 S3 工具，等等)，但它们大多数都能和任意一个 Hadoop 文件系统协作。

Thrift

因为 Hadoop 文件系统的接口是通过 Java API 提供的，所以其他非 Java 应用程序访问 Hadoop 文件系统会比较麻烦。thriftfs 定制功能模块中的 Thrift API 通过把 Hadoop 文件系统包装一个 Apache Thrift 服务来弥补这个不足，从而使任何具有 Thrift 绑定(binding)的语言都能轻松地与 Hadoop 文件系统(比如 HDFS)进行交互。

为了使用 Thrift API，需要运行提供 Thrift 服务的 Java 服务器，并以代理的方式访问 Hadoop 文件系统。应用程序访问 Thrift 服务时，实际上两者是运行在同一台机器上的。

Thrift API 包含有为许多其他语言实现远程过程调用的接口，包括 C++，Perl，PHP，Python 及 Ruby。Thrift 支持不同版本的 Hadoop，因此我们可以通过同一个客户端代码访问不同版本的 Hadoop 文件系统(但是，需要针对每个不同版本的 Hadoop 运行相应的代理，才能实现该功能)。

关于安装与使用教程，请参阅 Hadoop 发行版本 *src/contrib/thriftfs* 目录的文档。

C 语言

Hadoop 提供了一个名为 libhdfs 的 C 语言库，该语言库是 `Java FileSystem` 接口类的一个镜像(它被编写成访问 HDFS 的 C 语言库，但它其实可以访问任意 Hadoop 文件系统)。它可以使用 Java 原生接口(Java Native Interface，JNI)调用 Java 文件系统客户端。

C 语言 API 与 Java 的 API 非常相似，但它的开发一般滞后于 Java API，因此目前一些新的特性可能还不支持。

① Hadoop 中的 RPC 接口是基于 Hadoop 的 `Writable` 接口开发的，并以 Java 为中心开发语言。今后，Hadoop 还将采用跨语言的 Avro RPC 框架，该框架允许使用除了 Java 以外的其他语言编写的 HDFS 客户端。

Hadoop 中有预先编译好的 32 位 Linux 的 *libhdfs* 二进制编码，但对于其他平台，需要按照 *http://wiki.apache.org/hadoop/LibHDFS* 的教程自行编译。

FUSE

用户空间文件系统(Filesystem in Userspace，FUSE)允许把按照用户空间实现的文件系统整合成一个 Unix 文件系统。通过使用 Hadoop 的 Fuse-DFS 功能模块，任意一个 Hadoop 文件系统(不过一般为 HDFS)均可以作为一个标准文件系统进行挂载。随后便可以使用 Unix 工具(如 `ls` 和 `cat`)与该文件系统交互，还可以通过任意一种编程语言调用 POSIX 库来访问文件系统。

Fuse-DFS 是用 C 语言实现的，调用 `libhdfs` 并作为访问 HDFS 的接口。关于如何编译和运行 Fuse-DFS 的文档，可以在 Hadoop 发行版本的 `src/contrib./fuse-dfs` 目录中找到。

WebDAV

WebDAV 扩展了 HTTP，并支持文件编辑和文件更新。在大部分操作系统中，WebDAV 共享均可以作为文件系统进行挂载，由此通过 WebDAV 来向外提供 HDFS(或其他 Hadoop 文件系统)的访问接口，并将 HDFS 作为一个标准文件系统进行访问。

在本书写作期间，Hadoop 对 WebDAV 的支持(通过调用 Hadoop 的 Java API 来实现)仍在开发中，可以访问 *https://issues,apache.org/jira/browse/HADOOP-496*，了解最新动态。

其他 HDFS 接口

HDFS 有两种特定的接口。

HTTP

HDFS 定义了一个以 HTTP 方式检索目录列表和数据的只读接口。嵌入在 namenode 中的 Web 服务器(运行在 50070 端口上)以 XML 格式提供目录列表服务，而嵌入在 datanode 的 Web 服务器(运行在 50075 端口)提供文件数据传输服务。该协议并不绑定于某个特定的 HDFS 版本，由此用户可以利用 HTTP 协议编写从运行不同版本的 Hadoop HDFS 集群中读取数据的客户端。`HftpFile System` 就是其中一种：一个通过 HTTP 协议与 HDFS 交互的 Hadoop 文件系统接口(`HsftpFileSystem` 是 HTTPS 的变种)。

FTP

HDFS 还有一个 FTP 接口，该接口允许使用 FTP 协议与 HDFS 进行交互，但本书写作期间尚未完成(*https://issues.apache.org/jira/browse/HADOOP3199*)。该接口很方便，它使用现有 FTP 客户端与 HDFS 进行数据传输。

请不要把 HDFS 的 FTP 接口与 FTPFileSystem 混为一谈，因为该接口可以将任意 FTP 服务器展示为 Hadoop 文件系统。

Java 接口

在本小节中，我们要深入探索 Hadoop 的 Filesystem 类：与 Hadoop 的某一文件系统进行交互的 API。[①] 虽然我们主要关注的是 HDFS 的实例，即 DistributedFileSystem，但总体来说，还是应该集成 FileSystem 抽象类，并编写代码，以保持其在不同文件系统中的可移植性。这对测试你编写的程序非常重要，例如，你可以使用本地文件系统中的存储数据快速进行测试。

从 Hadoop URL 中读取数据

要从 Hadoop 文件系统中读取文件，最简单的方法是使用 java.net.URL 对象打开数据流，进而从中读取数据。具体格式如下：

```
InputStream in = null;
 try {
      in = new URL("hdfs://host/path").openStream();
      // process in
 } finally {
      IOUtils.closeStream(in);
 }
```

让 Java 程序能够识别 Hadoop 的 hdfs URL 方案还需要一些额外的工作。这里采用的方法是通过 FsUrlStreamHandlerFactory 实例调用 URL 中的 setURLStreamHandlerFactory 方法。由于 Java 虚拟机只能调用一次上述方法，因此通常在静态方法中调用上述方法。这个限制意味着如果程序的其他组件——如不受你控制的第三方组件——已经声明了一个 URLStreamHandlerFactory 实例，你将无法再使用上述方法从 Hadoop 中读取数据。下一节将讨论另一备选方法。

例 3-1 展示的程序以标准输出方式显示 Hadoop 文件系统中的文件，类似于 Unix 中的 cat 命令。

例 3-1. 通过 URLStreamHandler 实例以标准输出方式显示 Hadoop 文件系统的文件

```
public class URLCat {
  static {
    URL.setURLStreamHandlerFactory(new FsUrlStreamHandlerFactory());
  }
```

① 从 0.21.0 版本开始，加入了一个名为 FileContext 的文件系统接口，该接口能够更好地处理多文件系统问题(例如，单个 FileContext 接口能够解决多文件系统方案)，并且该接口更简明、一致。

```
  public static void main(String[] args) throws Exception {
    InputStream in = null;
    try {
      in = new URL(args[0]).openStream();
      IOUtils.copyBytes(in, System.out, 4096, false);
    } finally {
      IOUtils.closeStream(in);
    }
  }
}
```

我们可以调用 Hadoop 中简洁的 `IOUtils` 类，并在 `finally` 子句中关闭数据流，同时也可以在输入流和输出流之间复制数据(本例中为 `System.out`)。`copyBytes` 方法的最后两个参数，第一个用于设置复制的缓冲区大小，第二个用于设置复制结束后是否关闭数据流。这里我们选择自行关闭输入流，因而 `System.out` 不关闭输入流。

下面是一个运行示例：[①]

```
% hadoop URLCat hdfs://localhost/user/tom/quangle.txt
 On the top of the Crumpetty Tree
 The Quangle Wangle sat,
 But his face you could not see,
 On account of his Beaver Hat.
```

通过 FileSystem API 读取数据

正如前一小节所解释的，有时无法在应用中设置 `URLStreamHandlerFactory` 实例。这种情况下，需要使用 `FileSystem API` 来打开一个文件的输入流。

Hadoop 文件系统中通过 Hadoop `Path` 对象来代表文件(而非 `java.io.File` 对象，因为它的语义与本地文件系统联系太紧密)。你可以将一条路径视为一个 Hadoop 文件系统 URI，如 *hdfs://localhost/user/tom/quangle.txt*。

`FileSystem` 是一个通用的文件系统 API，所以第一步是检索我们需要使用的文件系统实例，这里是 HDFS。获取 `FileSystem` 实例有两种静态工厂方法：

```
public static FileSystem get(Configuration conf) throws IOException
Public static FileSystem get(URI uri, Configuration conf) throws IOException
```

`Configuration` 对象封装了客户端或服务器的配置，通过设置配置文件读取类路径来实现(如 `conf/core-site.xml`)。第一个方法返回的是默认文件系统(在 *conf/core-site.xml* 中指定的，如果没有指定，则使用默认的本地文件系统)。第二个方法通过给定的 `URI` 方案和权限来确定要使用的文件系统，如果给定 `URI` 中没有

① 这段文字来自 Edward Lear 的 *The Quangle Wangle's Hat*。

指定方案，则返回默认文件系统。

有了 FileSystem 实例之后，我们调用 open()函数来获取文件的输入流：

```
Public FSDataInputStream open(Path f) throws IOException
Public abstract FSDataInputStream open(Path f, int bufferSize) throws IOException
```

第一个方法使用默认的缓冲区大小 4 KB。

将上述方法结合起来，我们重写例 3-1 之后得到例 3-2。

例 3-2. 直接使用 FileSystem 以标准输出格式显示 Hadoop 文件系统中的文件

```
public class FileSystemCat {
  public static void main(String[] args) throws Exception {
    String uri = args[0];
    Configuration conf = new Configuration();
    FileSystem fs = FileSystem.get(URI.create(uri), conf);
    InputStream in = null;
    try {
      in = fs.open(new Path(uri));
      IOUtils.copyBytes(in, System.out, 4096, false);
    } finally {
      IOUtils.closeStream(in);
    }
  }
}
```

程序运行结果如下：

```
% hadoop FileSystemCat hdfs://localhost/user/tom/quangle.txt
On the top of the Crumpetty Tree
The Quangle Wangle sat,
But his face you could not see,
On account of his Beaver Hat.
```

FSDataInputStream

实际上，FileSystem 对象中的 open()方法返回的是 FSDataInputStream 对象，而不是标准的 java.io 类对象。这个类是继承了 java.io.DataInputStream 接口的一个特殊类，并支持随机访问，由此可以从流的任意位置读取数据。

```
package org.apache.hadoop.fs;

public class FSDataInputStream extends DataInputStream
      implements Seekable, PositionedReadable {
      // implementation elided
 }
```

Seekable 接口支持在文件中找到指定位置，并提供一个查询当前位置相对于文件起始位置偏移量(getPos())的查询方法：

```
public interface Seekable {
  void seek(long pos) throws IOException;
  long getPos() throws IOException;
  boolean seekToNewSource(long targetPos) throws IOException;
}
```

调用 seek()来定位大于文件长度的位置会导致 IOException 异常。与 java.io.InputStream 中的 skip()不同，seek()可以移到文件中任意一个绝对位置，skip()则只能相对于当前位置定位到另一个新位置。

例 3-3 为例 3-2 的简单扩展，它将一个文件写入标准输出两次：在一次写完之后，定位到文件的起始位置再次以流方式读取该文件。

例 3-3. 使用 seek()方法，将 Hadoop 文件系统中的一个文件在标准输出上显示两次

```
public class FileSystemDoubleCat {

  public static void main(String[] args) throws Exception {
    String uri = args[0];
    Configuration conf = new Configuration();
    FileSystem fs = FileSystem.get(URI.create(uri), conf);
    FSDataInputStream in = null;
    try {
      in = fs.open(new Path(uri));
      IOUtils.copyBytes(in, System.out, 4096, false);
      in.seek(0); // go back to the start of the file
      IOUtils.copyBytes(in, System.out, 4096, false);
    } finally {
      IOUtils.closeStream(in);
    }
  }
}
```

在一个小文件上运行的结果如下：

```
% hadoop FileSystemDoubleCat hdfs://localhost/user/tom/quangle.txt
On the top of the Crumpetty Tree
The Quangle Wangle sat,
But his face you could not see,
On account of his Beaver Hat.
On the top of the Crumpetty Tree
The Quangle Wangle sat,
But his face you could not see,
On account of his Beaver Hat.
```

FSDataInputStream 类也实现了 PositionedReadable 接口，从一个指定偏移量处读取文件的一部分：

```
public interface PositionedReadable {

  public int read(long position, byte[] buffer, int offset, int length)
```

```
        throws IOException;

    public void readFully(long position, byte[] buffer, int offset, int length)
    throws IOException;

    public void readFully(long position, byte[] buffer) throws IOException;
}
```

read()方法从文件的指定 position 处读取至多为 length 字节的数据并存入缓冲区 buffer 的指定偏离量 offset 处。返回值是实际读到的字节数：调用者需要检查这个值，它有可能小于指定的 length 长度。readFully()方法将指定 length 长度的字节数数据读取到 buffer 中(或在只接受 buffer 字节数组的版本中，读取 buffer.length 长度字节数据)，除非已经读到文件末尾，这种情况下将抛出 EOFException 异常。

所有这些方法会保留文件当前偏移量，并且是线程安全的，因此它们提供了在读取文件——可能是元数据——的主体时访问文件的其他部分的便利方法。事实上，这只是按照以下模式实现的 Seekable 接口：

```
long oldPos = getPos();
try {
  seek(position);
  // read data
} finally {
  seek(oldPos);
}
```

最后务必牢记，seek()方法是一个相对高开销的操作，需要慎重使用。建议用流数据来构建应用的访问模式（如使用 MapReduce)，而非执行大量的 seek()方法。

写入数据

FileSystem 类有一系列创建文件的方法。最简单的方法是给准备创建的文件指定一个 Path 对象，然后返回一个用于写入数据的输出流：

```
public FSDataOutputStream create(Path f) throws IOException
```

上述方法有多个重载版本，允许我们指定是否需要强制覆盖已有的文件、文件备份数量、写入文件时所用缓冲区大小、文件块大小以及文件权限。

> create()方法能够为需要写入且当前不存在的文件创建父目录。尽管这样很方便，但有时并不希望这样。如果你希望不存在父目录就发生文件写入失败，则应该先调用 exists()方法检查父目录是否存在。

还有一个重载方法 Progressable，用于传递回调接口，如此一来，可以把数据写入数据节点的进度通知到你的应用：

```
package org.apache.hadoop.util;
public interface Progressable {
  public void progress();
}
```

另一种新建文件的方法，是使用 append()方法在一个已有文件末尾追加数据(还存在一些其他重载版本)：

```
public FSDataOutputStream append(Path f) throws IOException
```

该追加操作允许一个 writer 打开文件后在访问该文件的最后偏移量处追加数据。有了这个 API，某些应用可以创建无边界文件，例如，日志文件可以在机器重启后在已有文件后面继续追加数据。该追加操作是可选的，并非所有 Hadoop 文件系统都实现了该操作。例如，HDFS 支持追加，但 S3 文件系统就不支持。

例 3-4 显示了如何将本地文件复制到 Hadoop 文件系统。每次 Hadoop 调用 progress()方法时——也就是每次将 64 KB 数据包写入 datanode 管线后——打印一个时间点来显示整个运行过程。注意，这个操作并不是通过 API 实现的，因此 Hadoop 后续版本能否执行该操作，取决于该版本是否修改过上述操作。API 仅能让你知道到“正在发生什么事情”。

例 3-4. 将本地文件复制到 Hadoop 文件系统

```
public class FileCopyWithProgress {
  public static void main(String[] args) throws Exception {
    String localSrc = args[0];
    String dst = args[1];
    InputStream in = new BufferedInputStream(new FileInputStream(localSrc));


    Configuration conf = new Configuration();
    FileSystem fs = FileSystem.get(URI.create(dst), conf);
    OutputStream out = fs.create(new Path(dst), new Progressable() {
      public void progress() {
        System.out.print(".");
      }
    });

    IOUtils.copyBytes(in, out, 4096, true);
  }
}
```

典型应用如下：

```
% hadoop FileCopyWithProgress input/docs/1400-8.txt hdfs://localhost/user/tom/1400-8.txt
...............
```

目前，其他 Hadoop 文件系统写入文件时均不调用 `progress()`方法。你将在后续章节中看到进度对于 MapReduce 应用的重要性。

FSDataOutputStream 对象

`FileSystem` 实例的 `create()` 方法返回 `FSDataOutputStream` 对象，与 `FSDataInputStream` 类相似，它也有一个查询文件当前位置的方法：

```
package org.apache.hadoop.fs;

public class FSDataOutputStream extends DataOutputStream implements Syncable {

  public long getPos() throws IOException {
    // implementation elided
  }

   // implementation elided
}
```

但与 `FSDataInputStream` 类不同的是，`FSDataOutputStream` 类不允许在文件中定位。这是因为 HDFS 只允许对一个已打开的文件顺序写入，或在现有文件的末尾追加数据。换句话说，它不支持在除文件末尾之外的其他位置进行写入，因此，写入时定位就没有什么意义。

目录

`Filesystem` 实例提供了创建目录的方法：

```
public boolean mkdirs(Path f) throws IOException
```

这个方法可以一次性新建所有必要但还没有的父目录，就像 `java.io.File` 类的 `mkdirs()`方法。如果目录(以及所有父目录)都已经创建成功，则返回 `true`。

通常，你不需要显式创建一个目录，因为调用 `create()`方法写入文件时会自动创建父目录。

查询文件系统

文件元数据：FileStatus

任何文件系统的一个重要特征都是提供其目录结构浏览和检索它所存文件和目录相关信息的功能。`FileStatus` 类封装了文件系统中文件和目录的元数据，包括文件长度、块大小、备份、修改时间、所有者以及权限信息。

`FileSystem` 的 `getFileStatus()`方法用于获取文件或目录的 `FileStatus` 对象。例 3-5 显示了它的用法。

例 3-5. 展示文件状态信息

```
public class ShowFileStatusTest {

  private MiniDFSCluster cluster; // use an in-process HDFS cluster for testing
  private FileSystem fs;

  @Before
  public void setUp() throws IOException {
    Configuration conf = new Configuration();
    if (System.getProperty("test.build.data") == null) {
      System.setProperty("test.build.data", "/tmp");
    }
    cluster = new MiniDFSCluster(conf, 1, true, null);
    fs = cluster.getFileSystem();
    OutputStream out = fs.create(new Path("/dir/file"));
    out.write("content".getBytes("UTF-8"));
    out.close();
  }

  @After
  public void tearDown() throws IOException {
    if (fs != null) { fs.close(); }
    if (cluster != null) { cluster.shutdown(); }
  }

  @Test(expected = FileNotFoundException.class)
  public void throwsFileNotFoundForNonExistentFile() throws IOException {
    fs.getFileStatus(new Path("no-such-file"));
  }

  @Test
  public void fileStatusForFile() throws IOException {
    Path file = new Path("/dir/file");
    FileStatus stat = fs.getFileStatus(file);
    assertThat(stat.getPath().toUri().getPath(), is("/dir/file"));
    assertThat(stat.isDir(), is(false));
    assertThat(stat.getLen(), is(7L));
    assertThat(stat.getModificationTime(),
        is(lessThanOrEqualTo(System.currentTimeMillis())));
    assertThat(stat.getReplication(), is((short) 1));
    assertThat(stat.getBlockSize(), is(64 * 1024 * 1024L));
    assertThat(stat.getOwner(), is("tom"));
    assertThat(stat.getGroup(), is("supergroup"));
    assertThat(stat.getPermission().toString(), is("rw-r--r--"));
  }

  @Test
  public void fileStatusForDirectory() throws IOException {
    Path dir = new Path("/dir");
    FileStatus stat = fs.getFileStatus(dir);
    assertThat(stat.getPath().toUri().getPath(), is("/dir"));
    assertThat(stat.isDir(), is(true));
    assertThat(stat.getLen(), is(0L));
    assertThat(stat.getModificationTime(),
        is(lessThanOrEqualTo(System.currentTimeMillis())));
    assertThat(stat.getReplication(), is((short) 0));
```

```
    assertThat(stat.getBlockSize(), is(0L));
    assertThat(stat.getOwner(), is("tom"));
    assertThat(stat.getGroup(), is("supergroup"));
    assertThat(stat.getPermission().toString(), is("rwxr-xr-x"));
  }

}
```

如果文件或目录均不存在，则会抛出 FileNotFoundException 异常。但是，如果只需检查文件或目录是否存在，那么调用 exists()方法会更方便：

```
public boolean exists(Path f) throws IOException
```

列出文件

查找一个文件或目录的信息很实用，但通常你还需要能够列出目录的内容。这就是 FileSystem 的 listStatus()方法的功能：

```
public FileStatus[] listStatus(Path f) throws IOException
public FileStatus[] listStatus(Path f, PathFilter filter) throws IOException
public FileStatus[] listStatus(Path[] files) throws IOException
public FileStatus[] listStatus(Path[] files, PathFilter filter) throws IOException
```

当传入的参数是一个文件时，它会简单转变成以数组方式返回长度为 1 的 FileStatus 对象。当传入参数是一个目录时，则返回 0 或多个 FileStatus 对象，表示此目录中包含的文件和目录。

一种重载方法是允许使用 PathFilter 来限制匹配的文件和目录——可以参见第 61 页“PathFilter 对象”小节中的例子。最后，如果指定一组路径，其执行结果相当于依次轮流传递每条路径并对其调用 listStatus()方法，再将 FileStatus 对象数组累积存入同一数组中，但该方法更为方便。这从文件系统树的不同分支构建输入文件列表时，这是很有用的。例 3-6 简单显示了这种方法。注意 FileUtil 中 stat2Paths()方法的使用，它将一个 FileStatus 对象数组转换为 Path 对象数组。

例 3-6. 显示 Hadoop 文件系统中一组路径的文件信息

```
public class ListStatus {

  public static void main(String[] args) throws Exception {
    String uri = args[0];
    Configuration conf = new Configuration();
    FileSystem fs = FileSystem.get(URI.create(uri), conf);

    Path[] paths = new Path[args.length];
    for (int i = 0; i < paths.length; i++) {
      paths[i] = new Path(args[i]);
    }
```

```
    FileStatus[] status = fs.listStatus(paths);
    Path[] listedPaths = FileUtil.stat2Paths(status);
    for (Path p : listedPaths) {
      System.out.println(p);
    }
  }
}
```

我们可以通过这个程序显示一组路径集目录列表的并集：

```
% hadoop ListStatus hdfs://localhost/ hdfs://localhost/user/tom
hdfs://localhost/user
hdfs://localhost/user/tom/books
hdfs://localhost/user/tom/quangle.txt
```

文件模式

在单个操作中处理一批文件，这是一个常见要求。举例来说，处理日志的 MapReduce 作业可能需要分析一个月内包含在大量目录中的日志文件。在一个表达式中使用通配符来匹配多个文件是比较方便的，无需列举每个文件和目录来指定输入，该操作称为“通配”(globbing)。Hadoop 为执行通配提供了两个 FileSystem 方法：

```
public FileStatus[] globStatus(Path pathPattern) throws IOException
public FileStatus[] globStatus(Path pathPattern, PathFilter filter) throws IOException
```

globStatus()方法返回与路径相匹配的所有文件的 FileStatus 对象数组，并按路径排序。PathFilter 命令作为可选项可以进一步对匹配进行限制。

Hadoop 支持的通配符与 Unix *bash* 相同(见表 3-2)。

表 3-2. 通配符及其含义

通配符	名称	匹配
*	星号	匹配 0 或多个字符
?	问号	匹配单一字符
[ab]	字符类	匹配{a,b}集合中的一个字符
[^ab]	非字符类	匹配非{a,b}集合中的一个字符
[a-b]	字符范围	匹配一个在{a,b}范围内的字符(包括ab)，a 在字典顺序上要小于或等于 b
[^a-b]	非字符范围	匹配一个不在{a,b}范围内的字符(包括ab)，a 在字典顺序上要小于或等于 b
{a,b}	或选择	匹配包含 a 或 b 中的一个的表达式
\c	转义字符	匹配元字符 c

假设有日志文件存储在按日期分层组织的目录结构中。如此一来，2007 年最后一天的日志文件就会存在以/2007/12/31 命名的目录中。假设整个文件列表如下：

- /2007/12/30
- /2007/12/31
- /2008/01/01
- /2008/01/02

一些文件通配符及其扩展如下所示。

通配符	扩展
/*	/2007/2008
/*/*	/2007/12/2008/01
/*/12/*	/2007/12/30/2007/12/31
/200?	/2007/2008
/200[78]	/2007/2008
/200[7-8]	/2007/2008
/200[^01234569]	/2007/2008
/*/*/{31,01}	/2007/12/31/2008/01/01
/*/*/3{0,1}	/2007/12/30/2007/12/31
/*/{12/31,01/01}	/2007/12/31/2008/01/01

PathFilter 对象

通配符模式并不总能够精确地描述我们想要访问的文件集。比如，使用通配格式排除一个特定的文件就不太可能。`FileSystem` 中的 `listStatus()`和 `globStatus()` 方法提供了可选的 `PathFilter` 对象，使我们能够通过编程方式控制通配符：

```
package org.apache.hadoop.fs;

public interface PathFilter {
  boolean accept(Path path);
}
```

`PathFilter` 与 `java.io.FileFilter` 一样，是 `Path` 对象而不是 `File` 对象。

例 3-7 显示了用于排除匹配正则表达式路径的 `PathFilter`。

例 3-7. 用于排除匹配正则表达式路径的 PathFilter

```
public class RegexExcludePathFilter implements PathFilter {

  private final String regex;

  public RegexExcludePathFilter(String regex) {
    this.regex = regex;
  }

  public boolean accept(Path path) {
    return !path.toString().matches(regex);
  }
}
```

这个过滤器只传递不匹配正则表达式的文件。我们将该过滤器与预先去除文件的通配符相结合：过滤器可优化结果。如下示例将扩展到/2007/12/30：

```
fs.globStatus(new Path("/2007/*/*"),  new RegexExcludeFilter("^.*/2007/12/31$"))
```

过滤器由 Path 表示，只能作用于文件名。不能针对文件的属性(例如创建时间)来构建过滤器。但是，通配符模式和正则表达式同样无法对文件属性进行匹配。例如，如果你将文件存储在按照日期排列的目录结构中(如同前一节中讲述的那样)，则可以根据 Pathfilter 在给定的时间范围内选出文件。

删除数据

使用 FileSystem 的 delete()方法可以永久性删除文件或目录。

```
public boolean delete(Path f, boolean recursive) throws IOException
```

如果 f 是一个文件或空目录，那么 recursive 的值就会被忽略。只有在 recrusive 值为 true 时，一个非空目录及其内容才会被删除(否则会抛出 IOException 异常)。

数据流

文件读取剖析

为了了解客户端及与之交互的 HDFS、namenode 和 datanode 之间的数据流是什么样的，我们可参考图 3-1，该图显示了在读取文件时一些事件的主要顺序。

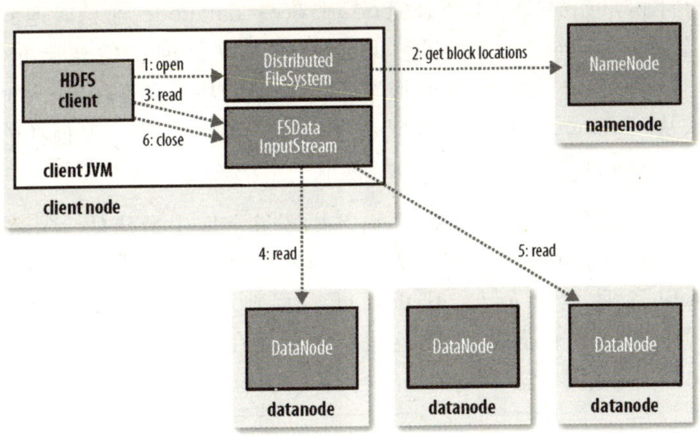

图 3-1. 客户端读取 HDFS 中的数据

客户端通过调用 `FileSyste` 对象的 `open()`方法来打开希望读取的文件，对于 HDFS 来说，这个对象是分布式文件系统(图 3-1 中的步骤 1)的一个实例。`DistributedFileSystem` 通过使用 RPC 来调用 namenode，以确定文件起始块的位置(步骤 2)。对于每一个块，namenode 返回存有该块复本的 datanode 地址。此外，这些 datanode 根据它们与客户端的距离来排序(根据集群的网络拓扑；参见第 64 页的补充材料“网络拓扑与 Hadoop”)。如果该客户端本身就是一个 datanode (比如，在一个 MapReduce 任务中)，并保存有相应数据块的一个复本时，该节点将从本地 datanode 中读取数据。

`DistributedFileSystem` 类返回一个 `FSDataInputStream` 对象(一个支持文件定位的输入流)给客户端并读取数据。`FSDataInputStream` 类转而封装 `DFSInputStream` 对象，该对象管理着 datanode 和 namenode 的 I/O。

接着，客户端对这个输入流调用 `read()`方法(步骤 3)。存储着文件起始块的 datanode 地址的 `DFSInputStream` 随即连接距离最近的 datanode。通过对数据流反复调用 `read()`方法，可以将数据从 datanode 传输到客户端(步骤 4)。到达块的末端时，`DFSInputStream` 会关闭与该 datanode 的连接，然后寻找下一个块的最佳 datanode (步骤 5)。客户端只需要读取连续的流，并且对于客户端都是透明的。

客户端从流中读取数据时，块是按照打开 `DFSInputStream` 与 datanode 新建连接的顺序读取的。它也需要询问 namenode 来检索下一批所需块的 datanode 的位置。一旦客户端完成读取，就对 `FSDataInputStream` 调用 `close()`方法(步骤 6)。

在读取数据的时候，如果 DFSInputStream 在与 datanode 通信时遇到错误，它便会尝试从这个块的另外一个最邻近 datanode 读取数据。它也会记住那个故障 datanode，以保证以后不会反复读取该节点上后续的块。DFSInputStream 也会通过校验和确认从 datanode 发来的数据是否完整。如果发现一个损坏的块，它就会在 DFSInputStream 试图从其他 datanode 读取一个块的复本之前通知 namenode。

这个设计的一个重点是，namenode 告知客户端每个块中最佳的 datanode，并让客户端直接联系该 datanode 且检索数据。由于数据流分散在该集群中的所有 datanode，所以这种设计能使 HDFS 可扩展到大量的并发客户端。同时，namenode 仅需要响应块位置的请求(这些信息存储在内存中，因而非常高效)，而无需响应数据请求，否则随着客户端数量的增长，namenode 很快会成为一个瓶颈。

网络拓扑与 Hadoop

本地网络中，两个节点被称为“彼此近邻”是什么意思？在海量数据处理中，其主要限制因素是节点之间数据的传输速率——带宽很稀缺。这里的想法是将两个节点间的带宽作为距离的衡量标准。

衡量节点之间的带宽，实际上很难实现(它需要一个稳定的集群，并且在集群中两两节点对数量是节点数量的平方)，为此 Hadoop 采用一个简单的方法，把网络看作一棵树，两个节点间的距离是它们到最近的共同祖先的距离总和。该树中的层次是没有预先设定的，但是相对于数据中心、框架和正在运行的节点，通常可以设定等级。具体的想法是对于以下每个场景，可用带宽依次递减：

- 同一节点中的进程
- 同一机架上的不同节点
- 同一数据中心中不同机架上的节点
- 不同数据中心中的节点①

例如，假设有数据中心 *d*1 机架 *r*1 中的节点 *n*1。该节点可以表示为/*d*1/*r*1/*n*1。利用这种标记，这里给出四种距离描述：

- *distance(/d1/r1/n1, /d1/r1/n1)*=0(同一节点中的进程)
- *distance(/d1/r1/n1, /d1/r1/n2)*=2(同一机架上的不同节点)
- *distance(/d1/r1/n1, /d1/r2/n3)*=4(同一数据中心中不同机架上的节点)
- *distance(/d1/r1/n1, /d2/r3/n4)*=6(不同数据中心中的节点)

① 在本书写作期间，Hadoop 依旧不适合跨数据中心运行。

图 3-2 给出详细的图式表达(爱好数学的读者会注意到这是一个距离度量的例子)。

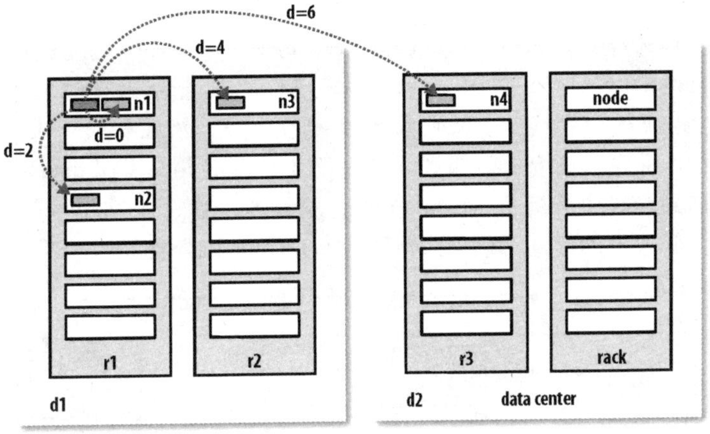

图 3-2. Hadoop 中的网络距离

最后，我们必须意识到 Hadoop 无法自行定义网络拓扑结构。它需要我们能够理解并辅助定义，我们将在第 261 页的“网络拓扑”小节中讨论如何配置网络拓扑。不过在默认情况下，假设网络是平铺的——仅有单一层次——或换句话说，所有节点都在同一数据中心的同一机架上。小的集群可能如此，所以不需要进一步配置。

文件写入剖析

接下来我们看看文件是如何写入 HDFS 的。尽管比较详细，但对于理解数据流还是很有用的，因为它清楚地说明了 HDFS 的一致模型。

我们要考虑的情况是如何创建一个新文件，并把数据写入该文件，最后关闭该文件。参见图 3-3。

客户端通过对 `DistributedFileSystem` 对象调用 `create()`函数来创建文件(图 3-3 中的步骤 1)。`DistributedFileSystem` 对 namenode 创建一个 RPC 调用，在文件系统的命名空间中创建一个新文件，此时该文件中还没有相应的数据块 (步骤 2)。namenode 执行各种不同的检查以确保这个文件不存在，并且客户端有创建该文件的权限。如果这些检查均通过，namenode 就会为创建新文件记录一条记录；否则，文件创建失败并向客户端抛出一个 `IOException` 异常。`DistributedFileSystem` 想客户端返回一个 `FSDataOutputStream` 对象，由此客户端可以开始写入数据。

就像读取事件一样，`FSDataOutputStream` 封装一个 `DFSoutPutstream` 对象，该对象负责处理 datanode 和 namenode 之间的通信。

在客户端写入数据时(步骤 3)，`DFSOutputStream` 将它分成一个个的数据包，并写入内部队列，称为“数据队列”(data queue)。`DataStreamer` 处理数据队列，它的责任是根据 datanode 列表来要求 namenode 分配适合的新块来存储数据备份。这一组 datanode 构成一个管线——我们假设复本数为 3，所以管线中有 3 个节点。`DataStreamer` 将数据包流式传输到管线中第 1 个 datanode，该 datanode 存储数据包并将它发送到管线中的第 2 个 datanode。同样地，第 2 个 datanode 存储该数据包并且发送给管线中的第 3 个(也是最后一个)datanode (步骤 4)。

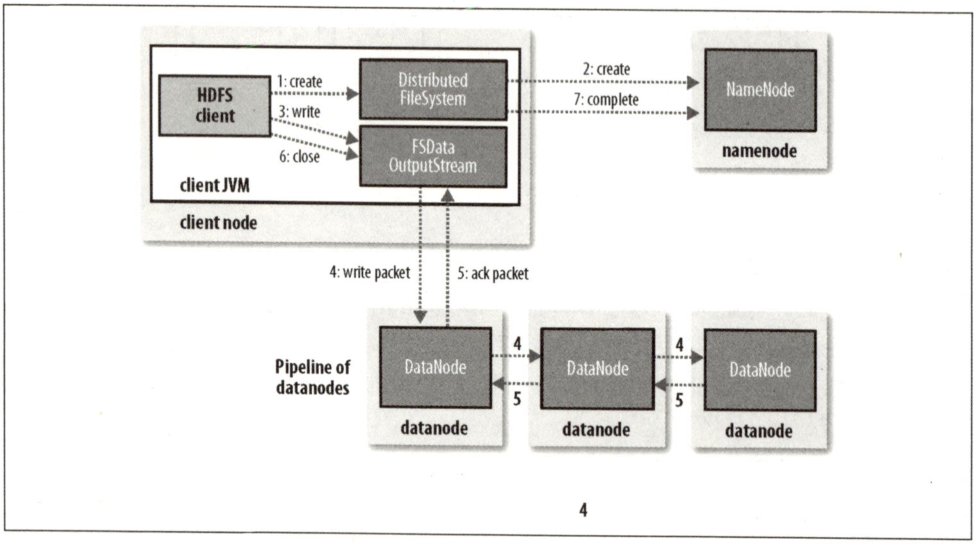

图 3-3. 客户端将数据写入 HDFS

`DFSOutputStream` 也维护着一个内部数据包队列来等待 datanode 的收到确认回执，称为“确认队列”(ack queue)。当收到管道中所有 datanode 确认信息后，该数据包才会从确认队列删除(步骤 5)。

如果在数据写入期间，datanode 发生故障，则执行以下操作，这对与写入数据的客户端是透明的。首先关闭管线，确认把队列中的任何数据包都添加回数据队列的最前端，以确保故障节点下游的 datanode 不会漏掉任何一个数据包。为存储在另一正常 datanode 的当前数据块指定一个新的标识，并将该标识传送给 namenode，以便故障 datanode 在恢复后可以删除存储的部分数据块。从管线中删除故障数据节点并且把余下的数据块写入管线中的两个正常的的 datanode。namenode 注意到块复本量不足时，会在另一个节点上创建一个新的复本。后续的数据块继续正常接受处理。

在一个块被写入期间可能会有多个 datanode 同时发生故障，但非常少见。只要写入了 `dfs.replication.min` 的复本数(默认为 1)，写操作就会成功，并且这个块可以在集群中异步复制，直到达到其目标复本数(`dfs.replication` 的默认值为 3)。

客户端完成数据的写入后，会对数据流调用 `close()`方法(步骤 6)。该操作将剩余的所有数据包写入 datanode 管线中，并在联系 namenode 且发送文件写入完成信号之前，等待确认(步骤 7)。namenode 已经知道文件由哪些块组成(通过 `Datastreamer` 询问数据块的分配)，所以它在返回成功前只需要等待数据块进行最小量的复制。

复本的布局

namenode 如何选择在哪个 datanode 存储**复本**(replica)？这里需要在可靠性、写入带宽和读取带宽之间进行权衡。例如，把所有复本都存储在一个节点损失的写入带宽最小，因为复制管线都是在单一节点上运行，但这并不提供真实的冗余(如果节点发生故障，那么该块中的数据会丢失)。同时，单一机架上的读取带宽是很高的。另一个极端，把复本放在不同的数据中心可以最大限度地提高冗余，但带宽的损耗非常大。即使在同一数据中心(到目前为止所有 Hadoop 集群均运行在同一数据中心内)，也有许多不同的数据布局策略。其实，在发布的 Hadoop 0.17.0 版中改变了数据布局策略来辅助保持数据块在集群内分布相对均匀(第 304 页的“均衡器”详细说明了如何保持集群的均衡)。从 0.21.0 版本开始，可即时选择数据块的布局策略。

Hadoop 的默认布局策略是在运行客户端的节点上放第 1 个复本 (如果客户端运行在集群之外，就随机选择一个节点，不过系统会避免挑选那些存储太满或太忙的节点)。第 2 个复本放在与第一个不同且随机另外选择的机架中节点上(离架)。第 3 个复本与第 2 个复本放在相同的机架，且随机选择另一个节点。其他复本放在集群中随机选择的节点上，不过系统会尽量避免在相同的机架上放太多复本。

一旦选定复本的放置位置，就会根据网络拓扑创建一个管线。如果复本数为 3，则有如图 3-4 所示的管线。

总的来说，这一方法不仅提供很好的稳定性(数据块存储在两个机架中)并实现很好的负载均衡，包括写入带宽(写入操作只需要遍历一个交换机)、读取性能(可以从两个机架中进行选择读取)和集群中块的均匀分布(客户端只在本地机架写入一个块)。

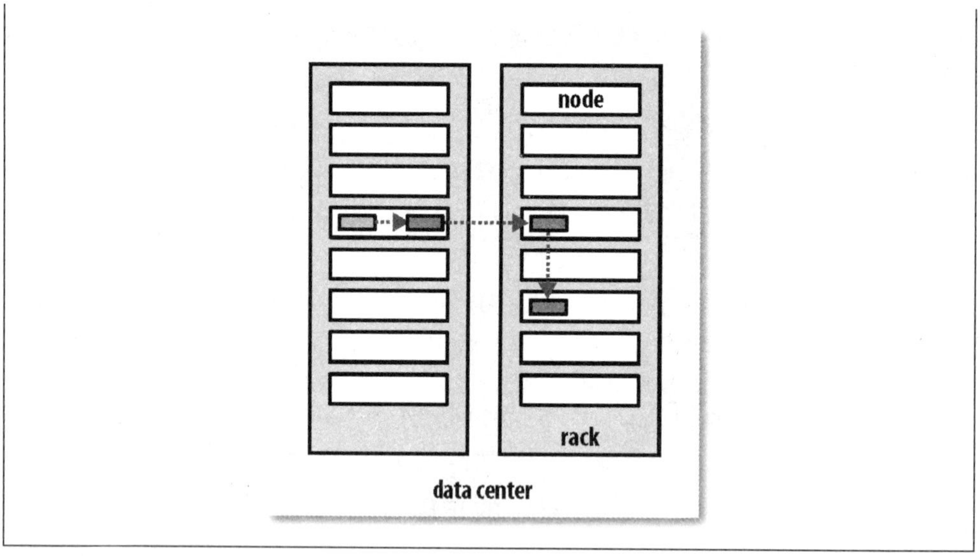

图 3-4. 一个典型的复本管线

一致模型

文件系统的**一致模型**(coherency model)描述了对文件读/写的数据可见性。HDFS 为性能牺牲了一些 POSIX 要求，因此一些操作与你期望的可能不同。

在创建一个文件之后，希望它能在文件系统的命名空间中立即可见，如下所示：

```
Path p = new Path("p");
Fs.create(p);
assertThat(fs.exists(p),is(true));
```

但是，写入文件的内容并不保证能立即可见，即使数据流已经刷新并存储。所以文件长度显示为 0：

```
Path p = new Path("p");
OutputStream out = fs.create(p);
out.write("content".getBytes("UTF-8"));
out.flush();
assertThat(fs.getFileStatus(p).getLen(),is(0L));
```

当写入的数据超过一个块后，新的 reader 就能看见第一个块。之后的块也不例外。总之，其他 reader 无看见当前正在写入的块。

HDFS 提供一个方法来强制所有的缓存与数据节点同步，即对 FSDataOutputStream 调用 sync()方法。当 sync()方法返回成功后，对所有新的 reader 而言，HDFS 能保证文件中到目前为止写入的数据均可见且一致：[①]

```
Path p = new Path("p");
FSDataOutputStream out = fs.create(p);
out.write("content".getBytes("UTF-8"));
out.flush();
out.sync();
assertThat(fs.getFileStatus(p).getLen(), is(((long) "content".length())));
```

该操作类似于 POSIX 中的 fsync 系统调用，该调用将提交一个文件描述符的缓冲数据。例如，利用标准 Java API 将数据写入本地文件，我们能够在刷新数据流且同步之后看到具体文件内容：

```
FileOutputStream out = new FileOutputStream(localFile);
out.write("content".getBytes("UTF-8"));
out.flush(); // flush to operating system
out.getFD().sync(); // sync to disk
assertThat(localFile.length(), is(((long) "content".length())));
```

在 HDFS 中关闭文件其实还隐含执行了 sync()方法：

```
Path p = new Path("p");
OutputStream out = fs.create(p);
out.write("content".getBytes("UTF-8"));
out.close();
assertThat(fs.getFileStatus(p).getLen(), is(((long) "content".length())));
```

应用设计的重要性

这个一致模型和你设计应用程序的具体方法息息相关。如果不调用 sync()方法，就需要准备好在客户端或系统发生故障时可能会丢失一个数据块。对很多应用来说，这是不可接受的，所以你需要在适当的地方调用 sync()方法，例如在写入一定的记录或字节之后。尽管 sync()操作被设计成尽量减少 HDFS 负载，但它有许多额外开销，所以在数据鲁棒性和吞吐量之间就会有所取舍。选择什么样的权衡，这与具体的应用相关，通过设置不同调用 sync()方法的频率来衡量应用程序的性能，最终找到一个合适的频率。

① 在 Hadoop 0.20(包括 0.20)之前的发行版本中并没有实现 sync()方法；但是从 0.21.0 版本开始加入了该方法。同样的，也是从那个版本开始将 sync()方法从 hflush()方法中分离了出来，由于数据依旧在磁盘的缓冲区中，所以该方法仅仅确保新用户能够看到至目前所有写入的数据；hsync()方法则是确保操作系统将刷新的数据写入磁盘(类似于 POSIX 的 fsync 方法)。

通过 distcp 并行复制

前面着重介绍单线程访问的 HDFS 访问模型。例如，通过指定文件通配符，可以对一组文件进行处理，但是为了提高性能，需要写一个程序来并行处理这些文件。Hadoop 有一个有用的 *distcp* 分布式复制程序，该程序可以从 Hadoop 文件系统中复制大量的数据，也可以将大量的数据复制到 Hadoop 中。

distcp 的典型应用是在两个 HDFS 集群之间传输数据。如果两个集群运行相同版本的 Hadoop，就非常适合使用 *hdfs* 方案：

```
% hadoop distcp hdfs://namenode1/foo hdfs://namenode2/bar
```

这行指令将把第一个集群/*foo* 目录(和它的内容)复制到第二个集群的/*bar* 目录下，所以第二个集群最后拥有目录结构/*bar/foo*。如果/*bar* 不存在，则新建一个。你也可以指定多个源路径，并把所有的路径都复制到目标路径下。注意，源路径必须是绝对路径。

默认情况下，*distcp* 会跳过目标路径下已经存在的文件，但可以通过-*overwrite* 选项覆盖现有的文件。也可以通过-*update* 选项来选择仅更新修改过的文件。

使用-overwrite 和-update 选项中任意一个(或两个)需要改变源路径和目标路径的解释。这里最好用一个例子来说明。如果改变先前例子中第一个集群/foo 子树下的一个文件，那么我们也通过下面的命令将修改同步到第二个集群上：

```
% hadoop distcp -update hdfs://namenode1/foo hdfs://namenode2/bar/foo
```

因为源目录下的内容已被复制到目标目录下，所以需要在目标路径中添加额外的子目录/*foo*。(如果对 rsync 命令比较熟悉，可以认为-overwrite 或-update 选项就是在源路径末尾添加一个斜杠。)

如果不确定 *discp* 操作的效果，最好先在一个小的测试目录树下试着运行一次。

有很多选项可以控制 *distcp* 的复制方式，包括保留文件属性，忽略故障和限制复制文件或总数据的数量。不带任何选项运行时，将显示使用说明。

distcp 是作为一个 MapReduce 作业来实现的，该复制作业是通过集群中并行运行的 map 来完成。这里没有 reducer。每个文件通过单一的 map 进行复制，并且 distcp 试图为每一个 map 分配大致相等的数据来执行，这一步通过将文件划分为大致相等的块来实现。

map 的数量是这样确定的。让每一个 map 复制合理的数据量来尽量减少构建任务时所涉及的开销，这是是一个很好的想法，所以每个 map 至少复制 256 MB 数据(除非输入的总数据量较少，否则一个 map 就可以完成所有的复制)。例如，将 1 GB 大小的文件分给 4 个 map 任务。如果数据非常大，则有必要限制 map 的数量进而限制带宽和集群的使用。默认情况下，每个集群节点(或 tasktracker)最多分配 20 个 map 任务。例如，将 1000 GB 的文件复制到一个由 100 个节点组成的集群，一共分配 2000 个 map 任务(每个节点 20 个 map 任务)，所以每个 map 任务平均复制 512 MB 数据。通过对 *distcp* 指定`-m` 参数，可以减少分配的 map 任务数。例如，`-m 1000` 将分配 1000 个 map 任务，每个平均复制 1 GB 数据。

如果试图在两个运行着不同 HDFS 版本的集群上使用 *distcp* 复制数据，并且使用 *hdfs* 协议，会导致复制作业失败，因为两个版本的 RPC 系统是不兼容的。想要弥补这种情况，可以使用基于只读 HTTP 协议的 HFTP 文件系统并从源文件系统中读取数据。这个作业必须运行在目标集群上，进而实现 HDFS RPC 版本的兼容。使用 HFTP 协议重复前面的例子：

```
% hadoop distcp hftp://namenode1:50070/foo hdfs://namenode2/bar
```

注意，需要在 URI 源中指定 namenode 的 Web 端口。这是由 `dfs.http.address` 属性决定的，其默认值为 `50070`。

保持 HDFS 集群的均衡

向 HDFS 复制数据时，考虑集群的平衡性是相当重要的。当文件块在集群中均匀地分布时，HDFS 能达到最佳工作状态。回到前面 1000 GB 数据的例子，将`-m` 选项指定为 1，即由一个 map 来执行复制作业，它的意思是——不考虑速度变慢和未充分利用集群资源——每个块的第一个复本将存储到运行 map 的节点上(直到磁盘被填满)。第二和第三个复本将分散在集群中，但这一个节点是不平衡的。将 map 的数量设定为多于集群中节点的数量，可以避免这个问题——鉴于此，最好首先使用默认的每个节点 20 个 map 来运行 `distcp` 命令。

然而，这也并不总能阻止集群的不平衡。也许想限制 map 的数量以便另外一些节点可用于其他作业。若是这样，可以使用**均衡器**(balancer)这个平衡工具(参见第 304 页的“均衡器”小节)进而改善集群中块分布的均匀程度。

Hadoop 存档

每个文件均按块方式存储，每个块的元数据存储在 namenode 的内存中，因此 Hadoop 存储小文件会非常低效。因为大量的小文件会耗尽 namenode 中的大部分内存。但注意，存储小文件所需的磁盘容量和存储这些文件原始内容所需要的磁盘空间相比也不会增多。例如，一个 1 MB 的文件以大小为 128 MB 的块存储，使用的是 1 MB 的磁盘空间，而不是 128 MB。

Hadoop 存档文件或 HAR 文件，是一个更高效的文件存档工具，它将文件存入 HDFS 块，在减少 namenode 内存使用的同时，还能允许对文件进行透明的访问。具体说来，Hadoop 存档文件可以用作 MapReduce 的输入。

使用 Hadoop 存档工具

Hadoop 存档是通过 *archive* 工具根据一组文件创建而来的。该存档工具运行一个 MapReduce 作业来并行处理所有的输入文件，因此你需要一个 MapReduce 集群来运行和使用它。这里，HDFS 中有一些文档我们希望对它们进行存档：

```
% hadoop fs -lsr /my/files
-rw-r--r--   1 tom supergroup    1 2009-04-09 19:13 /my/files/a
drwxr-xr-x   - tom supergroup    0 2009-04-09 19:13 /my/files/dir
-rw-r--r--   1 tom supergroup    1 2009-04-09 19:13 /my/files/dir/b
```

现在我们可以运行 archive 指令：

```
% hadoop archive -archiveName files.har /my/files /my
```

第一个选项是存档文件的名称，这里是 *file.har*。HAR 文件总是一个以*.har* 为扩展名的文件，这是必需的，具体理由见后文描述。接下来的参数是需要存档的文件。这里我们只存档一棵源文件树下的文件，即 HDFS 下*/my/files* 中的文件，但事实上该工具可以接受多棵源文件树。最后一个参数是 HAR 文件的输出目录。让我们看看这个存档文件是怎么创建的：

```
% hadoop fs -ls /my
Found 2 items
drwxr-xr-x    - tom supergroup     0 2009-04-09 19:13 /my/files
drwxr-xr-x    - tom supergroup     0 2009-04-09 19:13 /my/files.har
% hadoop fs -ls /my/files.har
Found 3 items
-rw-r--r--    10 tom supergroup    165 2009-04-09 19:13 /my/files.har/_index
-rw-r--r--    10 tom supergroup    23 2009-04-09 19:13
/my/files.har/_masterindex
-rw-r--r--     1 tom supergroup    2 2009-04-09 19:13 /my/files.har/part-0
```

这个目录列表显示了 HAR 文件的组成部分：两个索引文件以及部分文件的集合——本例中只有一个。这些部分文件中包含已经链接在一起的大量原始文件的内容，并且我们通过索引可以找到包含在存档文件中的部分文件，它的起始点和长度。但所有这些细节对于使用 *har* URI 方案与 HAR 文件交互的应用都是隐式的，并且 HAR 文件系统是建立在基础文件系统上的(本例中是 HDFS)。以下命令以递归方式列出了存档文件中的部分文件：

```
% hadoop fs -lsr har:///my/files.har
drw-r--r-- - tom supergroup 0 2009-04-09 19:13 /my/files.har/my
drw-r--r-- - tom supergroup 0 2009-04-09 19:13 my/files.har/my/files
-rw-r--r-- 10 tom supergroup 1 2009-04-09 19:13 /my/files.har/my/files/a
drw-r--r-- - tom supergroup 0 2009-04-09 19:13 /my/files.har/my/files/dir
-rw-r--r-- 10 tom supergroup 1 2009-04-09 19:13 /my/files.har/my/files/dir/b
```

如果 HAR 文件所在的文件系统是默认的文件系统，这就非常直观易懂。另一方面，如果你想在其他文件系统中引用 HAR 文件，则需要使用一个不同于正常情况下的 URI 路径格式。以下两个指令作用相同，例如：

```
% hadoop fs -lsr har:///my/files.har/my/files/dir
% hadoop fs -lsr har://hdfs-localhost:8020/my/files.har/my/files/dir
```

注意第二个格式，仍以 *har* 方案表示一个 HAR 文件系统，但是由 hdfs 指定基础文件系统方案的权限，后面加上一个斜杠和 HDFS 主机(localhost)及端口(8020)。我们现在可以知道为什么 HAR 文件必须要有*.har* 扩展名。通过查看权限和路径及*.har* 扩展名的组成，HAR 文件系统将 *har* URI 转换成为一个基础文件系统的 URI。在本例中是 *hdfs://localhost:8020/user/tom/files.har*。路径的剩余部分是文件在存档文件系统中的路径：*/user/tom/files/dir*。

要想删除 HAR 文件，需要使用递归格式进行删除，因为对于基础文件系统来说，HAR 文件是一个目录：

```
%
hadoop fs -rmr /my/files.har
```

不足

对于 HAR 文件，还需要了解一些它的不足。创建一个存档文件会创建原始文件的一个复本，因此你至少需要与要存档(尽管创建了存档文件后可以删除原始文件)的文件容量相同大小的磁盘空间。虽然存档文件中源文件能被压缩(HAR 文件在这方面更接近于 *tar* 文件)，但目前还不支持存档文件的压缩。

一旦创建，存档文件便不能再修改。要想从中增加或删除文件，必须重新创建存档文件。事实上，一般不会再对存档后的文件进行修改，因为它们是定期成批存档的，比如每日或每周。

如前所述，HAR 文件可以作为 MapReduce 的输入。然而，`InputFormat` 类并不知道文件已经存档，尽管该类可以将多个文件打包成一个 MapReduce 分片，所以即使在 HAR 文件中处理许多小文件，也仍然低效的。第 203 页的“小文件和 CombineFileInputFormat”小节将讨论此问题的另一种解决方案。

第 4 章

Hadoop I/O

Hadoop 自带一套原子操作用于数据 I/O。其中有一些技术比 Hadoop 本身更常用，如数据完整性保持和压缩，但在处理多达好几个 TB 的数据集时，特别值得关注。其他一些则是 Hadoop 工具或 API，它们所形成的构建模块可用于开发分布式系统，比如序列化操作和**在盘**(on-disk)数据结构。

数据完整性

Hadoop 用户肯定都希望系统在存储和处理数据时，数据不会有任何丢失或损坏。但是，尽管磁盘或网络上的每个 I/O 操作不太可能将错误引入自己正在读写的数据，但是，如果系统需要处理的数据量大到 Hadoop 能够处理的极限，数据被损坏的概率还是很高的。

检测数据是否损坏的常见措施是，在数据第一次引入系统时计算校验和(checksum)，并在数据通过一个不可靠的通道进行传输时再次计算校验和，这样就能发现数据是否损坏。如果计算所得的新校验和和原来的校验和不匹配，我们就认为数据已损坏。但该技术并不能修复数据——它只能检测出数据错误。(这正是不使用低端硬件的原因。具体说来，一定要使用 ECC 内存。)注意，校验和也是可能损坏的，不只是数据，但由于校验和比数据小得多，所以损坏的可能性非常小。

常用的错误检测码是 CRC-32(循环冗余校验)，任何大小的数据输入均计算得到一个 32 位的整数校验和。

HDFS 的数据完整性

HDFS 会对写入的所有数据计算校验和，并在读取数据时验证校验和。它针对每个

由 `io.bytes.per.checksum` 指定字节的数据计算校验和。默认情况下为 512 个字节，由于 CRC-32 校验和是 4 个字节，所以存储校验和的额外开销低于 1%。

datanode 负责在验证收到的数据后存储数据及其校验和。它在收到客户端的数据或复制期间其他 datanode 的数据时执行这个操作。正在写数据的客户端将数据及其校验和发送到由一系列 datanode 组成的管线(详见第 3 章)，管线中最后一个 datanode 负责验证校验和。如果 datanode 检测到错误，客户端便会收到一个 `ChecksumException` 异常，它是 `IOException` 异常的一个子类，后者应以应用程序特定的方式来处理，比如重试这个操作。

客户端从 datanode 读取数据时，也会验证校验和，将它们与 datanode 中存储的校验和进行比较。每个 datanode 均持久保存有一个用于验证的校验和日志(persistent log of checksum verification)，所以它知道每个数据块的最后一次验证时间。客户端成功验证一个数据块后，会告诉这个 datanode，datanode 由此更新日志。保存这些统计信息对于检测损坏的磁盘很有价值。

不只是客户端在读取数据块时会验证校验和，每个 datanode 也会在一个后台线程中运行一个 `DataBlockScanner`，从而定期验证存储在这个 datanode 上的所有数据块。该项措施是解决物理存储媒体上位损坏的有力措施。第 303 页的“datanode 数据块扫描器”小节将详细描述如何访问扫描报告。

由于 HDFS 存储着每个数据块的复本(replica)，因此它可以通过复制完好的数据复本来修复损坏的数据块，进而得到一个新的、完好无损的复本。基本思路是，客户端在读取数据块时，如果检测到错误，就向 namenode 报告已损坏的数据块及其正在尝试读操作的这个 datanode，最后才抛出 `ChecksumException` 异常。namenode 将这个已损坏的数据块的复本标记为已损坏，所以并不需要直接与 datanode 联系，或尝试将这个复本复制到另一个 datanode。之后，它安排这个数据块的一个复本复制到另一个 datanode，如此一来，数据块的复本因子(replication factor)又回到期望水平。此后，已损坏的数据块复本便被删除。

在使用 `open()`方法读取文件之前，将 `false` 值传递给 `FileSystem` 对象的 `setVerifyChecksum()`方法，既可以禁用校验和验证。如果在命令解释器中结合使用-ignoreCrc 和`-get` 选项或等价的`-copyToLocal` 命令，也可以达到相同的效果。如果有一个已损坏的文件需要检查并决定如何处理，这个特性是非常有用的。例如，可以试试在删除该文件之前是否能够恢复部分数据。

LocalFileSystem

Hadoop 的 `LocalFileSystem` 执行客户端的校验和验证。这意味着在你写入一个名为 *filename* 的文件时，文件系统客户端会明确地在包含每个文件块校验和的同一个目录内新建一个名为 *.filename.crc* 的隐藏文件。就像 HDFS 一样，文件块的大小由属性 `io.bytes.per.checksum` 控制，默认为 512 个字节。文件块的大小作为元数据存储在*.crc* 文件中，所以即使文件块大小的设置已经发生变化，仍然可以正确读回文件。在读取文件时需要验证校验和，并且如果检测到错误，`LocalFileSystem` 将抛出一个 `ChecksumException` 异常。

校验和的计算代价是相当低的(在 Java 中，它们是用本地代码实现的)，一般只是增加少许额外的读写文件的时间。对大多数应用来说，为保证数据完整性，这样的额外开销是可以接受的。但是，我们可以禁用校验和计算，特别是在底层文件系统本身就支持校验和时。在这种情况下，使用 `RawLocalFileSystem` 替代 `LocalFileSystem`。要想在一个应用中实现全局校验和验证，需要将 `fs.file.impl` 属性设置为 `org.apache.hadoop.fs.RawLocalFileSystem` 进而对文件 URI 实现重新映射。还有一个可选方案，可以直接新建一个 `RawLocalFileSystem` 实例，如果你想针对一些读操作禁用校验和，它是非常有用的。示例如下：

```
Configuration conf = ...
FileSystem fs = new RawLocalFileSystem();
fs.initialize(null, conf);
```

ChecksumFileSystem

LocalFileSystem 通过 ChecksumFileSystem 来完成自己的任务，有了这个类，向其他文件系统(无校验和系统)加入校验和就非常简单，因为 ChecksumFileSystem 类继承自 FileSystem 类。一般用法如下：

```
FileSystem rawFs = ...
FileSystem checksummedFs = new ChecksumFileSystem(rawFs);
```

底层文件系统称为“源”(raw)文件系统，可以使用 `ChecksumFileSystem` 实例的 `getRawFileSystem()`方法获取它。`ChecksumFileSystem` 类还有其他一些与校验和有关的有用方法，比如 `getChecksumFile()`，这个方法用于获得任意一个文件的校验和文件路径。其他方法，请参考文档。

如果在读取文件时，`ChecksumFileSystem` 类检测到错误，它会调用自己的 `reportChecksumFailure()`方法。默认实现为空方法，但 `LocalFileSystem` 类会将这个出错的文件及其校验和移到同一存储设备上一个名为 `bad_files` 的**边际文件夹**(side directory)中。管理员应定期检查这些坏文件并采取相应的行动。

压缩

文件压缩有两大好处：可以减少存储文件所需要的磁盘空间；可以加速数据在网络和磁盘上的传输。需要处理大量数据时，这两大好处是相当重要的，所以需要仔细考虑在 Hadoop 中如何使用压缩。

有很多种不同的压缩格式、工具和算法，它们各有千秋。表 4-1 列出了与 Hadoop 结合使用的常见压缩方法。①

表 4-1. 压缩格式总结

压缩格式	工具	算法	文件扩展名	是否包含多个文件	是否可切分
DEFLATE *	N/A	DEFLATE	.deflate	否	否
Gzip	gzip	DEFLATE	.gz	否	否
bzip2	bzip2	bzip2	.bz2	否	是
LZO	Lzop	LZO	.lzo	否	否

* DEFLATE 是一个标准压缩算法，该算法的标准实现是 zlib。没有可用于生成 DEFLATE 文件的常用命令行工具，因为通常都用 gzip 格式。注意，gzip 文件格式只是在 DEFLATE 格式上增加了文件头和一个文件尾。.deflate 文件扩展名是 Hadoop 约定的

所有压缩算法都需要权衡空间/时间：压缩和解压缩速度更快，其代价通常是只能节省少量的空间。表 4-1 列出的所有压缩工具都提供 9 个不同的选项来控制压缩时必须考虑的权衡：选项`-1` 为优化压缩速度，`-9` 为优化压缩空间。例如，下述命令通过最快的压缩方法创建一个名为 *file.gz* 的压缩文件：

```
gzip -1 file
```

不同压缩工具有不同的压缩特性。gzip 是一个通用的压缩工具，在空间/时间性能的权衡中，居于其他两个压缩方法之间。bzip2 比 gzip 更高效，但压缩速度更慢一点。bzip2 的解压速度比压缩速度快，但与其他压缩格式相比，仍然要慢一些。另一方面，LZO 优化压缩速度，其速度比 gzip(或其他压缩/解压缩工具②)更快，但压缩效率稍逊一筹。

表 4-1 中的“是否可切分”这一列，表示该压缩算法是否支持切分(splitable)，也就是说，是否可以搜索数据流的任意位置并进一步往下读取数据。可切分压缩格式尤其适合 MapReduce，相关详情参见第 83 页的“压缩与输入分片”小节。

codec

codec 实现了一种压缩-解压缩算法。在 Hadoop 中，一个对 `CompressionCodec` 接口的实现代表一个 codec。所以，例如，`GzipCodec` 包装了 gzip 的压缩和解压缩算

① 在本书写作期间，Hadoop 还不支持 ZIP 压缩。参见 *https://issues.apache.org/jira/browse/MAPREDUCE-210*。

② Jeff Gilchrist 的“存档压缩测试”包含大量压缩工具的压缩、解压缩速度、压缩率的测试标准，参见 *http://compression.ca/act/act-summary.html*。

法。表 4-2 列举了 Hadoop 实现的 codec。

表 4-2. Hadoop 的压缩 codec

压缩格式	HadoopCompressionCodec
DEFLATE	org.apache.hadoop.io.compress.DefaultCodec
gzip	org.apache.hadoop.io.compress.GzipCodec
bzip2	org.apache.hadoop.io.compress.BZip2Codec
LZO	com.hadoop.compression.lzo.LzopCodec

LZO 代码库拥有 GPL 许可，因而可能没有包含在 Apache 的发行版本中，因此，Hadoop 的 codec 需要单独从 *http://code.google.com/p/hadoop-gpl-compression* 下载，或从 *http://github.com/kevinweil/hadoop-lzo* 下载，该代码库包含有修正的软件错误及其他一些工具。`LzopCodec` 与 `lzop` 工具兼容，`LzopCodec` 本质上是 LZO 格式的但包含额外的文件头，因此这通常就是你想要的。也有针对纯 LZO 格式的 `LzoCodec`，并使用 *.lzo_deflate* 作为文件扩展名(类似于 DEFLATE，但纯 gzip 并不包含文件头)。

通过 CompressionCodec 对数据流进行压缩和解压缩

`CompressionCodec` 包含两个函数，可以轻松用于压缩和解压缩数据。如果要对写入输出数据流的数据进行压缩，可用 `createOutputStream(OutputStream out)` 方法在底层的数据流中对需要以压缩格式写入在此之前尚未压缩的数据新建一个 `CompressionOutputStream` 对象。相反，对输入数据流中读取的数据进行解压缩的时候，则调用 `createInputStream(InputStream in)` 获取 `CompressionInputStream`，可通过该方法从底层数据流读取解压缩后的数据。

`CompressionOutputStream` 对象和 `CompressionInputStream` 对象，类似于 `java.util.zip.DeflaterOutputStream` 和 `java.util.zip.DeflaterInputStream`，只不过前两者能够重置其底层的压缩或解压缩方法，对于某些将部分数据流(section of data stream)压缩为单独数据块(block)的应用——例如 `SequenceFile`(详见第 116 页的“SequenceFile”小节)，这个能力是非常重要的。

例 4-1 显示了如何利用 API 来压缩从标准输入中读取的数据并将其写到标准输出。

例 4-1. 该程序压缩从标准输入读取的数据，然后将其写到标准输出

```
public class StreamCompressor {
  public static void main(String[] args) throws Exception {
    String codecClassname = args[0];
    Class<?> codecClass = Class.forName(codecClassname);
```

```
    Configuration conf = new Configuration();
    CompressionCodec codec = (CompressionCodec)
      ReflectionUtils.newInstance(codecClass, conf);
        CompressionOutputStream out = codec.createOutputStream(System.out);
    IOUtils.copyBytes(System.in, out, 4096, false);
    out.finish();
  }
}
```

这个应用希望将 CompressionCodec 实现的完全合格名称作为第一个命令行参数。我们使用 ReflectionUtils 来构建一个新的 codec 实例，然后在 System.out 上包裹一个压缩方法。由此，我们可以对 IOUtils 对象调用 copyBytes()方法，从而将输入的数据复制到输出，输出由 CompressionOutputStream 对象压缩。最后，我们对 CompressionOutputStream 对象调用 finish()方法，要求压缩方法完成到压缩数据流的写操作，但不关闭这个数据流。我们可以用下面这行命令做一个测试，通过 GzipCodec 的 StreamCompressor 对象对字符串“Text”进行压缩，然后使用 *gunzip* 从标准输入中对它进行读取并解压缩操作：

```
% echo "Text" | hadoop StreamCompressor org.apache.hadoop.io. compress.GzipCodec \
  | gunzip
Text
```

通过 CompressionCodecFactory 推断 CompressionCodec

在读取一个压缩文件时，通常可以通过文件扩展名推断需要使用哪个 codec。如果文件以.*gz* 结尾，则可以用 GzipCodec 来读取，如此等等。表 4-1 为每一种压缩格式列举了文件扩展名。

通过使用其 getCodec()方法，CompressionCodecFactory 提供了一种方法可以将文件扩展名映射到一个 CompressionCodec，该方法取文件的 Path 对象作为参数。例 4-2 所示的应用便使用这个特性来对文件进行解压缩。

例 4-2. 该应用使用由文件扩展名推断而来的 codec 来对文件进行解压缩

```
public class FileDecompressor {

  public static void main(String[] args) throws Exception {
    String uri = args[0];
    Configuration conf = new Configuration();
    FileSystem fs = FileSystem.get(URI.create(uri), conf);

    Path inputPath = new Path(uri);
    CompressionCodecFactory factory = new CompressionCodecFactory(conf);
    CompressionCodec codec = factory.getCodec(inputPath);
    if (codec == null) {
      System.err.println("No codec found for " + uri);
      System.exit(1);
    }
```

```
    String outputUri =
      CompressionCodecFactory.removeSuffix(uri, codec.getDefaultExtension());

    InputStream in = null;
    OutputStream out = null;
    try {
      in = codec.createInputStream(fs.open(inputPath));
      out = fs.create(new Path(outputUri));
      IOUtils.copyBytes(in, out, conf);
    } finally {
      IOUtils.closeStream(in);
      IOUtils.closeStream(out);
    }
  }
}
```

一旦找到对应的 codec，便去除文件扩展名形成输出文件名，这是通过 CompressionCodecFactory 对象的静态方法 removeSuffix()来实现的。按照这种方法，一个名为 *file.gz* 的文件可以通过下面的程序压缩为名为 *file* 的文件：

```
% hadoop FileDecompressor file.gz
```

CompressionCodecFactory 会从 io.compression.codecs 属性定义的一个列表中找到 codec。默认情况下，该列表列出了 Hadoop 提供的所有 codec，所以只有在你拥有一个希望注册的定制 codec(例如外部管理的 LZO codec)时才需对其进行修改。每个 codec 都知道自己默认的文件扩展名，因此 CompressionCodecFactory 可通过搜索注册的 codec 找到匹配指定文件扩展名的 codec(如果有的话)。

表 4-3. 压缩 codec 的属性

属性名称	类型	默认值	描述
io.compression.codecs	句点分隔的类名	• org.apache.hadoop.io.compress.DefaultCodec • org.apache.hadoop.io.compress.GzipCodec • org.apache.hadoop.io.compress.Bzip2Codec	压缩/解压缩的 CompressionCodec 类列表

原生类库

为了性能，最好使用“原生”(native)类库来实现压缩和解压缩。例如，在一个测试中，使用原生 gzip 类库可以减少大约一半的解压缩时间和大约 10%的压缩时间(与内置的 Java 实现相比)。表 4-4 给出了每种压缩格式的 Java 实现和原生类库实现。并非所有格式都有原生实现(例如，bzip2)，有些则只有原生类库实现(例如，LZO)。

表 4-4. 压缩代码库的实现

压缩格式	Java 实现	原生实现
DEFLATE	是	是
gzip	是	是
bzip2	是	否
LZO	否	是

Hadoop 本身包含有为 32 位和 64 位 Linux 构建的压缩代码库(位于 *lib/native* 目录)。对于其他平台，需要根据 Hadoop wiki (*http://wiki.apache.org/hadoop/NativeHadoop*)的指令根据需要来编译代码库。

可以通过 Java 系统的 `java.library.path` 属性指定原生代码库。*bin* 文件夹中的 *hadoop* 脚本可以帮你设置该属性，但如果不用这个脚本，则需要在应用中手动设置该属性。

默认情况下，Hadoop 会根据自身运行的平台搜索原生代码库，如果找到相应的代码库就会自动加载。这意味着，你无需为了使用原生代码库而修改任何设置。但是，在某些情况下，例如调试一个压缩相关问题时，可能需要禁用原生代码库。将属性 `hadoop.native.lib` 的值设置成 `false` 即可，这可确保使用内置的 Java 代码库(如果有的话)。

CodecPool 如果使用的是原生代码库并且需要在应用中执行大量压缩和解压缩操作，可以考虑使用 `CodecPool`，它允许你反复使用压缩和解压缩，以分摊创建这些对象所涉及的开销。

例 4-3 中的代码显示了 API 函数，不过在这个程序中，它只新建了一个 `Compressor`，并不需要使用压缩/解压缩池。

例 4-3. 该程序使用压缩池对读取自标准输入的数据进行压缩，然后将其写到标准输出

```
public class PooledStreamCompressor {

  public static void main(String[] args) throws Exception {
    String codecClassname = args[0];
    Class<?> codecClass = Class.forName(codecClassname);
    Configuration conf = new Configuration();
    CompressionCodec codec = (CompressionCodec)
      ReflectionUtils.newInstance(codecClass, conf);
    Compressor compressor = null;
    try {
      compressor = CodecPool.getCompressor(codec);
      CompressionOutputStream out =
        codec.createOutputStream(System.out, compressor);
      IOUtils.copyBytes(System.in, out, 4096, false);
      out.finish();
```

```
    } finally {
      CodecPool.returnCompressor(compressor);
    }
  }
}
```

在 codec 的重载方法 `createOutputStream()`中，对于指定的 `CompressionCodec`，我们从池中获取一个 `Compressor` 实例。通过使用 `finally` 数据块我们，在不同的数据流之间来回复制数据，即使出现 `IOException` 异常，也可以确保 compressor 可以返回池中。

压缩和输入分片

在考虑如何压缩将由 MapReduce 处理的数据时，理解这些压缩格式是否支持**切分**(splitting)是非常重要的。以一个存储在 HDFS 文件系统中且压缩前大小为 1 GB 的文件为例。如果 HDFS 的块大小设置为 64 MB，那么该文件将被存储在 16 个块中，把这个文件作为输入数据的 MapReduce 作业，将创建 16 个数据块，其中每个数据块作为一个 map 任务的输入。

现在，经过 gzip 压缩后，文件大小为 1 GB。与以前一样，HDFS 将这个文件保存为 16 个数据块。但是，将每个数据块单独作为一个输入分片是无法实现工作的，因为无法实现从 gzip 压缩数据流的任意位置读取数据，所以让 map 任务独立于其他任务进行数据读取是行不通的。gzip 格式使用 DEFLATE 算法来存储压缩后的数据，而 DEFLATE 算法将数据存储在一系列连续的压缩块中。问题在于从每个块的起始位置进行读取与从数据流的任意位置开始读取时一致并接着往后读取下一个数据块，因此需要与整个数据流进行同步。由于上述原因，gzip 并不支持文件切分。

在这种情况下，MapReduce 会做正确的事情，不会去尝试切分 gzip 压缩文件，因为它知道输入是 gzip 压缩文件(通过文件扩展名看出)且 gzip 不支持切分。这是可行的，但牺牲了数据的本地性：一个 map 任务处理 16 个 HDFS 块，而其中大多数块并没有存储在执行该 map 任务的节点。而且，map 任务数越少，作业的粒度就较大，因而运行的时间可能会更长。

前面假设的例子中，如果文件是通过 LZO 压缩的，我们会面临相同的问题，因为这个压缩格式也不支持数据读取和数据流同步。[①]但是，bzip2 文件提供不同数据块之间的同步标识(pi 的 48 位近似值)，因而它是支持切分的。表 4-1 列出了每个压缩格式是否支持切分。

① 对 gzip 和 LZO 文件进行预处理来新建切分点索引时，可以有效实现文件的高效切分。Gzip 的详情可访问 *https://issues.apache.org/jira/browse/MAPREDUCE-491*。对于 LZO，Hadoop 的 LZO 代码库中有一个索引工具，可从第 78 页“codec”小节提到的网站获得。

> **应该使用哪种压缩格式？**
>
> 使用哪种压缩格式与具体应用相关。是希望应用运行速度最快，还是更关注尽可能降低数据存储开销？通常情况下，需要为应用尝试不同的策略，并且为应用构建一套测试基准，从而找到最理想的压缩格式。
>
> 对于巨大的、没有存储边界的文件，如日志文件，可以考虑如下选项。
>
> - 存储未经压缩的文件。
> - 使用支持切分的压缩格式，如 bzip2。
> - 在应用中将文件切分成块，并使用任意一种压缩格式为每个数据块建立压缩文件(不论它是否支持切分)。这种情况下，需要合理地选择数据块的大小，以确保压缩后数据块的大小近似于 HDFS 块的大小。
> - 使用**顺序文件**(Sequence File)，它支持压缩和切分。参见第 116 页的“SequenceFile”小节。
> - 使用一个 Avro 数据文件，该文件支持压缩和切分，就像顺序文件(Sequence File)一样，但增加了许多编程语言(并不只是 Java)都可读写的优势。参见第 109 页的“Avro 数据文件”小节。
>
> 对大文件来说，不应该使用不支持切分整个文件的压缩格式，否则将失去数据的本地特性，进而造成 MapReduce 应用效率低下。
>
> 如果是存档，可以考虑 Hadoop 存档格式(参见第 71 页的“Hadoop 存档”小节)，不过该方法不支持压缩。

在 MapReduce 中使用压缩

在第 80 页的“通过 CompressionCodecFactory 推断 CompressionCodec”小节中，已经指出一点：如果输入文件是压缩的，那么在根据文件扩展名推断出相应的 codec 后，MapReduce 会在读取文件时自动解压缩文件。

要想对 MapReduce 作业的输出进行压缩操作，应在作业配置过程中，将 `mapred.output.compress` 属性设为 `true` 和 `mapred.output.compression.codec` 属性设置为打算使用的压缩 codec 的类名，如例 4-4 所示。

例 4-4. 对查找最高气温作业所产生输出进行压缩

```
public class MaxTemperatureWithCompression {

  public static void main(String[] args) throws IOException {
    if (args.length != 2) {
      System.err.println("Usage: MaxTemperatureWithCompression <input path> " +
          "<output path>");
```

```
      System.exit(-1);
    }
    JobConf conf = new JobConf(MaxTemperatureWithCompression.class);
    conf.setJobName("Max temperature with output compression");

    FileInputFormat.addInputPath(conf, new Path(args[0]));
    FileOutputFormat.setOutputPath(conf, new Path(args[1]));

    conf.setOutputKeyClass(Text.class);
    conf.setOutputValueClass(IntWritable.class);

    conf.setBoolean("mapred.output.compress", true);
    conf.setClass("mapred.output.compression.codec", GzipCodec.class,
        CompressionCodec.class);

    conf.setMapperClass(MaxTemperatureMapper.class);
    conf.setCombinerClass(MaxTemperatureReducer.class);
    conf.setReducerClass(MaxTemperatureReducer.class);

    JobClient.runJob(conf);
  }
}
```

我们按照如下指令对压缩后的输入运行程序(输出数据不必使用相同的压缩格式进行压缩，尽管本例中不是这样)：

```
% hadoop MaxTemperatureWithCompression input/ncdc/sample.txt.gz output
```

最终输出的每个部分都是经过压缩的。在这里，只有一部分结果：

```
% gunzip -c output/part-00000.gz
1949    111
1950    22
```

如果为输出生成**顺序文件**(sequence file)，可以设置 `mapred.output.compression.type` 属性来控制要使用哪种压缩格式。默认值是 `RECORD`，即针对每条纪录进行压缩。如果将其改为 `BLOCK`，将针对一组纪录进行压缩，这是推荐的压缩策略，因为它的压缩效率更高(参见第 122 页的“SequenceFile 格式”小节)。

对 map 任务输出进行压缩

尽管 MapReduce 应用读写的是未经压缩的数据，但如果对 map 阶段的中间输入进行压缩，也可以获得不少好处。由于 map 任务的输出需要写到磁盘并通过网络传输到 reducer 节点，所以如果使用 LZO 这样的快速压缩方式，是可以获得性能提升的，因为需要传输的数据减少了。启用 map 任务输出压缩和设置压缩格式的配置属性如表 4-5 所示。

表 4-5. map 任务输出的压缩属性

属性名称	类型	默认值	描述
mapred.compress.map.output	boolean	false	对 map 任务输出进行压缩
mapred.map.output.compression.codec	Class	org.apache.hadoop.io.compress.DefaultCodec	map 输出所用的压缩 codec

下面是在作业中启用 map 任务输出 gzip 压缩格式的代码：

```
conf.setCompressMapOutput(true);
conf.setMapOutputCompressorClass(GzipCodec.class);
```

序列化

所谓**序列化**(serialization)，是指将结构化对象转化为字节流，以便在网络上传输或写到磁盘进行永久存储。**反序列化**(deserialization)是指将字节流转回结构化对象的逆过程。

序列化在分布式数据处理的两大领域经常出现：进程间通信和永久存储。

在 Hadoop 中，系统中多个节点上进程间的通信是通过“远程过程调用”(remote procedure call，RPC) 实现的。RPC 协议将消息序列化成二进制流后发送到远程节点，远程节点接着将二进制流反序列化为原始消息。通常情况下，RPC 序列化格式如下。

紧凑

紧凑的格式能够使我们充分利用网络带宽(它是数据中心中最稀缺的资源)。

快速

进程间通信形成了分布式系统的骨架，所以需要尽量减少序列化和反序列化的性能开销，这是最基本的。

可扩展

协议为了满足新的需求而不断变化，所以在控制客户端和服务器的过程中，需要直接引进相应的协议。例如，需要能够在方法调用的过程中增添新的参数，并且新的服务器需要能够接受来自老客户端的老格式的消息(无新增的参数)。

互操作

对于某些系统来说，希望能支持以不同语言写的客户端与服务器交互，所以需要设计需要一种特定的格式来满足这一需求。

初识数据永久存储时，为它选择的数据格式需要有来自序列化框架的不同需求。毕竟，RPC 的存活时间不到 1 秒钟，然而永久存储的数据可能会在写到磁盘若干年后才会被读取。由此，数据永久存储所期望的 4 个 RPC 序列化属性非常重要。我们希望存储格式比较紧凑(进而高效使用存储空间)、快速(进而读写数据的额外开销比较小)、可扩展(进而可以透明地读取老格式的数据)且可以互操作(进而可以使用不同的语言读写永久存储的数据)。

Hadoop 使用自己的序列化格式 `Writable`，它格式紧凑，速度快，但很难用 Java 以外的语言进行扩展或使用。因为 `Writable` 是 Hadoop 的核心(大多数 MapReduce 程序都会为键和值使用它)，所以在接下来的三个小节中，我们要进行深入探讨，然后再从总体上看看序列化框架和 Avro，后者是一个克服了 `Writable` 少许局限性的序列化系统。

Writable 接口

`Writable` 接口定义了两个方法：一个将其状态写到 `DataOutput` 二进制流，另一个从 `DataInput` 二进制流读取其状态：

```
package org.apache.hadoop.io;

import java.io.DataOutput;
import java.io.DataInput;
import java.io.IOException;

public interface Writable {
  void write(DataOutput out) throws IOException;
  void readFields(DataInput in) throws IOException;
}
```

让我们通过一个特殊的 `Writable` 类来看看它的具体用途。我们将使用 `IntWritable` 来封装一个 Java `int`。我们可以新建一个并使用 `set()`方法来设置它的值:

```
IntWritable writable = new IntWritable();
writable.set(163);
```

我们也可以通过构造函数来新建一个整数值：

```
IntWritable writable = new IntWritable(163);
```

为了检查 `IntWritable` 的序列化形式，我们在 `java.io.DataOutputStream` (`java.io.DataOutput` 的一个实现)中加入一个帮助函数来封装 `java.io.ByteArrayOutputSteam`，以便在序列化流中捕捉字节：

```
public static byte[] serialize(Writable writable) throws IOException {
  ByteArrayOutputStream out = new ByteArrayOutputStream();
  DataOutputStream dataOut = new DataOutputStream(out);
  writable.write(dataOut);
  dataOut.close();
```

```
  return out.toByteArray();
}
```

一个整数占用 4 个字节(因为我们使用 JUnit4 进行声明)：

```
byte[] bytes = serialize(writable);
assertThat(bytes.length, is(4));
```

每个字节是按照大端顺序写入的(按照 java.io.DataOutput 接口中的声明，最重要的字节先写到流)，并且通过 Hadoop 的 StringUtils，我们可以看到这些字节的十六进制表示：

```
assertThat(StringUtils.byteToHexString(bytes), is("000000a3"));
```

让我们试试反序列化。我们再次新建一个帮助方法，从一个字节数组中读取一个 Writable 对象：

```
public static byte[] deserialize(Writable writable, byte[] bytes)
    throws IOException {
  ByteArrayInputStream in = new ByteArrayInputStream(bytes);
  DataInputStream dataIn = new DataInputStream(in);
  writable.readFields(dataIn);
  dataIn.close();
  return bytes;
}
```

我们构建了一个新的、空值的 IntWritable 对象，然后调用 deserialize()方法从我们刚写的输出数据中读取数据。然后我们看到它的值(通过 get()方法获取数值)是原始的数值 163：

```
IntWritable newWritable = new IntWritable();
deserialize(newWritable, bytes);
assertThat(newWritable.get(), is(163));
```

WritableComparable 和 comparator

IntWritable 实现了 WritableComparable 接口，该接口继承自 Writable 和 java.lang.Comparable 接口：

```
package org.apache.hadoop.io;

public interface WritableComparable<T> extends Writable, Comparable<T> {
}
```

对 MapReduce 来说，类型的比较是非常重要的，因为中间有个基于键的排序阶段。Hadoop 提供的一个优化接口是继承自 Java Comparator 的 RawComparator 接口：

```
package org.apache.hadoop.io;

import java.util.Comparator;

public interface RawComparator<T> extends Comparator<T> {
  public int compare(byte[] b1, int s1, int l1, byte[] b2, int s2, int l2);
    }
```

该接口允许其实现直接比较数据流中的记录，无须先把数据流反序列化为对象，这样便避免了新建对象的额外开销。例如，我们根据 `IntWritable` 接口实现的 comparator 实现了 `compare()`方法，该方法可以从每个字节数组 b1 和 b2 中读取给定起始位置(s1 和 s2)以及长度(l1 和 l2)的一个整数进而直接进行比较。

`WritableComparator` 是对继承自 `WritableComparable` 类的 `RawComparator` 类的一个通用实现。它提供两个主要功能。第一，它提供了对原始 `compare()`方法的一个默认实现，该方法能够反序列化将在流中进行比较的对象，并调用对象的 `compare()`方法。第二，它充当的是 `RawComparator` 实例的工厂(已注册 `Writable` 的实现)。例如，为了获得 `IntWratable` 的 comparator，我们直接如下调用：

```
RawComparator<IntWritable> comparator = WritableComparator.get
(IntWritable.class);
```

这个 comparator 可以用于比较两个 `IntWritable` 对象：

```
IntWritable w1 = new IntWritable(163);
IntWritable w2 = new IntWritable(67);
assertThat(comparator.compare(w1, w2), greaterThan(0));
```

或其序列化表示：

```
byte[] b1 = serialize(w1);
byte[] b2 = serialize(w2);
assertThat(comparator.compare(b1, 0, b1.length, b2, 0, b2.length),
  greaterThan(0));
```

Writable 类

Hadoop 自带的 `org.apache.hadoop.io` 包中有广泛的 `Writable` 类可供选择。它们形成如图 4-1 所示的层次结构。

Java 基本类型的 Writable 封装器

`Writable` 类对 Java 基本类型(参见表 4-6)提供封装，`short` 和 `char` 除外(两者可以存储在 `IntWritable` 中)。所有的封装包含 `get()`和 `set()`两个方法用于读取或设置封装的值。

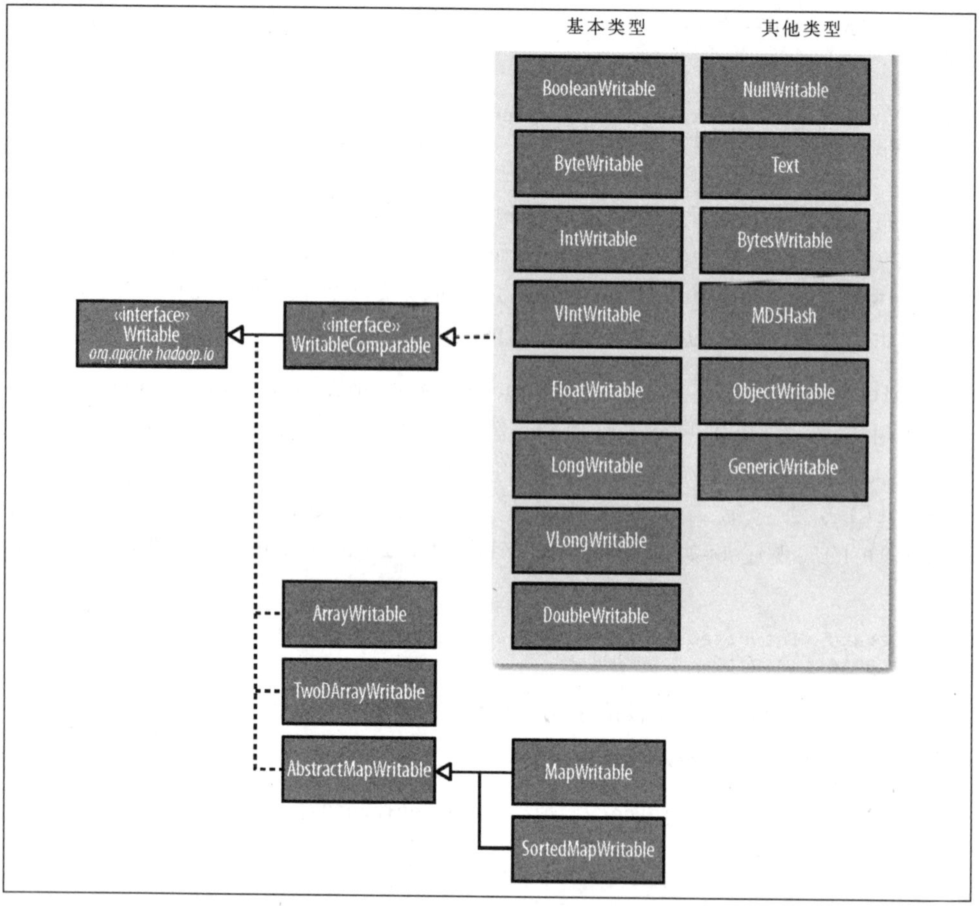

图 4-1. Writable 类的层次结构

表 4-6. Java 基本类型的 Writable 类

Java 基本类型	Writable 实现	序列化大小(字节)
boolean	BooleanWritable	1
byte	ByteWritable	1
int	IntWritable	4
	VintWritable	1~5
float	FloatWritable	4
long	LongWritable	8
	VlongWritable	1-9
double	DoubleWritable	8

对整数进行编码时，有两种选择，即定长格式(IntWritale 和 LongWritable)和变长格式(VIntWritable 和 VLongWritable)。需要编码的数值如果相当小(在-127 和 127 之间，包括-127 和 127)，变长格式就只用一个字节进行编码；否则，使用第一个字节来表示数值的正负和后跟多少个字节。例如，值 163 需要两个字节：

```
byte[] data = serialize(new VIntWritable(163));
assertThat(StringUtils.byteToHexString(data), is("8fa3"));
```

如何在定长格式和变长格式之间进行选择呢？定长格式非常适合对整个值域空间中分布非常均匀的数值进行编码，如精心设计的哈希函数。大多数数值变量的分布都不均匀，而且变长格式一般更节省空间。变长编码的另一个优点是你可以在 VIntWritable 和 VLongWritable 转换，因为它们的编码实际上是一致的。所以选择变长格式之后，便有增长的空间，不必一开始就用 8 字节的 long 表示。

Text 类型

Text 是针对 UTF-8 序列的 Writable 类。一般可以认为它等价于 java.lang.String 的 Writable。Text 替代了 UTF8 类，这并不是一个很好的替代，一者因为不支持对字节数超过 32767 的字符串进行编码，二者因为它使用的是 Java 的 UTF-8 修订版。

索引 由于它着重使用标准的 UTF-8 编码，因此 Text 类和 Java String 类之间存在一定的差别。对 Text 类的索引是根据编码后字节序列中的位置实现的，并非字符串中的 Unicode 字符，也不是 Java Char 的编码单元(如 String)。对于 ASCII 字符串，这三个索引位置的概念是一致的。charAt()方法的用法如下例所示：

```
Text t = new Text("hadoop");
assertThat(t.getLength(), is(6));
assertThat(t.getBytes().length, is(6));

assertThat(t.charAt(2), is((int) 'd'));
assertThat("Out of bounds", t.charAt(100), is(-1));
```

注意 charAt()方法返回的是一个表示 Unicode 编码位置的 int 类型值，与 String 变种不同，它返回的是一个 char 类型值。Text 还有一个 find()方法，该方法类似于 String 的 indexOf()方法：

```
Text t = new Text("hadoop");
assertThat("Find a substring", t.find("do"), is(2));
assertThat("Finds first 'o'", t.find("o"), is(3));
assertThat("Finds 'o' from position 4 or later", t.find("o", 4), is(4));
assertThat("No match", t.find("pig"), is(-1));
```

Unicode 一旦开始使用需要多个字节来编码的字符时，Text 和 String 之间的区别就昭然若揭了。考虑表 4-7 显示的 Unicode 字符。[①]

表 4-7. Unicode 字符

Unicode 编码点	U+0041	U+00DF	U+6771	U+10400
名称	LATIN CAPITAL LETTER A	LATIN SMALL LETTER SHARPS	N/A(统一表示的汉字)	DESERET CAPITAL LETTER LONG I
UTF-8 编码单元	41	C39f	e69db1	F0909080
Java 表示	\u0041	\u00DF	\u6771	\uuD801\uDC00

所有字符(除了表中最后一个字符 U+10400)，都可以使用单个 Java char 类型来表示。U+10400 是一个候补字符，并且需要两个 Java char 类型来表示，称为“字符代理对”(surrogate pair)。例 4-5 中的测试显示了处理一个字符串(表 4-7 中的由 4 个字符组成的字符串)时 String 和 Text 之间的差别。

例 4-5. 该测试表明 String 和 Text 的不同

```
public class StringTextComparisonTest {

  @Test
  public void string() throws UnsupportedEncodingException {

    String s = "\u0041\u00DF\u6771\uD801\uDC00";
    assertThat(s.length(), is(5));
    assertThat(s.getBytes("UTF-8").length, is(10));

    assertThat(s.indexOf("\u0041"), is(0));
    assertThat(s.indexOf("\u00DF"), is(1));
    assertThat(s.indexOf("\u6771"), is(2));
    assertThat(s.indexOf("\uD801\uDC00"), is(3));
```

① 本例基于“Supplementary Character in the Java Platform”这篇文章，网址为 *http://java.sun.com/ developer/technical Articles/ntl/Supplementary*。

```
    assertThat(s.charAt(0), is('\u0041'));
    assertThat(s.charAt(1), is('\u00DF'));
    assertThat(s.charAt(2), is('\u6771'));
    assertThat(s.charAt(3), is('\uD801'));
    assertThat(s.charAt(4), is('\uDC00'));
    assertThat(s.codePointAt(0), is(0x0041));
    assertThat(s.codePointAt(1), is(0x00DF));
    assertThat(s.codePointAt(2), is(0x6771));
    assertThat(s.codePointAt(3), is(0x10400));
  }
@Test
  public void text() {
    Text t = new Text("\u0041\u00DF\u6771\uD801\uDC00");
    assertThat(t.getLength(), is(10));
    assertThat(t.find("\u0041"), is(0));
    assertThat(t.find("\u00DF"), is(1));
    assertThat(t.find("\u6771"), is(3));
    assertThat(t.find("\uD801\uDC00"), is(6));

    assertThat(t.charAt(0), is(0x0041));
    assertThat(t.charAt(1), is(0x00DF));
    assertThat(t.charAt(3), is(0x6771));
    assertThat(t.charAt(6), is(0x10400));
 }
}
```

这个测试证实了 String 的长度是其所含 char 编码单元的个数(5，来自该字符串的前三个字符和最后的一个代理对)，但 Text 对象的长度却是其 UTF-8 编码的字节数(10=1+2+3+4)。相似的，String 类中的 indexOf()方法返回的 char 编码单元中的索引位置，Text 类的 find()方法返回的则是字节偏移量。

当代理对不能代表整个 Unicode 字符时，String 类中的 charAt()方法会根据指定的索引位置返回 char 编码单元。根据 char 编码单元索引位置，需要 codePointAt()方法来获取表示成 int 类型的单个 Unicode 字符。事实上，Text 类中的 charAt()方法与 String 中的 codePointAt()更加相似(相较名称而言)。唯一的区别是通过字节的偏移量进行索引。

迭代 通过字节偏移量进行位置索引来实现对 Text 类 Unicode 字符的迭代是非常复杂的，因为你不能简单地通过增加位置的索引值来实现。同时迭代的语法有些模糊(参见例 4-6)：将 Text 对象转换为 java.nio.ByteBuffer 对象，然后利用缓冲区对 Text 对象反复调用 bytesToCodePoint()静态方法。该方法能够获取下一代码的位置，并返回相应的 int 值，最后更新缓冲区中的位置。通过 bytesToCodePoint()方法可以检测出字符串的末尾，并返回-1 值。

例 4-6. 遍历 Text 对象中的字符

```
public class TextIterator {
    public static void main(String[] args) {
      Text t = new Text("\u0041\u00DF\u6771\uD801\uDC00");
```

```
    ByteBuffer buf = ByteBuffer.wrap(t.getBytes(), 0, t.getLength());
    int cp;
    while(buf.hasRemaining() && (cp = Text.bytesToCodePoint(buf))!=-1){
      System.out.println(Integer.toHexString(cp));
    }
  }
}
```

运行这个程序，打印出字符串中四个字符的编码点(code point)：

```
% hadoop TextIterator
41
df
6771
10400
```

易变性 与 String 相比，Text 的另一个区别在于它是可变的(与所有 Hadoop 的 Writable 接口实现相似，NullWritable 除外，它是单实例对象)。可以通过调用其中一个 set()方法来重用 Text 实例。例如：

```
Text t = new Text("hadoop");
t.set("pig");
assertThat(t.getLength(), is(3));
assertThat(t.getBytes().length, is(3));
```

在某些情况下，getBytes()方法返回的字节数组可能比 getLength()函数返回的长度更长：

```
Text t = new Text("hadoop");
t.set(new Text("pig"));
assertThat(t.getLength(), is(3));
assertThat("Byte length not shortened", t.getBytes().length, is(6));
```

以上代码说明了为什么在调用 getBytes()之前始终要调用 getLength()方法，因为可以由此知道字节数组中多少字符是有效的。

对 String 重新排序 Text 类并不像 java.lang.String 类那样有丰富的字符串操作 API，所以在多数情况下，需要将 Text 对象转换成 String 对象。这一转换通常通过调用 toString()方法来实现：

```
assertThat(new Text("hadoop").toString(), is("hadoop"));
```

BytesWritable

BytesWritable 是对二进制数据数组的封装。它的序列化格式为一个用于指定后面数据字节数的整数域(4 字节)，后跟字节本身。例如，长度为 2 的字节数组包含数值 3 和 5，序列化形式为一个 4 字节的整数(00000002)和该数组中的两个字节(03 和 05)：

```
BytesWritable b = new BytesWritable(new byte[] { 3, 5 });
byte[] bytes = serialize(b);
assertThat(StringUtils.byteToHexString(bytes), is("000000020305"));
```

BytesWritable 是可变的，并且它的值可以通过 set()方法进行修改。和 Text 相似，BytesWritable 类的 getBytes()方法返回的字节数组长度——容量——可能无法体现 BytesWritable 所存储数据的实际大小。可以通过其 getLength()方法来确定 BytesWritable 的大小。示例如下：

```
b.setCapacity(11);
assertThat(b.getLength(), is(2));
assertThat(b.getBytes().length, is(11));
```

NullWritable

NullWritable 是 Writable 的一个特殊类型，它的序列化长度为 0。它并不从数据流中读取数据，也不写入数据。它充当占位符；例如，在 MapReduce 中，如果你不需要使用键或值，就可以将键或值声明为 NullWritable——结果是存储常量空值。如果希望存储一系列数值，与键/值对相对，NullWritable 也可以用作在 SequenceFile 中的键。它是一个不可变的单实例类型：通过调用 NullWritable.get()方法可以获取这个实例。

ObjectWritable 和 GenericWritable

ObjectWritable 是对 Java 基本类型(String，enum，Writable，null 或这些类型组成的数组)的一个通用封装。它在 Hadoop RPC 中用于对方法的参数和返回类型进行封装和解封装。

当一个字段中包含多个类型时，ObjectWritable 是非常有用的：例如，如果 SequenceFile 中的值包含多个类型，就可以将值类型声明为 ObjectWritable，并将每个类型封装在一个 ObjectWritable 中。作为一个通用的机制，每次序列化都写封装类型的名称，这非常浪费空间。如果封装的类型数量比较少并且能够提前知道，那么可以通过使用静态类型的数组，并使用对序列化后的类型的引用加入位置索引提高性能。这是 GenericWritable 类采取的方法，并且你可以在继承的子类中指定需要支持的类型。

Writable 集合类

在 org.apache.hadoop.io 包中，有 4 个 Writable 集合类：ArrayWritable，TwoDArrayWritable，MapWritable 和 SortedMapWritable。

ArrayWritable 和 TwoDArrayWritable 是对 Writable 的数组和两维数组(数组的数组)的实现。ArrayWritable 或 TwoDArrayWritable 中所有元素必须是同一类的实例(在构造函数中指定)，如下所示：

```
ArrayWritable writable = new ArrayWritable(Text.class);
```

如果 Writable 根据类型来定义，例如 SequenceFile 的键或值，或更多时候作为 MapReduce 的输入，则需要继承 ArrayWritable(或相应的 TwoDArray Writable 类)并设置静态类型。示例如下：

```
public class TextArrayWritable extends ArrayWritable {
  public TextArrayWritable() {
    super(Text.class);
  }
}
```

ArrayWritable 和 TwoDArrayWritable 都有 get()，set()和 toArray()方法，toArray()方法用于新建该数组(或二维数组)的一个“浅拷贝”(shallow copy)。

MapWritable 和 SortedMapWritable 分别实现了 java.util.Map<Writable, Writable>和 java.util/SortedMap<WritableComparable,Writable>。每个键/值字段使用的类型是相应字段序列化形式的一部分。类型存储为单个字节(充当类型数组的索引)。在 org.apache.hadoop.io 包中，数组经常与标准类型结合使用，而定制的 Writable 类型也通常结合使用，但对于非标准类型，则需要在包头中指明所使用的数组类型。根据实现，MapWritable 类和 SortedMapWritable 类通过正 byte 值来指示定制的类型，所以在 MapWritable 和 SortedMapWritable 实例中最多可以使用 127 个不同的非标准 Wirtable 类。下面显示的是使用了不同键和值类型的 MapWritable 实例：

```
MapWritable src = new MapWritable();
src.put(new IntWritable(1), new Text("cat"));
src.put(new VIntWritable(2), new LongWritable(163));

MapWritable dest = new MapWritable();
WritableUtils.cloneInto(dest, src);
assertThat((Text) dest.get(new IntWritable(1)), is(new Text("cat")));
assertThat((LongWritable) dest.get(new VIntWritable(2)), is(new
LongWritable(163)));
```

显然，可以通过 Writable 集合类来实现集合和列表。可以使用 MapWritable 类型(或针对排序集合，使用 SortedMapWritable 类型)来枚举集合中的元素，用 NullWritable 类型枚举值。对于单类型的 Writable 列表，使用 ArrayWritable 就足够了，但如果需要把不同的 Writable 类型存储在单个列表中，可以用 GenericWritable 将元素封装在一个 ArrayWritable 中。另一个可选方案是，可以使用与 MapWritable 相似的观点来构造一个通用的 ListWritable。

实现定制的 Writable 类型

Hadoop 有一套非常有用的 Writable 实现可以满足大部分需求，但在有些情况下，我们需要根据自己的需求构造一个新的实现。有了定制的 Writable 类型，就可以完全控制二进制表示和排序顺序。由于 Writable 是 MapReduce 数据路径的核心，所以调整二进制表示能对性能产生显著效果。Hadoop 自带的 Writable 实现已经过很好的性能调整，但如果希望将结构调整得更好，更好的做法往往是新建一个 Writable 类型(而不是构建一个已有类型的组合)。

为了演示如何新建一个定制的 Writable 类型，我们需要写一个表示一对字符串的实现，名为 TextPair。例 4-7 显示了最基本的实现。

例 4-7. 存储一对 Text 对象的 Writable 类型

```java
import java.io.*;

import org.apache.hadoop.io.*;

public class TextPair implements WritableComparable<TextPair> {

  private Text first;
  private Text second;

  public TextPair() {
    set(new Text(), new Text());
  }

  public TextPair(String first, String second) {
    set(new Text(first), new Text(second));
  }

  public TextPair(Text first, Text second) {
    set(first, second);
  }

  public void set(Text first, Text second) {
    this.first = first;
    this.second = second;
  }

  public Text getFirst() {
    return first;
  }

  public Text getSecond() {
    return second;
  }

  @Override
  public void write(DataOutput out) throws IOException {
    first.write(out);
    second.write(out);
  }

  @Override
  public void readFields(DataInput in) throws IOException {
    first.readFields(in);
    second.readFields(in);
```

```
  }
  @Override
  public int hashCode() {
    return first.hashCode() * 163 + second.hashCode();
  }

  @Override
  public boolean equals(Object o) {
    if (o instanceof TextPair) {
      TextPair tp = (TextPair) o;
      return first.equals(tp.first) && second.equals(tp.second);
    }
    return false;
  }

  @Override
  public String toString() {
    return first + "\t" + second;
  }

  @Override
  public int compareTo(TextPair tp) {
    int cmp = first.compareTo(tp.first);
    if (cmp != 0) {
      return cmp;
    }
    return second.compareTo(tp.second);
  }
}
```

这个定制的 Writable 实现中，第一部分非常直观：有两个 Text 实例变量(first 和 second)和相关的构造函数(setter 和 getter，即设置函数和提取函数)。所有的 Writable 实现都必须有一个默认的构造函数以便 MapReduce 框架可以对它们进行实例化，然后再调用 readFields()函数查看(填充)各个字段的值。Writable 实例具有易变性并且通常可以重用，所以应该尽量避免在 write()和 readFields()函数来分配对象。

通过让 Text 对象的自我表示，TextPair 类的 write()方法依次将每个 Text 对象序列化到输出流中。类似的，通过每个 Text 对象的表示，readFields()方法对来自输入流的字节进行反序列化。DataOutput 和 DataInput 接口有一套丰富的方法可以用于对 Java 基本类型进行序列化和反序列化，所以，在通常情况下，你可以完全控制 Writable 对象的在线上传输/交换(的数据)的格式(数据传输格式)。

就相当于针对 Java 语言构造的任何值对象，需要重写 java.lang.Object 中的 hashCode()，equals()和 toString()方法。HashPartitioner(MapReduce 中的默认分区类)通常用 hashCode()方法来选择 reduce 分区，所以你应确保有一个比较好的哈希函数来确保每个 reduce 分区大小相似。

如果计划结合使用 TextOutputFormat 和定制的 Writable，则必须自己实现 toString()方法。TextOutputFormat 对键和值调用 toString()方法，从而将键和值转换为相应的输出表示。针对 TextPair，我们将原始的 Text 对象作为字符串写到输出，各个字符串之间用制表符来分隔。

TextPair 是 WritableComparable 的一个实现，所以它提供了 compareTo()方法，该方法可以强制数据排序：先按照第一个字符排序，如果第一个字符相同则按照第二个字符排序。注意，前一小节中已经提到 TextPair 不同于 TextArrayWritable(可存储的 Text 对象数除外)，因为 TextArrayWritable 只继承了 Writable，并没有继承 WritableComparable。

为速度实现一个 RawComparator

例 4-7 中的 TextPair 代码按照其描述的方式运行；但我们可以进一步优化。按照第 88 页“WritableComparable 和 comparator”小节的说明，当 TextPair 被用作 MapReduce 中的键时，需要将数据流反序列化为对象，然后再调用 compareTo()方法进行比较。那么有没有可能看看它们的序列化表示就可以比较两个 TextPair 对象呢？

事实证明，我们可以这样做，因为 TextPair 是两个 Text 对象连接而成的，而 Text 对象的二进制表示是一个长度可变的整数，包含字符串之 UTF-8 表示的字节数以及 UTF-8 字节本身。诀窍在于读取该对象的起始长度，由此得知第一个 Text 对象的字节表示有多长；然后将该长度传给 Text 对象的 RawComparator 方法，最后通过计算第一个字符串和第二个字符串恰当的偏移量，这样便可以实现对象的比较。详细过程参见例 4-8 (注意，这段代码已嵌入 TextPair 类)。

例 4-8. 用于比较 TextPair 字节表示的 RawComparator

```
public static class Comparator extends WritableComparator {
      private static final Text.Comparator TEXT_COMPARATOR = new
Text.Comparator();
    public Comparator() {
      super(TextPair.class);
    }

    @Override
    public int compare(byte[] b1, int s1, int l1,
                       byte[] b2, int s2, int l2) {

       try {
        int firstL1 = WritableUtils.decodeVIntSize(b1[s1]) + readVInt(b1, s1);
        int firstL2 = WritableUtils.decodeVIntSize(b2[s2]) + readVInt(b2, s2);
        int cmp = TEXT_COMPARATOR.compare(b1, s1, firstL1, b2, s2, firstL2);
        if (cmp != 0) {
          return cmp;
        }
```

```
        return TEXT_COMPARATOR.compare(b1, s1 + firstL1, l1 - firstL1,
                                       b2, s2 + firstL2, l2 - firstL2);
      } catch (IOException e) {
        throw new IllegalArgumentException(e);
      }
    }
  }

  static {
    WritableComparator.define(TextPair.class, new Comparator());
  }
```

事实上，我们继承的是 WritableComparable 类而非直接实现 RawComparator 接口，因为它提供了一些比较好用的方法和默认实现。这段代码最本质的部分是计算 firstL1 和 firstL2，这两个参数表示每个字节流中第一个 Text 字段的长度。两者分别由变长整数的长度(由 WritableUtils 的 decodeVIntSize()方法返回)和编码值(在 readVInt()方法返回)组成。

定制的 comparator

从 TextPair 可以看出，编写原始的 comparator 需要谨慎，因为必须要处理字节级别的细节。如果真的需要自己编写 comparator，有必要参考 org.apache.hadoop.io 包中对 Writable 接口的实现。WritableUtils 的工具方法也比较好用。

如果可能，定制的 comparator 也应该继承自 RawComparator。这些 comparator 定义的排列顺序不同于默认 comparator 定义的自然排列顺序。例 4-9 显示了一个针对 TextPair 类型的 comparator，称为 FirstCompartator，它只考虑 TextPair 对象的第一个字符串。注意，我们重载了针对该类对象的 compare()方法，使两个 compare()方法有相同的语法。

第 8 章在介绍 MapReduce 的连接操作和辅助排序 (参见第 247 页的“连接”小节) 的时候，将使用这个 comparator。

例 4-9. 定制的 RawComparator 用于比较 TextPair 对象字节表示的第一个字段

```
public static class FirstComparator extends WritableComparator {
    private static final Text.Comparator TEXT_COMPARATOR = new Text.Comparator();
    public FirstComparator() {
      super(TextPair.class);
    }

    @Override
    public int compare(byte[] b1, int s1, int l1,
                       byte[] b2, int s2, int l2) {
```

```
    try {
      int firstL1 = WritableUtils.decodeVIntSize(b1[s1]) + readVInt (b1, s1);
      int firstL2 = WritableUtils.decodeVIntSize(b2[s2]) + readVInt (b2, s2);
      return TEXT_COMPARATOR.compare(b1, s1, firstL1, b2, s2, firstL2);
    } catch (IOException e) {
      throw new IllegalArgumentException(e);
    }
  }

  @Override
  public int compare(WritableComparable a, WritableComparable b) {
    if (a instanceof TextPair && b instanceof TextPair) {
      return ((TextPair) a).first.compareTo(((TextPair) b).first);
    }
    return super.compare(a, b);
  }
}
```

序列化框架

尽管大多数 MapReduce 程序使用的都是 `Writable` 类型的键和值，但这并不是 MapReduce API 强制使用的。事实上，可以使用任何类型，只要能有一种机制对每个类型进行类型与二进制表示的来回转换。

为了支持这一机制，Hadoop 有一个针对可替换**序列化框架**(serialization framework)的 API。一个序列化框架用一个 `Serialization` 实现(在 `org.apache.hadoop.io.serializer` 包)来表示。例如，`WritableSerialization` 类是对 `Writable` 类型的 `Serialization` 的实现。

`Serialization` 对象定义了从类型到 `Serializer` 实例(将对象转换为字节流)和 `Deserializer` 实例(将字节流转换为对象)的映射方式。

将 `io.serizalizations` 属性设置为一个由句点分隔的类名列表，即可注册 `Serialization` 实现。它的默认值是 `org.apache.hadoop.io.serializer.WritableSerialization`，这意味着只有 `Writable` 对象才可以在外部序列化和反序列化。

Hadoop 包含一个名为 `JavaSerialization` 的类，该类使用的是 Java Object Serialization。尽管它有利于在 MapReduce 程序中方便地使用标准的 Java 类型，如 `Integer` 或 `String`，但不如 `Writable` 高效，所以不值得如此权衡(参见下一页的补充材料)。

为什么不用 Java Object Serialization?

Java 有自己的序列化机制，称为 Java Object Serialization(通常简称为“Java Serialization”)，该机制与编程语言紧密相关，所以我们很自然会问为什么不在 Hadoop 中使用该机制。针对这个问题，Doug Cutting 是这样解释的：

> “为什么开始设计 Hadoop 的时候我不用 Java Serialization？因为它看起来太复杂，而我认为需要有一个至精至简的机制，可以用于精确控制对象的读和写，因为这个机制是 Hadoop 的核心。使用 Java Serialization 后，虽然可以获得一些控制权，但用起来非常纠结。

不用 RMI 也出于类似的考虑。高效、高性能的进程间通信是 Hadoop 的关键。我觉得我们需要精确控制连接、延迟和缓冲的处理方式，然而 RMI 对此无能为力。”

问题在于 Java Serialization 不满足先前列出的序列化格式标准：精简、快速、可扩展、可以互操作。

Java Serialization 并不精简：每个对象写到数据流时，它都要写入其类名——实现 `java.io.Serializable` 或 `java.io.Externalizable` 接口的类确实如此。同一个类后续的实例只引用第一次出现的句柄，这占 5 个字节。引用句柄不太适用于随机访问，因为被引用的类可能出现在先前数据流的任何位置——也就是说，需要在数据流中存储状态。更糟的是，句柄引用会对序列化数据流中的排序记录造成巨大的破坏，因为一个特定类的第一个记录是不同的，必须当作特殊情况区别对待。

压根儿不把类名写到数据流，则可以避免所有这些问题，`Writable` 接口采取的正是这种做法。这需要假设客户端知道会收到什么类型。其结果是，这个格式比 Java Serialization 格式更精简，同时又支持随机存取和排序，因为流中的每一条记录均独立于其他记录(所以数据流是无状态的)。

Java Serialization 是序列化图对象的通用机制，所以它有序列化和反序列化开销。更有甚者，它有一些从数据流中反序列化对象时，反序列化程序需要为每个对象新建一个实例。另一方面，`Writable` 对象可以(并且通常)重用。例如，对于 MapReduce 作业(主要对只有几个类型的几十亿个对象进行序列化和反序列化)，不需要为新建对象分配空间而得到的存储节省是非常可观的。

至于可扩展性，Java Serialization 支持演化而来的新类型，但是难以使用。不支持 `Writable` 类型，程序员需要自行管理。

原则上讲，其他编程语言能够理解 Java Serialization 流协议(由 Java Object

Serialization 定义)，但事实上，其他语言的实现并不多，所以只有 Java 实现。Writable 的情况也不例外。

序列化 IDL

还有许多其他序列化框架从不同的角度来解决该问题：不通过代码来定义类型，而是使用“接口定义语言”(Interface Description Language，IDL)以不依赖于具体语言的方式进行声明。由此，系统能够为其他语言生成类型，这种形式能有效提高互操作能力。它们一般还会定义版本控制方案(使类型的演化直观易懂)。

Hadoop 自己的 Record I/O(可以在 `org.apache.hadoop.record` 包中找到)有一个 IDL(已编译到 `Writable` 对象中，有利于生成与 MapReduce 兼容的类型)。但是，不知何故，Record I/O 并未得到广泛应用，而且 Avro 也不支持它。

Apache Thrift(*http://incubator.apache.org/thrift*)和 Google 的 Protocol Buffers (*http://code.google.com/p/protobuf/*)是两个比较流行的序列化框架，但它们常用作二进制数据的永久存储格式。MapReduce 格式对该类的支持是有限的；[①]但在 Hadoop 的有些部分，使用 Thrift 来提供跨语言的 API，例如 Thrifts 定制功能模块，作为 Hadoop 文件系统提供的 API(参见第 49 页的“Thrift”小节)。

在下一小节，我们深入探讨 Avro，这是一个基于 IDL 的序列化框架，非常适用于 Hadoop 的大规模数据处理。

Avro

Apache Avro(*http://avro.apache.org/*)[②]是一个独立于编程语言的数据序列化系统。该项目是由 Doug Cutting(Hadoop 之父)创建的，旨在解决 Hadoop 中 Writable 类型的不足：缺乏语言的可移植性。拥有一个可被多种语言(当前是 C，C++，Java，Python 和 Ruby)处理的数据格式与绑定到单一语言的数据格式相比，前者更易于与公众共享数据集。允许其他编程语言能够读写数据，该类数据格式进行读写操作，会使其具有更好的特性。

但为什么要有一个新的数据序列化系统？与 Apache Thrift 和 Google 的 Protocol Buffers 相比，Avro 有其独有的特性。[③]与前述系统及其他系统相似，Avro 数据是用

① 要想了解 Thrift Serialization 的最新动态，请访问 *https://issues.apache.org/jira/browse/HADOOP-3787*。要想了解 Google 的 Protocol Buffers Serialization 的最新动态，则请访问 *https://issues.apache.org/jira/browse/HADOOP-3788*。Twitter 的大象鸟项目(*http://github.com/kevinweil/elephant-bird*)包含一些工具，用于在 Hadoop 中与 Protocol Buffers 结合使用。

② 得名于 20 世纪的英国飞机制造商。

③ *http://code.google.com/p/thrift-protobuf-compare/*的基准测试表明，和其他序列化类库相比，Avro 的性能更好。

语言无关的模式定义的。但与其他系统不同的是，Avro 的代码生成是可选的，这意味着你可以对遵循指定模式的数据进行读写操作，即使在此之前代码，从来没有见过这个特殊的数据模式。为此，Avro 假设数据模式总是存在的——在读写数据时——形成的是非常精简的编码，因为编码后的数值不需要用字段标识符来打标签。Avro 模式通常用 JSON 编写，而数据通常用二进制格式编码，但也有其他选择。还有一种称为 Avro IDL 的高级语言，可以使用开发人员更熟悉的类似 C 的语言来编写模式。还有一个基于 JSON 的数据编码方式(对构建原型和调试 Avro 数据很有用，因为它是我们人类可读的)。

Avro 规范(*http://avro.apache.org/docs/current/spec.html*)精确定义所有实现都必须支持的二进制格式。同时它还指定这些实现还需要支持其他 Avro 特性。但是，该规范并没有给 API 制定规范：实现可以根据自己的需求操作 Avro 数据并给出相应的 API，因为每个 API 都与语言相关。事实上，只有一种二进制格式比较重要，这表明绑定一种新的编程语言来实现是比较容易的，可以避免语言和格式组合爆炸问题，否则将对互操作性造成一定的问题。

Avro 有丰富的**数据模式解析**(data schema resolution)能力。在精心定义的约束条件下，读数据所用的模式不必与写数据所用的模式相同。由此，Avro 是支持模式演化的。例如，通过在用于读取以前数据的模式中声明新的用于读取记录的选项字段。新的和以前客户端均能以相似的方法读取按旧模式存储的数据，同时新的客户端可以使用新的字段写入的新内容。相反的，如果老客户端读取新客户端写入的数据，它将忽略新加入的字段并按照先前的数据模式进行处理。

Avro 为一系列对象指定一个对象容器格式——类似于 Hadoop 的顺序文件。Avro 数据文件包含元数据项，模式数据存储在其中，这使文件可以自我声明。Avro 数据文件支持压缩，并且是可切分的，这对 MapReduce 的输入格式至关重要。另外，Avro 本身是为 MapReduce 设计的，所以在不久的将来有可能使用 Avro 作为一流的 MapReduce API(即，比 Streaming 更丰富的 API，就像 Java API 或 C++管道一样)融入其他编程语言。

Avro 还可以用于 RPC，但这里不进行详细说明。Hadoop 项目计划移植到 Avro RPC，这会带来诸多优势，包括支持滚动升级，对多语言客户端的支持，比如完全用 C 语言实现的 HDFS 客户端。

Avro 数据类型和模式

Avro 定义了少数数据类型，它们可用于以写模式的方式来构建应用特定的数据结构。考虑到互操作性，其实现必须支持所有的 Avro 类型。

表 4-8 列举了 Avro 的基本类型。每个基本类型还可以使用更冗长的形式和使用 type 属性来指定，示例如下：

```
{ "type": "null" }
```

表 4-8. Avro 基本类型

类型名称	描述	模式示例
null	空值	“null”
boolean	二进制值	“boolean”
int	32 位带符号整数	“int”
long	64 位带符号整数	“long”
fload	单精度(32 位)IEEE754 浮点数	“float”
double	双精度(64 位)IEEE754 浮点数	“double”
bytes	8 位无符号字节序列	“bytes”
string	Unicode 字符序列	“string”

表 4-9 列举了 Avro 的复杂类型，并为每个类型给出模式示例。

表 4-9. Avro 复杂类型

类型名称	描述	模式示例
array	一个排过序的对象集合。特定数组中的所有对象必须模式相同	`{ "type": "array", "items": "long" }`
map	未排过序的键/值对。键必须是字符串，值可以是任何类型，但一个特定 map 中所有值必须模式相同	`{ "type": "map", "values": "string" }`
record	任意类型的一个命名字段集合	`{ "type": "record", "name": "WeatherRecord", "doc": "A weather reading.", "fields": [ {"name": "year", "type": "int"}, {"name": "temperature", "type": "int"}, {"name": "stationId", "type": "string"} ] }`
enum	一个命名的值集合	`{ "type": "enum", "name": "Cutlery", "doc": "An eating utensil.", "symbols": ["KNIFE", "FORK", "SPOON"] }`

类型	描述	模式示例

`fixed`	一组固定数量的 8 位无符号字节	`{`
		`  "type": "fixed",`
		`  "name": "Md5Hash",`

`union`	模式的并集。并集可以用 JSON 数组表示，其中每个元素为一个模式。并集表示的数据必须与其其中一个模式相匹配	`[`
		`  "null",`
		`  "string",`
		`  {"type": "map", "values":`
		`"string"}`
		`]`

每个 Avro 语言 API 都包含该语言特定的 Avro 类型表示。例如，Avro 的 `double` 类型可以用 C、C++和 Java 语言的 `double` 类型表示，Python 的 `float` 类型表示，Ruby 的 `float` 类型表示。

而且，一种语言可能有多种表示或映射。所有的语言都支持动态映射，即使运行前并不知道具体模式，也可以使用动态映射。对此，Java 称为“通用”(generic)映射。

另外，Java 和 C++实现可以自动生成代码来表示符合某一 Avro 模式的数据。代码生成(在 Java 中称为“特殊映射”)，能优化数据处理，如果读写数据之前就有一个模式备份。那么，为用户代码生成的类和为通用代码生成的类相比，前者更能提供领域相关的 API。

Java 拥有第三类映射，即**自反映射**(reflect mapping，将 Avro 类型映射成事先已有的 Java 类型)。它的速度比通用映射和特殊映射都慢，所以不推荐在新应用中使用。

表 4-10 列举了 Java 的类型映射。如表所示，特殊映射和通用映射相同，除非有特别说明(同样的，自反映射与特殊映射也相同，除非特别说明)。特殊映射与通用映射仅在 `record`，`enum` 和 `fixed` 三个类型方面有区别，所有其他类型均有自动生成的类(类名由 `name` 属性和可选的 `namesapce` 属性决定)。

为什么不使用 Java 通用映射和特殊映射，而用 Java `String` 来表示 Avro `String`？答案与效率相关：Avro Utf8 类型是易变的，所以可以重用它对一系列值进行读写操作。另外，Java `String` 在新建对象时进行 UTF-8 解码，但 Avro 执行 Utf8 解码更晚一些，某些情况下这样做可以提高系统性能。注意，Java 自反映射确实使用了 Java 的 `String` 类，其主要因素是 Java 的兼容性而非性能。

表 4-10. Avro 的 Java 类型映射

Avro 类型	Java 通用映射	Java 特殊映射	Java 自反映射
null	null 类型		
boolean	Boolean		
int	Int		short 或 int
long	long		
float	float		
double	double		
bytes	java.nio.bytebuffer		字节数组
string	org.apache.avro.util/utf8		java.lang.String
array	org.apache.avro.util/utf8		array 或 java.util/Collection
map	java.util/map		
record	org.apache.avro.generic.genericrecord	生成实现 org.apache.avro.specific/SpecificRecord 的类	具有零参数构造函数的任意用户类。继承了所有不传递的实例字段
enum	java.lang.string	生成 Java enum 类型	任意 Java enum 类型
fixed	org.apache.avro.generic/genericfixed	生成实现 org.apache.avro.specific.SpecificFixed 的类	org.apache.avro.generic.genericFixed
union	java.lang.object		

内存中的序列化和反序列化

Avro 为序列化和反序列化提供了 API，如果想把 Avro 集成到现有系统(比如已定义帧格式的消息系统)，这些 API 函数就很有用。其他情况，请考虑使用 Avor 的数据文件格式。

让我们写一个 Java 程序从数据流读写 Avro 数据。首先以一个简单的 Avro 模式的为例，它用于表示以记录形式出现的一对字符串：

```
{
  "type": "record",
  "name": "Pair",
  "doc": "A pair of strings.",
  "fields": [
    {"name": "left", "type": "string"},
    {"name": "right", "type": "string"}
  ]
}
```

如果这一模式存储在类路径下一个名为 *Pair.avsc* 的文件中(.avsc 是 Avro 模式文件的常用扩展名)，然后我们可以通过下列声明进行加载：

```
Schema schema = Schema.parse(getClass().getResourceAsStream("Pair.avsc"));
```

我们可以使用以下通用 API 来创建 Avro 记录的实例：

```
GenericRecord datum = new GenericData.Record(schema);
datum.put("left", new Utf8("L"));
datum.put("right", new Utf8("R"));
```

注意，我们为记录的 `String` 字段构造了一个 Avro `Utf8` 实例。

接下来，我们将记录序列化到输出流中：

```
ByteArrayOutputStream out = new ByteArrayOutputStream();
DatumWriter<GenericRecord> writer = new
GenericDatumWriter<GenericRecord>(schema);
Encoder encoder = new BinaryEncoder(out);
writer.write(datum, encoder);
encoder.flush();
out.close();
```

这里有两个重要的对象：`DatumWriter` 和 `Encoder`。`DatumWriter` 对象将数据对象翻译成 `Encoder` 对象可以理解的类型，然后由后者写到输出流。这里，我们使用 `GenericDatumWriter` 对象，它将 `GenericRecord` 字段的值传递给 `Encoder` 对象，本例中是 `BinaryEncoder`。

在本例中，只有一个对象被写到输出流，但如果需要写若干个对象，我们可以调用 `write()`方法，然后再关闭输入流。

需要向 `GenericDatumWriter` 对象传递模式，因为该对象要根据模式来确定数据对象中的哪些数值会被写到输出流中。在我们调用 writer 的 `write()`方法后，需要刷新 encoder，然后关闭输出流。

我们可以使用反向的处理过程从字节缓冲区中读回对象：

```
DatumReader<GenericRecord> reader = new GenericDatumReader
<GenericRecord>(schema);
  Decoder decoder = DecoderFactory.defaultFactory()
    .createBinaryDecoder(out.toByteArray(), null);
  GenericRecord result = reader.read(null, decoder);
  assertThat(result.get("left").toString(), is("L"));
  assertThat(result.get("right").toString(), is("R"));
```

我们需要传递空值(`null`)并调用 `createBinaryDecoder()`和 `read()`方法，因为这里没有重用对象(分别是 decoder 或 recoder)。

让我们简单看看使用特定 API 的等价代码。通过使用 Avro 工具的 JAR 文件，我们可以根据模式文件生成 `Pair` 类：[①]

```
% java -jar $AVRO_HOME/avro-tools-*.jar compile schema \
> avro/src/main/resources/Pair.avsc avro/src/main/java
```

① 可以从 *http://avro.apache.org/releases.html* 下载 Avro 的源文件和二进制文件。

然后，我们构建一个 Pair 实例来替代 GenericRecord 对象，使用 SpecificDatumWriter 类将它写到数据流中，使用 SpecificDatumReader 类来读回数据：

```
Pair datum = new Pair();
datum.left = new Utf8("L");
datum.right = new Utf8("R");

ByteArrayOutputStream out = new ByteArrayOutputStream();
DatumWriter<Pair> writer = new SpecificDatumWriter<Pair>(Pair.class);
Encoder encoder = new BinaryEncoder(out);
writer.write(datum, encoder);
encoder.flush();
out.close();

DatumReader<Pair> reader = new SpecificDatumReader<Pair>(Pair.class);
Decoder decoder = DecoderFactory.defaultFactory()
  .createBinaryDecoder(out.toByteArray(), null);
Pair result = reader.read(null, decoder);
assertThat(result.left.toString(), is("L"));
assertThat(result.right.toString(), is("R"));
```

Avro 数据文件

Avro 的对象容器文件格式主要用于存储 Avro 对象序列。这与 Hadoop 顺序文件的设计非常相似，详见第 116 页“SquenceFile”小节。其主要区别在于 Avro 数据文件主要是面向跨语言使用设计的，所以，可以用 Python 写入文件，而用 C 语言来读取文件(我们在下一节中仔细探讨)。

数据文件的头部分包含元数据，包括一个 Avro 模式和一个 sync marker(同步标识)，紧接着是一系列包含序列化 Avro 对象的数据块(压缩可选)。数据块由 sync marker 来分隔，它对该文件而言，是唯一的(特定文件的标识信息存储在文件头部)，并且允许在文件中搜索到任意位置之后通过块边界快速地重新进行同步。因此，Avro 数据文件是可切分的，因此适合 MapReduce 的快速处理。

将 Avro 对象写到数据文件与写到数据流类似。像以前一样，我们使用一个 DatumWriter，但用 DatumWriter 来创建一个 DataFileWriter 实例，而非使用一个 encoder。由此新建一个数据文件(该文件一般有.avro 扩展名)并向它附加新写入的对象：

```
File file = new File("data.avro");
DatumWriter<GenericRecord> writer = new
GenericDatumWriter<GenericRecord>(schema);
DataFileWriter<GenericRecord> dataFileWriter =
  new DataFileWriter<GenericRecord>(writer);
dataFileWriter.create(schema, file);
dataFileWriter.append(datum);
dataFileWriter.close();
```

写入数据文件的对象必须遵循相应的文件模式，否则在调用 append()方法时会抛出异常。

这个例子演示了如何将对象写到本地文件(前面代码段中的 java.io.File)，但使用重载的 DataFileWriter 的 create()方法，可以将数据对象写到任何一个 java.io.OutputStream 对象中。例如，通过对 FileSystem 对象调用 create()方法可以返回 OutputStream 对象，进而将文件写到 HDFS 中(参见第 55 页的“写入数据”小节)。

从数据文件中读取对象与前面例子中在内存数据流中读取数据类似，只有一个重要的区别：我们不需要指定模式，因为可以从文件元数据中读取它。事实上，还可以对 DataFileReader 实例调用 getSchema()方法来获取该模式，并验证该模式是否和原始写入对象的模式相同：

```
DatumReader<GenericRecord> reader = new GenericDatumReader<GenericRecord>();
DataFileReader<GenericRecord> dataFileReader =
  new DataFileReader<GenericRecord>(file, reader);
assertThat("Schema is the same", schema, is(dataFileReader.getSchema()));
```

DataFileReader 对象是一个正规的 Java 迭代器，由此我们可以调用其 hashNext()和 next()方法来迭代其数据对象。下面的代码检查是否只有一条记录，是否有期望的字段值：

```
assertThat(dataFileReader.hasNext(), is(true));
GenericRecord result = dataFileReader.next();
assertThat(result.get("left").toString(), is("L"));
assertThat(result.get("right").toString(), is("R"));
assertThat(dataFileReader.hasNext(), is(false));
```

但是，我们并没有使用传统的 next()方法，因为更适合的做法是使用重载函数并返回对象实例(该例中，为 GenericRecord 对象)，由此可以实现对该对象的重用以及减少对象分配和回收所产生的开销，特别是文件中包含有很多对象时。代码如下所示：

```
GenericRecord record = null;
while (dataFileReader.hasNext()) {
  record = dataFileReader.next(record);
  // process record
}
```

如果对象重用不是那么重要，则可以使用如下更简短的形式：

```
for (GenericRecord record : dataFileReader) {
  // process record
}
```

对于在 Hadoop 文件系统中读取文件的一般例子，可以使用 Avro 的 FsInput 对象来指定使用 Hadoop Path 对象作为输入对象。事实上，DataFileReader 对象提供了随机访问 Avro 数据文件的能力(通过 seek()和 sync()方法)。但对于大多数情况，如果顺序访问数据流足够了，则使用 DataFileStream 对象。DataFileStream 对象可以从任意 Java InputStream 对象中读取数据。

互操作性

为了说明 Avro 语言的互操作性，让我们试着用一种语言(Python)来写入数据文件，再用另一种语言来读取这个文件。

Python API 例 4-10 中的程序从标准输入中读取由句点分隔的字符串，并将它们以 `Pair` 记录的方式写入 Avro 数据文件。与写数据文件的 Java 代码类似，我们新建了一个 `DatumWriter` 对象和一个 `DataFileWriter` 对象，注意，我们在代码中嵌入了 Avro 模式，尽管没有该模式，我们仍然可以从文件中正确读取数据。

Python 以目录形式表示 Avro 记录，从标准输入中读取的每一行都转换为 `dict` 对象并附加到 `DataFileWriter` 对象末尾。

例 4-10. 这个 Python 程序将 Avro pair 记录写到一个数据文件

```
import os
import string
import sys

from avro import schema
from avro import io
from avro import datafile

if __name__ == '__main__':
  if len(sys.argv) != 2:
    sys.exit('Usage: %s <data_file>' % sys.argv[0])
  avro_file = sys.argv[1]
  writer = open(avro_file, 'wb')
  datum_writer = io.DatumWriter()
  schema_object = schema.parse("""\
{ "type": "record",
  "name": "Pair",
  "doc": "A pair of strings.",
  "fields": [
    {"name": "left", "type": "string"},
    {"name": "right", "type": "string"}
  ]
}""")
  dfw = datafile.DataFileWriter(writer, datum_writer, schema_object)
  for line in sys.stdin.readlines():
    (left, right) = string.split(line.strip(), ',')
    dfw.append({'left':left, 'right':right});
  dfw.close()
```

在运行该程序之前，我们需要为 Python 安装 Avro：

```
% easy_install avro
```

运行该程序，我们需要指定文件名(*pairs.avro*，输出结果将写到这个文件)和通过标准输入发送输入的成对记录，结束文件输入时键入 `Control-D`：

```
% python avro/src/main/py/write_pairs.py pairs.avro a,1
c,2
b,3
b,2
^D
```

C API 下面转向 C API，写程序来显示 *pairs.avro* 文件的内容，如例 4-11 所示。[①]

例 4-11. C 语言程序从数据文件中读取 Avro 的成对记录

```
#include <avro.h>
#include <stdio.h>
#include <stdlib.h>

int main(int argc, char *argv[]) {
  if (argc != 2) {
    fprintf(stderr, "Usage: dump_pairs <data_file>\n");
    exit(EXIT_FAILURE);
  }

  const char *avrofile = argv[1];
  avro_schema_error_t error;
  avro_file_reader_t filereader;
  avro_datum_t pair;
  avro_datum_t left;
  avro_datum_t right;
  int rval;
  char *p;

  avro_file_reader(avrofile, &filereader);
  while (1) {
    rval = avro_file_reader_read(filereader, NULL, &pair);
    if (rval) break;
    if (avro_record_get(pair, "left", &left) == 0) {
      avro_string_get(left, &p);
      fprintf(stdout, "%s,", p);
    }
    if (avro_record_get(pair, "right", &right) == 0) {
      avro_string_get(right, &p);
      fprintf(stdout, "%s\n", p);
    }
  }
  avro_file_reader_close(filereader);
  return 0;
}
```

该程序的核心部分主要处理三件事情。

(1) 通过调用 Avro 的 `avro_file_reader` 函数打开一个 `avro_file_ reader_t` 类型的文件读取实例。[②]

(2) 通过文件读取实例的 `avro_file_reader` 方法循环读取 Avro 数据直到读完所有的成对记录(由返回值 `rval` 决定)。

(3) 通过 `avro_file_reader_close` 方法关闭文件读取实例。

① 一般情况下，Avro 工具 JAR 文件有以个 `tojson` 命令，该命令可以将 Avro 数据文件中的内容转储为 JSON。

② Avro 方法和类型均具有 `avro_`前缀，并在 *avro.h* 文件中定义。

将数据模式作为 avro_file_reader_read 方法的第二个参数，便可以支持读取模式不同于文件写入模式的情况(下一节将详细说明)，但如果参数设为 null，则说明希望 Avro 使用数据文件的模式来读取数据。第三个参数为指向 avro_datum_t 对象的指针，该指针的内容是从文件中读取的下一条记录的内容。通过调用 avro_record_get 方法，我们将 pair 结构分解成两个字段，然后通过 avro_string_get 方法抽取出每个字段的值，最后打印输出到控制台。

使用 Python 程序的输出来运行程序，打印原始输入：

```
% ./dump_pairs pairs.avro
a,1
c,2
b,3
b,2
```

这样，我们便成功交换了两个 Avro 实现的复杂数据。

模式的解析

我们可以选择一个与写入数据模式(写入模式)不同的模式来读回数据(读取模式)。这是个非常有用的工具，因为它允许模式演化。例如，可以考虑对字符串对增加 description 字段为一新模式：

```
{
  "type": "record",
  "name": "Pair",
  "doc": "A pair of strings with an added field.",
  "fields": [
    {"name": "left", "type": "string"},
    {"name": "right", "type": "string"},
    {"name": "description", "type": "string", "default": ""}
  ]
}
```

我们可以使用该模式读取前面序列化的数据，因为我们给 description 字段指定了一个默认值(空字符串[①])，所以 Avro 在读取没有定义该字段的记录时就会使用这个空值。如果忽略 default 属性，那么在读取旧数据时会报错。

> 要想将默认值设为 null，而不使用空字符串，我们需要对 null 这个 Avro 类型并集定义 description 字段：
>
> ```
> {"name": "description", "type": ["null", "string"], "default": "null"}
> ```

① 使用 JSON 对字段默认值进行编码。参见 Avro 规范中对每个数据类型进行编码的描述。

读模式不同于写模式时，我们调用 GenericDatumReader 的构造函数，它取两个模式对象，即读取对象和写入对象，并按照以下顺序：

```
DatumReader<GenericRecord> reader =
  new GenericDatumReader<GenericRecord>(schema, newSchema);
Decoder decoder = DecoderFactory.defaultFactory()
  .createBinaryDecoder(out.toByteArray(), null);
GenericRecord result = reader.read(null, decoder);
assertThat(result.get("left").toString(), is("L"));
assertThat(result.get("right").toString(), is("R"));
assertThat(result.get("description").toString(), is(""));
```

对于元数据中存储有写入模式的数据文件，我们只需要显示指定写入模式，具体做法是向写入模式传递 null 值：

```
DatumReader<GenericRecord> reader =
  new GenericDatumReader<GenericRecord>(null, newSchema);
```

不同读取模式的另外一个应用是去掉记录中的某些字段，该操作可以称为“投影”(projection)。记录中有大量的字段，但如果你只需读取其中的一部分，它是非常有用的。例如，可以使用这一模式只读取 Pair 对象的 right 字段：

```
{
  "type": "record",
  "name": "Pair",
  "doc": "The right field of a pair of strings.",
  "fields": [
    {"name": "right", "type": "string"}
  ]
}
```

模式解析规则可以直接解决模式由一个版本演化为另一个版本时产生的问题，Avro 规范中对所有 Avro 类型均有详细说明。表 4-11 从类型读写(客户端和服务器端)的角度对记录演化规则进行了总结。

表 4-11. 记录的模式演化

新模式	写入	读取	操作
增加字段	旧	新	通过默认值读取新字段，因为写入时并没有该字段
	新	旧	读取时并不知道新写入的新字段，所以忽略该字段(投影)
删除字段	旧	新	读取时忽略已删除的字段(投影)
	新	旧	写入时不写入已删除的字段。如果旧模式对该字段有默认值，那么读取时可以使用该默认值，否则产生错误。这种情况下，最好同时更新读取模式，或在更新写入模式之前更新读取模式

排列顺序

Avro 定义了对象的排列顺序。对于大多数 Avro 类型来说，希望使用默认顺序——例如，数值型按照数值的升序进行排列。其他的都不重要——例如，枚举通过定义的符号来排序而非符号字符串的值。

所有的类型，record 除外，均按照 Avro 规范中预先定义的规则来排序，这些规则不能被用户改写。但对于记录，你可以通过指定 `order` 属性来控制排列顺序。它有三个值：`ascending`(默认值)、`descending`(反向顺序)或 `ignore`(所以为了比较的目的，可以忽略该字段。)

例如，通过将 `right` 字段设置为 `descending`，下述模式(*SortedPair.avsc*)定义了 `Pair` 记录的顺序。为了排序的目的，忽略了 `left` 字段，但依旧保留在投影中：

```
{
  "type": "record",
  "name": "Pair",
  "doc": "A pair of strings, sorted by right field descending.",
  "fields": [
    {"name": "left", "type": "string", "order": "ignore"},
    {"name": "right", "type": "string", "order": "descending"}
  ]
}
```

按照读取模式中的文档顺序，记录中的字段两两进行比较。这样，通过指定一个恰当的读取模式，便可以对数据记录使用任意顺序。该模式(*SwitchedPair.avsc*)首先定义了一组 `right` 字段的顺序，然后是 `left` 字段的顺序：

```
{
  "type": "record",
  "name": "Pair",
  "doc": "A pair of strings, sorted by right then left.",
  "fields": [
    {"name": "right", "type": "string"},
    {"name": "left", "type": "string"}
  ]
}
```

Avro 实现高效的二进制比较。也就是说，Avro 并不需要将二进制对象反序列化成对象即可实现比较，因为它可以直接对字节流进行操作。[①]在使用 Pair 模式情况下(没有 `order` 属性的情况下)，例如，Avro 按以下方式实现了二进制比较：

① 该属性的一个有用结果是你可以从对象或相应的二进制表示(后者在 `BinaryData` 对象上使用 `hashCode()`静态方法)计算一个 Avro 数据的哈希代码，并且在这两种情况下获得相同的结果。

第一个字段，即 `left` 字段，使用 UTF-8 编码，由此 Avro 可以根据字母表顺序进行比较。如果它们不同，那么它们直接的顺序就可以确定，由此 Avro 可以停止比较。否则，如果这两个字节顺序是相同的，那么它们比较第二个字段(right)，同样在字节尺度上使用字母表序排列，应为该字段同样也使用 UTF-8 编码。

注意，这里所描述的比较方法具有与第 99 页“为速度实现 RawComparator”小节中所述的二进制比较器具有相同的逻辑。更重要的是 Avro 为我们提供了比较器，所以我们无需再重写和维护这部分代码。同时，可以通过修改读取模式来简单修改排序次序。对于 *SortedPair.avsc* 或 *SwitchedPair.avsc* 模式来说，Avro 所使用的比较方法本质上与刚才说描述的是一致的：唯一的区别在于需要考虑比较哪个字段，考虑使用哪种次序，该次序是升序还是降序。

Avro MapReduce

Avro 提供了一组让 MapReduce 程序在 Avro 数据上简单运行的类。例如，在 org.apache.avro.mapreduce 代码包中的 `AvroMapper` 类和 `AvroReducer` 类是 Hadoop 规范(旧版)中的 `Mapper` 和 `Reducer` 类。上述两个类去除了作为输入和输出的键/值对的不同，因为 Avro 数据文件只是一系列顺序排列的值。但是，为了混洗的目的依旧将中间结果数据划分为键/值对。在本书第 2 版英文版送印的时候，已经增加了 Avro 的 MapReduce 集成，但也可以在本书配套网站上找到示例代码。

除 Java 语言外，Avor 提供了连接器框架(在 `org.apache.avro.mapred.tether` 代码包中)。在本书写作期间，对其他语言并没有其他绑定，但在以后的发行版本中会加入上述绑定。

基于文件的数据结构

对于某些应用而言，需要特殊的数据结构来存储自己的数据。对于基于 MapReduce 的数据处理，将每个二进制数据的**大对象**(blob)融入自己的文件中并不能实现很高的可扩展性，所以针对上述情况，Hadoop 开发了一组更高层次的容器。

SequenceFile

考虑日志文件，其中每一条日志记录是一行文本。如果想记录二进制类型，纯文本是不合适的。这种情况下，Hadoop 的 `SequenceFile` 类非常合适，因为上述类提供了二进制键/值对的永久存储的数据结构。当作为日志文件的存储格式时，你可以自己选择键，比如由 `LongWritable` 类型表示的时间戳，以及值可以是 `Writable` 类型，用于表示日志记录的数量。

SequenceFiles 同样也可以作为小文件的容器。而 HDFS 和 MapReduce 是针对大文件进行优化的，所以通过 SequenceFile 类型将小文件包装起来，可以获得更高效率的存储和处理。第 206 页的“将整个文件作为一条记录处理”一节中包含有通过 SequenceFile 类包装小文件的代码[①]。

SequenceFile 的写操作

通过 createWriter()静态方法可以创建 SequenceFile 对象，并返回 SequenceFile.Writer 实例。该静态方法有多个重载版本，但都需要指定代写入的数据流(FSDataOutputStream 或 FileSystem 对象和 Path 对象)，Configuration 对象，以及键和值的类型。另外可选参数包括压缩类型以及相应的 codec，Progressable 回调函数用与通知写入的进度，以及在 SequenceFile 头文件中存储的 Metadata 实例。

存储在 SequenceFile 中的键和值并不一定需要时 Writable 类型。任一可以通过 Serialization 类实现序列化和反序列化的类型均可被使用。

一旦拥有 SequenceFile.Writer 实例，就可以通过 append()方法在文件末尾附加键/值对。写完后，可以调用 close()方法(SequenceFile.Writer 实现了 java.io.Closeable 接口)。

例 4-12 显示了通过上述 API 将键/值对写入 SequenceFile 的小段代码。

例 4-12. 写入 SequenceFile 对象

```
public class SequenceFileWriteDemo {
   private static final String[] DATA = {
   "One, two, buckle my shoe",
   "Three, four, shut the door",
   "Five, six, pick up sticks",
   "Seven, eight, lay them straight",
   "Nine, ten, a big fat hen"
  };
    public static void main(String[] args) throws IOException {
    String uri = args[0];
    Configuration conf = new Configuration();
    FileSystem fs = FileSystem.get(URI.create(uri), conf);
    Path path = new Path(uri);
    IntWritable key = new IntWritable();
    Text value = new Text();
    SequenceFile.Writer writer = null;
    try {
      writer = SequenceFile.createWriter(fs, conf, path,
          key.getClass(), value.getClass());
```

① 无独有偶，Stuart Sierra 发表的博客文章“A Million Little Files”中也包含将 tar 文件转化为 SequenceFile 对象的代码，参见 *http://stuartsierra.com/2008/04/24/a-million-little-files*。

```
      for (int i = 0; i < 100; i++) {
        key.set(100 - i);
        value.set(DATA[i % DATA.length]);
        System.out.printf("[%s]\t%s\t%s\n", writer.getLength(), key, value);
        writer.append(key, value);
      }
    } finally {
      IOUtils.closeStream(writer);
    }
  }
}
```

顺序文件中存储的键是从 100 到 1 降序排列的整数，表示为 IntWritable 对象。值为 Text 对象。在将每条记录追加到 SequenceFile.Writer 实例末尾之前，我们需要使用 getLength()方法来获取文件访问的当前位置。在下一小节，如果我们并不是按顺序读取文件时，则使用上述信息作为记录的边界。我们把这个位置信息和键/值对输出到控制台。结果如下所示：

```
% hadoop SequenceFileWriteDemo numbers.seq
[128]   100     One, two, buckle my shoe
[173]   99      Three, four, shut the door
[220]   98      Five, six, pick up sticks
[264]   97      Seven, eight, lay them straight
[314]   96      Nine, ten, a big fat hen
[359]   95      One, two, buckle my shoe
[404]   94      Three, four, shut the door
[451]   93      Five, six, pick up sticks
[495]   92      Seven, eight, lay them straight
[545]   91      Nine, ten, a big fat hen
...
[1976]  60      One, two, buckle my shoe
[2021]  59      Three, four, shut the door
[2088]  58      Five, six, pick up sticks
[2132]  57      Seven, eight, lay them straight
[2182]  56      Nine, ten, a big fat hen
...
[4557]  5       One, two, buckle my shoe
[4602]  4       Three, four, shut the door
[4649]  3       Five, six, pick up sticks
[4693]  2       Seven, eight, lay them straight
[4743]  1       Nine, ten, a big fat hen
```

读取 SequenceFile

从头到尾读取顺序文件的过程是创建 SequenceFile.Reader 实例后反复调用 next()方法迭代读取记录的过程。读取的是哪条记录与你使用的序列化框架相关。如果你使用的是 Writable 类型，那么通过键和值作为参数的 next()方法可以将数据流中的下一条键值对读入变量中：

```
public boolean next(Writable key, Writable val)
```

如果键值对成功读取，则返回 true，如果已读到文件末尾，则返回 false。

对于其他的，非 Writable 类型的序列化框架(比如 Apache Thrift)，则需要使用下述方法：

```
public Object next(Object key) throws IOException
public Object getCurrentValue(Object val) throws IOException
```

在上述情况下，需要确保在 io.serializations 属性中已经设置了你想使用的序列化框架，参见第 101 页的“序列化框架”小节。

如果 next()方法返回的是非-null 对象，则可以从数据流中读取键值对，并且可以通过 getCurrentValue()方法读取该值。否则，如果 next()返回 null 值，则表示已经读到文件末尾。

例 4-13 中的程序显示了如何读取包含有 Writable 类型的键值对的顺序文件。需要注意如果通过调用 getKeyClass()方法和 getValueClass()方法或 SequenceFile 中所使用的类型，然后通过 ReflectionUtils 对象常见键和值的实例。通过这个技术，该程序可用于处理有 Wirtable 类型键值对的顺序文件。

例 4-13. 读取 SequenceFile

```
public class SequenceFileReadDemo {
    public static void main(String[] args) throws IOException {
    String uri = args[0];
    Configuration conf = new Configuration();
    FileSystem fs = FileSystem.get(URI.create(uri), conf);
    Path path = new Path(uri);
    SequenceFile.Reader reader = null;
    try {
      reader = new SequenceFile.Reader(fs, path, conf);
      Writable key = (Writable)
        ReflectionUtils.newInstance(reader.getKeyClass(), conf);
      Writable value = (Writable)
        ReflectionUtils.newInstance(reader.getValueClass(), conf);
      long position = reader.getPosition();
      while (reader.next(key, value)) {
        String syncSeen = reader.syncSeen() ? "*" : "";
        System.out.printf("[%s%s]\t%s\t%s\n", position, syncSeen, key, value);
        position = reader.getPosition(); // beginning of next record
      }
    } finally {
      IOUtils.closeStream(reader);
    }
  }
}
```

该程序的另一特性是能够显示顺序文件中同步点的位置信息。所谓同步点是指当数据读取的实例出错后能够再一次与记录边界同步的数据流中的一个位置——例如，在数据流中搜索到任意位置后。同步点是由 `SequenceFile.Writer` 记录的，后者在顺序文件写入过程中插入一个特殊项以便每隔几个记录便有一个同步标识。这样的特殊项非常小，因而只造成很小的存储开销，不到 1%。同步点始终位于记录的边界处。

运行例 4-13 中的程序可以显示由信号表示的顺序文件中的同步点。第一同步点位于 2021 处(第二个位于 4075 处，但本例中并没有显示出来)：

```
% hadoop SequenceFileReadDemo numbers.seq
[128]   100     One, two, buckle my shoe
[173]   99      Three, four, shut the door
[220]   98      Five, six, pick up sticks
[264]   97      Seven, eight, lay them straight
[314]   96      Nine, ten, a big fat hen
[359]   95      One, two, buckle my shoe
[404]   94      Three, four, shut the door
[451]   93      Five, six, pick up sticks
[495]   92      Seven, eight, lay them straight
[545]   91      Nine, ten, a big fat hen
[590]   90      One, two, buckle my shoe
...
[1976]  60      One, two, buckle my shoe
[2021*] 59      Three, four, shut the door
[2088]  58      Five, six, pick up sticks
[2132]  57      Seven, eight, lay them straight
[2182]  56      Nine, ten, a big fat hen
...
[4557]  5       One, two, buckle my shoe
[4602]  4       Three, four, shut the door
[4649]  3       Five, six, pick up sticks
[4693]  2       Seven, eight, lay them straight
[4743]  1       Nine, ten, a big fat hen
```

在顺序文件中搜索给定位置有两种方法。第一种是调用 `seek()`方法，由此可以读取文件中的给定位置。例如，可以按如下搜索记录的边界：

```
reader.seek(359);
assertThat(reader.next(key, value), is(true));
assertThat(((IntWritable) key).get(), is(95));
```

但是如果给定的位置不是记录的边界，则在调用 `next()`方法时发生错误：

```
reader.seek(360);
reader.next(key, value); // fails with IOException
```

第二种方法是通过同步点找到记录边界。SequenceFile.Reader 对象的 sync(long position)方法可以将读取位置定位到 position 之后的下一个同步点。如果 position 之后没有同步了，那么当前读取位置将指向文件末尾。这样，我们对数据流中的任意位置调用 sync()方法——例如非记录边界——而且可以从新定位到下一个同步点并继续向后读取：

```
reader.sync(360);
assertThat(reader.getPosition(), is(2021L));
assertThat(reader.next(key, value), is(true));
assertThat(((IntWritable) key).get(), is(59));
```

> SequenceFile.Writer 对象包含一个 sync()方法，该方法可以在数据流的当前位置插入同步点。这里请不要把它和同名的 Syncable 接口中定义的 sync()方法混为一谈，后者用于底层设备缓冲区的同步。

可以将加入同步点的顺序文件作为 MapReduce 的输入，因为该类顺序文件允许切分，由此该文件的不同部分可以由独立的 map 任务处理。参见第 213 页的“SequenceFileInputFormat”小节。

通过命令行接口显示 SequenceFile 对象

hadoop fs 命令有一个-text 选项，可以以文本形式显示顺序文件的内容。该选项可以查看文件的代码，由此检测出文件的类型并适当将其转换成文本。该选项可以识别 gzip 压缩的文件和顺序文件；否则，假设输入为纯文本文件。

对于顺序文件，如果键和值是有具体含义的字符串表示，上述命令是非常有用的(通过 toString()方法定义)。同样，如果有自己定义的键或值的类，则需要确保它们在 Hadoop 类路径目录下。

对上一节中我们创建顺序文件执行上述命令，我们可以得到如下结果：

```
% hadoop fs -text numbers.seq | head
100     One, two, buckle my shoe
99      Three, four, shut the door
98      Five, six, pick up sticks
97      Seven, eight, lay them straight
96      Nine, ten, a big fat hen
95      One, two, buckle my shoe
94      Three, four, shut the door
93      Five, six, pick up sticks
92      Seven, eight, lay them straight
91      Nine, ten, a big fat hen
```

排序和合并顺序文件

MapReduce 是对多个顺序文件进行排序(或合并)最有效的方法。MapReduce 本身具有并行执行能力，并且可由你指定 reducer 的数量(该数决定着输出分区数)。例如，通过指定一个 reducer，可以得到一个输出文件。我们可以使用 Hadoop 发行版自带的例子，在该例中通过指定键和值的类型可以指定输入和输出为顺序文件：

```
% hadoop jar $HADOOP_INSTALL/hadoop-*-examples.jar sort -r 1 \
  -inFormat org.apache.hadoop.mapred.SequenceFileInputFormat \
  -outFormat org.apache.hadoop.mapred.SequenceFileOutputFormat \
  -outKey org.apache.hadoop.io.IntWritable \
  -outValue org.apache.hadoop.io.Text \
  numbers.seq sorted
% hadoop fs -text sorted/part-00000 | head
1       Nine, ten, a big fat hen
2       Seven, eight, lay them straight
3       Five, six, pick up sticks
4       Three, four, shut the door
5       One, two, buckle my shoe
6       Nine, ten, a big fat hen
7       Seven, eight, lay them straight
8       Five, six, pick up sticks
9       Three, four, shut the door
10      One, two, buckle my shoe
```

更多详情可参见第 232 页的“排序”小节。

通过 MapReduce 实现排序/归并的另一种方法是使用 `SequenceFile.Sorter` 类中的 `sort()`方法和 `merge()`方法。上述方法比 MapReduce 更早出现，并且提供的功能比 MapReduce 的更底层(例如，为了实现并行，你需要手动对数据进行分区)，所以更常见的情况是在传统的 MapReduce 中实现顺序文件的排序和合并。

顺序文件的格式

顺序文件由文件头和随后的一条或多条记录组成(参见图 4-2)。顺序文件的前三个字节为 SEQ(顺序文件代码)，紧随其后的一个字节表示顺序文件的版本号。文件头还包括其他一些字段，包括键和值相应类的名称，数据压缩细节，用户定义的元数据，以及同步标识。[①] 回想同步标识主要用于读取文件的时候能够从任意位置开始识别记录边界。每个文件有随机生成的同步标识，该同步标识的内容存储在文件头中。同步标识位于顺序文件中的记录与记录之间。同步标识的额外存储开销要求小于 1%，所以没有必要在每条记录末尾添加该标识(特别是比较短的记录)。

① 这些字段的格式细节可参见顺序文件的文档(*http://hadoop.apache.org/common/docs/current/api/org/apache/hadoop/is/SequenceFile.html*)和源码。

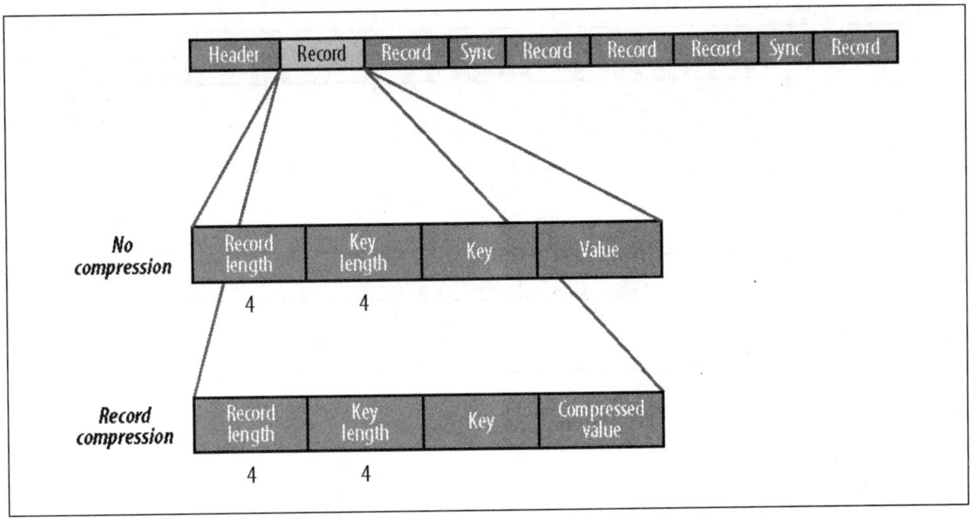

图 4-2. 文件和记录都未压缩的顺序文件的内部结构

记录的内部结构与是否启用压缩有关。如果启用，则与是记录压缩还是数据块压缩有关。

如果没有启用压缩(默认情况)，那么每条记录有记录长度(字节数)、键长度、键和值组成。长度字段为 4 字节长的整数，并且需要遵循 `java.io.DataOutput` 类中 `writeInt()`方法的协定。通过为数据写入顺序文件而定义的 `Serialization` 类，可以实现对键和值的序列化。

记录压缩的格式与无压缩情况相同，只不过值需要通过文件头中定义的压缩 codec 进行压缩。注意，键是不会压缩的。

块压缩一次对多条记录进行压缩，因此相较于单条记录压缩，压缩效率更高，因为可以利用记录间的相似性进行压缩。参见表 4-3。可以不断向数据块中压缩记录，直到块的字节数不小于 `io.seqfile.compress.blocksize` 属性中设置的字节数：默认为 1 MB。每一个新的块的开始处都需要插入同步标识。数据块的格式如下：首先是一个指示数据块中字节数的字段；紧接着是 4 个压缩字段(键长度、键、值长度和值。

MapFile

`MapFile` 是已经排序的 `SequenceFile`，它已加入用于搜索键的索引。可以将 `MapFile` 视为 `java.util.Map` 的持久化形式(尽管它并没有实现该接口)，它的大小有可能超过保存在内存中一个 map 的大小。

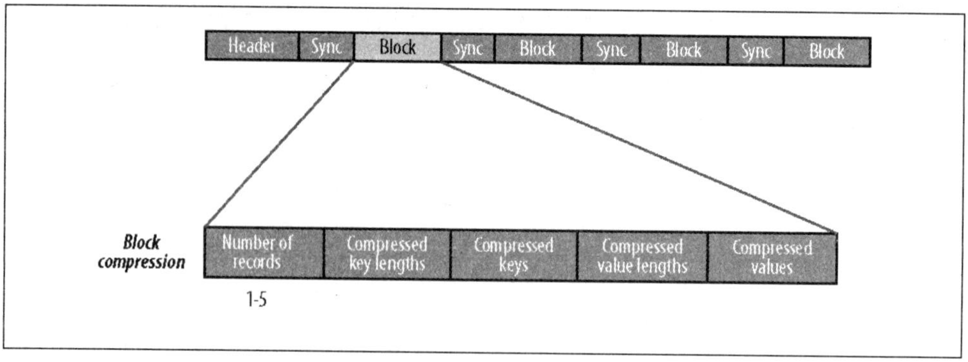

图 4-3. 块压缩的顺序文件的内部结构

写入 MapFile

MapFile 的写入类似于 SequenceFile 的写入。首先新建一个 MapFile.Writer 实例，然后调用 append()方法将条目顺序写入。如果不按顺序写入条目，将抛出一个 IOException 异常。键必须是 WritableComparable 类型的实例，值必须是 Writable 类型的实例，这与 SequenceFile 中对应的正好相反，后者为其条目使用任意序列化框架。

例 4-14 中的程序新建了一个 MapFile 对象，并写入一些记录。与例 4-12 中新建 SequenceFile 对象的程序非常相似。

例 4-14. 写入 MapFile

```
public class MapFileWriteDemo {
    private static final String[] DATA = {
    "One, two, buckle my shoe",
    "Three, four, shut the door",
    "Five, six, pick up sticks",
    "Seven, eight, lay them straight",
    "Nine, ten, a big fat hen"
  };
    public static void main(String[] args) throws IOException {
    String uri = args[0];
    Configuration conf = new Configuration();
    FileSystem fs = FileSystem.get(URI.create(uri), conf);
    IntWritable key = new IntWritable();
    Text value = new Text();
    MapFile.Writer writer = null;
    try {
      writer = new MapFile.Writer(conf, fs, uri,
          key.getClass(), value.getClass());
      for (int i = 0; i < 1024; i++) {
        key.set(i + 1);
        value.set(DATA[i % DATA.length]);
        writer.append(key, value);
      }
```

```
    } finally {
      IOUtils.closeStream(writer);
    }
  }
}
```

使用上述程序构建 MapFile 对象：

```
% hadoop MapFileWriteDemo numbers.map
```

如果我们观察 MapFile，我们发现它实际上是一个其中包含 data 和 index 两个文件的文件夹：

```
% ls -l numbers.map
total 104
-rw-r--r--   1 tom  tom  47898 Jul 29 22:06 data
-rw-r--r--   1 tom  tom    251 Jul 29 22:06 index
```

两个文件均是 SequenceFile，data 文件包含所有记录，依次为：

```
% hadoop fs -text numbers.map/data | head
1       One, two, buckle my shoe
2       Three, four, shut the door
3       Five, six, pick up sticks
4       Seven, eight, lay them straight
5       Nine, ten, a big fat hen
6       One, two, buckle my shoe
7       Three, four, shut the door
8       Five, six, pick up sticks
9       Seven, eight, lay them straight
10      Nine, ten, a big fat hen
```

index 文件包含一部分键和 data 文件中键到该键偏移量的映射：

```
% hadoop fs -text numbers.map/index
1       128
129     6079
257     12054
385     18030
513     24002
641     29976
769     35947
897     41922
```

从输出中我们可以看到，默认情况下只有每隔 128 个键才有一个包含在 *index* 文件中，当然也可以通过调用 MapFile.Writer 实例中的 setIndexInterval()方法来设置 io.map.index.interval 属性即可。增加索引间隔数量可以有效减少 MapFile 中用于存储索引的内存。相反，可以降低该间隔来提高随机访问时间(因为减少了平均跳过的记录数)，这是以提高内存使用量为代价的。

因为索引只是键的一部分，所以 MapFile 无法枚举或计算它所包含的所有键。唯一的办法是读取整个文件。

读取 MapFile

在 MapFile 依次遍历文件中所有条目的过程类似于 SequenceFile 中的过程：首先新建 MapFile.Reader 实例，然后调用 next()方法，直到返回值为 false，该值表示没有条目返回，因为已经读到文件末尾：

```
public boolean next(WritableComparable key, Writable val) throws IOException
```

通过调用 get()方法可以随机访问文件中的数据：

```
public Writable get(WritableComparable key, Writable val) throws IOException
```

返回值可用于确定是否在 MapFile 中找到相应的条目；如果是 null，说明指定 key 没有相应的条目。如果找到相应的 key，则将该键对应的值读入 val 变量，通过方法调用的返回值。

这有助于理解实现过程。下面的代码是我们在前一小节中建立的，用于检索 MapFile 中某一条目：

```
Text value = new Text();
reader.get(new IntWritable(496), value);
assertThat(value.toString(), is("One, two, buckle my shoe"));
```

对于这个操作，MapFile.Reader 首先将 *index* 文件读入内存(由于索引是缓存的，所以后续的随机访问将使用内存中的同一索引)。接着对内存中的索引进行二分查找，最后找到小于或等于搜索索引的键，496。在本例中，找到的键位 385，对应的值为 18030，该值为 *data* 文件中的偏移量，接着顺序读取 *data* 文件中的键，知道读取到 496 为止。至此，才找到键所对应的值，最后从 *data* 文件中读取相应的值。整体而言，一次查找需要一次磁盘寻址和一次最多有 128 个条目的扫描。对于随机访问而言，这是非常高效的。

getClost()方法与 get()方法类似，不同的是前者返回与指定键匹配的最近的键，并不是在不匹配时返回 null。更准确地说，如果 MapFile 包含指定的键，则返回对应的条目；否则，返回 MapFile 大于(或小于，由相应的 boolean 参数指定)指定键的第一个键。

大型 MapFile 的索引会占据大量内存。可以不选择在修改索引间隔之后重建索引，而是在读取索引时设置 io.mao.index.skip 属性来加载一部分索引键。该属性通常设置为 0，这意味着不跳过索引键；如果设置为 1，则表示每次跳过索引键中的一个(也就是索引键中的每隔一个键)，如果设置为 2，则表示每次读取索引时跳过 2 个键(也就是说，只读索引三分之一的键)，以此类推。设置大的跳跃值可以节省大量的内存，但会增加搜索时间，因为平均而言，扫描的键更多。

将 SequenceFile 转换为 MapFile

在 MapFile 中搜索就相当于在索引和排过序的 SequenceFile 中搜索。所以我们自然联想到把 SequenceFile 转换为 MapFile。第 122 页的“排序和合并 SequenceFile”小节介绍了如何对 SequenceFile 排序，所以这里只讨论如何对 SequenceFile 建索引。例 4-15 中的程序显示了对 MapFile 调用 fix()静态方法，该方法能够为 MapFile 重建索引。

例 4-15. 对 MapFile 再次创建索引

```
public class MapFileFixer {
  public static void main(String[] args) throws Exception {
    String mapUri = args[0];
    Configuration conf = new Configuration();
    FileSystem fs = FileSystem.get(URI.create(mapUri), conf);
    Path map = new Path(mapUri);
    Path mapData = new Path(map, MapFile.DATA_FILE_NAME);
        // Get key and value types from data sequence file
    SequenceFile.Reader reader = new SequenceFile.Reader(fs, mapData, conf);
    Class keyClass = reader.getKeyClass();
    Class valueClass = reader.getValueClass();
    reader.close();
        // Create the map file index file
    long entries = MapFile.fix(fs, map, keyClass, valueClass, false, conf);
    System.out.printf("Created MapFile %s with %d entries\n", map, entries);
  }
}
```

Fix()方法通常用于重建已损坏的索引，但是由于它能从头开始建立新的索引，所以此处我们可以使用该方法满足需求。具体的使用方法如下：

1. 将名为 *numbers.seq* 的顺序文件排序后，保存到名为 *number.map* 的文件夹下，该文件夹就是最终的 MapFile(如果顺序文件已排过序，则可以跳过这一步。只需要把这个文件复制到 *number.map/data* 文件，然后直接跳到第 3 步)：

```
% hadoop jar $HADOOP_INSTALL/hadoop-*-examples.jar sort -r 1 \
  -inFormat org.apache.hadoop.mapred.SequenceFileInputFormat \
  -outFormat org.apache.hadoop.mapred.SequenceFileOutputFormat \
  -outKey org.apache.hadoop.io.IntWritable \
  -outValue org.apache.hadoop.io.Text \
  numbers.seq numbers.map
```

2. 将 MapReduce 的输出重命名为 *data* 文件：

```
% hadoop fs -mv numbers.map/part-00000 numbers.map/data
```

3. 建立 *index* 文件：

```
% hadoop MapFileFixer numbers.map
Created MapFile numbers.map with 100 entries
```

现在，名为 *numbers.map* 的 MapFile 已经存在并可以使用了。

第5章

MapReduce 应用开发

在第 2 章中，我们介绍了 MapReduce 模型。在本章中，我们来看看在 Hadoop 中开发 MapReduce 应用程序的实际过程。

用 MapReduce 来编写程序，有一个特定的流程。首先写 map 函数和 reduce 函数，最好使用单元测试来确保函数的运行符合预期。然后，写一个驱动程序来运行作业，要看这个驱动程序是否可以运行，可以从本地 IDE 用一个小的数据集来运行它。如果驱动程序不能正确运行，就用本地 IDE 调试器来找出问题根源。通过这些调试信息，可以加大单元测试使其覆盖这一测试用例，从而改进 mapper 或 reducer，尽可能正确地处理这些输入。

一旦程序如期通过小的数据集的测试，就可以准备运行到集群上。当程序运行在整个数据集的时候，可能会暴露更多的问题，这些问题可以像前面一样进行修复，即扩大测试用例进而改进 mapper 或 reducer 函数。虽然在集群上调试程序很具有挑战性，但 Hadoop 提供了一些辅助工具，例如 `IsolationRunner`，该工具允许在失败的相同输入数据上(必要时用附带的调试器)来运行任务。

程序可以正确运行后，你可能想进行一些优化调整，首先执行一些标准检查，借此加快 MapReduce 程序的运行，然后再做一些**任务剖析**(task profiling)。分布式程序的分析并不简单，Hadoop 提供了**钩子**(hook)来辅助这个分析过程。

在开始写 MapReduce 程序之前，需要设置和配置开发环境。为此，首先需要学习如何配置 Hadoop。

配置 API

Hadoop 中，组件的配置是通过 Hadoop 提供的 API 来进行的。一个 Configuration 类的实例(可以在 *org.apache.hadoop.conf* 包中找到)代表配置属性及其取值的一个集合。每个属性由一个 String 来命名，而值类型可以是多种类型之一，包括 Java 基本类型(如 boolean、int、long 和 float)和其他有用的类型(如 String、Class、java.io.File 和 String 集合)。

Configuration 从 XML 文件(由一个简单的结构定义名-值对)中读取其属性值。参见例 5-1。

例 5-1. 一个简单的配置文件 configuration-1.xml

```
<?xml version="1.0"?>
<configuration>
  <property>
    <name>color</name>
    <value>yellow</value>
    <description>Color</description>
  </property>

  <property>
    <name>size</name>
    <value>10</value>
    <description>Size</description>
  </property>

  <property>
    <name>weight</name>
    <value>heavy</value>
    <final>true</final>
    <description>Weight</description>
  </property>

  <property>
    <name>size-weight</name>
    <value>${size},${weight}</value>
    <description>Size and weight</description>
  </property>
</configuration>
```

假定此配置文件的文件名是 *configuration-1.xml*，我们可以通过如下代码访问其属性：

```
Configuration conf = new Configuration();
conf.addResource("configuration-1.xml");
assertThat(conf.get("color"), is("yellow"));
assertThat(conf.getInt("size", 0), is(10));
assertThat(conf.get("breadth", "wide"), is("wide"));
```

有几点需要注意：XML 文件中没有保存**类型**(type)信息，即属性在被读取的时候，可以被解释为指定的类型。此外，`get()`方法允许为 XML 文件中没有定义的属性指定默认值，正如上述代码中最后一行的 `breath` 属性一样。

合并多个源文件

当多个源文件被用来定义一个配置时，事情变得有趣了。Hadoop 分离了系统的默认属性(在 `core-default.xml` 文件内部)和位置相关的覆盖属性(在 *core-site.xml* 文件中定义)。例 5-2 中的文件定义了 `size` 属性和 `weight` 属性。

例 5-2. 第二个配置文件 configuration-2.xml

```
<?xml version="1.0"?>
<configuration>
  <property>
    <name>size</name>
    <value>12</value>
  </property>
  <property>
    <name>weight</name>
    <value>light</value>
  </property>
</configuration>
```

源文件按顺序添加到 `Configuration`：

```
Configuration conf = new Configuration();
conf.addResource("configuration-1.xml");
conf.addResource("configuration-2.xml");
```

后来添加到源文件的属性会覆盖(override)之前定义的属性。所以，`size` 属性的取值来自于第二个配置文件 *configuration-2.xml*：

```
assertThat(conf.getInt("size", 0), is(12));
```

然而，被标记为 `final` 的属性不能被后面的定义覆盖。在第一个配置文件中，`weight` 属性的 `final` 状态是 `true`，因此，在第二个配置文件中的覆盖尝试失败，`weight` 取值仍然是 `heavy`：

```
assertThat(conf.get ("weight"), is("heavy"));
```

试图覆盖 `final` 属性的操作一般是配置错误，所以最后会弹出警告消息来帮助进行故障诊断。一般来说，管理员将守护进程 site file 中属性标记为 `final`，表明他们不希望用户在客户端或**作业提交参数**(job submission parameter)有任何改动。

可变的扩展

配置属性可以用其他属性或系统属性进行定义。例如，在第一个配置文件中的 `size-weight` 属性可以定义为`${size}`和`${weight}`，而且这些属性是用配置文件中的值来扩展的：

```
assertThat(conf.get("size-weight"), is("12,heavy"));
```

系统属性的优先级高于源文件中定义的属性：

```
System.setProperty("size", "14");
assertThat(conf.get("size-weight"), is("14,heavy"));
```

该特性适用于使用 JVM 参数`-D`*`property`*`=`*`value`*来覆盖命令行方式下的属性。

注意：配置属性可以通过系统属性来定义，前提是系统属性使用配置属性重新定义，否则，它们无法通过配置 API 进行访问。因此有以下配置：

```
System.setProperty("length", "2");
assertThat(conf.get("length"), is((String) null));
```

配置开发环境

首先下载你准备使用的 Hadoop 版本，然后在开发机器上解压缩(具体描述见附录 A)。然后，在你自己喜欢的 IDE 中，新建一个项目，把打开的下载文件包中顶级目录和 *lib* 目录中的所有 JAR 文件添加到类路径中(classpath)。然后，便可以编译 Java Hadoop 程序，并在 IDE 中以**独立**(standalone)模式运行它们。

> Eclipse 用户可以安装一个插件来浏览 HDFS 和启动 MapReduce 程序。具体指令参见 Hadoop wiki 页面，网址为 *http://wiki.apache.org/hadoop/EclipsePlugIn*。
>
> 另外，Karmasphere 提供了 Eclipse 和 NetBeans 插件，可用于开发和运行 MapReduce 作业，浏览 Hadoop 集群。

配置管理

开发 Hadoop 应用时，经常需要在本地运行和集群运行之间进行切换。事实上，可能在几个集群上工作，或可以在本地“伪分布式”集群上测试。伪分布式集群是其守护进程运行在本机的集群，这种运行模式的配置也请参见附录 A。

应对这些变化的一种方法是使 Hadoop 配置文件包含每个集群的连接设置，并且指定在运行 Hadoop 应用或工具时使用哪一个连接设置。最好的做法是，把这些文件放在 Hadoop 安装目录树之外，以便于轻松地在 Hadoop 不同版本之间进行切换，从而避免重复或丢失设置信息。

考虑到本书的宗旨，我们假设目录 *conf* 包含 3 个配置文件：*hadoop-local.xml*，*hadoop-localhost.xml* 和 *hadoop-cluster.xml*（这些文件在本书的示例代码里）。注意，文件名没有特殊要求，只是为了方便打包配置的设置。（将此与附录 A 的表 A-1 进行对比，后者存放的是对应服务器端的配置信息。）

hadoop-local.xml 文件中包含 Hadoop 默认文件系统和 jobtracker 的默认配置信息：

```
<?xml version="1.0"?>
<configuration>

  <property>
    <name>fs.default.name</name>
    <value>file:///</value>
  </property>

  <property>
    <name>mapred.job.tracker</name>
    <value>local</value>
  </property>
</configuration>
```

hadoop-localhost.xml 文件中的设置指向本地主机上运行的 namenode 和 jobtracker：

```
<?xml version="1.0"?>
<configuration>

  <property>
    <name>fs.default.name</name>
    <value>hdfs://localhost/</value>
  </property>

  <property>
    <name>mapred.job.tracker</name>
    <value>localhost:8021</value>
  </property>

</configuration>
```

最后，*hadoop-cluster.xml* 文件包含集群内 namenode 和 jobtracker 的详细信息。事实上，我们会以集群的名称来命名这个文件，而不是这里显示的那样用“cluster”来泛指：

```
<?xml version="1.0"?>
<configuration>

  <property>
    <name>fs.default.name</name>
    <value>hdfs://namenode/</value>
  </property>

  <property>
    <name>mapred.job.tracker</name>
    <value>jobtracker:8021</value>
  </property>

</configuration>
```

还可以根据需要为这些文件添加其他配置信息，例如，如果想为特定的集群设定 Hadoop 用户名，则可以在相应的文件中进行这些设置。

> **设置用户标识**
>
> 在 HDFS 中，通过在客户端系统上运行 `whoami` 命令来确定 Hadoop 用户标识（identity）。类似地，组名（group name）来自 `groups` 命令的输出。
>
> 如果 Hadoop 用户标识不同于客户机上的用户账号，可以通过设置 `hadoop.job.ugi` 属性来显式设定 Hadoop 用户名和组名。用户名和组名由一个逗号分隔的字符串来表示，例如 `preston,directors,inventors` 表示用户名为 `preston`，组名是 `directors` 和 `inventors`。
>
> 可以使用相同的语法设置 HDFS 网络接口（该接口通过设置 `dfs.web.ugi` 来运行）的用户标识。在默认情况下，`webuser` 和 `webgroup` 不是超级用户，因此，不能通过网络接口访问系统文件。
>
> 注意：在默认情况下，系统没有认证机制。参照第 281 页的“安全”小节了解如何在 Hadoop 中使用 Kerberos 认证。

有了这些设置，便可以轻松使用`-conf` 命令行开关来使用各种配置。例如，下面的命令显示了一个在伪分布式模式下运行于本地主机上的 HDFS 服务器上的目录列表：

```
% hadoop fs -conf conf/hadoop-localhost.xml -ls .
Found 2 items
drwxr-xr-x - tom supergroup 0 2009-04-08 10:32 /user/tom/input
drwxr-xr-x - tom supergroup 0 2009-04-08 13:09 /user/tom/output
```

如果省略`-conf`选项，可以从*conf*子目录下的`$HADOOP_INSTALL`中找到Hadoop的配置信息。至于独立模式还是伪分布式集群模式，则取决于具体的设置。

Hadoop自带的工具支持`-conf`选项，也可以直接用程序(例如运行MapReduce作业的程序)通过使用`Tool`接口来支持`-conf`选项。

辅助类GenericOptionsParser，Tool和ToolRunner

为了简化命令行方式运行作业，Hadoop自带了一些辅助类。`GenericOptionsParser`是一个类，用来解释常用的Hadoop命令行选项，并根据需要，为`Configuration`对象设置相应的取值。通常不直接使用`GenericOptionsParser`，更方便的方式是：实现`Tool`接口，通过`ToolRunner`来运行应用程序，`ToolRunner`内部调用`GenericOptionsParser`：

```
public interface Tool extends Configurable {
  int run(String [] args) throws Exception;
}
```

例5-3给出了一个非常简单的`Tool`的实现，用来打印`Tool`的`Configuration`对象中所有属性的键值对。

例5-3. Tool实现示例，用于打印一个Configuration对象的属性

```
public class ConfigurationPrinter extends Configured implements Tool {

  static {
    Configuration.addDefaultResource("hdfs-default.xml");
    Configuration.addDefaultResource("hdfs-site.xml");
    Configuration.addDefaultResource("mapred-default.xml");
    Configuration.addDefaultResource("mapred-site.xml");
}

@Override
public int run(String[] args) throws Exception {
  Configuration conf = getConf();
  for (Entry<String, String> entry: conf) {
    System.out.printf("%s=%s\n", entry.getKey(), entry.getValue());
  }
    return 0;
  }

  public static void main(String[] args) throws Exception {
    int exitCode = ToolRunner.run(new ConfigurationPrinter(), args);
    System.exit(exitCode);
  }
}
```

我们把 ConfigurationPrinter 作为 Configured 的一个子类，Configured 是 Configurable 接口的一个实现。Tool 的所有实现都需要实现 Configurable(因为 Tool 继承于 Configurable)，Configured 子类通常是一种最简单的实现方式。run()方法通过 Configurable 的 getConf()方法获取 Configuration，然后重复执行，将每个属性打印到标准输出。

静态代码部分用来获取 HDFS 和 MapReduce 配置和核心配置(Configuration 已经取得核心配置)。

ConfigurationPrinter 的 main()方法没有直接调用自身的 run()方法，而是调用 ToolRunner 的静态 run()方法，该方法负责在调用 run()方法之前，为 Tool 建立一个 Configuration 对象。ToolRunner 还使用了 GenericOptionsParser 来获取在命令行方式中指定的任何标准选项，然后，在 Configuration 实例上进行设置。运行下列代码，可以看到在 *conf/hadoop-localhost.xml* 中设置的属性。

```
% hadoop ConfigurationPrinter -conf conf/hadoop-localhost.xml \
  | grep mapred.job.tracker=
mapred.job.tracker=localhost:8021
```

可以设置哪些属性？

可以在环境中设置什么属性，一个有用的工具便是 ConfigurationPrinter。

也可以在 Hadoop 安装路径的 *docs* 目录中，查看所有公共属性的默认设置，相关文件包括 *coredefault.html*，*hdfs-default.html* 和 *mapred-default.html* 这几个 HTML 文件。每个属性都有用来解释属性作用和取值范围的描述。

注意：在客户端配置中设置某些属性，将不会产生影响。例如，如果在作业提交时想通过设置 mapred.tasktracker.map.tasks.maximum 来改变运行作业的 tasktracker 的任务槽(task slot)数，结果会令你失望，因为这个属性只能在 tasktracker 的 *mapred-site.xml* 文件中进行设置。一般情况下，可以通过属性名来告诉组件该属性应该在哪里进行设置，由于 mapred.tasktracker.map.tasks.maximum 以 mapred.tasktracker 开头，因此，我们知道它只能为 tasktracker 守护进程设置。但是，这不是硬性的，在有些情况下，我们需要进行尝试，甚至去阅读源码。

本书讨论了 Hadoop 的很多重要的配置属性。在本书的网站(*http://www.hadoopbook.com*)上可以找到配置属性的参考资料。

GenericOptionsParser 也允许设置个别属性。例如：

```
% hadoop ConfigurationPrinter -D color=yellow | grep color
color=yellow
```

-D 选项用于将键 color 的配置属性值设置为 yellow。设置为-D 的选项优先级要高于配置文件里的其他属性。这一点很有用：可以把默认属性放入配置文件中，然后再在需要时，用 -D 选项来覆盖它们。一个常见的例子是：通过 -D mapred.reduce.tasks=n 来设置 MapReduce 作业中 reducer 的数量。这样会覆盖集群上或客户端配置属性文件中设置的 reducer 数量。

GenericOptionsParser 和 ToolRunner 支持的其他选项见表 5-1。更多的 Hadoop 配置 API 可以在第 130 页的“配置 API”小节中找到。

用 -D property=value 选项将 Hadoop 属性设置为 GenericOptionsParser (和 ToolRunner)，不同于用-Dproperty=value 选项将 JVM 系统属性设置为 Java 命令。JVM 系统属性的语法不允许 D 和属性名之间有任何空格，而 GenericOptionsParser 要求用空格来分隔 D 和属性名。

JVM 系统属性来自于 java.lang.System 类，而 Hadoop 属性只能从 Configuration 对象中获取。所以，下面的命令行将没有任何输出，因为 ConfigurationPrinter 没有使用 System 类：

```
% hadoop -Dcolor=yellow ConfigurationPrinter | grep color
```

如果希望通过系统属性进行配置，则需要在配置文件中反映相关的系统属性。具体讨论见第 132 页的“可变的扩展”小节。

表 5-1. GenericOptionsParser 选项和 ToolRunner 选项

选项名称	描述
-D *property=value*	将指定值赋值给确定的 Hadoop 配置属性。覆盖配置文件里的默认属性或站点属性，或通过-conf 选项设置的任何属性
-conf *filename* ...	将指定文件添加到配置的资源列表中。这是设置站点属性或同时设置一组属性的简便方法
-fs uri	用指定的 URI 设置默认文件系统。这是 -D fs.default.name=uri 的快捷方式
-jt host:port	用指定主机和端口设置 jobtracker。这是-D mapred.job.tracker=host:port 的快捷方式
-files *file1,file2,...*	从本地文件系统(或任何指定模式的文件系统)中复制指定文件到 jobtracker 所用的共享文件系统(通常是 HDFS)，确保在任务工作目录的 MapReduce 程序可以访问这些文件(要想进一步了解如何复制文件到 tasktracker 机器的分布式缓存机制，请参见第 253 页的“分布式缓存”小节)
-archives *archive1,archive2,..*	从本地文件系统(或任何指定模式的文件系统)复制指定存档到 jobtracker 所用的共享文件系统(通常是 HDFS)，打开存档文件，确保任务工作目录的 MapReduce 程序可以访问这些存档

选项名称	描述
-libjars *jar1,jar2,…*	从本地文件系统(或任何指定模式的文件系统)复制指定 JAR 文件到被 jobtracker 使用的共享文件系统(通常是 HDFS)，把它们加入 MapReduce 任务的类路径中。这个选项适用于传输作业需要的 JAR 文件

编写单元测试

在 MapReduce 中， map 和 reduce 函数的独立测试非常方便，这是由函数风格决定的。针对已知输入，得到已知的输出。然而，由于输出写到一个 OutputCollector，而不是通过简单的方法调用进行返回，所以，OutputCollector 需要用一个 mock 进行替换，以便验证输出的正确性。有几个 Java mock 对象框架可以用来建立模拟。这里，我们使用 Mockito。虽然目前有许多这样的框架可用，但是 Mockito 却以其简洁的语法而著称。①

这里描述的所有测试可以在 IDE 中运行。

mapper

例 5-4 是一个 mapper 的测试。

例 5-4. MaxTemperatureMapper 的单元测试

```
import static org.mockito.Mockito.*;
import java.io.IOException;
import org.apache.hadoop.io.*;
import org.apache.hadoop.mapred.OutputCollector;
import org.junit.*;

public class MaxTemperatureMapperTest {

@Test
public void processesValidRecord() throws IOException {
  MaxTemperatureMapper mapper = new MaxTemperatureMapper();
  Text value = new Text("0043011990999991950051518004+68750+023550FM-12+0382" +
                              // Year ^^^^
    "99999V0203201N00261220001CN9999999N9-00111+99999999999");
                              // Temperature ^^^^^
OutputCollector<Text, IntWritable> output = mock(OutputCollector.class);
mapper.map(null, value, output, null);
```

① 参阅 MRUnit 定制功能模块，它的目标是简化 MapReduce 程序的单元测试。

```
    verify(output).collect(new Text("1950"), new IntWritable(-11));
  }
}
```

测试很简单：传递一个天气记录作为 mapper 的输入，然后检查输出是否是读入的年份和气温。mapper 忽略输入的键和 Reporter，因此，任何输入都可以传递，包括此处的 null 值。为了创建一个 OutputCollector，我们调用 Mockito 的 mock() 方法(一个静态导入)来传递一个我们想要模拟类型的类。然后，我们调用 mapper 的 map()方法来执行测试代码。最后，我们用 Mockito 的 verify()来验证 mock 对象已调用了正确的方法和参数。这里，我们在表示年份(1950)的 Text 对象和表示气温(-1.1 ℃)的 IntWritable 对象调用的例子上验证了 OutputCollector 的 collect()方法。

在测试驱动的方式下，例 5-5 创建了一个能够通过测试的 Mapper 实现。由于本章要进行类的扩展，所以每个类被放在包含版本信息的不同包中。例如，v1.MaxTemperatureMapper 是 MaxTemperatureMapper 的第一个版本。当然，不重新打包实际上也可以对类进行扩展。

例 5-5. 第一个版本的 Mapper 函数通过了 MaxTemperatureMapper 测试

```
public class MaxTemperatureMapper extends MapReduceBase
implements Mapper<LongWritable, Text, Text, IntWritable> {

public void map(LongWritable key, Text value,
  OutputCollector<Text, IntWritable> output, Reporter reporter)
  throws IOException {

  String line = value.toString();
  String year = line.substring(15, 19);
  int airTemperature = Integer.parseInt(line.substring(87, 92));
  output.collect(new Text(year), new IntWritable(airTemperature));
  }
}
```

这是一个非常简单的实现，从行中抽出年份和气温，在 OutputCollector 中输出。现在，让我们增加一个缺失值的测试，该值在原始数据中表示气温+9999：

```
@Test
public void ignoresMissingTemperatureRecord() throws IOException {
 MaxTemperatureMapper mapper = new MaxTemperatureMapper();

 Text value = new Text("0043011990999991950051518004+68750+023550FM-12+0382" +
             // Year ^^^^
    "99999V0203201N00261220001CN9999999N9+99991+99999999999");
            // Temperature ^^^^^
 OutputCollector<Text, IntWritable> output = mock(OutputCollector.class);

  mapper.map(null, value, output, null);
```

```
verify(output, never()).collect(any(Text.class), any(IntWritable.class));
}
```

由于缺失的气温已经被过滤掉，所以在这个测试中，Mockito 用来验证 OutputCollector 的 collect()方法没有被任何 Text 键或 IntWritable 值调用。

由于 parseInt() 不能解析带加号的整数，所以测试最后抛出 NumberFormatException 异常，以失败告终。下面修改此实现(版本 2)来处理缺失值：

```
public void map(LongWritable key, Text value,
    OutputCollector<Text, IntWritable> output, Reporter reporter)
    throws IOException {

  String line = value.toString();
  String year = line.substring(15, 19);
  String temp = line.substring(87, 92);
  if (!missing(temp)) {
      int airTemperature = Integer.parseInt(temp);
      output.collect(new Text(year), new IntWritable(airTemperature));
  }
}
private boolean missing(String temp) {
  return temp.equals("+9999");
}
```

这个测试通过后，我们接下来写 reducer。

reducer

reducer 必须找出指定键的最大值。这是针对此特性的一个简单的测试。

```
@Test
public void returnsMaximumIntegerInValues() throws IOException {
  MaxTemperatureReducer reducer = new MaxTemperatureReducer();

  Text key = new Text("1950");
  Iterator<IntWritable> values = Arrays.asList(
    new IntWritable(10), new IntWritable(5)).iterator();
  OutputCollector<Text, IntWritable> output = mock(OutputCollector.class);

  reducer.reduce(key, values, output, null);

  verify(output).collect(key, new IntWritable(10));
}
```

我们对一些 IntWritable 值构建一个迭代器来验证 MaxTemperatureReducer 能找到最大值。例 5-6 里的代码是一个通过测试的 MaxTemperatureReducer 的实现。注意，我们没有测试空值迭代的情况，可以说根本不需要测试，因为 mapper 生成的每个键都有一个值，MapReduce 从来不会出现调用空值 reducer 的情况。

例 5-6. 用来计算最高气温的 reducer

```
public class MaxTemperatureReducer extends MapReduceBase
  implements Reducer<Text, IntWritable, Text, IntWritable> {

  public void reduce(Text key, Iterator<IntWritable> values,
    OutputCollector<Text, IntWritable> output, Reporter reporter)
    throws IOException {

  int maxValue = Integer.MIN_VALUE;
  while (values.hasNext()) {
    maxValue = Math.max(maxValue, values.next().get());
  }
  output.collect(key, new IntWritable(maxValue));
  }
}
```

本地运行测试数据

现在 mapper 和 reducer 已经能够在可控的输入上进行工作了，下一步是写一个**作业驱动程序**(job driver)，然后在开发机器上使用测试数据运行它。

在本地作业运行器上运行作业

通过使用前面介绍的 `Tool` 接口，可以轻松写一个 MapReducer 作业的驱动程序，来计算按照年度查找最高气温(参见例 5-7 的 `MaxTemperatureDriver`)。

例 5-7. 查找最高气温

```
public class MaxTemperatureDriver extends Configured implements Tool {

  @Override
  public int run(String[] args) throws Exception {
    if (args.length != 2) {
      System.err.printf("Usage: %s [generic options] <input> <output>\n",
        getClass().getSimpleName());
      ToolRunner.printGenericCommandUsage(System.err);
      return -1;
    }

    JobConf conf = new JobConf(getConf(), getClass());
    conf.setJobName("Max temperature");

    FileInputFormat.addInputPath(conf, new Path(args[0]));
    FileOutputFormat.setOutputPath(conf, new Path(args[1]));

    conf.setOutputKeyClass(Text.class);
    conf.setOutputValueClass(IntWritable.class);
```

```
    conf.setMapperClass(MaxTemperatureMapper.class);
    conf.setCombinerClass(MaxTemperatureReducer.class);
    conf.setReducerClass(MaxTemperatureReducer.class);

    JobClient.runJob(conf);
    return 0;
    }

    public static void main(String[] args) throws Exception {
      int exitCode = ToolRunner.run(new MaxTemperatureDriver(), args);
      System.exit(exitCode);
  }
}
```

MaxTemperatureDriver 实现了 Tool 接口，所以，我们能够设置 GenericOptionsParser 支持的选项。在开始 JobConf 所描述的作业前，run() 方法创建和配置一个 Jobconf 对象。在所有可能的作业配置参数中，可以设置输入和输出文件路径，mapper、reducer 和 combiner，以及输出类型(输入类型由输入格式决定，默认为 TextInputFormat，包括 Long Writable 键和 Text 值)。为作业设置一个名称也是很好的做法，这样可以在执行过程中或作业完成后方便地从作业列表中查找作业。默认情况下，作业名称是 JAR 文件，通常情况下没有特殊的描述。

现在我们可以在一些本地文件上运行这个应用。Hadoop 有一个本地**作业运行器**(job runner)，它是在 MapReduce 执行引擎运行单个 JVM 上的 MapReduce 作业的简化版本。它是为测试而设计的，在 IDE 中使用起来非常方便，因为我们可以在调试器中单步运行 mapper 和 reducer 代码。

本地作业运行器只能用于简单测试 MapReduce 程序，因为它不同于完全的 MapReduce 实现。最大的区别是它不能运行多个 reducer。(它只支持 0 个 reducer 的情况。)通常情况下，这是没有问题的，因为虽然在集群上用户可以选择多个 reducer 来充分利用并行计算的优势，但是大多数应用可以在一个 reducer 的情况下工作。注意：即使把 reducer 的数量设置为大于 1 的值，本地作业运行器也会忽略这个设置而只使用一个 reducer。

本地作业运行器也不支持 DistributedCache 特性。详情参见第 253 页的“分布式缓存”小节)。

这些限制并不是本地作业运行器所固有的，Hadoop 的后续版本可能会放宽这些限制。

本地作业运行器通过一个配置设置来激活。正常情况下，mapred.job.tracker 是一个主机:端口(host:port)，用来设置 jobtracker 的地址，但它是一个特殊的 local 值时，作业就在不访问外部 jobtracker 的情况下运行。

可以在命令行方式下输入如下命令来运行驱动程序：

```
% hadoop v2.MaxTemperatureDriver -conf conf/hadoop-local.xml \
  input/ncdc/micro max-temp
```

类似地，可以使用 GenericOptionsParser 提供的-fs 和-jt 选项：

```
% hadoop v2.MaxTemperatureDriver -fs file:/// -jt local input/ncdc/micro max-temp
```

这条指令使用本地 *input/ncdc/micro* 目录的输入来执行 MaxTemperatureDriver，产生的输出存放在本地 *max-temp* 目录中。注意：虽然我们设置了-fs，可以使用本地文件系统(file:///)，但本地作业运行器实际上可以在包括 HDFS 在内的任何文件系统上正常工作(如果 HDFS 里有一些文件，可以马上进行尝试)。

我们运行这个程序时，运行失败，并打印如下异常：

```
java.lang.NumberFormatException: For input string: "+0000"
```

修复 mapper

这个异常表明 map 方法仍然不能解析带正号的气温。如果堆栈跟踪不能提供足够的信息来诊断这个错误，因为程序运行在一个 JVM 中，所以我们可以在本地调试器中进行测试。前面我们已经使程序能够处理缺失气温值(+9999)的特殊情况，但不是任意非负气温的一般情况。如果 mapper 中有更多的逻辑，那么给出一个解析类来封装解析逻辑是非常有意义的。参见例 5-8(这是第三个版本)。

例 5-8. 该类解析 NCDC 格式的气温记录

```
public class NcdcRecordParser {
  private static final int MISSING_TEMPERATURE = 9999;
  private String year;
  private int airTemperature;
  private String quality;

  public void parse(String record) {
    year = record.substring(15, 19);
    String airTemperatureString;
    // Remove leading plus sign as parseInt doesn't like them
    if (record.charAt(87) == '+') {
      airTemperatureString = record.substring(88, 92);
    } else {
      airTemperatureString = record.substring(87, 92);
    }
    airTemperature = Integer.parseInt(airTemperatureString);
    quality = record.substring(92, 93);
```

```
  }

  public void parse(Text record) {
    parse(record.toString());
  }

  public boolean isValidTemperature() {
    return airTemperature != MISSING_TEMPERATURE && quality.matches("[01459]");
  }
  public String getYear() {
    return year;

  }
  public int getAirTemperature() {
    return airTemperature;
  }
}
```

最终的 mapper 相当简单(参见例 5-9)。只调用解析类的 `parser()`方法，后者解析输入行中的相关字段，用 `isValidTemperature()`方法检查是否是合法气温，如果是，就用解析类的 getter 方法获取年份和气温数据。注意，我们也会在 `isValidTemperature()`方法中检查质量状态字段和缺失的气温信息，以便过滤气温读取错误。

创建解析类的另一个好处是：相似作业的 mapper 不需要重写代码。也提供了一个机会直接针对解析类编写单元测试，用于更多目标测试。

例 5-9. 这个 mapper 使用 utility 类来解析记录

```
public class MaxTemperatureMapper extends MapReduceBase
  implements Mapper<LongWritable, Text, Text, IntWritable> {

  private NcdcRecordParser parser = new NcdcRecordParser();

  public void map(LongWritable key, Text value,
    OutputCollector<Text, IntWritable> output, Reporter reporter)
    throws IOException {

  parser.parse(value);
  if (parser.isValidTemperature()) {
    output.collect(new Text(parser.getYear()),
      new IntWritable(parser.getAirTemperature()));
    }
  }
}
```

经过这些修改以后，测试得以通过。

测试驱动程序

除了灵活的配置选项可以使应用程序实现 `Tool`，还可以插入任意 `Configuration` 来增加可测试性。可以利用这点来编写测试程序，它将利用本地作业运行器在已经输入数据上运行作业，借此来检查输出是否满足预期。

要实现这个目标，有两种方法。第一种方法是使用本地作业运行器，在本地文件系统的测试文件上运行作业。例 5-10 的代码给出了一种思路。

例 5-10. 这个 MaxTemperatureDriver 测试使用了一个正在运行的本地作业运行器

```
@Test
public void test() throws Exception {
    JobConf conf = new JobConf();
    conf.set("fs.default.name", "file:///");
    conf.set("mapred.job.tracker", "local");

    Path input = new Path("input/ncdc/micro");
    Path output = new Path("output");

    FileSystem fs = FileSystem.getLocal(conf);
    fs.delete(output, true); // delete old output

    MaxTemperatureDriver driver = new MaxTemperatureDriver();
    driver.setConf(conf);

    int exitCode = driver.run(new String[] {
      input.toString(), output.toString() });
    assertThat(exitCode, is(0));

    checkOutput(conf, output);
}
```

测试代码明确设置 `fs.default.name` 和 `mapred.job.tracker`，所以，它使用的是本地文件系统和本地作业运行器。随后，通过其 `Tool` 接口在少数已知数据上运行 `MaxTemperatureDriver`。最后，`checkOutput()`方法被调用以逐行对比实际输出与预期输出。

测试驱动程序的第二种方法是使用一个 mini 集群来运行它。Hadoop 有一对测试类，名为 `MiniDFSCluster` 和 `MiniMRCluster`，它以程序方式创建正在运行的集群。不同于本地作业运行器，它们不允许在整个 HDFS 和 MapReduce 机器上运行运行测试。注意，mini 集群上的 tasktracker 启动不同的 JVM 来运行任务，这会使调试更困难。

mini 集群广泛应用于 Hadoop 自带的自动测试包中，但也可以用于测试用户代码。Hadoop 的 `ClusterMapReduceTestCase` 抽象类提供了一个编写此类测试的基础，它在 `setUp()`和 `tearDown()` 方法中提供了用来处理启动和停止运行中的 HDFS

和 MapReduce 集群的细节，同时产生一个合适的被配置为一起工作的 JobConf 对象。子类只需要得到 HDFS 中的数据(可能从本地文件中复制得到)，运行 MapReduce 作业，然后确认输出是否满足要求。参见本书示例代码中的 MaxTemperatureDriverMiniTest 类。

这样的测试是回归测试，是一个非常有用的输入边界用例和相应的期望结果的资源库。随着测试用例的增加，简单将其加入输入文件，然后更新相应输出即可。

在集群上运行

目前，程序已经可以在少量测试数据上正确运行，下面可以准备在 Hadoop 集群的完整数据集上运行了。第 9 章将介绍如何建立完全分布的集群，然而该章中的方法也可以用在伪分布集群上。

打包

单机上运行的程序不需要任何修改就可以直接在集群上运行，但是需要把程序打包为 JAR 文件发给集群。使用 Ant 可以简化这个过程，使用如下的任务(完整的 build 文件可以在示例代码中找到)：

```
<jar destfile="job.jar" basedir="${classes.dir}"/>
```

如果每个 JAR 文件都有一个作业，可以在 JAR 文件的 manifest 中指定要运行的 main 类。如果 main 类不在 manifest 中，则必须在命令行指定(见下文)。任何非独立的 JAR 文件应该打包到 JAR 文件的 *lib* 子目录中。这与 Java *Web application archive* 或 WAR 文件类似，只不过 JAR 文件是放在 *WEB-INF/lib* 子目录下 WAR 文件中的。

启动作业

为了启动作业，我们需要运行驱动程序，使用 *-conf* 选项来指定想要运行作业的集群(同样，也可以使用 -fs 和 -jt 选项)：

```
% hadoop jar job.jar v3.MaxTemperatureDriver -conf conf/hadoop-cluster.xml \
  input/ncdc/all max-temp
```

JobClient 的 runJob()方法启动作业并检查进程，有任何变化，就输出一行 map 和 reduce 进度总结。输入如下(为了清楚起见，有些行被删除)：

```
09/04/11 08:15:52 INFO mapred.FileInputFormat: Total input paths to process : 101
09/04/11 08:15:53 INFO mapred.JobClient: Running job: job_200904110811_0002
09/04/11 08:15:54 INFO mapred.JobClient: map 0% reduce 0%
```

```
09/04/11 08:16:06 INFO mapred.JobClient: map 28% reduce 0%
09/04/11 08:16:07 INFO mapred.JobClient: map 30% reduce 0%
...
09/04/11 08:21:36 INFO mapred.JobClient:  map 100% reduce 100%
09/04/11 08:21:38 INFO mapred.JobClient: Job complete: job_200904110811_0002
09/04/11 08:21:38 INFO mapred.JobClient:  Counters: 19
09/04/11 08:21:38 INFO mapred.JobClient:   Job Counters
09/04/11 08:21:38 INFO mapred.JobClient:    Launched reduce tasks=32
09/04/11 08:21:38 INFO mapred.JobClient:    Rack-local map tasks=82
09/04/11 08:21:38 INFO mapred.JobClient:    Launched map tasks=127
09/04/11 08:21:38 INFO mapred.JobClient:    Data-local map tasks=45
09/04/11 08:21:38 INFO mapred.JobClient:   FileSystemCounters
09/04/11 08:21:38 INFO mapred.JobClient:    FILE_BYTES_READ=12667214
09/04/11 08:21:38 INFO mapred.JobClient:    HDFS_BYTES_READ=33485841275
09/04/11 08:21:38 INFO mapred.JobClient:    FILE_BYTES_WRITTEN=989397
09/04/11 08:21:38 INFO mapred.JobClient:    HDFS_BYTES_WRITTEN=904
09/04/11 08:21:38 INFO mapred.JobClient:   Map-Reduce Framework
09/04/11 08:21:38 INFO mapred.JobClient:    Reduce input groups=100
09/04/11 08:21:38 INFO mapred.JobClient:    Combine output records=4489
09/04/11 08:21:38 INFO mapred.JobClient:    Map input records=1209901509
09/04/11 08:21:38 INFO mapred.JobClient:    Reduce shuffle bytes=19140
09/04/11 08:21:38 INFO mapred.JobClient:    Reduce output records=100
09/04/11 08:21:38 INFO mapred.JobClient:    Spilled Records=9481
09/04/11 08:21:38 INFO mapred.JobClient:    Map output bytes=10282306995
09/04/11 08:21:38 INFO mapred.JobClient:    Map input bytes=274600205558
09/04/11 08:21:38 INFO mapred.JobClient:    Combine input records=1142482941
09/04/11 08:21:38 INFO mapred.JobClient:    Map output records=1142478555
09/04/11 08:21:38 INFO mapred.JobClient:    Reduce input records=103
```

输出包含很多有用的信息。在作业开始之前，打印作业 ID：如果需要在日志文件中或通过 hadoop job 命令查询某个作业，必须要有 ID 信息。作业完成后，统计信息(例如计数器)被打印出来。这对于确认作业是否完成是很有用的。例如，对于这个作业，大约分析 275 GB 输入数据(“Map input bytes”)，读取了 HDFS 大约 34 GB 压缩文件(“HDFS_BYTES_READ”)。输入数据被分成 101 个大小合适的 gzipped 文件，因此即使不能划分数据也没有问题。

作业、任务和 task attempt ID

作业 ID 的格式包含两部分：jobtracker(不是作业)开始的时间和唯一标识此作业的由 jobtracker 维护的增量计数器。例如：ID 为 job_200904110811_0002 的作业是第二个作业(0002，作业 ID 从 1 开始)，jobtracker 在 2009 年 4 月 11 日 08:11 开始运行这个作业。计数器的数字前面由 0 开始，以便于作业 ID 在目录列表中进行排序。然而，计数器达到 10000 时，不能重新设置，导致作业 ID 更长(这些 ID 不能很好地排序)。

任务属于作业，任务 ID 通过替换作业 ID 的作业前缀为任务前缀，然后加上一个后缀表示哪个作业里的任务。例如：`task_200904110811_0002_m_000003` 表示 ID 为 `job_200904110811_0002` 的作业的第 4 个 map 任务(000003，任务 ID 从 0 开始计数)。作业的任务 ID 在初始化时产生，因此，任务 ID 的顺序不必是任务执行的顺序。

由于失败(参见第 173 页“任务失败”小节)或推测执行(参见第 183 页“推测执行”小节)，任务可以执行多次，所以，为了标识任务执行的不同实例，task attempt 都会被指定一个在 jobtracker 上唯一的 ID。例如：`attempt_200904110811_0002_m_000003_0` 表示正在运行的 `task_200904110811_0002_m_000003` 任务的第一个 `attemp (0, attempt` ID 从 0 开始计数)。task attempt 在作业运行时根据需要分配，所以，它们的顺序代表 tasktracker 产生并运行的先后顺序。

如果在 jobtracker 重启并恢复运行作业后，作业被重启，那么 task attempt ID 中最后的计数值将从 1000 递增。

MapReduce 的 Web 界面

Hadoop 的 Web 界面用来浏览作业信息，对于跟踪作业运行进度、查找作业完成后的统计信息和日志非常有用。可以在 *http://jobtracker-host:50030/*找到用户界面信息。

jobtracker 页面

图 5-1 给出了主页的截屏。第一部分是 Hadoop 的安装细节，包括版本号、编译时间和 jobtracker 的当前状态(在本例中，状态是 running)和启动时间。

接下来是关于集群的概要信息，包括集群的负载情况和使用情况。这表明当前正在集群上运行的 map 和 reduce 的数量，作业提交的数量，可用的 tasktracker 节点数和集群的负载能力，集群中可用 map 和 reduce 的任务槽数(“Map Task Capacity”和“Reduce Task Capacity”)，每个节点平均可用的任务槽数。被 jobtracker 列入黑名单的 tasktrackers 数也被列出，关于黑名单的详细信息，请参见第 175 页的“tasktracker 失败”小节。

概要信息的下面是正在运行的作业调度器的相关信息(此处是“默认值”)。可以单击查看作业队列。

随后，显示的是正在运行、(成功地)完成和失败的作业。每部分都有一个作业表，其中每行显示作业的 ID、所属者、作业名(使用 JobConf 的 setJobName()方法设置的 mapred.job.name 属性)和进度信息。

最后，页面的底部是一些链接信息，指向 jobtracker 日志和 jobtracker 历史信息：记录 jobtracker 运行过的所有作业的信息。在作业存储到历史信息页之前，主页上只显示 100 个作业(通过 mapred.jobtracker.completeuserjobs.maximum 属性来配置)。注意，作业历史是永久存储的，因此，可以从以前运行的 jobtracker 中找到作业。

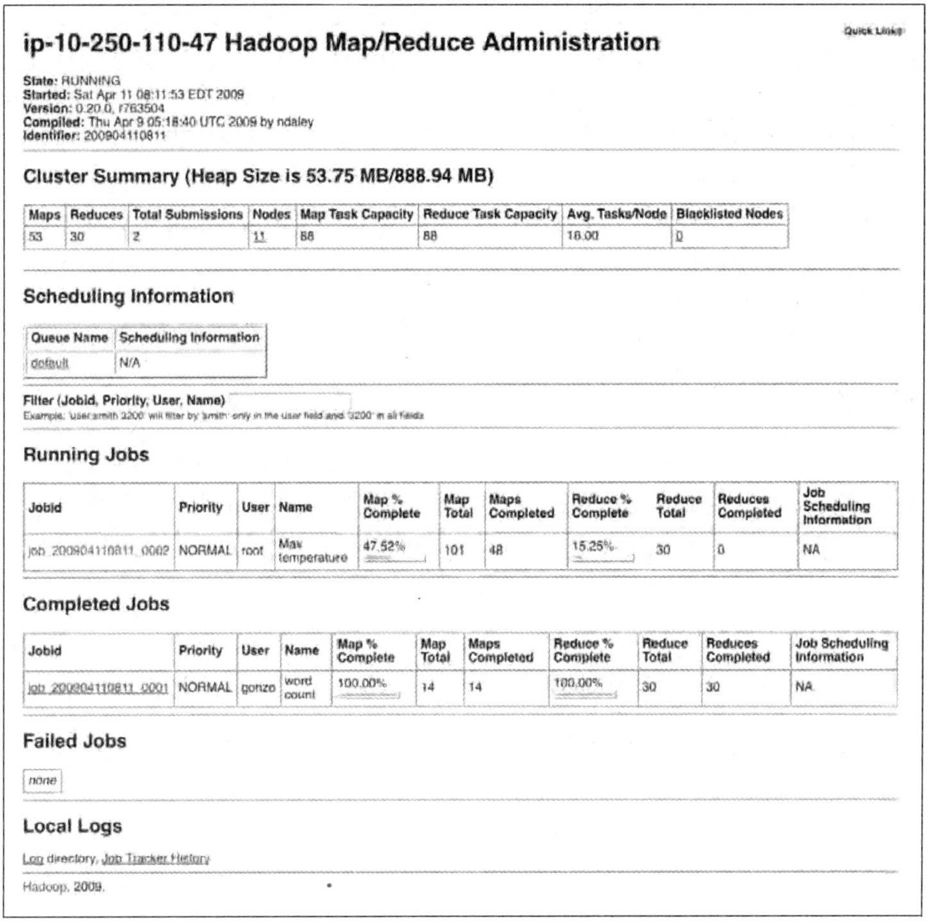

图 5-1. jobtracker 页面的屏幕截图

作业历史

作业历史包括已完成作业的事件和配置信息。还包括作业是否成功完成的信息。作业历史可以用来实现 jobtracker 重启后的作业恢复(参见 `mapred.jobtracker.restart.recover` 属性)，为运行作业的用户提供有用信息。

作业历史文件存放在 jobtracker 本地文件系统中的 *history* 子目录中。通过 `hadoop.job.history.location` 属性来设置历史文件存放在 Hadoop 文件系统的任意位置。jobtracker 的历史文件会保存 30 天，随后由系统删除。

作业输出目录的 *_logs/history* 子目录为用户存放第二个备份。这个存放位置可以通过设置 `hadoop.job.history.user.location` 进行重写。如果将其值设置为特殊值 `none`，则不会有用户作业历史被保存，虽然作业历史仍然是集中存放的。用户的作业历史文件不会被系统删除。

历史日志包括作业、任务和尝试事件，所有这些信息以纯文本方式存储。特殊作业的历史可以通过 Web 界面或在命令行方法下用 `hadoop job -history`(指定的作业输出目录中)查看。

作业页面

单击作业 ID 进入作业页面(如图 5-2 所示)。页面最上方是作业的摘要，包括一些基本信息，例如：作业的拥有者、作业名和作业运行时间。作业文件是整理过的作业配置文件，包括作业运行中有效的所有属性和值。如果不确定某个属性的值，可以点击查看文件。

作业运行期间，可以在作业页面监视作业进度，页面信息会定期自动更新。摘要信息下方的表展示 map 和 reduce 进度。`Num Task` 显示该作业 map 和 reduce 的总数。其他列显示的是这些任务的状态：`Pending`(等待运行)、`Running`、`Complete`(成功完成)和 `Killed`(失败任务——用 `Failed` 标记更准确)。最后一列显示的是一个作业所有 map 和 reduce 任务中失败和中止的 task attempt 总数(task attempt 可标记为 `killed`，原因可能是：它们是推测执行的副本，关于任务失败部分的细节，请参阅第 173 页的“任务失败”小节。task attempt 运行的 tasktracker 已结束，或这些 task attempt 已被用户中止)。

在该页面的随后部分，可以找到显示每个任务进度的完成图。reduce 完成图被分为 reduce 任务的三个阶段：copy(map 输出传输到 reduce 的 tasktracker 时)、sort(合并 reduce 输入时)和 reduce(reduce 函数运行产生最后输出时)。这些阶段的详细描述参见第 177 页的“shuffle 和排序”小节。

在该页的中间部分是作业计数器表。这些信息在作业运行期间动态更新，为作业进度和整体健康程度提供另一个有用的信息。关于这些计数器的详细信息，请参见第 225 页“内置计数器”小节。

获取结果

一旦作业完成，有许多方法可以获取结果。每个 reducer 产生一个输出文件，因此，在 *max-temp* 目录中会有 30 个部分文件(part file)，命名为 *part-00000* 到 *part-00029*。

> 正如文件名所示，这些“part”文件可以认为是 *max-temp* 文件的一部分。
>
> 如果输出文件很大(本例不是这种情况)，那么把文件分为多个 part 文件很重要，这样才能使多个 reducer 并行工作。通常情况下，如果文件采用这种分割形式，使用起来仍然很方便：例如作为另一个 MapReduce 作业的输入。在某些情况下，可以探索多个分割文件的结构来进行 map 端连接操作(参阅第 247 页的“map 端连接”)或执行一个 MapFile 的查找操作(参阅第 223 页的“一个应用：基于划分的 MapFile 查找技术”小节)。

这个作业产生的输出很少，所以很容易从 HDFS 中将其复制到开发机器上。`hadoop fs` 命令中的`-getmerge` 选项非常有用，可以得到源模式目录中的所有文件，并在本地文件系统上把它们合并成一个单独的文件。`-getmerge` 选项对 `hadoop fs` 命令很有用，因为它得到了源模式指定目录下所有的文件，并将其合并为本地文件系统的一个文件：

```
% hadoop fs -getmerge max-temp max-temp-local
% sort max-temp-local | tail
1991 607
1992 605
1993 567
1994 568
1995 567
1996 561
1997 565
1998 568
1999 568
2000 558
```

因为 reduce 的输出分区文件是无序的(使用 `hash partitioner` 的缘故)，我们对输出进行排序。对 MapReduce 的数据做些后期处理是很常见的，把这些数据送入分析工具 (例如 R、电子数据表甚至关系数据库)进行处理。

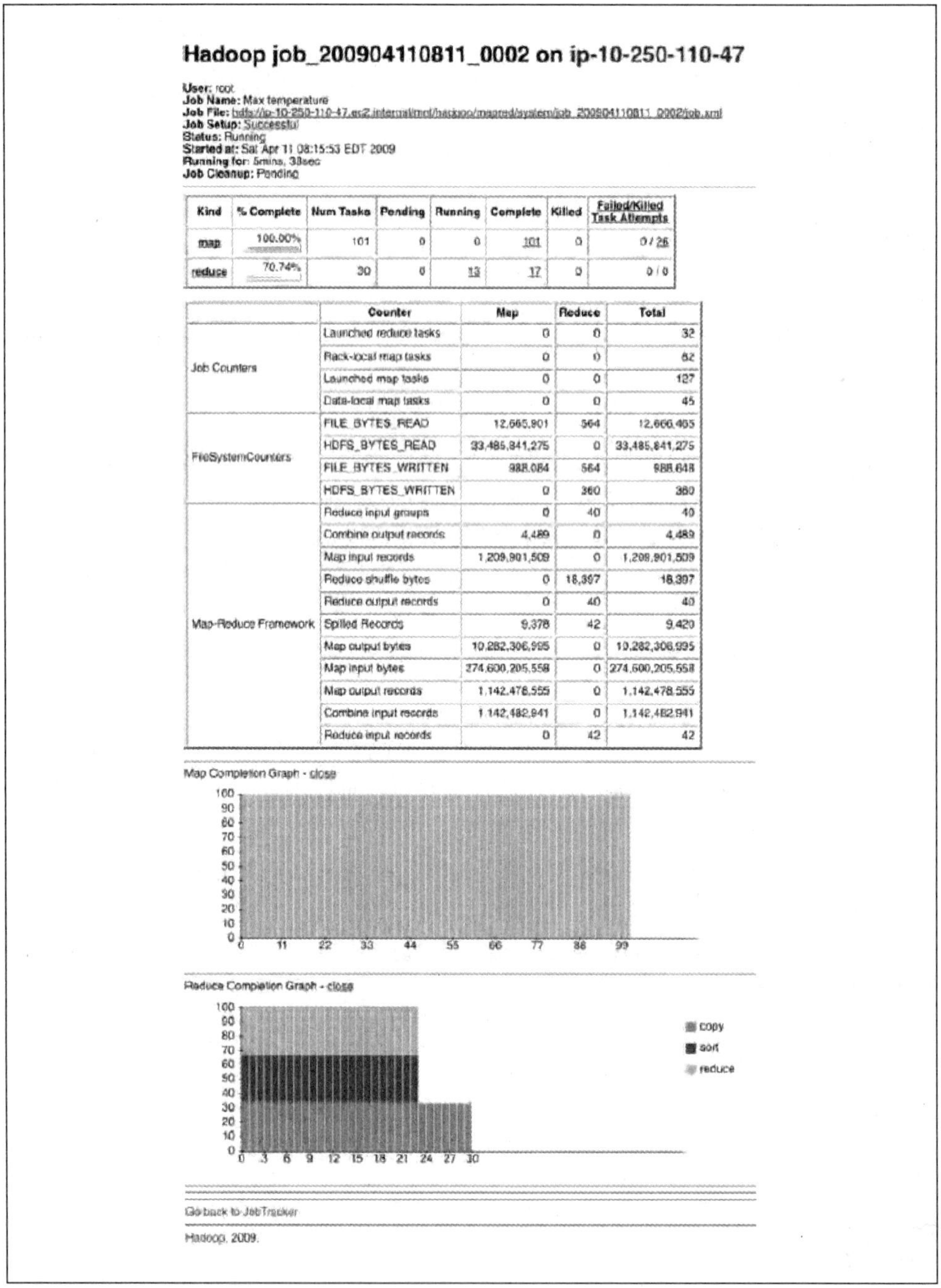

Hadoop job_200904110811_0002 on ip-10-250-110-47

User: root
Job Name: Max temperature
Job File: hdfs://ip-10-250-110-47.ec2.internal/mnt/hadoop/mapred/system/job_200904110811_0002/job.xml
Job Setup: Successful
Status: Running
Started at: Sat Apr 11 08:15:53 EDT 2009
Running for: 5mins, 38sec
Job Cleanup: Pending

Kind	% Complete	Num Tasks	Pending	Running	Complete	Killed	Failed/Killed Task Attempts
map	100.00%	101	0	0	101	0	0 / 26
reduce	70.74%	30	0	13	17	0	0 / 0

	Counter	Map	Reduce	Total
Job Counters	Launched reduce tasks	0	0	32
	Rack-local map tasks	0	0	82
	Launched map tasks	0	0	127
	Data-local map tasks	0	0	45
FileSystemCounters	FILE_BYTES_READ	12,665,901	564	12,666,465
	HDFS_BYTES_READ	33,485,841,275	0	33,485,841,275
	FILE_BYTES_WRITTEN	988,084	564	988,648
	HDFS_BYTES_WRITTEN	0	360	360
Map-Reduce Framework	Reduce input groups	0	40	40
	Combine output records	4,489	0	4,489
	Map input records	1,209,901,509	0	1,209,901,509
	Reduce shuffle bytes	0	18,397	18,397
	Reduce output records	0	40	40
	Spilled Records	9,378	42	9,420
	Map output bytes	10,282,306,995	0	10,282,306,995
	Map input bytes	274,600,205,558	0	274,600,205,558
	Map output records	1,142,478,555	0	1,142,478,555
	Combine input records	1,142,482,941	0	1,142,482,941
	Reduce input records	0	42	42

Go back to JobTracker

Hadoop, 2009.

图 5-2. 任务页面的屏幕截图

如果输出文件比较小，另外一种获取方式是：使用-cat 选项将输出文件打印到控制台：

```
% hadoop fs -cat max-temp/*
```

深入分析后，我们发现某些结果看起来似乎没有道理。比如，1951 年(此处没有显示)的最高气温是 590℃！如何找出产生这个结果的原因呢?这是不正确的输入数据还是程序中的 bug?

作业调试

最经典的方法通过打印语句来调试程序，这在 Hadoop 中同样适用。然而，需要考虑复杂的情况：当程序运行在几十台、几百台甚至几千台节点上时，如何找到并检测调试语句分散在这些节点中的输出呢？为了处理这种情况，我们要查找一个特殊情况，我们用一个调试语句记录到一个标准错误中，它将发送一个信息来更新任务的状态信息以提示我们查看错误日志。我们马上将看到，Web UI 简化了这个操作。

我们还要创建一个自定义的计数器来统计整个数据集中不合理的气温记录总数。这就提供了很有价值的信息来处理如下情况——如果这种情况经常发生，我们需要从中进一步了解事件发生的条件以及如何提取气温值，而不是简单地丢掉这些记录。事实上，调试一个作业的时候，应当总想是否能够使用计数器来获得需要找出事件发生来源的相关信息。即使需要使用日志或状态信息，但使用计数器来衡量问题的严重程度也是有帮助的(详情参见第 225 页的“计数器”小节)。

如果调试期间产生的日志数据规模比较大，可以有如下选择。第一是将这些信息写到 map 的输出流供 reduce 分析和汇总，而不是写到标准错误流。这种方法通常必须改变程序结构，所以先选用其他技术。第二种方法，可以编写一个程序(当然是 MapReduce 程序)来分析作业产生的日志。

我们把调试加入 mapper(版本 4)，相对于 reducer，因为我们希望找到导致这些异常输出的数据源：

```
public class MaxTemperatureMapper extends MapReduceBase
  implements Mapper<LongWritable, Text, Text, IntWritable> {

enum Temperature {
  OVER_100
}

private NcdcRecordParser parser = new NcdcRecordParser();
```

```
public void map(LongWritable key, Text value,
    OutputCollector<Text, IntWritable> output, Reporter reporter)
    throws IOException {

  parser.parse(value);
  if (parser.isValidTemperature()) {
    int airTemperature = parser.getAirTemperature();
    if (airTemperature > 1000) {
      System.err.println("Temperature over 100 degrees for input: " + value);
      reporter.setStatus("Detected possibly corrupt record: see logs.");
      reporter.incrCounter(Temperature.OVER_100, 1);
      }
      output.collect(new Text(parser.getYear()), new IntWritable(airTemperature));
    }
  }
}
```

如果气温超过了 100℃(表示为 1000，因为气温只保留小数点后一位)，我们输出一行到标准错误流以代表有问题的行，同时使用 Reporter 的 setStatus()方法来更新 map 中的状态信息，引导我们查看日志。我们还增加了计数器，表示为 Java 中 enum 类型的字段。在这个程序中，定义一个 OVER_100 字段来统计气温超过 100℃的记录数。

完成这些修改，我们重新编译代码，重新创建 JAR 文件，然后重新运行作业，并在运行时进入任务页面。

任务页面

任务页面包括一些查看作业中任务细节的链接。例如，点击 map 链接，进入一个页面，所有 map 任务的信息都列在这一页上。还可以只查看已完成的任务。图 5-3 中的截图显示了带有调试语句的作业页面中的一部分。表中的每行代表一个任务，提供的信息包括每个任务的开始时间和结束时间，来自 tasktracker 的错误报告，一个用来查看每个任务的计数器的链接。

Status 列对调试非常有用，因为它显示了任务的最新状态信息。任务开始之前，显示的状态为 initializing，一旦开始读取记录，它便以字节偏移量和长度作为文件名，显示它正在读取的文件的划分信息。你可以看到我们为任务 task_200904110811 003_m_000044 进行调试时的状态显示，单击日志页面找到相关的调试信息。注意，这个任务有一个附加计数器，因为这个任务的用户计数器有一个非零的计数。

任务详细信息页面

从任务页面中，可以单击任何任务获得更多相关信息。图 5-4 的详细任务信息页面显示了每个 task attempt。在这个示例中，只有一个成功完成的 task attempt。此图表进一步提供了十分有用的数据，如 task attempt 的运行节点和指向任务日志文件和计数器的链接。

`Actions` 列包括终止 task attempt 的链接。默认情况下，这项功能是禁用的，Web 用户界面是只读接口。将 `webinterface.private.actions` 设置成 `true`，即可启用此动作的链接。

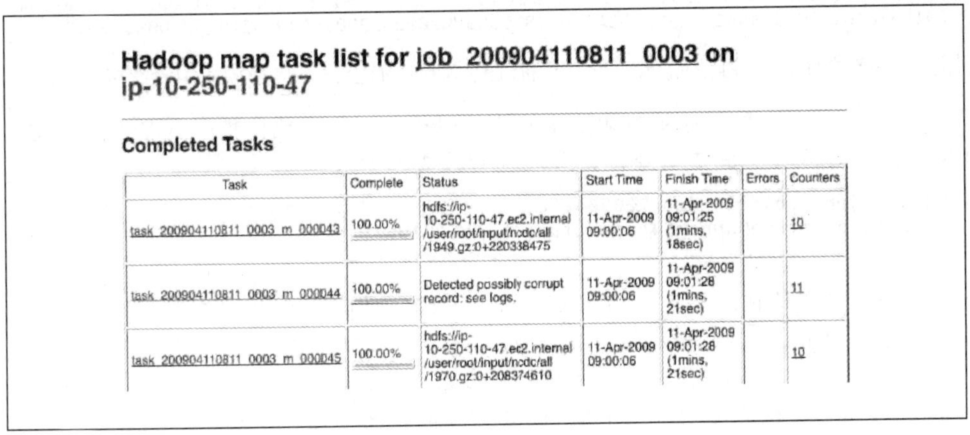

图 5-3. 任务页面的屏幕截图

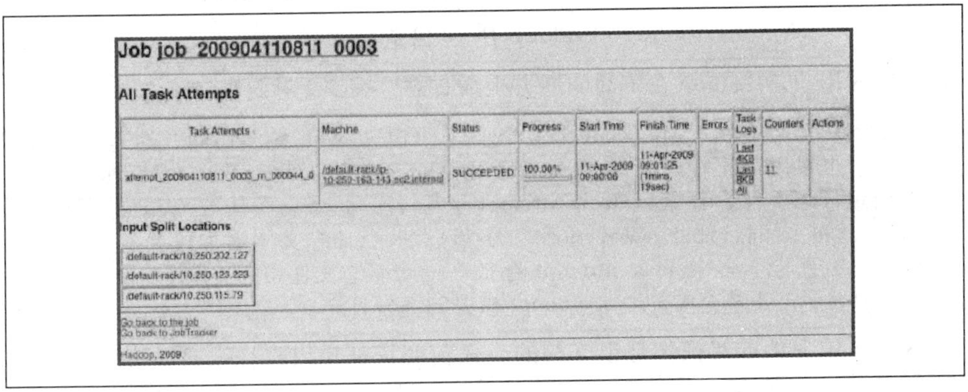

图 5-4. 任务详细信息页面的屏幕截图

> 将 `webinterface.Private.actions` 设置为 `true`，意味着允许任何人访问 HDFS Web 界面来删除文件。`dfs.web.ugi` 属性决定以哪个用户身份运行 HDFS Web UI，从而控制可以查看或删除哪些文件。

对于 map 任务，页面中还有一部分显示了输入分片分布在哪些节点。

通过跟踪成功 task attempt 的日志文件链接(可以看到每个日志文件的最后 4 KB 或 8 KB 或整个文件)，会发现存在问题输入记录。这里考虑到篇幅，已经进行了分行和截断处理：

```
Temperature over 100 degrees for input:
0335999999433181957042302005+37950+139117SAO +0004RJSNV020113590031500703569999994
33201957010100005+35317+139650SAO+000899999V02002359002650076249N004000599+0067...
```

此记录的格式看上去与其他记录不同。可能是因为行中有空格，这是规范中没有描述的。

作业完成后，查看我们定义的计数器的值，以检查在整个数据集中有多少记录超过 100℃。通过 Web 界面或命令行，可以查看计数器：

```
% hadoop job -counter job_200904110811_0003
'v4.MaxTemperatureMapper$Temperature'\ OVER_100
3
```

`-counter` 选项的输入参数包括作业 ID，计数器的组名(这里一般是类名)和计数器名称(enum 名)。这里，在超过十亿条记录的整个数据集中，只有三个异常记录。对于许多大数据问题，一般会扔掉不正确的记录，然而，我们需要谨慎处理这种情况，因为我们寻找的是一个极限值-最高气温值，而不是一个总量。尽管如此，扔掉三个记录也许并不会改变结果。

Hadoop 用户日志

针对不同用户，Hadoop 在不同的地方生成日志。表 5-2 对此进行了总结。

在本小节，你会看到，MapReduce 任务日志可以从 Web 界面访问，这是最便捷的方式。也可以从正在进行 task attempt(task 的这个 tasktracker 的本地文件系统中找到日志文件，目录以 task attempt 来命名。如果启用任务 JVM 重用功能(参见第 184 页的“任务 JVM 重用”小节)，每个日志文件累加成为整个 JVM 运行日志，所以，多个 task attempt 存放在一个日志文件中。Web 界面隐藏了这一点，只显示与正在查看的 task attempt 相关的部分日志。

对这些日志文件的写操作是很直接的。任何到标准输出或标准错误 流的写操作都直接写到相关日志文件。当然，在 Streaming 方式下，标准输出被用于 map 或 reduce 的输出，所以并不会出现在标准输出日志文件中。

在 Java 中，如果想用 Apache Commons Logging API，就可以写入任务的系统日志文件中(syslog file)。在这里，实际的日志记录由 log4j 来做：相关的 log4j 附加文件称为 TLA (Task Log Appender)，在 Hadoop 配置目录下的 *log4j.properties* 文件中。

有一些控制用于管理任务日志的大小和记录保留时间。默认情况下，日志最短在 24 小时后删除(通过 `mapred.userlog.retain.hours` 属性来设置)。也可以用 `mapred.userlog.limit.kb` 属性在每个日志文件的最大大小上设置一个阈值，默认值是 0，表示没有上限。

表 5-2. Hadoop 的日志

日志	主要受众	描述	更多信息
系统守护进程日志	管理员	每个 Hadoop 守护进程产生一个日志文件(使用 log4j)和另一个(文件合并标准输出和错误)。这些文件分别写入 HADOOP_ LOG_DIR 环境变量定义的目录	参见第 271 页的“系统日志文件”小节
HDFS 审计日志	管理员	这个日志记录所有 HDFS 请求，默认是关闭状态。虽然可以配置，但它一般写入 namenode 的日志	参见第 300 页的“日志审计”小节
MapReduce 作业历史日志	用户	记录作业运行期间发生的事件(如任务完成)。集中保存在 jobtracker 上的_logs/history 子目录中的作业输出目录中	参见第 150 页的补充内容“任务历史”
MapReduce 任务日志	用户	每个 tasktracker 子进程都用 log4j 产生一个日志文件(称作 *syslog*)，一个保存发到标准输出(*stdout*)数据的文件，一个保存标准错误(*stderr*)的文件。这些文件写入到 HADOOP LOG DIR 环境变量定义的目录的 *userlogs* 的子目录中	参见下一小节

处理不合理的数据

捕获引发问题的输入数据是很有价值的，因为我们可以在测试中用它来检查 mapper 的工作是否正常：

```
@Test
public void parsesMalformedTemperature() throws IOException {
  MaxTemperatureMapper mapper = new MaxTemperatureMapper();
  Text value = new Text("0335999999433181957042302005+37950+139117SAO +0004" +
    // Year ^^^^
  "RJSN V02011359003150070356999999433201957010100005+353");
    // Temperature ^^^^^
  OutputCollector<Text, IntWritable> output = mock(OutputCollector.class);
  Reporter reporter = mock(Reporter.class);
  mapper.map(null, value, output, reporter);
  verify(output, never()).collect(any(Text.class), any(IntWritable.class));
  verify(reporter).incrCounter(MaxTemperatureMapper.Temperature. MALFORMED, 1);
}
```

引发问题的记录与其他行的格式是不同的。例 5-11 显示了修改过的程序(版本 5)，它使用的解析器忽略了那些没有首符号(+或-)气温字段的行。我们还引入一个计数器来统计，因为这个原因而被忽略的记录数。

例 5-11. 该 mapper 用于查找最高气温

```
public class MaxTemperatureMapper extends MapReduceBase
  implements Mapper<LongWritable, Text, Text, IntWritable> {

  enum Temperature {
    MALFORMED
  }

  private NcdcRecordParser parser = new NcdcRecordParser();
  public void map(LongWritable key, Text value,
    OutputCollector<Text, IntWritable> output, Reporter reporter)
    throws IOException {

  parser.parse(value);
  if (parser.isValidTemperature()) {
    int airTemperature = parser.getAirTemperature();
    output.collect(new Text(parser.getYear()), new IntWritable(airTemperature));
  } else if (parser.isMalformedTemperature()) {
    System.err.println("Ignoring possibly corrupt input: " + value);
    reporter.incrCounter(Temperature.MALFORMED, 1);
   }
  }
}
```

使用远程调试器

当一个任务失败并且没有足够多的记录信息来诊断错误时，可以选择用调试器运行该任务。在集群上运行作业时，很难使用调试器，因为你不知道哪个节点处理哪部分输入，所以不能在错误发生之前安装调试器。然而，可以设置运行作业的属性来让 Hadoop 保留作业在运行期间产生的所有中间值。这些数据可以用来独立地在调试器上重新运行那些出错的任务。注意，任务在原处运行，即在故障的节点上，这会增加错误重现的几率。①

首先，将配置属性 keep.failed.task.files 的值设置为 true，以便在任务失败时，tasktracker 能保留足够的信息让任务在相同的输入数据上重新运行。然后，再次运行作业，并使用 Web UI 查看故障节点和 task attempt ID(该 ID 以字符串 attempt_开始)。

① 这个特征目前在 Hadoop 0.20.2 版本中被破坏了，但在 Hadoop 0.21.0 版本中将修复。

接着，需要用前面保留的文件作为输入，运行一个特殊的作业运行器，即 IsolationRunner。登录到故障节点，找到那个 task attempt 的目录。它可能是在本地 MapReduce 目录下的某一个目录，由 mapred.local.dir 属性设置，详情参见第 273 页的“Hadoop 守护进程的关键属性”。如果这个属性是一个以逗号分隔的目录列表(为了将负载分散到机器的物理磁盘)，就需要查看所有目录找到那个特定 task attempt 的目录。特定 task attempt 的目录位于如下路径：

mapred.local.dir/taskTracker/jobcache/job-ID/task-attempt-ID

这个目录包含多个文件和子目录，其中，*job.xml* 文件包含 task attempt 期间生效的所有作业的配置属性，IsolationRunner 用它来创建一个 JobConf 实例。对于 map 任务，这个目录还包含一个含有输入划分序列化表示的文件，所以 map 任务可取得相同的输入数据。对于 reduce 任务，则有一个 map 输出备份，它作为 reducer 的输入，存放在 *output* 目录中。

还有一个 *work* 目录，它是 task attempt 的工作目录。我们改变到这个目录以运行 *IsolationRunner*。需要设置一些选项来连接到远程调试器：[①]

```
% export HADOOP_OPTS="-agentlib:jdwp=transport=dt_socket,server=y,suspend=y,
\address=8000"
```

suspend=y 选项表示 JVM 在运行代码前先等待调试器连接。用以下命令启动 IsolationRunner：

```
% hadoop org.apache.hadoop.mapred.IsolationRunner ../job.xml
```

下一步，设置断点，连接远程调试器(所有主流的 Java IDE 都支持远程调试，可查阅说明文档)，随后任务会在你的控制下运行。可以这样重新运行任务任意多次。幸运的话，可以找到并修复错误。

在这个过程中，可以使用其他标准的 Java 调试技术，如 kill-QUIT *pid* 或 jstack 来进行线程转储。

很多情况下，有必要知道这种技术并不只适用于失败的任务，还可以保留成功完成任务的中间结果文件，以便检查不失败的任务。这时，将属性 keep.task.files.pattern 设置为一个正则表达式(与保留的任务 ID 匹配)。

① 关于调试选项的更多详情，可参见 Java Platform Debugger Architecture(网址为 *http://java.sun.com/javase/6/docs/technotes/guides/jpda*)。

作业调优

作业运行后，许多开发人员可能会问：“能够让它运行得更快一些吗?”

有一些 Hadoop 相关的“疑点”值得检查一下，看看它们是不是引发性能问题的“元凶”。在开始任务级别的分析或优化之前，须仔细地研究表 5-3 所示的检查内容。

表 5-3. 作业调优检查表

范围	最佳实践	进一步信息
mapper 的数量	mapper 需要运行多长时间?如果平均只运行几秒钟，则可以看是否能用更少 mapper 运行更长的时间，通常是一分钟左右。时间长度取决于使用的输入格式	第 203 页的“小文件与 CombineFileInputFormat ”小节
reducer 的数量	为了达到最高性能，集群中 reducer 数应该略少于 reducer 的任务槽数。这将使 reducer 能够在**同一个周期**(in one wave)完成任务，并在 reducer 阶段充分使用集群	第 195 页的补充内容“选择 reducer 的数量”
combiner	作业能否充分利用 combiner 来减少通过 shuffle 传输的数据量?	第 30 页的“合并函数”小节
中间值的压缩	对 map 输出进行压缩几乎总能使作业执行得更快	第 85 页的“对 map 任务输出进行压缩”小节
自定义序列	如果正在使用自己定义的 `Writable` 对象或自定义的 comparator，则必须确保已实现 `RawComparator`	第 99 页的“为速度实现 RawComparator”小节
调整 shuffle	MapReduce 的 shuffle 过程可以对一些内存管理的参数进行调整，以弥补性能不足	第 180 页“配置调优”小节

分析任务

正如调试一样，对 MapReduce 这类分布式系统上运行的作业进行分析也有诸多挑战。Hadoop 允许分析作业中的一部分任务，并且在每个任务完成时，把分析信息放到用户的机器上，以便日后使用标准分析工具进行分析。

当然，对本地作业运行器中运行的作业进行分析可能稍微简单些。如果你有足够的数据运行 map 和 reduce 任务，那么对于提高 mapper 和 reducer 的性能有很大的帮助。但必须注意一些问题。本地作业运行器是一个与集群完全不同的环境，并且数据流模式也截然不同。如果 MapReduce 作业是 I／O 密集型的(很多作业都属于此类)，那么优化代码的 CPU 性能是没有意义的。为了保证所有调整都是有效的，应该在实际集群上对比新老执行时间。这说起来容易做起来难，因为作业执行时间会随着与其他作业的资源争夺和调度器决定的任务顺序不同而发生改变。为了在这类情况下得到较短的作业执行时间，必须不断运行(改变代码或不改变代码)，并检查是否有明显的改进。

有些问题(如内存溢出)只能在集群上重现，在这些情况下，必须能够在发生问题的地方进行分析。

HPROF 分析工具

许多配置属性可以控制分析过程，这些属性也可以通过 `JobConf` 的简便方法获取。下面对 `MaxTemperatureDrive`(版本 6)的修改将启用远程 HPROF 分析。HPROF 是 JDK 自带的分析工具，虽然只有基本功能，但是同样能提供程序的 CPU 和堆使用情况等有用信息。[①]

```
conf.setProfileEnabled(true);
conf.setProfileParams("-agentlib:hprof=cpu=samples,heap=sites,depth=6,"+
                      "force=n,thread=y,verbose=n,file=%s");
conf.setProfileTaskRange(true, "0-2");
```

第一行启用了分析工具(默认是关闭状态)，这相当于把 `mapred.task.profile` 配置属性设置为 `true`。

接下来设置分析参数，即传到任务 JVM 的额外的命令行参数。一旦启用分析，即使启用 JVM 重用，也会给每个任务分配一个新的 JVM。详见第 184 页的“任务 JVM 重用”小节。默认参数定义了 HPROF 分析器，示例中设置一个额外的 HPROF 选项 `depth=6`，以便能达到更深的栈跟踪深度(相比 HPROF 默认值)。`JobConf` 的 `setProfileeParams()`方法相当于设置 `mapred.task.profile.params`。

最后，指定希望分析的任务。一般只需要少数几个任务的分析信息，所以使用 `setProfileeTaskRange()`方法来指定想要分析的任务 ID 的范围。我们将其设置为 0-2(默认情况下)，这意味着 ID 为 0、1、2 的任务将被分析。第一个传进 `setProfilee TaskRange()`方法的参数指明这是 map 任务的范围还是 reduce 任务的范围：`true` 代表 map 任务，`false` 代表 reduce 任务。允许**范围集合**(`a set of ranges`)的表示方法，使用一个标注允许**开放范围**(open range)。例如，0-1、4、6-将指定除了 1D 为 2、3、5 之外的所有任务。要分析的 map 任务，还可以使用 `mapred.task.profile.map` 属性来控制，reduce 任务则由 `mapred.task` 和 `profile.reduce` 控制。

使用修改过的驱动程序来运行作业时，分析结果将输出到在启动作业的文件夹中该作业的末尾。因为我们只分析少数几个任务，所以可以在数据集的子集上运行该作业。

① HPROF 使用字节码插入来解析代码，所以在使用自己的应用程序之前，我们不需要带上特殊选项来重新编译它。有关 HPROF 的详情，请参见“HPROF: A Heap/CPU Profiling Tool in J2SE 5.0”，作者 Kelly O'Hair，网址为 *http://java.sun.com/developer/technicalArticles/Programming/HPROF.html*。

下面取自一个 mapper 分析文件，它显示了 CPU 的抽样信息：

```
CPU SAMPLES BEGIN (total = 1002) Sat Apr 11 11:17:52 2009
rank      self     accum    count     trace     method
   1      3.49%     3.49%      35    307969    java.lang.Object.<init>
   2      3.39%     6.89%      34    307954    java.lang.Object.<init>
   3     3.19%    10.08%      32    307945    java.util.regex.Matcher.<init>
   4      3.19%    13.27%      32    307963    java.lang.Object.<init>
   5      3.19%    16.47%      32    307973    java.lang.Object.<init>
```

交叉引用跟踪号 307973 显示了同一文件的栈跟踪轨迹：

```
TRACE 307973: (thread=200001)
  java.lang.Object.<init>(Object.java:20)
  org.apache.hadoop.io.IntWritable.<init>(IntWritable.java:29)
  v5.MaxTemperatureMapper.map(MaxTemperatureMapper.java:30)
  v5.MaxTemperatureMapper.map(MaxTemperatureMapper.java:14)
  org.apache.hadoop.mapred.MapRunner.run(MapRunner.java:50)
  org.apache.hadoop.mapred.MapTask.runOldMapper(MapTask.java:356)
```

因此可以看出，mapper 花了 3%的时间来构建 `IntWritable` 对象。这表明重用 `Writable` 实例作为输出 (版本 7，见例 5-12)是有价值的。

例 5-12. 重用 Text 和 IntWritable 输出对象

```
public class MaxTemperatureMapper extends MapReduceBase
  implements Mapper<LongWritable, Text, Text, IntWritable> {

enum Temperature {
  MALFORMED
}

private NcdcRecordParser parser = new NcdcRecordParser();
private Text year = new Text();
private IntWritable temp = new IntWritable();

public void map(LongWritable key, Text value,
  OutputCollector<Text, IntWritable> output, Reporter reporter)
  throws IOException {

parser.parse(value);
if (parser.isValidTemperature()) {
  year.set(parser.getYear());
  temp.set(parser.getAirTemperature());
  output.collect(year, temp);
} else if (parser.isMalformedTemperature()) {
  System.err.println("Ignoring possibly corrupt input: " + value);
  reporter.incrCounter(Temperature.MALFORMED, 1);
  }
 }
}
```

然而，我们知道只有能看出整个数据集上运行作业有明显提升，才是有意义的。在其他空闲的 11 个节点的集群上运行每个修改过的版本五次，统计结果显示作业执行时间并没有明显不同。当然，这只是针对具体的代码、数据和硬件的综合结果而言，对于这样的修改，应该以相同的基准来运行，然后检查在具体的配置下性能是否明显提升。

其他分析工具

本书写作时，获取分析输出的机制是 HPROF 专有的。在此之前，可以使用 Hadoop 的分析设置来触发其他分析器进行分析(详见具体分析工具的文档)，但这必须从 tasktracker 中手动检索分析输出。

如果在所有 tasktracker 的机器上没有安装分析工具，可以考虑使用 Distributed Cache(分布式缓存，详见第 253 页的“分布式缓存”小节) 在需要的机器上安装该分析工具。

MapReduce 的工作流

至此，你已经知道 MapReduce 应用开发的机制了。我们目前还未考虑如何将数据处理问题转化成 MapReduce 模型。

本书前面的数据处理都用来解决十分简单的问题(如在指定年份找到最高气温值的记录)。如果处理过程更复杂，这种复杂度一般是因为有更多的 MapReduce 作业，而不是更复杂的 map 和 reduce 函数。换而言之，通常是增加更多的作业，而不是增加作业的复杂度。

对于更复杂的问题，可考虑使用比 MapReduce 更高级的语言，如 Pig、hive 或 Cascading。一个直接的好处是：有了它之后，就用不着处理到 MapReduce 作业的转换，而是集中精力分析正在执行的任务。

最后，Jimmy Lin 和 Chris Dyer 合著的“*Data-Intensive Text Processing with MapReduce*”一书是学习 MapReduce 算法设计的优秀资源，强烈推荐。该书由 Morgan & Claypool 出版社于 2010 出版，网址为 *http://mapreduce.me/*。

将问题分解成 MapReduce 作业

让我们看一个更复杂的问题，我们想把它转换成 MapReduce 工作流。

假设我们想找到每个气象台每年每天的最高气温记录的均值。例如，要计算029070-99999 气象台的 1 月 1 日的每日最高气温的均值，我们将从这个气象台的1901 年 1 月 1 日，1902 年 1 月 1 日，直到 2000 年的 1 月 1 日的气温中找出每日最高气温的均值。

我们如何使用 MapReduce 来计算它呢?计算自然分解为下面两个阶段。

(1) 计算每对 station-date 的每日最高气温。
本例中的 MapReduce 程序是最高气温程序的一个变种，不同之处在于本例中的键是一个综合的 station-date 对，而不只是年份。

(2) 计算每个 station-day-month 键的每日最高气温的均值。
mapper 从上一个作业得到输出记录(station-date，最高气温值)，丢掉年份部分，将其值投影到记录(station-day-month，最高气温值)。然后 reducer 为每个 station-day-month 键计算最高气温值的均值。

第一阶段的输出看上去就是我们想要的气象台的信息。(示例的 *mean_max_daily_temp*.sh 脚本提供了 Hadoop Streaming 中的一个实现)

```
029070-99999   19010101   0
029070-99999   19020101   -94
...
```

前两个字段形成键，最后一列是指定气象台和日期所有记录中的最高气温。第二阶段计算这些年份中每日最高气温的平均值：

```
029070-99999    0101  -68
```

以上是气象台 029070-99999 在整个世纪中 1 月 1 日的日均最高气温-6.8℃。

只用一个 MapReduce 过程就能完成这个计算，但它可能会让部分程序员花更多精力。①

设计更多(简单的)MapReduce 阶段将导致更多可分解的、可维护的 mapper 和 reducer。第 16 章的案例学习包括使用 MapReduce 来解决的大量实际问题，在每个例子中，数据处理任务都是使用两个或更多 MapReduce 作业来实现的。对于理解如何将问题分解成 MapReduce 工作流，第 16 章所提供的详细介绍非常有价值。

① 这个一个很有趣的练习。提示：使用第 241 页的“辅助排序”。

相对于我们已经做的，mapper 和 reducer 完全可以进一步分解。mapper 一般执行输入格式解析、投影(选择相关的字段)和过滤(去掉无关记录)。在前面的 mapper 中，我们在一个 mapper 中实现了所有这些函数。然而，还可以将这些函数分割到不同的 mapper，然后使用 Hadoop 自带的 `ChainMapper` 类库将它们连接成一个 mapper。结合使用 `ChainReducer`，你可以在一个 MapReduce 作业中运行一系列的 mapper，再运行一个 reducer 和另一个 mapper 链。

运行独立的作业

当 MapReduce 工作流中的作业不止一个时，问题随之而来：如何管理这些作业按顺序执行?有几种方法，其中主要考虑的是：是否有一个线性的作业链或一个更复杂的作业**有向无环图**(directed acyclic graph，DAG)。

对于线性链表，最简单的方法是一个接一个地运行作业，等前一个作业运行结束后再运行下一个：

```
JobClient.runJob(conf1);
JobClient.runJob(conf2);
```

如果一个作业失败，`runJob()`方法就抛出一个 `IOException`，这样一来，管道中后面的作业就无法执行。根据具体的应用程序，你可能想捕获异常，并清除前一个作业输出的中间数据。

对于比线性链表更复杂的结构，有相关的类库可以帮助你合理安排工作流。它们也适用于线性链表或一次性作业。最简单的是 `org.apache.hadoop.mapred.jobcontrol` 包中的 `JobControl` 类。`JobControl` 的实例表示一个作业的运行图，你可以加入作业配置，然后告知 `JobControl` 实例作业之间的依赖关系。在一个线程中运行 `JobControl` 时，它将按照依赖顺序来执行这些作业。也可以查看进程，在作业结束后，可以查询作业的所有状态和每个失败相关的错误信息。如果一个作业失败，`JobControl` 将不执行与之有依赖关系的后续作业。

Oozie

不同于在客户端运行并提交作业的 `JobControl`，Ooize(*http://yahoo.github.com/oozie/*)作为服务器运行，客户端提交一个工作流到服务器。在 Ooize 中，工作流是一个由动作(action)节点和控制流节点组成的 DAG(有向无环图)。动作节点运行 MapReduce 作业或 Pig 作业来执行工作流任务，就像 HDFS 的移动文件操作。控制流节点通过构建条件逻辑(不同执行分支的执行依赖于前一个动作节点的输出结果)或并行执行来管理活动之间的工作流执行情况。当工作流结束时，Oozie 通过发送一个 HTTP 的回调向客户端通知工作流的状态。还可以在每次进入工作流或退出一个动作节点时接收到回调。

Oozie 允许失败的工作流从任意点重新运行。这对于处理工作流中由于前一个耗时活动而出现瞬态错误的情况非常有用。

第 6 章

MapReduce 的工作机制

在本章中，我们将深入学习 Hadoop 中的 MapReduce 工作机制。这些知识将为我们在随后两章学习编写高级的 MapReduce 程序奠定基础。

剖析 MapReduce 作业运行机制

可以只用一行代码来运行一个 MapReduce 作业：`JobClient.runJob(conf)`。这个简短的代码，幕后隐藏着大量的处理细节。本小节将揭示 Hadoop 运行作业时所采取的措施。

整个过程如图 6-1 所示。包含如下 4 个独立的实体。

- 客户端：提交 MapReduce 作业。
- jobtracker：协调作业的运行。jobtracker 是一个 Java 应用程序，它的主类是 `JobTracker`。
- tasktracker：运行作业划分后的任务。tasktracker 是 Java 应用程序，它的主类是 `TaskTracker`。
- 分布式文件系统(一般为 HDFS，参见第 3 章)，用来在其他实体间共享作业文件。

作业的提交

`Jobclient` 的 `runJob()`方法是用于新建 `JobClient` 实例并调用其 `submitJob()` 方法的便捷方式(见图 6-1 的步骤 1)。提交作业后，`runJob()`每秒轮询作业的进度，如果发现自上次报告后有改变，便把进度报告到控制台。作业完成后，如果成功，就显示作业计数器。如果失败，导致作业失败的错误被记录到控制台。

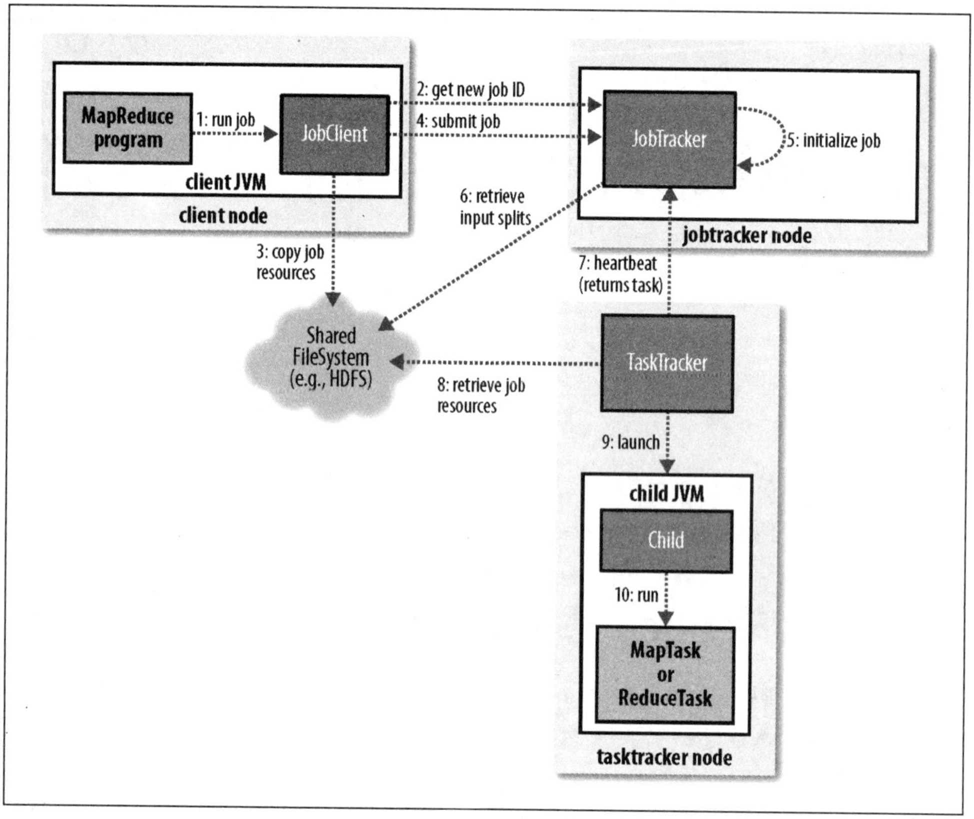

图 6-1. Hadoop 运行 MapReduce 作业的工作原理

`JobClient` 的 `submitJob()`方法所实现的作业提交过程如下。

- 向 jobtracker 请求一个新的作业 ID(通过调用 `JobTracker` 的 `getNewJobId()` 方法获取)。参见步骤 2。
- 检查作业的输出说明。例如，如果没有指定输出目录或输出目录已经存在，作业就不提交，错误抛回给 MapReduce 程序。
- 计算作业的输入分片。如果分片无法计算，比如因为输入路径不存在，作业就不提交，错误返回给 MapReduce 程序。
- 将运行作业所需要的资源(包括作业 JAR 文件、配置文件和计算所得的输入分片)复制到一个以作业 ID 命名的目录下 jobtracker 的文件系统中。作业 JAR 的副本较多(由 `mapred.submit.replication` 属性控制，默认值为 10)，因此在运行作业的任务时，集群中有很多个副本可供 tasktracker 访问。参见步骤 3。

- 告知 jobtracker 作业准备执行(通过调用 JobTracker 的 submitJob()方法实现)。参见步骤 4。

作业的初始化

当 JobTracker 接收到对其 submitJob()方法的调用后，会把此调用放入一个内部队列中，交由**作业调度器**(job scheduler)进行调度，并对其进行初始化。初始化包括创建一个表示正在运行作业的对象——封装任务和记录信息，以便跟踪任务的状态和进程(步骤 5)。

为了创建任务运行列表，作业调度器首先从共享文件系统中获取 JobClient 已计算好的输入分片信息(步骤 6)。然后为每个分片创建一个 map 任务。创建的 reduce 任务的数量由 JobConf 的 mapred.reduce.task 属性决定，它是用 setNumReduceTasks()方法来设置的，然后调度器创建相应数量的要运行的 reduce 任务。任务在此时被指定 ID。

任务的分配

tasktracker 运行一个简单的循环来定期发送“心跳”(heartbeat)给 jobtracker。“心跳”告知 jobtracker，tasktracker 是否还存活，同时也充当两者之间的消息通道。作为“心跳”的一部分，tasktracker 会指明它是否已经准备好运行新的任务，如果是，jobtracker 会为它分配一个任务，并使用“心跳”的返回值与 tasktracker 进行通信(步骤 7)。

在 jobtracker 为 tasktracker 选择任务之前，jobtracker 必须先选定任务所在的作业。本章后面将介绍各种调度算法(详见第 175 页的“作业的调度”小节)，但是默认的方法是简单维护一个作业优先级列表。一旦选择好作业，jobtracker 就可以为该作业选定一个任务。

对于 map 任务和 reduce 任务，tasktracker 有固定数量的任务槽。例如，一个 tasktracker 可能可以同时运行两个 map 任务和两个 reduce 任务。准确数量由 tasktracker 核的数量和内存大小来决定，参见第 269 页的 “内存”小节。默认调度器在处理 reduce 任务槽之前，会填满空闲的 map 任务槽，因此，如果 tasktracker 至少有一个空闲的 map 任务槽，jobtracker 会为它选择一个 map 任务，否则选择一个 reduce 任务。

为了选择一个 reduce 任务，jobtracker 简单地从待运行的 reduce 任务列表中选取下一个来执行，用不着考虑数据的本地化。然而，对于一个 map 任务，jobtracker 会考虑 tasktracker 的网络位置，并选取一个距离其输入分片文件最近的 tasktracker。在最理想的情况下，任务是**数据本地化的**(data-local)，也就是任务运行在输入分片所在的节点上。同样，任务也可能是**机架本地化的**(rack-local)：任务和输入分片在同一个机架，但不在同一节点上。一些任务既不是数据本地化的，也不是机架本地化的，而是从与它们自身运行的不同机架上检索数据。可以通过查看作业的计数器得知每类任务的比例(详见第 225 页的“内置计数器”小节)。

任务的执行

现在，tasktracker 已经被分配了一个任务，下一步是运行该任务。第一步，通过从共享文件系统把作业的 JAR 文件复制到 tasktracker 所在的文件系统，从而实现作业的 JAR 文件本地化。同时，tasktracker 将应用程序所需要的全部文件从分布式缓存(详见第 253 页的“分布式缓存”小节)复制到本地磁盘(步骤 8)。第二步，tasktracker 为任务新建一个本地工作目录，并把 JAR 文件中的内容解压到这个文件夹下。第三步，tasktracker 新建一个 `TaskRunner` 实例来运行该任务。

`TaskRunner` 启动一个新的 JVM(步骤 9)来运行每个任务(步骤 10)，以便用户定义的 map 和 reduce 函数的任何软件问题都不会影响到 tasktracker(例如导致崩溃或挂起等)。但在不同的任务之间重用 JVM 还是可能的，详见第 184 页的“任务 JVM 重用”小节)。

子进程通过 *umbilical* 接口与父进程进行通信。任务的子进程每隔几秒便告知父进程它的进度，直到任务完成。

Streaming 和 Pipes

Streaming 和 Pipes 都运行特殊的 map 和 reduce 任务，目的是运行用户提供的可执行程序，并与之通信(参见图 6-2)。

在 Streaming 中，任务使用标准输入和输出 Streaming 与进程(可以用任何语言编写)进行通信。另一方面，Pipes 任务则监听**套接字**(socket)，发送其环境中的一个端口号给 C++进程，如此一来，在开始时，C++进程即可建立一个与其父 Java Pipes 任务的**持久化套接字连接**(persistent socket connection)。

在这两种情况下，在任务执行过程中，Java 进程都会把输入键/值对传给外部的进程，后者通过用户定义的 map 或 reduce 函数来执行它并把输出的键/值对传回 Java 进程。从 tasktracker 的角度看，就像 tasktracker 的子进程自己在处理 map 或 reduce 代码一样。

进度和状态的更新

MapReduce 作业是长时间运行的批量作业，运行时间范围从数秒到数小时。这是一个很长的时间段，所以对于用户而言，能够得知作业进展是很重要的。一个作业和它的每个任务都有一个状态(status)，包括：作业或任务的状态(比如，运行状态，成功完成，失败状态)、map 和 reduce 的进度、作业计数器的值、状态消息或描述(可以由用户代码来设置)。这些状态信息在作业期间不断改变，它们是如何与客户端通信的呢？

任务在运行时，对其**进度**(progress，即任务完成百分比)保持追踪。对 map 任务，任务进度是已处理输入所占的比例。对 reduce 任务，情况稍微有点复杂，但系统仍然会估计已处理 reduce 输入的比例。整个过程分成三部分，与 shuffle 的三个阶段相对应(详见第 177 页的“shuffle 和排序”小节)。比如，如果任务已经执行 reducer 一半的输入，那么任务的进度便是 5/6。因为已经完成复制和排序阶段(每个占 1/3)，并且已经完成 reduce 阶段的一半(1/6)。

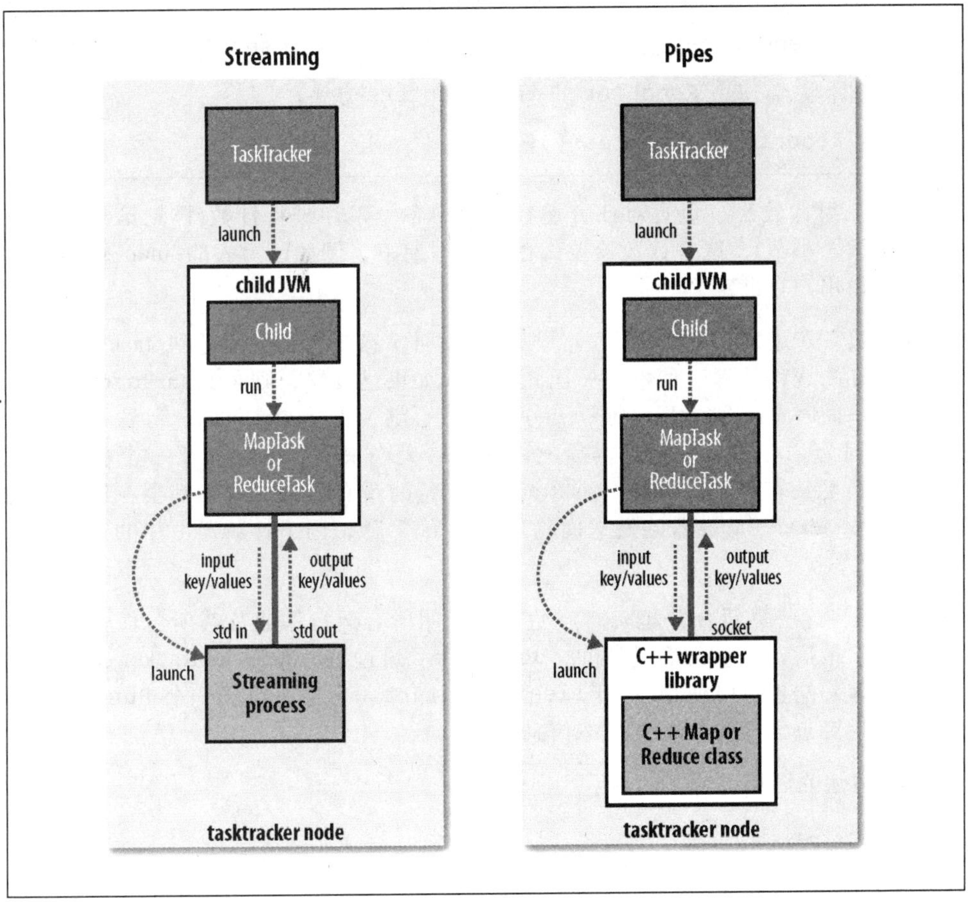

图 6-2. 执行的 Streaming 和 Pipes 与 tasktracker 及其子进程的关系

MapReduce 中进度的组成

进度并不总是可测量的，但是无论如何，它能告诉 Hadoop 有个任务正在运行。比如，写输出记录的任务也可以表示成进度，尽管它不能用总的需要写的百分比这样的数字来表示，因为即使通过任务来产生输出，也无法知道后面的情况。

进度报告很重要，因为这意味着 Hadoop 不会让正在执行的任务失败。构成进度的所有操作如下：

- 读入一条输入记录(在 mapper 或 reducer 中)
- 写入一条输出记录(在 mapper 或 reducer 中)
- 在一个 `Reporter` 中设置状态描述(使用 `Reporter` 的 `setStatus()`方法)
- 增加计数器(使用 `Reporter` 的 `incrCounter()`方法)。
- 调用 `Reporter` 的 `progress()`任务

任务也有一组计数器，负责对任务运行过程中各个事件进行计数(详见第 23 页的“运行测试”小节)，这些计数器要么内置于框架中，例如已写入的 map 输出记录数，要么由用户自己定义。

如果任务报告了进度，便会设置一个标志以表明状态变化将被发送到 tasktracker。有一个独立的线程每隔三秒检查一次此标志，如果已设置，则告知 tasktracker 当前任务状态。同时，tasktracker 每隔五秒发送“心跳”到 jobtracker(5 秒这个间隔是最小值，因为“心跳”间隔是实际上由集群的大小来决定的：对于一个更大的集群，间隔会更长一些)，并且由 tasktracker 运行的所有任务的状态都会在调用中被发送至 jobtracker。计数器的发送间隔通常少于 5 秒，因为计数器占用的带宽相对较高。

jobtracker 将这些更新合并起来，产生一个表明所有运行作业及其所含任务状态的全局视图。最后，正如前面提到的，`JobClient` 通过每秒查询 jobtracker 来接收最新状态。客户端也可以使用 `JobClient` 的 `getJob()`方法来得到一个 `RunningJob` 的实例，后者包含作业的所有状态信息。

图 6-3 对方法的调用进行了图解。

作业的完成

当 jobtracker 收到作业最后一个任务已完成的通知后，便把作业的状态设置为“成功”。然后，在 `JobClient` 查询状态时，便知道任务已成功完成，于是 `JobClient` 打印一条消息告知用户，然后从 `runJob()`方法返回。

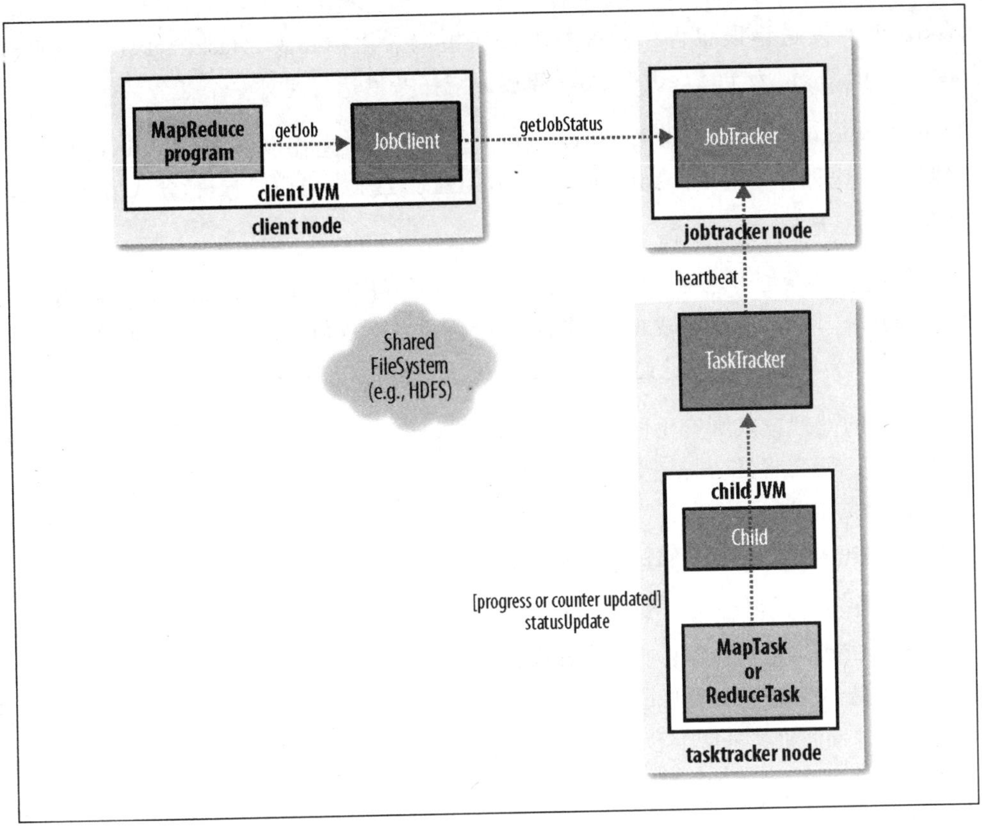

图 6-3. 状态更新在 MapReduce 系统中的传递流程

如果 jobtracker 有相应的设置，也会发送一个 HTTP 作业通知。希望收到回调指令的客户端可以通过 `job.end.notification.url` 属性来进行这项设置。

最后，jobtracker 清空作业的工作状态，指示 tasktracker 也清空作业的工作状态(如删除中间输出)。

失败

在实际情况下，用户代码存在软件错误，进程会崩溃，机器会产生故障。使用 Hadoop 最主要的好处之一是它能处理此类故障并完成作业。

任务失败

首先考虑子任务失败的情况。最常见的情况是 map 或 reduce 任务中的用户代码抛出运行异常。如果发生这种情况，子任务 JVM 进程会在退出之前向其父

tasktracker 发送错误报告。错误报告最后被记入用户日志。tasktracker 会将此次 task attempt 标记为 failed(失败)，释放一个任务槽运行另外一个任务。

对于 Streaming 任务，如果 Streaming 进程以非零退出代码退出，则被标记为 failed。这种行为由 stream.non.zero.exit.is.failure 属性(默认值为 true)来控制。

另一种错误情况是子进程 JVM 突然退出——可能由于 JVM bug(软件缺陷)而导致 MapReduce 用户代码造成的某些特殊原因造成 JVM 退出。在这种情况下，tasktracker 会注意到进程已经退出，并将此次尝试标记为 failed(失败)。

任务挂起的处理方式则有不同。一旦 tasktracker 注意到已经有一段时间没有收到进度的更新，便会将任务标记为 failed。在此之后，JVM 子进程将被自动杀死。[①] 任务失败的超时间隔通常为 10 分钟，可以以作业为基础(或以集群为基础将 mapred.task.timeout 属性设置为以毫秒为单位的值)。

如果**超时**(timeout)设置为 0 将关闭超时判定，所以长时间运行的任务永远不会被标记为 failed。在这种情况下，被挂起的任务永远不会释放它的任务槽，并随着时间的推移最终降低整个集群的效率。因此，尽量避免这种设置，同时充分确保每个任务能够定期汇报其进度。参见第 172 页的补充材料“MapReduce 中进度的组成”。

jobtracker 知一个 task attempt 失败后(通过 tasktracker 的“心跳”调用)，它将重新调度该任务的执行。jobtracker 会尝试避免重新调度失败过的 tasktracker 上的任务。此外，如果一个任务的失败次数超过 4 次，它将不会再被重试。这个值是可以设置的：对于 map 任务，运行任务的最多尝试次数由 mapred.map.max.attempts 属性控制；而对于 reduce 任务，则由 mapred.reduce.max.attempts 属性控制。在默认情况下，如果有任何任务失败次数大于 4(或最多尝试次数被配置为 4)，整个作业都会失败。

对于一些应用程序，我们不希望一旦有少数几个任务失败就中止运行整个作业，因为即使有任务失败，作业的一些结果可能还是可用的。在这种情况下，可以为作业设置在不触发作业失败的情况下允许任务失败的最大百分比。map 任务和 reduce 任务可以独立控制，分别通过 mapred.max.map.failures.percent 和 mapred.max.reduce.failures.percent 属性来设置。

① 如果一个 Streaming 进程被挂起，taskracker 不会尝试终止它(即使运行它的 JVM 会被终止)，因此应该为这种情况做好预防措施，使用其他方法来终止孤儿进程。

任务尝试(task attempt)也是可以中止的(killed)，这与失败不同。task attempt 可以中止是因为它是一个推测副本(相关详情可参见第 183 页的“推测执行”小节)，或因为它所处的 tasktracker 失败，导致 jobtracker 将它上面运行的所有 task attempt 标记为 killed。被中止的 task attempt 不会被计入任务运行尝试次数(由 `mapred.map.max.attempts` 和 `mapred.reduce.max.attempts` 设置)，因为尝试中止并不是任务的错。

用户也可以使用 Web UI 或命令行方式(输入 `hadoop job` 来查看相应的选项)来中止或取消 task attempt。作业也可以采用相同的机制来中止。

tasktracker 失败

tasktracker 失败是另一种失败模式。如果一个 tasktracker 由于崩溃或运行过于缓慢而失败，它将停止向 jobtracker 发送“心跳”（或很少发送“心跳”）。jobtracker 会注意到已经停止发送“心跳”的 tasktracker (假设它有 10 分钟没有接收到一个“心跳”。这个值由 `mapred.tasktracker.expiry.interval` 属性来设置，以毫秒为单位)，并将它从等待任务调度的 tasktracker 池中移除。如果是未完成的作业，jobtracker 会安排此 tasktracker 上已经运行并成功完成的 map 任务重新运行，因为 reduce 任务无法访问。它们的中间输出(都存放在失败的 tasktracker 的本地文件系统上)。任何进行中的任务也都会被重新调度。

即使 tasktracker 没有失败，也可能被 jobtracker 列入黑名单。如果 tasktracker 上面的失败任务数远远高于集群的平均失败任务数，它就会被列入黑名单。被列入黑名单的 tasktracker 可以通过重启从 jobtracker 的黑名单中移出。

jobtracker 失败

jobtracker 失败在所有失败中是最严重的一种。目前，Hadoop 没有处理 jobtracker 失败的机制——它是一个单点故障——因此在这种情况下，作业注定失败。然而，这种失败发生的概率很小，因为具体某台机器失败的几率很小。未来版本的 Hadoop 可能会通过运行多个 jobtracker 的方法来解决这个问题，任何时候，这些 jobtracker 中都只有一个是主 jobtracker。可以使用 ZooKeeper 作为 jobtracker 的协调机制来决定哪一个是主 jobtracker，详情参见第 14 章。

作业的调度

早期版本的 Hadoop 使用一种非常简单的方法来调度用户的作业：按照作业提交的顺序，使用 FIFO(先进先出)调度算法来运行作业。典型情况下，每个作业都会使用整个集群，因此作业必须等待直到轮到自己运行。虽然共享集群极有可能为多用户提供大量资源，但问题在于如何公平地在用户之间分配资源，这需要一个更好的调度器。生产作业需要及时完成，以便正在进行即兴查询的用户能够在合理的时间内得到返回结果。

随后，加入设置作业优先级的功能，可以通过设置 `mapred.job.priority` 属性或 `JobClient` 的 `setJobPriority()`方法来设置优先级(在这两种方法中，可以选择 `VERY_HIGH`，`HIGH`，`NORMAL`，`LOW`，`VERY_LOW` 中的一个值作为优先级)。作业调度器选择要运行的下一个作业时，它选择的是优先级最高的那个作业。然而，在 FIFO 调度算法中，优先级并不支持**抢占**(preemption)，所以高优先级的作业仍然会被那些在高优先级作业被调度之前已经开始的、长时间运行的低优先级的作业所阻塞。

在 Hadoopk 中，MapReduce 的调度器可以选择。默认的调度器是原始的基于队列的 FIFO 调度器，还有两个多用户调度器，分别名为 Fair Scheduler 和 Capacity Scheduler。

Fair Scheduler

Fair Scheduler(公平调度器)的目标是让每个用户公平地共享集群能力。如果只有一个作业在运行，它会得到集群的所有资源。随着提交的作业越来越多，空闲的任务槽会以“让每个用户公平共享集群”这种方式进行分配。某个用户的一个短的作业将在合理的时间内完成，即便另一个用户的长时间作业正在运行而且还在运行过程中。

作业都被放在作业池中，在默认情况下，每个用户都有自己的作业池。提交作业数超过另一个用户的用户，不会因此而比后者获得更多集群资源。可以用 map 和 reduce 的任务槽数来定制作业池的最小容量，也可以设置每个池的权重。

Fair Scheduler 支持抢占，所以，如果一个池在特定的一段时间内未得到公平的资源共享，它会中止运行池中得到过多资源的任务，以便把任务槽让给运行资源不足的池。

Fair Scheduler 是一个后续模块。要使用它，需要将其 JAR 文件放在 Hadoop 的**类路径**(classpath)，即将它从 Hadoop 的 *contrib/fairscheduler* 目录复制到 *lib* 目录。随后，像下面这样设置 `mapred.jobtracker.taskScheduler` 属性：

```
org.apache.hadoop.mapred.FairScheduler
```

经过这样的设置后，即可运行 Fair Scheduler。但要想充分发挥它特有的优势和了解如何配置它(包括它的网络接口)，请参阅 Hadoop 发行版 *src/cqntrib/fairscheduler* 目录下的 README 文件。

Capacity Scheduler

针对多用户调度，Capacity Scheduler 采用的方法稍有不同。集群由很多队列组成(类似于 Fair Scheduler 的任务池，这些队列可能是层次结构的(因此，一个队列可能是另一个队列的孩子)，每个队列有一个分配能力。这一点与 Fair Scheduler 类似，只不过在每个队列内部，作业根据 FIFO 方式(优先级)进行调度。本质上，Capacity Scheduler 允许用户或组织(使用队列进行定义) 为每个用户或组织模拟一个独立的使用 FIFO Scheduling 的 MapReduce 集群。相比之下，Fair Scheduler(实际上支持[优先级]作业池内的 FIFO 作业调度，使其类似于能力调度)强制每个池内公平共享，使运行的作业共享池的资源。

shuffle 和排序

MapReduce 确保每个 reducer 的输入都按键排序。系统执行排序的过程——将 map 输出作为输入传给 reducer——称为 shuffle。[①]在此，我们将学习 shuffle 是如何工作的，因为它有助于我们理解工作机制(如果需要优化 MapReduce 程序的话)。shuffle 属于不断被优化和改进的代码库的一部分，因此下面的描述有必要隐藏一些细节(也可能随时间而改变，目前是 0.20 版本)。从许多方面来看，shuffle 是 MapReduce 的“心脏”，是奇迹发生的地方。

map 端

map 函数开始产生输出时，并不是简单地将它写到磁盘。这个过程更复杂，它利用缓冲的方式写到内存，并出于效率的考虑进行预排序。图 6-4 展示了这个过程。

每个 map 任务都有一个环形内存缓冲区，用于存储任务的输出。默认情况下，缓冲区的大小为 100 MB，此值可以通过改变 `io.sort.mb` 属性来调整。一旦缓冲内容达到阈值(`io.sort.spill.percent`，默认为 0.80，或 80%)，一个后台线程便开始把内容写到(spill)磁盘中。在写磁盘过程中，map 输出继续被写到缓冲区，但如果在此期间缓冲区被填满，map 会阻塞直到写磁盘过程完成。

写磁盘将按轮询方式写到 `mapred.local.dir` 属性指定的作业特定子目录中的目录中。

① 事实上，shuffle 这个说法并不准确。因为在某些语境中，它只代表 reduce 任务获取 map 输出的这部分过程。在这一小节，我们将其理解为从 map 产生输出到 reduce 的消化输入的整个过程。

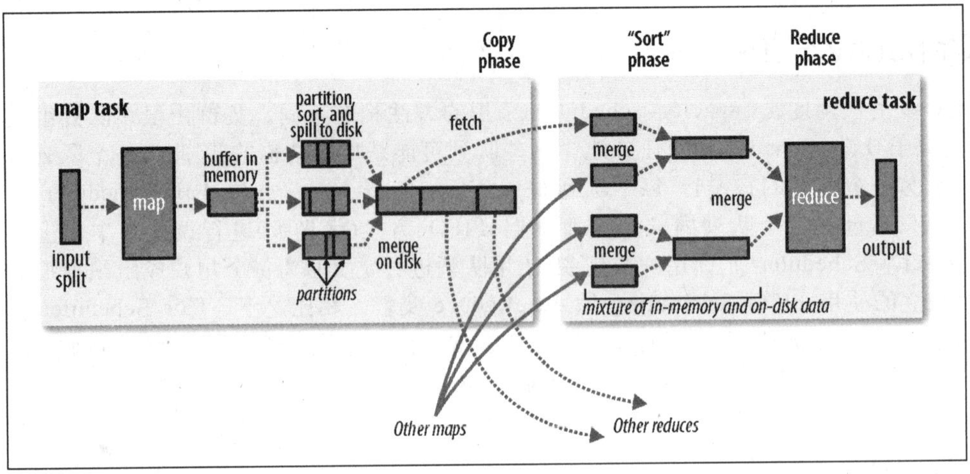

图 6-4. MapReduce 的 shuffle 和排序

在写磁盘之前，线程首先根据数据最终要传送到的 reducer 把数据划分成相应的分区(partition)。在每个分区中，后台线程按键进行内排序，如果有一个 combiner，它会在排序后的输出上运行。

一旦内存缓冲区达到溢出写的阈值，就会新建一个溢出写文件，因此在 map 任务写完其最后一个输出记录之后，会有几个溢出写文件。在任务完成之前，溢出写文件被合并成一个已分区且已排序的输出文件。配置属性 `io.sort.factor` 控制着一次最多能合并多少流，默认值是 10。

如果已经指定 combiner，并且溢出写次数至少为 3(`min.num.spills.for.combine` 属性的取值)时，则 combiner 就会在输出文件写到磁盘之前运行。前面曾讲过，combiner 可以在输入上反复运行，但并不影响最终结果。运行 combiner 的意义在于使 map 输出更紧凑，使得写到本地磁盘和传给 reducer 的数据更少。

写磁盘时压缩 map 输出往往是个很好的主意，因为这样会让写磁盘的速度更快，节约磁盘空间，并且减少传给 reducer 的数据量。默认情况下，输出是不压缩的，但只要将 `mapred.compress.map.output` 设置为 `true`，就可以轻松启用此功能。使用的压缩库由 `mapred.map.output.compression.codec` 指定，要想进一步了解压缩格式，请参见第 77 页的“压缩”小节。

reducer 通过 HTTP 方式得到输出文件的分区。用于文件分区的工作线程的数量由任务的 `tracker.http.threads` 属性控制，此设置针对每个 tasktracker，而不是针对每个 map 任务槽。默认值是 40，在运行大型作业的大型集群上，此值可以根据需要而增加。

reduce 端

现在转到处理过程的 reduce 部分。map 输出文件位于运行 map 任务的 tasktracker 的本地磁盘(注意，尽管 map 输出经常写到 map tasktracker 的本地磁盘，但 reduce 输出并不这样)，现在，tasktracker 需要为分区文件运行 reduce 任务。更进一步，reduce 任务需要集群上若干个 map 任务的 map 输出作为其特殊的分区文件。每个 map 任务的完成时间可能不同，因此只要有一个任务完成，reduce 任务就开始复制其输出。这就是 reduce 任务的**复制阶段**(copy phase)。reduce 任务有少量复制线程，因此能够并行取得 map 输出。默认值是 5 个线程，但这个默认值可以通过设置 `mapred.reduce.parallel.copies` 属性来改变。

> reducer 如何知道要从哪个 tasktracker 取得 map 输出呢?
>
> map 任务成功完成后，它们会通知其父 tasktracker 状态已更新，然后 tasktracker 进而通知 jobtracker。这些通知在前面介绍的心跳通信机制中传输。因此，对于指定作业，jobtracker 知道 map 输出和 tasktracker 之间的映射关系。reducer 中的一个线程定期询问 jobtracker 以便获取 map 输出的位置，直到它获得所有输出位置。
>
> 由于 reducer 可能失败，因此 tasktracker 并没有在第一个 reducer 检索到 map 输出时就立即从磁盘上删除它们。相反，tasktracker 会等待，直到 jobtracker 告知它可以删除 map 输出，这是作业完成后执行的。

如果 map 输出相当小，则会被复制到 reduce tasktracker 的内存(缓冲区大小由 `mapred.job.shuffle.input.buffer.percent` 属性控制，指定用于此用途的堆空间的百分比)，否则，map 输出被复制到磁盘。一旦内存缓冲区达到阈值大小(由 `mapred.iob.shuffle.merge.percent` 决定)或达到 map 输出阈值(由 `mapred.inmem.merge.threshold` 控制)，则合并后溢出写到磁盘中。

随着磁盘上副本的增多，后台线程会将它们合并为更大的、排好序的文件。这会为后面的合并节省一些时间。注意，为了合并，压缩的 map 输出(通过 map 任务)都必须在内存中被解压缩。

复制完所有 map 输出被复制期间，reduce 任务进入**排序阶段**(sort phase 更恰当的说法是合并阶段，因为排序是在 map 端进行的)，这个阶段将合并 map 输出，维持其顺序排序。这是循环进行的。比如，如果有 50 个 map 输出，而**合并因子**(merge factor)是 10(10 为默认设置，由 `io.sort.factor` 属性设置，与 map 的合并类似)，合并将进行 5 趟。每趟将 10 个文件合并成一个文件，因此最后有 5 个中间文件。

在最后阶段，即 reduce 阶段，直接把数据输入 reduce 函数，从而省略了一次磁盘往返行程，并没有将这 5 个文件合并成一个已排序的文件作为最后一趟。最后的合并既可来自内存和磁盘片段。

> 每趟合并的文件数实际上比示例中展示的更微妙。目标是合并最小数量的文件以便满足最后一趟的合并系数。因此如果有 40 个文件，我们不会在四趟中，每趟合并 10 个文件从而得到 4 个文件。相反，第一趟只合并 4 个文件，随后的三趟合并所有 10 个文件。在最后一趟中，4 个已合并的文件和余下的 6 个(未合并的)文件合计 10 个文件。
>
> 注意，这并没有改变**合并的次数**(the number of rounds)，它只是一个优化措施，尽量减少写到磁盘的数据量，因为最后一趟总是直接合并到 reduce。

在 reduce 阶段，对已排序输出中的每个键都要调用 reduce 函数。此阶段的输出直接写到输出文件系统，一般为 HDFS。如果采用 HDFS，由于 tasktracker 节点也运行数据节点，所以第一个**块复本**(block replica)将被写到本地磁盘。

配置的调优

现在我们已经有比较好的基础来理解如何调优 shuffle 过程以提高 MapReduce 性能了。表 6-1 和表 6-2 总结了相关设置和默认值，这些设置以作业为单位(除非有特别说明)，默认值适用于常规作业。

总的原则是给 shuffle 过程尽量多提供内存空间。然而，有一个平衡问题，也就是要确保 map 函数和 reduce 函数能得到足够的内存来运行。这就是为什么编写 map 函数和 reduce 函数时尽量少用内存的原因——它们不应无限使用内存(例如，应避免在 map 中堆积数据)。

运行 map 任务和 reduce 任务的 JVM，其内存大小由 `mapred.child.java.opts` 属性设置。任务节点上的内存大小应该尽量大，第 269 页的“内存”小节将讨论需要考虑的约束条件。

在 map 端，可以通过避免多次溢出写磁盘来获得最佳性能。如果能估算 map 输出大小，就可以合理地设置 `ip.sort.*`属性来尽可能减少溢出写的次数。具体而言，如果可以，应该增加 io.sort.mb 的值。MapReduce 计数器(“Spilled records”，参见第 225 页的“计数器”小节)计算在作业运行整个阶段中溢出写磁盘的记录数，这对于调优很有帮助。注意，计数器统计 map 和 reduce 两端的溢出写。

在 reduce 端，中间数据全部驻留在内存时，就能获得最佳性能。默认情况下，这是不可能发生的，因为一般情况下所有内存都预留给 reduce 函数。但如果 reduce 函数的内存需求不大，那么把 mapred.inmem.merge.threshold 设置为 0，把 mapred.job.reduce.input.buffer.percent 设置为 1.0(或一个更低的值，详见表 6-2)会带来性能的提升。

更常见的情况是，Hadoop 使用默认为 4 KB 的缓冲区，这是很低的，因此应该在集群中增加这个值(通过设置 io.file.buffer.size，详见第 279 页的“Hadoop 其他属性”小节)。

2008 年 4 月，Hadoop 在通用 TB 字节排序基准测试中获胜(详见第 553 页的“Apache Hadoop 的 TB 字节数量级排序”小节)，它使用的一个优化方法就是将中间数据保存在 reduce 这一端的内存中。

表 6-1. map 端的调优属性

属性名称	类型	默认值	说明
io.sort.mb	int	100	排序 map 输出时所使用的内存缓冲区的大小，以兆字节为单位
io.sort.record.percent	float	0.05	用作存储 map 输出记录边界的 io.sort.mb 的比例。剩余的空间用来存储 map 输出记录本身
io.sort.spill.percent	float	0.80	map 输出内存缓冲和用来开始磁盘溢出写过程的记录边界索引，这两者使用比例的阈值
io.sort.factor	int	10	排序文件时，一次最多合并的流数。这个属性也在 reduce 中使用。将此值增加到 100 是很常见的
min.num.spills.for.combine	int	3	运行 combiner 所需的最少溢出写文件数(如果已指定 combiner)
mapred.compress.map.output	Boolean	false	压缩 map 输出
mapred.map.output.compression.codec	Class name	org.apache.hadoop.io.compress.DefaultCodec	用于 map 输出的压缩编解码器

属性名称	类型	默认值	说明
tasktracker.http.threads	int	40	每个 tasktracker 的工作线程数，用于将 map 输出到 reducer。这是集群范围的设置，不能由单个作业设置

表 6-2. reduce 端的调优属性

属性名称	类型	默认值	描述
mapred.reduce.parallel.copies	int	5	用于把 map 输出复制到 reducer 的线程数
mapred.reduce.copy.backoff	int	300	在声明失败之前，reducer 获取一个 map 输出所花的最大时间，以秒为单位。如果失败(根据指数后退)，reducer 可以在此时间内尝试重传
io.sort.factor	int	10	排序文件时一次最多合并的流的数量。这个属性也在 map 端使用
mapred.job.shuffle.input.buffer.percent	float	0.70	在 shuffle 的复制阶段，分配给 map 输出的缓冲区占堆空间的百分比
mapred.iob.shuffle.merge.percent	float	0.66	map 输出缓冲区(由 mapred.job.shuffle.input.buffer.percent 定义)的阈值使用比例，用于启动合并输出和磁盘溢出写的过程
mapred.inmem.merge.threshold	int	1000	启动合并输出和磁盘溢出写过程的 map 输出的阈值数。0 或更小的数意味着没有阈值限制，溢出写行为由 mapred.job.shuffle.merge.percent 单独控制
mapred.iob.reduce.input.buffer.percent	float	0.0	在 reduce 过程中，在内存中保存 map 输出的空间占整个堆空间的比例。reduce 阶段开始时，内存中的 map 输出大小不能大于这个值。默认情况下，在 reduce 任务开始之前，所有 map 输出都合并到磁盘上，以便为 reducer 提供尽可能多的内存。然而，如果 reducer 需要的内存较少，可以增加此值来最小化访问磁盘的次数

任务的执行

在第 167 页的“剖析 MapRedue 作业运行机制”小节中，我们结合整个作业的背景知道了 MapReduce 系统是如何执行任务的。在本小节，我们将知道 MapReduce 用户对任务执行的更多的控制。

推测执行

MapReduce 模型将作业分解成任务，然后并行地运行任务以使作业的整体执行时间少于各个任务顺序执行的时间。这使作业执行时间对运行缓慢的任务很敏感，因为只运行一个缓慢的任务会使整个作业所用的时间远远长于执行其他任务的时间。当一个作业由几百或几千任务组成时，可能出现少数“拖后腿”的任务是很常见的。

任务执行缓慢可能有多种原因，包括硬件老化或软件配置错误，但是，检测具体原因很困难，因为任务总能够成功完成，尽管比预计执行时间长。Hadoop 不会尝试诊断或修复执行慢的任务，相反，在一个任务运行比预期慢的时候，它会尽量检测，并启动另一个相同的任务作为备份。这就是所谓的任务的“推测执行”(speculative execution)。

必须认识到，如果同时启动两个重复的任务，它们会互相竞争，导致推测执行无法工作。这对集群资源是一种浪费。相反，只有在一个作业的所有任务都启动之后才启动推测执行的任务，并且只针对那些已运行一段时间(至少一分钟)且比作业中其他任务平均进度慢的任务。一个任务成功完成后，任何正在运行的重复任务都将被中止，因为已经不再需要它们了。因此，如果原任务在推测任务前完成，推测任务就会被终止；同样地，如果推测任务先完成，那么原任务就会被中止。

推测执行是一种优化措施，它并不能使作业的运行更可靠。如果有一些软件缺陷会造成任务挂起或运行速度减慢，依靠推测执行来避免这些问题显然是不明智的，并且不能可靠地运行，因为相同的软件缺陷可能会影响推测式任务。应该修复软件缺陷，使任务不会挂起或运行速度减慢。

默认情况下，推测执行是启用的。可以基于集群或基于每个作业，单独为 map 任务和 reduce 任务启用或禁用该功能。相关的属性如表 6-3 所示。

表 6-3. 推测执行的属性

属性名称	类型	默认值	描述
mapred.map.tasks.speculative.execution	boolean	true	如果任务运行变慢，该属性决定着是否要启动 map 任务的另外一个实例
mapred.reduce.tasks.speculative.execution	boolean	true	如果任务运行变慢，该属性决定着是否要启动 reduce 任务的另外一个实例

为什么会想到关闭推测执行？推测执行的目的是减少作业执行时间，但这是以集群效率为代价的。在一个繁忙的集群中，推测执行会减少整个吞吐量，因为冗余任务的执行时会减少作业的执行时间。鉴于此，一些集群管理员倾向于在集群上关闭此选项，而让用户根据个别作业需要而开启该功能。Hadoop 老版本尤其如此，因为在调度推测任务时，会过度使用推测执行方式。

任务 JVM 重用

Hadoop 在它们自己的 Java 虚拟机上运行任务，以区分其他正在运行的任务。为每个任务启动一个新的 JVM 将耗时大约 1 秒，对运行 1 分钟左右的作业而言，这个额外消耗是微不足道的。但是，有大量超短任务(通常是 map 任务)的作业或初始化时间长的作业，它们如果能对后续任务重用 JVM，就可以体现出性能上的优势。

启用任务重用 JVM 后，任务不会同时运行在一个 JVM 上。JVM 顺序运行各个任务。然而，tasktracker 可以一次性运行多个任务，但都是在独立的 JVM 内运行的。控制 tasktracker 的 map 任务槽数和 reduce 任务槽数的属性将在第 269 页的“内存”小节讨论。

控制任务 JVM 重用的属性是 `mapred.job.reuse.jvm.num.tasks`，它指定给定作业每个 JVM 运行的任务的最大数，默认值为 1(见表 6-4)。不同作业的任务总是在独立的 JVM 内运行。如果该属性设置为-1，则意味着同一作业中的任务都可以共享同一个 JVM，数量不限。`JobConf` 中的 `setNumTasksToExecutePerJvm()`方法也可以用于设置这个属性。

表 6-4. 任务 JVM 重用的属性

属性名称	类型	默认值	描述
mapred.job.reuse.jvm.num.tasks	int	1	在一个 tasktracker 上，对于给定的作业的每个 JVM 上可以运行的任务最大数。-1 表示无限制，即同一个 JVM 可以被该作业的所有任务使用

通过充分利用 HotSpot JVM 所用的运行时优化，计算密集型任务也可以受益于任务 JVM 重用机制。在运行一段时间后，HotSpot JVM 构建足够多的信息来检测代码中的性能关键部分，并将热点部分的 Java 字节码动态转换成本地机器码。这对运行时间长的过程很有效，但对于那些只运行几秒钟或几分钟的 JVM，不能充分获得 HotSpot 带来的好处。在这些情况下，值得启用任务 JVM 重用功能。

共享 JVM 的另一个非常有用的地方是：作业各个任务之间的状态共享。通过在静态字段中存储相关数据，任务可以较快速访问共享数据。

跳过坏记录

大型数据集十分庞杂。它们经常有损坏的记录。它们经常有不同格式的记录。它们经常有缺失的字段。理想情况下，用户代码可以很好地处理这些情况。但实际情况中，忽略这些坏的记录只是权宜之计。取决于正在执行的分析，如果只有一小部分记录受影响，那么忽略它们不会显著影响结果。然而，如果一个任务由于遇到一个坏的记录而发生问题——通过抛出一个运行时异常——任务就会失败。失败的任务将被重新运行(因为失败可能是由硬件故障或任务可控范围之外的一些原因造成的)，但如果一个任务失败 4 次，那么整个作业会被标记为失败(详见第 173 页的“任务失败”小节)。如果数据是导致任务抛出异常的“元凶”，那么重新运行任务将无济于事，因为它每次都会因相同的原因而失败。

如果正在使用 `TextInputFormat`(详见第 209 页的“TextInputFormat”小节)，则可以设置一个预期的行最大长度来防止损坏文件。文件中的损坏会显示为一个非常长的行，这将引起内存溢出错误并导致任务失败。通过将 `mapred.linerecordreader.maxlength` 设置为一个适合内存的以字节衡量的值(一般长于输入数据中行的长度)，记录 reader 将跳过(长的)损坏的行，而不是直接导致任务失败。

处理坏记录的最佳位置在于 mapper 和 reducer 代码。我们可以检测出坏记录并忽略它，或通过抛出一个异常来中止作业运行。还可以使用计数器来计算作业中总的坏记录数，看问题影响的范围有多广。

极少数情况是不能处理的，例如软件**缺陷**(bug)存在于第三方的库中，我们无法在 mapper 或 reducer 中修改它。在这些情况下，可以使用 Hadoop 的 skipping mode 选项来自动跳过坏记录。

启用 skipping mode 后，任务将正在处理的记录报告给 tasktracker。任务失败时，tasktracker 重新运行该任务，跳过导致任务失败的记录。由于额外的网络流量和记录错误以维护失败记录范围，所以只有在任务失败两次后才会启用 skipping mode。

因此对于一个一直在某条坏记录上失败的任务，tasktracker 将运行以下 task attempt 得到相应的结果。

(1) 任务失败。

(2) 任务失败。

(3) 开启 skipping mode。任务失败，但是失败记录由 tasktracker 保存。

(4) 仍然启用 skipping mode。任务继续运行，但跳过上一次尝试中失败的坏记录。

在默认情况下，skipping mode 是关闭的，我们用 `SkipBadRedcord` 类单独为 map 和 reduce 任务启用此功能。值得注意的是，每次 task attempt，skipping mode 都只能检测出一个坏记录，因此这种机制仅适用于检测个别坏记录(也就是说，每个任务只有少数几个坏记录)。为了给 skipping mode 足够多尝试次数来检测并跳过一个输入分片中的所有坏记录，需要增加最多 task attempt 次数(通过 `mapred.map.max.attemps` 和 `mapred.reduce.max.attemps` 进行设置)。

Hadoop 检测出来的坏记录以序列文件的形式保存在*_logs/skip* 子目录下的作业输出目录中。在作业完成后，可查看这些记录(例如，使用 `hadoop fs-text`)进行诊断。

任务执行环境

Hadoop 为 map 任务或 reduce 任务提供运行环境相关信息。例如，map 任务可以知道它处理的文件的名称(参见第 205 页的“mapper 中的文件信息”小节)，map 任务或 reduce 任务可以得知任务的尝试次数。表 6-5 中的属性可以从作业的配置信息中获得，通过为 mapper 或 reducer 提供一个 `configure()`方法实现(其中，配置信息作为参数进行传递)，便可获得这一信息。

表 6-5. 任务执行环境的属性

属性名称	类型	说明	示例
mapred.job.id	string	作业 ID(格式描述参见第 147 页的补充内容“作业、任务和 task attempt ID”)	job_200811201130 0004
mapred.tip.id	string	任务 ID	task 200811201130_ 0004_m_000003
mapred.task.id	string	任务尝试 ID (非任务 ID)	attempt_2008112011300004_m_000003_0
mapred.task.partition	int	作业中任务的 ID	3
mapred.task.is.map	boolean	此任务是否是 map 任务	true

Streaming 环境变量

Hadoop 设置作业配置参数作为 Streaming 程序的环境变量。但它用下划线来代替非字母数字的符号，以确保名称的合法性。下面这个 Python Streaming 脚本解释了如何用 Python Streaming 脚本来检索 `mapred.job.id` 属性的值。

```
os.environ["mapred_job_id"]
```

也可以应用 Streaming 启动程序的 `-cmdenv` 选项，来设置 MapReduce 所启动的 Streaming 进程的环境变量（一次设置一个变量）。比如，下面的语句设置了 `MAGIC_PARAMETER` 环境变量：

```
-cmdenv MAGIC_PARAMETER=abracadabra
```

任务附属文件

对于 map 和 reduce 任务的输出，常用的写方式是通过 `OutputCollector` 来收集键/值对。有一些应用需要比单个键/值对模式更灵活的方式，因此这些应用程序直接将 map 或 reduce 任务的输出文件写到分布式文件系统，如 HDFS。(还有其他方法用于产生多个输出，参见第 217 页的“多个输出”小节)。

值得注意的是，要确保同一个任务的多个实例不会向同一个文件进行写操作。这需要避免两个问题：如果任务失败并被重试，那么在第二个任务运行时原来的部分输出依旧是存在的，所以应先删除原来的文件。第二个问题是，在启用推测执行的情况下，同一任务的两个实例会同时写一个文件。

对于常规任务输出的这个问题，Hadoop 的解决办法是，将输出写到这一次任务尝试特定的临时文件夹。这个目录是{*mapred.output.dir*}/*_temporary*/*${mapred.task.id*}。一旦任务成功完成，该目录的内容就被复制到作业的输出目录${*mapred.output.dir*}。因此，如果一个任务失败并被重试，第一个任务尝试的部分输出就会被清除。这个任务和该任务的推测实例(位于不同的工作目录，并且只有第一个完成的任务才会把其工作目录中的内容传到输出目录，其他的都被丢弃。

> 任务完成时提交输出的方法是由 `OutputFormate` 关联的 `OutputCommitter` 实现的。`FileOutputFormat` 的 `OutputCommitter` 是一个 `FileOutputCommitter`，`FileOutputCommitter` 实现了前面描述的提交协议。如果想用不同的方式来实现提交过程，`OutputFormat` 的 `getOutputCommitter()`方法可以被改写以返回一个自定义的 `OutputCommitter`。

Hadoop 也为应用程序开发人员提供了使用这个特征的机制。一个任务可以通过从其配置文件中检索 `mapred.work.output.dir` 属性的值，来找到它的工作目录。另一种方法是，MapReduce 程序使用 Java API 调用 `FileOutputFormat` 的 `getWorkOutputPath()`静态方法以得到表示工作目录的 `Path` 对象。该系统框架会在执行任务之前创建工作目录，所以用户不必自己动手新建。

举一个简单的例子，假设有一个程序用来转换图像文件的格式。一种实现方法是用一个只有 map 任务的作业，其中每个 map 指定一组要转换的图像(可以使用 `NlineInputFormat`，详情参见第 211 页的“NLineInputFormat”小节)。如果 map 任务把转换后的图像写到它的工作目录，那么在任务成功完成之后，这些图像会被传到输出目录。

第 7 章

MapReduce 的类型与格式

MapReduce 数据处理模型非常简单：map 和 reduce 函数的输入和输出是键/值对(key/value pair)。本章深入讨论 MapReduce 模型，重点介绍各种类型的数据(从简单文本到结构化的二进制对象)如何在 MapReduce 中使用。

MapReduce 的类型

Hadoop 的 MapReduce 中，map 和 reduce 函数遵循如下常规格式：

```
map: (K1, V1) → list(K2, V2)
reduce: (K2, list(V2)) → list(K3, V3)
```

一般来说，map 函数输入的键/值的类型(K1 和 V1)类型不同于输出类型(K2 和 V2)。虽然，reduce 函数的输入类型必须与 map 函数的输出类型相同，但 reduce 函数的输出类型(K3 和 V3)可以不同于输入类型。例如以下 Java 接口代码：

```
public interface Mapper<K1, V1, K2, V2> extends JobConfigurable, Closeable {

  void map(K1 key, V1 value, OutputCollector<K2, V2> output, Reporter reporter)
    throws IOException;
}

public interface Reducer<K2, V2, K3, V3> extends JobConfigurable, Closeable {

  void reduce(K2 key, Iterator<V2> values,
    OutputCollector<K3, V3> output, Reporter reporter) throws IOException;
}
```

前面讲过，OutputCollector 纯粹是为了输出键/值对(所以用类型作为参数)，而 Reporter 是用来更新计数和状态信息。在发布的 MapReduce API 0.20.0 或以后的版本中，这两个函数被合并在一个**上下文对象**(context object)中。

如果使用 combine 函数，它与 reduce 函数的形式相同(它是 Reducer 的一个实现)，不同之处是它的输出类型是中间的键/值对类型(K2 和 V2)，这些中间值可以输入 reduce 函数：

```
map:  (K1, V1) →list(K2, V2)
combine:  (K2,  list(V2))  →list(K2, V2)
reduce:  (K2,  list(V2)) → list(K3, V3)
```

combine 与 reduce 函数通常是一样的，在这种情况下，K3 与 K2 类型相同，V3 与 V2 类型相同。

partition 函数将中间的键/值对(K2 和 V2)进行处理，并且返回一个**分区索引**(partition index)。实际上，分区单独由键决定(值是被忽略的)。

```
partition: (K2, V2) → integer
```

或用 Java 的方式：

```
public interface Partitioner<K2, V2> extends JobConfigurable {

  int getPartition(K2 key,  V2 value,  int numPartitions);
}
```

这些理论对配置 MapReduce 作业有帮助吗?表 7-1 总结了配置选项，把属性分为可以设置类型的属性和必须与类型相容的属性。

输入数据的类型由输入格式进行设置。例如，对应于 TextInputFormat 的键类型是 LongWritable，值类型是 Text。其他的类型通过调用 JobConf 上的方法来进行显式设置。如果没有显式设置，中间的类型默认为(最终的)输出类型，也就是默认值 LongWritable 和 Text。因此，如果 K2 与 K3 是相同类型，就不需要调用 setMapOutputKeyClass()，因为它将调用 setOutputKeyClass()来设置；同样，如果 V2 与 V3 相同，只需要使用 setOutputValueClass()。

这些为中间和最终输出类型进行设置的方法似乎有些奇怪。为什么不能结合 mapper 和 reducer 导出类型呢？原因是 Java 的泛型机制有很多限制：**类型擦除**(type erasure)导致运行过程中类型信息并非不一直可见，所以 Hadoop 不得不明确进行设定。这也意味着可能用不兼容的类型来配置 MapReduce 作业，因为这些配置在编译时无法检查。与 MapReduce 类型兼容的设置列在表 7-1 中。类型冲突是在作业执行过程中被检测出来的，所以一个比较明智的做法是先用少量的数据跑一次测试任务，发现并修正任何类型不兼容的问题。

表 7-1. MapReduce 类型配置

属性	JobConf 的 setter 方法	输入类型 K1	V1	中间类型 K2	V2	输出类型 K3	V3
用于配置类型的属性							
`mapred.input.format.class`	`setInputFormat()`	•	•				
`mapred.mapoutput.key.class`	`setMapOutputKeyClass()`			•			
`Mapred.mapoutput.value.class`	`setMapOutputValueClass()`				•		
`mapred.output.key.clAss`	`setOutputKeyClass()`					•	
`mapred.output.value.class`	`setOutputValueClass()`						•
必须与类型一致的属性							
`mapred.mapper.class`	`setMapperClass()`	•	•	•	•		
`mapred.map.runner.class`	`setMapRunnerClass()`	•	•	•	•		
`mapred.combiner.class`	`setCombinerClass()`			•	•		
`mapred.partitioner.class`	`setPartitionerClass()`			•	•		
`mapred.output.key.comparator.class`	`setOutputKeyComparatorClass()`			•			
`mapred.output.value.groupfn.class`	`setOutputValueGroupingComparator()`			•			
`mapred.reducer.class`	`setReducerClass()`			•	•	•	•
`mapred.output.format.class`	`setOutputFormat()`					•	•

默认的 MapReduce 作业

如果没有指定 mapper 或 reducer 就运行 MapReduce，会发生什么情况?我们运行一个最简单的 MapReduce 程序来看看：

```
public class MinimalMapReduce extends Configured implements Tool {

@Override
public int run(String[] args) throws Exception {
  if (args.length != 2) {
    System.err.printf("Usage: %s [generic options] <input> <output>\n",
        getClass().getSimpleName());
    ToolRunner.printGenericCommandUsage(System.err);
  return -1;
}

JobConf conf = new JobConf(getConf(), getClass());
FileInputFormat.addInputPath(conf, new Path(args[0]));
FileOutputFormat.setOutputPath(conf, new Path(args[1]));
JobClient.runJob(conf);
return 0;
}

public static void main(String[] args) throws Exception {
  int exitCode = ToolRunner.run(new MinimalMapReduce(), args);
  System.exit(exitCode);
 }
}
```

我们唯一设置的是输入路径和输出路径。在气象数据的子集上运行以下命令：

```
% hadoop MinimalMapReduce "input/ncdc/all/190{1,2}.gz" output
```

输出目录中得到命名为 part-00000 的输出文件。这个文件的前几行如下(为了适应页面进行了截断处理)：

```
0→0029029070999991901010106004+64333+023450FM-12+000599999V0202701N01591...
0→0035029070999991902010106004+64333+023450FM-12+000599999V0201401N01181...
135→0029029070999991901010113004+64333+023450FM-12+000599999V0202901N00821...
141→0035029070999991902010113004+64333+023450FM-12+000599999V0201401N01181...
270→0029029070999991901010120004+64333+023450FM-12+000599999V0209991C00001...
282→0035029070999991902010120004+64333+023450FM-12+000599999V0201401N01391...
```

每一行首先是一个整数，其次是 Tab(制表符)，然后是一段原始气象数据记录。虽然这并不是一个有用的程序，但理解它如何产生输出，确实能够洞悉运行 MapReduce 作业时 Hadoop 是如何使用默认设置的。例 7-1 的示例与前面 MinimalMapReduce 完成的事情一模一样，但是它显式地把作业环境设置为默认值。

例 7-1. 最小的 MapReduce 驱动程序，默认值显式设置

```
public class MinimalMapReduceWithDefaults extends Configured implements Tool {

  @Override
  public int run(String[] args) throws IOException {
    JobConf conf = JobBuilder.parseInputAndOutput(this, getConf(), args);
    if (conf == null) {
      return -1;
    }

    conf.setInputFormat(TextInputFormat.class);

    conf.setNumMapTasks(1);
    conf.setMapperClass(IdentityMapper.class);
    conf.setMapRunnerClass(MapRunner.class);

    conf.setMapOutputKeyClass(LongWritable.class);
    conf.setMapOutputValueClass(Text.class);

    conf.setPartitionerClass(HashPartitioner.class);

    conf.setNumReduceTasks(1);
    conf.setReducerClass(IdentityReducer.class);

    conf.setOutputKeyClass(LongWritable.class);
    conf.setOutputValueClass(Text.class);

    conf.setOutputFormat(TextOutputFormat.class);

    JobClient.runJob(conf);
    return 0;
    }
  public static void main(String[] args) throws Exception {
    int exitCode = ToolRunner.run(new MinimalMapReduceWithDefaults(), args);
    System.exit(exitCode);
    }
}
```

通过把打印使用说明和把输入/输出路径逻辑抽取到一个帮助方法中，我们对 `run()` 方法的开始几行进行了简化。几乎所有 MapReduce 驱动程序都有两个参数(输入与输出)，所以此处进行这样的代码约简是可行的。以下是 `JobBuilder` 类中的相关方法，供大家参考：

```
public static JobConf parseInputAndOutput(Tool tool, Configuration conf,
    String[] args) {

  if (args.length != 2) {
    printUsage(tool, "<input> <output>");
    return null;
  }
  JobConf jobConf = new JobConf(conf, tool.getClass());
  FileInputFormat.addInputPath(jobConf, new Path(args[0]));
  FileOutputFormat.setOutputPath(jobConf, new Path(args[1]));
```

```
    return jobConf;
  }

  public static void printUsage(Tool tool, String extraArgsUsage) {
    System.err.printf("Usage: %s [genericOptions] %s\n\n",
        tool.getClass().getSimpleName(), extraArgsUsage);
    GenericOptionsParser.printGenericCommandUsage(System.err);
  }
```

回到例 7-1 中的 MinimalMapReducewithDefaults，虽然有很多其他的默认作业设置，但加粗显示的部分是执行一个作业最关键的。接下来我们逐一讨论。

默认的输入格式是 TextInputFormat，它产生的键类型是 LongWritable(文件中每行中开始的偏移量值)，值类型是 Text(文本行)。这也解释了最后输出的整数的含义：它们是行偏移量。

虽然看上去很像，但事实上，setNumMapTasks 函数调用并不必将 map 任务的数量设定成 1。它只是一个提示，真正的 map 任务的数量将取决于输入文件的大小以及文件块的大小(如果此文件在 HDFS 中)。深入的讨论参见第 202 页的“FileInputFormat 类的输入分片”。

默认的 mapper 是 IdentityMapper，它将输入的键和值原封不动地写到输出中：

```
public class IdentityMapper<K, V>
    extends MapReduceBase implements Mapper<K, V, K, V> {

  public void map(K key, V val,
                  OutputCollector<K, V> output, Reporter reporter)
    throws IOException {
    output.collect(key, val);
  }
}
```

IdentityMapper 是一个**泛型类型**(generic type)，它可以接受任何键或值的类型，只要 map 输入和输出键的类型相同，输入和输出值的类型相同就可以。在这个例子中，map 的输出键是 LongWritable 类型，map 的输出值是 Text 类型。

map 任务是由 MapRunner 负责运行的，MapRunner 是 MapRunnable 的默认实现，它顺序地为每一条记录调用一次 Mapper 的 map()方法。

默认的 partitioner 是 HashPartitioner，它对每条记录的键进行哈希操作以决定该记录应该属于哪个分区。每个分区对应一个 reducer 任务，所以分区数等于作业的 reducer 的个数：

```
public class HashPartitioner<K2, V2> implements Partitioner<K2, V2> {

  public void configure(JobConf job) {}

  public int getPartition(K2 key, V2 value,
```

```
                    int numPartitions) {
    return (key.hashCode() & Integer.MAX_VALUE) % numPartitions;
  }

}
```

键的哈希码被转换为一个非负整数，它由哈希值与最大的整型值做一次按位与操作而获得，然后用分区数进行取模操作，来决定该记录属于哪个分区索引。

默认情况下，只有一个 reducer，因此，也就只有一个分区，在这种情况下，partitioner 操作将由于所有数据都已放入同一个分区而无关紧要了。然而，如果有很多 reducer，了解 HashPartitioner 的作用就非常重要。假设键的散列函数足够好，那么记录将被均匀分到若干个 reduce 任务中，这样，具有相同键的记录将由同一个 reduce 任务进行处理。

选择 reducer 的个数

单个 reducer 的默认配置对 Hadoop 新手而言很容易上手。真实的应用中，作业都把它设置成一个较大的数字，否则由于所有的中间数据都会放到一个 reducer 任务中，从而导致作业效率极低。注意，在本地作业运行器上运行时，只支持 0 个或 1 个 reducer。

reducer 最优个数与集群中可用的 reducer 任务槽数相关。总槽数由集群中节点数与每个节点的任务槽数相乘得到。该值由 mapred.tasktracker.reduce.tasks.maximum 属性的值决定，参见第 269 页的“环境设置”小节。

一个常用的方法是：设置比总槽数稍微少一些的 reducer 数，这会给 reducer 任务留有余地(容忍一些错误发生而不需要延长作业运行时间)。如果 reduce 任务很大，比较明智的做法是使用更多的 reducer，使得任务粒度更小，这样一来，任务的失败才不至于显著影响作业执行时间。

默认的 reducer 是 IdentityReducer，它也是一个泛型类型，它简单地将所有的输入写到输出中：

```
public class IdentityReducer<K, V>
    extends MapReduceBase implements Reducer<K, V, K, V> {

public void reduce(K key, Iterator<V> values,
                   OutputCollector<K, V> output, Reporter reporter)
    throws IOException {
    while (values.hasNext()) {
      output.collect(key, values.next());
    }
  }
}
```

对于这个任务来说，输出的键是 LongWritable 类型，而值是 Text 类型。事实上，对于 MapReduce 程序来说，所有键都是 LongWritable 类型，所有值都是 Text 类型，因为它们是输入键/值的类型，并且 map 函数和 reduce 函数都是恒等(identity)函数。然而，大多数 MapReduce 程序不会一直用相同的键或值类型，所以就像上一节中描述的那样，必须配置作业来声明使用的类型。

记录在发送给 reducer 之前，会被 MapReduce 系统进行排序。在这个例子中，键是按照数值的大小进行排序的，因此来自输入文件中的行会被交叉放入一个合并后的输出文件。

默认的输出格式是 TextOutputFormat，它将键和值转换成字符串并用 Tab 进行分隔，然后一条记录一行地进行输出。这就是为什么输出文件是用制表符(Tab)分隔的：这是 TextOutputFormat 的一个特点。

默认的 Streaming 作业

在 Streaming 方式下，默认的作业与 Java 方式是相似的，但也有差别。最简单的形式如下：

```
% hadoop jar $HADOOP_INSTALL/contrib/streaming/hadoop-*-streaming.jar \
   -input input/ncdc/sample.txt \
   -output output \
   -mapper /bin/cat
```

注意，必须提供一个 mapper：默认的 identity mapper 不能工作。因为默认输入格式 TextlnputFormat 产生的是 LongWritable 类型的键和 Text 类型的值，而 Streaming 的输出键和值(包括 map 的键和值)都是 Text 类型。[①]indentity mapper 无法将 LongWritable 类型的键转换为 Text 类型的键，因而导致无法使用。

如果我们使设定一个非 Java 的 mapper，输入的格式是 TextlnputFormat，那么 Streaming 会做一些特殊的处理。它并不会把键传递给 mapper，而是只传递值。事实上这样做是非常有用的，因为键只是文件中的行偏移量，而值就是行中的数据，也就是几乎所有应用关心的内容。这个作业的效果就是对输入的值进行排序。

将更多的默认设置写出来，那么命令行看起来如下所示：

```
% hadoop jar $HADOOP_INSTALL/contrib/streaming/hadoop-*-streaming.jar \
  -input input/ncdc/sample.txt \
  -output output \
  -inputformat org.apache.hadoop.mapred.TextInputFormat \
  -mapper /bin/cat \
  -partitioner org.apache.hadoop.mapred.lib.HashPartitioner \
  -numReduceTasks 1 \
  -reducer org.apache.hadoop.mapred.lib.IdentityReducer \
  -outputformat org.apache.hadoop.mapred.TextOutputFormat
```

① 除了在二进制模式下使用外，从 0.21.0 版本之后，通过-io rawbytes 或者 -io typedbytes 选项来设置。Text 模式(-io text)是默认的。

mapper 和 reducer 的参数可以是一条命令或一个 Java 类。可以通过`-combiner`参数按需设置 combiner。

Streaming 中的键和值

Streaming 应用可以决定分隔符，该分隔符用于通过标准输入把键/值对转换为一串比特值发送到 map 或 reduce 函数。默认情况下是 Tab(制表符)，但是如果键或值中本身含有 Tab 分隔符，这个功能就很有用了，它能将分隔符修改成其他符号。

类似地，当 map 和 reduce 输出结果键/值对时，也需要一个可配置的分隔符来进行分隔。更进一步，来自输出的键可以由多个字段进行组合：它可以由一条记录的前 *n* 个字段组成(由`stream.num.map.output.key.fields`或`stream.num.reduce.output.key.Fields`进行定义)，剩下的字段就是值。例如，一个 Streaming 处理的输出是"a，b，c"(分隔符是逗号)，*n* 设为 2，则键解释为"a、b"，而值是"c"。

mapper 和 reducer 的分隔符是相互独立进行配置的。这些属性可参见表 7-2，数据流图如图 7-1 所示。

这些属性与输入和输出的格式无关。例如，如果`stream.reduce.output.field.separator`被设置成冒号，reduce Streaming 的把 a：b 行写入标准输出，那么 Streaming 的 reducer 就会知道 a 作为键，b 作为值。如果使用标准的`TextOutputFormat`，那么这条记录会使用 Tab 将键和值分隔写到输出文件。可以通过设置`mapred.textoutputformat.Separator`来修改`TextOutputFormat`的分隔符。

表 7-2. Streaming 的分隔符属性

属性名称	类型	默认值	描述
`stream.map.input.field.separator`	`String`	`\t`	此分隔符用于将输入键/值字符串作为字节流传递到流 map
`stream.map.output.field.separator`	`String`	`\t`	此分隔符用于把流 map 处理的输出分割成 map 输出需要的键/值字符串
`tream.num.map.output.key.fields`	`int`	`1`	由`stream.map.output.field.separator`分隔的字段数，这些字段作为 map 输出键
`stream.reduce.input.field.separator`	`String`	`\t`	此分隔符用于将输入键/值字符串作为字节流传递到流 reduce
`stream.reduce.output.field.separator`	`String`	`\t`	此分隔符用于将来自流 reduce 处理的输出分割成 reduce 最终输出需要的键/值字符串

属性名称	类型	默认值	描述
stream.num.reduce.output.key.fields	int	1	由 stream.reduce.output.field.separator 分隔的字段数量，这些字段作为 reduce 输出键

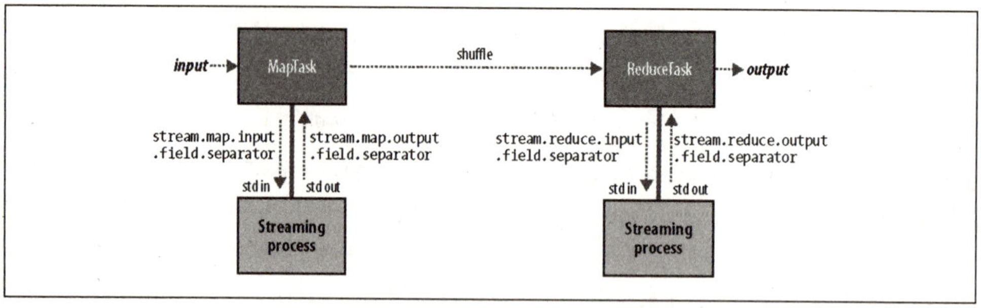

图 7-1. 在 Streaming MapReduce 作业中使用分隔符的位置

输入格式

从一般的文本文件到数据库，Hadoop 可以处理很多不同类型的数据格式。本节将探讨数据格式问题。

输入分片与记录

第 2 章中讲过，一个**输入分片**(split)就是由单个 map 处理的输入块。每一个 map 操作只处理一个输入分片。每个分片被划分为若干个记录，每条记录就是一个键/值对，map 一个接一个地处理每条记录。输入分片和记录都是逻辑的，不必将它们对应到文件，虽然常见的形式都是文件。在数据库的场景中，一个输入分片可以对应于一个表上的若干行，而一条记录对应到一行(DBInputFormat 正是这么做的，它这种输入格式用于从关系数据库读取数据)。

输入分片在 Java 中被表示为 InputSplit 接口 (和本章提到的所有类一样，它也在 org.apache.hadoop.mapred 包中)。[①]

```
public interface InputSplit extends Writable {

  long getLength() throws IOException;

  String[] getLocations() throws IOException;
}
```

① 参见 org.apache.hadoop.mapreduce 中新增的 MapReduce 类，详细描述请参见第 25 页的“新增的 Java MapReduce API”小节。

InputSplit 包含一个以字节为单位的长度和一组存储位置(即一组主机名)。注意，一个分片并不包含数据本身，而是指向数据的引用(reference)。存储位置供 MapReduce 系统使用以便将 map 任务尽量放在分片数据附近，而长度用来排序分片，以便优先处理最大的分片，从而最小化作业运行时间（这也是贪婪近似算法的一个实例)。

MapReduce 应用开发人员并不需要直接处理 InputSplit，因为它是由 InputFormat 创建的。InputFormat 负责产生输入分片并将它们分割成记录。在我们探讨 InputFormat 的具体例子之前，先来简单看一下它在 MapReduce 中的用法。接口如下：

```
public interface InputFormat<K, V> {

  InputSplit[] getSplits(JobConf job, int numSplits) throws IOException;

  RecordReader<K, V> getRecordReader(InputSplit split,
                                     JobConf job,
                                     Reporter reporter) throws IOException;
}
```

JobClient 调用 getSplits()方法，以期望的 map 任务数 numSplits 作为参数传入，这个参数将作为一个参考值，因为 InputFormat 实现可以自由地返回另一个不同于 numSplits 指定值的分片数。在计算好分片数后，客户端将它们发送到 jobtracker，jobtracker 便使用其存储位置信息来调度 map 任务从而在 tasktracker 上处理这些分片数据。在 tasktracker 上，map 任务把输入分片传给 InputFormat 的 getRecordReader()方法来获得这个分片的 RecordReader。RecordReader 基本就是记录上的迭代器，map 任务用一个 RecordReader 来生成记录的键/值对，然后再传递给 map 函数。以下代码片段(基于 MapRunner 里的代码)演示了该方法：

```
K key = reader.createKey();
V value = reader.createValue();
while (reader.next(key, value)) {
  mapper.map(key, value, output, reporter);
}
```

RecordReader 的 next()方法被反复调用以便为 mapper 生成键/值对。当 RecordReader 达到输入流的尾部时，next()方法会返回 false，map 任务结束。

这段代码清楚展示了相同的键/值对象在每次调用 map 函数时使用，改变的只是其内容(被 reader 的 `next()`方法)。默认键/值是不变的，用户对此可能有些不解。在 `map()`函数之外有对键/值的引用时，这可能引起问题，因为它的值会在没有警告的情况下被改变。如果确实需要这样的引用，那么请保存你想保留的对象的一个副本，例如，对于 `Text` 对象，可以使用其复制构造函数：`new Text(value)`。

这样的情况在 reducer 中也会发生。reducer 的迭代器中的值对象被反复使用，所以，在调用迭代器之间，一定要复制任何需要保留的任何对象(参见例 8-14)。

最后注意，`MapRunner` 只是运行 mapper 的一种方式。`MultithreadedMapRunner` 是另一个 `MapRunnable` 接口的实现，它可以使用可配置个数的线程来并发地运行 mappers (使用 `mapred.map.multithreadedrunner.threads` 设置)。对于大多数数据处理任务来说，`MapRunner` 没有优势。但是，对于因为需要连接外部服务器而造成单个记录处理时间比较长的 mapper 来说，它允许多个 mapper 在同一个 JVM 下以尽量避免竞争的方式执行。参见第 527 页“Fetcher：正在运行的多线程类 MapRunner”小节，其中的示例便使用了 `MultithreadedMapRunner`。

FileInputFormat 类

`FileInputFormat` 是所有使用文件作为其数据源的 InputFormat 实现的基类(见图 7-2)。它提供了两个功能：一个定义哪些文件包含在一个作业的输入中；一个为输入文件生成分片的实现。把分片分割成记录的作业由其子类来完成。

FileInputFormat 类的输入路径

作业的输入被设定为一组路径，这对限定作业输入提供了很大的灵活性。`FileInputFormat` 提供四种静态方法来设定 `JobConf` 的输入路径：

```
public static void addInputPath(JobConf conf, Path path)
public static void addInputPaths(JobConf conf, String commaSeparatedPaths)
public static void setInputPaths(JobConf conf, Path... inputPaths)
public static void setInputPaths(JobConf conf, String commaSeparatedPaths)
```

其中，`addInputPath()`和 `addInputPaths()`方法可以将一个或多个路径加入路径列表。这两个方法可以重复调用来建立路径列表。`setInputPaths()`方法一次设定完整的路径列表(替换前面调用所设置的任意路径)。

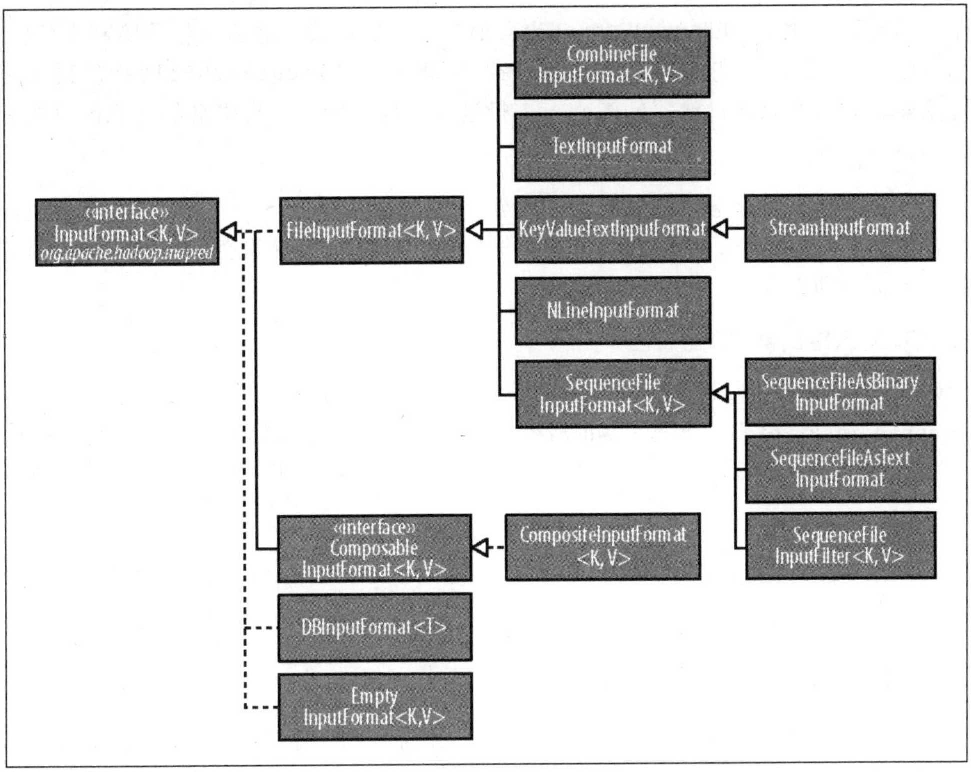

图 7-2. InputFormat 类的层次结构

一条路径可以表示一个文件、一个目录或是一个 glob，即一个文件和目录的集合。表示目录的路径包含这个目录下所有的文件，这些文件都作为作业的输入。关于 glob 的使用，更多内容可参见第 60 页的“文件模式”小节。

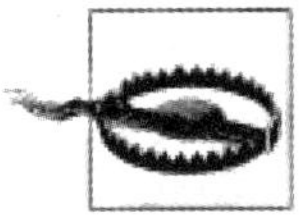

被指定为输入路径的目录中的内容不会被递归进行处理。事实上，这些目录只包含文件：如果包含子目录，也会被当作文件，从而产生错误。处理这个问题的方法是：使用一个文件 glob 或一个过滤器根据**命名模式**(name pattern)限定选择目录中的文件。

add 和 set 方法允许指定包含的文件。如果需要排除特定文件，可以使用 `FileInputFormat` 的 `setInputPathFilter()`方法设置一个过滤器：

```
public static void setInputPathFilter(JobConf conf,
                                      Class<?extends PathFilter> filter)
```

过滤器的详细讨论参见第 61 页的“PathFilter”小节。

即使不设置过滤器，FileInputFormat 也会使用一个默认的过滤器来排除隐藏文件(名称中以“.”和“_”开头的文件)。如果通过调用 setInputPathFilter()设置了过滤器，它会在默认过滤器的基础上进行过滤。换句话说，自定义的过滤器只能看到非隐藏文件。

路径和过滤器也可以通过配置属性来设置(见表 7-3)，这对 Streaming 和 Pipes 应用很方便。Streaming 和 Pipes 接口都使用-input 选项来设置路径，所以通常不需要直接进行手动设置。

表 7-3. 输入路径和过滤器属性

属性名称	类型	默认值	描述
mapred.input.dir	逗号分隔的路径	无	作业的输入文件。包含逗号的路径中的逗号由“\”符号转义。例如：glob {a,b}变成了{a\, b}
mapred.input.path Filter.class	PathFilter 类名	无	应用于作业输入文件的过滤器

FileInputFormat 类的输入分片

给定一组文件，FileInputFormat 是如何把它们转换为输入分片的？FileInputFormat 只分割大文件。这里的“大”指的是超过 HDFS 块的大小。分片通常与 HDFS 块大小一样，这在大多应用中是合理的；然而，这个值也可以通过设置不同的 Hadoop 属性来改变，如表 7-4 所示。

表 7-4. 控制分片大小的属性

属性名称	类型	默认值	描述
mapred.min.spiit.size	int	1	一个文件分片最小的有效字节数
mapred.max.split.size*	long	Long.MAX_VALUE，即 9223372036854775807	一个文件分片中最大的有效字节数(以字节算)
dfs.block.size	long	64 MB，即 67108864	HDFS 中块的大小(按字节)

* 这个属性在老版本的 MapReduce API 中没有出现(除了 CombineFileInputFormat)。然而，这个值是被间接计算的。计算方法是作业总的输入大小除以 map 任务数，该值由 mapred.map.tasks(或 JobConf 上的 SetNumMapTasks()方法)设置。因为 mapred.map.tasks 默认值是 1，所以，分片的最大值就是输入的大小

最小的分片大小通常是 1 个字节，不过某些格式可以使分片大小有一个更低的下界。(例如，顺序文件在流中每次插入一个同步入口，所以，最小的分片大小不得不足够大以确保每个分片有一个同步点，以便 reader 根据记录边界进行重新同步。

应用程序可以强制设置一个最小的输入分片大小：通过设置一个比 HDFS 块更大一些的值，强制分片比文件块大。如果数据存储在 HDFS 上，那么这样做是没有好处的，因为这样做会增加对 map 任务来说不是本地文件的块数。

最大的分片大小默认是由 Java `long` 类型表示的最大值。这样做的效果是：当它的值被设置成小于块大小时，将强制分片比块小。

分片的大小由以下公式计算(参见 FileInputFormat 的 computeSplitSize()方法)：

```
max(minimumSize, min (maximumSize, blockSize))
```

默认情况下：

```
minimumSize < blockSize < maximumSize
```

所以分片的大小就是 `blocksize`。这些参数的不同设置及其如何影响最终分片大小请参见表 7-5 的说明。

表 7-5. 举例说明如何控制分片的大小

最小分片大小	最大分片大小	块的大小	分片大小	说明
1(默认值)	`Long.MAX_VALUE` (默认值)	64 MB (默认值)	64 MB	默认情况下，分片大小与块大小相同
1(默认值)	`Long.MAX_VALUE` (默认值)	128 MB	128 MB	增加分片大小最自然的方法是提供更大的 HDFS 块，通过 `dfs.block.size` 或在构建文件时针对单个文件进行设置
128MB	`Long.MAX VALUE` (默认值)	64 MB (默认值)	128 MB	通过使最小分片大小的值大于块大小的方法来增大分片大小，但代价是增加了本地操作
1(默认值)	32 MB	64 MB	32 MB	通过使最大分片大小的值大于块大小的方法来减少分片大小

小文件与 CombineFileInputFormat

相对于大批量的小文件，Hadoop 更合适处理少量的大文件。一个原因是 `FileInputFormat` 生成的 `InputSplit` 是一个文件或该文件的一部分。如果文件很小(“小”意味着比 HDFS 的块要小很多)，并且文件数量很多，那么每次 map 任务只处理很少的输入数据，(一个文件)就会有很多 map 任务，每次 map 操作都会造成额外的开销。请比较分割成 16 个 64 MB 块的 1 GB 的一个文件与 100 KB 的 10 000 个文件。10 000 个文件每个都需要使用一个 map 操作，作业时间比一个文件上的 16 个 map 操作慢几十甚至几百倍。

CombineFileInputFormat 可以缓解这个问题，它是针对小文件而设计的。FileInputFormat 为每个文件产生 1 个分片，而 CombineFileInputFormat 把多个文件打包到一个分片中以便每个 mapper 可以处理更多的数据。关键是，决定哪些块放入同一个分片时，CombineFileInputFormat 会考虑到节点和机架的因素，所以在典型 MapReduce 作业中处理输入的速度并不会下降。

当然，如果可能，应该尽量避免许多小文件的情况，因为 MapReduce 处理数据的最佳速度最好与数据在集群中的传输速度相同，而处理小文件将增加运行作业而必需的寻址次数。还有，在 HDFS 集群中存储大量的小文件会浪费 namenode 的内存。一个可以减少大量小文件的方法是使用 SequenceFile 将这些小文件合并成一个或多个大文件：可以将文件名作为键(如果不需要键，可以用 NullWritable 等常量代替)，文件的内容作为值。参见例 7-4。但如果 HDFS 中已经有大批小文件，CombineFileInputFormat 方法值得一试。

> CombineFileInputFormat 不仅可以很好地处理小文件，在处理大文件的时候也有好处。本质上，CombineFileInputFormat 使 map 操作中处理的数据量与 HDFS 中文件的块大小之间的耦合度降低了。
>
> 如果 mapper 可以在几秒钟之内处理每个数据块，就可以把 CombineFileInputFormat 的最大分片大小设成块数的较小的整数倍(通过 mapred.max.split.size 属性设置，以字节)，使每个 map 可以处理多个块。这样，整个处理时间减少了，因为相对来说，少量 mapper 的运行，减少了运行大量短时 mapper 所涉及的任务管理和启动开销。

由于 CombineFileInputFormat 是一个抽象类，没有提供实体类(不同于 FileInputFormat)，所以使用的时候需要一些额外的工作(希望日后会有一些通用的实现添加入库)。例如，如果要使 CombineFileInputFormat 与 TextInputFormat 相同，需要创建一个 CombineFileInputFormat 的具体子类，并且实现 getRecordReader()方法。

避免切分

有些应用程序可能不希望文件被切分，而是用一个 mapper 完整处理每一个输入文件。例如，检查一个文件中所有记录是否有序，一个简单的方法是顺序扫描每一条记录并且比较后一条记录是否比前一条要小。如果将它实现为一个 map 任务，那么只有一个 map 操作整个文件时，这个算法才可行。①

有两种方法可以保证输入文件不被切分。第一种(最简单但不怎么漂亮的)方法就是增加最小分片大小，将它设置成大于要处理的最大文件大小。把它设置为最大值 long.MAX_VALUE 即可。第二种方法就是使用 `FileInputFormat` 具体子类，并且重载 `isSplitable()`方法②把返回值设置为 `false`。例如，以下就是一个不可分割的 `TexInputFormat`：

```
import org.apache.hadoop.fs.*;
import org.apache.hadoop.mapred.TextInpusFormat;

public class NonSplittableTextInputFormat extends TextInputFormat  {
   @override
   protected boolean isSplitable(FileSystem fs, Path file)  {
      return false;
  }
}
```

mapper 中的文件信息

处理文件输入分片的 mapper 可以从作业配置对象的某些特定属性中读取输入分片的有关信息，这可以通过在 Mapper 实现中实现 `configure()`方法来获取作业配置对象 `JobConf`。表 7-6 列举了可用的属性。这些属性是对第 186 页“任务执行环境”小节中所有 mapper 和 reducer 属性的补充。

表 7-6. 文件输入分片的属性

属性名称	类型	说明
map.input.file	String	正在处理的输入文件的路径
map.input.start	long	分片开始处的字节偏移量
map.input.length	long	分片的长度(按字节)

下一节将讨论如何使用这些属性访问输入分片的文件名。

① `SortValidator.RecordStatsChecker` 中的 map 就是这样实现的。

② `isSplitable()`的方法名中，“splitable”只有一个“t”(通常拼写为“splittable”)，此书中我使用的是这种拼写。

把整个文件作为一条记录处理

有时，mapper 需要访问一个文件中的全部内容。即使不分割文件，仍然需要一个 RecordReader 来读取文件内容作为 record 的值。例 7-2 的 WholeFileInputFormat 展示了如此做的方法。

例 7-2. 把整个文件作为一条记录的 InputFormat

```
public class WholeFileInputFormat
    extends FileInputFormat<NullWritable, BytesWritable> {

@Override
protected boolean isSplitable(FileSystem fs, Path filename) {
  return false;
}

@Override
public RecordReader<NullWritable, BytesWritable> getRecordReader(
    InputSplit split, JobConf job, Reporter reporter) throws IOException {

   return new WholeFileRecordReader((FileSplit) split, job);
 }
}
```

在 WholeFileInputFormat 中，没有使用键，此处表示为 NullWritable，值是文件内容，表示成 BytesWritable 实例。它定义了两个方法：一个是将 isSplitable()方法重载成返回 false 值，来指定输入文件不被分片；另一个是实现了 getRecordReader()方法来返回一个定制的 RecordReader 实现，如例 7-3 所示。

例 7-3. WholeFileInputFormat 使用 RecordReader 将整个文件读为一条记录

```
private FileSplit fileSplit;
private Configuration conf;
private boolean processed = false;

public WholeFileRecordReader(FileSplit fileSplit, Configuration conf)
    throws IOException {
  this.fileSplit = fileSplit;
  this.conf = conf;
}

@Override
public NullWritable createKey() {
  return NullWritable.get();
}

@Override
public BytesWritable createValue() {
  return new BytesWritable();
```

```
}

@Override
public long getPos() throws IOException {
  return processed ? fileSplit.getLength() : 0;
}

@Override
public float getProgress() throws IOException {
  return processed ? 1.0f : 0.0f;
}

@Override
public boolean next(NullWritable key, BytesWritable value) throws IOException {
  if (!processed) {
    byte[] contents = new byte[(int) fileSplit.getLength()];
    Path file = fileSplit.getPath();
    FileSystem fs = file.getFileSystem(conf);
    FSDataInputStream in = null;
    try {
      in = fs.open(file);
      IOUtils.readFully(in, contents, 0, contents.length);
      value.set(contents, 0, contents.length);
    } finally {
      IOUtils.closeStream(in);
    }
    processed = true;
    return true;
  }
  return false;
}

@Override
public void close() throws IOException {
    // do nothing
  }
}
```

WholeFileRecordReader 负责将 FileSplit 转换成一条记录，该记录的键是 null，值是这个文件的内容。因为只有一条记录，WholeFileRecordReader 要么处理这条记录，要么不处理，所以它维护一个名称为 processed 的布尔变量来表示记录是否被处理过。如果 next()方法被调用，文件没有被处理，就打开文件，产生一个长度是文件长度的字节数组，并用 Hadoop 的 IOUtils 类把文件的内容放入字节数组。然后在被传递到 next()方法的 BytesWritable 实例上设置数组，返回值为 true 则表示成功读取记录。

其他一些方法都是一些直接的用来生成正确的键和值类型、获取 reader 位置和状态的方法，还有一个 close()方法，该方法由 MapReduce 框架在 reader 做好后调用。

现在演示如何使用 WholeFileInputFormat。假设有一个将若干个小文件打包成顺序文件的 MapReduce 作业，键是原来的文件名，值是文件的内容。如例 7-4 所示。

例 7-4. 将若干个小文件打包成顺序文件的 MapReduce 程序

```
public class SmallFilesToSequenceFileConverter extends Configured
  implements Tool {

static class SequenceFileMapper extends MapReduceBase
    implements Mapper<NullWritable, BytesWritable, Text, BytesWritable> {

  private JobConf conf;

  @Override
  public void configure(JobConf conf) {
    this.conf = conf;
  }

  @Override
  public void map(NullWritable key, BytesWritable value,
      OutputCollector<Text, BytesWritable> output, Reporter reporter)
      throws IOException {

    String filename = conf.get("map.input.file");
    output.collect(new Text(filename), value);
   }

  }

  @Override
  public int run(String[] args) throws IOException {
    JobConf conf = JobBuilder.parseInputAndOutput(this, getConf(), args);
    if (conf == null) {
      return -1;
    }

    conf.setInputFormat(WholeFileInputFormat.class);
    conf.setOutputFormat(SequenceFileOutputFormat.class);

    conf.setOutputKeyClass(Text.class);
    conf.setOutputValueClass(BytesWritable.class);

    conf.setMapperClass(SequenceFileMapper.class);
    conf.setReducerClass(IdentityReducer.class);

    JobClient.runJob(conf);
    return 0;
  }

  public static void main(String[] args) throws Exception {
    int exitCode = ToolRunner.run(new SmallFilesToSequenceFileConverter(), args);
    System.exit(exitCode);
  }
}
```

由于输入格式是 wholeFileInputFormat，所以 mapper 只需要找到文件输入分片的文件名。访问 JobConf 对象的 map.Input.file 属性即可得知文件名，此属性被 MapReduce 框架设置为输入分片的文件名，但只针对 FileSplit 实例的分片(包括大多数 FileInputFormat 的子类)。reducer 的类型是 IdentityReducer，输出格式是 SequenceFileOutputFormat。

以下是在一些小文件上运行。此处使用了两个 reducer，所以生成两个输出顺序文件：

```
% hadoop jar job. jar SmallFilesToSequenceFileConverter \
- conf conf/hadoop-localhost. xml -D mapred. reduce. tasks=2 input/smallfiles output
```

产生了两部分文件，每一个对应一个顺序文件，可以通过文件系统 shell 的-text 选项来进行检查：

```
% hadoop fs -conf conf/hadoop-localhost.xml -text output/part-00000
  hdfs://localhost/user/tom/input/smallfiles/a          61 61 61 61 61 61 61 61 61 61
  hdfs://localhost/user/tom/input/smallfiles/c          63 63 63 63 63 63 63 63 63 63
  hdfs://localhost/user/tom/input/smallfiles/e
% hadoop fs -conf conf/hadoop-localhost.xml -text output/part-00001
  hdfs://localhost/user/tom/input/smallfiles/b          62 62 62 62 62 62 62 62 62 62
  hdfs://localhost/user/tom/input/smallfiles/d          64 64 64 64 64 64 64 64 64 64
  hdfs://localhost/user/tom/input/smallfiles/f          66 66 66 66 66 66 66 66 66 66
```

输入文件的文件名分别是 a、b、c、d、e 和 f，每个文件分别包含 10 个相应字母(比如，a 文件中包含 10 个“a”字母)，e 文件例外，它的内容为空。我们可以看到这些顺序文件的文本表示，文件名后跟着文件的十六进制的表示。

至少有一种方法可以改进我们的程序。前面提到，一个 mapper 处理一个文件的方法是低效的，所以较好的方法是继承 CombineFileInputFormat 而不是 FileInputFormat。同样，如果想将文件打包成 Hadoop Archive 格式而不是顺序文件，相关技术可参见第 71 页的“Hadoop 存档”小节。

文本输入

Hadoop 非常擅长处理非结构化文本数据。本节讨论 Hadoop 提供的用于处理文本的不同 InputFormat。

TextInputFormat

TextInputFormat 是默认的 InputFormat。每条记录是一行输入。键是 LongWritable 类型，存储该行在整个文件中的字节偏移量。值是这行的内容，不包括任何行终止符(换行符和回车符)，它是 Text 类型的。所以，包含如下文本的文件被切分为每个分片 4 条记录：

```
On the top of the Crumpetty Tree
The Quangle Wangle sat,
```

```
But his face you could not see,
On account of his Beaver Hat.
```

每条记录表示为以下键/值对：

```
(0,  On the top of the Crumpetty Tree)
(33,  The Quangle Wangle sat,)
(57,  But his face you could not see,)
(89,  On account of his Beaver Hat.)
```

很明显，键并不是行号。一般情况下，很难取得行号，因为文件按字节而不是按行切分为分片。每个分片单独处理。行号实际上是一个顺序的标记，即每次读取一行的时候需要对行号进行计数。因此，在分片内知道行号是可能的，但在文件中是不可能的。

然而，每一行在文件中的偏移量是可以在分片内单独确定的，而不需要分片，因为每个分片都知道上一个分片的大小，只需要加到分片内的偏移量上，就可以获得在整个文件中的偏移量了。通常，对于每行需要唯一标识的应用来说，有偏移量就足够了。如果再加上文件名，那么它在整个文件系统内就是唯一的。当然，如果每一行都是定长的，那么这个偏移量除以每一行的长度即可算出行号。

输入分片与 HDFS 块之间的关系

FileInputFormat 定义的逻辑记录有时并不能很好地匹配 HDFS 的文件块。例如，TextInputFormat 的逻辑记录是以行为单位的，那么很有可能某一行会跨文件块存放。虽然这对程序的功能没有什么影响，如行不会丢失或出错，但这种现象应该引起注意，因为这意味着那些“本地的”map(即运行在同一个主机和输入数据上的 map)会执行一些远程的读操作。由此而来的额外开销一般不是特别明显。

图 7-3 展示了一个例子。一个文件被分成几行，行的边界与 HDFS 块的边界没有对齐。分片的边界与逻辑记录的边界对齐，这里是行边界，所以第一个分片包含前 5 行，即使第 5 行跨了第一块和第二块。第二个分片从第 6 行开始。

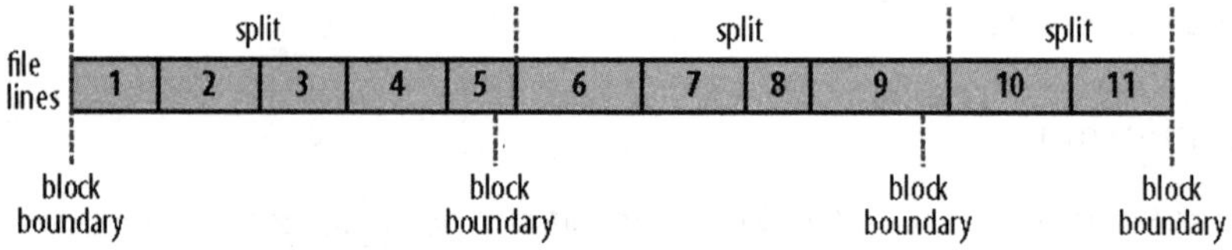

图 7-3. TextInputFormat 的逻辑记录和 HDFS 块

KeyValueTextInputFormat

TextInputFormat 的键，即每一行在文件中的字节偏移量，通常并不是特别有用。通常情况下，文件中的每一行是一个键/值对，使用某个分界符进行分隔，比如制表符。例如以下由 Hadoop 默认 OutputFormat(即 TextOutputFormat)产生的输出。如果要正确处理这类文件，KeyValueTextInputFormat 比较合适。

可以通过 key.value.separator.in.input.line 属性来指定分隔符。它的默认值是一个制表符。以下是一个示例，其中→表示一个(水平方向的)制表符：

```
line1 →On the top of the Crumpetty Tree
line2 →The Quangle Wangle sat,
line3 →But his face you could not see,
line4 →On account of his Beaver Hat.
```

与 TextInputFormat 类似，输入是一个包含 4 条记录的分片，不过此时的键是每行排在 Tab 之前的 Text 序列：

```
(line1, On the top of the Crumpetty Tree)
(line2, The Quangle Wangle sat,)
(line3,  But his face you could not see,)
(line4,  On account of his Beaver Hat.)
```

NLineInputFOrmat

通过 TextInputFormat 和 KeyValueTextInputFormat，每个 mapper 收到的输入行数不同。行数依赖于输入分片的大小和行的长度。如果希望 mapper 收到固定行数的输入，需要使用 NLineInputFormat 作为 InputFormat。与 TextInputFormat 一样，键是文件中行的字节偏移量，值是行本身。

N 是每个 mapper 收到的输入行数。*N* 设置为 1(默认值)时，每个 mapper 会正好收到一行输入。mapred.line.input.format.linespermap 属性控制 *N* 的值。仍然以刚才的 4 行输入为例：

```
On the top of the Crumpetty Tree
The Quangle Wangle sat,
But his face you could not see,
On account of his Beaver Hat.
```

例如，如果 *N* 是 2，则每个输入分片包含两行。一个 mapper 会收到前两行键/值对：

```
(0,  On the top of the Crumpetty Tree)
(33,  The Quangle Wangle sat,)
```

另一个 mapper 会收到后两行：

```
(57,  But his face you could not see,)
(89,  On account of his Beaver Hat.)
```

键与值与 TextInputFormat 生成的一样。不同在于输入分片的构造方法。

通常来说，对少量输入行执行 map 任务是比较低效的(由于任务初始化的开销)，但有些应用程序会对少量数据做一些扩展的(也就是 CPU 密集型的)计算任务，然后产生输出。仿真是一个不错的例子。通过生成一个指定输入参数的输入文件，每行一个参数，便可以执行一个**参数扫描分析**(parameter sweep)：并发运行一组仿真试验，看模型是如何随参数不同而变化的。

> 在一些长时间运行的仿真实验中，可能会出现任务超时的情况。一个任务在 10 分钟内没有报告状态，tasktracker 将认为任务失败，并且中止进程(参见第 173 页的“任务失败”小节)。
>
> 这个问题最佳解决方案是定期报告状态，如写一段状态信息，或增加计数器的值。参见第 172 页补充材料“MapReduce 中进度的组成”。

另一个例子是用 Hadoop 引导从多个数据源(如数据库)加载数据。创建一个“种子”输入文件，记录所有的数据源，一行一个数据源。然后每个 mapper 分到一个数据源，并从这些数据源中加载数据到 HDFS 中。这个作业不需要 reduce 阶段，所以 reducer 的数量应该被设成 0(通过调用 `Job` 的 `setNumReduceTasks()`来设置)。MapReduce 作业就可以处理加载到 HDFS 中的数据。示例参见附录 C。

XML

大多数 XML 解析器会处理整个 XML 文档，所以如果一个大型 XML 文档由多个输入分片组成，那么单独处理每个分片就有挑战了。当然，可以在一个 mapper 上(如果这个文件不是很大)，使用第 206 页 “把整个文件作为一条记录处理”介绍的技术，处理整个 XML 文档。

由很多“记录”(此处是 XML 文档片断)组成的 XML 文档，可以使用简单的字符串匹配或正则表达式匹配的方法来查找记录的开始标签和结束标签，而得到很多记录。这可以解决由 MapReduce 框架进行分割的问题，因为一条记录的下一个开始标签可以通过简单地从分片开始处进行扫描轻松找到，就像 TextInputFormat 确定新行的边界一样。

Hadoop 提供了 StreamXmlRecordReader 类(在 org.apache.hadoop.streaming 包中，它也可以在 Streaming 之外使用)。通过把输入格式设置为 StreamInputFormat，把 stream.recordreader.class 属性设置为 org.apache.Hadoop.Streaming.StreamXmlRecordReader 来使用 StreamXmlRecOrdReader 类。reader 的配置方法是：通过作业配置属性来设置 reader 开始标签和结束标签(详情参见该类的帮助文档)。①

例如，维基百科用 XML 格式来提供大量数据内容，非常适合用 MapReduce 来并行处理。数据包含在一个大型的 XML 打包文档中，文档中有一些元素，例如包含每页内容和相关元数据的 page 元素。使用 streamXmlRecordReader 后，这些 page 元素便可解释为一系列的记录，交由一个 mapper 来处理。

二进制输入

Hadoop 的 MapReduce 不只是可以处理文本信息，它还可以处理二进制格式的数据。

SequenceFileInputFormat

Hadoop 的顺序文件格式存储二进制的键/值对的序列。由于它们是可分割的(它们有同步点，所以 reader 可以从文件中的任意一点与记录边界进行同步，例如分片的起点)，所以它们很符合 MapReduce 数据的格式，并且它们还支持压缩，可以使用一些序列化技术来存储任意类型。详情参见第 116 页的“SequenceFile”小节。

如果要用顺序文件数据作为 MapReduce 的输入，应用 sequenceFileInputFormat。键和值是由顺序文件决定，所以只需要保证 map 输入的类型匹配。例如，如果输入文件中键的格式是 IntWritable，值是 Text，那么就像第 4 章生成的那样，mapper 的格式应该是 Mapper<IntWritable, Text, K, V>，其中 K 和 V 是这个 mapper 输出的键和值的类型。

> 虽然从名称上看不出来，但 SequenceFileInputFormat 可以读 MapFile 和 SequenceFile。如果在处理顺序文件时遇到目录，SequenceFileInputFormat 类会认为自己正在读 MapFile，使用的是其数据文件。因此，没有 MapFileInputFormat 类也是可以理解的。

① 对于增强的 XML 输入格式，参见 Mahout 的 XmlInputFormat(访问 *http://mahout.apache.org/*)。

SequenceFileAsTextInputFormat

sequenceFileAsTextInputFormat 是 sequenceFileInputFormat 的变体，它将顺序文件的键和值转换为 Text 对象。这个转换通过在键和值上调用 toString() 方法实现。这个格式使顺序文件作为 Streaming 的合适的输入类型。

SequenceFileAsBinaryInputFormat

SequenceFileAsBinaryInputFormat 是 SequenceFileInputFormat 的一种变体，它获取顺序文件的键和值作为二进制对象。它们被封装为 BytesWritable 对象，因而应用程序可以任意地解释这些字节数组。结合使用 SequenceFile.Reader 的 appendRaw()方法，它提供了在 MapReduce 中可以使用任意二进制数据类型的方法(作为顺序文件打包)，然而，插入 Hadoop 序列化机制通常更简洁(参见第 101 页的“序列化框架”小节)。

多种输入

虽然一个 MapReduce 作业的输入可能包含多个输入文件(由文件 glob、过滤器和路径组成)，但所有文件都由同一个 InputFormat 和同一个 Mapper 来解释。然而，数据格式往往会随时间演变，所以必须写自己的 mapper 来处理应用中的遗留数据格式。或，有些数据源会提供相同的数据，但是格式不同。对不同的数据集进行**连接**(join，也称“联接”)操作时，便会产生这样的问题。详情参见第 249 页的“reduce 端连接”小节。例如，有些数据可能是使用制表符分隔的文本文件，另一些可能是二进制的顺序文件。即使它们格式相同，它们的表示也可能不同，因此需要分别进行解析。

这些问题可以用 MultipleInputs 类来妥善处理，它允许为每条输入路径指定 InputFormat 和 Mapper。例如，我们想把英国 Met Office[①]的气象数据和 NCDC 的气象数据放在一起来分析最高气温，则可以按照下面的方式来设置输入路径：

```
MultipleInputs.addInputPath(conf, ncdcInputPath,
    TextInputFormat.class, MaxTemperatureMapper.class)
MultipleInputs.addInputPath(conf,metofficeInputPath,
    TextInputFormat.class, MetofficeMaxTemperatureMapper.class);
```

① Met Office 数据一般只用于科研和学术领域。然而，有少部分每月气象站数据可以从以下网址获取：*http://www.metoffice.gov.uk/climate/uk/stationdata/*。

这段代码取代了对 `FileInputFormat.addInputPath()`和 `conf.setMapperClass()`的常规调用。Met Office 和 NCDC 的数据都是文本文件，所以两者都使用 `TextInputFormat`。但这两个数据源的行格式不同，所以我们使用了两个不一样的 mapper。`MaxTemperatureMapper` 读取 NCDC 的数据并抽取年份和气温字段的值。`MetOfficeMaxTemperatureMapper` 读取 Met Office 输入数据，抽取年份和气温字段的值。重要的是两个 mapper 的输出类型一样，因此，reducer 看到的是聚集后的 map 输出，并不知道这些输入是由不同的 mapper 产生的。

`MultipleInputs` 类有一个重载版本的 `addInputPath()`方法，它没有 mapper 参数：

```
public static void addInputPath(JobConf conf,  Path path,
                                 class<? extends InputFormat> inputFormatClass)
```

如果有多种输入格式而只有一个 mapper(通过 `JobConf` 的 `setMapper()`方法设定)，这种方法很有用。

数据库输入(和输出)

`DBInputFormat` 这种输入格式用于使用 JDBC 从关系数据库中读取数据。因为它没有任何共享能力，所以在访问数据库的时候必须非常小心，在运行太多的 mapper 数据库中读数据可能会使数据库受不了。正是由于这个原因，`DBInputFormat` 最好用于加载小量的数据集，如果需要与来自 HDFS 的大数据集连接，要使用 `MultipleInputs`。与之相对应的输出格式是 `DBOutputFormat`，它适用于将作业输出数据(中等规模的数据)转储到数据库。[①]

在关系数据库和 HDFS 之间移动数据的另一个方法是：使用 Sqoop，具体描述见第 15 章。

HBase 的 `TableInputFormat` 的设计初衷是让 MapReduce 程序操作存放在 HBase 表的数据。`TableOutputFormat` 的设计初衷是把 MapReduce 的输出写到 HBase 表。

输出格式

针对前一节介绍的输入格式，Hadoop 都有相应的输出格式。`OutputFormat` 类的层次结构如图 7-4 所示。

① Met Office 数据一般只用于科研和学术领域。然而，有少部分每月气象站数据可以从以下网址获取：*http://www.metoffice.gov.uk/climate/uk/stationdata/*。

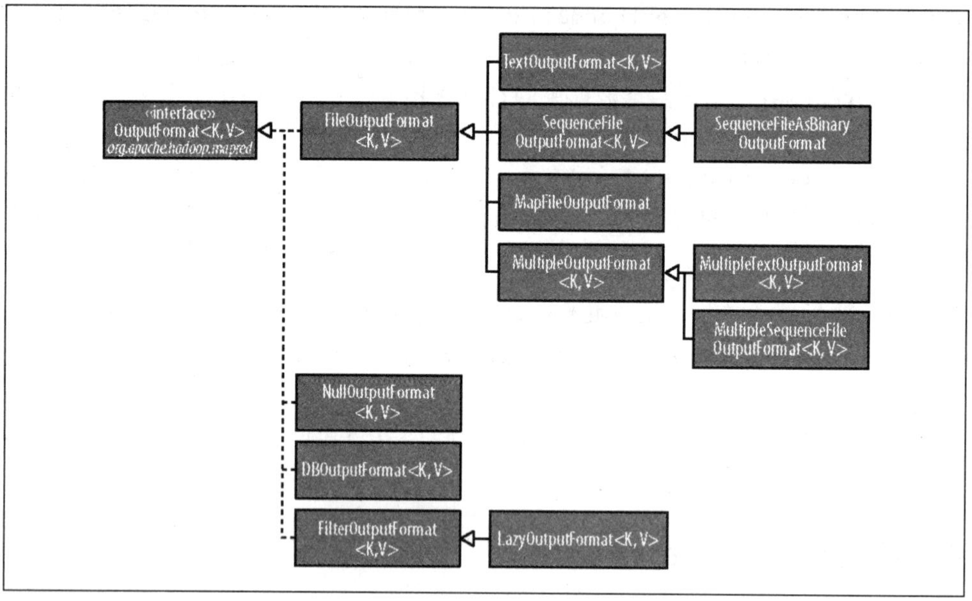

图 7-4. OutputFormat 类的层次结构

文本输出

默认的输出格式是 TextOutputFormat，它把每条记录写为文本行。它的键和值可以是任意类型，因为 TextOutputFormat 调用 toString()方法把它们转换为字符串。每个键/值由制表符进行分隔，当然也可以 mapred.textoutputformat.separator 属性改变默认的分隔符。与 TextOutputFormat 对应的输入格式是 KeyValueTextInputFormat，它通过可配置的分隔符将为键/值对文本行分隔 (参见第 211 页的“KeyValueTextInputFormat”小节)。

可以使用 NullWritable 来省略输出的键或值(或两者都省略，相当于 NullOutputFormat 输出格式，后者什么也不输出)。这也会导致无分隔符输出，以使输出适合用 TextInputFormat 读取。

二进制输出

SequenceFileOutputFormat

正如名字所示，SequenceFileOutputFormat 将它的输出写为一个顺序文件。如果输出需要作为后续 MapReduce 任务的输入，这便是一种好的输出格式，因为它的格式紧凑，很容易被压缩。压缩由 SequenceFileOutputFormat 的静态方法来实现，参见第 84 页的在 MapReduce 中使用压缩。第 232 页的“排序”小节用一个例子展示了如何使用 SequenceFileoutputFOrmat。

SequenceFileAsBinaryOuputFormat

SequenceFileAsBinaryOutputFormat 与 SequenceFileAsBinaryInputForrmat 相对应，它把键/值对作为二进制格式写到一个 SequenceFile 容器中。

MapFileOutputFormat

MapFileOutputFormat 把 MapFile 作为输出。MapFile 中的键必须顺序添加，所以必须确保 reducer 输出的键已经排好序。

> reduce 输入的键一定是有序的，但输出的键由 reduce 函数控制，MapReduce 框架中没有硬性规定 reduce 输出键必须有序。所以要使用 MapFileOutputFormat，就需要额外的限制来保证 reduce 输出的键是有序的。

多个输出

FileOutputFormat 及其子类产生的文件放在输出目录下。每个 reducer 一个文件并且文件由分区号命名：*part-00000*，*part-00001*，等等。有时可能需要对输出的文件名进行控制，或让每个 reducer 输出多个文件。MapReduce 为此提供了两个库：MultipleOutputFormat 和 MultipleOutput 类。

实例：分区数据

考虑这样一个需求：按气象站来区分气象数据。这就需要运行一个作业，作业的输出是每个气象站一个文件，此文件包含该气象站的所有数据记录。

一种方法是每个气象站对应一个 reducer。为此，我们必须做两件事。第一，写一个 partitioner，把同一个气象站的数据放到同一个分区。第二，把作业的 reducer 数设为气象站的个数。partitioner 如下：

```
public class StationPartitioner implements Partitioner<LongWritable, Text> {

  private NcdcRecordParser parser = new NcdcRecordParser();

  @Override
  public int getPartition(LongWritable key, Text value, int numPartitions) {
    parser.parse(value);
    return getPartition(parser.getStationId());
```

```
  }

  private int getPartition(String stationId) {
    ...
  }

  @Override
  public void configure(JobConf conf) { }
}
```

这里没有给出 getPartition(String)方法的实现，它将气象站 ID 转换成分区索引号。为此，它的输入是一个列出所有气象站 ID 的列表，然后返回列表中气象站 ID 的索引。

这样做有两个缺点。第一，需要在作业运行之前知道分区数和气象站的个数。虽然 NCDC 数据集提供了气象站的元数据，但无法保证数据中的气象站 ID 与元数据匹配。如果元数据中有某个气象站但数据中却没有该气象站的数据，就会浪费一个 reducer 任务槽。更糟糕的是，数据中有但元数据中却没有的气象站，也不会有对应的 reducer 任务槽，只好将这个气象站扔掉。解决这个问题的方法是写一个作业来抽取唯一的气象站 ID，但很遗憾，这需要额外的作业来实现。

第二个缺点更微妙。一般来说，让应用程序来严格限定分区数并不好，因为可能导致分区数少或分区不均。让很多 reducer 做少量工作不是一个高效的作业组织方法，比较好的办法是使用更少 reducer 做更多的事情，因为运行任务的额外开销减少了。分区不均的情况也是很难避免的。不同气象站的数据量差异很大：有些气象站是一年前刚投入使用的，而另一些气象站可能已经工作近一个世纪了。如果其中一些 reduce 任务运行时间远远超过另一些，作业执行时间将由它们决定，从而导致作业的运行时间超过预期。

以下两种特殊情况下，让应用程序来设定分区数(等价于 reducer 的个数)是有好处的：

0 个 reducer

这是一个很少出现的情况：没有分区，所以应用只需执行 map 任务。

1 个 reducer

可以很方便地运行若干小作业，从而把以前作业的输出合并成单个文件。前提是：数据量足够小，以利于一个 reducer 能轻松处理。

最好能让集群来为作业决定分区数：集群的 reducer 任务槽越多，作业就会完成越快。这就是默认的 HashPartitioner 表现如此出色的原因，因为它处理的分区数不限，并且确保每个分区都有一个好的键组合使分区更均匀。

如果使用 HashPartitioner，那么每个分区将包含多个气象站，因此，要实现每个气象站输出一个文件，必须安排每个 reducer 写多个文件，MultipleOutputFormat 因此而来。

MultipleOutputFormat 类

MultipleOutputFormat 类可以将数据写到多个文件，这些文件的名称源于输出的键和值。MultipleFileOutputFormat 是个抽象类，它有两个实体子类：MultipleTextOutputFormat 和 MultipleSequenceFileOutputFormat 类。它们是 TextOutputFormat 和 SequenceOutputFormat 的多文件版本。MultipleFileOutputFormat 类提供了一些子类覆盖来控制输出文件名的 Protected 方法。在例 7-5 中，我们创建了 MultipleTextOutputFormat 类的一个子类来重载 generateFileNameForKeyValue()方法，使它返回我们从记录值中抽取的气象站 ID。

例 7-5. 用 MultipleOutputFormat 类将整个数据集分区到以气象站 ID 命名的文件

```
public class PartitionByStationUsingMultipleOutputFormat extends Configured
  implements Tool {

  static class StationMapper extends MapReduceBase
    implements Mapper<LongWritable, Text, Text, Text> {

  private NcdcRecordParser parser = new NcdcRecordParser();

  public void map(LongWritable key, Text value,
        OutputCollector<Text, Text> output, Reporter reporter)
        throws IOException {

    parser.parse(value);
    output.collect(new Text(parser.getStationId()), value);
  }
}

static class StationReducer extends MapReduceBase
  implements Reducer<Text, Text, NullWritable, Text> {

  @Override
  public void reduce(Text key, Iterator<Text> values,
      OutputCollector<NullWritable, Text> output, Reporter reporter)
      throws IOException {
    while (values.hasNext()) {
      output.collect(NullWritable.get(), values.next());
    }
```

```
    }
  }

  static class StationNameMultipleTextOutputFormat
    extends MultipleTextOutputFormat<NullWritable, Text> {

    private NcdcRecordParser parser = new NcdcRecordParser();

    protected String generateFileNameForKeyValue(NullWritable key, Text value,
    String name) {
    parser.parse(value);
    return parser.getStationId();
  }
}

@Override
public int run(String[] args) throws IOException {
  JobConf conf = JobBuilder.parseInputAndOutput(this, getConf()args);
  if (conf == null) {
      return -1;
    }

    conf.setMapperClass(StationMapper.class);
    conf.setMapOutputKeyClass(Text.class);
    conf.setReducerClass(StationReducer.class);
    conf.setOutputKeyClass(NullWritable.class);
    conf.setOutputFormat(StationNameMultipleTextOutputFormat.class);

    JobClient.runJob(conf);
    return 0;
  }

  public static void main(String[] args) throws Exception {
    int exitCode = ToolRunner.run(
        new PartitionByStationUsingMultipleOutputFormat(), args);
    System.exit(exitCode);
  }
}
```

StationMapper 从记录中找到气象站 ID，并把它作为键。这样，来自同一个气象站的记录会被分到同一个分区。用 StationNameMultipleTextOutputFormat 写最终输出的时候，StationReducer 用 NullWritable 来替换记录的键(这类似于 TextOutputFormat 丢掉 NullWritable 键)，输出中只包含气象记录(没有气象站 ID 键)。

最终的结果是每个气象站的所有记录都放在以气象站 ID 命名的文件里。在整个数据集的子集上运行程序后，得到以下几行输出：

```
-rw-r--r--   3 root supergroup   2887145 2009-04-17 10:34 /output/010010-99999
-rw-r--r--   3 root supergroup   1395129 2009-04-17 10:33 /output/010050-99999
-rw-r--r--   3 root supergroup   2054455 2009-04-17 10:33 /output/010100-99999
-rw-r--r--   3 root supergroup   1422448 2009-04-17 10:34 /output/010280-99999
-rw-r--r--   3 root supergroup   1419378 2009-04-17 10:34 /output/010550-99999
```

```
-rw-r--r--   3 root supergroup   1384421 2009-04-17 10:33 /output/010980-99999
-rw-r--r--   3 root supergroup   1480077 2009-04-17 10:33 /output/011060-99999
-rw-r--r--   3 root supergroup   1400448 2009-04-17 10:33 /output/012030-99999
-rw-r--r--   3 root supergroup   307141 2009-04-17 10:34 /output/012350-99999
-rw-r--r--   3 root supergroup   1433994 2009-04-17 10:33 /output/012620-99999
```

generateFileNameForKeyValue()方法返回的文件名实际上是一个相对于输出目录的路径。例如，以下的修改按照气象站来对数据分区，这样，每年的数据包含在一个以气象站 ID 命名的目录中：

```
protected String generateFileNameForKeyValue(NullWritable key,
    Text value,String name) {
  parser.parse(value);
  return parser.getStationId() + "/" + parser.getYear();
}
```

MultipleOutputFormat 还有很多特性没有在本书中讨论，例如，为只有 map(map-only)的作业进行复制输入目录结构和文件命名等能力。详情请参考 Java 文档。

MultipleOutputs

在 Hadoop 中另一个用于产生多个输出的库由 MulipleOutputs 类提供。与 MultipleOutputFormat 类不一样的是，MulipleOutputs 可以为不同的输出产生不同的类型。另一方面，也意味着无法控制输出的命名。例 7-6 演示了如何使用 MultipleOutputs 类根据气象站来切分数据。

例 7-6. 使用 MultipleOutputs 类将整个数据集切分为以气象站 ID 命名的文件

```
public class PartitionByStationUsingMultipleOutputs extends Configured
  implements Tool {

  static class StationMapper extends MapReduceBase
    implements Mapper<LongWritable, Text, Text, Text> {

    private NcdcRecordParser parser = new NcdcRecordParser();

    public void map(LongWritable key, Text value,
            OutputCollector<Text, Text> output, Reporter reporter)
            throws IOException {

        parser.parse(value);
        output.collect(new Text(parser.getStationId()), value);
    }
  }

  static class MultipleOutputsReducer extends MapReduceBase
    implements Reducer<Text, Text, NullWritable, Text> {

    private MultipleOutputs multipleOutputs;
```

```java
    @Override
    public void configure(JobConf conf) {
      multipleOutputs = new MultipleOutputs(conf);
    }

    public void reduce(Text key, Iterator<Text> values,
        OutputCollector<NullWritable, Text> output, Reporter reporter)
        throws IOException {

     OutputCollector collector = multipleOutputs.getCollector("station",
          key.toString().replace("-", ""), reporter);
       while (values.hasNext()) {
         collector.collect(NullWritable.get(), values.next());
       }
     }

     @Override
     public void close() throws IOException {
       multipleOutputs.close();
     }
  }

  @Override
  public int run(String[] args) throws IOException {
    JobConf conf = JobBuilder.parseInputAndOutput(this, getConf(), args);
    if (conf == null) {
   return -1;
   }

     conf.setMapperClass(StationMapper.class);
     conf.setMapOutputKeyClass(Text.class);
     conf.setReducerClass(MultipleOutputsReducer.class);
     conf.setOutputKeyClass(NullWritable.class);
     conf.setOutputFormat(NullOutputFormat.class); // suppress empty part file
     MultipleOutputs.addMultiNamedOutput(conf, "station", TextOutputFormat.class,
     NullWritable.class, Text.class);

     JobClient.runJob(conf);
    return 0;
  }
  public static void main(String[] args) throws Exception {
    int exitCode = ToolRunner.run(new PartitionByStationUsingMultipleOutputs(),
      args);
    System.exit(exitCode);
  }
}
```

MultipleOutputs 类用于在原有输出基础上附加输出。输出是指定名称的，可以写到一个文件(单名输出)或多个文件(多名输出)中。在这个例子中，我们需要多个文件，每个气象站一个文件，所以我们使用多命名输出，调用 MultipleOutputs 中的 addMultiNamedOutput()方法来设定输出名称(这里是“station”)、输出格式及输出类型。另外，为了减少原有输出的影响，我们把正常的输出格式设为 NullOutputFormat。

在生成输出的 reducer 中，在 configure()方法中构造一个 MultipleOutputs 的实例，并将它赋给一个实例变量。在 reduce()方法中使用 MultipleOutputs 实例为多名输出获取 OutputCollector。getCollector()方法接收输出名称(即“station”)和一个标识 part 的字符串，该 part 标识符用于多命名输出。这里使用气象站标识符，其中的“-”符号被忽略了，因为 MultipleOutputs 只能包含字母字符。

最终的结果是生成多个输出文件，文件的命名模式是 station_<station identifier>-r-<part_number>。文件名中出现的 r 是因为这个文件是 reducer 产生的，紧跟的 part number 确保写同一个气象站的输出时，来自不同分区(reducer)的结果不会有冲突。由于按气象站进行分区，所以这里不会有冲突(但在一般情况会冲突)。

运行一次后，前面几个输出文件的命名如下(目录列表中的其他列已被删除)：

```
/output/station_01001099999-r-00027
/output/station_01005099999-r-00013
/output/station_01010099999-r-00015
/output/station_01028099999-r-00014
/output/station_01055099999-r-00000
/output/station_01098099999-r-00011
/output/station_01106099999-r-00025
/output/station_01203099999-r-00029
/output/station_01235099999-r-00018
/output/station_01262099999-r-00004
```

MultipleOutputFormat 和 MultipleOutputs 的区别

这两个库的功能几乎相同，这会引起读者的困扰。为了帮助读者选择，下表做了一个简单的对比。

特征	MultipleOutputFormat	MultipleOutputs
完全控制文件名和目录名	是	否
不同输出有不同的键和值类型	否	是
从同一作业的 map 和 reduce 使用	否	是
每个记录多个输出	否	是
与任意 OutputFormat 一起使用	否，需要子类	是

总之，MultipleOutputs 功能更齐全，但 MultipleOutputFormat 对输出的目录结构和文件命名有更多控制。

在新版的 MapReduce API 中，情况改善了，因为只有 MultipleOutputs，它支持以前版本 API 中这两个多输出类的所有特征。

延迟输出

File OutputFormat 的子类会产生输出文件(*part-nnnnn*)，即使文件是空的。有些应用倾向于不创建空文件，此时 LazyOutputFormat 就有用了。[①]它是一个封装输出格式，可以保证指定分区第一条记录输出时才真正创建文件。要使用它，用 JobConf 和相关的输出格式作为参数来调用 setOutputFormatClass()方法即可。

Streaming 和 Pipes 支持-LazyOutput 选项来启用 LazyOutputFormat 功能。

数据库输出

写到关系数据库和 HBase 的输出格式，请参见第 215 页的“数据库输入(和输出)”小节。

① LazyOutputFormat 从 Hadoop 的 0.21.0 版本开始提供。

第 8 章

MapReduce 的特性

本章探讨 MapReduce 的一些高级特性，包括计数器、数据集的排序和连接。

计数器

在许多情况下，一个用户需要了解待分析的数据，尽管这并非所要执行的分析任务的核心内容。以统计数据集中无效记录数目的任务为例，如果发现无效记录的比例相当高，那么就需要认真思考为何存在如此多无效记录。是所采用的检测程序存在缺陷，还是数据集质量确实很低，包含大量无效记录？如果确定是数据集的质量问题，则可能需要扩大数据集的规模，以增大有效记录的比例，从而进行有意义的分析。

计数器是一种收集作业统计信息的有效手段，用于质量控制或应用级统计。计数器还可辅助诊断系统故障。如果需要将日志信息传输到 map 或 reduce 任务，更好的方法通常是尝试传输计数器值以监测某一特定事件是否发生。对于大型分布式作业而言，使用计数器更为方便。首先，获取计数器值比输出日志更方便，其次，根据计数器值统计特定事件的发生次数要比分析一堆日志文件容易得多。

内置计数器

Hadoop 为每个作业维护若干内置计数器(表 8-1)，以描述该作业的各项指标。例如，某些计数器记录已处理的字节数和记录数，使用户可监控已处理的输入数据量和已产生的输出数据量。

表 8-1. 内置计数器

组别	计数器名称	说明
Map-Reduce 框架	map 输入的记录	作业中所有 map 已处理的输入记录数。每次 RecordReader 读到一条记录并将其传给 map 的 map()函数时，这个计数器的值增加
	map 跳过的记录	作业中所有 map 跳过的输入记录数，参见第 185 页的“跳过坏记录”
	map 输入的字节	作业中所有 map 已处理的未压缩输入数据的字节数。每次 RecordReader 读到一条记录并将其传给 map 的 map()函数时，这个计数器的值增加
	map 输出的记录	作业中所有 map 产生的 map 输出记录数。每次某一个 map 的 OutputCollector 调用 collect()方法时，这个计数器的值增加
	map 输出的记录	作业中所有 map 已产生的未压缩输出数据的字节数。每次某一个 map 的 OutCollector 调用 collect()方法时，这个计数器的值增加
	combine 输入的记录	作业中所有 combiner(如果有)已处理的输入记录数。combiner 的迭代器每次读一个值，这个计数器的值增加。注意：本计数器代表 combiner 已经处理的值的个数，并非相异码分组数(后者并无实质意义，因为对于 combiner 而言，并不要求每个键对应一个组，参见第 30 页的“combiner”和第 177 页的“shuffle 和排序”小节
	combine 输出的记录	作业中所有 combiner(如果有)已产生的输出记录数。每次某一个 combiner 的 OutputCollector 调用 collect()方法时，这个计数器的值增加
	reduce 输入的组	作业中所有 reducer 已经处理的相异码分组的个数。每当某一个 reducer 的 reduce()被调用时，这个计数器的值增加
	reduce 输入的记录	作业中所有 reducer 已经处理的输入记录的个数。每当某个 reducer 的迭代器读一个值时，这个计数器的值增加。如果所有 reducer 已经处理完所有输入，则这个计数器的值与计数器“output records”的值相同
	reduce 输出的记录	作业中所有 map 已经产生的 reduce 输出记录数。每当某个 reducer 的 OutputCollector 调用 collect()方法时，这个计数器的值增加
	reduce 跳过的组	作业中所有 reducer 已经跳过的相异码分组的个数。参见第 185 页的“跳过坏记录”
	reduce 跳过的记录	作业中所有 reducer 已经跳过的输入记录的个数
	溢出的记录	作业中所有 map 和 reduce 任务溢出到磁盘的记录数
文件系统	文件系统读的字节	map 和 reduce 任务从每个文件系统读出的字节数。每个文件系统对应一个计数器，例如 Local、HDFS、S3、KFS 等
	文件系统写的字节	map 和 reduce 任务写到每个文件系统的字节数

组别	计数器名称	说明
作业计数	已启用的 map 任务	已启动的 map 任务数，包括推测执行的任务
	已启用的 reduce 任务	已启动的 reduce 任务数，包括推测执行的任务
	失败的 map 任务	失败的 map 任务数。参见(第 173 页)的“任务失败”小节了解潜在的失败因素
	失败的 reduce 任务	失败的 reduce 任务数
	数据本地的 map 任务	与输入数据处于同一节点的 map 任务数
	机架本地的 map 任务	与输入数据处于同一机架的 map 任务数
	其他本地的 map 任务	与输入数据不在同一机架的 map 任务数。由于机架之间的带宽较小，Hadoop 会尽量使 map 任务靠近输入数据，因而这个计数器的值一般较小

计数器由其关联任务维护，并定期传到 tasktracker，再由 tasktracker 传给 jobtracker。因此，计数器能够被全局地聚集。详见第 170 页的“进度和状态的更新”小节。与其他计数器(包括用户定义的计数器)不同，内置的作业计数器实际上由 jobtracker 维护，不必在整个网络中发送。

一个任务的计数器值每次都是完整传输的，而非自上次传输之后再继续数未完成的传输，以避免由于消息丢失而引发的错误。另外，如果一个任务在作业执行期间失败，则相关计数器值会减小。仅当一个作业执行成功之后，计数器的值才是完整可靠的。

用户定义的 Java 计数器

MapReduce 允许用户编写程序来定义计数器，计数器的值可在 mapper 或 reducer 中增加。多个计数器由一个 Java 枚举(enum)类型来定义，以便对计数器分组。一个作业可以定义的枚举类型数量不限，各个枚举类型所包含的字段数量也不限。枚举类型的名称即为组的名称，枚举类型的字段就是计数器名称。计数器是全局的。换言之，MapReduce 框架将跨所有 map 和 reduce 聚集这些计数器，并在作业结束时产生一个最终结果。

在第 5 章中，我们创建了若干计数器来统计天气数据集中不规范的记录数。例 8-1 中的程序对此做了进一步的扩展，能统计缺失记录和气温质量代码的分布情况。

例 8-1. 统计最高气温的作业，也统计气温值缺失的记录、不规范的字段和质量代码

```
public class MaxTemperatureWithCounters extends Configured implements Tool {

  enum Temperature {
    MISSING,
    MALFORMED
  }

  static class MaxTemperatureMapperWithCounters extends MapReduceBase
    implements Mapper<LongWritable, Text, Text, IntWritable> {

    private NcdcRecordParser parser = new NcdcRecordParser();

    public void map(LongWritable key, Text value,
      OutputCollector<Text, IntWritable> output, Reporter reporter)
      throws IOException {

      parser.parse(value);
      if (parser.isValidTemperature()) {
        int airTemperature = parser.getAirTemperature();
        output.collect(new Text(parser.getYear()),
              new IntWritable(airTemperature));
      } else if (parser.isMalformedTemperature()) {
        System.err.println("Ignoring possibly corrupt input: " + value);
        reporter.incrCounter(Temperature.MALFORMED, 1);
      } else if (parser.isMissingTemperature()) {
        reporter.incrCounter(Temperature.MISSING, 1);
      }

      // dynarnic counter
      reporter.incrCounter("TemperatureQuality", parser.getQuality(), 1);

    }
  }

  @Override
  public int run(String[] args) throws IOException {
    JobConf conf = JobBuilder.parseInputAndOutput(this, getConf(), args);
    if (conf == null) {
      return -1;
    }

    conf.setOutputKeyClass(Text.class);
    conf.setOutputValueClass(IntWritable.class);

    conf.setMapperClass(MaxTemperatureMapperWithCounters.class);
    conf.setCombinerClass(MaxTemperatureReducer.class);
    conf.setReducerClass(MaxTemperatureReducer.class);

    JobClient.runJob(conf);
    return 0;
  }
```

```
  public static void main(String[] args) throws Exception {
    int exitCode = ToolRunner.run(new MaxTemperatureWithCounters(), args);
    System.exit(exitCode);
  }
}
```

理解上述程序的最佳方法是在完整的数据集上运行一遍:

```
% hadoop jar job.jar MaxTemperatureWithCounters input/ncdc/all output-counters
```

作业一旦成功完成执行，最后会输出各计数器的值(通过调用 JobClient 的 runJob() 方法)。以下是这些计数器的最终值。

```
09/04/20 06:33:36 INFO mapred.JobClient: TemperatureQuality
09/04/20 06:33:36 INFO mapred.JobClient: 2=1246032
09/04/20 06:33:36 INFO mapred.JobClient: 1=973422173
09/04/20 06:33:36 INFO mapred.JobClient: 0=1
09/04/20 06:33:36 INFO mapred.JobClient: 6=40066
09/04/20 06:33:36 INFO mapred.JobClient: 5=158291879
09/04/20 06:33:36 INFO mapred.JobClient: 4=10764500
09/04/20 06:33:36 INFO mapred.JobClient: 9=66136858
09/04/20 06:33:36 INFO mapred.JobClient: Air Temperature Records
09/04/20 06:33:36 INFO mapred.JobClient: Malformed=3
09/04/20 06:33:36 INFO mapred.JobClient: Missing=66136856
```

动态计数器

上述代码还使用了动态计数器，后者是一种不由 Java 枚举类型定义的计数器。由于在编译阶段就已指定 Java 枚举类型的字段，因而无法使用枚举类型动态新建计数器。例 8-1 尝试统计气温质量代码的分布，尽管格式规范定义了可以取的值，但相比之下，预先用动态计数器来产生实际值更方便。在该例中，Reporter 对象的 incrCounter() 方法有两个 String 类型的输入参数，分别代表组名称和计数器名称：

```
public void incrCounter(String group, String counter, long amount)
```

鉴于 Hadoop 需先将 Java 枚举类型转变成 String 类型，再通过 RPC 发送计数器值，这两种创建和访问计数器的方法——使用枚举类型和 String 类型——事实上是等价的。相比之下，枚举类型易于使用，还提供类型安全，适合大多数作业使用。如果某些特定场合需要动态创建计数器，可以使用 String 接口。

易读的计数器名称

计数器的默认名称是枚举类型的 Java 完全限定类名。由于这种名称在 Web 界面和终端上可读性较差，因此 Hadoop 又提供了另一种方法(即使用“资源捆绑”(resource bundle))来修改计数器的显示名称。前面的例子即是如此，显示的计数器名称是“Air Temperature Records”，而非“Temperature$MISSING”。对于动态计数器而言，组名称和计数器名称也用作显示名称，因而通常不存在这个问题。

为计数器提供易读名称也很容易。以 Java 枚举类型为名创建一个属性文件，用下划线(_)分隔嵌套类型。属性文件与包含该枚举类型的顶级类放在同一目录。例如，例 8-1 中的 `Temperature` 枚举类型对应的属性文件被命名为 *MaxTemperatureWithCounters_Temperature.properties*。

属性文件只有一个 `CounterGroupName` 属性，其值便是整个组的显示名称。在枚举类型中定义的每个字段均与一个属性对应，属性名称是“字段名称`.name`”，属性值是该计数器的显示名称。属性文件 *MaxTemperatureWithCounters_Temperature.properties* 的内容如下：

```
CounterGroupName=Air Temperature Records
MISSING.name=Missing
MALFORMED.name=Malformed
```

Hadoop 使用标准的 Java 本地化机制将正确的属性文件载入到当前运行区域。例如，创建一个名为 *MaxTemperatureWithCounters_Temperature_zh_CN.properties* 的中文属性文件，在 `zh_CN` 区域运行时，就会使用这个属性文件。详情请参见 `java.util.PropertyResourceBundle` 类的相关文档。

获取计数器

除了通过 Web 界面和命令行(执行 `hadoop job -counter` 指令)之外，用户还可以使用 Java API 获取计数器的值。通常情况下，用户一般在作业运行完成、计数器的值已经稳定下来时再获取计数器的值，而 Java API 还支持在作业运行期间就能够获取计数器的值。例 8-2 展示了如何统计整个数据集中气温信息缺失记录的比例。

例 8-2. 统计气温信息缺失记录所占的比例

```
import org.apache.hadoop.conf.Configured;
import org.apache.hadoop.mapred.*;
import org.apache.hadoop.util.*;

public class MissingTemperatureFields extends Configured implements Tool {

  @Override
  public int run(String[] args) throws Exception {
    if (args.length != 1) {
      JobBuilder.printUsage(this, "<job ID>");
      return -1;
    }
    JobClient jobClient = new JobClient(new JobConf(getConf()));
    String jobID = args[0];
    RunningJob job = jobClient.getJob(JobID.forName(jobID));
    if (job == null) {
      System.err.printf("No job with ID %s found.\n", jobID);
      return -1;
    }
```

```
    if (!job.isComplete()) {
      System.err.printf("Job %s is not complete.\n", jobID);
      return -1;
    }

    Counters counters = job.getCounters();
    long missing = counters.getCounter(
        MaxTemperatureWithCounters.Temperature.MISSING);

    long total = counters.findCounter("org.apache.hadoop.mapred. Task$Counter",
        "MAP_INPUT_RECORDS").getCounter();

    System.out.printf("Records with missing temperature fields: %.2f%%\n",
        100.0 * missing / total);
    return 0;
  }
  public static void main(String[] args) throws Exception {
    int exitCode = ToolRunner.run(new MissingTemperatureFields(), args);
    System.exit(exitCode);
  }
}
```

首先，以作业 ID 为输入参数调用一个 JobClient 实例的 getJob()方法，返回一个 RunningJob 对象。检查是否有一个作业与指定 ID 相匹配。有多种因素可能导致无法找到一个有效的 RunningJob 对象，例如，错误地指定了作业 ID，或 jobtracker 不再指向这个作业。内存中仅保留最新的 100 个作业，该阈值受 mapred.jobtracker.completeuserjobs.maximum 控制，当 jobtracker 重启时，所有作业信息都被清除。

其次，如果 RunningJob 对象(即作业)存在，则调用该对象的 getCounters()方法会返回一个 Counters 对象，包含了这个作业的所有计数器。Counters 类提供了多个查找计数器名/值对的方法。上例调用 getCounter()方法(取一个枚举值)来查找气温信息缺失的记录数。

值得一提的是，Counters 类的多个 findCounter()方法也会返回一个 Counter 对象。本例调用该方法来获取内置的 input records 计数器的值。即通过组名称(即枚举类型的 Java 完整类名)和计数器的名称(均为字符串)访问这个计数器[①]。

最后，输出气温信息缺失记录的比例。针对整个天气数据集的运行结果如下：

```
% hadoop jar job.jar MissingTemperatureFields job_200904200610_0003
Records with missing temperature fields: 5.47%
```

① 当前，内置计数器的枚举类型还不是公开 API 的一部分，因此这是唯一一个获取内置计数器值的方法。从 0.21.0 版本开始，可以用 org.apache.hadoop.mapreduce 包中的 JobCounter 和 TaskCounter 枚举类型找到这些计数器。

用户定义的 Streaming 计数器

Streaming MapReduce 程序通过向标准错误流发送一行特殊格式的信息来增加计数器的值，格式如下：

```
reporter:counter:group,counter,amount
```

以下 Python 代码片段将 Temperature 组的 Missing 计数器的值增加 1：

```
sys.stderr.write("reporter:counter:Temperature,Missing,1\n")
```

状态信息也可以类似方法发出，格式如下：

```
reporter:status:message
```

排序

排序是 MapReduce 的核心技术。尽管应用本身可能并不需要对数据排序，但仍可能使用 MapReduce 的排序功能来组织数据。本节将讨论几种不同的数据集排序方法，以及如何控制 MapReduce 的排序。

准备

下面将按气温字段对天气数据集排序。由于气温字段是有符号整数，所以不能将该字段视为 `Text` 对象并以字典顺序排序。[①]反之，我们要用顺序文件存储数据，其 `IntWritable` 键代表气温(并且正确排序)，其 `Text` 值就是数据行。

例 8-3 中的 MapReduce 作业只包含 map 任务，它过滤输入数据并移除包含有无效气温的记录。各个 map 创建并输出一个块压缩的顺序文件。相关指令如下：

```
% hadoop jar job.jar SortDataPreprocessor input/ncdc/all input/ncdc/all-seq
```

例 8-3. 该 MapReduce 程序将天气数据转成顺序文件格式

```
public class SortDataPreprocessor extends Configured implements Tool {

  static class CleanerMapper extends MapReduceBase
    implements Mapper<LongWritable, Text, IntWritable, Text> {

    private NcdcRecordParser parser = new NcdcRecordParser();
```

① 有一个常用的方法能解决这个问题(特别是针对基于文本的 Streaming 应用)：首先，增加偏移量以消除所有负数；其次，在数字前面增加 0，使所有数字的长度相等；最后，用字典法排序。第 245 页的“Streaming”小节将介绍另一种方法。

```
    public void map(LongWritable key, Text value,
        OutputCollector<IntWritable, Text> output, Reporter reporter)
        throws IOException {

      parser.parse(value);
      if (parser.isValidTemperature()) {
        output.collect(new IntWritable(parser.getAirTemperature()), value);
      }
    }
  }

  @Override
  public int run(String[] args) throws IOException {
    JobConf conf = JobBuilder.parseInputAndOutput(this, getConf(), args);
    if (conf == null) {
      return -1;
    }

    conf.setMapperClass(CleanerMapper.class);
    conf.setOutputKeyClass(IntWritable.class);
    conf.setOutputValueClass(Text.class);
    conf.setNumReduceTasks(0);
    conf.setOutputFormat(SequenceFileOutputFormat.class);
    SequenceFileOutputFormat.setCompressOutput(conf, true);
    SequenceFileOutputFormat.setOutputCompressorClass(conf, GzipCodec.class);
    SequenceFileOutputFormat.setOutputCompressionType(conf,
      CompressionType.BLOCK);

    JobClient.runJob(conf);
    return 0;
  }
  public static void main(String[] args) throws Exception {
    int exitCode = ToolRunner.run(new SortDataPreprocessor(), args);
    System.exit(exitCode);
  }
}
```

部分排序

如第 192 页的“默认的 MapReduce 作业”小节所述，在默认情况下，MapReduce 根据输入记录的键对数据集排序。例 8-4 则是一个变种，它利用 `IntWritable` 键对顺序文件排序。

例 8-4. MapReduce 程序：调用默认的 HashPartitioner 根据 IntWritable 键对顺序文件进行排序

```
public class SortByTemperatureUsingHashPartitioner extends Configured
  implements Tool {

  @Override
  public int run(String[] args) throws IOException {
    JobConf conf = JobBuilder.parseInputAndOutput(this, getConf(), args);
    if (conf == null) {
      return -1;
```

```
}
    conf.setInputFormat(SequenceFileInputFormat.class);
    conf.setOutputKeyClass(IntWritable.class);
    conf.setOutputFormat(SequenceFileOutputFormat.class);
    SequenceFileOutputFormat.setCompressOutput(conf, true);
    SequenceFileOutputFormat.setOutputCompressorClass(conf, GzipCodec.class);
    SequenceFileOutputFormat.setOutputCompressionType(conf,
      CompressionType.BLOCK);

    JobClient.runJob(conf);
    return 0;
  }

  public static void main(String[] args) throws Exception {
    int exitCode = ToolRunner.run(new SortByTemperatureUsingHashPartitioner(),
        args);
    System.exit(exitCode);
  }
}
```

控制排列顺序

键的排列顺序是由 RawComparator 控制的，规则如下。

1. 若属性 mapred.output.key.comparator.class 已经设置，则使用该类的实例。调用 JobConf 的 setOutputKeyComparatorClass()方法进行设置。
2. 否则，键必须是 WritableComparable 的子类，并使用针对该键类的已登记的 comparator。
3. 如果还没有已登记的 comparator，则使用 RawComparator 将字节流反序列化为一个对象，再由 WritableComparable 的 compareTo()方法进行操作。

上述规则彰显了为自定义 Writable 类登记 RawComparators 优化版本的重要性，详情可参见第 99 页的“为速度实现一个 RawComparator”小节。同时，通过定制 comparator 来重新定义排序顺序也很直观，详情可参见第 241 页的“辅助排序”小节。

假设采用 30 个 reducer 来运行该程序：[①]

```
% hadoop jar job.jar SortByTemperatureUsingHashPartitioner \
  -D mapred.reduce.tasks=30 input/ncdc/all-seq output-hashsort
```

① 参见第 192 页的“排序和合并顺序文件”小节，了解如何运用 Hadoop 的排序程序实现相同功能。

该指令产生 30 个已排好序的输出文件。但是如何将这些小文件合并成一个有序的文件却并非易事。例如，直接将纯文本文件连接起来无法保证全局有序。幸运的是，许多应用并不强求待处理的文件全局有序。例如，对于查找操作来说，部分排序的文件就已经足够了。

应用：基于分区的 MapFile 查找技术

以按键执行查找操作为例，在多文件情况下效率更高。在例 8-5 中，输出格式被改为 MapFileOutputFormat，则会输出 30 个 map 文件，我们可以基于这些文件执行查找操作。

例 8-5. 该 MapReduce 程序对一个顺序文件排序并输出 MapFile

```
public class SortByTemperatureToMapFile extends Configured implements Tool {

  @Override
  public int run(String[] args) throws IOException {
    JobConf conf = JobBuilder.parseInputAndOutput(this, getConf(), args);
    if (conf == null) {
      return -1;
    }

    conf.setInputFormat(SequenceFileInputFormat.class);
    conf.setOutputKeyClass(IntWritable.class);
    conf.setOutputFormat(MapFileOutputFormat.class);
    SequenceFileOutputFormat.setCompressOutput(conf, true);
    SequenceFileOutputFormat.setOutputCompressorClass(conf, GzipCodec.class);
    SequenceFileOutputFormat.setOutputCompressionType(conf,
      CompressionType.BLOCK);

    JobClient.runJob(conf);
    return 0;
  }

  public static void main(String[] args) throws Exception {
    int exitCode = ToolRunner.run(new SortByTemperatureToMapFile(), args);
    System.exit(exitCode);
  }
}
```

MapFileOutputFormat 提供了两个很方便的静态方法，用于对 MapReduce 输出文件执行查找操作，其用法如例 8-6 所示。

例 8-6. 从 MapFiles 集合中获取符合指定键的第一项记录

```
public class LookupRecordByTemperature extends Configured implements Tool {

  @Override
  public int run(String[] args) throws Exception {
    if (args.length != 2) {
      JobBuilder.printUsage(this, "<path> <key>");
      return -1;
    }
```

```
    Path path = new Path(args[0]);
    IntWritable key = new IntWritable(Integer.parseInt(args[1]));
    FileSystem fs = path.getFileSystem(getConf());

    Reader[] readers = MapFileOutputFormat.getReaders(fs, path, getConf());
    Partitioner<IntWritable, Text> partitioner =
      new HashPartitioner<IntWritable, Text>();
    Text val = new Text();
    Writable entry =
      MapFileOutputFormat.getEntry(readers, partitioner, key, val);
    if (entry == null) {
      System.err.println("Key not found: " + key);
      return -1;
    }
    NcdcRecordParser parser = new NcdcRecordParser();
    parser.parse(val.toString());
    System.out.printf("%s\t%s\n", parser.getStationId(), parser.getYear());
    return 0;
  }

  public static void main(String[] args) throws Exception {
    int exitCode = ToolRunner.run(new LookupRecordByTemperature(), args);
    System.exit(exitCode);
  }
}
```

getReaders()方法为 MapReduce 作业创建的每个输出文件分别打开一个 MapFile.Reader 实例，用一个 Reader 数组(即 reader)表示。之后，getEntry()方法使用 partitioner 找到包含指定键的 Reader 实例，再通过该 Reader 实例的 get()方法得到这个键对应的值(val)。如果 getEntry()返回 null，则表明没有找到匹配的键。否则，返回一个描述对应气象站 ID 和年份的值。

举例来说，若要查找首条气温为-10℃的记录(记住，气温字段是整数类型，其值是真实气温的 10 倍。例如，-10℃被记为-100)，则有：

```
% hadoop jar job.jar LookupRecordByTemperature output-hashmapsort -100
357460-99999 1956
```

我们还可以直接用 readers 数组来获得包含指定键的所有记录。readers 数组按分区排序，因而针对一个指定键的 reader，均使用 MapReduce 作业中的同一个 partitioner：

```
Reader reader = readers[partitioner.getPartition(key, val, readers.length)];
```

找到 reader 之后，可通过 MapFile 的 get()方法获取第一条包含指定键的记录。接着，循环调用 next()获取下一条记录，直到键改变为止。相关程序如例 8-7 所示。

例 8-7. 从一个 MapFiles 集合中获取包含指定键的所有记录

```
public class LookupRecordsByTemperature extends Configured implements Tool {

  @Override
```

```
  public int run(String[] args) throws Exception {
    if (args.length != 2) {
      JobBuilder.printUsage(this, "<path> <key>");
      return -1;
    }
    Path path = new Path(args[0]);
    IntWritable key = new IntWritable(Integer.parseInt(args[1]));
    FileSystem fs = path.getFileSystem(getConf());

    Reader[] readers = MapFileOutputFormat.getReaders(fs, path, getConf());
    Partitioner<IntWritable, Text> partitioner =
      new HashPartitioner<IntWritable, Text>();
    Text val = new Text();

    Reader reader = readers[partitioner.getPartition(key, val, readers.length)];
    Writable entry = reader.get(key, val);
    if (entry == null) {
      System.err.println("Key not found: " + key);
      return -1;
    }
    NcdcRecordParser parser = new NcdcRecordParser();
    IntWritable nextKey = new IntWritable();
    do {
      parser.parse(val.toString());
      System.out.printf("%s\t%s\n", parser.getStationId(), parser.getYear());
    } while(reader.next(nextKey, val) && key.equals(nextKey));
    return 0;
  }

  public static void main(String[] args) throws Exception {
    int exitCode = ToolRunner.run(new LookupRecordsByTemperature(), args);
    System.exit(exitCode);
  }
}
```

下例描述如何获取所有-10℃的读数，并计数：

```
% hadoop jar job.jar LookupRecordsByTemperature output-hashmapsort -100 \
  2> /dev/null | wc -l
1489272
```

全排序

如何用 Hadoop 产生一个全局排序的文件？最简单的方法是使用一个分区(a single partition)。[①]但该方法在处理大型文件时效率极低，因为一台机器必须处理所有输出文件，从而完全丧失了 MapReduce 所提供的并行架构的优势。

① 更好的回答是使用 Pig(参见第 359 页的“对数据进行排序”小节)或 Hive(参见第 395 页的“排序和聚集”小节)，两者均使可用一条指令进行排序。

事实上仍有替代方案：首先，创建一系列排好序的文件；其次，串联这些文件；最后，生成一个全局排序的文件。主要的思路是使用一个 partitioner 来描述全局排序的输出。例如，可以为上述文件创建 4 个分区，在第一分区中，各记录的气温小于 10℃，第二分区的气温介于-10℃和 0℃之间，第三个分区的气温在 0℃和 10℃之间，最后一个分区的气温大于 10℃。

该方法的关键点在于如何划分各个分区。理想情况下，各分区所含记录数应该大致相等，使作业的总体执行时间不会受制于个别 reducer。在前面提到的分区方案中，各分区的相对大小如下所示。

气温范围	<-10℃	[-10℃, 0℃]	[0℃, 10℃]	≥10℃
记录所占的比例	11%	13%	17%	59%

显然，记录没有被均匀分开。因此，需要深入了解整个数据集的气温分布才能建立更均匀的分区。写一个 MapReduce 作业计算落入各个气温桶的记录数比较容易。例如，图 8-1 显示了桶大小为 1℃时各桶的分布情况，各点分别对应一个桶。

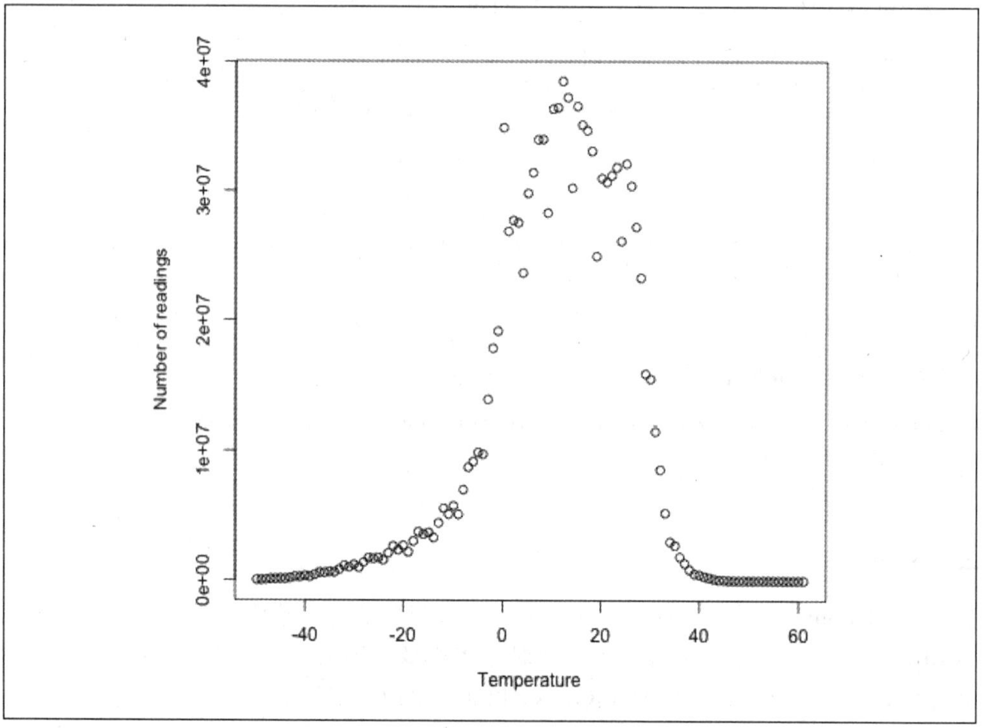

图 8-1. 天气数据集合的气温分布

获得气温分布信息意味着可以建立一系列分布更均匀的分区。但由于这个操作需要遍历整个数据集，因此并不实用。通过对键空间进行采样，就可较为均匀地划分数据集。采样的核心思想是只查看一小部分键，获得键的近似分布，并由此构建分区。幸运的是，Hadoop 已经内置了若干采样器，不需要用户自己编写。

`InputSampler` 类实现了 `Sampler` 接口，该接口的唯一成员方法(即 `getSampler`)有两个输入参数(一个 `InputFormat` 对象和一个 `JobConf` 对象)，返回一系列样本键：

```
public interface Sampler<K,V> {
  K[] getSample(InputFormat<K,V> inf, JobConf job) throws IOException;
}
```

这个接口通常不直接由客户端调用，而是由 `InputSampler` 类的静态方法 `writePartitionFile()`调用，目的是创建一个顺序文件来存储定义分区的键。

```
public static <K,V> void writePartitionFile(JobConf job,
    Sampler<K,V> sampler) throws IOException
```

顺序文件供 `TotalOrderPartitioner` 使用，为排序作业创建分区。例 8-8 整合了上述内容。

例 8-8. 该 MapReduce 程序利用 TotalOrderPartitioner 根据 IntWritable 键对顺序文件进行全局排序

```
public class SortByTemperatureUsingTotalOrderPartitioner extends Configured
  implements Tool {

  @Override
  public int run(String[] args) throws Exception {
    JobConf conf = JobBuilder.parseInputAndOutput(this, getConf(), args);
    if (conf == null) {
      return -1;
    }

    conf.setInputFormat(SequenceFileInputFormat.class);
    conf.setOutputKeyClass(IntWritable.class);
    conf.setOutputFormat(SequenceFileOutputFormat.class);
    SequenceFileOutputFormat.setCompressOutput(conf, true);
    SequenceFileOutputFormat.setOutputCompressorClass(conf, GzipCodec.class);
    SequenceFileOutputFormat.setOutputCompressionType(conf,
      CompressionType.BLOCK);

    conf.setPartitionerClass(TotalOrderPartitioner.class);

    InputSampler.Sampler<IntWritable, Text> sampler =
      new InputSampler.RandomSampler<IntWritable, Text>(0.1, 10000, 10);

    Path input = FileInputFormat.getInputPaths(conf)[0];
    input = input.makeQualified(input.getFileSystem(conf));

    Path partitionFile = new Path(input, "_partitions");
```

```
    TotalOrderPartitioner.setPartitionFile(conf, partitionFile);
    InputSampler.writePartitionFile(conf, sampler);

    // Add to DistributedCache
    URI partitionUri=new URI(partitionFile.toString()+"#_partitions");
    DistributedCache.addCacheFile(partitionUri, conf);
    DistributedCache.createSymlink(conf);

    JobClient.runJob(conf);
    return 0;
  }

  public static void main(String[] args) throws Exception {
    int exitCode = ToolRunner.run(
      new SortByTemperatureUsingTotalOrderPartitioner(), args);
    System.exit(exitCode);
  }
}
```

该程序使用了一个 RandomSampler，以指定的采样率均匀地从一个数据集中选择样本。在本例中，采样率被设为 0.1。RamdomSampler 的输入参数还包括最大样本数和最大分区(本例中这两个参数分别是 10 000 和 10，这也是 InputSampler 作为应用程序运行时的默认设置)，只要满足其中任意一个限制条件，即停止采样。采样器在客户端运行，因此，限制分片的下载数量以加速采样器的运行就显得尤为重要。在实践中，采样器的运行时间仅占作业总运行时间的一小部分。

InputSampler 写的分区文件被命名为*_partitions*，放在输入目录中(由于该文件以"_"打头，所以不会被选为输入文件)。为了和集群上运行的其他任务共享分区文件，还需将该文件就载入到分布式缓存，详情可参见第 253 页的"分布式缓存"小节。

以下显示了分别以-5.6℃、13.9℃和 22.0℃为分区边界得到的 4 个分区及其所占比例。易知，新方案比旧方案更为均匀。

气温范围	< 5.6℃	[- 5.6℃, 13.9℃)	[13.9℃, 22.0℃]	≥ 22.0℃
记录所占的比例	29%	24%	23%	24%

输入数据的特性决定着如何挑选最合适的采样器。以 SplitSampler 为例，它只采样一个分片中前 *n* 条记录。由于并未从所有分片中广泛采样，因而该采样器并不适合已经排好序的数据。①

① 在某些应用中，待处理的数据文件要么已经排好序，要么至少已部分排序，例如，天气数据集就是按时间排序的。因此，RandomSampler 是更可靠的选择。

Hadoop 内置的采样器还有 IntervalSample，它以一定的间隔定期从划分中选择键，因此对于已排好序的数据来说是一个更好的选择。RandomSampler 是优秀的通用采样器。如果没有采样器可以满足应用需求(记住，采样目的是创建大小均匀的一系列分区)，则只能写程序来实现 Sampler 接口。

InputSampler 类和 TotalOrderPartitioner 类的一个好特性是用户可以自由定义分区数。该值通常取决于集群上 reducer 任务槽的数量 (该值需稍小于 reducer 任务槽的总数，以应付可能出现的故障)。由于 TotalOrderPartitioner 只用于分区边界均不相同的时候，因此，当键空间较小时，设置太大的分区数可能会导致数据冲突。

以下是运行方式：

```
% hadoop jar job.jar SortByTemperatureUsingTotalOrderPartitioner \
  -D mapred.reduce.tasks=30 input/ncdc/all-seq output-totalsort
```

该程序输出 30 个内部已经排好序的分区。此外，分区 i 中的所有键都小于分区 $i+1$ 中的键。

辅助排序

MapReduce 框架在记录到达 reducer 之前按键对记录排序，但键所对应的值并没有被排序。由于值来自不同的 map 任务，所以在多次运行程序时，值的出现顺序并不固定，导致每次运行作业的时间会各有不同。一般来说，大多数 MapReduce 程序无需考虑值在 reduce 函数中的出现顺序。但是，有时也需要通过对键进行排序和分组等以实现对值的排序。

例如，考虑如何设计一个 MapReduce 程序以计算每年最高气温。如果全部记录均按照气温降序排列，则无需遍历整个数据集即可获得查询结果——获取各年份的首条记录并忽略剩余记录。该方法并不是最佳方案，但演示了辅助排序的工作机理。

为此，首先构建一个同时包含年份和气温信息的组合键，期望所有记录先按年份升序排序，再按气温降序排列：

```
1900 35℃
1900 34℃
1900 34℃
...
1901 36℃
1901 35℃
```

如果仅仅是使用组合键的话，并没有太大的帮助，因为这会导致同一年的记录可能有不同的键，因而不会(通常情况下)被送到同一个 reducer 中。例如，(1900, 35℃)和(1900, 34℃)就可能被送到不同的 reducer 中。还需要设定一个按照键的年份进行分区的 patitioner，以确保同一年的记录会被发送到同一个 reducer 中。但是，这样做还不够。因为 partitioner 只保证每一个 reducer 接受一个年份的所有记录，而在一个分区之内，reducer 仍是通过键进行分组的分区：

```
            分区    组
1900 35℃   |       |
1900 34℃   |       |
1900 34℃   |       |
...
1900 36℃   |       |
1900 35℃   |       |
```

因此，还需要进行分组设置。如果reducer中的值按照键的年份进行分组，则一个reducer组将包括同一年份的所有记录。鉴于这些记录已经按气温降序排列，所以各组的首条记录就是这一年的最高气温：

```
            分区    组
1900 35℃   |       |
1900 34℃   |       |
1900 34℃   |       |
...
1900 36℃   |       |
1900 35℃   |       |
```

下面，对记录值的排序方法做一个总结。

- 定义包括自然键和自然值的组合键。
- 键的 comparator 根据组合键对记录进行排序，即同时利用自然键和自然值进行排序。
- 针对组合键的 partitioner 和分组 comparator 在进行分区和分组时均只考虑自然键。

Java 代码

综合起来便得到例 8-9 中的源代码，该程序再一次使用了纯文本输入。

例 8-9. 该应用程序通过对键中的气温进行排序来找出最高气温

```
public class MaxTemperatureUsingSecondarySort
  extends Configured implements Tool {

  static class MaxTemperatureMapper extends MapReduceBase
```

```
  implements Mapper<LongWritable, Text, IntPair, NullWritable> {

  private NcdcRecordParser parser = new NcdcRecordParser();

  public void map(LongWritable key, Text value,
      OutputCollector<IntPair, NullWritable> output, Reporter reporter)
      throws IOException {

    parser.parse(value);
    if (parser.isValidTemperature()) {
      output.collect(new IntPair(parser.getYearInt(),
        + parser.getAirTemperature()), NullWritable.get());
    }
  }
}

static class MaxTemperatureReducer extends MapReduceBase
  implements Reducer<IntPair, NullWritable, IntPair, NullWritable> {

  public void reduce(IntPair key, Iterator<NullWritable> values,
      OutputCollector<IntPair, NullWritable> output, Reporter reporter)
      throws IOException {

    output.collect(key, NullWritable.get());
  }
}

public static class FirstPartitioner
  implements Partitioner<IntPair, NullWritable> {

  @Override
  public void configure(JobConf job) {}

  @Override
  public int getPartition(IntPair key, NullWritable value, int numPartitions) {
    return Math.abs(key.getFirst() * 127) % numPartitions;
  }
}

public static class KeyComparator extends WritableComparator {
  protected KeyComparator() {
    super(IntPair.class, true);
  }
  @Override
  public int compare(WritableComparable w1, WritableComparable w2) {
    IntPair ip1 = (IntPair) w1;
    IntPair ip2 = (IntPair) w2;
    int cmp = IntPair.compare(ip1.getFirst(), ip2.getFirst());
    if (cmp != 0) {
      return cmp;
    }
    return -IntPair.compare(ip1.getSecond(), ip2.getSecond()); //reverse
  }
}
```

```
  public static class GroupComparator extends WritableComparator {
    protected GroupComparator() {
      super(IntPair.class, true);
    }
    @Override
    public int compare(WritableComparable w1, WritableComparable w2) {
      IntPair ip1 = (IntPair) w1;
      IntPair ip2 = (IntPair) w2;
      return IntPair.compare(ip1.getFirst(), ip2.getFirst());
    }
  }

  @Override
  public int run(String[] args) throws IOException {
    JobConf conf = JobBuilder.parseInputAndOutput(this, getConf(), args);
    if (conf == null) {
      return -1;
    }

    conf.setMapperClass(MaxTemperatureMapper.class);
    conf.setPartitionerClass(FirstPartitioner.class);
    conf.setOutputKeyComparatorClass(KeyComparator.class);
    conf.setOutputValueGroupingComparator(GroupComparator.class);
    conf.setReducerClass(MaxTemperatureReducer.class);
    conf.setOutputKeyClass(IntPair.class);
    conf.setOutputValueClass(NullWritable.class);

    JobClient.runJob(conf);
    return 0;
  }

  public static void main(String[] args) throws Exception {
    int exitCode = ToolRunner.run(new MaxTemperatureUsingSecondarySort(), args);
    System.exit(exitCode);
  }
}
```

在 mapper 中利用 `IntPair` 类定义了一个代表年份和气温的组合键，该类实现了 `Writable` 接口。`IntPair` 与 `TextPair` 类相似，后者可参见第 96 页的“实现定制的 Writable”小节。由于可以根据各 reducer 的组合键获得最高气温，因此无需附加其他信息，使用 `NullWritable` 即可。根据辅助排序，reducer 输出的第一个键就是包含年份和最高气温信息的 `IntPair` 对象。`IntPair` 的 `toString()`方法返回一个以制表符分隔的字符串，因而该程序输出一组由制表符分隔的年份/气温对。

> 许多应用需要访问所有已排序的值，而非像上例一样只需要第一个值。鉴于在 reducer 中用户只能够获取第一个键，所以必须填充值字段，从而在键和值之间存在一些冗余信息。

我们创建一个自定义的 partitioner 以按照组合键的首字段(年份)进行分区。为了按照年份(升序)和气温(降序)排列键，我们使用一个自定义的键 comparator(即 KeyComparator)来抽取字段并执行比较操作。类似的，为了按年份对键进行分组，我们使用 SetOutputValueGroupingComparator()来自定义一个 comparator，只取键的首字段进行比较。[①]

运行该程序，返回各年的最高气温：

```
% hadoop jar job.jar MaxTemperatureUsingSecondarySort input/ncdc/all \
> output-secondarysort
% hadoop fs -cat output-secondarysort/part-* | sort | head
1901	317
1902	244
1903	289
1904	256
1905	283
1906	294
1907	283
1908	289
1909	278
1910	294
```

Streaming

可以借助 Hadoop 所提供的一组库来实现 Streaming 的辅助排序，下面的驱动可以用来进行辅助排序：

```
hadoop jar $HADOOP_INSTALL/contrib/streaming/hadoop-*-streaming.jar \
  -D stream.num.map.output.key.fields=2 \
  -D mapred.text.key.partitioner.options=-k1,1 \
  -D mapred.output.key.comparator.class=\
org.apache.hadoop.mapred.lib.KeyFieldBasedComparator \
  -D mapred.text.key.comparator.options="-k1n -k2nr" \
  -input input/ncdc/all \
  -output output_secondarysort_streaming \
  -mapper ch08/src/main/python/secondary_sort_map.py \
  -partitioner org.apache.hadoop.mapred.lib.KeyFieldBasedPartitioner \
  -reducer ch08/src/main/python/secondary_sort_reduce.py \
  -file ch08/src/main/python/secondary_sort_map.py \
  -file ch08/src/main/python/secondary_sort_reduce.py
```

例 8-10 中的 map 函数输出年份和气温两个字段。为了将这两个字段看成一个组合键，需要将 stream.num.map.output.key.fields 的值设为 2。这意味着值可以是空的，就像 Java 程序(例 8-9)一样。

① 为简单起见，这里定义的 comparator 并未经过优化。参见第 99 页“为速度实现一个 RawComparator”小节，了解如何提高运行效率。

例 8-10. 针对辅助排序的 map 函数(Python 版本)

```
#!/usr/bin/env python

import re
import sys

for line in sys.stdin:
  val = line.strip()
  (year, temp, q) = (val[15:19], int(val[87:92]), val[92:93])
  if temp == 9999:
    sys.stderr.write("reporter:counter:Temperature,Missing,1\n")
  elif re.match("[01459]", q):
    print "%s\t%s" % (year, temp)
```

鉴于我们并不期望根据整个组合键来划分数据集，因此可以利用 `KeyFieldBasedPatitioner` 类以组合键的一部分进行划分。可以使用 `mapred.text.key.partitioner.options` 配置这个 partitioner。在上例中，值 `-k1,1` 表示该 partitioner 只使用组合键的第一个字段。`map.output.key.field.separator` 属性所定义的字符串能分隔各个字段(默认情况下，是制表符)。

接下来，我们还需要一个比较器以对年份字段升序排列、对气温字段降序排列，使 reduce 函数能够方便地返回各组中的第一个记录。Hadoop 提供的 `KeyFieldBasedComparator` 类能有效解决这个问题。该类通过 `mapred.text.key.comparator.options` 属性来设置排列次序，其格式规范与 GNU sort 类似。本例中的`-k1n-k2nr` 选项表示“首字段按数值顺序排序，字段按数值顺序反向排序”。与 `KeyFieldBasedPartitioner` 类似，`KeyFieldBasedComparator` 也采用在 `map.output.key.field.separator` 中定义的分隔符将一个组合键划分成多个字段。

Java 版本的程序需要定义分组 comparator。但是在 Streaming 中，组并未以任何方式划分，因此必须在 reduce 函数中不断地查看年份是否改变来检测组的边界(例 8-11)。

例 8-11. 针对辅助排序的 reducer 函数(Python 版本)

```
#!/usr/bin/env python

import sys

last_group = None
for line in sys.stdin:
  val = line.strip()
  (year, temp) = val.split("\t")
  group = year
  if last_group != group:
    print val
    last_group = group
```

运行此程序之后，得到的结果与 Java 版本一样。

最后谨记，`KeyFieldBasedPartitioner` 和 `KeyFieldBasedComparator` 不仅在 Streaming 程序中使用，也能够在 Java MapReduce 程序中使用。

连接

MapReduce 能够执行大型数据集间的“连接”(join)操作，但是，自己从头编写相关代码来执行连接的确非常棘手。除了写 MapReduce 程序，还可以考虑采用一个更高级的框架，如 Pig、Hive 或 Cascading 等，它们都将连接操作视为整个实现的核心部分。

先简要地描述待解决的问题。假设有两个数据集：气象站数据库和天气记录数据集，并考虑如何合二为一。一个典型的查询是：输出各气象站的历史信息，同时各行记录也包含气象站的元数据信息，如图 8-2 所示。

连接操作的具体实现技术取决于数据集的规模及分区方式。如果一个数据集很大(例如天气记录)而另外一个集合很小，以至于可以分发到集群中的每一个节点之中(例如气象站元数据)，则可以执行一个 MapReduce 作业，将各个气象站的天气记录放到一块(例如，根据气象站 ID 执行部分排序)，从而实现连接。mapper 或 reducer 根据各气象站 ID 从较小的数据集合中找到气象站元数据，使元数据能够被写到各条记录之中。该方法将在第 252 页的“边数据分布”小节中详述，侧重于将数据分发到 tasktracker 的机制。

连接操作如果由 mapper 执行，则称为“map 端连接”；如果由 reducer 执行，则称为“reduce 端连接”。

如果两个数据集的规模均很大，以至于没有哪个数据集可以被完全复制到集群的每个节点，我们仍然可以使用 MapReduce 来进行连接，至于到底采用 map 端连接还是 reduce 端连接，则取决于数据的组织方式。最常见的一个例子便是用户数据库和用户活动日志(例如访问日志)。对于一个热门服务来说，将用户数据库(或日志)数据库分发到所有 MapReduce 节点中是行不通的。

map 端连接

在两个大规模输入数据集之间的 map 端连接会在数据到达 map 函数之前就执行连接操作。为达到该目的，各 map 的输入数据必须先分区并且以特定方式排序。各个输入数据集被划分成相同数量的分区，并且均按相同的键排序(连接键)。同一键的所有记录均会放在同一分区之中。听起来似乎要求非常严格(的确如此)，但这的确合乎 MapReduce 作业的输出。

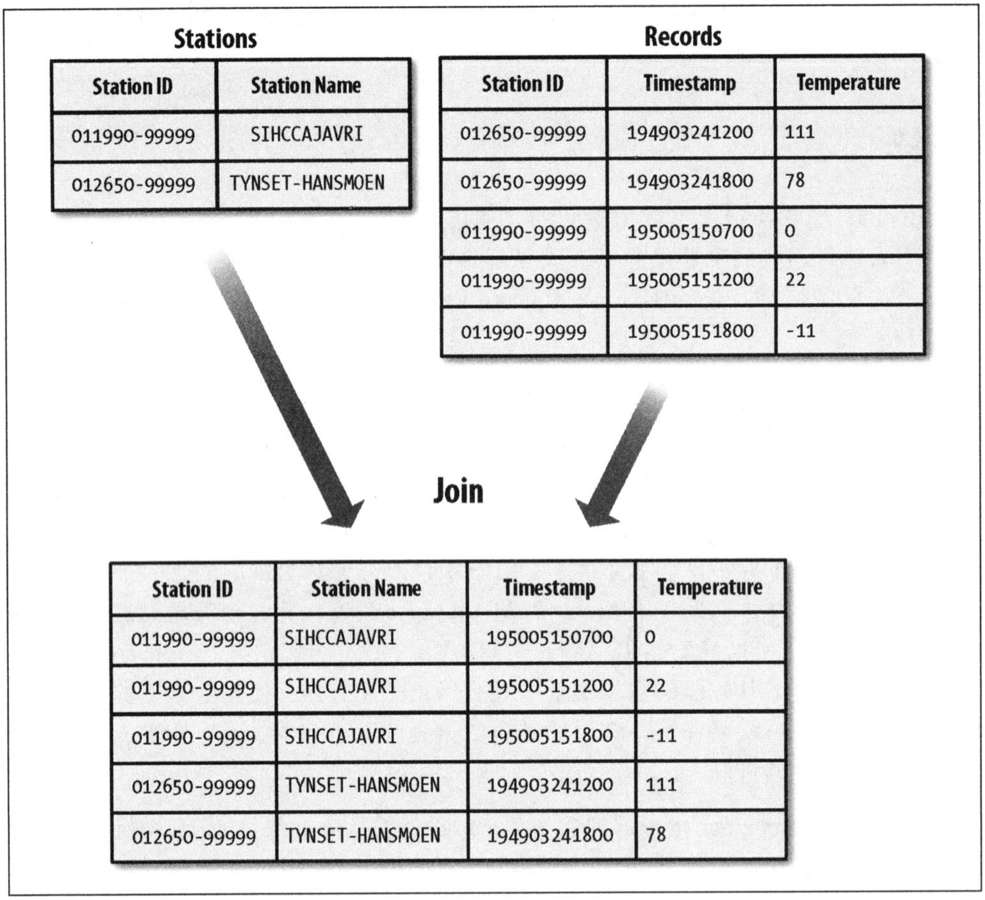

图 8-2. 两个数据集的内连接

map 端连接操作可以连接多个作业的输出，只要这些作业的 reducer 数量相同，键相同、并且输出文件是不可切分的(例如，小于一个 HDFS 块，或 gzip 压缩)。在天气例子中，如果气象站文件以气象站 ID 排序，记录文件也以气象站 ID 排序，而且 reducer 的数量相同，则它们就满足了执行 map 端连接的前提条件。

利用 `org.apache.hadoop.mapred.join` 包中的 `CompositeInputFormat` 类来运行一个 map 端连接。`CompositeInputFormat` 类的输入源和连接类型(内连接或外连接)可以通过一个连接表达式进行配置，连接表达式的语法较为简单。详情与示例可参见包文档。

org.apache.hadoop.examples.Join 是一个通用的执行 map 端连接的命令行程序。该例运行一个基于多个输入数据集的 mapper 和 reducer 的 MapReduce 作业，以执行给定的操作。

reduce 端连接

由于 reduce 端连接并不要求输入数据集符合特定结构，因而 reduce 端连接比 map 端连接更为常用。但是，由于两个数据集均需经过 MapReduce 的 shuffle 过程，所以 reduce 端连接的效率往往要低一些。基本思路是 mapper 为各个记录标记源，并且使用连接键作为 map 输出键，使键相同的记录放在同一 reducer 中。以下技术能帮助实现 reduce 端连接。

多输入

数据集的输入源往往有多种格式，因此可以使用 MultipleInputs 类(参见第 214 页的“多输入”小节)来方便地解析和标注各个源。

辅助排序

如前所述，reducer 将从两个源中选出相同的记录且并不介意这些记录是否已排好序。此外，为了更好地执行连接操作，先将某一个源的数据传输到 reducer 会非常重要。以天气数据连接为例，当天气记录发送到 reducer 的时候，与记录有相同键的气象站信息最好也已经放在 reducer，使 reducer 能够将气象站名称填到天气记录之中再输出。虽然也可以不指定数据传输次序，并将待处理的记录缓存在内存之中，但应该尽量避免这种情况，因为其中一组的记录数量可能非常庞大，远远超出 reducer 的可用内存容量。①

第 241 页的“辅助排序”小节介绍如何对 reducer 所看到的每个键的值进行排序，所以在此也用到了辅助排序技术。

我们使用第 4 章的 TextPair 类构建组合键，包括气象站 ID 和“标记”。在这里，“标记”是一个虚拟的字段，其唯一目的是对记录排序，使气象站记录比天气记录先到达。一种简单的做法就是：对于气象站记录，“标记”值为 0；对于天气记录，“标记”值为 1。例 8-12 和例 8-13 分别描述了执行该任务的两个 mapper 类。

例 8-12. 这个 mapper 用于 reduce 端连接中标记气象站记录

```
public class JoinStationMapper extends MapReduceBase
    implements Mapper<LongWritable, Text, TextPair, Text> {
  private NcdcStationMetadataParser parser = new NcdcStationMetadataParser();
```

① 在 *contrib* 目录下的 data_join 包通过在内存中缓存记录来实现 reduce 端连接。因此具有这个局限性。

```
  public void map(LongWritable key, Text value,
      OutputCollector<TextPair, Text> output, Reporter reporter)
      throws IOException {

    if (parser.parse(value)) {
      output.collect(new TextPair(parser.getStationId(), "0"),
        new Text(parser.getStationName()));
    }
  }
}
```

例 8-13. 这个 mapper 类用于 reduce 端连接标记天气记录

```
public class JoinRecordMapper extends MapReduceBase
    implements Mapper<LongWritable, Text, TextPair, Text> {
  private NcdcRecordParser parser = new NcdcRecordParser();

  public void map(LongWritable key, Text value,
      OutputCollector<TextPair, Text> output, Reporter reporter)
      throws IOException {

    parser.parse(value);
    output.collect(new TextPair(parser.getStationId(), "1"), value);
  }
}
```

reducer 知道自己会先接收气象站记录。因此从中抽取出值，并将其作为后续每条输出记录的一部分写到输出文件。如例 8-14 所示。

例 8-14. 这个 reducer 用于连接已标记的气象站记录和天气记录

```
public class JoinReducer extends MapReduceBase implements
    Reducer<TextPair, Text, Text, Text> {

  public void reduce(TextPair key, Iterator<Text> values,
        OutputCollector<Text, Text> output, Reporter reporter)
        throws IOException {

    Text stationName = new Text(values.next());
    while (values.hasNext()) {
      Text record = values.next();
      Text outValue = new Text(stationName.toString() + "\t" + record.toString());
      output.collect(key.getFirst(), outValue);
    }
  }
}
```

上述代码假设天气记录的每个气象站 ID 字段与气象站数据集中的一条记录准确匹配。如果这个假设不成立，则需要泛化代码，使用另一个 `TextPair`。`reduce()`方法在处理天气记录之前，要能够区分哪些记录是气象站名称，检测(和处理)缺失或重复的记录。

在 reducer 的迭代部分中，对象被重复使用(为了提高效率)。因此，从第一个 Text 对象获得站点名称(即 stationName)的值就非常关键。

```
Text stationName = new Text(values.next());
```

如果不执行该语句，则 stationName 会指向上一条记录的值，这显然是错误的。

例 8-15 显示了该作业的驱动类。在该类中，关键在于根据组合键的第一个字段(即气象站 ID)进行分区和分组，即使用一个自定义的 partitioner(即 KeyPartitioner)和一个自定义的 comparator(FirstComparator)作为 TextPair 的嵌套类。

例 8-15. 对天气记录和气象站名称执行连接操作

```
public class JoinRecordWithStationName extends Configured implements Tool {

  public static class KeyPartitioner implements Partitioner<TextPair, Text> {
    @Override
    public void configure(JobConf job) {}

    @Override
    public int getPartition(TextPair key, Text value, int numPartitions) {
      return (key.getFirst().hashCode() & Integer.MAX_VALUE) % numPartitions;
    }
  }

  @Override
  public int run(String[] args) throws Exception {
    if (args.length != 3) {
      JobBuilder.printUsage(this, "<ncdc input> <station input> <output>");
      return
    }

    J        conf = new JobConf(getConf(), getClass());
             JobName("Join record with station name");

         ncdcInputPath = new Path(args[0]);
         stationInputPath = new Path(args[1]);
         outputPath = new Path(args[2]);

    MultipleInputs.addInputPath(conf, ncdcInputPath,
        TextInputFormat.class, JoinRecordMapper.class);
    MultipleInputs.addInputPath(conf, stationInputPath,
        TextInputFormat.class, JoinStationMapper.class);
    FileOutputFormat.setOutputPath(conf, outputPath);

    conf.setPartitionerClass(KeyPartitioner.class);
    conf.setOutputValueGroupingComparator(TextPair.FirstComparator.class);

    conf.setMapOutputKeyClass(TextPair.class);

    conf.setReducerClass(JoinReducer.class);
```

```
    conf.setOutputKeyClass(Text.class);

    JobClient.runJob(conf);
    return 0;
  }

  public static void main(String[] args) throws Exception {
    int exitCode = ToolRunner.run(new JoinRecordWithStationName(), args);
    System.exit(exitCode);
  }
}
```

在样本数据上运行该程序，获得以下输出：

```
011990-99999 SIHCCAJAVRI       0067011990999991950051507004+68750...
011990-99999 SIHCCAJAVRI       0043011990999991950051512004+68750...
011990-99999 SIHCCAJAVRI       0043011990999991950051518004+68750...
012650-99999 TYNSET-HANSMOEN   0043012650999991949032412004+62300...
012650-99999 TYNSET-HANSMOEN   0043012650999991949032418004+62300...
```

边数据分布

“边数据”(side data)是作业所需的额外的只读数据，以辅助处理主数据集。所面临的挑战在于如何使所有 map 或 reduce 任务(这些任务散布在集群内部)都能够方便而高效地使用边数据。

除了本小节描述的分布机制，还可以静态字段的方式将边数据缓存在内存中，供同一 tasktracker 上同一个作业的后续任务共享。第 184 页的“任务 JVM 重用”小节描述了如何启用这个特性。该方法还需关注所占用的内存大小，因为可能影响混洗所需要的内存(参见第 177 页的“shuffle 和排序”小节)。

利用 JobConf 来配置作业

`JobConf` 类(继承自 `Configuration`)的各种 setter 方法能够方便地配置作业的任一键/值对。如果仅需向任务传递少量元数据则非常有用。如果想获取任务的值，只需覆盖 `Mapper` 或 `Reducer` 类的 `configure()`方法，并调用传入 `JobConf` 对象的 getter 方法即可。

一般情况下，基本类型足以应付元数据编码。但对于更复杂的对象，用户要么自己处理序列化工作(这需要实现一个对象与字符串之间的双向转换机制)，要么使用 Hadoop 提供的 `Stringifier` 类。`DefaultStringifier` 使用 Hadoop 的序列化框架来序列化对象。详情参见第 86 页的“序列化”小节。

但是这种机制会加大 Hadoop 守护进程的内存开销压力，在几百个作业同在一个系统中运行的情况下尤为显著，因而并不适合传输只有几千字节的数据量。作业配置由 jobtracker、tasktracker 和子 JVM 读取。每次读取配置时，所有项都被读入到内存(即使暂时不用的配置项也不例外)。例如，用户属性并不在 jobtracker 或 tasktracker 上读取，因此这种做法既浪费时间，又浪费内存。

分布式缓存

与在作业配置中序列化边数据的技术相比，Hadoop 的分布式缓拷贝存机制更受青睐，它能够在任务运行过程中及时地将文件和存档复制到任务节点以供使用。为了节约网络带宽，在每一个作业中，各个文件通常只需复制到一个节点一次。

用法

对于使用 `GenericOptionsParser`(本书中多处程序均用到该类，参见第 135 页的“辅助类 GenericOptionsParser, Tool 和 ToolRunner”小节)的工具来说，用户可以使用 `-file` 选项指定待分发的文件，文件内包含以逗号隔开的 URL 列表。文件可以存放在本地文件系统、HDFS 或其他 Hadoop 可读文件系统(例如 S3)之中。如果尚未指定文件系统，则这些文件被默认是本地的。即使默认文件系统并非本地文件系统，这也是成立的。

用户可以使用 `-archieves` 选项向自己的任务中复制存档文件(JAR 文件、ZIP 文件、tar 文件和 gzipped tar 文件)，这些文件会被反存档到任务节点。`-libjars` 选项会把 JAR 文件添加到 mapper 和 reducer 任务的类路径中。如果作业 JAR 文件并非包含很多库 JAR 文件，这点会很有用。

> Streaming 并不采用分布式缓存来在集群间复制 Streaming 脚本。用户需要用 `-file` 选项(注意：单横线)指定待复制的文件。每一个待复制的文件均需如此操作。此外，由 `-file` 选项指定的文件必须只是文件路径，而不是 URI，以便这些文件能够供启用 Streaming 作业的客户端访问。
>
> Streaming 也支持 `-files` 和 `-archieves` 选项，通过 Streaming 脚本将文件复制到分布式缓存中。

以下指令显示如何使用分布式缓存来共享元数据文件，以得到气象站名称：

```
% hadoop jar job.jar MaxTemperatureByStationNameUsingDistributedCacheFile \
  -files input/ncdc/metadata/stations-fixed-width.txt input/ncdc/all output
```

该命令将本地文件 *stations-fixed-width.txt*(未指定文件系统，从而被自动解析为本地文件)复制到任务节点，从而可以查找气象站名称。类 `MaxTemperatureByStationNameUsingDistributedCacheFile` 的代码如例 8-16 所示。

例 8-16. 查找各气象站的最高气温并显示气象站名称，气象站文件是一个分布式缓存文件

```
public class MaxTemperatureByStationNameUsingDistributedCacheFile
  extends Configured implements Tool {

  static class StationTemperatureMapper extends MapReduceBase
    implements Mapper<LongWritable, Text, Text, IntWritable> {

    private NcdcRecordParser parser = new NcdcRecordParser();

    public void map(LongWritable key, Text value,
        OutputCollector<Text, IntWritable> output, Reporter reporter)
        throws IOException {

      parser.parse(value);
      if (parser.isValidTemperature()) {
        output.collect(new Text(parser.getStationId()),
          new IntWritable(parser.getAirTemperature()));
      }
    }
  }

  static class MaxTemperatureReducerWithStationLookup extends MapReduceBase
    implements Reducer<Text, IntWritable, Text, IntWritable> {

    private NcdcStationMetadata metadata;

    @Override
    public void configure(JobConf conf) {
      metadata = new NcdcStationMetadata();
      try {
        metadata.initialize(new File("stations-fixed-width.txt"));
      } catch (IOException e) {
        throw new RuntimeException(e);
      }
    }

    public void reduce(Text key, Iterator<IntWritable> values,
        OutputCollector<Text, IntWritable> output, Reporter reporter)
        throws IOException {

      String stationName = metadata.getStationName(key.toString());

      int maxValue = Integer.MIN_VALUE;
      while (values.hasNext()) {
        maxValue = Math.max(maxValue, values.next().get());
      }
      output.collect(new Text(stationName), new IntWritable(maxValue));
```

```
    }
  }

  @Override
  public int run(String[] args) throws IOException {
    JobConf conf = JobBuilder.parseInputAndOutput(this, getConf(), args);
    if (conf == null) {
      return -1;
    }

    conf.setOutputKeyClass(Text.class);
    conf.setOutputValueClass(IntWritable.class);

    conf.setMapperClass(StationTemperatureMapper.class);
    conf.setCombinerClass(MaxTemperatureReducer.class);
    conf.setReducerClass(MaxTemperatureReducerWithStationLookup.class);

    JobClient.runJob(conf);
    return 0;
  }

  public static void main(String[] args) throws Exception {
    int exitCode = ToolRunner.run(
        new MaxTemperatureByStationNameUsingDistributedCacheFile(), args);
    System.exit(exitCode);
  }
}
```

这个程序通过气象站查找最高气温，因此 mapper(`StationTemperatureMapper`)仅仅输出(气象站 ID，气温)对。对于 combiner，该程序重用 `MaxTemperatureReducer`(参见第 2 章和第 5 章)来为 map 端的 map 输出分组获得最高气温。Reducer (`MaxTemperatureReducerWithStationLookup`)则有所不同，因为它不仅要查找最高气温，还需要根据缓存文件查找气象站名称。

该程序在 reducer 的 `configure()`方法中用文件的原始名称来获取缓存文件，该文件的路径与任务的工作目录相同。

> 当文件无法整个放到内存中时，可以使用分布式缓存进行复制。MapFile 采用在盘检索格式(参见第 123 页的“MapFile”小节)，在这方面非常有用。由于 MapFile 是一组已定义的目录结构的文件，用户可以将这些文件整理成存档格式(JAR、ZIP 或 gzipped tar)，再用`-archieves`选项将其加入缓存。

以下是输出的小片段，显示部分气象站的最高气温值。

```
PEATS RIDGE WARATAH         372
STRATHALBYN RACECOU         410
SHEOAKS AWS                 399
WANGARATTA AERO             409
MOOGARA                     334
MACKAY AERO                 331
```

工作机制

当用户启动一个作业，Hadoop 将由`-files`和`-archieves`选项所指定的文件复制到 jobtracker 的文件系统(一般是 HDFS)之中。接着，在任务运行之前，tasktracker 将文件从 jobtracker 的文件系统中复制到本地磁盘——缓存——使任务能够访问文件。从任务的角度来看，这些文件就已经在那儿了(它并不关心这些文件是否来自 HDFS)

tasktracker 为缓存中的文件各维护一个计数器来统计这些文件的被使用情况。当任务即将运行时，针对该文件所使用的所有文件的计数器值增 1；当任务执行完毕之后，这些计数器值均减 1。当相关计数器值为 0 时，表明该文件没有被任何任务使用，可以从缓存中移除。缓存的容量是有限的——默认 10 GB，因此需要经常删除无用的文件以腾出空间来装载新文件。缓存大小可以通过配置属性`local.cache.size`进行配置，以字节为单位。

尽管这个机制并不确保在同一 tasktracker 上运行的作业的后续任务能否在缓存中找到文件，但是成功的概率相当大。原因在于作业的多个任务在调度之后几乎同时开始运行，在此期间基本不可能有足够多的其他任务也在运行，乃至于将该任务所需文件从缓存中移除出去。

文件存放在 tasktracker 的*${mapred.local.dir}/taskTracker/archive* 目录下。但是用户无需细究这一点，因为这些文件同时以符号链接的方式指向任务的工作目录。

DistributedCache API

由于可以通过`GenericOptionsParser`间接使用分布式缓存，大多数应用不需要使用`DistributedCache API`。事实上，利用`GenericOptionsParser`访问分布式缓存更方便。例如，可以将本地文件复制到 HDFS 中去，接着`JobClient`会通过`addCacheFile()`和`addCacheArchive()`方法告诉`DistributedCache`在 HDFS 中的位置。当文件存放到本地时，`JobClient`同样获得`DistributedCache`来创建符号链接，其形式为文件的 URI 加 fragment 标识。例如，以 URI *hdfs://namenode/foo/bar myfile* 指定的文件通过符号链接以 myfile 文件名存放在任务的工作目录下。例 8-8 显示的例子便使用了这个 API。

在任务节点上，最方便的方法是直接访问本地化的文件。然而，有时候用户需要获得缓存中所有有效文件的列表。JobConf 有两个方法可以做到这一点：getLocalCacheFiles()和 getLocalCacheArchives()函数均返回一个指向本地文件路径对象数组。

MapReduce 库类

Hadoop 还为 mapper 和 reducer 提供了一个，包含了常用函数的库。表 8-2 简要描述了这些类。如需了解详细用法，可参考相关 Java 文档。

表 8-2. MapReduce 库的类

类名称	描述
ChainMapper, ChainReducer	在一个 mapper 中运行多个 mapper，再运行一个 reducer，最后在该 reducer 中运行多个 mapper。符号表示：M+RM*，其中 M 是 mapper，R 是 reducer。与运行多个 MapReduce 作业相比，这个方案能够显著降低磁盘 I/O 开销
FieldSelectionMapReduce	能从输入键和值中选择字段(类似 Unix 的 cut 命令)，并输出键和值的 mapper 和 reducer
IntSumReducer, LongSumReducer	该 reducer 对各键的所有整数值执行求和操作
InverseMapper	一个能交换键和值的 mapper
TokenCounterMapper	将输入值分解成独立的单词(使用 Java 的 StringTokenizer)、输出各单词以及计数器(值为 1)
RegexMapper	检查输入值是否匹配某正则表达式，输出匹配字符串和计数器(值为 1)

第 9 章

构建 Hadoop 集群

本章介绍如何在一个计算机集群上构建 Hadoop 系统。尽管在单机上运行 HDFS 和 MapReduce 有助于学习这些系统，但是要想执行一些有价值的工作，必须在多节点系统上运行。

不论是在租借的硬件设备上构建 Hadoop 系统，还是获得许可在云上提供 Hadoop 服务，均需考虑若干个选项。本章和第 10 章提供充分的信息来构建和操作 Hadoop 集群。有些读者可能已经在使用 Hadoop 服务了，甚至也可能已经做了大量日常的维护操作，对于这些读者，阅读这两章内容仍然有助于从操作的角度深入理解 Hadoop 的工作机制。

集群规范

Hadoop 运行在商业硬件上。用户可以选择普通硬件厂商生产的标准化的、广泛有效的硬件来构建集群，无需使用特定厂商生产的昂贵、专有的硬件设备。

首先澄清两点。第一，商业硬件并不等同于低端硬件。低端机器常常使用便宜的零部件，其故障率远高于更昂贵(但仍是商业级别)的机器。当用户管理几十台、上百台，甚至几千台机器时，便宜的零部件故障率更高，导致维护成本更高。第二，也不推荐使用大型数据库级别的机器，因为性价比太低了。用户可能会考虑使用少数几台数据库级别的计算机来构建一个集群，使其性能与一个中等规模的商业机器集群差不多。然而，某一台机器发生故障时，会对集群产生更大的负面影响，因为相对而言，故障硬件所占的比重更大了。

硬件规格很快就会过时。但为了举例说明，下面列举一下硬件规格。在 2010 年中，搭载 Hadoop 的 datanode 和 tasktracker 的典型机器具有以下规格：

处理器

2 个四核 2～2.5 GHz CPU

内存

16～24 GB ECC RAM[①]

存储器

4 × 1TB SATA 硬盘

网络

千兆以太网

尽管集群采用的机器硬件肯定有所不同，但是 Hadoop 一般使用多核 CPU 和多磁盘，以充分利用现代化硬件的强大功能。

为何不使用 RAID？

尽管建议采用 RAID(Redundant Array of Independent Disk)作为 namenode 的外部存储器以避免元数据冲突，但在 datanode 中使用 RAID 作为外部存储器并不会给 HDFS 带来好处。因为 HDFS 所提供的节点间复制技术已满足了数据备份需求，无需使用 RAID 的冗余机制。

此外，尽管 RAID 条带化(RAID 0)技术被广泛用于提升性能，但是其速度仍然比 HDFS 的 JBOD(Just a Bunch Of Disks)慢。JBOD 在所有磁盘之间循环调度 HDFS 块。RAID 0 的读写操作受限于磁盘阵列中最慢盘片的速度，而 JBOD 的磁盘操作均独立，因而平均读写速度高于最慢盘片的读写速度。需要强调的是，各个磁盘的性能多少总存在一些差异，即使同一品牌也不例外。针对某一 Yahoo!集群的评测报告(*http://markmail.org/message/xmzc45zi25htr7ry*)表明，在一个测试(Gridmix)中，JBOD 比 RAID 0 快 10%；在另一测试(HDFS 写吞吐量)中，JBOD 比 RAID 0 快 30%。

最后，如果 JBOD 配置的某一磁盘出现故障，HDFS 还可以忽略该磁盘，继续工作。相比之下，RAID 的某一盘片故障会导致整个磁盘阵列不可用。

Hadoop 的主体用 Java 语言写成，能够在任意一个安装了 JVM 的平台上运行。但由于仍有部分代码(例如控制脚本)需在 Unix 环境下执行，因而 Hadoop 并不适宜在非 Unix 平台上运行供生产用。

① 部分客户报告称在 Hadoop 集群中使用非 ECC 内存时会产生校验和错误，因此强烈建议采用 ECC 内存。

事实上，Windows 操作系统主要作为一个开发平台(安装了 Cygwin 之后)，而非生产平台，详情参见附录 A。

一个 Hadoop 集群到底应该有多大？这个问题并无确切答案。但是，Hadoop 的魅力在于用户可以在初始阶段构建一个小集群(大约 10 个节点)，并随存储与计算需求增长持续扩充。从某种意义上讲，更恰当的问题是：你到底需要多快的集群？以下举一个关于存储的例子，用户可以有更深的体会。

假如数据每周增长 1 TB。如果采用三路 HDFS 复制技术，则每周需要增加 3 TB 存储能力。再加上一些中间文件和日志文件(约占 30%)，基本上相当于每周增加一台机器(2010 年的高端机型)。实际上，用户无需每周购买一台新机器并将其加入集群。上述粗略计算的意义在于让用户了解集群的规模：在本例中，保存两年数据大致需要 100 台机器。

对于一个小集群(几十个节点)而言，在一台 master 机器上运行 namenode 和 jobtracker 通常没问题 (前提是至少一份 namenode 的元数据另存在远程文件系统中)。随着 HDFS 中的集群和文件数不断增长，namenode 需要使用更多内存，因此 namenode 和 jobtracker 最好分别放在不同机器中。

辅助 namenode 可以和 namenode 运行在同一机器之中，但是同样由于内存使用的原因(辅助 namenode 和主 namenode 具有相同的内存需求)，二者最好运行在独立的硬件之上，特别是对于大规模的集群。详情可参见第 268 页的“主节点场景”小节。运行 namenode 的机器一般采用 64 位硬件，以避免在 32 位架构下 Java 堆的 3 GB 内存限制。①

网络拓扑

通常，Hadoop 集群架构包含两级网络拓扑，如图 9-1 所示。一般来说，各机架装配 30~40 个服务器，共享一个 1 GB 的交换机(该图中各机架只画了 3 个服务器)各机架的交换机又通过上行链路与一个核心交换机或路由器互联。这个架构的一突出特点是：同一机架内部节点间的总带宽要远高于不同机架间节点的带宽。

① 在早期，人们通常认为：集群应该配备 32 位机器(jobtracker，datanode/ tasktracker)，以避免大指针引起的存储开销。Sun 公司的 Java 6 update 14 的特色之一 “压缩普通对象指针”显著降低了这类开销，因而在 64 位硬件上运行程序不会导致性能恶化。

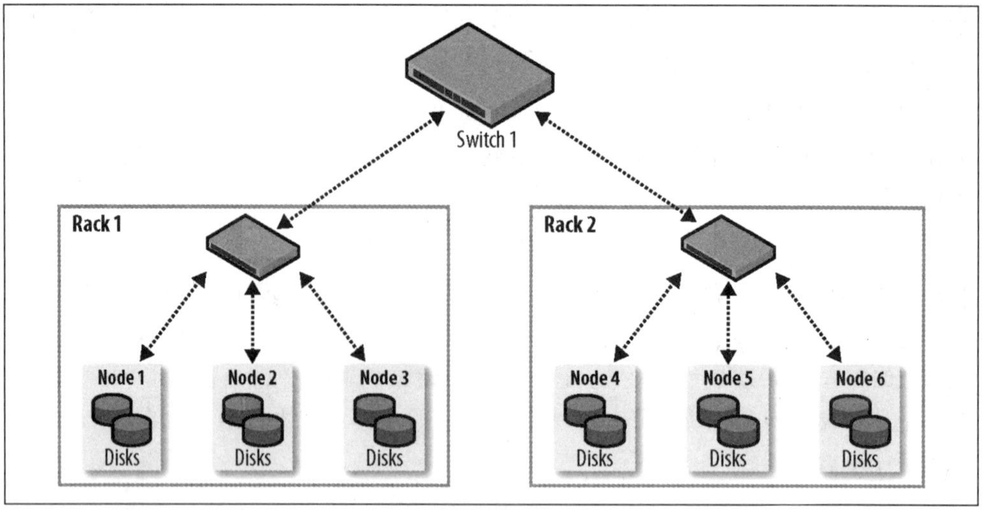

图 9-1. Hadoop 集群的典型二级网络架构

机架的注意事项

为了达到 Hadoop 的最佳性能，配置 Hadoop 系统以让其了解网络拓扑状况就极为关键。如果集群只包含一个机架，就不需要进行配置，因为这种情况就是默认情况。但是对于多机架的集群来说，描述清楚节点-机架间的映射关系就很有必要。这样的话，当 Hadoop 将 MapReduce 任务分配到各个节点时，会倾向于执行机架内的数据传输(拥有更多带宽)，而非跨机架数据传输。HDFS 将能够更加智能地放置复本(replica)，以取得性能和灵活性的平衡。

节点和机架这样的“网络位置”(location)以树的形式来表示，这种树形结构能够体现出各个位置之间的网络“距离”。namenode 使用网络位置来确定在哪里放置块的复本(参见第 64 页补充内容的“网络拓扑与 Hadoop”小节)；jobtracker 根据网络位置来查找最近的复本，将它作为 map 任务的输入，并调度到 tasktracker 上运行。

在图 9-1 所示的网络中，机架拓扑由两个网络位置来描述，即/交换机 1/机架 1 和/交换机 1/机架 2。由于该集群只有一个顶级路由器，这两个位置可以简写为/机架 1 和/机架 2。

Hadoop 配置需要通过一个 Java 接口 DNSToSwitchMapping 来记录节点地址和网络位置之间的映射关系。该接口定义如下：

```
public interface DNSToSwitchMapping {
  public List<String> resolve(List<String> names);
}
```

参数 names 是一个 IP 地址列表，resolve()函数的返回值是对应网络位置字符串列表。topology.node.switch.mapping.impl 配置属性实现了 DNSToSwitchMapping 接口，namenode 和 jobtracker 均采用它来解析工作节点的网络位置。

在上例的网络拓扑中，可将节点 1、节点 2 和节点 3 映射到/机架 1，将节点 4、节点 5 和节点 6 映射到/机架 2 中。

但是，对于大多数安装来说，用户不需要再额外实现接口，只需使用默认的 ScriptBasedMapping 实现即可，它运行用户定义的脚本来描述映射关系。脚本的存放路径由属性 topology.script.file.name 控制。脚本接受一系列输入参数，描述带映射的主机名称或 IP 地址，再将相应的网络位置以空格分开，输出到标准输出。用户可以参考 Hadoop wiki 的一个例子，网址为 *http://wiki.apache.org/hadoop/ topology_rack_awareness_scripts*。

如果没有指定脚本位置，默认情况下，会将所有节点映射到单个网络位置，即 */default-rack*。

集群的构建和安装

硬件备齐之后，下一步就是装配设备，从零开始安装需要的软件以运行 Hadoop。

安装和配置 Hadoop 有多种方式。本章介绍如何使用 Apache Hadoop 分发包安装 Hadoop，同时也介绍用户在安装过程中需要仔细思考的一些背景知识。此外，如果用户想用 RPM 或 Debian 包来管理 Hadoop 安装，则要先安装 Cloudera's Distribution for Hadoop，参见附录 B。

用户可以采用自动安装的方式来减轻在各节点上安装和维护相同软件的负担，例如 Red Hat Linux 的 Kickstart 或 Debian 的 Fully Automatic Installation 等。这些工具通过记录问答环节中用户给出的答案(例如磁盘分区设置)、待安装的包列表等信息，实现自动化安装。更为关键的是，这些工具还提供钩子(hook)，可在安装过程末期运行某些脚本。这些脚本并不包含在标准安装程序中，但对调整和定制最终系统非常重要。

下面几个小节将描述运行 Hadoop 所需的一些个性化设置，这些内容需要添加到安装脚本之中。

安装 Java

运行 Hadoop 需要 Java 6 或更新版本。尽管很多厂商的 Java 分发包可能也会正常工作，但是首选方案是采用最新稳定的 Sun JDK。下列指令检查 Java 是否已被正确安装：

```
% java -version
java version "1.6.0_12"
Java(TM) SE Runtime Environment (build 1.6.0_12-b04)
Java HotSpot(TM) 64-Bit Server VM (build 11.2-b01, mixed mode)
```

创建 Hadoop 用户

最好创建特定的 Hadoop 用户帐号以区分 Hadoop 和本机上的其他服务。

有一些集群管理员选择将这个新用户的 home 目录设在一个 NSF 挂载的驱动器上，以辅助 SSH 密钥分布(参见以下讨论)。一般而言，NFS 服务器在 Hadoop 集群之外。如果用户选择使用 NSF，则有必要考虑 autofs，它提供按需挂载 NFS 文件系统的功能，即系统访问它时才挂载。autofs 也提供一些措施来应对 NFS 服务器发生故障的情况——发生故障时会切换到复制之后的文件系统。同时也需要关注 NFS 的其他特性，例如 UID 和 GID 的同步。有关在 Linux 系统上搭建 NFS 的其他信息，可参见 *http://nfs.sourceforge.net/nfs-howto/index.html*。

安装 Hadoop

从 Apache Hadoop 的发布页面(*http://hadoop.apache.org/core/releases.html*)下载 Hadoop，并在某一本地目录解压缩发布包,例如 */usr/local* (*/opt* 是另一标准选项)。注意，Hadoop 并没有安装在 hadoop 用户的 home 目录下，最好是在某一 NFS 挂载的目录上：

```
% cd /usr/local
% sudo tar xzf hadoop-x.y.z.tar.gz
```

此外，还需将 Hadoop 文件的拥有者改为 hadoop 用户和组：

```
% sudo chown -R hadoop:hadoop hadoop-x.y.z
```

一些管理员喜欢将 HDFS 和 MapReduce 安装在同一系统的不同位置中。在本书写就之际，仅当 HDFS 与 MapReduce 均属于同一个 Hadoop 发布时，二者才是兼容的。然而，在未来的发布版本中，兼容性限制会逐步放宽。在这种情况下，由于具备更多升级选项，分别独立安装这两款软件会更加合理(详见第 316 页的“升级”小节)。例如，可以便捷地升级 MapReduce——可能打一个补丁——同时 HDFS 仍在运行。

注意：独立安装 HDFS 和 MapReduce 之后，它们仍然可以共享配置信息，其方法是使用`--config`(启动守护进程时)选项指向同一目录。这两个软件可以将日志输出到同一目录之中，所产生的日志文件名称不同，不会冲突。

测试安装

准备好安装文件之后，用户就可以在集群的主机上进行安装、测试。鉴于安装文件之间存在一些相互依赖性，整个过程可能会多次反复。系统正常启动之后，用户可进一步配置 Hadoop 并且试运行。这个过程将在后续章节中详细描述。

SSH 配置

Hadoop 控制脚本依赖 SSH 来执行针对整个集群的操作。例如，某个脚本能够终止并重启集群的所有守护进程。值得注意的是，控制脚本并非唯一方法，用户也可以利用其他方法执行集群范围的操作(例如分布式 shell)。

为了支持无缝工作，SSH 安装好之后，需要允许 hadoop 用户无需键入密码即可登陆集群内的机器。最简单的方法是创建一个公钥/私钥对，并利用 NFS 在整个集群间共享该密钥对。

首先，以某 hadoop 用户帐号登录后，键入以下指令来产生一个 RSA 密钥对。

```
% ssh-keygen -t rsa -f ~/.ssh/id_rsa
```

尽管我们期望无密码登录，但无口令的密钥并不是一个好的选择(运行在本地伪分布集群上时，倒也不妨使用一个空口令，参见附录 A)。因此，当系统提示输入口令时，用户最好指定一个口令。可以使用 *ssh-agent* 避免为每个连接一一输入密码。

私钥放在由`-f` 选项指定的文件之中，例如*~/.ssh/id_rsa*。存放公钥的文件名称与私钥类似，但是以“*.pub*”作为后缀，例如*~/.ssh/id_rsa.pub*。

接下来，需确保公钥存放在用户打算连接的所有机器的*~/.ssh/authorized_keys* 文件中。如果 hadoop 用户的 home 目录在 NFS 文件系统中，则密钥可以通过键入以下指令在整个集群共享：

```
% cat ~/.ssh/id_rsa.pub >> ~/.ssh/authorized_keys
```

如果 home 目录并非通过 NFS 共享，则需要利用其他方法共享公钥。

测试是否可以从主机器 *ssh* 到工作机器。若可以，则表明 *ssh-agent* 正在运行。[①]再运行 *ssh-add* 来存储口令。这样的话，用户即可不输入口令就能 *ssh* 到一台工作机器。

Hadoop 配置

控制 Hadoop 安装的配置文件有许多，最重要的几个文件已列在表 9-1 中。

表 9-1. Hadoop 配置文件

文件名称	格式	描述
hadoop-env.sh	Bash 脚本	记录脚本要用的环境变量，以运行 Hadoop
core-site.xml	Hadoop 配置 XML	Hadoop Core 的配置项，例如 HDFS 和 MapReduce 常用的 I/O 设置等
hdfs-site.xml	Hadoop 配置 XML	Hadoop 守护进程的配置项，包括 namenode、辅助 namenode 和 datanode 等
mapred-site.xml	Hadoop 配置 XML	MapReduce 守护进程的配置项，包括 jobtracker 和 tasktracker
masters	纯文本	运行辅助 namenode 的机器列表(每行一个)
slaves	纯文本	运行 datanode 和 tasktracker 的机器列表(每行一个)
hadoop-metrics.properties	Java 属性	控制 metrics 在 Hadoop 上如何发布的属性(参见第 306 页的“度量”小节)
log4j.properties	Java 属性	系统日志文件、namenode 审计日志、tasktracker 子进程的任务日志的属性(参见第 156 页的“Hadoop 用户日志”小节)

上述文件都放在 Hadoop 分发包的 conf 目录中。配置目录也可重新放在文件系统的其他地方(Haddop 安装的外面，以便于升级)，但是守护进程启动时需要使用`--config`选项，以指向本地文件系统的某个目录。

① 可以参阅 *ssh-agent* 指令的主页面，学习如何启动 *ssh-agent*。

配置管理

Hadoop 并没有将所有配置信息放在一个单独的全局位置中。反之，集群的 Hadoop 节点都各自保存一系列配置文件，并由管理员完成这些配置文件的同步工作。Hadoop 提供一个基本工具来进行同步配置，即 *rsync*(参见后文的讨论)。此外，诸如 *dsh* 或 *pdsh* 等并行 shell 工具也可完成该任务。

Hadoop 也支持为所有的主机器和工作机器采用同一套配置文件。最大的优势在于简单，不仅体现在理论上(仅需处理一套配置文件)，也体现在可操作性上(使用 Hadoop 脚本就能进行管理)。

值得一提的是，这种一体适用的配置模型对某些集群来说并不合适。以扩展集群为例，当用户增加新机器时，如果新机器的硬件部件与现有机器不同，则需要为新机器创建一套新的配置文件，以充分利用新硬件的资源。

在这种情况下，需要引入“机器类”的概念，分别为不同机器类分别维护一套配置文件。Hadoop 没有提供执行这个操作的工具，需要借助外部工具来执行该配置操作，例如 Chef、Puppet、cfengine 和 bcfg2 等。

对于大型集群来说，同步化所有机器上的配置文件极具挑战性。例如，假设某台机器正好处于异常状态，而此时用户正好发出一条更新配置的指令，如何保证这台机器恢复正常状态之后也能够更新配置？这个问题很严重，可能会导致集群中各机器的配置不匹配。因此，就算用户能够使用 Hadoop 控制脚本管理 Hadoop，仍然推荐使用控制管理工具管理集群。这些工具足以顺利完成日常维护，例如为安全漏洞打补丁、升级系统包等。

控制脚本

Hadoop 内置一些脚本来运行指令、在集群内启动和终止守护进程。为了运行这些脚本(存放在 *bin* 目录中)，还需要指定集群内的所有机器。有两个文件能达成这个目标，即 *masters* 和 *slaves*。各文件逐行记录一些机器的名称或 IP 地址。*masters* 文件的名称确实有点误导人，它主要记录拟运行辅助 namenode 的所有机器。*slaves* 文件记录了运行 datanode 和 tasktracker 的所有机器。这两个文件存放在配置目录之中。用户也可以改变 *hadoop-env.sh* 的 *HADOOP_SLAVES* 项的值，将 *slaves* 文件放在其他地方(也可以改变文件名称)。此外，这些文件无需分发到各个工作节点，因为只有运行在 namenode 或 jobtracker 上的控制脚本能使用这些文件。

用户无需指定究竟 *masters* 文件中的哪台(或哪些)机器正在运行 namenode 和 jobtracker，该操作由运行脚本的机器决定。(实际上，在 *masters* 文件上指定这些机器会导致在这些机器上运行一个辅助 namenode，而这可能违背用户期望。)例如，*start-dfs.sh* 脚本用于启动集群中所有的 HDFS 守护进程，但是该脚本运行时会在同一机器上运行 namenode。详细步骤如下。

1. 在本地机器上启动一个 namenode(脚本所运行的机器)。
2. 在 *slaves* 文件中记录的各机器上启动一个 datanode。
3. 在 *masters* 文件中所记录的各机器上启动一个辅助 namenode。

脚本文件 *start-mapred.sh* 与 *start-dfs.sh* 类似，它启动集群中的所有 MapReduce 守护进程。详细步骤如下。

1. 在本地机器上启动一个 jobtracker。
2. 在 *slaves* 文件列举的每台机器上启动一个 tasktracker。

注意，MapReduce 控制脚本不使用 *masters* 文件。

此外，`stop-dfs.sh` 和 `stop-mapred.sh` 脚本能终止由相关启动脚本启动的守护进程。

上述脚本调用 `hadoop-daemon.sh` 脚本来启动和终止 Hadoop 守护进程。如果用户已经使用前述脚本，则不宜直接调用 `hadoop-daemon.sh`。但是如果用户需要从其他系统(或利用自己编写的脚本)控制 Hadoop 守护进程，则可以调用 `hadoop-daemon.sh` 脚本。类似的，`hadoop-daemons.sh`(注意，多了“s”后缀)用于在多个主机上启动同一守护进程。

主节点场景

由于集群规模差异较大，对于主节点守护进程的配置也差异很大，包括 namenode、辅助 namenode 和 jobtracker。对于一个小型集群来说(几十个节点)，可以直接将这些守护进程放到单独的一台机器上。但是，对于大型集群来说，则最好让这些守护进程分别运行在不同机器上。

namenode 在内存中保存整个命名空间的所有文件和块元数据，它的内存需求很大。辅助 namenode 在大多数时间里空闲，但是它在创建检查时的内存需求与主 namenode 差不多。详情参见第 294 页的“文件系统映像和编辑日志”小节。一旦文件系统包含大量文件，单台机器的物理内存便无法同时运行主 namenode 和辅助 namenode。

辅助 namenode 保存一份最新的检查点，记录文件系统的元数据。将这些历史信息备份到其他节点上，有助于在数据丢失(或系统崩溃)情况下恢复 namenode 的元数据文件。详见第 10 章的讨论。

在一个运行大量 MapReduce 作业的高负载集群上，jobtracker 会使用大量内存和 CPU 资源，因此它最好运行在一个专用节点上。

不管主守护进程运行在一个还是多个节点上，以下规则均适用。

- 在 namenode 机器上运行 HDFS 控制脚本。*masters* 文件包含辅助 namenode 的地址。
- 在 jobtracker 机器上运行 MapReduce 控制脚本。

当 namenode 和 jobtracker 运行在不同节点之上时，集群中的各节点将运行一个 datanode 和一个 tasktracker，以使 *slaves* 文件同步。

环境设置

本节探讨如何设置 *hadoop-env.sh* 文件中的变量。

内存

在默认情况下，Hadoop 为各个守护进程分配 1000 MB(1GB)内存。该值由 *hadoop-env.sh* 文件的 `HADOOP_HEAPSIZE` 参数控制。此外，tasktracker 启动独立的子 JVM 以运行 map 和 reduce 任务。因此，计算一个工作机器的最大内存需求时，需要综合考虑上述因素。

一个 tasktracker 能够同时运行最多多少个 map 任务，由 `mapred.tasktracker.map.tasks.maximum` 属性控制，默认值是 2 个任务。相应的，一个 tasktracker 能够同时运行的最多 reduce 任务数由 `mapred.tasktracker.reduce.tasks.maximum` 属性控制，默认值也是 2。分配给每个子 JVM 的内存量由 `mapred.child.java.opts` 属性决定，默认值是 `-Xmx200m`，表示每个任务分配 200 MB 内存。顺便提一句，用户也可以提供其他 JVM 选项。例如，启用 verbose GC Logging 工具以调试 GC。综上所述，在默认情况下，一个工作机器会占用 2800 MB 内存(参见表 9-2)。

表 9-2. 计算工作节点的内存占用量

JVM	默认内存占用量(MB)	配备 8 个处理器的机器的内存占用量，每个子任务分配 400 MB (MB)
datanode	1000	1000
tasktracker	1000	1000
tasktracker 的子 map 任务	2 × 200	7 × 400
tasktracker 的子 reduce 任务	2 × 200	7 × 400
总计	2800	7600

在一个 tasktracker 上能够同时运行的任务数取决于一台机器有多少个处理器。由于 MapReduce 作业通常是 `I/O-bound`，因此将任务数设定为超出处理器数也有一定

道理，能够获得更好的利用率。至于到底需要运行多少个任务，则依赖于相关作业的 CPU 使用情况，但经验法则是任务数(包括 map 和 reduce 任务)与处理器数的比值最好在 1 和 2 之间。

例如，假设客户拥有 8 个处理器，并计划在各处理器上分别跑 2 个进程，则可以将 mapred.tasktracker.map.tasks.maximum 和 mapred.tasktracker.reduce.tasks.maximum 的值分别设为 7(考虑到还有 datanode 和 tasktracker 这两个进程，这两项值不可设为 8)。如果各个子任务的可用内存增至 400 MB，则总内存开销将高达 7600 MB(参见表 9-2)。

对于配备 8 GB 物理内存的机器，该 Java 内存分配方案是否合理还取决于同时运行在这台机器上的其他进程。如果这台机器还运行着 Streaming 和 Pipes 程序等，由于无法为这些进程(包括 Streaming 和 Pipes)分配足够内存，这个分配方案并不合理(而且分配到子节点的内存将会减少)。此时，各进程在系统中不断切换，导致服务性能恶化。精准的内存设置极度依赖于集群自身的特性。用户可以使用一些工具监控集群的内存使用情况，以优化分配方案。Ganglia(参见第 308 页的“GangliaContext”小节)就是采集此类信息的有效工具。

Hadoop 也可设置 MapReduce 操作所能使用的最大内存量。这类设置是分别针对各项作业进行的，详情可参见第 177 页的“shuffle 和排序”小节)。

对于主节点来说，namenode、辅助 namenode 和 jobtracker 守护进程在默认情况下各使用 1000 MB 内存，所以总计 3000 MB。

> 由于 namenode 会在内存中存储所有文件的每个数据块的引用，因此 namenode 很可能会“吃光”分配给它的所有内存。例如，1000 MB 内存可能仅够存储少数几百万个文件的数据块的引用。我们可以不改变其他 Hadoop 守护进程的内存分配量而只增加 namenode 的内存分配量，即：设置 *hadoop-env.sh* 文件中的 HADOOP_NAMENODE_OPTS，包含一个 JVM 选项以设定内存大小。HADOOP_NAMENODE_OPTS 允许向 namenode 的 JVM 传递额外选项。以 Sun JVM 为例，-Xmx2000m 选项表示为 namenode 分配 2000 MB 内存空间。
>
> 由于辅助 namenode 的内存需求量和主 namenode 差不多，所以更改 namenode 的内存分配之后还需对辅助 namenode 做相同更改(使用 HADOOP_SECONDARYNAMENODE_OPTS 变量)。在本例中，用户一般期待辅助 namenode 运行在另一台机器上。
>
> 也存在相应的环境变量来设置其他 Hadoop 守护进程的内存分配量。因此，用户可以利用这些变量更改特定守护进程的内存分配量。详见 *hadoop-env.sh* 文件。

Java

需要设置 Hadoop 系统的 Java 安装的位置。方法一是在 `hadoop-env.sh` 文件中设置 `JAVA_HOME` 项；方法二是在 shell 中设置 `JAVA_HOME` 环境变量。相比之下，方法一更好，因为只需操作一次就能够保证整个集群使用同一版本的 Java。

系统日志文件

默认情况下，Hadoop 生成的系统日志文件存放在`$HADOOP_INSTALL/logs` 目录之中，也可以通过 *hadoop-env.sh* 文件中的 `HADOOP_LOG_DIR` 来进行修改。建议修改默认设置，使之独立于 Hadoop 的安装目录。这样的话，即使 Hadoop 升级之后安装路径发生变化，也不会影响日志文件的位置。通常可以将日志文件存放在 */var/log/hadoop* 目录中。实现的方法很简单，就是在 *hadoop-env.sh* 中加入以下一行。

```
export HADOOP_LOG_DIR=/var/log/hadoop
```

如果日志目录并不存在，则会首先创建该目录(如果操作失败，请确认 Hadoop 用户是否有权创建该目录)。运行在各台机器上的各个 Hadoop 守护进程均会产生两类日志文件。第一类日志文件(以`.log` 作为后缀名)是通过 log4j 记录的。鉴于大部分应用程序的日志消息都写到该日志文件中，所以在对问题进行故障诊断时需要先查看这个文件。标准的 Hadoop log4j 配置采用日常滚动文件后缀策略(Daily Rolling File Appender)来命名日志文件(即：首先设定一个日期模式，例如“yyyy-mm-dd”；在某一天产生的日志文件就在名称前缀后面添加一个遵循日期模式的后缀名)。系统并不自动删除过期的日志文件，而是留待用户定期删除或存档，以节约本地磁盘空间。

第二类日志文件后缀名为*.out*，记录标准输出和标准错误日志。由于 Hadoop 使用 log4j 记录日志，所以这个文件通常只包含少量记录，甚至为空。重启守护进程时，系统会创建一个新文件来记录此类日志。系统仅保留最新的 5 个日志文件。旧的日志文件会附加一个数字后缀，值在 1 和 5 之间，5 表示最旧的文件。

日志文件的名称(两种类型)包含运行守护进程的用户名称、守护进程名称和本地主机名等信息。例如，*hadoop-tomdatanode-sturges.local.log.2008-07-04* 就是一个日志文件的名称。这种命名方法保证集群内所有机器的日志文件名称各不相同，从而可以将所有日志文件存档到一个目录中。

日志文件名称中的“用户名称”部分实际对应 *hadoop-env.sh* 文件中的 `HADOOP_IDENT_STRING` 项。若想采用其他名称，可以修改 `HADOOP_IDENT_STRING` 项。

SSH 设置

借助 SSH 协议，用户在主节点上使用控制脚本就能在(远程)工作节点上运行一系列指令。自定义 SSH 设置会带来诸多益处。例如，减小连接超时设定(使用 ConnectTimeout 选项)可以避免控制脚本长时间等待宕机节点的响应。当然，也不可设得过低，否则会导致繁忙节点被跳过。

StrictHostKeyChecking 也是一个很有用的 SSH 设置。设置为 no 会自动将新主机键加到已知主机文件之中。该项的默认值是 ask，会提示用户证实是否已经验证了“键指纹”(key fingerprint)，因此并不适合大型集群环境[①]。

在 *hadoop-env.sh* 文件中定义 HADOOP_SSH_OPTS 环境变量还能够向 SSH 传递更多选项。参见 ssh 和 ssh_config 手册以了解更多 SSH 设置。

利用 rsync 工具，Hadoop 控制脚本能够将配置文件分发到集群中的所有节点。默认情况下，该功能并未启用；为了启用功能，需要在 *hadoop-env.sh* 文件中定义 HADOOP_MASTER 项。工作节点的守护进程启动之后，会把以 HADOOP_MASTER 为根的目录树与本地的 HADOOP_INSTALL 目录同步。

如果 Hadoop 系统的两个主进程(即 namenode 和 jobtracker)分别运行在不同机器上，该如何执行上述操作？可以任选一台机器为源，另一台机器就能够像其他工作节点一样通过 rsync 工具进行同步。实际上，任意一台机器均可作为 rsync 的源，即使该机器处在 Hadoop 集群外部。

在默认情况下并未设置 HADOOP_MASTER 项，这引发一个问题：如何确保每个工作节点的 *hadoop-env.sh* 文件已经设置好 HADOOP_MASTER？对于小型集群来说很容易解决：编写一个脚本文件，将主节点的 *hadoop-env.sh* 文件拷贝到所有工作节点即可。对于大型集群来说，可以采用类似 dsh 的工具，并行拷贝文件。此外，还可以编写 *hadoop-env.sh* 文件，添加以上内容，并将这个文件作为自动安装脚本的一部分(例如 Kickstart)。

考虑一个已经启用远程同步功能的大型集群。集群启动时，所有工作节点几乎同时启动，这么多节点同时向主节点发出 rsync 请求，势必会导致主节点瘫痪。为了避免发生这种情况，需要将 HADOOP_SLAVE_SLEEP 项设为一小段时间，例如 0.1(表示 0.1 秒钟)。这样的话，主节点会在相继调用两个工作节点的指令的间隙主动休眠一段时间间隔。

① 如果想进一步了解 SSH 主机密钥的安全性的内容，请参阅 Brian Hatch 的文章“SSH Host Key Protection”，网址为 *http://www.securityfocus.com/infocus/1806*。

Hadoop 守护进程的关键属性

Hadoop 的配置属性简直让人眼花缭乱。本节讨论对实际工作集群非常关键的一些属性(或至少能够理解默认属性的含义)，这些属性分散在三个文件中，包括 core-site.xml、hdfs-site.xml 和 mapred-site.xml。例 9-1 列举了这些文件的典型设置。值得一提的是，这些属性大多被标记为 final，从而无法被作业配置覆盖。要想进一步了解如何配置这些文件，可参见第 130 页的“配置 API”小节。

例 9-1. 一系列典型的配置文件

```
<?xml version="1.0"?>
<!-- core-site.xml -->
<configuration>
  <property>
    <name>fs.default.name</name>
    <value>hdfs://namenode/</value>
    <final>true</final>
  </property>
</configuration>

<?xml version="1.0"?>
<!-- hdfs-site.xml -->
<configuration>
  <property>
    <name>dfs.name.dir</name>
    <value>/disk1/hdfs/name,/remote/hdfs/name</value>
    <final>true</final>
  </property>

  <property>
    <name>dfs.data.dir</name>
    <value>/disk1/hdfs/data,/disk2/hdfs/data</value>
    <final>true</final>
  </property>

  </property>
    <name>fs.checkpoint.dir</name>
    <value>/disk1/hdfs/namesecondary,/disk2/hdfs/namesecondary</value>
    <final>true</final>
  </property>
</configuration>

<?xml version="1.0"?>
<!-- mapred-site.xml -->
<configuration>
  <property>
    <name>mapred.job.tracker</name>
    <value>jobtracker:8021</value>
    <final>true</final>
  </property>

  <property>
    <name>mapred.local.dir</name>
    <value>/disk1/mapred/local,/disk2/mapred/local</value>
    <final>true</final>
  </property>
```

```
  <property>
    <name>mapred.system.dir</name>
    <value>/tmp/hadoop/mapred/system</value>
    <final>true</final>
  </property>

  <property>
    <name>mapred.tasktracker.map.tasks.maximum</name>
    <value>7</value>
    <final>true</final>
  </property>

  <property>
    <name>mapred.tasktracker.reduce.tasks.maximum</name>
    <value>7</value>
    <final>true</final>
  </property>

<property>
<name>mapred.child.java.opts</name>
<value>-Xmx400m</value>
<!-- Not marked as final so jobs can include JVM debugging options -->
</property>
</configuration>
```

HDFS

运行 HDFS 需要将一台机器指定为 namenode。在例 9-1 中，属性 `fs.default.name` 描述 HDFS 文件系统的 URI，其主机是 namenode 的主机名称或 IP 地址，端口号是 namenode 监听 RPC 的端口。如果没有指定端口，默认端口是 8020。

> HDFS(或 MapReduce)守护进程并不用 *masters* 文件来确定主机名称。由于 *masters* 文件只供控制脚本使用，如果不使用控制脚本，可忽略该文件。

属性 `fs.default.name` 也指定了默认文件系统，可以解析相对路径。相对路径的长度更短，使用更便捷(不需要了解特定 namenode 的地址)。例如，假设默认文件系统如例 9-1 所示的那样，则相对路径*/a/b* 被解析为 *hdfs://namenode/a/b*。

鉴于 fs.default.name 用于指定 HDFS 的 namenode 和默认文件系统，表明 HDFS 必须是服务器配置的默认文件系统。值得注意的是，为了操作方便，允许客户端将其他文件系统指定为默认文件系统。

例如，假设系统使用 HDFS 和 S3 两种文件系统，则可以将任一文件系统指定为客户端的默认文件系统。这样的话，就能用相对 URI 指向默认文件系统，用绝对 URI 指向另一文件系统。

还需要配置 HDFS 以决定 namenode 和 datanode 的存储目录。属性项 dfs.name.dir 指定一系列目录来供 namenode 存储永久性的文件系统元数据(编辑日志和文件系统映像)。这些元数据文件会同时备份在所有指定的目录中。通常情况下，配置 dfs.name.dir，将 namenode 的元数据写到一个(或两个)本地磁盘和一个远程磁盘(例如 NFS 挂载的目录)之中。这样的话，即使本地磁盘发生故障，甚至整个 namenode 发生故障，都可以恢复元数据文件，并且重构新的 namenode。辅助 namenode 只是定期保存 namenode 的检查点，不提供 namenode 的最新备份。

属性项 dfs.data.dir 指定 datanode 存储数据的目录。前面提到，dfs.name.dir 描述一系列目录，其目的是支持冗余备份。虽然 dfs.data.dir 也描述了一系列目录，但是其目的是循环地在各个目录中写数据。因此，为了提高性能，最好分别为各个本地磁盘指定一个存储目录。这样一来，数据块跨磁盘分布，针对不同数据块的读操作可以并发执行，从而提升读性能。

为了充分发挥性能，需要使用 noatime 选项挂载磁盘。该选项意味着执行读操作时，所读文件的最新访问时间信息并不刷新，从而显著提升性能。

最后，还需要指定辅助 namenode 存储文件系统的检查点的目录。属性项 fs.checkpoint.dir 指定一系列目录来保存检查点。与 namenode 类似，检查点映像文件会分别存储在各个目录之中，以支持冗余备份。

表 9-3 总结了 HDFS 的关键配置属性。

表 9-3. HDFS 守护进程的关键属性

属性名称	类型	默认值	说明
fs.default.name	URI	file:///	默认文件系统。URI 定义主机名称和 namenode 的 RPC 服务器工作的端口号，默认值是 8020。本属性保存在 *core-site.xml* 中
dfs.name.dir	以逗号分隔的目录名称	${hadoop.tmp.dir}/dfs/name	namenode 存储永久性的元数据的目录列表。namenode 在列表上的各个目录中均存放相同的元数据文件
dfs.data.dir	以逗号分隔的目录名称	${hadoop.tmp.dir}/dfs/data	datanode 存放数据块的目录列表。各个数据块分别存放于某一个目录中
fs.checkpoint.dir	以逗号分隔的目录名称	${hadoop.tmp.dir}/dfs/namesecondary	辅助 namenode 存放检查点的目录列表。在所列的各个目录中分别存放一份检查点文件的副本

默认情况下，HDFS 的存储目录放在 Hadoop 的临时目录之中(即 `hadoop.tmp.dir` 属性，默认值是 `/tmp/hadoop-${user.name}`)。因此，正确设置这些属性项就非常关键，即使清除了系统的临时目录，数据也不会丢失。

MapReduce

用户需要指派一台机器为 jobtracker，以运行 MapReduce。在小型集群中，jobtracker 可以和 namenode 同处一台机器上。设置 `mapred.job.tracker` 属性，指定 jobtracker 的主机名或 IP 地址，以及它在监听的端口。该属性并非 URI 格式，而是“主机: 端口”格式。通常情况下，端口号被设为 8021。

在执行 MapReduce 作业的过程中所产生的中间数据和工作文件被写到临时本地文件之中。由于这些数据包括 map 任务的输出数据，数据量可能非常大，因此必须保证本地临时存储空间(由 `mapred.local.dir` 属性设置)的容量足够大。`mapred.local.dir` 属性使用一个逗号分隔的目录名称列表，用户最好将这些目录分散到所有本地磁盘，以提升磁盘 I/O 效率。通常情况下，会使用与 datanode 相同的磁盘和分区(但是不同的目录)存储 MapReduce 的临时数据。如前所述，datanode 的数据块存储目录由 `dfs.data.dir` 属性项指定。

MapReduce 使用分布式文件系统来和运行 MapReduce 任务的各个 tasktracker 共享文件(例如作业 JAR 文件)。属性项 mapred.system.dir 指定这些文件的存储目录，可以是针对默认文件系统的相对路径。(默认文件系统由 fs.default.name 属性设定，一般为 HDFS。)

最后，属性 mapred.tasktracker.map.tasks.maximum 和 mapred.tasktracker.reduce.tasks.maximum 表示在 tasktracker 机器上有多少核是可用的，mapred.child.java.opts 表示 tasktracker 子 JVM 的有效内存大小。详情参见第 269 页的“内存”小节。

表 9-4 总结了 HDFS 的关键配置属性。

表 9-4. MapReduce 守护进程的关键属性

属性名称	类型	默认值	说明
mapred.job.tracker	主机名和端口	local	jobtracker 的 RPC 服务器所在的主机名称和端口号。如果设为默认值 local，则运行一个 MapReduce 作业时，jobtracker 即时以处理时模式运行(换言之，用户无需启动 jobtracker；实际上试图在该模式下启动 jobtracker 会引发错误)
mapred.local.dir	逗号分隔的目录名称	${hadoop.tmp.dir}/mapred/local	存储作业中间数据的一个目录列表。作业终止时，数据被清除
mapred.system.dir	URI	${hadoop.tmp.dir}/mapred/system	在作业运行期间存储共享文件的目录，相对于 fs.default.name
mapred.task tracker.map.tasks.maximum	int	2	在任一时刻，运行在 tasktracker 之上的 map 任务的最大数
mapred.task tracker.reduce.tasks.maximum	int	2	在任一时刻，运行在 tasktracker 之上的 reduce 任务的最大数
mapred.child.java.opts	String	-Xmx200m	JVM 选项，用于启动运行 map 和 reduce 任务的 tasktracker 子进程。该属性可以针对每个作业进行设置。例如，可以设置 JVM 的属性，以支持调试

Hadoop 守护进程的地址和端口

Hadoop 守护进程一般同时运行 RPC 和 HTTP 两个服务器，RPC 服务器(表 9-5)支持守护进程间的通信，HTTP 服务器则提供与用户交互的 Web 页面(表 9-6)。需要分别为各个服务器配置网络地址和端口号。当网络地址被设为 `0.0.0.0` 时，Hadoop 将与本机上的所有地址绑定。用户也可以将服务器与某个指定的地址相绑定。端口号 0 表示服务器会选择一个空闲的端口号：但由于这种做法与集群范围的防火墙策略不兼容，通常不推荐。

表 9-5. RPC 服务器的属性

属性名称	默认值	说明
`fs.default.name`	`file:///`	被设为一个 HDFS 的 URI 时，该属性描述 namenode 的 RPC 服务器地址和端口。若未指定端口号，默认的端口号便是 8020
`dfs.datanode.ipc.address`	`0.0.0.0:50020`	datanode 的 RPC 服务器的地址和端口
`mapred.job.tracker`	`local`	被设为主机名称和端口号时，该属性指定 jobtracker 的 RPC 服务器地址和端口。常用的端口号是 8021
`mapred.task.tracker.report.address`	`127.0.0.1:0`	tasktracker 的 RPC 服务器地址和端口号。tasktracker 的子 JVM 利用它和 tasktracker 通信。在本例中，可以使用任一空闲端口，因为服务器仅对回送地址隐蔽。如果本机器没有回送地址，则需变更默认设置

除了 RPC 服务器之外，datanode 也运行 TCP/IP 服务器以支持块传输。服务器地址和端口由属性 `dfs.datanode.address` 设定，默认值是 `0.0.0.0:50010`。

表 9-6. HTTP 服务器的属性

属性名称	默认值	说明
`mapred.job.tracker.http.address`	`0.0.0.0:50030`	jobtracker 的 HTTP 服务器地址和端口
`mapred.task.tracker.http.address`	`0.0.0.0:50060`	tasktracker 的 HTTP 服务器地址和端口
`dfs.http.address`	`0.0.0.0:50070`	namenode 的 HTTP 服务器地址和端口
`dfs.datanode.http.address`	`0.0.0.0:50075`	datanode 的 HTTP 服务器地址和端口
`dfs.secondary.http.address`	`0.0.0.0:50090`	辅助 namenode 的 HTTP 服务器地址和端口

有多个网络接口时，还可以选择某一个网络接口作为各个 datanode 和 tasktracker 的 IP 地址(针对 HTTP 和 RPC 服务器)。相关属性项包括 `dfs.datanode.dns.interface` 和 `mapred.tasktracker.dns.interface`，默认值都是 `default`，表示使用默认的网络接口。可以修改这两个属性项来变更网络接口的地址(例如，`eth0`)。

Hadoop 的其他属性

本节讨论其他一些可能会用到的 Hadoop 属性。

集群成员

为了便于在将来添加或移除节点，用户可以通过文件来指定一些即将作为 datanode 或 tasktracker 加入集群的经过认证的机器。属性项 `dfs.hosts` 记录即将作为 datanode 加入集群机器列表；属性项 `mapred.hosts` 记录即将作为 tasktracker 加入集群的机器列表。与之相对应的，属性项 `dfs.hosts.exclude` 和 `mapred.hosts.exclude` 所指定的文件分别包含待移除的机器列表。更深入的讨论可参见第 313 页的“委任和解除节点”小节。

缓冲区大小

Hadoop 使用一个 4 KB 大小的缓冲区辅助 I/O 操作。但是，对于现代硬件和操作系统来说，这个容量实在过于保守了。增大缓冲区容量会显著提高性能，例如 64 KB(65 536 字节)或 128 KB(131 072 字节)更为常用。可以通过 *core-site.xml* 文件中的 `io.file.buffer.size` 属性项来设置缓冲区大小。

HDFS 块大小

默认情况下，HDFS 块大小是 64 MB，但是许多集群把块大小设为 128 MB(134 217 728 字节)或 256 MB(268 435 456 字节)以降低 namenode 的内存压力，并向 mapper 传输更多数据。可以通过 *hdfs-site.xml* 文件中的 `dfs.block.size` 属性项设置块的大小。

保留的存储空间

默认情况下，datanode 能够使用存储目录上的所有闲置空间，这可能导致没有空间可供其他应用程序使用。如果计划将部分空间留给其他应用程序(非 HDFS)，则需要设置 `dfs.datanode.du.reserved` 属性项来指定待保留的空间大小(以字节为单位)。

回收站

Hadoop 文件系统也有回收站设施，被删除的文件并未被真正删除，仅只转移到回收站(一个特定文件夹)中。回收站中的文件在被永久删除之前仍会至少保留一段时间。该信息由 *core-site.xml* 文件中的 `fs.trash.interval` 属性项(以分钟为单位)设置。默认情况下，该属性项的值是 0，表示回收站特性无效。

与其他操作系统类似，Hadoop 的回收站是用户级特性，换句话说，只有由文件系统 shell 直接删除的文件才会放到回收站中，用程序删除的文件会被直接删除。当然，也有例外的情况——就是使用 `Trash` 类。构造一个 `Trash` 实例，调用 `moveToTrash()`方法会把指定路径的文件移到垃圾箱中。如果操作成功，该方法返回一个值；否则，如果回收站特性未被启动，或该文件已经在回收站中，该方法返回 `false`。

当回收站特性被启用时，每个用户都有独立的回收站目录，即：*home* 目录下的*.Trash* 目录。恢复文件也很简易：在*.Trash* 的子目录中找到文件，并将其移出*.Trash* 目录。

HDFS 会自动删除回收站中的文件，但是其他文件系统并不具备这项功能。对于这些文件系统，用户必须定期执行以下指令来删除已在回收站中超过最小时间的所有文件：

```
% hadoop fs -expunge
```

`Trash` 类的 `expunge()`方法也具有相同效果。

任务的内存限制

在共享集群上，不允许由于存在有纰漏的 MapReduce 程序而影响集群中各个节点的正常工作。然而，如果 map 或 reduce 任务出现内存泄露，则这种情况很可能会发生。例如，假设一台运行 tasktracker 的机器的可用内存耗尽，则会影响其他正在运行的进程。为了防止此类事故，需要设置 `mapred.child.ulimit` 项，限制由 tasktracker 发起的子进程的最大虚拟内存(单位是千字节)。值得一提的是，该值应该明显高于 JMV 内存(由 `mapred.child.java.opts` 设置)，否则子 JVM 可能无法启动。

也可以采用另一种方法，即使用 *limits.conf* 在操作系统层面限制进程所耗的资源。

作业调度器

在多用户的 MapReduce 设置中，若考虑将默认的 FIFO 作业调度方案改变为功能更强的调度方案，可以参见第 175 页的“作业的调度”小节。

创建用户帐号

Hadoop 集群创建完毕，并且正常工作之后，还需要授予用户访问权限。具体而言，就是分别为各用户创建 home 目录，并相应地赋予用户拥有者权限。

```
% hadoop fs -mkdir /user/username
% hadoop fs -chown username:username /user/username
```

设定各目录的空间容量限制非常有必要。以下指令设定各用户的目录容量不超过 1 TB：

```
% hadoop dfsadmin -setSpaceQuota 1t /user/username
```

安全性

早期的 Hadoop 版本假定 HDFS 和 MapReduce 集群运行在安全的环境之中，由一组相互合作的用户所使用，因而其访问控制措施的目标防止偶然的数据丢失，而非阻止非授权的数据访问。例如，HDFS 中的文件许可模块会阻止用户由于程序漏洞而毁坏整个文件系统，也会阻止运行不小心输入的 `hadoop fs -rmr /`指令。然而，它无法阻止一个恶意用户假冒 root 标识(参见第 134 页的补充内容“设置用户标识”小节)来访问或删除集群中的任何数据。

从安全角度分析，Hadoop 缺乏一个安全的认证机制，以确保试图在集群上执行操作的用户恰是所声称的安全用户。但是，Hadoop 的文件许可模块只提供一种简单的认证机制，以决定各个用户对特定文件的访问权限。例如，某个文件的读权限仅开放给某用户一组，从而阻止其他用户组成员读取该文件。然而，这种认证机制仍然远远不够，只要恶意用户能够通过网络访问集群，就有可能伪造合法身份来攻击系统。

包含个人身份信息的数据(例如终端用户的全名或 IP 地址)非常敏感。一般情况下，需要严格限制组织内部的能够访问这类信息的员工数。相比之下，敏感性不强(或匿名)的数据则可以开放给更多用户。如果把同一集群上的数据划分不同的安全级别，在管理上会方便很多，特别是这意味着低安全级别的数据能够被广泛共享。然而，为了迎合数据保护的常规需求，共享集群的安全认证是不可或缺的。

Yahoo!公司在 2009 年就遇到了这个难题，因此他们组织了一个工程师团队来实现 Hadoop 的安全认证。这个团队提出的方案用 Kerberos(一个成熟的开源网络认证协议)实现用户认证，Hadoop 不直接管理用户隐私，而 Kerberos 也不关心用户的授权细节。换句话说，Kerberos 的职责在于鉴定登录帐号是否是他所声称的用户，Hadoop 则决定这个用户到底拥有多少权限。Kerberos 技术比较复杂，因此这里只介绍在 Hadoop 系统中的用法。若想了解更多背景，可以参阅 Jason Garman 所著的“*Kerberos: The Definitive Guide*”(O'Reilly, 2003)，网址为 *http://oreilly.com/catalog/97805960040331*。

哪些 Hadoop 版本支持 Kerberos 认证？

Apache Hadoop 在 0.20 版本之后开始添加 Kerberos 认证技术。然而，直到 0.21 版本，这项工作仍未完全结束。因此，在 0.22 版本之前，这项特性的有效性和稳定性均不成熟。除此之外， Yahoo! Distribution of Hadoop 的 0.20.S 版本和 Cloudera 的第一个稳定的 CDH3 发布中也有这项安全支持。

Kerberos 和 Hadoop

从宏观角度来看，使用 Kerberos 时，一个客户端需要经过三个步骤来获取服务。在各个步骤，客户端需要和一个服务器交换报文。

1. **认证**。客户端向认证服务器发送一条报文，并获取一个含时间戳的票据授予票据(Ticket-Granting Ticket，TGT)。
2. **授权**。客户端使用 TGT 向票据授予服务器(Ticket-Granting Server，TGS)请求一个服务票据。
3. **服务请求**。客户端向服务器出示服务票据，以证实自己的合法性。该服务器提供客户端所需服务，在 Hadoop 应用中，服务器可以是 namenode 或 jobtracker。

同时，认证服务器和票据授予服务器构成了密钥分配中心(Key Distribution Center，KDC)。整个过程如图 9-2 所示。

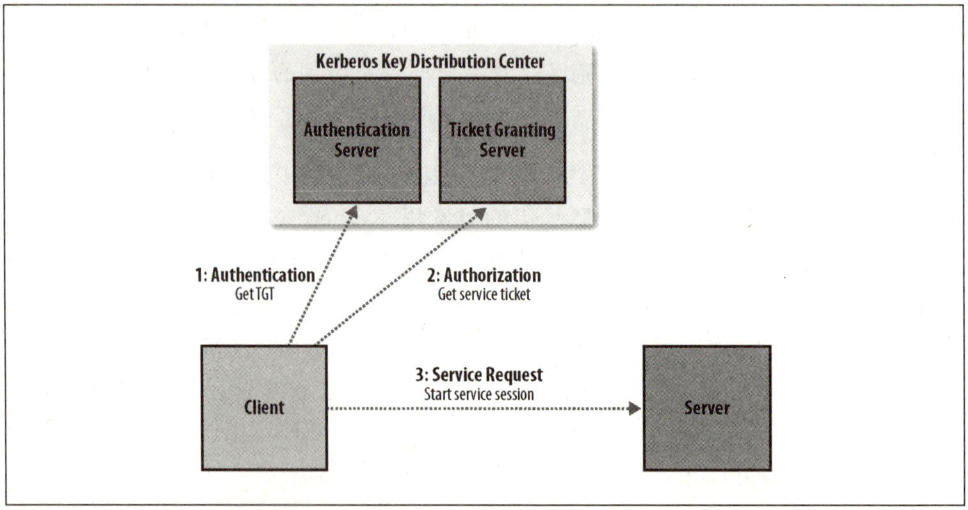

图 9-2．Kerberos 票据交换协议的三个步骤

授权和服务请求步骤并非用户级别的行为：客户端系统会代替用户来执行这些步骤。但是认证步骤通常需要由用户调用 `kinit` 命令来执行，该过程会提示用户输入密码。需要指出的是，这并不意味着每次运行一个作业或访问 HDFS 的时候都会强迫用户键入密码，因为用户所申请到的 TGT 具备一定的有效期，可以重用。在默认情况下，TGT 的有效期是 10 个小时，甚至还可以更新至一周。更通用的做法是采用自动认证：即在登录操作系统的时候自动执行认证操作，从而只需单次登录(single sign-on)到 Hadoop。

如果用户不期望被提示输入密码(例如，运行一个无人值守的 MapReduce 作业)，则可以使用 `ktutil` 命令创建一个 Kerberos 的 *keytab* 文件，该文件保存了用户密码并且可以通过 `-t` 选项应用于 `kinit` 命令。

一个例子

下面再看一个例子。首先，将 *coresite.xml* 文件中的 `hadoop.security.authentication` 属性项设置为 `kerberos`，以启用 Kerberos 认证。[①]该属性项的默认值是 `simple`，表示将采用传统的向前兼容(但是不安全)方式，即利用操作系统用户名称来决定登陆者的身份。

其次，还需要将同一文件中的 `hadoop.security.authorization` 属性项设置为 `true`，以启用服务级别的授权。*hadoop-policy.xml* 文件中的访问控制列表(ACL)决定哪些用户和组能够访问哪些 Hadoop 服务。这些服务在协议级别定义，包括针对 MapReduce 作业提交的服务、针对 namenode 通信的服务等。默认情况下，各个服务的 ACL 都被设置为*，表示所有用户能够访问所有服务。但在现实情况下，还是有必要充分考虑 ACL 策略，以控制访问服务的用户和组的范围。

ACL 的格式很简单，前一段是以逗号隔开的用户名称列表，后一段是以逗号隔开的组名称列表，两段间以空格隔开。例如，ACL 片段 `preston,howard directors,inventors` 会将某服务的访问权限授予两个用户 `preston`、`howard` 和两个组 `directors`、`inventors`。

当 Kerberos 认证被启用时，以下输出内容显示了从本地复制一个文件到 HDFS 中时系统反馈的结果。

```
% hadoop fs -put quangle.txt .
10/07/03 15:44:58 WARN ipc.Client: Exception encountered while connecting to the
server: javax.security.sasl.SaslException: GSS initiate failed [Caused by GSSEx
ception: No valid credentials provided (Mechanism level: Failed to find any Ker
```

① 为了在 Hadoop 中使用 Kerberos 认证，用户需要安装、配置和运行一个 KDC(Hadoop 并不自带一个 KDC)。用户所在的组织机构可能已经拥有一个 KDC 了(例如，已经安装了 Active Directory)；如果还没有任何 KDC，可以通过“*Linux Security Cookbook*”(O'Reilly, 2003)一书中提到的方法新建一个 MIT Kerberos 5 KDC。该书网址为 http://oreilly.com/catalog/97805960039131。为了学习 Hadoop 的安全性，可以考虑使用 Yahoo!的 Hadoop 0.20.S Virtual Machine Appliance，它包含一个本地的 KDC 和一个伪分布 Hadoop 集群。

```
beros tgt)]
Bad connection to FS. command aborted. exception: Call to
localhost/127.0.0.1:80
20 failed on local exception: java.io.IOException:
javax.security.sasl.SaslExcep
tion: GSS initiate failed [Caused by GSSException: No valid credentials provided
(Mechanism level: Failed to find any Kerberos tgt)]
```

由于用户没有 Kerberos 票据，所以上述操作失败。用户可以使用 `kinit` 指令向 KDC 认证，并获得一张票据。

```
% kinit
Password for hadoop-user@LOCALDOMAIN: password
% hadoop fs -put quangle.txt .
% hadoop fs -stat %n quangle.txt
quangle.txt
```

现在，可以看到文件已成功写入 HDFS。注意，由于 Kerberos 票据的有效期是 10 小时，所以尽管执行的是两条文件系统指令，但实际上只需调用一次 `kinit` 命令。另外，`klist` 命令能查看票据的过期时间，`kdestroy` 指令可销毁票据。在获取票据之后，各项工作与平常无异。

委托令牌

在诸如 HDFS 或 MapReduce 的分布式系统中，客户端和服务器之间频繁交互，且每次交互均需认证。例如，一个 HDFS 读操作不仅会与 namenode 多次交互、还会与一个或多个 datanode 交互。如果在一个高负载集群上采用三步骤 Kerberos 票据交换协议来认证每次交互，则会对 KDC 造成很大压力。因此，Hadoop 使用委托令牌来支持后续认证访问，避免了多次访问 KDC。委托令牌的创建和使用过程均由 Hadoop 代表用户透明地进行，因而用户在执行 `kinit` 命令登录之后就不需要做任何操作了。当然，了解委托令牌的基本用法仍然是有必要的。

委托令牌由服务器创建(在这里是指 namenode)，可以视为客户端和服务器之间共享的一个密文。当客户端首次通过 RPC 访问 namenode 时，客户端并没有委托令牌，因而需要利用 Kerberos 进行认证。之后，客户端从 namenode 取得一个委托令牌。在后续 RPC 调用中，客户端只需出示委托令牌，namenode 就能验证委托令牌的真伪(因为该令牌是由 namenode 使用密钥创建的)，并因此向服务器认证客户端的身份。

客户端需要使用一种特殊类型的委托令牌来执行 HDFS 块操作，称为“块访问令牌”(block access token)。客户端向 namenode 发出元数据请求，namenode 创建块访问令牌并发送回客户端。客户端使用块访问令牌向 datanode 证实自己的身份。由于 namenode 会和 datanode 分享它创建块访问令牌时用的密钥(通过心跳消息传送)，datanode 也能够验证这些块访问令牌。这样的话，仅当客户端已经从 namenode 获取了针对某一个 HDFS 块的块访问令牌，才可以访问该块。相比之下，在不安全的 Hadoop 系统中，客户端只知道块 ID 就能够访问一个块。可以通过将 dfs.block.access.token.enable 的值设置为 true 来启用块访问令牌特性。

在 MapReduce 中，jobtracker 共享 HDFS 中的作业资源和元数据(例如 JAR 文件，输入分片，配置文件)。用户代码运行在 tasktracker 上，并可以访问 HDFS 上的文件(该过程已经在第 167 页的“剖析 MapReduce 作业运行机制”小节中介绍过)。在作业运行过程中，jobtracker 和 tasktracker 使用委托令牌访问 HDFS。作业结束时，委托令牌失效。

默认的 HDFS 实例会自动获得委托令牌。但是若一个作业试图访问其他 HDFS 集群，则用户必须将 mapreduce.job.hdfs-servers 作业属性设置为一个由逗号隔开的 HDFS URI 列表，才能够获取相应的委托令牌。

其他安全性改进

HDFS 和 MapReduce 已经全面强化了安全措施，以阻止用户在未授权的情况下访问资源。[①]重要的变化列举如下。

- 任务可以由提交作业的用户以操作系统帐号启动运行，而不一定要由运行 tasktracker 的用户启动。因此，可以借助操作系统来隔离正在运行的任务，使他们之间无法相互传送指令(例如，终止其他用户的任务)，这样的话，诸如任务数据等本地信息的隐私即可以通过本地文件系统的安全性而得到保护。

  要启用这项特性，需要将 mapred.task.tracker.task-controller 属性设置为 org.apache.hadoop.mapred.LinuxTaskController。[②]此外，管理员还需确保各用户在集群的每个节点上都已经分配帐号(一般使用 LDAP)。

- 任务由提交作业的用户启动运行时，分布式缓存(参见第 253 页的“分布式缓存”小节)是安全的：对于所有用户均可读的文件被放到共享缓存中(默认的非安全方式)，其他文件放在一个私有缓存之中，仅由拥有者读取。

- 用户只能查看和修改他们自己的作业，无法操控他人的作业。为了启动该特性，需要将 mapred.acls.enabled 属性项设为 true。另外，mapreduce.job.acl-view-job 和 mapreduce.job.acl-modify-job 属性项分别对应一个逗号分隔的用户列表，描述能够查看或修改指定作业的所有用户。

- shuffle 是安全的，可以阻止恶意用户请求获取其他用户的 map 输出。

① 在本书写就之时，其他项目尚未集成这个安全模型，包括 HBase 和 Hive。

② LinuxTaskController 使用一个已设置 setuid 位的可执行文件，即 *bin* 目录中的 *task-controller* 文件。用户需要确保这个二进制文件的拥有者是 root，并且它的 setuid 位已设置(利用 chmod +s)。

- 可以阻止恶意的辅助 namenode、datanoe 或 tasktracker 加入集群，从而破坏集群中的数据。这可以通过要求 master 节点对试图与之连接的守护进程进行认证来实现。

  为了启用该特性，需要使用先前由 `ktutil` 命令创建的 *keytab* 文件。以 datanode 为例，首先，把 `dfs.datanode.keytab.file` 属性项设置为 keytab 文件名称；其次，把 `dfs.datanode.kerberos.principal` 属性设置为 datanode 要用的用户名称；最后，把 *hadoop-policy.xml* 文件中 `security.datanode.protocol.acl` 属性设置为 datanode 的用户名称，以设置 `DataNodeProtocol` 的 ACL。`DatanodeProtocol` 是 datanode 用于和 namenode 通信的协议类。

- datanode 最好运行在特权端口(端口号小于 1024)，使客户端确信它是安全启动的。

- 任务仅仅和其父 tasktracker 通信，从而阻止攻击者经由其他用户的作业获取 MapReduce 数据。

到目前为止，Hadoop 还未考虑数据加密问题：不管是 RPC 还是块传输，数据均未被加密。此外，HDFS 块也没有以加密方式被存储。这些特性预计会加到未来发布中去。实际上，可以将当前 Hadoop 版本与特定应用程序相结合，以提供加密特性。(例如，写一个加密 `CompressionCodec` 类)。

利用基准测试程序测试 Hadoop 集群

集群是否已被正确建立？这个问题最好通过实验来回答：运行若干作业，并确信获得了预期结果。基准测试程序所执行的测试计划合理，用户获得实验结果之后，还可以和其他集群做比较，以检测新集群是否基本上运作正常。测试结果的另一个用途是可以据此调整集群设置以优化整体性能。这点一般通过监控系统实现(参见第 305 页的“监控”小节)，用户可以监测集群中的资源使用情况。

为了获得最佳测试结果，集群不能在运行基准测试程序时还同时运行其他任务。在现实情况下，一般在集群被投入服务之前进行测试。一旦用户已经在集群上周期性地调度作业，想找到集群完全空闲的时间就非常困难了(除非和其他用户协商一个停止服务的时间段)。总而言之，基准测试程序最好在此之前就执行。

经验表明，硬盘故障是新系统最常见的硬件故障。通过运行含有高强度 I/O 操作的基准测试程序——例如即将提到的基准测试程序——就能在系统正式上线前对集群做“烤机”测试。

Hadoop 基准测试程序

Hadoop 自带若干基准测试程序，安装开销小，运行方便。基准测试程序通常被打包为一个 test JAR 文件，无参数解压缩之后，就可以获取文件列表和说明文档：

```
% hadoop jar $HADOOP_INSTALL/hadoop-*-test.jar
```

如果不指定参数，大多数基准测试程序都会显示具体用法。示例如下：

```
% hadoop jar $HADOOP_INSTALL/hadoop-*-test.jar TestDFSIO
TestFDSIO.0.0.4
Usage: TestFDSIO -read | -write | -clean [-nrFiles N] [-fileSize MB] [-resFile
resultFileName] [-bufferSize Bytes]
```

使用 TestDFSIO 来测试 HDFS

TestDFSIO 能够用于测试 HDFS 的 I/O 性能。它用一个 MapReduce 作业并行地读或写文件。各个文件在独立的 map 任务上被读或写；map 任务的输出会产生一些针对刚刚处理的文件的统计信息；reduce 任务汇总这些统计信息，并产生一份总结报告。

以下命令写 10 个文件，各文件的大小为 1000 MB：

```
% hadoop jar $HADOOP_INSTALL/hadoop-*-test.jar TestDFSIO -write -nrFiles 10
-fileSize 1000
```

运行结束之后，结果被同时写到控制台和一个本地文件之中。注意，是以添加的方式写到本地文件中，因此当重新运行基准测试程序时不会丢失历史记录：

```
% cat TestDFSIO_results.log
----- TestDFSIO -----      : write
         Date & time       : Sun Apr 12 07:14:09 EDT 2009
     Number of files       : 10
Total MBytes processed     : 10000
   Throughput mb/sec       : 7.796340865378244
Average IO rate mb/sec     : 7.8862199783325195
  IO rate std deviation    : 0.9101254683525547
   Test exec time sec      : 163.387
```

默认情况下，文件被写到 *io_data* 目录下的*/benchmarks/TestDFSIO* 子目录。可以通过设置 `test.build.data` 系统属性来更改目录(仍旧在 `io_data` 目录)。

若想测试读操作，则需使用`-read` 参数。注意，待读的文件必须已经存在(已通过 `TestDFSIO -write` 命令创建)：

```
% hadoop jar $HADOOP_INSTALL/hadoop-*-test.jar TestDFSIO -read -nrFiles 10
-fileSize 1000
```

以下内容是实际测试结果：

```
----- TestDFSIO -----      : read
           Date & time     : Sun Apr 12 07:24:28 EDT 2009
       Number of files     : 10
Total MBytes processed     : 10000
     Throughput mb/sec     : 80.25553361904304
Average IO rate mb/sec     : 98.6801528930664
  IO rate std deviation    : 36.63507598174921
    Test exec time sec     : 47.624
```

测试结束之后，可以使用-clean 参数删除所有在 HDFS 上临时生成的文件：

```
% hadoop jar $HADOOP_INSTALL/hadoop-*-test.jar TestDFSIO -clean
```

使用 Sort 程序测试 MapReduce

Hadoop 有一个 MapReduce 程序能够对输入数据做部分排序。鉴于整个输入数据集是通过 shuffle 传输的，Sort 程序对于整个 MapReduce 系统的基准测试很有帮助。整个测试含三个步骤：随机产生一些数据、排序操作、验证结果。

首先，使用 `RandomWriter` 来产生随机数。该程序运行一个 MapReduce 作业，在各节点上分别运行 10 个 map 任务，每个 map 任务大约产生 10 GB 大小的随机二进制数。键和值的大小可以不同。用户可以通过 `test.randomwriter.maps_per_host` 和 `test.randomwrite.bytes_per_map` 这两个属性来改变每节点运行的 map 任务数和每 map 任务产生的数据量。其他一些设置还可修改键和值的取值范围，详见 `RandomWriter` 的说明。

以下命令演示如何调用 `RandomWriter`(放在示例 JAR 文件中，而非测试 JAR 文件中)以向 *random-data* 目录输出数据：

```
% hadoop jar $HADOOP_INSTALL/hadoop-*-examples.jar randomwriter random-data
```

接下来，运行 Sort 程序：

```
% hadoop jar $HADOOP_INSTALL/hadoop-*-examples.jar sort random-data sorted-data
```

用户会对排序程序的总执行时间感兴趣。此外，通过 Web 界面(*http://jobtracker-host:50030/*)来观察作业的执行过程更有意义，用户可以了解作业的各个阶段分别花费多少时间。在此基础上，最好多练习一下如何调整第 160 页的“作业调优”小节中提到的参数。

最后，还需要验证在 *sorted-data* 文件中的数据是否已经排好序了：

```
% hadoop jar $HADOOP_INSTALL/hadoop-*-test.jar testmapredsort -sortInput random-data \
  -sortOutput sorted-data
```

该命令运行 SortValidator 程序来在未排序的的和已排序的数据上执行一系列检查，以验证排序结果是否正确。最后，向控制台报告以下输出结果：

```
SUCCESS! Validated the MapReduce framework's 'sort' successfully.
```

其他基准测试程序

Hadoop的基准测试程序有很多，以下几种最常用。

- MRBench(使用 `mrbench` 选项)会多次运行一个小型作业，以检验小型作业能否快速地响应。
- NNBench(使用 `nnbench` 选项)专门用于测试 namenode 硬件的负载。
- *Gridmix*是一件基准测试程序套装。通过模拟一些真实常见的数据访问模式，*Gridmix*能逼真地为一个集群的负载建模，更多细节可参见发布包的*src/benchmarks/gridmix2*目录。在后续0.21.0版本中，Gridmix的版本更新，放在*src/contrib/gridmix*目录中，详情可参见：*http://developer.yahoo.net/blogs/hadoop/2010/04/gridmix3_emulating_production.html*。[①]

用户的作业

出于集群性能调优的目的，最好包含若干代表性强、使用频繁的作业。这样的话，调优操作可以更有针对性，而非只是对通用场景调优。但如果待测试的集群是用户搭建的第一个 Hadoop 集群，而且还没有代表性强的作业，则 Gridmix 仍不失为一个好的测试方案。

基于这些典型作业进行测试时，还需要合理选择一个数据集合。这样的话，不管运行多少次，作业始终运行在相同数据集合上，便于分析、比较性能变迁。当新建或升级集群时，使用同一数据集合还可以用于比较新旧集群的性能。

云端的 Hadoop

尽管许多组织自建集群来运行 Hadoop，但是仍有许多组织选择在租赁硬件所搭建的云端运行 Hadoop，或提供 Hadoop 服务。例如，Cloudera 提供在公共(或私有)云端运行 Hadoop 的工具(参见附录 B)；Amazon 提供 Hadoop 云服务，名为 Elastic MapReduce。

本节讨论如何在 Amazon EC2 上运行 Hadoop，这是一个优秀的构建低成本、试验性的 Hadoop 系统的方法。

① 与此相似，PigMix 是针对 Pig 的一组基准测试程序，参见 *http://wiki.apache.org/pig/PigMix*。

Amazon EC2 上的 Hadoop

Amazon 的 EC2(Elastic Compute Cloud)是计算服务，允许客户租借计算机(或称为实例)来运行特定应用。客户可以按需启动和终止实例，并按照所租借实例的数量和工作时长支付租金。

Apache Whirr 项目(*http://incubator.apache.org/whirr*)所提供的脚本能方便地在 EC2 和其他云提供商上运行 Hadoop。[①]这些脚本支持多项操作，包括启动集群、终止集群、添加实例等。

在EC2上运行Hadoop对于某些工作流特别恰当。例如，用户将数据存储在Amazon S3上，再在EC2上搭建集群来运行MapReduc作业，这些作业从S3上读取数据，并在集群停机前写回到S3中。如果集群的工作时间较长，还可将S3中的数据复制到EC2的HDFS之中，通过数据本地化提高执行效率。相比之下，由于S3系统并不和EC2节点兼容，不可以直接使用S3系统。

安装

在用户可以在 EC2 上运行 Hadoop 之前，还需要仔细研究 Amazon 的新手向导(在 EC2 网站 *http://aws.amazon.com/ec2/*上)，以便建立新帐号，安装 EC2 命令行工具，并且启动一个实例。

接下来，安装 Whirr，配置脚本来设置 Amazon Web 服务凭证、安全密钥细节以及实例的类型和大小。相关的详细说明放 Whirr 的 README 文件中。

启动集群

现在可以准备启动集群了。假设在 *test-hadoop-cluster* 集群中有一个主节点(运行 namenode 和 jobtracker)和五个工作节点(各运行 datanode 和 tasktracker)。启动该集群需键入以下指令：

```
% hadoop-ec2 launch-cluster test-hadoop-cluster 5
```

如果该集群尚无 EC2 安全组，则该指令会创建 EC2 安全组，允许主节点和工作节点相互访问，允许从其他地方以 SSH 方式访问集群。在安全组建成之后，主节点实例即被启动；接下来，五个工作实例也会被启动。这些工作节点被延后启动的原因是使得主节点的主机名称能够被传到工作实例之中，使得 datanode 和 tasktracker 一旦启动即可连接到主节点。

① 在 Hadoop 发布包的 *src/contrib/ec2* 子目录中有一些 bash 脚本，但是 Whirr 不赞成继续使用它们。在本节中，我们使用 Whirr 的 Python 脚本(在 contrib/python)。值得一提的是，Whirr 也有能实现类似功能的 Java 库。

为了使用集群，从客户端发起的网络传输需要经过主节点，这个过程使用了 SSH 管道。可以用以下指令进行设置：

```
% eval 'hadoop-ec2 proxy test-hadoop-cluster'
Proxy pid 27134
```

运行 MapReduce 作业

MapReduce 作业可以从集群内部的机器上启动运行，也可以从集群外部的机器上启动运行。下面，我们演示如何从刚刚构建集群的机器上运行一个作业，前提是在本地机器上已经安装了和集群相同版本的 Hadoop 系统。

启动集群时，会在 *~/.hadoop-cloud/test-hadoop-cluster* 目录中创建 *hadoop-site.xml* 文件。可以如下设置 HADOOP_CONF_DIR 环境变量，从而连接到集群中去：

```
% export HADOOP_CONF_DIR=~/.hadoop-cloud/test-hadoop-cluster
```

此时，集群的文件系统还是空的，因此还需要在运行作业之前增加测试数据。使用 Hadoop 的 *distcp* 工具并行地从 S3(有关 S3 文件系统的更多信息，可以参见第 47 页的“Hadoop 文件系统”小节)中将数据拷贝到 HDFS 中是一个不错的选择。

```
% hadoop distcp s3n://hadoopbook/ncdc/all input/ncdc/all
```

数据准备完毕之后，可以用常用方式运行作业：

```
% hadoop jar job.jar MaxTemperatureWithCombiner input/ncdc/all output
```

或，还可以指定输入数据来自于 S3，也具有相同效果。如果输入数据将被多个作业使用时，最先将数据复制到 HDFS，以节约带宽：

```
% hadoop jar job.jar MaxTemperatureWithCombiner s3n://hadoopbook/ncdc/all output
```

用户可以使用 jobtracker 的 Web 界面(*http://master_host:50030/*)来监控作业运行的进度。为了访问在工作节点上的网页，需要在浏览器中建立一个代理自动配置(PAC)文件。参见 Whirr 文档以了解操作细节。

终止集群

运行 terminate-cluster 以终止运行指定的集群：

```
% hadoop-ec2 terminate-cluster test-hadoop-cluster
```

用户会被要求确认是否要终止运行集群中的所有实例。

最后，停止运行代理进程(当启动代理时，HADOOP_CLOUD_PROXY_PID 环境变量已被设置)：

```
% kill $HADOOP_CLOUD_PROXY_PID
```

第 10 章

管理 Hadoop

第 9 章介绍了如何搭建一个 Hadoop 集群。本章将关注如何保障集群平稳地运行。

HDFS

永久性数据结构

对于管理员来说，深入了解 namenode、辅助 namenode 和 datanode 等 HDFS 组件如何在磁盘上组织永久性数据非常重要。洞悉各文件的用法有助于进行故障诊断和故障检出。

namenode 的目录结构

namenode 被格式化之后，将产生如下所示的目录结构：

```
${dfs.name.dir}/current/VERSION
                       /edits
                       /fsimage
                       /fstime
```

如第 9 章所示，`dfs.name.dir` 属性描述了一组目录，各个目录存储的内容相同。这个机制使系统具备了一定的复原能力，特别是当其中一个目录位于 NFS 之上时(推荐配置)。

VERSION 文件是一个 Java 属性文件，其中包含正在运行的 HDFS 的版本信息。该文件一般包含以下内容：

```
#Tue Mar 10 19:21:36 GMT 2009
namespaceID=134368441
cTime=0
storageType=NAME_NODE
layoutVersion=-18
```

属性 layoutVersion 是一个负整数，描述 HDFS 永久性数据结构(也称布局)的版本，但是这个版本号与 Hadoop 发布包的版本号无关。只要布局变更，版本号便会递减(例如，版本号-18 之后是-19)，HDFS 也需要升级。否则，磁盘仍然使用旧版本的布局，新版本的 namenode(或 datanode)就无法正常工作。如何升级 HDFS，请参见第 316 页的“升级”小节。

属性 namespaceID 是文件系统的唯一标识符，是在文件系统首次格式化时设置的。任何 datanode 在注册到 namenode 之前都不知道 namespaceID 值，因此 namenode 可以使用该属性鉴别新建的 datanode。

cTime 属性标记了 namenode 存储系统的创建时间。对于刚刚格式化的存储系统，这个属性值为 0；但在文件系统升级之后，该值会更新到新的时间戳。

storageType 属性说明该存储目录包含的是 namenode 的数据结构。

namenode 的存储目录中还包含 *edits*、*fsimage* 和 *stime* 等二进制文件。这些文件都使用 Hadoop 的 Writable 对象作为其序列化格式(参见第 86 页的“序列化”小节)。只有深入学习 namenode 的工作机理，才能够理解这些文件的用途。

文件系统映像和编辑日志

文件系统客户端执行写操作时(例如创建或移动文件)，这些操作首先被记录到编辑日志中。namenode 在内存中维护文件系统的元数据；当编辑日志被修改时，相关元数据信息也同步更新。内存中的元数据可支持客户端的读请求。

在每次执行写操作之后，且在向客户端发送成功代码之前，编辑日志都需要更新和同步。当 namenode 向多个目录写数据时，只有在所有写操作均执行完毕之后方可返回成功代码，以确保任何操作都不会因为机器故障而丢失。

fsimage 文件是文件系统元数据的一个永久性检查点。并非每一个写操作都会更新这个文件，因为 *fsimage* 是一个大型文件(甚至可高达几个 GB)，如果频繁地执行写操作，会使系统运行极为缓慢。但这个特性根本不会降低系统的恢复能力，因为如果 namenode 发生故障，可以先把 *fsimage* 文件载入到内存重构新近的元数据，再执行编辑日志中记录的各项操作。事实上，namenode 在启动阶段正是这样做的(参见第 298 页的“安全模式”小节)。

fsimage 文件包含文件系统中的所有目录和文件 inode 的序列化信息。每个 inode 都是一个文件或目录的元数据的内部描述方式。对于文件来说，包含的信息有“复制级别”(replication level)、修改时间和访问时间、访问许可、块大小、组成一个文件的块等；对于目录来说，包含的信息有修改时间、访问许可和配额元数据等信息。

数据块存储在 datanode 中，但 *fsimage* 文件并不描述 datanode。取而代之的是，namenode 将这种块映射关系放在内存中。当 datanode 加入集群时，namenode 向 datanode 索取块列表以建立块映射关系；namenode 还将定期征询 datanode 以确保它拥有最新的块映射。

如前所述，*edits* 文件会无限增长。尽管这种情况对于 namenode 的运行没有影响，但由于需要恢复(非常长的)编辑日志中的各项操作，namenode 的重启操作会比较慢。在这段时间内，将文件系统处于离线状态，显然，这有违用户的期望。

解决方案是运行辅助 namenode，为主 namenode 内存中的文件系统元数据创建检查点。①创建检查点的步骤如下所示(参见图 10-1)。

1. 辅助 namenode 请求主 namenode 停止使用 *edits* 文件，暂时将新的写操作记录到一个新文件中。
2. 辅助 namenode 从主 namenode 获取 *fsimage* 和 *edits* 文件(采用 HTTP GET)。
3. 辅助 namenode 将 *fsimage* 文件载入内存，逐一执行 *edits* 文件中的操作，创建新的 *fsimage* 文件。
4. 辅助 namenode 将新的 *fsimage* 文件发送回主 namenode(使用 HTTP POST)。
5. 主 namenode 用从辅助 namenode 接收的 *fsimage* 文件替换旧的 *fsimage* 文件；用步骤 1 所产生的 *edits* 文件替换旧的 *edits* 文件。同时，还更新 *fstime* 文件来记录检查点执行的时间。

最终，主 namenode 拥有最新的 *fsimage* 文件和一个更小的 *edits* 文件(*edits* 文件可能非空，因为在这个过程中主 namenode 还可能收到一些写请求)。当 namenode 处在安全模式时，管理员也可调用 `hadoop dfsadmin -saveNamespace` 命令来创建检查点。

这个过程清晰地解释了辅助 namenode 和主 namenode 拥有相近内存需求的原因(因

① 从 Hadoop 0.21.0 版本开始，辅助 namenode 已放弃不用，由 checkpoint 节点取而代之，功能不变。新版本同时引入一种新型 namenode，名为 backup 节点，其目的在于维护一份最新的 namenode 元数据的备份，从而替代现在的做法(将元数据备份到 NFS 中)。

为辅助 namenode 也把 *fsimage* 文件载入内存)。因此，在大型集群中，辅助 namenode 需要运行在一台专用机器上。

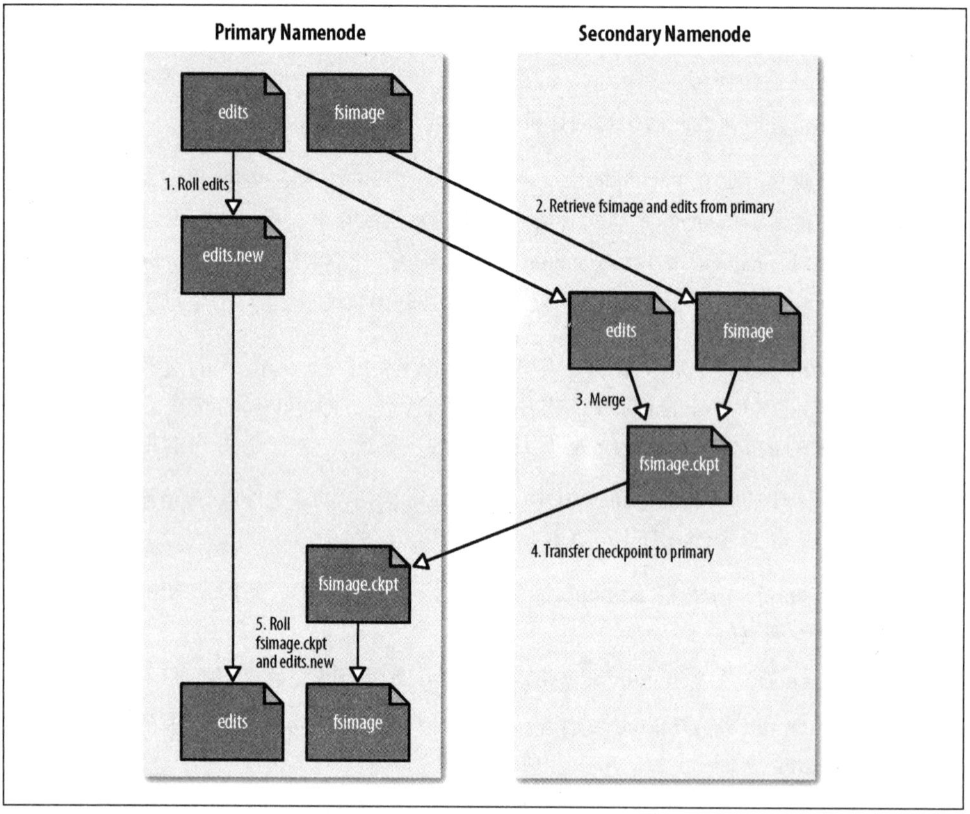

图 10-1. 创建检查点的过程

创建检查点的触发条件受两个配置参数控制。通常情况下，辅助 namenode 每隔一小时(由 `fs.checkpoint.period` 属性设置，以秒为单位)创建检查点；此外，当编辑日志的大小达到 64 MB(由 `fs.checkpoint.size` 属性设置，以字节为单位)时，也会创建检查点。系统每隔五分钟检查一次编辑日志的大小。

辅助 namenode 的目录结构

创建检查点的过程不仅为主 namenode 创建检查点数据，还使辅助 namenode 最终也有一份检查点数据(存储在 *previous.checkpoint* 子目录中)。这份数据可用作 namenode 元数据的(尽管并非最新)备份：

```
${fs.checkpoint.dir}/current/VERSION
                            /edits
                            /fsimage
```

```
            /fstime
          /previous.checkpoint/VERSION
                              /edits
                              /fsimage
                              /fstime
```

辅助 namenode 的 *previous.checkpoint* 目录、辅助 namenode 的 *current* 目录和主 namenode 的 *current* 目录的布局相同。这种设计方案的好处是，在主 namenode 发生故障时(假设没有及时备份，甚至在 NFS 上也没有)，可以从辅助 namenode 恢复数据。一种方法是将相关存储目录复制到新的 namenode 中；另一种方法是使用`-importCheckpoint`选项重启辅助 namenode 守护进程，从而将辅助 namenode 用作新的主 namenode。借助这个选项，`dfs.name.dir` 属性定义的目录中没有元数据时，辅助 namenode 就从 `fs.checkpoint.dir` 目录载入最新的检查点数据。因此，无需担心该操作会覆盖现有的元数据。

datanode 的目录结构

和 namenode 不同的是，datanode 的存储目录是启动时自动创建的，不需要额外格式化。datanode 的关键文件和目录如下所示：

```
${dfs.data.dir}/current/VERSION
                       /blk_<id_1>
                       /blk_<id_1>.meta
                       /blk_<id_2>
                       /blk_<id_2>.meta
                       /...
                       /blk_<id_64>
                       /blk_<id_64>.meta
                       /subdir0/
                       /subdir1/
                       /...
                       /subdir63/
```

datanode 的 VERSION 文件与 namenode 的 VERSION 文件非常相似，如下所示：

```
#Tue Mar 10 21:32:31 GMT 2009
namespaceID=134368441
storageID=DS-547717739-172.16.85.1-50010-1236720751627
cTime=0
storageType=DATA_NODE
layoutVersion=-18
```

`namespaceID` 属性、`cTime` 属性和 `layoutVersion` 属性的值与 namenode 中的值相同。实际上，`namespaceID` 是 datanode 首次访问 namenode 的时候从 namenode 处获取的。各个 datanode 的 `storageID` 都不相同(但对于存储目录来说是相同的)，namenode 可用这个属性来识别 datanode。`storageType` 表明这个目录是 datanode 的存储目录。

datanode 的 *current* 目录中的其他文件都有 *blk_*前缀，包括两种文件类型：HDFS 块文件(仅包含原始数据)和块的元数据文件(含*.meta* 后缀)。块文件包含所存储文件的原始数据；元数据文件包括头部(含版本和类型信息)和该块各区段的一系列的校验和。

当目录中数据块的数量增加到一定规模时，datanode 会创建一个子目录来存放新的数据块及其元数据信息。当前目录已经存储 64 个(通过 `dfs.datanode.numblocks` 属性设置)数据块时，就创建一个子目录。终极目标是设计一棵高扇出的树，即使文件系统中的块非常多，也只需要访问少数几个目录级别就可获取数据。通过这种方式，datanode 可以有效管理各个目录中的文件，避免大多数操作系统遇到的管理难题——即很多(成千上万个)文件放在一个目录之中。

如果 `dfs.data.dir` 属性指定了不同磁盘上的多个目录，那么数据块会以“轮转”(round-robin)的方式写到各个目录中。注意，同一个 datanode 上的每个磁盘上的块不会重复，不同 datanode 之间的块才可能重复。

安全模式

namenode 启动时，首先将映像文件(*fsimage*)载入内存，并执行编辑日志(*edits*)中的各项操作。一旦在内存中成功建立文件系统元数据的映像，则创建一个新的 *fsimage* 文件(这个操作不需要借助辅助 namenode)和一个空的编辑日志。此时，namenode 开始监听 RPC 和 HTTP 请求。但是此刻，namenode 运行在安全模式，即 namenode 的文件系统对于客户端来说是只读的。

> 严格来说，在安全模式下，只有那些访问文件系统元数据的文件系统操作是肯定成功的，例如显示目录列表等。对于读文件操作来说，只有集群中当前 datanode 上的块可用时，才能够读取文件。但文件修改操作(包括写、删除或重命名)均会失败。

需要强调的是，系统中数据块的位置并不是由 namenode 维护的，而是以块列表的形式存储在 datanode 中。在系统的正常操作期间，namenode 会在内存中保留所有块位置的映射信息。在安全模式下，各个 datanode 会向 namenode 检查块列表信息(即向 namenode 发送块列表的最新情况)，namenode 了解到足够多的块位置信息之后，即可高效运行文件系统。但如果 namenode 没有检查到足够多的 datanode，则需要将块复制到其他 datanode，而在大多数情况下这都是不必要的(因为只需等待检查到若干 datanode 检入)，并会极大地浪费集群的资源。实际上，在安全模式下，namenode 并不向 datanode 发出任何块复制或块删除的指令。

如果满足“最小复本条件”(minimal replication condition)，namenode会在30秒钟之后就退出安全模式。所谓的最小复本条件指的是在整个文件系统中有99.9%的块满足最小复本级别(默认值是1，由dfs.replication.min属性设置，参见表10-1)。

在启动一个刚刚格式化的 HDFS 集群时，因为系统中还没有任何块，所以 namenode 不会进入安全模式。

表 10-1. 安全模式的属性

属性名称	类型	默认值	说明
dfs.replication.min	int	1	成功执行写操作所需要创建的最少副本数目(也称为最小复本级别)
dfs.safemode.threshold.pct	float	0.999	在 namenode 退出安全模式之前，系统中满足最小复本级别(由 dfs.replication.min 定义)的块的比例。将这项值设为 0 或更小会令 namenode 无法启动安全模式；设为高于 1 则永远不会退出安全模式
dfs.safemode.extension	int	30 000	在最小复本条件(由 dfs.safemode.threshold.pct 定义)满足之后，namenode 还需要处于安全模式的时间(以毫秒为单位)。对于小型集群(十几个节点)来说，这项值可以设为 0

进入和离开安全模式

为了查看 namenode 是否处于安全模式，可以像下面这样使用 dfsadmin 命令：

```
% hadoop dfsadmin -safemode get
Safe mode is ON
```

HDFS 的网页界面也能够显示 namenode 是否处于安全模式。

有时用户会期望在执行某条命令之前 namenode 先退出安全模式，特别是在脚本中。使用 wait 选项能够达到这个目的：

```
hadoop dfsadmin -safemode wait
# command to read or write a file
```

管理员随时可以让 namenode 进入或离开安全模式。这项功能在维护和升级集群时非常关键，因为需要确保数据在指定时段内是只读的。使用以下指令进入安全模式：

```
% hadoop dfsadmin -safemode enter
Safe mode is ON
```

前面提到过，namenode 在启动阶段会处于安全模式。在此期间也可使用这条命令，从而确保 namenode 在启动完毕之后不离开安全模式。另一种使 namenode 永远处于安全模式的方法是将属性 `dfs.safemode.threshold.pct` 的值设为大于 1。

运行以下指令即可离开安全模式：

```
% hadoop dfsadmin -safemode leave
Safe mode is OFF
```

日志审计

HDFS 的日志能够记录所有文件系统访问请求，有些组织需要这项特性来进行审计。对日志进行审计是 log4j 在 `INFO` 级别实现的。在默认配置下，在 *log4j.properties* 属性文件中的日志阈值被设为 `WARN`，因而此项特性并未启用：

```
log4j.logger.org.apache.hadoop.hdfs.server.namenode.FSNamesystem.audit=WARN
```

可以通过将 `WARN` 替换成 `INFO` 来启动日志审计特性，使每个 HDFS 事件均在 namenode 的日志文件中生成一行日志记录。下例说明如何记录在*/user/tom* 目录执行的 `list status` 命令(列出指定目录下的文件/目录的状态)：

```
2009-03-13 07:11:22,982 INFO org.apache.hadoop.hdfs.server.namenode.FSNamesystem.
  audit: ugi=tom,staff,admin ip=/127.0.0.1 cmd=listStatus src=/user/tom dst=null
  perm=null
```

为了不与 namenode 的其他日志项混在一起，最好配置 *log4j*，将审计日志写到单独的文件中。具体做法可参考 Hadoop wiki，网址为 *http://wiki.apache.org/hadoop/HowToConfigure*。

工具

dfsadmin 工具

dfsadmin 工具是多用途的，既可查找 HDFS 状态信息，又可在 HDFS 上执行管理操作。调用形式是 `hadoop dfsadmin`。仅当用户具有超级用户权限，才可以使用这个工具修改 HDFS 的状态。

表 10-2 列举了 *dfsadmin* 的命令。

表 10-2. dfsadmin 命令

命令	说明
-help	显示指定命令的帮助，如果未指明命令，则显示所有命令的帮助
-report	显示文件系统的统计信息(类似于在网页界面上显示的内容)，以及所连接的各个 datanode 的信息
-metasave	将某些信息存储到 Hadoop 日志目录中的一个文件中，包括正在被复制或删除的块的信息，以及已连接的 datanode 列表
-safemode	改变或查询安全模式，参见第 298 页的“安全模式”小节
-saveNamespace	将内存中的文件系统映像保存为一个新的 *fsimage* 文件，重置 *edits* 文件。这个操作仅在安全模式下执行
-refreshNodes	更新允许连接到 namenode 的 datanode 列表，参见第 313 页的“委任和解除节点”小节
-upgradeProgress	获取有关 HDFS 升级的进度信息，或强制升级。参见第 316 页的“升级”小节
-finalizeUpgrade	移除 datanode 和 namenode 的存储目录上的旧版本数据。这个操作一般在升级完成而且集群在新版本下运行正常的情况下执行。参见第 316 页的“升级”小节
-setQuota	设置目录的配额，即设置以该目录为根的整个目录树最多包含多少个文件和目录。这项配置能有效阻止用户创建大量的小文件，从而保护了 namenode 的内存(文件系统中的所有文件、目录和块的各项信息均存储在内存中)
-clrQuota	清理指定目录的配额
-setSpaceQuota	设置目录的空间配额，以限制存储在目录树中的所有文件的总规模。分别为各用户指定有限的存储空间很有必要
-clrSpaceQuota	清理指定的空间配额
-refreshServiceAcl	刷新 namenode 的服务级授权策略文件

fsck 工具

Hadoop 提供 *fsck* 工具来检查 HDFS 中文件的健康状况。该工具会查找那些所有 datanode 中均缺失的块以及过少或过多复本的块。下例演示如何检查某个小型集群的整个文件系统：

```
% hadoop fsck /
......................Status: HEALTHY
Total size:    511799225 B
Total dirs:    10
Total files:    22
Total blocks (validated):    22 (avg. block size 23263601 B)
Minimally replicated blocks:    22 (100.0 %)
Over-replicated blocks:    0 (0.0 %)
Under-replicated blocks:    0 (0.0 %)
Mis-replicated blocks:    0 (0.0 %)
Default replication factor:    3
Average block replication:    3.0
```

```
Corrupt blocks:    0
Missing replicas:    0 (0.0 %)
Number of data-nodes:    4
Number of racks:    1

The filesystem under path '/' is HEALTHY
```

fsck 工具从给定路径(本例是文件系统的根目录)开始循环遍历文件系统的命名空间，并检查它所找到的所有文件。对于检查过的每个文件，都会打印一个点“.”。在此过程中，该工具获取文件数据块的元数据并找出问题或检查它们是否一致。注意，*fsck* 工具只是从 namenode 获取信息，并不与任何 datanode 进行交互，因此并不真正获取块数据。

fsck 输出文件的大部分内容都容易理解，以下仅说明部分信息。

过多复制的块

指那些复本数超出最小复本级别的块。严格意义上讲，这并非一个大问题，HDFS 会自动删除多余复本。

仍需复制的块

指那些复本数目低于最小复本级别的块。HDFS 会自动为这些块创建新的复本，直到达到最小复本级别。可以调用 `hadoop dfsadmin -metasave` 指令了解正在复制的(或等待复制的)块的信息。

错误复制的块

是指那些违反块复本放置策略的块(参见第 67 页的“复本的放置”小节)。例如，在最小复本级别为 3 的多机架集群中，如果一个块的三个复本都存储在一个机架中，则可认定该块的复本放置错误，因为一个块的复本要分散在至少两个机架中，以提高可靠性。

直到本书写就之际，HDFS 尚无法自动修复错误复制的块，只好留待用户手动修复这个纰漏。首先，增加包含该块的文件的最小复本级别(使用 `hadoop fs -setrep` 命令)；其次，复制这些文件直到有错误的块已被复制；最后，将文件的最小复本级别降回到正常值。

损坏的块

指那些所有复本均已损坏的块。如果虽然部分复本损坏，但至少还有一个复本完好，则该块就未损坏；namenode 将创建新的复本，直到达到最小复本级别。

缺失的复本

是指那些在集群中没有任何复本的块。

损坏的块和丢失的块是最需要考虑的，因为这意味着数据已经丢失了。默认情况下，*fsck*不会对这类块进行任何操作，但也可以让*fsck*执行如下某一项操作。

- **移动** 使用-move 选项将受影响的文件移到 HDFS 的*/lost+found* 目录。这些受影响的文件会分裂成连续的块链表，有助于用户挽回损失。
- **删除** 使用-delete 选项删除受影响的文件。在删除之后，这些文件无法恢复。

为文件寻找块 *fsck* 工具能够帮助用户轻松找到属于特定文件的数据块。例如：

```
% hadoop fsck /user/tom/part-00007 -files -blocks -racks
/user/tom/part-00007 25582428 bytes, 1 block(s): OK
0. blk_-3724870485760122836_1035 len=25582428 repl=3 [/default-rack/10.251.43.2:50010,
/default-rack/10.251.27.178:50010, /default-rack/10.251.123.163:50010]
```

输出内容表示文件*/user/tom/part-00007* 包含一个块，该块的三个复本存储在不同 datanode。所使用的三个选项的含义如下。

- -files 选项显示第一行信息，包括文件名称、大小、块数量和健康状况(是否有缺失的块)。
- -blocks 选项描述文件中各个块的信息，每个块一行。
- -racks 选项显示各个块的机架位置和 datanode 的地址。

如果不指定任何参数，运行 hadoop fsck 命令会显示完整的使用说明。

datanode 块扫描器

各个 datanode 运行一个块扫描器，定期检测本节点上的所有块，从而在客户端读到坏块之前及时地检测和修复坏块。可以依靠 DataBlockScanner 所维护的块列表依次扫描块，查看是否存在校验和错误。扫描器还使用节流机制，来维持 datanode 的磁盘带宽(换句话说，块扫描器工作时仅占用一小部分磁盘带宽)。

默认情况下，块扫描器每隔三周(即 504 小时)就会检测块，以应对可能的磁盘故障，这个周期由 dfs.datanode.scan.period.hours 属性设置。损坏的块被报给 namenode，并被及时修复。

用户可以访问 datanode 的网页(*http://datanode:50075/blockScannerReport*)来获取该 datanode 的块检测报告。以下是一份报告的范例，很容易理解：

```
Total Blocks                 : 21131
Verified in last hour        :    70
Verified in last day         :  1767
Verified in last week        :  7360
```

```
Verified in last four weeks      : 20057
Verified in SCAN_PERIOD          : 20057
Not yet verified                 :  1074
Verified since restart           : 35912
Scans since restart              :  6541
Scan errors since restart        :     0
Transient scan errors            :     0
Current scan rate limit KBps     :  1024
Progress this period             :   109%
Time left in cur period          :    53.08%
```

通过指定 listblocks 参数，*http://datanode:50075/blockScannerReport?Listblocks* 会在报告中列出该 datanode 上所有的块及其最新验证状态。下面节选部分内容(由于页面宽度限制，报告中的每行内容被显示成两行)：

```
blk_6035596358209321442 : status : ok type : none scan time   : 0
    not yet verified
blk_3065580480714947643 : status : ok type : remote scan time : 1215755306400
    2008-07-11 05:48:26,400
blk_8729669677359108508 : status : ok type : local scan time  : 1215755727345
    2008-07-11 05:55:27,345
```

第一列是块 ID，接下来是一些键/值对。块的状态(status)要么是 failed(损坏的)，要么是 ok(良好的)，由最近一次块扫描是否检测到校验和来决定。扫描类型(type)可以是 local(本地的)、remote(远程的)或 none(没有)。如果扫描操作由后台线程执行，则是 local；如果扫描操作由客户端或其他 datanode 执行，则是 remote；如果针对该块的扫描尚未执行，则是 none。最后一项信息是扫描时间，从 1970 年 1 月 1 号午夜开始到扫描时间为止的毫秒数，该值只读。

均衡器

随着时间推移，各个 datanode 上的块会分布得越来越不均衡。不均衡的集群会降低 MapReduce 的本地性，导致部分 datanode 相对更为繁忙。应避免出现这种情况。

均衡器(balancer)程序是一个 Hadoop 守护进程，它将块从忙碌的 datanode 移到相对空闲的 datanode，从而重新分配块。同时坚持块复本放置策略，将复本分散到不同机架，以降低数据损坏率(参见第 67 页的“放置复本”小节)。它不断移动块，直到集群达到均衡，即每个 datanode 的使用率(该节点上已使用的空间与空间容量之间的比率)和集群的使用率(集群中已使用的空间与集群的空间容量之间的比率)非常接近，差距不超过给定的阀值。可调用下面指令启动均衡器：

```
% start-balancer.sh
```

-threshold 参数指定阈值(百分比格式)，以判定集群是否均衡。这个标记是可选的；若不使用，默认阈值是 10%。在任何时刻，集群中都只运行一个均衡器。

均衡器会一直运行，直到在集群变均衡；之后，均衡器无法移动任何块，或与 namenode 失去联系。均衡器在标准日志目录中创建一个日志文件，记录每次重新分配过程(每次一行)。以下是针对一个小集群的日志输出：

```
Time Stamp Iteration# Bytes  Already Moved Bytes Left To Move Bytes Being Moved
Mar 18, 2009 5:23:42 PM 0            0 KB            219.21 MB         150.29 MB
Mar 18, 2009 5:27:14 PM 1      195.24 MB              22.45 MB         150.29 MB
The cluster is balanced. Exiting...
Balancing took 6.0729333333333333 minutes
```

为了降低集群负荷、避免干扰其他用户，均衡器被设计为在后台运行。在不同节点之间复制数据的带宽也是受限的。默认值是很小的 1 MB/s，可以通过 *hdfs-site.xml* 文件中的 `dfs.balance.bandwidthPerSec` 属性指定(单位是字节)。

监控

监控是系统管理的重要内容。在本节中，我们概述 Hadoop 的监控工具，看看它们如何与外部监控系统相结合。

监控的目标在于检测集群在何时未提供所期望的服务。主守护进程是最需要监控的，包括主 namenode、辅助 namenode 和 jobtracker。datanode 和 tasktracker 经常出现故障；在大型集群中，故障率尤其高。因此，集群需要保留额外的容量，如此一来，即使有一小部分节点宕机，也不影响整个系统的运作。

除了使用即被介绍的工具外，管理员还可以定期运行一些测试作业，以检查集群的健康状况。

能够监控 Hadoop 的工具(或方法)有很多，但限于篇幅，本书无法一一介绍。例如，Chukwa[①]是一个数据集合，也是基于 HDFS 和 MapReduce 的监控系统，它在挖掘日志数据、发现大规模趋势方面具有优势。

日志

所有 Hadoop 守护进程都会产生日志文件，这些文件非常有助于查明系统中发生的事件。第 271 页的“系统日志文件”小节已经解释了如何配置这些文件。

① 网址为 *http://incubator.apache.org/chukwa* (译者更新，原书是 *http://hadoop.apache.org/chukwa*)。

设置日志级别

在故障排查过程中，若能够临时变更特定组件的日志的级别的话，将非常有益。

可以通过 Hadoop 守护进程的网页(在守护进程的网页的*/logLevel* 目录下)来改变任何 *log4j* 日志名称的日志级别。一般来说，Hadoop 中的日志名称会对应一个类名称，该类执行日志操作。此外，也有例外情况，因此最好是从源代码中查找日志名称。

例如，为了针对 `JobTracker` 类启用日志调试特性，可以访问 jobtracker 的网页(*http://jobtracker-host:50030/logLevel*)，将 `org.apache.hadoop.mapred.JobTracker` 属性设为 DEBUG 级别。

也可以通过以下命令实现上述目标：

```
% hadoop daemonlog -setlevel jobtracker-host:50030 \
  org.apache.hadoop.mapred.JobTracker DEBUG
```

按照上述方式修改的日志级别会在守护进程重启时被重置，这通常也是用户希望的。如果想永久性地变更日志级别，只需在配置目录下的 *log4j.properties* 文件中添加如下这行代码：

```
log4j.logger.org.apache.hadoop.mapred.JobTracker=DEBUG
```

获取堆栈轨迹

Hadoop 守护进程提供一个网页(网页界面的*/stacks* 目录)对正在守护进程的 JVM 中运行着的线程执行线程转储(thread-dump)。例如，可通过 *http://jobtracker-host:50030/stacks* 获得 jobtracker 的线程转储。

度量

HDFS 和 MapReduce 守护进程收集的事件和度量相关的信息，这些信息统称为“度量”(metric)。例如，各个 datanode 会收集以下度量(还有更多)：写入的字节数、块的复本数和客户端发起的读操作请求数(包括本地的和远程的)。

度量从属于特定的上下文(context)。目前，Hadoop 使用“dfs”、“mapred”、“rpc”和“jvm”四个上下文。Hadoop 守护进程通常在多个上下文中收集度量。例如，datanode 会分别为“dfs”、“rpc”和“jvm”上下文收集度量。

度量和计数器的差别在哪里？

主要区别是使用范围不同：度量由 Hadoop 守护进程收集，而计数器(参见第 225 页的“计数器”小节)由 MapReduce 任务收集之后再生成针对整个作业进行汇总。此外，用户群也不同，从广义上讲，度量为管理员服务，而计数器主要为 MapReduce 用户服务。

二者的工作方式也不同，包括数据采集和聚集过程。计数器是 MapReduce 的特性，MapReduce 系统确保计数器值在 tasktracker 产生，再传回 jobtrackter，最终回到运行 MapReduce 作业的客户端中。计数器是通过 RPC 的心跳传播的，参见第 170 页的“进度和状态的更新”小节。在整个过程中，tasktracker 和 jobtracker 都会执行汇总操作。

度量的收集机制和接收更新的组件独立。有多种输出度量的方式，包括本地文件、Ganglia 和 JMX。守护进程收集度量，并在输出之前执行汇总操作。

上下文定义了发布单位。例如，可以选择只发布“dfs”上下文，而不发布“jvm”上下文。度量在 *conf/hadoop-metrics.properties* 文件中配置，默认情况下，所有上下文都被配置成不发布度量。下例显示一个默认的配置文件(已经移除了注释)：

```
dfs.class=org.apache.hadoop.metrics.spi.NullContext
mapred.class=org.apache.hadoop.metrics.spi.NullContext
jvm.class=org.apache.hadoop.metrics.spi.NullContext
rpc.class=org.apache.hadoop.metrics.spi.NullContext
```

该文件中的每一行分别配置一个不同的上下文，并且指定一个类来管理该上下文中的度量。这种类必须实现了 `MetricsContext` 接口；并且，正如名称所描述的那样，`NullContext` 类既不发布也不更新度量。[①]

其他实现了 `MetricsContext` 接口的度量会在后面几个小节中介绍。

FileContext

`FileContext` 将度量写到一个本地文件中。它含有两个配置属性，即 `fileName` 和 `period`。属性 `fileName` 指定待写入文件的绝对名称；属性 `period` 指定文件更新间隔(以秒为单位)。这两个属性都是可选的；如果没有设置，则每隔五秒钟将度量写到标准输出。

① 术语“上下文”被赋予多种含义，既可以指代一个度量的集合(例如，“dfs”上下文)，也可以指代发布度量的类(例如，`NullContext` 类)，这可能有点令人困惑。

待配置的属性名称的格式为：“上下文名称.属性名称”，中间用句点分隔。例如，为了将“jvm”上下文转储到一个文件，我们将像下面这样更改其配置：

```
jvm.class=org.apache.hadoop.metrics.file.FileContext
jvm.fileName=/tmp/jvm_metrics.log
```

第一行将“jvm”上下文更改为使用 `FileContext` 类；第二行将“jvm”上下文的 `fileName` 属性设置为一个临时文件。输出的日志文件也有两行，但限于页面宽度，这里分成多行显示：

```
jvm.metrics: hostName=ip-10-250-59-159, processName=NameNode, sessionId=, ↵
gcCount=46, gcTimeMillis=394, logError=0, logFatal=0, logInfo=59, logWarn=1, ↵
memHeapCommittedM=4.9375, memHeapUsedM=2.5322647, memNonHeapCommittedM=18.25, ↵
memNonHeapUsedM=11.330269, threadsBlocked=0, threadsNew=0, threadsRunnable=6, ↵
threadsTerminated=0, threadsTimedWaiting=8, threadsWaiting=13
jvm.metrics: hostName=ip-10-250-59-159, processName=SecondaryNameNode, sessionId=, ↵
gcCount=36, gcTimeMillis=261, logError=0, logFatal=0, logInfo=18, logWarn=4, ↵
memHeapCommittedM=5.4414062, memHeapUsedM=4.46756, memNonHeapCommittedM=18.25, ↵
memNonHeapUsedM=10.624519, threadsBlocked=0, threadsNew=0, threadsRunnable=5, ↵
threadsTerminated=0, threadsTimedWaiting=4, threadsWaiting=2
```

`FileContext` 可用于在本地系统上调试程序。但它并不适用于大型集群，因为在大型集群中使用这种方法，输出文件会被分散到集群中各个节点，这给分析带来了一定的难度。

GangliaContext

Ganglia(*http://ganglia.info/*)是一个针对超大规模集群的开源的分布式监控系统，运行之后仅消耗各个节点上很少的资源。Ganglia 通过 `GangliaContext` 收集度量，例如 CPU 和内存的使用情况。用户也可以将 Hadoop 度量添加到 Ganglia。

`GangliaContext` 需要指定一个属性(即 `servers`)来描述一系列 Ganglia 服务器，格式是由空格和(或)逗号分隔的主机-端口对。更多配置信息可参见 Hadoop wiki，网址为 *http://wiki.apache.org/hadoop/GangliaMetrics*。

图 10-2 显示了从 Ganglia 获取的一类信息，即 jobtracker 队列中任务数量的变化情况。

NullContextWithUpdateThread

`FileContext` 和 `GangliaContext` 都将度量输出到一个外部系统。但某些监控系统(特别是 JMX)则需要从 Hadoop 系统中“拉”度量，例如 `NullContextWithUpdateThread` 类。该类不向外部系统发布任何度量，但会借助定时器定期刷新存储在内存中的度量值，确保这些度量在供其他系统使用时都是最新的。

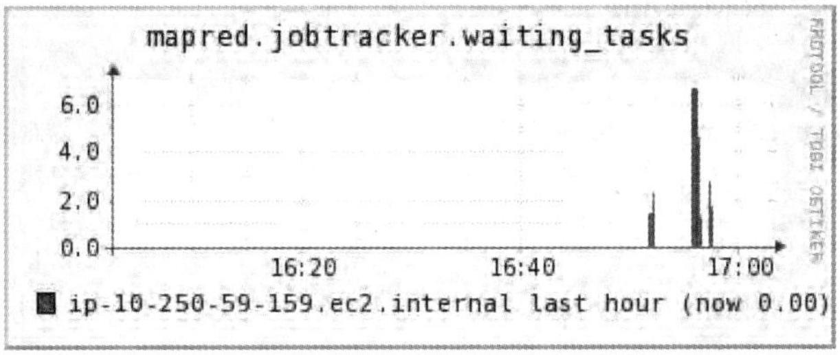

图 10-2. 在 jobtracker 队列中的任务数(由 Ganglia 获得)

除了 NullContext 之外，所有实现了 MetricsContext 接口的类都有自动更新功能(这些类都使用 period 属性，默认值是 5 秒)。因此，只有在用户无需向外部系统输出度量时，才会用到 NullContextWithUpdateThread 类。例如，假设用户正在使用 GangliaContext，由于这个类已经确保度量是最新的，因此用户能够使用 JMX，而无需进一步配置度量系统。后面将详细讨论 JMX。

CompositeContext

CompositeContext 类允许用户向多个上下文输出同一组度量。假设要将度量同时输出到 FileContext 和 GangliaContext，则配置文件如下所示。

```
jvm.class=org.apache.hadoop.metrics.spi.CompositeContext
jvm.arity=2
jvm.sub1.class=org.apache.hadoop.metrics.file.FileContext
jvm.fileName=/tmp/jvm_metrics.log
jvm.sub2.class=org.apache.hadoop.metrics.ganglia.GangliaContext
jvm.servers=ip-10-250-59-159.ec2.internal:8649
```

属性 arity 用于指定子上下文的数量。在本例中有两个子上下文。在各个子上下文中，属性名称都附带一个序号做后缀，例如 jvm.sub1.class 和 jvm.sub2.class。

Java 管理扩展(JMX)

Java 管理扩展(Java Management Extensions，JMX)是一个标准的 Java API，可监控和管理应用。Hadoop 包括多个托管 bean(MBean)，可以将 Hadoop 度量发布给支持 JMX 的应用。现有 MBean 能够发布在“dfs”和“rpc” 上下文中的度量，但无法发布“mapred”(在本书写就之际)和“jvm”上下文的度量(因为 JVM 自带的 JVM 度量更为丰富)。这些 Mbean 如表 10-3 所示。

表 10-3. Hadoop 中的 MBeans

MBean 类	守护进程	度量
NameNodeActivityMBean	Namenode	namenode 的活动度量，例如新建文件操作的执行次数
FSNamesystemMBean	Namenode	namenode 的状态度量，例如已连接的 datanode 数量
DataNodeActivityMBean	Datanode	datanode 的活动度量，例如已读字节数
FSDatasetMBean	Datanode	datanode 的存储度量，例如总存储容量、空闲存储容量
RpcActivityMBean	所有使用 RPC 的守护进程，包括 namenode、datanode、jobtracker 和 tasktracker	RPC 统计信息，例如平均处理时间等

JDK 自带一个名为 JConsole 的工具来浏览 JVM 中 MBean。这个工具可以浏览 Hadoop 的度量，如图 10-3 所示。

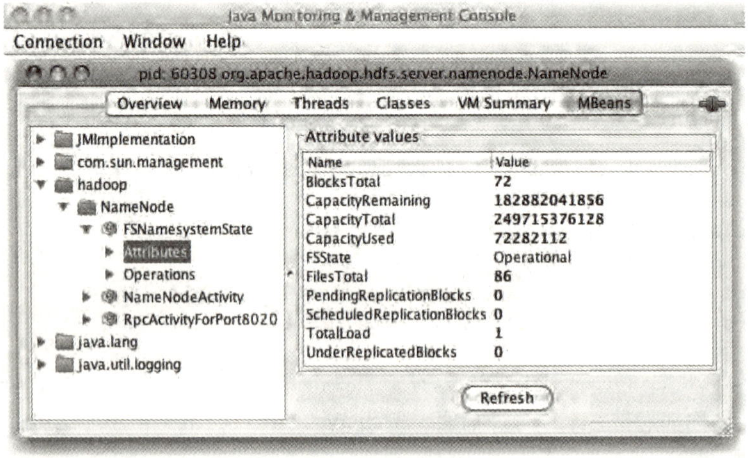

图 10-3. 运行在 namenode 节点上的 JConsole 的视图，显示了文件系统状态的度量

尽管可以通过 JMX 来查看 Hadoop 度量，但如果使用默认配置，这些度量值将无法更新。应对方法是摒弃 NullContext，改用其他的 MetricsContext 实现类。例如，如果用户只能通过 JMX 监测度量，则最好采用 NullContextWithUpdateThread。

许多第三方的监控和报警系统(例如 Nagios 和 Hyperic)均可查询 MBean，因此通过这些系统使用 JMX 监控一个 Hadoop 集群就很平常，前提是启用远程访问 JMX 功能和合理设置集群的安全级别，包括密码认证、SSL 连接和 SSL 客户端认证等。参见 Java 官方文档[1]深入了解如何配置这些选项。

可通过设置 Java 的系统属性来启用远程访问 JMX 的所有选项，就像前面提到的编辑 *conf/hadoop-env.sh* 文件来设置 Hadoop 那样。下面的配置设置演示了如何在 namenode(已经关闭 SSL 协议)启用密码认证的远程访问 JMX。这个过程与其他 Hadoop 守护进程非常相似：

```
export HADOOP_NAMENODE_OPTS="-Dcom.sun.management.jmxremote
-Dcom.sun.management.jmxremote.ssl=false
-Dcom.sun.management.jmxremote.password.file=$HADOOP_CONF_DIR/ jmxremote.password
-Dcom.sun.management.jmxremote.port=8004 $HADOOP_NAMENODE_OPTS"
```

文件 *jmxremote.password* 以纯文本格式列举出用户名和密码。JMX 文档对这个文件的格式有详细描述。

采用这种配置方案之后，即可使用 JConsole 浏览远程 namenode 上的 MBean。此外，还可以使用 JMX 工具获取 MBean 的属性值。这类工具很多，下面的例子演示了如何使用 jmxquery 命令行工具(Nagios 插件，可从 *http://code.google.com/ p/jmxquery/* 下载)来获取仍需复制的块数量：

```
% ./check_jmx -U service:jmx:rmi:///jndi/rmi://namenode-host:8004/jmxrmi -O \
hadoop:service=NameNode,name=FSNamesystemState -A UnderReplicatedBlocks \
-w 100 -c 1000 -username monitorRole -password secret
JMX OK - UnderReplicatedBlocks is 0
```

此命令在端口 8004 与主机 *namenode-host* 之间建立 JMX RMI 连接，同时采用给定的用户名和密码进行认证。该命令读取对象(`hadoop:service=NameNode,name=FSNamesystemState`)的 `UnderReplicatedBlocks` 属性值，打印到控制台。[2] `-w` 和 `-c` 选项分别指定该值的警告和关键级别：恰当的取值通常需要在集群上操作一段时间之后才能得到。

比较普遍的方案是，同时使用 Ganglia 和 Nagios 这样的警告系统来监控 Hadoop 系统。Ganglia 擅长高效地收集大量度量，并以图形化界面呈现；Nagios 和类似系统擅长在某项度量的关键阀值被突破之后及时报警。

① 网址为 *http://java.sun.com/javase/6/docs/technotes/guides/management/agent.html*。

② 使用 JConsole 查找想要监控的 MBean 的名称非常方便。注意，在 Hadoop 0.20 版本中，针对 datanode 度量的 MBean 包含一个随机的标识符，这对监控任务增加了难度。在 Hadoop 0.21.0 中，这一点已经被修正了。

维护

日常管理过程

元数据备份

如果 namenode 的永久性元数据丢失或损坏，则整个文件系统无法使用。因此，元数据备份非常关键。可以在系统中分别保存若干份不同时间的备份(例如，1 小时前、1 天前、1 周前或一个月前)，以保护元数据。方法一是直接保存这些元数据文件的副本；方法二是整合到 namenode 上正在使用的文件中。

最直接的元数据备份方法是利用脚本文件定期将辅助 namenode 的 *previous.checkpoint* 子目录打包，再放到其他站点。注意，该子目录放在 `fs.checkpoint.dir` 属性定义的目录之中。此外，还需测试复本的一致性。测试方法很简单，只要启动一个本地 namenode 守护进程，查看它是否能够将 *fsimage* 和 *edits* 文件载入内存(例如，扫描 namenode 日志，查找相应的成功信息)。①

数据备份

尽管 HDFS 已经充分考虑了如何可靠地存储数据，但是正如任何存储系统一样，仍旧无法避免数据丢失。因此，备份机制就很关键。Hadoop 中存储着海量数据，判断哪些数据需要备份以及在哪里备份就极具挑战性。关键点在于为数据划分不同优先级。最高优先级是指那些无法重新产生的数据，这些数据对业务非常关键。同理，能够重新产生的数据和一次性数据商业价值有限，所以优先级最低，无需备份。

> 不要误以为 HDFS 的复本技术足以胜任数据备份任务。HDFS 的程序纰漏、硬件故障都可能导致复本丢失。尽管 Hadoop 的设计方案可确保硬件故障极不可能导致数据丢失，但是这种可能性无法完全排除，特别是在所难免的软件纰漏和人工操作错误。
>
> 可以将 HDFS 的备份和 RAID 进行比较。在 RAID 中，如果某一个 RAID 盘片发生故障，数据不受损坏。但是，如果发生 RAID 控制器故障、软件纰漏(可能重写部分数据)或整个磁盘阵列故障，数据肯定会丢。

① Hadoop 0.21.0 自带一个名为 Offline Image Viewer 的工具，能够检查映像文件的完整性。

通常情况下，HDFS 的用户目录还会附加若干策略，例如目录容量限制和夜间备份等。用户需要熟悉相关策略，才可预料执行结果。

distcp 是一个理想的备份工具，其并行复制文件的功能可以将备份文件存储到其他 HDFS 集群(最好版本不同，以防软件纰漏而丢失数据)或其他 Hadoop 文件系统(例如 S3 或 KFS)。此外，还可以用第 47 页“Hadoop 文件系统”小节提到的方法将数据从 HDFS 导出到完全不同的存储系统中。

fsck 工具

建议定期地在整个文件系统上运行 HDFS 的 *fsck*(文件系统检查)工具(例如，每天执行)，主动查找丢失的或损坏的块。参见第 301 页的“fsck 工具”小节。

文件系统均衡器

定期运行均衡器工具(参见第 304 页的“均衡器”小节)，保持文件系统的各个 datanode 比较均衡。

委任和解除节点

Hadoop 集群的管理员需要经常向集群中添加节点，或从集群中移除节点。例如，为了扩大存储容量，需要委任节点。相反的，如果想要缩小集群规模，则需解除节点。如果某些节点表现反常，例如故障率过高或性能过于低下，则需要解除该节点。

正常情况下，节点同时运行 datanode 和 tasktracker，二者一般同时委任或解除。

委任新节点

委任一个新节点非常简单。首先，配置 *hdfs-site.xml* 文件，指向 namenode；其次，配置 *mapred-site.xml* 文件，指向 jobtracker；最后，启动 datanode 和 jobtracker 守护进程。此外，最好指定一些经过审核的节点，新节点包含在其中。

随便允许一台机器以 datanode 身份连接到 namenode 是非常危险的，因为该机器很可能会访问未授权的数据。此外，这种机器并非真正的 datanode，不在集群的控制之下，随时可能停止，从而导致潜在的数据丢失。的想象一下，如果有多台这种机器连接到集群，而且某一个块恰巧只存储在这种机器上，安全性如何？即使这些机器都在本机构的防火墙之内，这种做法的风险也很高。如果配置错误，datanode(以及 tasktracker)可能会被所有集群管理。

被允许连接到 namenode 的所有 datanode 放在一个文件中，文件名称由 `dfs.hosts` 属性指定。该文件放在 namenode 的本地文件系统中，每行对应一个 datanode 的网络地址(由 datanode 报告——可以通过 namenode 的网页查看)。如果需要为一个 datanode 指定多个网络地址，可将多个网络地址放在一行，由空格隔开。

类似的，可能连接到 jobtracker 的各个 tasktracker 也在同一个文件中指定(该文件的名称由 `mapred.hosts` 属性指定。在通常情况下，由于集群中的节点同时运行 datanode 和 tasktracker 守护进程，`dfs.hosts` 和 `mapred.hosts` 会同时指向一个文件，即 *include* 文件。

> `dfs.hosts` 属性和 `mapred.hosts` 属性指定的文件不同于 *slaves* 文件。前者供 namenode 和 jobtracker 使用，用来决定可以连接哪个工作节点。Hadoop 控制脚本使用 *slaves* 文件执行集群范围的操作，例如重启集群等。Hadoop 守护进程从不使用 *slaves* 文件。

向集群添加新节点的步骤如下。

1. 将新节点的网络地址添加到 *include* 中。
2. 运行以下指令，更新 namenode 的经过审核的一系列 datanode 集合。

   ```
   % hadoop dfsadmin -refreshNodes
   ```
3. 以新节点更新 *slaves* 文件。这样的话，Hadoop 控制脚本会将新节点包括在未来操作之中。
4. 启动新的 datanode。
5. 重启 MapReduce 集群。[①]
6. 检查新的 datanode 和 tasktracker 是否都出现在网页界面中。

① 在本书写作之际，还没有任何命令可以刷新 jobtracker 的经过审核的节点集合。作为权宜之计，可以将 `mapred.jobtracker.restart.recover` 属性设为 `true`，使得 jobtracker 能够在重启之后恢复正在运行的作业。

HDFS 不会自动将块从旧的 datanode 移到新的 datanode 以平衡集群。用户需要自己运行均衡器，如第 304 页的“均衡器”小节所述。

解除旧节点

HDFS 能够容忍 datanode 故障，但这并不意味着允许随意终止 datanode。以三复本策略为例，如果同时关闭不同机架上的三个 datanode，丢失数据的概率会非常高。正确的方法是：用户将拟退出的若干 datanode 告知 namenode，方可在这些 datanode 停机之前将块复制到其他 datanode。

Hadoop 的 tasktracker 也可容忍故障的发生。如果关闭一个正在运行任务的 tasktracker，jobtracker 会意识到发生故障，并在其他 tasktracker 上重新调度任务。

若要解除一个节点，则该节点需要出现在 *exclude* 文件。对于 HDFS 来说，文件名称由 `dfs.hosts.exclude` 属性控制；对于 MapReduce 来说，文件名称由 `mapred.hosts.exclude` 属性控制。这些文件列出若干未被允许连接到集群的节点。通常情况下，这两个属性指向同一个文件。

判断一个 tasktracker 能否连接到 jobtracker 非常简单。仅当 tasktracker 出现在 *include* 文件且不出现在 *exclude* 文件中时，才能够连接到 jobtracker。注意：如果未指定 *include* 文件，或 *include* 文件为空，则意味着所有节点均在 *include* 文件中。

HDFS 的规则稍有不同。如果一个 datanode 同时出现在 *include* 和 *exclude* 文件中，则该节点可以连接，但是很快会被解除委任。表 10-4 总结了 datanode 的不同组合方式。与 tasktracker 类似，如果未指定 *include* 文件或 *include* 文件为空，都意味着包含所有节点。

表 10-4. HDFS 的 include 文件和 exclude 文件

节点是否出现在 *include* 文件中	节点是否出现在 *exclude* 文件中	解释
否	否	节点无法连接
否	是	节点无法连接
是	否	节点可连接
是	是	节点可连接，将被解除

从集群中移除节点的步骤如下。

1. 将待解除节点的网络地址添加到 *exclude* 文件中。不更新 *include* 文件。

2. 重启 MapReduce 集群，以终止在待解除节点上运行的 tasktracker。

3. 执行以下指令，使用一系列新的审核过的 datanode 来更新 namenode 设置：

```
% hadoop dfsadmin -refreshNodes
```

4. 转到网页界面，查看待解除 datanode 的管理状态是否已经变为“Decommission In Progress”。将这些 datanode 的块复制到其他 datanode 中。
5. 当所有 datanode 的状态变为“Decommissioned”时，表明所有块都已经复制完毕。关闭已经解除的节点。
6. 从 *include* 文件中移除这些节点，并运行以下命令：

```
% hadoop dfsadmin -refreshNodes
```

7. 从 *slaves* 文件中移除节点。

升级

升级 HDFS 和 MapReduce 集群需要细致的规划，特别是 HDFS 的升级。如果文件系统的布局的版本发生变化，升级操作会自动将文件系统数据和元数据迁移到兼容新版本的格式。与其他涉及数据迁移的过程相似，升级操作暗藏数据丢失的风险，因此需要确保数据和元数据都已经备份完毕。参见第 312 页的“日常管理过程”小节。

规划过程最好包括在一个小型测试集群上的测试过程，以评估是否能够承担(可能的)数据丢失的损失。测试过程使用户更加熟悉升级过程、了解如何配置本集群和工具集，从而为升级工作集群消除技术障碍。此外，一个测试集群也有助于测试客户端的升级过程。

版本兼容性

在 1.0 版本之前，Hadoop 组件的兼容性非常差，仅当同属一个版本时，组件才可彼此兼容。这意味着整个系统——从守护进程到客户端——必须同时升级，导致整个集群必须停机一段时间。

Hadoop 1.0 版本显著提高了组件的兼容性。例如，旧版本的客户端也可以调用新版本的服务器(二者的主发布号相同)。后续发布还将支持滚动升级法，即允许集群的守护进程分阶段升级，因此在升级期间集群仍可有效工作。

如果文件系统的布局并未改变，升级集群就非常容易：在集群上安装新的 HDFS 和 MapReduce(客户端也同步安装)，关闭旧的守护进程，升级配置文件，启动新的守护进程，令客户端使用新的库。整个过程完全可逆，换言之，也可以方便地还原到旧版本。

每当成功升级版本之后，还需要执行几个清除步骤。

- 从集群中移除旧的安装和配置文件。
- 在代码和配置文件中修补被弃用的警告信息。

HDFS 的数据和元数据升级

如果采用前述方法来升级 HDFS，且新旧 HDFS 的文件系统布局恰巧不同，则 namenode 无法正常工作，会在其日志文件中产生如下信息。

```
File system image contains an old layout version -16.
An upgrade to version -18 is required.
Please restart NameNode with -upgrade option.
```

最可靠的判定文件系统升级是否必要性的方法是在一个测试集群做实验。

升级 HDFS 还会保留前一版本的元数据和数据的复本，但是这并不意味着升级需要两倍存储开销，因为 datanode 使用硬链接保存指向同一块的两个应用(分别为当前版本和前一版本)。这样的话，就能够方便地回滚到前一版本。需要强调的是，系统回滚到旧版本之后，原先的升级改动都将被取消。

用户可以保留前一个版本的文件系统，但无法回滚多个版本。为了执行 HDFS 数据和元数据上的另一升级任务，需要删除前一版本，这个过程被称为“定妥升级”(finalizing the upgrade)。一旦执行这个操作，就无法再回滚到前一个版本了。

一般来说，升级过程可以忽略中间版本(例如，从 0.18.3 升级到 0.20.0 不需要先升级到 0.19.x)。但在某些情况下还是需要先升级到中间版本，这一般会在发布说明中清楚地指出。

仅当文件系统健康时，才可升级，因此有必要在升级之前调用 *fsck* 工具全面检查文件系统的状态(参见第 301 页的“fsck 工具”小节)。此外，最好保留 *fsck* 的输出报告，该报告列举了所有文件和块信息；在升级之后，再次运行 *fsck* 来新建一份输出报告，并比较两份报告的内容。

在升级之前最好清空临时文件，包括 HDFS 的 MapReduce 系统目录和本地临时文件等。

综上所述，如果升级集群会导致文件系统的布局变化，则需要采用下述步骤进行升级。

1. 在执行升级任务之前，确保前一升级已经定妥。

2. 关闭 MapReduce，终止在 tasktracker 上运行的任何孤儿任务。

3. 关闭 HDFS，并备份 namenode 目录。

4. 在集群和客户端安装新版本的 Hadoop HDFS 和 MapReduce。

5. 使用 `-upgrade` 选项启动 HDFS。

6. 等待，直到升级完成。

7. 检验 HDFS 是否运行正常。

8. 启动MapReduce。

9. 回滚或定妥升级任务(可选的)。

运行升级任务时，最好移除 `PATH` 环境变量下的 Hadoop 脚本，这样的话，用户就不会混淆针对不同版本的脚本。通常可以为新的安装目录定义两个环境变量。在后续指令中，我们定义了 `OLD_HADOOP_INSTALL` 和 `NEW_HADOOP_INSTALL` 两个环境变量。

启动升级　为了执行升级，请运行以下命令(即前述的步骤 5)：

```
% $NEW_HADOOP_INSTALL/bin/start-dfs.sh -upgrade
```

该命令的结果是让 namenode 升级元数据，将前一版本放在名为 *previous* 的新目录中：

```
${dfs.name.dir}/current/VERSION
                       /edits
                       /fsimage
                       /fstime
               /previous/VERSION
                        /edits
                        /fsimage
                        /fstime
```

类似地，datanode 升级存储目录，保留原先的副本，存放在 *previous* 目录中。

等待，直到升级完成　升级过程并非一蹴即就，可以用 *dfsadmin* 查看升级进度(升级事件同时也出现在守护进程的日志文件中，步骤 6)：

```
% $NEW_HADOOP_INSTALL/bin/hadoop dfsadmin -upgradeProgress status
Upgrade for version -18 has been completed.
Upgrade is not finalized.
```

查验升级情况　显示升级完毕。在本阶段中，用户可以检查文件系统的状态，例如使用 *fsck*(一个基本的文件操作)检验文件和块(步骤 7)。检验系统状态时，最好让 HDFS 进入安全模式(所有数据只读)，以防止其他用户修改数据。

回滚升级(可选的) 如果新版本无法正确工作，可以回滚到前一版本中去(步骤9)，前提是尚未定妥更新。

> 回滚操作会将文件系统的状态转回到升级之前的状态，同期所做的任何改变都会丢失。换句话说，将回滚到文件系统的前一状态，而非将当前的文件系统降级到前一版本。

首先，关闭新的守护进程：

```
% $NEW_HADOOP_INSTALL/bin/stop-dfs.sh
```

其次，使用`-rollback`选项启动旧版本的HDFS：

```
% $OLD_HADOOP_INSTALL/bin/start-dfs.sh -rollback
```

该命令会让namenode和datanode使用升级前的复本替换现有存储目录。文件系统返回之前的状态。

定妥升级(可选) 如果用户满意于新版本的HDFS，可以定妥升级(步骤9)，以移除升级前的存储目录。

> 一旦升级定妥，就无法回滚到前一版本。

在执行新的升级任务之前，必须执行这一步：

```
% $NEW_HADOOP_INSTALL/bin/hadoop dfsadmin -finalizeUpgrade
% $NEW_HADOOP_INSTALL/bin/hadoop dfsadmin -upgradeProgress status
There are no upgrades in progress.
```

现在，HDFS已经完全升级到新版本了。

第 11 章

Pig 简介

Pig 为大型数据集的处理提供了更高层次的抽象。MapReduce 使程序员能够自己定义连续执行的 map 和 reduce 函数。但是，数据处理通常需要多个 MapReduce 过程才能实现，所以将数据处理要求改写成 MapReduce 模式是很复杂的。与 MapReduce 相比，Pig 提供了更丰富的数据结构，一般都是多值和嵌套的数据结构。Pig 还提供了一套更强大的数据变换操作，包括在 MapReduce 中被忽视的“连接”(join)操作。

Pig 包括两部分。

- 用于描述数据流的语言，称为 *Pig Latin*。
- 用于运行 Pig Latin 程序的执行环境。当前有两个环境：单 JVM 中的本地执行环境和 Hadoop 集群上的分布式执行环境。

一个 Pig Latin 程序由一系列的“操作”(operation)或“变换”(transformation)组成。每个操作或变换对输入进行数据处理，然后产生输出结果。这些操作整体上描述了一个数据流。Pig 执行环境把数据流翻译为可执行的内部表示，并运行它。在 Pig 内部，这些变换操作被转换成一系列 MapReduce 作业，但作为程序员，多数情况下并不需要知道这些转换是如何进行的，这样一来，程序员便可以将精力集中在数据上，而非执行的细节上。

Pig 是一种探索大规模数据集的脚本语言。MapReduce 的一个缺点是开发周期太长。编写 mapper 和 reducer，对代码进行编译和打包、提交作业，获取结果，这整个过程非常耗时，即便使用 Streaming 能在这一过程中去除代码的编译和打包步骤，但这一过程仍然很耗时。Pig 的诱人之处在于它能够用控制台上的五六行 Pig Latin 代码轻松处理 TB 级的数据。事实上，Pig 是 Yahoo!为了让研究员和工程师能够更简单地挖掘大规模数据集而发明的。Pig 提供了多个命令用于检查和处理程序中的数据结构，因此，它能够很好地支持程序员写查询。Pig 的一个更有用的特性是它支持在输入数据的一个有代表性的子集上试运行。这样一来，用户可以在处理整个数据集前检查程序中是否有错误。

Pig 被设计为可扩展的。处理路径中的每个部分，载入、存储、过滤、分组、连接，都是可以定制的。这些操作都可以使用用户定义函数(user-defined function，UDF)进行修改。这些函数作用于 Pig 的嵌套数据模型。因此，它们可以在底层与 Pig 的操作集成。UDF 的另一个好处是它们比用 MapReduce 程序开发的库更易于重用。

然而，Pig 并不适合所有的数据处理任务。和 MapReduce 一样，它是为数据批处理而设计的。如果想执行的查询只涉及一个大型数据集中的一小部分数据，Pig 的实现不会很好，因为它要扫描整个数据集或其中的很大一部分。

在有些情况下，Pig 的表现不如 MapReduce 程序。但随着新版本的发布，它们之间的差距越来越小。因为 Pig 的开发团队使用了复杂、精巧的算法来实现 Pig 的关系操作。坦率地说，除非你愿意花大量时间来优化 Java MapReduce 程序，否则使用 Pig Latin 来编写查询的确能帮你够节约时间。

安装与运行 Pig

Pig 是作为一个客户端应用程序运行的。即使准备在 Hadoop 集群上运行 Pig，也不需要在集群上额外安装什么东西：Pig 从工作站上发出作业，并和 HDFS(或其他 Hadoop 文件系统)进行交互。

Pig 的安装很简单。安装前需要有 Java 6。在 Windows 上安装时，还需要 Cygwin。从 *http://hadoop.apache.org/pig/releases.html* 下载稳定版本，然后把 tar 压缩包解压到工作站上的合适的路径：

```
% tar xzf pig-x.y.z.tar.gz
```

把 Pig 的二进制文件路径添加到命令路径也很方便，例如：

```
% export PIG_INSTALL=/home/tom/pig-x.y.z
% export PATH=$PATH:$PIG_INSTALL/bin
```

还需要设置 `JAVA_HOME` 环境变量，以指明 Java 的安装路径。

输入 `pig -help` 可获得使用帮助。

执行类型

Pig 有两种执行类型或称模式(mode)：本地模式(local mode)和 MapReduce 模式(MapReduce mode)。

本地模式

在本地模式下，Pig 运行在单个 JVM 中，访问本地文件系统。该模式只适用于试用 Pig 或处理小规模数据集。

执行类型可用`-x`或`-exectype`选项进行设置。如果要使用本地模式运行，那么就把该选项设置为`local`：

```
% pig -x local
grunt>
```

这样就能够启动 Grunt。Grunt 是 Pig 的外壳程序(shell)。稍后我们会对它进行详细讨论。

MapReduce 模式

在 MapReduce 模式下，Pig 将查询翻译为 MapReduce 作业，然后在 Hadoop 集群上执行。集群可以是伪分布的，也可以是全分布的。如果要用 Pig 处理大规模数据集，应该使用全分布集群上的 MapReduce 模式。

要使用 MapReduce 模式，你首先需要检查下载的 Pig 是否与正在使用的 Hadoop 版本兼容。Pig 发布版本只和特定的 Hadoop 版本兼容。发布页面记录了兼容版本信息。例如，Pig 0.3 和 0.4 版对应于 Hadoop 0.18.x 发布版本；而 Pig 0.5 到 0.7 版与 Hadoop 0.20.x 对应。

如果某个 Pig 版本支持多个版本的 Hadoop，你可以通过使用`PIG_HADOOP_VERSION`环境变量来告诉 Pig 它所连接的 Hadoop 版本。例如，以下命令让 Pig 使用 0.18.x 版本的 Hadoop：

```
% export PIG_HADOOP_VERSION=18
```

然后，需要将 Pig 指向集群的 namenode 和 jobtracker。如果有一个或多个 Hadoop 站点文件已经定义了`fs.default.name`和`mapred.job.tracker`，把 Hadoop 的配置目录加到 Pig 的类路径即可：

```
% export PIG_CLASSPATH=$HADOOP_INSTALL/conf/
```

或，可以在 Pig 的 *conf* 目录下 *pig.properties* 文件中设置这两个参数。下面是针对伪分布集群进行设置的示例：

```
fs.default.name=hdfs://localhost/
mapred.job.tracker=localhost:8021
```

一旦设置好 Pig 到 Hadoop 集群的连接，就可以通过设置`-x`选项或忽略该选项使用 Pig 了。MapReduce 模式是 Pig 的默认执行模式：

```
% pig
10/07/16 16:27:37 INFO pig.Main: Logging error messages to: /Users/tom/dev/pig-0
.7.0/pig\_1279294057867.log
2010-07-16 16:27:38,243 [main] INFO org.apache.pig.backend.hadoop.executionengi
ne.HExecutionEngine - Connecting to hadoop file system at: hdfs://localhost/
2010-07-16 16:27:38,741 [main] INFO org.apache.pig.backend.hadoop.executionengi
```

```
ne.HExecutionEngine - Connecting to map-reduce job tracker at: localhost:8021
grunt>
```

从输出中可以看到，Pig 报告了它所连接的文件系统和 jobtracker。

运行 Pig 程序

有三种执行 Pig 程序的方法。它们在本地和 MapReduce 模式下都适用。

脚本

Pig 可以运行包含 Pig 命令的脚本文件。例如，`pig script.pig` 运行在本地文件 *script.pig* 中的命令。对于很短的脚本，你也可以通过使用 `-e` 选项直接在命令行中输入脚本字符串。

Grunt

Grunt 是运行 Pig 命令的交互式外壳环境(shell)。如果没有指明 Pig 要运行的文件，而且也没有使用 `-e` 选项，Pig 就会运行 Grunt。在 Grunt 环境中，也可以通过 `run` 和 `exec` 命令运行 Pig 脚本。

嵌入式方法

也可以在 Java 中运行 Pig 程序。这和使用 JDBC 运行 SQL 程序很像。详情可参见 Pig wiki，网址为 *http://wiki.apache.org/pig/EmbeddedPig*。

Grunt

Grunt 包含的行编辑功能和 GNU Readline(在 bash 外壳环境等命令行应用中使用)类似。例如，Ctrl-E 组合键将光标移到行末。Grunt 也记录过去执行过的命令。①可以使用 Ctrl-P 和 Ctrl-N 或上下箭头键，回显命令历史缓存中的上或下一条命令。

Grunt 的另一个有用特性是自动补全机制。它能够在你按 Tab 键时试图自动补全 Pig Latin 关键词和函数名。例如，如果有如下未完成的命令行：

```
grunt> a = foreach b ge
```

此时如果按 Tab 键，那么 `ge` 会自动扩展成 Pig Latin 关键词 `generate`：

```
grunt> a = foreach b generate
```

可以创建一个名为 *autocomplete* 的文件放在 Pig 的类路径(如 Pig 安装目录的 *conf* 目录中)中或运行 Grunt 的目录中，以此来定制自动补全的单词。这个文件中每个单词占一行，且单词中不能出现空格符。自动补全是大小写敏感的。在这个文件中列出常用的文件路径特别有用。因为 Pig 并不提供文件名自动补全。在该文件中列出你创建的用户自定义函数也能带来很多便利。

① 历史保存在 home 目录下一个名为 *.pig_history* 的文件中。

可以使用 help 命令列出可用的命令。结束一个 Grunt 会话时，可以使用 quit 命令退出。

Pig Latin 编辑器

PigPen 是一个提供了 Pig 程序开发环境的 Eclipse 插件。它包含 Pig 脚本编辑器、示例生成器(等同于 ILLUSTRATE 命令)以及用于在 Hadoop 集群上运行脚本的按钮。它还提供一个操作图窗口，能够以图形方式显示脚本，将数据流可视化。完整的安装和使用说明请参见 Pig wiki 的 *http://wiki.apache.org/pig/PigPen* 页面。

除 PigPen 以外，还有一些为其他编辑器(包括 Vim 和 TextMate)的所用 Pig Latin 句法高亮显示工具。它们的详细说明可参见 Pig wiki。

示例

现在，我们用 Pig Latin 写一个计算天气数据集中年度最高气温的程序(和第 2 章用 MapReduce 写的程序功能相同)，作为示例。这个程序只需要很少几行代码：

```
-- max_temp.pig:Finds the maximum temperature by year
   records = LOAD 'input/ncdc/micro-tab/sample.txt'
     AS (year:chararray, temperature:int, quality:int);
   filtered_records = FILTER records BY temperature !  =9999 AND
     (quality == 0 OR quality == 1 OR quality == 4 OR quality == 5 OR quality  9);
   grouped_records = GROUP filtered_records BY year;
   max_temp = FOREACH grouped_records GENERATE group,
     MAX(filtered_records.temperature);
   DUMP max_temp;
```

为了看每一行到底做了什么事情，我们将使用 Pig 的 Grunt 解释器。它让我们能够输入几行代码，然后通过交互，理解程序到底在做什么。我们在本地模式下启动 Grunt，然后输入 Pig 脚本的第一行：

```
grunt> records =LOAD 'input/ncdc/micro-tab/sample.txt'
>> AS (year:chararray, temperature:int, quality:int);
```

为了简单起见，程序假设输入，由制表符分割的文本，每行只包含年度、气温和质量三个字段。事实上，Pig 的输入格式处理能力比这个灵活得多，我们在后面会看到。这行代码描述了我们要处理的输入数据。year:chararray 描述了字段的名称和类型。chararray 和 Java 字符串类似；int 和 Java 的 int 类似。LOAD 操作接受一个 URI 参数作为输入。在这个示例中，我们只使用了一个本地文件。在 LOAD 中，我们也可以使用 HDFS URI。AS 子句(可选)设定了字段的名称，以便在随后的语句中更方便地引用它们。

LOAD 操作的结果 Pig Latin 其他所有操作的结果一样，都是一个关系(relation)，即一个元组的集合。一个元组类似于数据库表中的一行数据，包含按照特定顺序排列的多个字段。在这个示例中，LOAD 函数根据输入文件，生成一组(年份，气温，质量)元组。我们把关系写成每个元组一行，每行由小括号括起，每项字段由逗号分割：

```
(1950,0,1)
(1950,22,1)
(1950,-11,1)
(1949,111,1)
```

关系要有名称或“别名”以便于引用。这个关系的别名是 `records`。我们可以使用 DUMP 操作来查看某个别名所对应关系的内容：

```
grunt> DUMP records;
    (1950,0,1)
    (1950,22,1)
    (1950,-11,1)
    (1949,111,1)
    (1949,78,1)
```

我们也可以使用 DESCRIBE 操作查看一个关系的结构，即关系的“模式”(schema)：

```
grunt> DESCRIBE records;
records: {year: chararray,temperature: int,quality: int}
```

从输出可以知道，`records` 有三个字段，别名分别为 `year`, `temperature` 和 `quality`。字段的别名是在 AS 子句中指定的。同样，字段的类型也是在 AS 子句中指定的。关于 Pig 中的数据类型，我们后面会有更详细的介绍。

第二条语句去除了没有气温的记录(即用 9999 表示气温的记录)和质量不令人满意的记录。在这个示例里，并没有记录被过滤掉：

```
grunt> filtered_records =FILTER records BY temperature ! =9999 AND
>>  (quality  0 OR quality  1 OR quality  4 OR quality 5 OR quality  9);
grunt> DUMP filtered_records;
(1950,0,1)
(1950,22,1)
(1950,-11,1)
(1949,111,1)
(1949,78,1)
```

第三条语句使用 GROUP 函数把 `records` 关系中的记录按照 `year` 字段分组。让我们用 DUMP 查看 GROUP 的结果：

```
grunt> grouped_records =GROUP filtered_records BY year;
grunt> DUMP grouped_records;
(1949,{(1949,111,1),(1949,78,1)})
(1950,{(1950,0,1),(1950,22,1),(1950,-11,1)})
```

这样，我们就有了两行，或叫两个元组。每个元组对应于输入数据中的一个年度。每个元组的第一个字段是用于进行分组的字段(即年度)。第二个字段是该年度的元组的“包”(bag)。包(bag)是元组的无序集。在 Pig Latin 里，包用大括号表示。

通过这样对数据进行分组，我们已经为每个年度创建了一行。剩下的事情就是在每个包里找到包含最高气温的那个元组。在做这件事情之前，我们首先要理解 grouped_records 这一关系的结构：

```
grunt> DESCRIBE grouped_records;
grouped_records: {group: chararray,filtered_records: {year: chararray,
temperature: int,quality: int}}
```

从输出结果可以看到，Pig 给分组字段分配了别名 group。第二个字段和被分组的 filtered_records 关系的结构相同。根据这些信息，我们可以试着执行第四条语句，对数据进行变换：

```
grunt> max_temp =FOREACH grouped_records GENERATE group,
>>  MAX(filtered_records.temperature);
```

FOREACH 对每一行数据进行处理，并生成一组导出的行。导出的行的字段由 GENERATE 子句定义。在这个示例中，第一个字段是 group，也就是年度。第二个字段稍微复杂一点。filtered_records.temperature 引用了 grouped_records 关系中的 filtered_records 包中的 temperature 字段。MAX 是计算字段包中最大值的内置函数。在这个例子中，它计算了 filtered_records 包中 temperature 字段的最大值。我们看一下它的结果：

```
grunt> DUMP max_temp;
(1949,111)
(1950,22)
```

这样，我们便成功计算出每年的最高气温。

生成示例

在这个示例中，我们已经使用了仅包含少数行的抽样数据集，以简化数据流跟踪和调试。创建一个精简的数据集是一门艺术。理想情况下，这个数据集的内容应该足够丰富，能够覆盖查询中可能碰到的各种情况(满足完备性条件)；同时，这个数据集应该足够小，能够被程序员用来进行推导和演算(满足简明性条件)。通常情况下，使用随机取样并不能满足要求。因为连接和过滤这两个操作往往会去除掉所有的随机取样的数据，而获得一个空的结果集。这样是无法获取典型数据流的。

Pig 提供了 ILLUSTRATE 操作，能够生成相对完备和简明的数据集。虽然它并不能为所有查询生成示例(例如，它不支持 LIMIT、SPLIT 或嵌套的 FOREACH 语句)，它能够为很多查询生成有用的示例。只有当一个关系有模式时才能使用 ILLUSTRATE。

下面列出的是运行 ILLUSTRATE 后的输出(进行了少许格式重排)：

```
grunt> ILLUSTRATE max_temp;
-------------------------------------------------------------------------------
| records | year: bytearray | temperature: bytearray | quality: bytearray |
-------------------------------------------------------------------------------
|         | 1949            | 9999                   | 1                  |
|         | 1949            | 111                    | 1                  |
|         | 1949            | 78                     | 1                  |
-------------------------------------------------------------------------------
-------------------------------------------------------------------
| records | year: chararray | temperature: int | quality: int |
-------------------------------------------------------------------
|         | 1949            | 9999             | 1            |
|         | 1949            | 111              | 1            |
|         | 1949            | 78               | 1            |
------------------------------------------------------------------
----------------------------------------------------------------------------
| filtered_records | year: chararray | temperature: int | quality: int |
----------------------------------------------------------------------------
|                  | 1949            | 111              | 1            |
|                  | 1949            | 78               | 1            |
----------------------------------------------------------------------------
--------------------------------------------------------------------------------
| grouped_records | group: chararray | filtered_records: bag({year: chararray, |
                                        temperature: int,quality: int}) |
--------------------------------------------------------------------------------
|                 | 1949             | {(1949, 111, 1), (1949, 78, 1)}      |
--------------------------------------------------------------------------------
---------------------------------------
| max_temp | group: chararray | int  |
---------------------------------------
|          | 1949             | 111  |
---------------------------------------
```

注意，Pig 既使用了部分的原始数据(这对于保持生成数据集的真实性很重要)，也创建了一些新的数据。Pig 注意到查询中 9999 这一值，所以创建了一个包含该值的元组来测试 FILTER 语句。

综上所述，ILLUSTRATE 的输出本身易于理解，而且也能帮助你更好地了解查询的执行过程。

与数据库比较

我们已经展示了如何使用 Pig。看上去，Pig Latin 和 SQL 很相似。GROUP BY 和 DESCRIBE 这样的操作更加强了这种感觉。但是，两种语言之间，以及 Pig 和 RDBMS 之间，有几个方面是不同的。

它们之间最显著的不同是：Pig Latin 是一种数据流编程语言，而 SQL 是一种描述型编程语言。换句话说，一个 Pig Latin 程序是相对于输入的一步步操作。其中每一步都是对数据的一个简单的变换。相反，SQL 语句是一个约束的集合。这些约束结合在一起，定义了输出。从很多方面看，用 Pig Latin 编程更像在 RDBMS 中"查询规划器"(query planner)这一层对数据进行操作。查询规划器决定了如何将描述型语句转化为一系列系统化执行的步骤。

RDBMS 把数据存储在严格定义了模式的表内。Pig 对它所处理的数据要求则宽松得多：可以在运行时定义模式，而且这是可选的。本质上，Pig 可以在任何来源的元组上进行操作(当然，数据源必须支持并行的读操作，例如存放在多个文件中)。它使用 UDF 从原始格式中读取元组。[1]最常用的输入格式是用制表符分隔的字段组成的文本文件。Pig 为这种输入提供了内置加载函数。和传统的数据库不同，Pig 并不提供专门的数据导入过程将数据加载到 RDBMS。在第一步处理中，数据是从文件系统(通常是 HDFS)中加载的。

Pig 对复杂、嵌套数据结构的支持也使其不同于能处理平面数据类型的 SQL。Pig 的语言能够和 UDF 以及流式操作紧密集成。它的这一能力及其嵌套数据结构，使 Pig Latin 比大多数 SQL 的变种具有更强的定制能力。

几个支持在线和低延迟查询的特性是 RDBMS 有但 Pig 没有的，例如事务和索引。如前所述，Pig 并不支持随机读和几十毫秒级别的查询。它也不支持对一小部分数据的随机写。和 MapReduce 一样，所有的写都是批量的、流式的写操作。

Hive(在第 12 章中介绍)介于 Pig 和传统的 RDBMS 之间。和 Pig 一样，Hive 也被设计为用 HDFS 作为存储。但是它们之间有着显著的区别。Hive 的查询语言 HiveQL，是基于 SQL 的。任何熟悉 SQL 的人都可以轻松使用 HiveQL 写查询。和 RDBMS 相同，Hive 要求所有数据必须存储在表中，表必须有模式，而模式由 Hive 进行管理。但是，Hive 允许为预先存在于 HDFS 的数据关联一个模式。所以，数据的加载步骤是可选的。和 Pig 一样，Hive 也不支持低延迟查询。

① 或像"Pig 哲学"(Pig Philosophy)所说："猪什么都吃"(Pigs eat anything)。

Pig Latin

本节对 Pig Latin 编程语言的语法和语义进行非正式的介绍。[①]本小节并不是一个完整的编程语言手册，[②]但是这里的内容足以帮助大家理解 Pig Latin 的组成。

结构

一个 Pig Latin 程序由一组语句构成。一个语句可以理解为一个操作，或一个命令。[③]例如，GROUP 操作是这样一条语句：

```
grouped_records =GROUP records BY year;
```

另一个例子是列出 Hadoop 文件系统中文件的命令：

```
ls /
```

如前面的 GROUP 语句所示，一条语句通常用分号结束。实际上，那是一条必须用分号表示结束的语句。如果省略了分号，它会产生一个语法错误。而另一方面，ls 命令可以不用分号结束。一般的规则是：在 Grunt 中交互使用的语句或命令不需要表示结束的分号。这包括交互式的 Hadoop 命令以及用于诊断的操作，例如 DESCRIBE。加上表示结束的分号总是不会错。因此，如果不确定是否需要分号，把它加上是最简单的解决办法。

必须用分号表示结束的语句可以写成多行以便于阅读：

```
records =LOAD 'input/ncdc/micro-tab/sample.txt'
AS (year:chararray, temperature:int, quality:int);
```

Pig Latin 有两种注释方法。双减号表示单行注释。Pig Latin 解释器会忽略从第一个减号开始到行尾的所有内容：

```
-- My program
DUMP A; -- What's in A?
```

① 不要把 Pig Latin 编程语言和语言游戏 Pig Latin(回文)混淆。Pig Latin 游戏就是把单词开始的声母移到单词最后，并加上“ay”的尾音。例如，“pig”变为“ig-pay”，而“Hadoop”则变为“Adoop-hay”。

② Pig Latin 并没有正式的语言定义。但通过 Pig wiki(*http://wiki.apache.org/pig/*)，可以找到很多关于 Pig Latin 语言说明的链接。

③ 在 Pig Latin 的文档里，有时这些术语是可以相互替换的。例如，“GROUP 命令”\“GROUP 操作”和“GROUP 语句”。

C 语言风格的注释更灵活。这是因为它使用/*和*/符号表示注释开始和结束。这样，注释既可以跨多行，也可以内嵌在某一行内：

```
/*
 * Description of my program spanning
 * multiple lines.
 */
A  =LOAD 'input/pig/join/A';
B  =LOAD 'input/pig/join/B';
C  =JOIN A BY $0, /* ignored */ B BY $1;
DUMP C;
```

Pig Latin 有一个关键词列表。其中的单词在 Pig Latin 中有特殊含义，不能用作标识符。这些单词包括操作(LOAD，ILLUSTRATE)、命令(cat，ls)、表达式(matches，FLATTEN)以及函数(DIFF，MAX)等。详见随后的几个小节。

Pig Latin 的大小写敏感性采用混合的规则。操作和命令是大小写无关的(这样交互式操作更“宽容”)，而别名和函数名是大小写敏感的。

语句

在 Pig Latin 程序执行时，每个命令按次序进行解析。如果遇到句法错误或其他(语义)错误，例如未定义的别名，解释器会终止运行，并显示错误消息。解释器会给每个关系操作建立一个逻辑计划。逻辑计划构成了 Pig Latin 程序的核心。解释器把为一个语句创建的逻辑计划加到到目前为止已经解析完的程序的逻辑计划上，然后继续处理下一条语句。

特别需要注意的是，在整个程序逻辑计划没有构造完成前，Pig 并不处理数据。例如，我们仍然以前面的 Pig Latin 程序为例：

```
-- max_temp.pig: Finds the maximum temperature by year
records =LOAD 'input/ncdc/micro-tab/sample.txt'
  AS (year:chararray, temperature:int, quality:int);
filtered_records =FILTER records BY temperature !  =9999 AND
  (quality 0 OR quality  1 OR quality 4 OR quality 5 OR quality 9);
grouped_records =GROUP filtered_records BY year;
max_temp =FOREACH grouped_records GENERATE group,
  MAX(filtered_records.temperature);
DUMP max_temp;
```

Pig Latin 解释器看到第一行 LOAD 语句时，它首先确认它在句法和语义上是正确的，然后再把这个操作加入逻辑计划。但是，解释器并不真的从文件加载数据(它甚至不去检查该文件是否存在)。Pig 到底要把文件加载到哪里呢？数据是加载到内存吗？即使这些数据可以放入内存，Pig 又如何处理数据呢？我们可能并不需要所有的数据(因为后续的语句可能会过滤数据)，因此读入所有数据没有意义。关键问题在于，在没有定义整个数据流之前，开始任何处理都是没用的。与此类似，Pig 验证 GROUP 和 FOREACH…GENERATE 语句，并把它们加入逻辑计划中，但并不执行这两条语句。让 Pig 开始执行的是 DUMP 语句。此时，逻辑计划被编译成物理计划，并执行。

多查询执行

由于 DUMP 是一个诊断工具，因此它总是会触发语句的执行。但是，STORE 与 DUMP 不同。在交互模式下，STORE 和 DUMP 一样，总是会触发语句的执行(包含 `run` 命令)。但是，在批处理模式下，它不会触发执行(包含 `exec` 命令)。这是为了性能考虑而进行的设计。在批处理模式下，Pig 会解析整个脚本。

看看是否能够为减少读写磁盘的数据量进行优化。考虑如下的简单示例：

```
A  =LOAD ’input/pig/multiquery/A’;
B  =FILTER A BY $1 ’banana’;
C  =FILTER A BY $1 !  =’banana’;
STORE B INTO ’output/b’;
STORE C INTO ’output/c’;
```

关系 B 和 C 都是从 A 导出的。因此，为了防止读两遍 A，Pig 可以用一个 MapReduce 任务从 A 读取数据，并把结果写到两个输出文件中去：一个给 B，一个给 C。在 Pig 的以前版本中不包括这一特性：批处理模式下脚本中的每个 STORE 语句都会触发语句的执行，从而每个 STORE 语句都有一个对应的作业。可以在执行 Pig 时使用`-M`或`-no_multiquery`选项来禁用多查询执行，从而恢复使用以前的设置。这一特性称为“多查询执行”(multiquery execution)。

Pig 的物理计划是一系列的 MapReduce 作业。在本地模式下，这些作业在本地 JVM 中运行；而在 MapReduce 模式下，它们在 Hadoop 集群上运行。

针对一个关系可以用 EXPLAIN 命令查看 Pig 创建的逻辑和物理计划(例如 `EXPLAIN max_temp`)。

EXPLAIN 也会显示 MapReduce 计划，即显示物理操作是如何组成 MapReduce 作业的。用这个办法，可以查看 Pig 会为你的查询运行多少个 MapReduce 作业。

表 11-1 概述了能够作为 Pig 逻辑计划一部分的关系操作。我们会在第 351 页的“数据处理操作”小节详细介绍这些操作。

表 11-1. Pig Latin 关系操作

类型	操作	描述
加载与存储	LOAD	将数据从文件系统或其他存储中加载数据，存入关系
	STORE	将一个关系存放到文件系统或其他存储中
	DUMP	将关系打印到控制台
过滤	FILTER	从关系中删除不需要的行
	DISTINCT	从关系中删除重复的行
	FOREACH...GENERATE	在关系中增加或删除字段
	STREAM	使用外部程序对关系进行变换
	SAMPLE	从关系中随机取样
分组与连接	JOIN	连接两个或多个关系
	COGROUP	在两个或更多关系中对数据进行分组
	GROUP	在一个关系中对数据进行分组
	CROSS	获取两个或更多关系的乘积(叉乘)
排序	ORDER	根据一个或多个字段对某个关系进行排序
	LIMIT	将关系的元组个数限定在一定数量内
合并与分割	UNION	合并两个或多个关系
	SPLIT	把某个关系切分两个或多个关系

有些语句并不加到逻辑计划中。例如，诊断操作 DESCRIBE、EXPLAIN 以及 ILLUSTRATE。这些操作是用来让用户能够与逻辑计划进行交互以进行调试的(见表 11-2)。DUMP 也是一种诊断操作。它只能用于与很小的结果集进行交互调试，或与 LIMIT 结合使用，来获得某个较大的关系的一小部分行。STORE 语句应该在输出包含较多行的时候使用。这是因为 STORE 语句把结果存入文件而不是在控制台显示。

表 11-2. Pig Latin 的诊断操作

操作	描述
DESCRIBE	打印关系的模式
EXPLAIN	打印逻辑和物理计划
ILLUSTRATE	使用生成的输入子集显示逻辑计划的试运行结果

为了在 Pig 脚本中使用用户自定义函数，Pig Latin 提供了 REGISTER 和 DEFINE 语句(见表 11-3)。

表 11-3. Pig Latin UDF 语句

语句	描述
REGISTER	在 Pig 运行时环境中注册一个 JAR 文件
DEFINE	为 UDF、流式脚本或命令规范新建别名

因为这些命令不处理关系，所以它们不会被加入逻辑计划。相反，这些命令会被立即执行。Pig 提供了与 Hadoop 文件系统和 MapReduce 进行交互的命令及其他一些工具命令(见表 11-4)。与 Hadoop 文件系统进行交互的命令对在 Pig 处理前和处理后移动数据非常有用。

表 11-4. PigLatin 命令类型命令描述

类别	命令	描述
HadooFilesystem	cat	打印一个或多个文件的内容
	cd	改变当前目录
	copyFromLocal	把一个本地文件或目录复制到 Hadoop 文件系统
	copyToLocal	将一个文件或目录从 Hadoop 文件系统复制到本地文件系统
	cp	把一个文件或目录复制到另一个目录
	fs	访问 Hadoop 文件系统外壳程序
	ls	打印文件列表信息
	mkdir	创建新目录
	mv	将一个文件或目录移动到另一个目录
	pwd	打印当前工作目录的路径
	rm	删除一个文件或目录
	rmf	强制删除文件或目录(即使文件或目录不存在也不会失败)
HadoopMapReduce 工具	kill	终止某个 MapReduce 作业
	exec	在一个新的 Grunt 外壳程序中以批处理模式运行一个脚本
	help	显示可用的命令和选项
	quit	退出解释器
	run	在当前 Grunt 外壳程序中运行脚本
	set	设置 Pig 选项

文件系统相关的命令可以对任何 Hadoop 文件系统的文件或目录进行操作。这些命令和 `hadoop fs` 命令很像(这是意料之中的，因为两者都是 Hadoop `FileSystem` 接口的简单封装)。你可以使用 Pig 的 fs 命令访问所有的 Hadoop 文件系统外壳命令。例如，`fs-ls` 显示文件列表，而 `fs-help` 显示关于所有可用命令的帮助信息。

准确地说，使用哪种 Hadoop 文件系统是由 Hadoop Core 站点文件中的 fs.default.name 属性决定的。第 45 页的“命令行接口”小节详细介绍如何设置这一属性。

除了 set 命令以外，这些命令的含义大都不言自明。set 命令用于设置控制 Pig 行为的选项。debug 选项用于在脚本中打开或关闭调试日志(你可以在启动 Pig 时用-d 或-debug 选项控制日志的级别)：

```
grunt> set debug on
```

job.name 是另一个很有用的选项。这个选项为 Pig 作业设定一个有意义的名称。在共享的 Hadoop 集群上，可通过此名称知道哪个 Pig MapReduce 作业是自己的。如果 Pig 正在运行某个脚本(而不是通过 Grunt 运行交互式查询)，默认作业名称为脚本的名称。

表 11-4 中有两个命令可以运行 Pig 脚本：exec 和 run。它们的区别是：exec 在一个新的 Grunt 外壳程序中以批处理方式运行脚本。因此，所有脚本中定义的别名在脚本运行结束后再也不能在外壳程序中够访问。另一方面，如果用 run 运行脚本，那么效果就和在外壳中手工输入脚本的内容是一样的。因此，运行该脚本的外壳的命令历史中包含脚本的所有语句。只能用 exec 进行多查询执行，即 Pig 以批处理方式一次执行一批语句(详见第 332 页的补充内容“多查询执行”小节)。不能用 run 进行多查询执行。

表达式

可以通过计算表达式得到某个值。在 Pig 中，表达式可以作为包含关系操作的语句的一部分。Pig 可以使用丰富的表达式类型。Pig 中的很多表达式类型和其他编程语言中的表达式相像。表 11-5 列出了各种表达式及其简要说明和示例。本章中会有很多表达式。

表 11-5. Pig Latin 表达式

类型	表达式	描述	示例
常数	文字	常量值(参见表 11-6 中)	1.0, 'a'
字段(通过位置指定)	$n	第 *n* 个字段(以 0 为基数)	$0
字段(通过名字指定)	*f*	字段名 *f*	year
投影	c.$n,c.f	在容器 *c*(关系、包或元组)中的字段(按位置或名称指定)	records.$0, records.year
Map 查找	m#k	在映射 *m* 中键 *k* 所对应的值	items'Coat'
类型转换	(*t*)*f*	将字段 *f* 转换为类型 *t*	(int) year

类型	表达式	描述	示例
算术	*x*+*y*,*x*-*y*	加法和减法	`$1 + $2, $1-$2`
	*x***y*,*x*/*y*	乘法和除法	`$2* $2, $2 / $2`
	x%*y*	取模运算，即 *x* 除以 *y* 后的余数	`$1 % $2`
	+*x*,-*x*	正和负	`+1, -1`
条件	*x*?*y*:z	二值条件三元运算符,如果 *x* 为真，则 *y*，否则为 *z*	`quality == 0 ? 0 : 1`
比较	*x*==*y*,*x*!=*y*	相等和不等	`quality == 0, temperature != 9999`
	x>*y*,*x*<*y*	大于和小于	`quality > 0, quality < 10`
	x>=*y*,*x*<=*y*	大于等于和小于等于	`quality >= 1, quality <= 9`
	x matches *y*	正则表达式匹配	`quality matches '[01459]'`
	x is null	是空值	`temperature is null`
	x is not null	不是空值	`temperature is not null`
布尔型	*x* or *y*	逻辑或	`q == 0 or q == 1`
	x and *y*	逻辑与	`q == 0 and r == 0`
	not *x*	逻辑非	`not q matches '[01459]'`
函数型	fn(f1,f2,...)	在 *f1*,*f2* 等字段上应用函数 *fn*	`isGood(quality)`
平面化	FLATTEN(*f*)	从包和元组中去除嵌套	`FLATTEN(group)`

类型

到目前为止，你已经见过 Pig 的一些简单数据类型，例如 `int` 和 `chararray`。本节我们将更详细地讨论 Pig 的内置数据类型。

Pig 有四种数值类型：`int`、`long`、`float` 和 `double`。它们和 Java 中对应的数值类型相同。此外，Pig 还有 `bytearray` 类型，这类似于于表示二进制大对象的 Java 的 `byte` 数组。`Chararray` 类似于用 UTF-16 格式表示文本数据的 `java.lang.String`。`chararray` 也可以加载或存储 UTF-8 格式的数据。Pig 没有任何一种数据类型对应于 Java 的 `boolean`①、`byte`、`short`，或 `char`。Java 的这些数据类型都能方便地使用 Pig 的 `int` 类型(对数值类型)或 `chararray` 类型(对 `char`)表示。

数值、文本与二进制类型都是原子类型。Pig Latin 有三种用于表示嵌套结构的复杂类型：“元组”(tuple)、“包”(bag)和“映射”(map)。表 11-6 列出了 Pig Latin 的所有数据类型。

① 虽然没有布尔数据类型，但是 Pig 在计算表达式时有用于判断条件(例如在 `FILTER` 语句中)的真(true)或假(false)的概念。但是，Pig 并不允许在字段中存储布尔表达式的值。

表 11-6. Pig Latin 数据类型

类别	数据类型	描述	文字示例
数值	int	32 位有符号整数	1
	long	64 位有符号整数	1L
	float	32 位浮点数	1.0F
	double	64 位浮点数	1.0
文本	chararray	UTF-16 格式的字符数组	'a'
二进制	Bytearray	字节数组	不支持
复杂类型	tuple	任何类型的字段序列	(1,'pomegranate')
	bag	元组的无序多重集合(允许重复元组)	{(1, 'pomegranate'),(2)}
	map	一组键-值对。键必须是字符数组，值可以是任何类型的数据	['a' 'pomegranate']

复杂类型通常从文件加载数据或使用关系操作进行构建。但是，要当心，表 11-6 列出的文字形式只是在 Pig Latin 程序中用来表示常数值。用 PigStorage 加载器从文件加载的数据的原始形式往往与之不同。例如，文件中如表 11-6 所示的包的数据可能形如{(1,pomegranate),(2)}(注意，此时没有单引号)。如果有合适的模式，该数据可以加载到一个关系。该关系只有一个仅有一个字段的行，而该字段的值是包。

映射类型只能从文件。因为 Pig 的关系操作不能创建映射。如果需要，我们可以用 UDF 生成映射。

虽然关系和包在概念上是相同的(本质上都是元组的无序集合)，但事实上 Pig 对它们的处理稍有不同。关系是顶层构造结构，而包必须在某个关系中。正常情况下，不必操心它们的区别。但是，对它们的使用有一些限制。对于不熟悉它们区别的人，这些限制仍然可能导致错误。例如，不能根据包文字直接创建一个关系。因此，如下语句会运行失败：

```
A = {(1,2),(3,4)}; --Error
```

针对这种情况，最简单的解决办法是使用 LOAD 语句从文件加载数据。

另一个例子是，对待关系，不能像处理包那样把一个字段投影为一个新的关系(使用位置符号，$0 指向 A 的第一个字段)：

```
B = A.$0;
```

要做到这一点，必须使用关系操作将一个关系 A 转换为另一个关系 B：

```
B = FOREACH A GENERATE $0;
```

Pig Latin 将来的版本可能采用相同的方法处理关系和包，以消除这种不一致性。

模式

Pig 中的一个关系可以有一个关联的模式。模式为关系的字段指定名称和类型。前面介绍过 LOAD 语句的 AS 子句是如何关联模式与关系的：

```
grunt> records = LOAD 'input/ncdc/micro-tab/sample.txt'
>> AS (year:int, temperature:int, quality:int);
grunt> DESCRIBE records;
records: {year: int,temperature: int,quality: int}
```

这次，虽然仍然使用和上次的文件来加载数据，但年份已声明为整数类型的，而不是 chararray 类型。如果要对年份这一字段进行算术操作(例如将它变为一个时间戳)，那么用整数类型更为合适；相反，如果只是想把它作为一个标识符，那么 chararray 类型就更合适。Pig 的这种模式声明方式提供了很大的灵活性。这和传统 SQL 数据库要求在数据加载前必须先声明模式的方式截然不同。设计 Pig 的目的是用于分析不包含数据类型信息的纯文本输入文件的，因此，它为字段确定类型的时机不同于 RDBMS 也是理所当然的。

我们也可以完全忽略类型声明：

```
grunt> records = LOAD 'input/ncdc/micro-tab/sample.txt'
>> AS (year, temperature, quality);
grunt> DESCRIBE records;
records: {year: bytearray,temperature: bytearray,quality: bytearray}
```

在这个例子中，我们在模式中只确定了字段的名称：year、temperature 和 quality。默认的数据类型为最通用的 bytearray。它表示一个二进制串。

不必为每一个字段都给出类型。可以让某些字段的类型为默认的字节数组，就像如下模式声明示例中的 year 字段：

```
grunt> records = LOAD 'input/ncdc/micro-tab/sample.txt'
>> AS (year, temperature:int, quality:int);
grunt> DESCRIBE records;
records: {year: bytearray,temperature: int,quality: int}
```

但是，如果要用这种方式确定模式，必须在模式中定义每一个字段。同样，不能只确定字段的类型而不给出其名称。另一方面，模式本身是可选的。可以省略 AS 子句，如下所示：

```
grunt> records = LOAD 'input/ncdc/micro-tab/sample.txt';
grunt> DESCRIBE records;
Schema for records unknown.
```

只能使用位置符号引用没有对应模式的关系中的字段：`$0` 表示关系中的第一个字段，`$1` 表示第二个，依此类推。它们的类型都是默认的 `bytearray`：

```
grunt> projected_records = FOREACH records GENERATE $0, $1, $2;
grunt> DUMP projected_records;
(1950,0,1)
(1950,22,1)
(1950,-11,1)
(1949,111,1)
(1949,78,1)
grunt> DESCRIBE projected_records;
projected_records: {bytearray,bytearray,bytearray}
```

虽然不为字段分配类型很省事(特别是在写查询的开始阶段)，但如果指定字段的类型，我们能使 Pig Latin 程序更清晰，也使程序运行得更高效。因此，一般情况下，建议指明字段的数据类型。

> 虽然在查询中声明模式的方式是灵活的，但这种方式并不利于模式重用。处理相同输入数据的一组 Pig 查询常常使用相同的模式。如果一个查询要处理很多字段，那么由于 Pig 并不像 Hive 那样提供查询之外对数据和模式进行关联的方法，所以在每个查询中维护重复出现的模式会很困难。处理这一问题的办法是写自己的加载函数来封装模式。第 348 页的“加载 UDF”小节对这一方法有更详细的介绍。

验证与空值

SQL 数据库在加载数据时，会强制检查表模式中的约束。例如，试图将一个字符串加载到声明为数值型的列会失败。在 Pig 中，如果一个值无法被强制转换为模式中声明的类型，Pig 会用空值 `null` 替代。如果有如下天气数据输入，在定义为整数型的地方出现了一个字符“e”，我们来看一下这一验证机制是如何工作的：

```
1950 0   1
1950 22  1
1950 e   1
1949 111 1
1949 78  1
```

Pig 在处理损坏的行时会为违例的值产生一个 `null`。在输出到屏幕(或使用 `STORE` 存储)时，空值 `null` 被显示(或存储)为一个空位：

```
grunt> records = LOAD 'input/ncdc/micro-tab/sample_corrupt.txt'
>> AS (year:chararray, temperature:int, quality:int);
grunt> DUMP records;
(1950,0,1)
(1950,22,1)
(1950,,1)
(1949,111,1)
```

```
(1949,78,1)
```

Pig 会为非法字段产生一个警告(在此没有显示)，但是它不会终止处理。大数据集普遍都有被损坏的值、无效值或意料之外的值，因而逐步修正每一条无法解析的记录一般都不太现实。作为一种替代方法，我们可以一次性地把所有的记录都找出来，然后再一起处理它们。我们可以修正我们的程序(因为这些记录表示我们写程序时犯了错误)，或把这些记录过滤掉(因为这些数据无法使用)：

```
grunt> corrupt_records = FILTER records BY temperature is null;
grunt> DUMP corrupt_records;
(1950,,1)
```

请注意，这里对 `is null` 操作的使用和 SQL 中类似。事实上，我们会在原始记录中包含更多的信息(例如标识符和无法被解析的值等)，以帮助分析问题数据。

我们可以使用如下对关系中的行进行计数的常用语句获得损坏记录的条数：

```
grunt> grouped = GROUP corrupt_records ALL;
grunt> all_grouped = FOREACH grouped GENERATE group, COUNT(corrupt_records);
grunt> DUMP all_grouped;
(all,1L)
```

另一个有用的技巧是使用 SPLIT 操作把数据划分成“好”和“坏”两个关系，然后再分别对它们进行分析：

```
grunt> SPLIT records INTO good_records IF temperature is not null,
>> bad_records IF temperature is null;
grunt> DUMP good_records;
(1950,0,1)
(1950,22,1)
(1949,111,1)
(1949,78,1)
grunt> DUMP bad_records;
(1950,,1)
```

让我们回到前面 `temperature` 数据类型未声明的情况，此时无法轻松检测到损坏的数据，因为它没有被当作 `null` 值：

```
grunt> records = LOAD 'input/ncdc/micro-tab/sample_corrupt.txt'
>> AS (year:chararray, temperature, quality:int);
grunt> DUMP records;
(1950,0,1)
(1950,22,1)
(1950,e,1)
(1949,111,1)
(1949,78,1)
grunt> filtered_records = FILTER records BY temperature != 9999 AND
>> (quality == 0 OR quality == 1 OR quality == 4 OR quality == 5 OR quality == 9);
grunt> grouped_records = GROUP filtered_records BY year;
grunt> max_temp = FOREACH grouped_records GENERATE group,
>> MAX(filtered_records.temperature);
grunt> DUMP max_temp;
```

```
(1949,111.0)
(1950,22.0)
```

在这种情况下，temperature 字段被解释为 bytearray，因此在数据加载时，损坏的字段没有被检测到。在传输给 MAX 函数时，因为 MAX 只能处理数值类型，所以 temperature 字段被强制转换为 double 类型。损坏的字段不能被表示为 double，所以它被当作 null 处理，MAX 则会忽略这个值。通常，最好的解决办法是在加载数据时声明数据类型，并在进行实际处理前查看关系中缺失的值或损坏的值。

有时，只因有些字段缺失而导致损坏的数据被显示为比较短的元组。可以用 SIZE 函数对它们进行过滤：

```
grunt> A = LOAD 'input/pig/corrupt/missing_fields';
grunt> DUMP A;
(2,Tie)
(4,Coat)

(3)
(1,Scarf)
grunt> B = FILTER A BY SIZE(*) > 1;
grunt> DUMP B;
(2,Tie)
(4,Coat)
(1,Scarf)
```

模式合并

在 Pig 中，不用为数据流中每一个新产生的关系声明模式。在大多数情况下，Pig 能够根据关系操作之输入关系的模式来确定输出结果的模式。

那么模式是如何传播到新关系的呢？有些关系操作并不改变模式。因此，LIMIT 操作(对一个关系的最大元组数进行限制)产生的模式就和它所处理的关系的模式相同。对于其他操作，情况可能更复杂一些。例如，UNION 操作将两个或多个关系合并成一个，并试图同时合并输入关系的模式。如果这些模式由于数据类型或字段个数不同而不兼容，那么 UNION 产生的模式是不确定的。

针对数据流中的任何关系，可以使用 DESCRIBE 操作来获取它们的模式。如果要重新定义一个关系的模式，可以使用带 AS 子句的 FOREACH...GENERATE 操作来定义输入关系的一部分或全部字段的模式。

第 343 页的“用户自定义函数”小节将进一步讨论模式。

函数

Pig 中的函数有四种类型。

计算函数(Eval function)

计算函数获取一个或多个表达式作为输入，并返回另一个表达式。MAX 就是一个内置表达式的例子，它返回一个包中项的最大值。有些计算函数是“聚集函数”(aggregate function)，这意味着它们作用于数据的“包”(bag)，并产生一个标量值(scalar value)。MAX 就是一个聚集函数。此外，很多聚集函数是“代数相关的”(algebraic)。也就是说这些函数的结果可以增量计算。在 MapReduce 中，通过使用 combiner 进行计算，代数函数的计算效率可以提高很多(参见第 30 页“combiner”小节)。MAX 是一个代数函数，而计算一组值“中位数”(median)的函数则不是代数函数。

过滤函数(Filter function)

过滤函数是一类特殊的计算函数。这类函数返回的是逻辑布尔值。正如其名，过滤函数被 FILTER 操作用于移除不需要的行。它们也可以用于其他以布尔条件作为输入的关系操作，或用于使用布尔或条件表达式的表达式。IsEmpty 就是内置过滤函数的一个例子。它测试一个包或映射是否包含有元素。

加载函数(Load function)

加载函数指明如何从外部存储加载数据到一个关系。

存储函数(Store function)

存储函数指明如何把一个关系中的内容存到外部存储。通常，加载和存储函数由相同的类型实现。例如，PigStorage 从分隔的文本文件中加载数据，也能以相同的格式存储数据。

Pig 有一些内置的函数，如表 11-7 所示。

表 11-7. Pig 的内置函数

类别	函数名称	描述
计算	AVG	计算包中项的平均值
	CONCAT	把两个字节数组或字符数组连接成一个
	COUNT	计算一个包中非空值的项的个数
	COUNTSTAR	计算一个包的项的个数，包括空值
	DIFF	计算两个包的差。如果两个参数不是包，那么如果它们相同，则返回一个包含这两个参数的包；否则返回一个空的包
	MAX	计算一个包中项的最大值
	MIN	计算一个包中项的最小值

类别	函数名称	描述
	SIZE	计算一个类型的大小。数值型的大小总是 1；对于字符数组，它返回字符的个数；对于字节数组，它返回字节的个数；对于容器(container，包括元组、包、映射)它返回其中项的个数
	SUM	计算一个包中项的值的总和
	TOKENIZE	对一个字符数组进行标记解析，并把结果词放入一个包
过滤	IsEmpty	判断一个包或映射是否为空
加载/存储	PigStorage	用字段分隔文本格式加载或存储关系。每一行被分为字段后(用一个可设置的分隔符(默认为一个制表符)分隔)，分别对应于元组的各个字段。这是不指定加载/存储方式时的默认存储函数
	BinStorage	从二进制文件加载一个关系或把关系存储到二进制文件中。该函数使用基于 Hadoop Writable 对象的 Pig 内部格式
	BinaryStorage	从二进制文件加载只包含一个类型为 bytearray 的字段的元组到关系，或以这种格式存储一个关系。bytearray 中的字节逐字存放。该函数与 Pig 的流式处理结合使用
	TextLoader	从纯文本格式加载一个关系。每一行对应于一个元组。每个元组只包含一个字段，即该行文本。
	PigDump	用元组的 toString()形式存储关系。每行一个元组。这个函数对设计很有帮助。

如果表中没有你需要的函数，可以自己写。但是，在此之前，你可以看一下 Piggy Bank。这是一个 Pig 社区共享 Pig 函数的库。如何浏览和获取 Piggy Bank 函数的详细信息可以从 Pig wiki 获得，网址为 *http://wiki.apache.org/pig/PiggyBank*。如果 Piggy Bank 也没有你要的函数，你可以自己写。如果你的函数很通用，可以考虑把它贡献给 Piggy Bank，好让其他人也能从中受益。这些函数就是用户自定义函数(user-defined function，UDF)。

用户自定义函数

Pig 设计者认识到以插件形式提供使用用户定制代码的能力是一个关键问题，但这也是数据处理中最琐碎的工作。因此，他们的设计简化了用户自定义函数的定义简单。

过滤 UDF

我们通过写一个过滤不满足要求的气温质量读数的天气记录来演示如何编写过滤函数。我们的基本想法是修改下面这行代码：

```
filtered_records = FILTER records BY temperature != 9999 AND
  (quality == 0 OR quality == 1 OR quality == 4 OR quality == 5 OR quality == 9);
```

修改后的代码如下：

```
filtered_records = FILTER records BY temperature != 9999 AND isGood(quality);
```

这样有两个好处：这样写可以使 Pig 脚本更精简；而且这样还封装了处理逻辑，以便轻松重用于其他脚本。如果只是编写一个即时查询，我们可能不需要麻烦地写一个 UDF。只有需要不断进行相同的处理时，才需要如此写可重用的 UDF。

UDF 用 Java 编写。所有的过滤函数都是 FilterFunc 的子类，FilterFunc 本身是 EvalFunc 的子类。我们后面会对 EvalFunc 进行更详细的介绍。在这里，我们只需要知道 EvalFunc 基本上就像下面的类一样：

```
public abstract class EvalFunc<T> {
  public abstract T exec(Tuple input) throws IOException;

}
```

EvalFunc 只有一个抽象方法 exec()。它的输入是一个元组，输出则只有一个值，(参数化)类型为 T。输入元组的字段包含传递给函数的表达式——在这个例子里，它是一个整数。对于 FilterFunc，T 是 Boolean 类型的，对于那些不应该被过滤掉的元组，该方法应该返回 true。

对于例子中的质量过滤器，我们要写一个 IsGoodQuality 类，扩展 FilterFunc 并实现 exec()。见例 11-1。Tuple 类本质上是一个与某个类型关联的对象列表。在这里，我们只关心第一个字段(因为函数只有一个参数)。我们用 Tuple 的 get() 方法，根据序号来获取这个字段。该字段的类型是整型。因此，如果它非空，我们就对它进行类型转换，检查它是否表示气温读数是正确的，并根据检查结果返回相应的值：true 或 false。

例 11-1. 这个 FiterFunc UDF 删除包含不符合质量要求的气温读数记录

```
package com.hadoopbook.pig;

import java.io.IOException;
import java.util.ArrayList;
import java.util.List;

import org.apache.pig.FilterFunc;

import org.apache.pig.backend.executionengine.ExecException;
import org.apache.pig.data.DataType;
import org.apache.pig.data.Tuple;
import org.apache.pig.impl.logicalLayer.FrontendException;

public class IsGoodQuality extends FilterFunc {

@Override
public Boolean exec(Tuple tuple) throws IOException {
  if (tuple == null || tuple.size() == 0) {
    return false;
  }
```

```
    try {
      Object object = tuple.get(0);
      if (object == null) {

        return false;
      }
      int i = (Integer) object;
      return i== 0 || i == 1 || i == 4 || i == 5 || i == 9;
    } catch (ExecException e) {
      throw new IOException(e);
    }
  }

}
```

为了使用新函数，我们首先进行编译，并把它打包到一个 JAR 文件(在本书所附的示例代码中，我们的做法是输入 ant pig)。然后，我们通过 RIGISTER 操作指定文件的本地路径(不带引号)，告诉 Pig 这个 JAR 文件的信息：

```
grunt> REGISTER pig-examples.jar;
```

最后，我们就可以调用这个函数：

```
grunt> filtered_records = FILTER records BY temperature != 9999 AND
>> com.hadoopbook.pig.IsGoodQuality(quality);
```

Pig 把函数名作为 Java 类名，并试图用该类名来加载类以完成函数调用。(这也就是为什么函数名是大小写敏感的，因为 Java 类名是大小写敏感的。)在搜索类的时候，Pig 使用包含已注册 JAR 文件的类加载器。运行于分布式模式时，Pig 会确保将 JAR 文件传输到集群。

对于本例中的 UDF，Pig 使用 com.hadoopbook.pig.IsGoodQuality 名称进行查找，能在我们注册的 JAR 文件中找到它。

内置函数的解析也使用同样的方式处理。内置函数和 UDF 的处理有两个区别：Pig 会搜索一组内置包。因此，对于内置函数的调用并不一定要提供完整的名称。例如，函数 MAX 实际上是由包 org.apache.pig.builtin 中的类 MAX 实现的。这也是 Pig 搜索的内置包，所以我们在 Pig 程序中可以使用 MAX 而不需要用 org.apache.pig.builtin.MAX。

不能在 Pig 中注册自己的包，但是我们可以使用 DEFINE 操作为函数定义别名，以缩短函数名：

```
grunt> DEFINE isGood com.hadoopbook.pig.IsGoodQuality();
grunt> filtered_records = FILTER records BY temperature != 9999 AND isGood(quality);
```

需要在一个脚本里多次使用一个函数时，为函数定义别名是一个好办法。如果要向 UDF 的实现类传递参数，必须定义别名。

使用类型

只有在质量字段的类型定义为 int 时，前面定义的过滤器才能正常工作。但如果没有类型信息，这个 UDF 就不能正常处理。因为此时该字段的类型是默认类型 bytearray，表示为 DataByteArray 类。因为 DataByteArray 不是整型，因此类型转换失败。

修正这一问题最直接的办法是在 exec()方法中把该字段转换成整型。但更好的办法是告诉 Pig 该函数所期望的各个字段的类型。EvalFunc 为此提供了 getArgToFuncMapping()方法。我们可以重载这个方法来告诉 Pig 第一个字段应该是整型。

```
@Override
public List<FuncSpec> getArgToFuncMapping() throws FrontendException {
  List<FuncSpec> funcSpecs = new ArrayList<FuncSpec>();
  funcSpecs.add(new FuncSpec(this.getClass().getName(),
    new Schema(new Schema.FieldSchema(null, DataType.INTEGER))));

  return funcSpecs;
}
```

这个方法返回一个 FuncSpec 对象，后者对应于传递给 exec()方法的那个元组的每个字段。在这个例子里，只有一个字段。我们构造一个匿名 FieldSchema(因为 Pig 在进行类型转换时忽略其名称，因此其名称以 null 传递)。该类型使用 Pig 的 DataType 类的常量 INTEGER 进行指定。

使用这个修改后的函数，Pig 将尝试把传递给函数的参数转换成整型。如果无法转换这个字段，则把这个字段传递为 null。如果字段为 null，exec()方法返回的结果总是 false。在这个应用中，因为我们想要在过滤掉其质量字段包含无法理解的记录，因此这样做很合适。

以下是使用这个新函数的最终程序：

```
--max_temp_filter_udf.pig
REGISTER pig-examples.jar;
DEFINE isGood com.hadoopbook.pig.IsGoodQuality();
records = LOAD 'input/ncdc/micro-tab/sample.txt'
  AS (year:chararray, temperature:int, quality:int);
filtered_records = FILTER records BY temperature != 9999 AND isGood(quality);
grouped_records = GROUP filtered_records BY year;
max_temp = FOREACH grouped_records GENERATE group,
  MAX(filtered_records.temperature);
DUMP max_temp;
```

计算 UDF

写计算函数比写过滤函数的步骤要稍微多一些(见例 11-2)。让我们考虑写一个 UDF，它类似于 `java.lang.String` 中 `trim()`方法，从 `chararray` 值中去掉开头和结尾的空白符。我们将在本章稍后用到这个函数。

例 11-2. 这个 `EvalFunc` UDF 从 `chararray` 值中去除开头和结尾的空白符

```
public class Trim extends EvalFunc<String> {

  @Override
  public String exec(Tuple input) throws IOException {
    if (input == null || input.size() == 0) {
      return null;
    }
    try {
      Object object = input.get(0);
      if (object == null) {
        return null;
      }
        return ((String) object).trim();
    } catch (ExecException e) {
      throw new IOException(e);
    }
  }

  @Override
  public List<FuncSpec> getArgToFuncMapping() throws FrontendException {
    List<FuncSpec> funcList = new ArrayList<FuncSpec>();
    funcList.add(new FuncSpec(this.getClass().getName(), new Schema(
      new Schema.FieldSchema(null, DataType.CHARARRAY))));

    return funcList;
  }
}
```

要写一个计算函数，需要参数化返回值的类型，扩展 `EvalFunc` 类(在 Trim UDF 中，该类型为 `String`)[①]和 `IsGoodQuality` UDF 中的方法一样，`exec()`和方法都很直观。

在写计算函数的时候，需要考虑输出模式。在下面的语句中，B 的模式由函数 `udf` 决定：

```
B = FOREACH A GENERATE udf($0);
```

如果 `udf` 创建了有标量字段的元组，那么 Pig 可以通过“反射”(reflection)确定 B 的模式。对于复杂数据类型，例如包(bag)、元组或映射，Pig 需要更多的信息。此时需要实现 `outputSchema()`方法将输出模式的相关信息告诉 Pig。

① 虽然和这个示例无关，但如果计算函数要处理一个包(bag)，可能需要另外实现 Pig 的 `Algebraic` 或 `Accumulator` 接口，以提高以块(chunk)方式处理包的效率。

Trim UDF 返回一个字符串。Pig 把返回值翻译为 chararray 类型。从以下会话可以看出：

```
grunt> DUMP A;
( pomegranate)
(banana )
(apple)
( lychee )
grunt> DESCRIBE A;

A: {fruit: chararray}
grunt> B = FOREACH A GENERATE com.hadoopbook.pig.Trim(fruit);
grunt> DUMP B;
(pomegranate)
(banana)
(apple)
(lychee)
grunt> DESCRIBE B;
B: {chararray}
```

A 包含的 chararray 字段中有开头和结尾的空白符。我们将 Trim 函数应用于 A 的第一个字段(名为 fruit)，从而创建 B。B 的字段被正确推断为 chararray。

加载 UDF

我们将演示一个定制的加载函数，该函数可以过指定纯文本的列的范围定义字段，和 Unix 的 cut 命令非常类似。它的使用方式如下：

```
grunt> records = LOAD 'input/ncdc/micro/sample.txt'
>> USING com.hadoopbook.pig.CutLoadFunc('16-19,88-92,93-93')
>> AS (year:int, temperature:int, quality:int);
grunt> DUMP records;
(1950,0,1)
(1950,22,1)
(1950,-11,1)
(1949,111,1)
(1949,78,1)
```

传递给 CutLoadFunc 的字符串是对列的说明：每一个由逗号分隔的范围定义一个字段。字段的名称和数据类型通过 AS 子句进行定义。让我们来看例 11-3 给出的 CutLoadFunc 的实现：

例 11-3. 该加载函数以列范围作为字段加载元组

```
public class CutLoadFunc extends LoadFunc {

private static final Log LOG = LogFactory.getLog(CutLoadFunc.class);

private final List<Range> ranges;
private final TupleFactory tupleFactory = TupleFactory.getInstance();
private RecordReader reader;
```

```
  public CutLoadFunc(String cutPattern) {
    ranges = Range.parse(cutPattern);
  }

  @Override
  public void setLocation(String location, Job job)
      throws IOException {
    FileInputFormat.setInputPaths(job, location);
  }

  @Override
  public InputFormat getInputFormat() {
    return new TextInputFormat();
  }

  @Override
  public void prepareToRead(RecordReader reader, PigSplit split) {
    this.reader = reader;
  }

  @Override
  public Tuple getNext() throws IOException {
    try {
      if (!reader.nextKeyValue()) {
        return null;
      }
      Text value = (Text) reader.getCurrentValue();
      String line = value.toString();
      Tuple tuple = tupleFactory.newTuple(ranges.size());
      for (int i = 0; i < ranges.size(); i++) {
        Range range = ranges.get(i);
        if (range.getEnd() > line.length()) {
          LOG.warn(String.format(
              " Range end (%s) is longer than line length (%s)" ,
            range.getEnd(), line.length()));
          continue;
        }
        tuple.set(i, new DataByteArray(range.getSubstring(line)));

      }
      return tuple;
    } catch (InterruptedException e) {
      throw new ExecException(e);
    }
  }
}
```

和 Hadoop 类似，Pig 的数据加载先于 mapper 的运行，所以保证数据可以被分割成能被各个 mapper 独立处理的部分非常重要，详情参见第 198 页的“输入分片和记录”小节，了解更多的背景知识)。

从 Pig 0.7.0 开始(即本书所使用的版本)，加载和存储函数接口已经进行了大幅修改，以便与 Hadoop 的 InputFormat 和 OutputFormat 类基本一致。

针对 Pig 以前版本的函数需要重写(重写指南可从 *http://wiki.apache.org/pig/LoadStoreMigrationGuide* 获得)。LoadFunc 一般使用底层已有的 InputFormat 来创建记录，而 LoadFunc 自身则提供把返回记录变为 Pig 元组的程序逻辑。

CutLoadFunc 类使用说明了每个字段列范围的字符串作为参数进行构造。解析该字符串并创建内部 Range 对象列表以封装这些范围的程序逻辑包含在 Range 类中。这里没有列出这些代码(可在本书所附的示例代码中找到)。

Pig 调用 LoadFunc 的 setLocation()把输入位置传输给加载器。因为 CutLoadFunc 使用 TextInputFormat 把输入切分成行，因此我们只用 FileInputFormat 的一个静态方法传递设置输入路径的位置信息。

> Pig 使用新的 MapReduce API。因此，我们使用的是 org.apache.hadoop.mapreduce 包的输入和输出格式及其关联的类。

然后，和在 MapReduce 中一样，Pig 调用 getInputFormat()方法为每一个分片新建一个 RecordReader。Pig 把每个 RecordReader 传递给 CutLoadFunc 的 prepareToRead()方法以便通过引用来进行传递，这样，我们就可以在 getNext()方法中用它遍历记录。

Pig 运行时环境会反复调用 getNext()，然后加载函数从 reader 中读取元组直到 reader 读到分片中的最后一条记录。此时，加载函数返回空值 null 以报告已经没有可读的元组。

负责把输入文件的行转换为 Tuple 对象，这是 getNext()的任务。它利用 Pig 用于创建 Tuple 实例的类 TupleFactory 来完成这一工作。newTuple()方法新建一个包含指定字段数的元组。字段数就是 Range 类的个数，而这些字段使用 Range 对象所确定的输入行中的子串填充。

我们还需要考虑输入行比设定范围短的情况。一种选择是抛出异常并停止进一步的处理。如果你的应用不准备在碰到不完整或损坏的记录时继续工作，这样处理当然没问题。在很多情况下，一种更好的选择是返回一个有 null 字段的元组，然后让 Pig 脚本根据情况来处理不完整的数据。我们这里采取的是后一种方法：当 range 超出行尾时，通过终止 for 循环把元组随后的字段都设成默认值 null。

使用模式

现在让我们来考虑加载的字段数据类型。如果用户指定模式，那么字段就需要转换成相应的数据类型。但在 Pig 中，这是在加载后进行的。因此，加载器应该始终用类型 DataByteArray 来构造包含 bytearray 字段的元组。当然，我们也可以让加载器函数来完成类型转换。这时需要重载 getLoadCaster()返回包含一组类型转换方法的定制 LoadCaster 接口实现：

```
public interface LoadCaster {
  public Integer bytesToInteger(byte[] b) throws IOException;
  public Long bytesToLong(byte[] b) throws IOException;
  public Float bytesToFloat(byte[] b) throws IOException;
  public Double bytesToDouble(byte[] b) throws IOException;
  public String bytesToCharArray(byte[] b) throws IOException;
  public Map<String, Object> bytesToMap(byte[] b) throws IOException;
  public Tuple bytesToTuple(byte[] b) throws IOException;
  public DataBag bytesToBag(byte[] b) throws IOException;
}
```

CutLoadFunc 并没有覆盖 getLoadCaster()。因为默认的 getLoadCaster()实现返回了 Utf8StorageConverter，后者提供 UTF-8 编码数据到 Pig 数据类型的标准转换。

在有些情况下，加载函数本身可以确定模式。例如，如果我们在加载 XML 或 JSON 这样的自描述数据，则可以为 Pig 创建一个模式来处理这些数据。此外，加载函数可以使用其他方法来确定模式，例如使用外部文件，或通过传递模式信息给构造函数。为了满足这些需要，加载函数应该(在实现 LoadFunc 接口之外)实现 LoadMetadata 接口，向 Pig 运行时环境提供模式。但是请注意，如果用户通过 LOAD 的 AS 子句定义模式，那么它的优先级将高于 LoadMetadata 接口定义的模式。

加载函数还可以实现 LoadPushDown 接口，了解查询需要哪些列。因为此时加载器可以只加载查询需要的列，因此这可能有助于按列存储的优化。在示例中，CutLoadFunc 需要读取元组的整行，所以只加载部分列不容易实现，鉴于此，我们在这里不使用这种优化技术。

数据处理操作

加载和存储数据

在本章中，我们已经看过 Pig 如何从外部存储加载数据来进行处理。与之相似，存储处理结果也是非常直观的。下面的例子使用 PigStorage 将元组存储为以用分号分隔的纯文本值：

```
grunt> STORE A INTO 'out' USING PigStorage(':');
grunt> cat out
Joe:cherry:2
Ali:apple:3
Joe:banana:2
Eve:apple:7
```

其他内置存储函数参见前面的表 11-7。

过滤数据

如果你已经把数据加载到关系中，那么下一步往往是对这些数据进行过滤，移除你不感兴趣的数据。通过在整个数据处理流水线的早期对数据进行过滤，可以使系统数据处理数据总量最小化，从而提升处理性能。

FOREACH…GENERATE

我们已经介绍了如何使用带有简单表达式和 UDF 的 FILTER 操作从一个关系中移除行。FOREACH...GENERATE 操作用于逐个处理一个关系中的行。它可用于移除字段或创建新的字段。在这个示例里，我们既要删除字段，也要创建字段：

```
grunt> DUMP A;
(Joe,cherry,2)
(Ali,apple,3)
(Joe,banana,2)
(Eve,apple,7)
grunt> B = FOREACH A GENERATE $0, $2+1, 'Constant';
grunt> DUMP B;
(Joe,3,Constant)
(Ali,4,Constant)
(Joe,3,Constant)
(Eve,8,Constant)
```

在这里，我们已经创建了一个有三个字段的新关系 B。它的第一个字段是 A 的第一个字段(`$0`)的投影。B 的第二个字段是 A 的第三个字段(`$2`)加 1。B 的第三个字段是一个常量字段(即 B 中每一行在第三个字段的取值都相同)，其类型为 chararray，取值为 Constant。

FOREACH...GENERATE 操作可以使用嵌套形式以支持更复杂的处理。在如下示例中，我们计算天气数据集的多个统计值：

```
--year_stats.pig
REGISTER pig-examples.jar;
DEFINE isGood com.hadoopbook.pig.IsGoodQuality();
records = LOAD 'input/ncdc/all/19{1,2,3,4,5}0*'
  USING com.hadoopbook.pig.CutLoadFunc('5-10,11-15,16-19,88-92,93-93')
  AS (usaf:chararray, wban:chararray, year:int, temperature:int, quality:int);

grouped_records = GROUP records BY year PARALLEL 30;

year_stats = FOREACH grouped_records {
  uniq_stations = DISTINCT records.usaf;
  good_records = FILTER records BY isGood(quality);
  GENERATE FLATTEN(group), COUNT(uniq_stations) AS station_count,
    COUNT(good_records) AS good_record_count, COUNT(records) AS record_count;
}
```

```
DUMP year_stats;
```

通过使用我们前面开发的 cut UDF，我们从输入数据集加载多个字段到 records 关系中。接下来，我们根据年份对 records 进行分组。请注意，我们使用关键字 PARALLEL 来设置要使用多少个 reducer。这在使用集群进行处理时非常重要。然后，我们使用嵌套的 FOREACH…GENERATE 操作对每个组分别进行处理。第一重嵌套语句使用 DISTINCT 操作为每一个气象观测站的 USAF 标识创建一个关系。第二层嵌套语句使用 FILTER 操作和一个 UDF 为包含“好”读数记录创建一个关系。最后一层嵌套语句是 GENERATE 语句(嵌套 FOREACH…GENERATE 语句必须以 GENERATE 语句作为最后一层嵌套语句)。该语句使用分组后的记录和嵌套语句块创建的关系生成了需要的汇总字段。

在若干年数据上运行以上程序，我们得到如下结果：

```
(1920,8L,8595L,8595L)
(1950,1988L,8635452L,8641353L)
(1930,121L,89245L,89262L)
(1910,7L,7650L,7650L)
(1940,732L,1052333L,1052976L)
```

这些字段分别表示年份、不同气象观测站的个数、好的读数的总数、总的读数。从中我们可以看到气象观测站个数和读数个数是如何随着时间变化而增长的。

STREAM

STREAM 操作让你可以用外部程序或脚本对关系中的数据进行变换。这一操作的命名对应于 Hadoop 的 Streaming，后者为 MapReduce 的提供类似能力(参见第 33 页的“Hadoop 的 Streaming”小节)。

STREAM 可以使用内置命令作为参数。下面的例子使用 Unix cut 命令从 A 中每个元组抽取第二个字段。注意，命令及其参数要用反向撇号引用：

```
grunt> C = STREAM A THROUGH `cut -f 2`;
grunt> DUMP C;
(cherry)
(apple)
(banana)
(apple)
```

STREAM 操作使用 PigStorage 来序列化/反序列化关系，输出为程序的标准输出流或从标准输入流读入。A 中的元组变换成由制表符分隔的行，然后传递给脚本。脚本的输出结果被逐行读入，并根据制表符来划分以创建新的元组，并输出到关系 C。也可以使用 DEFINE 命令，通过实现 PigToStream 和 StreamToPig(两者都包含在 org.apache.pig 包中)来提供定制的序列化和反序列化程序。

在编写定制的处理脚本时，Pig 流式处理是最有用的。以下的 Python 脚本用于过滤气温记录：

```
#!/usr/bin/env python

import re
import sys

for line in sys.stdin:
  (year, temp, q) = line.strip().split()
  if (temp != "9999" and re.match("[01459]", q)):
    print "%s\t%s" % (year, temp)
```

要使用这一脚本，需要把脚本传输到集群上。这可以通过 DEFINE 子句来完成。该子句还为 STREAM 命令创建了一个别名。然后，便可以像下面的 Pig 脚本那样在 STREAM 语句中使用该别名：

```
--max_temp_filter_stream.pig
DEFINE is_good_quality `is_good_quality.py`
  SHIP ('ch11/src/main/python/is_good_quality.py');
records = LOAD 'input/ncdc/micro-tab/sample.txt'
  AS (year:chararray, temperature:int, quality:int);
filtered_records = STREAM records THROUGH is_good_quality
  AS (year:chararray, temperature:int);
grouped_records = GROUP filtered_records BY year;
max_temp = FOREACH grouped_records GENERATE group,
  MAX(filtered_records.temperature);
DUMP max_temp;
```

分组与连接数据

在 MapReduce 中要对数据集进行连接操作需要程序员写不少程序，详情参见第 247 页“连接”小节。Pig 为连接操作提供很好的内置支持，简化了数据集的连接。因为只有非规范化的大规模数据集才最适宜使用 Pig(或 MapReduce)这样的工具进行分析，因此连接在 Pig 中的使用频率远小于在 SQL 中的使用频率。

JOIN

让我们来看一个“内连接”(inner join)的示例。考虑有如下关系 A 和 B：

```
grunt> DUMP A;
(2,Tie)
(4,Coat)
(3,Hat)
(1,Scarf)
grunt> DUMP B;
(Joe,2)
(Hank,4)
(Ali,0)
(Eve,3)
(Hank,2)
```

我们可以在两个关系的数值型(标识符)属性上对它们进行连接操作：

```
grunt> C = JOIN A BY $0, BBY $1;
grunt> DUMP C;
(2,Tie,Joe,2)
(2,Tie,Hank,2)
(3,Hat,Eve,3)
(4,Coat,Hank,4)
```

这是一个典型的“内连接”(inner join)操作：两个关系元组的每次匹配都和结果中的一行相对应。(这其实是一个等值连接(equijoin)，即连接谓词(join predicate)为相等。)结果中的字段由所有输入关系的所有字段组成。

如果要进行连接的关系太大，不能全部放在内存中，则应该使用通用的连接操作。如果有一个关系小到能够全部放在内存中，则可以使用一种特殊的连接操作，叫“分段复制连接”(fragment replicate join)，它把小的输入关系发送到所有mapper，并在map端使用内存查找表对(分段的)较大的关系进行连接。要使用特殊的语法让Pig使用分段复制连接[①]：

```
grunt> C = JOIN A BY $0, B BY $1 USING "replicated";
```

这里，第一个关系必须是大的关系，后一个则是相对较小的关系(能够全部存放在内存中)。

Pig也支持通过使用类似于SQL的语法(在第398页的“外连接”小节将介绍SQL相关语法)进行外连接(outer join)。例如：

```
grunt> C = JOIN A BY $0 LEFT OUTER, B BY $1;
grunt> DUMP C;
(1,Scarf,,)
(2,Tie,Joe,2)
(2,Tie,Hank,2)
(3,Hat,Eve,3)
(4,Coat,Hank,4)
```

COGROUP

JOIN结果的结构总是“平面”的，即一组元组。COGROUP语句和JOIN类似，但是不同点在于，它会创建一组嵌套的输出元组集合。如果你希望利用如下语句中输出结果那样的结构，那么COGROUP将会有用：

```
grunt> D = COGROUP A BY $0, B BY $1;
grunt> DUMP D;
(0,{},{(Ali,0)})
(1,{(1,Scarf)},{})
(2,{(2,Tie)},{(Joe,2),(Hank,2)})
(3,{(3,Hat)},{(Eve,3)})
(4,{(4,Coat)},{(Hank,4)})
```

① 在USING子句中还可以使用其他关键词，包括“skewed”(为大规模数据集使用偏斜的键值空间)和“merge”(在要连接键上进行排序的输入关系上使用合并连接)。具体如何使用这些特殊的连接操作，可参见Pig的文档。

COGROUP 为每个不同的分组键值生成一个元组。每个元组的第一个字段就是那个键值。其他字段是各个关系中匹配该键值的元组所组成的“包”(bag)。第一个包包含关系 A 中有该键值的匹配元组。同样，第二个包包含关系 B 中有该键值的匹配元组。

如果某个键值在一个关系中没有匹配的元组，那么对应于这个关系的包就为空。在前面的示例中，因为没有人购买围巾(ID 为 1)，所以对应元组的第二个包就为空。这是一个外连接的例子。COGROUP 的默认类型是外连接。可以使用关键词 OUTER 来显式指明使用外连接，COGROUP 产生的结果和前一个语句相同：

```
D = COGROUP A BY $0 OUTER, B BY $1 OUTER;
```

也可以使用关键词 INNER 让 COGROUP 使用内连接的语义，剔除包含空包的行。INNER 关键词是针对关系进行使用的，因此如下语句只是去除关系 A 不匹配的行(在这个示例中就是去掉未知商品 0 对应的行)：

```
grunt> E = COGROUP A BY $0 INNER, B BY $1;
grunt> DUMP E;
(1,{(1,Scarf)},{})
(2,{(2,Tie)},{(Joe,2),(Hank,2)})
(3,{(3,Hat)},{(Eve,3)})
(4,{(4,Coat)},{(Hank,4)})
```

我们可以把这个结构平面化，从 A 找出买了每一项商品的人。

```
grunt> F = FOREACH E GENERATE FLATTEN(A), B.$0;
grunt> DUMP F;
(1,Scarf,{})
(2,Tie,{(Joe),(Hank)})
(3,Hat,{(Eve)})
(4,Coat,{(Hank)})
```

把 COGROUP，INNER 和 FLATTEN(消除嵌套)组合起来使用相当于实现了(内)连接：

```
grunt> G = COGROUP A BY $0 INNER, B BY $1 INNER;
grunt> H = FOREACH G GENERATE FLATTEN($1), FLATTEN($2);
grunt> DUMP H;
(2,Tie,Joe,2)
(2,Tie,Hank,2)
(3,Hat,Eve,3)
(4,Coat,Hank,4)
```

这和 JOINABY$0,BBY$1 的结果是一样的。

如果要连接的键由多个字段组成，则可以在 JOIN 或 COGROUP 语句的 BY 子句中把它们都列出来。这时要保证每个 BY 子句中的字段个数相同。下面是如何在 Pig 中进行连接的另一个示例。该脚本计算输入的时间段内每个观测站报告的最高气温：

```
--max_temp_station_name.pig
REGISTER pig-examples.jar;
DEFINE isGood com.hadoopbook.pig.IsGoodQuality();

stations = LOAD 'input/ncdc/metadata/stations-fixed-width.txt'
  USING com.hadoopbook.pig.CutLoadFunc('1-6,8-12,14-42')
  AS (usaf:chararray, wban:chararray, name:chararray);

trimmed_stations = FOREACH stations GENERATE usaf, wban,
  com.hadoopbook.pig.Trim(name);

records = LOAD 'input/ncdc/all/191*'
  USING com.hadoopbook.pig.CutLoadFunc('5-10,11-15,88-92,93-93')
  AS (usaf:chararray, wban:chararray, temperature:int, quality:int);

filtered_records = FILTER records BY temperature != 9999 AND isGood(quality);
grouped_records = GROUP filtered_records BY (usaf, wban) PARALLEL 30;
max_temp = FOREACH grouped_records GENERATE FLATTEN(group),
  MAX(filtered_records.temperature);
max_temp_named = JOIN max_temp BY (usaf, wban), trimmed_stations BY (usaf, wban)
  PARALLEL 30;
max_temp_result = FOREACH max_temp_named GENERATE $0, $1, $5, $2;

STORE max_temp_result INTO 'max_temp_by_station';
```

我们使用先前开发的 cut UDF 来加载包括气象观测站 ID(USAF 和 WBAN 标识)、名称的关系以及包含所有气象记录且以观测站 ID 为键的关系。我们在根据气象观测站进行连接之前，先根据观测站 ID 对气象记录进行分组和过滤，并计算最高气温的聚集值。最后，在进行连接之后，我们把所需要的字段——即 USAF、WBAN、观测站名称和最高气温——投影到最终结果。

下面是 20 世纪头 10 年的结果：

```
228020 99999 SORTAVALA 322
029110 99999 VAASA AIRPORT 300
040650 99999 GRIMSEY 378
```

因为观测站的元数据较少，所以这个查询可以通过使用“分段复制连接”(fragment replicate join)来进一步提升运行效率。

CROSS

Pig Latin 包含“叉乘”(cross-product，也称为“笛卡儿积”[Cartesian product])的操作。这一操作把一个关系中的每个元组和第二个中的所有元组进行连接(如果有更多的关系，那么这个操作就进一步把结果逐一和这些关系的每一个元组进行连接)。这个操作的输出结果的大小是输入关系的大小的乘积。输出结果可能会非常大：

```
grunt> I = CROSS A, B;
grunt> DUMP I;
(2,Tie,Joe,2)
(2,Tie,Hank,4)
(2,Tie,Ali,0)
(2,Tie,Eve,3)
(2,Tie,Hank,2)
(4,Coat,Joe,2)
(4,Coat,Hank,4)
(4,Coat,Ali,0)
(4,Coat,Eve,3)
(4,Coat,Hank,2)
(3,Hat,Joe,2)
(3,Hat,Hank,4)
(3,Hat,Ali,0)
(3,Hat,Eve,3)
(3,Hat,Hank,2)
(1,Scarf,Joe,2)
(1,Scarf,Hank,4)
(1,Scarf,Ali,0)
(1,Scarf,Eve,3)
(1,Scarf,Hank,2)
```

在处理大规模数据集时，应该尽量避免会产生平方(或更差)级中间结果的操作。只有在极少数情况下，才需要对整个输入数据集计算叉乘。

例如，一开始，用户可能觉得必须生成文档集合中所有文档的两两配对组合才能计算文档两两之间的相似度。但是，随着对数据和应用的深入了解，他会发现大多数文档配对的相似度为零(即它们之间没有关系)。于是，我们就能找到一种更好的算法来计算相似度。

在此，解决这一问题的主要思路是把计算聚焦于用于计算相似度的实体，如文档中的关键词(term)，让它们成为算法的核心。事实上，我们还要删去对区分文档没有帮助的词，即禁用词(stop-word)，进一步缩减问题的搜索空间。使用这一技术，分析近一百万个(10^6)文档大约会产生约十亿个(10^9)中间结果文档配对。[①]而如果用朴素的方法(即生成输入集合的叉乘)或不消除停用词，会产生一万亿个(10^{12})个文档配对。

① 参见 Elsayed Lin 和 Oard 的文章“Pairwise Document Similarity in Large Collections with MapReduce”(2008, College Park, MD: University of Maryland)。

GROUP

COGROUP 用于把两个或多个关系中的数据放到一起，而 GROUP 语句则对一个关系中的数据进行分组。GROUP 不仅支持对键值进行分组(即把键值相同的元组放到一起)，你还可以使用表达式或用户自定义函数作为分组键。例如，有如下关系 A：

```
grunt> DUMP A;
(Joe,cherry)
(Ali,apple)
(Joe,banana)
(Eve,apple)
```

我们根据这个关系的第二个字段的字符个数进行分组：

```
grunt> B = GROUP A BY SIZE($1);
grunt> DUMP B;
(5L,{(Ali,apple),(Eve,apple)})
(6L,{(Joe,cherry),(Joe,banana)})
```

GROUP 会创建一个关系，它的第一个字段是分组字段，其别名指定 `group`。第二个字段是包含与原关系(在本示例中就是 A)模式相同的被分组字段的包。

有两种特殊的分组操作：ALL 和 ANY。ALL 把一个关系中的所有元组放入一个包。这和使用某个常量函数作为分组函数所获得的结果一样：

```
grunt> C = GROUP A ALL;
grunt> DUMP C;
(all,{(Joe,cherry),(Ali,apple),(Joe,banana),(Eve,apple)})
```

注意，在这种 GROUP 语句中，没有关键词 BY。ALL 分组常用于计算关系中的元组个数(如第 339 页“验证与空值”小节所示)。

关键词 ANY 用于对关系中的元组随机分组。它对于取样非常有用。

对数据进行排序

Pig 中的关系是无序的。考虑如下关系 A：

```
grunt> DUMP A;
(2,3)
(1,2)
(2,4)
```

Pig 按什么顺序来处理这个关系中的行是不一定的。特别是在使用 DUMP 或 STORE 检索 A 中的内容时，Pig 可能以任何顺序输出结果。如果想设置输出的顺序，可以使用 ORDER 操作按照某个或某几个字段对关系中的数据进行排序。默认的排序方式是对具有相同类型的字段值使用自然序进行排序(natural ordering)，而不同类型字段值之间的排序则是任意的、确定的(例如，一个元组总是小于一个包)。

如下示例对 A 中元组根据第一个字段的升序和第二个字段的降序进行排序：

```
grunt> B = ORDER A BY $0, $1 DESC;
grunt> DUMP B;
(1,2)
(2,4)
(2,3)
```

对排序后关系的后续处理并不保证能够维持已排好的顺序。例如：

```
grunt> C = FOREACH B GENERATE *;
```

即使关系 C 和关系 B 有相同的内容，关系 C 用 DUMP 或 STORE 仍然可能产生以任意顺序排列的输出结果。正是由于这样，通常只在获取结果前一步才使用 ORDER 操作。

LIMIT 语句对于限制结果的大小以快速获得一个关系样本，非常有用。而“取原型化”(prototyping)操作(即 ILLUSTRATE 命令)则更适用于根据数据产生有代表性的样本。LIMIT 语句可紧跟 ORDER 语句使用以来获得排在最前面的 *n* 个元组。通常，LIMIT 会随意选择一个关系中的 *n* 个元组。但是，当它紧跟 ORDER 语句使用时，ORDER 产生的次序会继续保持(这和其他操作不保持输入关系数据顺序的规则不同，是一个例外)：

```
grunt> D = LIMIT B 2;
grunt> DUMP D;
(1,2)
(2,4)
```

如果所给的限制值远远大于关系中所有元组个数的总数，则返回所有元组(LIMIT 操作没有作用)。

使用 LIMIT 能够提升系统的性能。因为 Pig 会在处理流水线中尽早使用限制操作，以最小化需要处理的数据总量。因此，如果不需要所有输出数据，就应该用 LIMIT 操作。

组合和切分数据

有时，你把几个关系组合在一起。为此可以使用 UNION 语句。例如：

```
grunt> DUMP A;
(2,3)
(1,2)
(2,4)
grunt> DUMP B;
(z,x,8)
(w,y,1)
grunt> C = UNION A, B;
grunt> DUMP C;
```

```
(z,x,8)
(w,y,1)
(2,3)
(1,2)
(2,4)
```

C 是关系 A 和 B 的“并”(union)。因为关系本身是无序的，因此 C 中元组的顺序是不确定的。另外，如示例中那样，我们可以对两个模式不同或字段个数不同的关系进行并操作。Pig 会试图合并正在执行 UNIDN 操作的两个关系的模式。在这个例子中，两个模式是不兼容的，因此 C 没有模式：

```
grunt> DESCRIBE A;
A: {f0: int,f1: int}
grunt> DESCRIBE B;
B: {f0: chararray,f1: chararray,f2: int}
grunt> DESCRIBE C;
Schema for C unknown.
```

如果输出关系没有模式，脚本就需要能够处理字段个数和数据类型都不同的元组。

SPLIT 操作是 UNION 操作的反操作。它把一个关系划分成两个或多个关系。可参考第 339 页的“验证与空值”小节的示例，了解如何使用 SPLIT。

Pig 实战

在开发和运行 Pig 应用程序时，知道一些实用技术是非常有帮助的。本小节将介绍一些这样的技术。

并行处理

运行在 MapReduce 模式时，需要告诉 Pig 每个作业要用多少个 reducer。这需要在 reduce 阶段的操作中使用 PARALLEL 子句。在 reduce 阶段使用的操作包括所有的“分组”(grouping)和“连接”(joining)操作(GROUP，COGROUP，JOIN，CROSS)以及 DISCTINCT 和 ORDER。默认情况下，reducer 的个数为 1(和在 MapReduce 中相同)。因此，在大规模数据集上运行时，设置并行度就变得尤为重要。下面这行代码将 GROUP 的 reducer 个数设为 30：

```
grouped_records = GROUP records BY year PARALLEL 30;
```

设置 reduce 任务个数的一种比较好的方式是把该参数设为稍小于集群中的 reduce 任务槽数。对于这个问题的详细讨论，可参见第 195 页的补充内容“选择 reducer 的个数”。

map 任务的个数由输入的大小决定(每个 HDFS 块一个 map)，不受 PARALLEL 子句的影响。

参数替换

如果有定期运行的 Pig 脚本，你可能希望让这个脚本能够在不同参数设置下运行。例如，一个每天运行一次的脚本可能要根据日期来决定它要处理哪些输入文件。Pig 支持“参数替换”(parameter substitution)，即用运行时提供的值替换脚本中的参数。参数由前缀为$字符的标识符来表示。例如，在以下脚本中，`$input` 和 `$output` 用来指定输入和输出路径：

```
--max_temp_param.pig
records = LOAD '$input' AS (year:chararray, temperature:int, quality:int);
filtered_records = FILTER records BY temperature != 9999 AND
  (quality == 0 OR quality == 1 OR quality == 4 OR quality == 5 OR quality == 9);
grouped_records = GROUP filtered_records BY year;
max_temp = FOREACH grouped_records GENERATE group,
  MAX(filtered_records.temperature);
STORE max_temp into '$output';
```

参数值可以在启动 Pig 时使用`-param`选项指定，每个参数一个：

```
% pig -param input=/user/tom/input/ncdc/micro-tab/sample.txt \
>     -param output=/tmp/out \
>     ch11/src/main/pig/max_temp_param.pig
```

也可以把参数值放在文件中，通过`-param_file`选项把参数传递给 Pig。例如，我们把参数定义放在文件中，也可以获得相同的结果：

```
# Input file
input=/user/tom/input/ncdc/micro-tab/sample.txt
# Output file
output=/tmp/out
```

对 Pig 的调用相应如下调整：

```
% pig -param_file ch11/src/main/pig/max_temp_param.param \
> ch11/src/main/pig/max_temp_param.pig
```

可以重复使用`-param_file`来指定多个参数文件。还可以同时使用`-param`和`-param_file`选项。如果同一个参数在参数文件和命令行中都有定义，那么命令行中最后出现的参数值优先级最高。

动态参数

针对使用-param 选项来提供的参数，很容易使其值变成动态的，运行命令或脚本即可变为动态的。很多 Unix shell 都用反引号引用的命令来替换实际值。我们可以使用这一功能实现根据日期来确定输出目录：

```
% pig -param input=/user/tom/input/ncdc/micro-tab/sample.txt \
>     -param output=/tmp/`date "+%Y-%m-%d" `/out \
>     ch11/src/main/pig/max_temp_param.pig
```

Pig 也支持在参数文件中的反引号，在 shell 中执行用反引号引用的命令，并使用 shell 的输出结果作为替换值。如果命令或脚本返回一个非零的退出状态并退出，Pig 会报告错误消息并终止执行。在参数文件中使用反引号是一种很有用的特性：它意味着可以使用完全相同的方法在文件中或命令行中定义参数。

参数代换处理

参数代换是脚本运行前的一个预处理步骤。可以使用-dryrun 选项运行 Pig 来查看预处理器所进行的代换。在-dryrun 模式下，Pig 对参数进行替换，并生成一个使用了替换值的原来脚本的副本，但并不执行该脚本。在普通模式下，可以在运行之前查看生成的脚本，检查参数替换是否合理(例如，在动态生成替换的情况下)。

在写作本书时，Grunt 仍然不支持参数代换。

第 12 章

Hive 简介

在“信息平台和数据科学家的崛起”[①](Information Platforms and the Rise of the Data Scientist)一文中，Jeff Hammerbacher 把信息平台(Information Platform)描述为“企业摄取(ingest)、处理(process)、生成(generate)信息的行为”与“帮助加速从经验数据中学习”的“中心”。

在 Facebook，Jeff 所在团队构建的信息平台中，最大的一个组成部分是 Hive。Hive 是一个构建在 Hadoop 上的数据仓库框架。Hive 是应 Facebook 每天产生的海量新兴社会网络数据进行管理和(机器)学习的需求而产生和发展的。在尝试了不同系统之后，团队选择 Hadoop 来存储和处理数据。这是因为 Hadoop 的性价比较好，同时还能够满足他们的可伸缩性要求。[②]

Hive 的设计目的是让精通 SQL 技能(但 Java 编程技能相对较弱)的分析师能够在 Facebook 存放在 HDFS 的大规模数据集上运行查询。今天，Hive 已经是一个成功的 Apache 项目。很多组织把它用作一个通用的、可伸缩的数据处理平台。

当然，SQL 并不是所有的“大数据”(big data)问题的理想工具——例如，它并不适合用来开发复杂的机器学习算法——但是它对很多分析任务非常有用，而且，它的另一个优势是工业界非常熟悉它。此外，SQL 是商务智能工具的“通用语言”(通过 ODBC 这一桥梁)，Hive 有条件和这些产品进行集成。

本章介绍如何使用 Hive。我们假设你熟悉 SQL 和一般数据库体系结构知识。在介绍 Hive 特性的同时，我们会经常比较这些特性和传统 RDBMS 的对应部分。

① 中译本《数据之美》，作者 Toby Segaran 和 Jeff Hammerbacher，O'Reilly，2009。
② 可以阅读第 506 页的“Hadoop 和 Hive 在 Facebook 中的应用”小节，进一步了解 Facebook 使用 Hadoop 的历史。

安装 Hive

一般情况下，Hive 在工作站上运行。它把 SQL 查询转换为一系列在 Hadoop 集群上运行的 MapReduce 作业。Hive 把数据组织为表，通过这种方式为存储在 HDFS 的数据赋予结构。元数据——如表模式——存储在名为 metastore 的数据库中。

刚开始使用 Hive 时，为了方便，可以让 metastore 运行在本地机器上。这一设置是默认设置。此时，创建的 Hive 的表的定义在本地机器上，所以无法和其他用户共享这些定义。在第 373 页的“Metastore”小节，将介绍如何设置生产环境中常用的远程共享 metastore。

安装 Hive 的过程非常简单。首先必须有 Java 6。在 Windows 环境下，还需要 Cygwin。需要在本地安装和集群上相同版本的 Hadoop。[①]当然，在刚开始使用 Hive 时，你可能会选择在本地以独立模式或伪分布模式运行 Hadoop。对于这些选项的介绍，可参见附录 A。

> **Hive 能和哪些版本的 Hadoop 共同工作？**
>
> 每个 Hive 的发布版本都被设计为能够和多个版本的 Hadoop 共同工作。一般而言，Hive 支持 Hadoop 最新发布的版本以及向前若干个版本。例如，Hive 0.5.0 和 Hadoop 0.17.x 和 0.20.x 间(包括 0.17.x 和 0.20.x)的所有版本兼容。只要确保 Hadoop 可执行文件在相应的路径中，或设置 `HADOOP_HOME` 环境变量，从而不必另行告诉 Hive 当前正在使用哪个版本的 Hadoop。

从 *http://hadoop.apache.org/hive/releases.html* 下载 Hive 的一个发布版本，然后把压缩包解压到工作站的合适位置：

```
% tar xzf hive-x.y.z-dev.tar.gz
```

把 Hive 放在你自己的路径下以便于访问：

```
% export HIVE_INSTALL=/home/tom/hive-x.y.z-dev
% export PATH=$PATH:$HIVE_INSTALL/bin
```

现在，键入 `hive` 启动 Hive 外壳环境(shell)：

```
% hive
hive>
```

① 假设工作站和 Hadoop 集群之间有网络连接。可以在运行 Hive 之前在本地安装 Hadoop，并通过 `hadoop fs` 命令执行一些 HDFS 操作，以测试两者的版本是否相同。

Hive 外壳环境

外壳环境是我们和 Hive 进行交互、发出 HiveQL 命令的主要方式。HiveQL 是 Hive 的查询语言。它是 SQL 的一种“方言”(dialect)。它的设计受到 MySQL 很多的影响。因此，如果熟悉 MySQL，你会觉得 Hive 很亲切。

第一次启动 Hive 时，我们可以通过列出 Hive 的表来检查 Hive 是否正常工作：此时应该没有任何表。命令必须以分号结束，以告诉 Hive 立即执行该命令：

```
hive> SHOW TABLES;
OK
Time taken: 10.425 seconds
```

和 SQL 类似，HiveQL 一般是大小写无关的(除了字符串比较以外)，因此 `showtables;`和上面的命令有同样的效果。

对于全新的安装，这个命令会花几秒钟来执行。因为系统采用“懒”(lazy)策略，所以直到此时才在你的机器上创建 metastore 数据库。该数据库把相关文件放在你运行的 `hive` 命令所在位置下名为 `metastore_db` 的目录中。

也可以以非交互式模式运行 Hive 的外壳环境。使用`-f` 选项可以运行指定文件中的命令。在这个示例中，我们运行脚本文件 `script.q`：

```
% hive -f script.q
```

对于较短的脚本，可以使用`-e` 选项在行内嵌入命令。此时不需要表示结束的分号：

```
% hive -e 'SELECT * FROM dummy'
Hive history file=/tmp/tom/hive_job_log_tom_201005042112_1906486281.txt
OK
X
Time taken: 4.734 seconds
```

如果能够有一个较小的数据表用于测试查询的运行将有助于我们写查询。例如，我们可以用文本数据测试 `SELECT` 表达式中的函数(参见第 380 页的“操作和函数”小节)。下面是一个生成一个单行表的方法：

```
% echo 'X' > /tmp/dummy.txt
% hive -e "CREATE TABLE dummy (value STRING); \
LOAD DATA LOCAL INPATH '/tmp/dummy.txt' \
OVERWRITE INTO TABLE dummy"
```

无论是在交互式还是非交互式模式下，Hive 都会把操作运行时的信息打印输出到标准错误输出(standard error)——例如运行一个查询所花的时间。可以在启动程序的时候使用`-S` 选项强制不显示这些消息，其结果是只输出查询结果：

```
% hive -S -e 'SELECT * FROM dummy'
X
```

其他的较有用的 Hive 外壳程序的特性包括：使用 a!前缀来运行宿主操作系统的命令；使用 dfs 命令来访问 Hadoop 文件系统。

示例

让我们看一下如何用 Hive 查询我们在前面几章使用的气象数据集。第一个步骤是把数据加载到 Hive 管理的存储。在这里，我们将让 Hive 把数据存储在本地文件系统。稍后我们会介绍如何把表存储到 HDFS。

和 RDBMS 一样，Hive 把数据组织成表。我们使用 CREATETABLE 语句为气象数据新建一个表：

```
CREATE TABLE records (year STRING, temperature INT, quality INT)

ROW FORMAT DELIMITED
  FIELDS TERMINATED BY '\t';
```

查询的第一行声明了一个 records 表，它包含三列：year，temperature 和 quality。我们还必须指明每一列的数据类型：在这里，年份为字符串类型，而另两列为整数型。

到目前为止，SQL 都是我们所熟悉的。但是接下来的 ROWFORMAT 子句是 HiveQL 所特有的。这个子句所声明的是数据文件的每一行是由制表符分隔的文本。Hive 按照：每行三个字段，分别对应于表中的三列；字段间以制表符分隔；每行以换行符分隔，这一格式读取数据。

接下来，我们可以向 Hive 输入数据。这里我们出于探索的目的，只使用一个很小的样本数据集：

```
LOAD DATA LOCAL INPATH 'input/ncdc/micro-tab/sample.txt'
OVERWRITE INTO TABLE records;
```

运行这一命令会告诉 Hive 把指定的本地文件放到它的仓库目录中。这只是一个简单的文件系统操作。这个操作并不解析文件或把它存储为内部数据库格式。这是因为 Hive 并不强行使用某种特定的文件格式。文件以原样逐字存储：Hive 并不对文件进行修改。

在这个示例中，我们把 Hive 表存储在本地文件系统中(fs.default.name 设为默认值 file:///)。在 Hive 的仓库目录(warehouse directory)中，表存储为目录。仓库目录由选项 hive.metastore.warehouse.dir 控制，默认值为*/usr/hive/warehouse*。

这样，records 表的文件便可以在本地文件系统的*/usr/hive/warehouse/records* 目录中找到：

```
% ls /user/hive/warehouse/record/
sample.txt
```

我们现在只有一个文件：*sample.txt*，但是在一般情况下，它允许有多个文件，而且 Hive 会在查询表的时候读入所有这些文件。

LOADDATA 语句中的 OVERWRITE 关键字告诉 Hive 删除表所对应目录中已有的所有文件。如果省去这一关键字，Hive 就简单地把新的文件加入目录(除非目录下正好有同名的文件，否则将替换掉原有的同名文件)。

现在数据已经在 Hive 中，我们可以对它运行一个查询：

```
hive> SELECT year, MAX(temperature)
    > FROM records
    > WHERE temperature != 9999
    > AND (quality = 0 OR quality = 1 OR quality = 4 OR quality = 5 OR quality = 9)
> GROUP BY year;
1949 111
1950 22
```

这个 SQL 查询没什么特别的：它是一个带 GROUPBY 子句的 SELECT 语句。这个查询根据年份对行进行分组，然后使用 MAX()聚集函数在每个年份组中找到最高气温。Hive 的优势在于把这个查询转化为一个 MapReduce 作业，并为我们执行这个作业，然后把结果打印输出到控制台。虽然 Hive 和其他数据库有一些细微的差别，例如 Hive 支持的 SQL 的结构以及查询中可以使用的数据的格式等——我们在本章中将介绍一些这种差别——但正是因为能够在原始数据上执行 SQL 查询，才彰显了 Hive 的强大功能。

运行 Hive

这一节我们将介绍运行 Hive 的一些更实用的技术，包括如何设置 Hive 使其能运行在 Hadoop 集群上，并使用共享的 metastore。为此，我们会介绍 Hive 体系结构的一些细节。

配置 Hive

Hive 使用和 Hadoop 类似的 XML 配置文件进行设置。配置文件为 *hivesite.xml*，它在 Hive 的 *conf* 目录下。通过这个文件，可以设置每次运行 Hive 时希望 Hive 使用的选项。这个目录下还包括 *hive-default.xml*，其中记录 Hive 使用的选项和默认值。

可以通过传递-config 选项参数给 hive 命令以重新定义 Hive 查找 *hive-site.xml* 文件的目录：

```
% hive --config /Users/tom/dev/hive-conf
```

注意，这个选项指定包含配置文件的目录，而不是配置文件 *hive-site.xml* 本身。这对于有(对应于多个集群的)多个站点文件时很有用。可以方便地在这些站点文件之间进行切换。还有另一种方法，可以设置 HIVE_CONF_DIR 环境变量来指定配置文件目录，效果一样。

hive-site.xml 最适合存放详细的集群连接信息：可以使用 Hadoop 属性 `fs.default.name` 和 `mapred.job.tracker` 来指定文件系统和 jobtracker(关于配置 Hadoop 的详细信息，请参见附录 A)。如果没有设定这两个参数，它们就像在 Hadoop 中一样，被设为默认值，即使用本地文件系统和本地(正在运行的)“作业运行器”(job runner)——这对于试着用 Hive 来处理测试数据集非常方便。metastore 的配置选项(参见第 373 页的“metastore”小节)一般也能在 `hive-site.xml` 中找到。

Hive 还允许你向 `hive` 命令传递 `-hiveconf` 选项来为单个会话(session)设置属性。例如，下面的命令设定在会话中使用一个(伪分布)集群：

```
% hive -hiveconf fs.default.name=localhost -hiveconf mapred.job.tracker=localhost:8021
```

> 如果准备让多个用户 Hive 用户共享一个 Hadoop 集群，则需要使 Hive 所用的目录对所有用户可写。以下命令将创建目录，并设置合适的权限：
>
> ```
> % hadoop fs -mkdir /tmp
> % hadoop fs -chmod a+w /tmp
> % hadoop fs -mkdir /user/hive/warehouse
> % hadoop fs -chmod a+w /user/hive/warehouse
> ```
>
> 如果所有用户在同一个用户组中，把仓库目录的权限设为 `g+w` 就够了。

还可以在一个会话中使用 `SET` 命令更改设置。这对于为某个特定的查询修改 Hive 或 MapReduce 作业设置非常有用。例如，以下命令确保表的定义中都使用“桶”(bucket)(参见第 384 页的“桶”小节)。

```
hive> SET hive.enforce.bucketing=true;
```

可以用只带属性名的 `SET` 命令查看任何属性的当前值：

```
hive> SET hive.enforce.bucketing;
hive.enforce.bucketing=true
```

不带参数的 `SET` 命令会列出 Hive 所设置的所有属性(及其值)。注意，这个列表中不包含 Hadoop 的默认值，除非这个值用本节中介绍的某个方法重写了。使用 `SET-v` 可以列出系统中的所有属性，包括 Hadoop 的默认值。

设置属性有一个优先级层次。在下面的列表中，越小的值表示优先级越高：

1. Hive `SET` 命令
2. 命令行 `-hiveconf` 选项
3. *hive-site.xml*
4. *hive-default.xml*

5. *hadoop-site.xml*(或等价的 *core-site.xml*、*hdfs-site.xml* 与 *mapred-site.xml*)

6. *hadoop-default.xml*(或等价的 *core-default.xml*、*hdfs-default.xml* 以及 *mapreddefault.xml*)

日志

可以在本地文件系统的*/tmp/$USER/hive.log* 中找到 Hive 的错误日志。错误日志对于诊断配置问题和其他错误非常有用。Hadoop 的 MapReduce 任务日志对于调试也非常有帮助，相关信息请参见第 156 页的“Hadoop 用户日志”小节。

日志的配置存放在 *conf/hive-log4j.properties* 中。可以通过编辑这个文件来修改日志的级别和其他日志相关设置。但是，更方便的办法是在会话中对日志配置进行设置。例如，下面的语句可以方便地将调试消息发送到控制台：

```
% hive -hiveconf hive.root.logger=DEBUG,console
```

Hive 服务

Hive 外壳环境是可以使用 `hive` 命令来运行的一项服务。可以在运行时使用`-service` 选项指明要使用哪种服务。键入 `hive-servicehelp` 可以获得可用服务列表。下面介绍最有用的一些服务。

cli

Hive 的命令行接口(外壳环境)。这是默认的服务。

hiveserver

让 Hive 以提供 Trift 服务的服务器形式运行，允许用不同语言编写的客户端进行访问。使用 Thrift、JDBC 和 ODBC 连接器的客户端需要运行 Hive 服务器来和 Hive 进行通信。通过设置 `HIVE_PORT` 环境变量来指明服务器所监听的端口号(默认为 10 000)。

hwi

Hive 的 Web 接口。参见第 372 页的补充内容“Hive Web Interface”。

jar

与 `hadoopjar` 等价的 Hive 的接口。这是运行类路径中同时包含 Hadoop 和 Hive 类的 Java 应用程序的简便方法。

metastore

默认情况下，metastore 和 Hive 服务运行在同一个进程里。使用这个服务，可以让 metastore 作为一个单独的(远程)进程运行。通过设置 `METASTORE_PORT` 环境变量可以指定服务器监听的端口号。

> **Hive Web Interface(HWI)**
>
> 你可能希望用 Hive 简洁的 Web 接口代替外壳环境。使用下面的命令启动这一服务：
>
> ```
> % export ANT_LIB=/path/to/ant/lib
> % hive --service hwi
> ```
>
> 如果在系统的/opt/ant/lib 中没有找到 Ant 的库，设定 ANT_LIB 环境变量即可。然后在浏览器里浏览 *http://localhost:9999/hwi*。从这里，可以查看 Hive 数据库的模式，并创建会话来发出命令和查询。
>
> 我们还可以以共享服务方式运行 Web 接口。这样一来，同一个组织内的用户不需要安装任何客户端软件也能访问 Hive。更多有关 Hive Web Interface 的信息，请参见 Hive wiki，网址为 *http://wiki.apache.org/hadoop/Hive/HiveWebInterface*。

Hive 客户端

如果以服务器方式运行 Hive(hive-servicehiveserver)，可以在应用程序中以不同机制连接到服务器。Hive 客户端和服务之间的联系如图 12-1 所示。

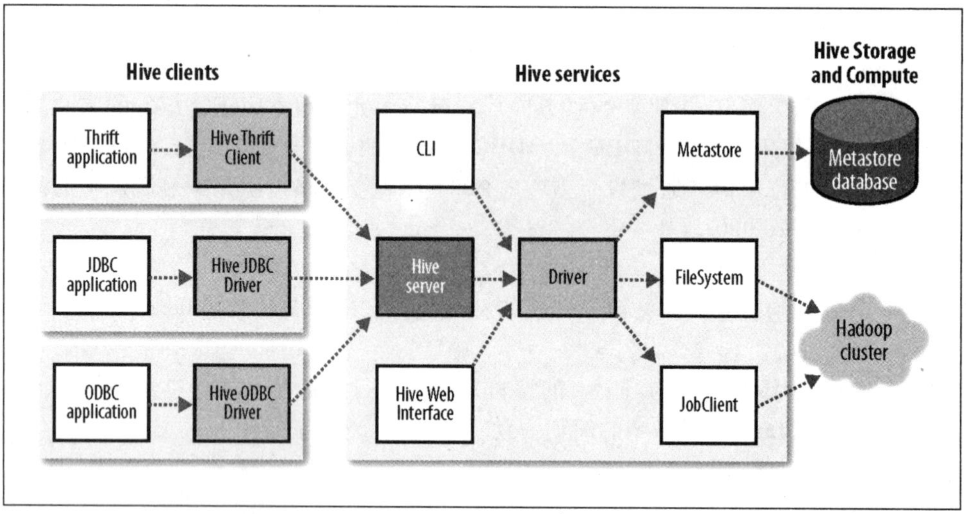

图 12-1. Hive 体系结构

Thrift 客户端

Hive Thrift 客户端简化了在多种编程语言中运行 Hive 命令。Hive 的 Thrift 绑定支持 C++、Java、PHP、Python 和 Ruby。在 Hive 发布版本的 *src/service/src* 子目录下可以找到对这些语言的 Thrift 绑定。

JDBC 驱动

Hive 提供了(Type 4)(纯 Java)的 JDBC 驱动，定义在 `org.apache.hadoop.hive.jdbc.HiveDriver` 类中。在以 `jdbc:hive://host:port/dbname` 形式配置 JDBCURI 以后，Java 应用程序可以在指定的主机和端口连接到在另一个进程中运行的 Hive 服务器。驱动使用 Java 的 Thrift 绑定来调用由 Hive Thrift 客户端实现的接口。在撰写本章时，驱动只支持使用 `default` 作为数据库名。你还可能希望通过 URI `jdbc:hive://`用 JDBC 内嵌模式来连接 Hive。在这个模式下，Hive 和发出调用的应用程序在同一个 JVM 中运行。这时不需要以独立服务器方式运行 Hive。这是因为此时应用程序并不使用 Thrift 服务或 Hive 的 Thrift 客户端。JDBC 驱动仍然处在开发阶段。需要特别注意，它并不支持所有的 JDBCAPI。

ODBC 驱动

Hive 的 ODBC 驱动允许支持 ODBC 协议的应用程序连接到 Hive。和 JDBC 驱动类似，ODBC 驱动使用 Thrift 和 Hive 服务器进行通信。ODBC 驱动也还处在开发阶段。请参考 Hive wiki 的最新指南，了解如何编译和运行。

在 Hive wiki 的 *http://wiki.apache.org/hadoop/Hive/HiveClient* 页面上，详细介绍了如何使用这些客户端。

metastore

metastore 是 Hive 元数据的集中存放地。metastore 包括两部分：服务和后台数据的存储。默认情况下，metastore 服务和 Hive 服务运行在同一个 JVM 中，它包含一个内嵌的以本地磁盘作为存储的 Derby 数据库实例。这称为“内嵌 metastore 配置”(embedded metastore configuration)，参见图 12-2。

使用内嵌 metastore 是 Hive 入门最简单的方法。但是，只使用一个内嵌 Derby 数据库每次只能访问一个磁盘上的数据库文件，这也就意味着你一次只能为每个 metastore 打开一个 Hive 会话。如果要试着启动第二个会话，在它试图连接 metastore 时，会得到以下错误信息：

```
Failed to start database 'metastore_db'
```

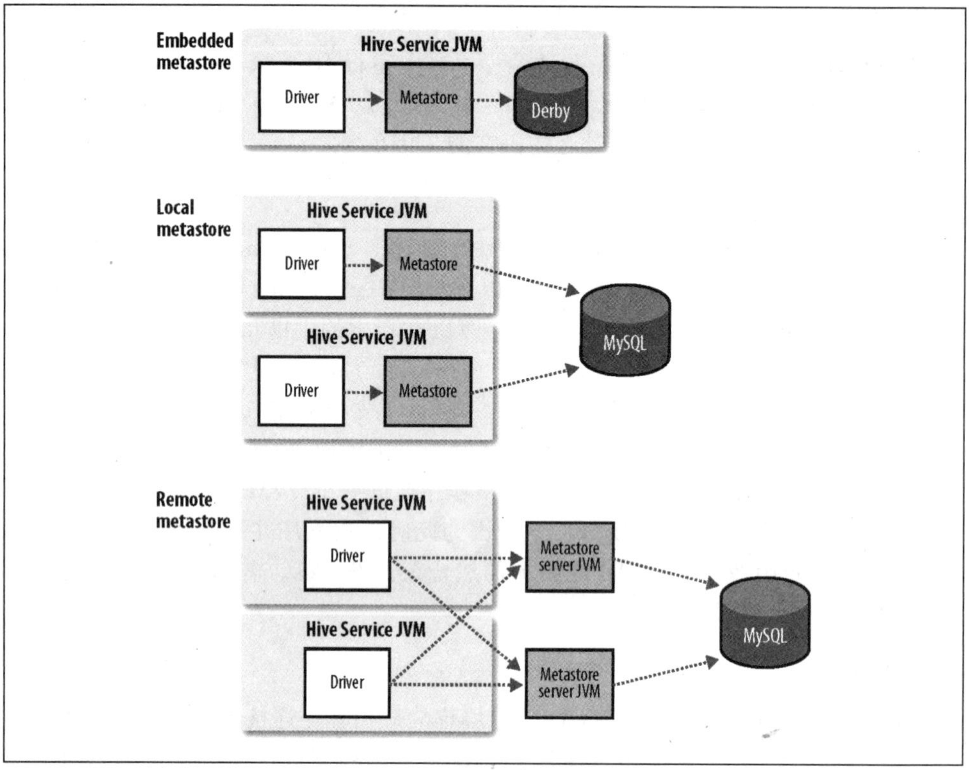

图 12-2. Metastore 的配置

如果要支持多会话(以及多用户)，需要使用一个独立的数据库。这种配置称“本地 metastore”，因为 metastore 服务仍然和 Hive 服务运行在同一个进程中，但连接的却是在另一个进程中运行的数据库，在同一台机器上或在远程机器上。任何 JDBC 兼容的数据库都可以通过设置表 12-1 列出的 `javax.jdo.option.*`配置属性来供 metastore 使用。[①]

MySQL 是一种很受欢迎的独立 metastore 的选择。在这里，`javax.jdo.option.ConnectionURL` 设为 `jdbc:mysql://host/dbname?createDatabaseIf Not Exist=true`，而 `javax.jdo.option.ConnectionDriverName` 则设为 `com.mysql.jdbc.Driver`。当然，还需要设置用户名和密码。MySQL 的 JDBC 驱动的 JAR 文件(Connector/J)必须在 Hive 的类路径中。把这个文件放入 Hive 的 *lib* 目录即可。

① 这些属性以 *javax.jdo* 作为前缀，因为 metastore 的实现针对持久化 Java 对象使用了 Java Data Objects(JDO)API。它使用了 JDO 的 `DataNucleus` 实现。

更进一步，还有一种 metastore 配置称为“远程 metastore”。在这种配置下，一个或多个 metastore 服务器和 Hive 服务运行在不同的进程内。因为这样一来，数据库层可以完全置于防火墙后，客户端则不需要数据库凭证(用户名和密码)，从而提供更好的可管理性和安全。

可以通过把 `hive.metastore.local` 设为 `false`，`hive.metastore.uris` 设为 metastore 服务器 URI(如果有多个服务器，各个 URI 之间用逗号分隔)，来把 Hive 服务设为使用远程 metastore。metastore 服务器 URI 的形式为 `thrift://host:port`。这里，端口号对应于启动 metastore 服务器时所设定的 `METASTORE_PORT` 值(参见第 371 页的“Hive 服务”小节)。

表 12-1. 重要的 metastore 配置属性

属性名称	类型	默认值	描述
`hive.metastore.warehouse.dir`	URI	`/user/hive/warehouse`	相对于 `fs.default.name` 的目录，托管表就存储在这里
`hive.metastore.local`	布尔型	`true`	是使用内嵌的 metastore(`true`)。还是连接到远程(`false`)。如果是 `false`，则必须设置 `hive.metastore.uris`
`hive.metastore.uris`	逗号分隔的 URI	未设定	指定要连接的远程 metastore 服务器的 URI。如果有多个远程服务器，客户端便以轮询(round robin)方式连接
`javax.jdo.option.ConnectionURL`	URI	`jdbc:derby:;databaseName=metastored b;create=true`	metastore 数据库的 JDBC URL
`javax.jdo.option.ConnectionDriverName`	字符串	`org.apache.derby.jdbc.EmbeddedDriver`	JDBC 驱动器的类名
`javax.jdo.option.ConnectionUserName`	字符串	`APP`	JDBC 用户名
`javax.jdo.option.ConnectionPassword`	字符串	`mine`	JDBC 密码

和传统数据库进行比较

Hive 在很多方面和传统数据库类似(例如支持 SQL 接口)，但是它底层对 HDFS 和 MapReduce 的依赖意味着它的体系结构有别于传统数据库，而这些区别又影响着 Hive 所支持的特性，进而影响着 Hive 的使用。

读时模式 vs.写时模式

在传统数据库里，表的模式是在数据加载时强制确定的。如果在加载时发现数据不符合模式，则拒绝加载数据。因为数据是在写入数据库时对照模式进行检查，因此这一设计有时被称为“写时模式”(schema on write)。

在另一方面，Hive 对数据的验证并不在加载数据时进行，而在查询时进行。这称为“读时模式”(schema on read)。

用户需要在这两种方法之间进行权衡。读时模式可以使数据加载非常迅速。这是因为它不需要读取数据，然后进行“解析”(parse)，再进行序列化以数据库内部格式存入磁盘。此时，数据加载操作仅仅是文件复制或移动。这一方法也更为灵活：想想看，针对不同的分析任务，同一个数据有两个模式时。Hive 使用“外部表”(external table)时，这种情况是可能的，参见第 381 页的“托管表和外部表”小节。

写时模式有利于提升查询性能。因为数据库可以对列进行索引，并对数据进行压缩。但是作为权衡，此时加载数据会花更多时间。此外，在很多情况下，在加载时，模式是未知的。因为查询尚未确定，因此也不能决定使用何种索引。这些情况正是 Hive 发挥其长处的地方。

更新、事务和索引

更新、事务和索引都是传统数据库最重要的特性。但是，直到最近，Hive 也还没有考虑支持这些特性。因为 Hive 被设计为用 MapReduce 操作 HDFS 数据。在这样的环境下，“全表扫描”(full-table scan)是常态操作，而表更新则是通过把数据变换后放入新表实现的。对于在大规模数据集上运行的数据仓库应用，这一方式很见效。

但是，在有些负载中，我们仍然需要更新(至少是追加)，或需要利用索引来显著提升性能。对于事务问题，Hive 并没有对表的并发访问定义清楚的语义。因此，应用程序需要自己实现应用层的并发或加锁机制。Hive 的开发团队正在积极工作，以增强对这些特性的支持。[①]

改变也来自另一个方向：HBase 集成。HBase(第 13 章)和 HDFS 相比，有着不同的存储特性，如行更新和列索引。因此，我们可以希望 Hive 在后续的发布版本里利用这些 HBase 的特性。HBase 和 Hive 的集成仍处于早期的开发阶段。相关信息请访问 *http://wiki.apache.org/hadoop/Hive/HBaseIntegration*。

① 相关信息请访问 *https://issues.apache.org/jira/browse/HIVE-306*, *https://issues.apache.org/jira/browse/HIVE-417* 和 *https://issues.apache. org/jira/browse/HIVE-1293*。

HiveQL

Hive 的 SQL“方言“(dialect)称为 HiveQL。它并不完全支持 SQL-92 标准。这是有原因的。作为一个相当“年轻”的项目，Hive 并没有时间实现对 SQL-92 语言的全部支持。在根本上说，SQL-92 兼容本来就不是 Hive 项目的目标。作为一个开源项目，Hive 的特性只是为了满足开发者的需要而加入的。此外，Hive 还有一些 SQL-92 所没有的扩展。这些扩展受到其他数据库系统(特别是 MySQL)语法的启发。事实上，HiveQL 可以勉强看作是对 MySQL 的 SQL 方言的模仿。

Hive 对 SQL-92 的有些扩展是受 MapReduce 启发而来的，如多表插入(详情参见第 393 页的“多表插入”小节)和 `TRANSFORM`，`MAP` 和 `REDUCE` 子句(详情参见第 396 页的“MapReduce 脚本”小节)。

结果表明，有些 HiveQL 所缺少的 SQL-92 结构可以用语言的其他特性方便地实现，因此并没有太大的压力要实现这些结构。例如，在 HiveQL 中，SELECT 语句(在本书写作时)并不支持 HAVING 子句，但是可以通过在 FROM 子句中增加一个子查询，便可获得相同的结果(详情参见第 400 页的“子查询”小节)。

本章并不提供 HiveQL 的完整介绍，完整参考手册可参见 Hive 文档：*http://wiki.apache.org/hadoop/Hive/LanguageManual*。我们只聚焦于常用特性，并特别关注那些不同于 SQL-92 或像 MySQL 这样常用数据库的特性。表 12-2 提供了 SQL 和 HiveQL 特性的较高层次的比较。

表 12-2. SQL 和 HiveQL 的概要比较

特性	SQL	HiveQL	参考
更新	UPDATE，INSERT，DELETE	INSERT OVERWRITE TABLE（填充整个表或分区)	第 392 页的“INSERT OVERWRITE TABLE”小节和第 376 页的“更新、事务和索引”小节
事务	支持	不支持	
索引	支持	不支持	
延迟	少于一秒	分钟级	
数据类型	整数、浮点数、定点数、文本和二进制串、时间	整数、浮点数、布尔型、字符串、数组、映射、结构	第 378 页的“数据类型”小节
函数	数百个内置函数	几十个内置函数	第 380 页的“操作和函数”小节
多表插入	不支持	支持	第 393 页的“多表插入”小节
Create table as select	SQL-92 中不支持，但有些数据库支持	支持	第 394 页的“CREATE TABLE...AS SELECT”小节

特性	SQL	HiveQL	参考
选择	SQL-92	FROM 子句中只能有一个表或视图。支持偏序的 SORT BY。可限制返回行数量的 LIMIT。不支持 HAVING	第 395 页的“查询数据”小节
连接	SQL-92 支持或变相支持(FROM 子句中列出连接表，在 WHERE 子句中列出连接条件)	内连接、外连接、半连接、映射连接和带提示的 SQL-92 语法	第 397 页的“连接”小节
子查询	在任何子句中支持，可以是“相关”的(correlated)，也可以是不相关的(noncorrelated)	只能在 FROM 子句中。不支持相关子查询	第 400 页的“子查询”小节
视图	可更新。可以是物化的，也可以是非物化的	只读。不支持物化视图	第 401 页的“视图”小节和第 402 页的“用户定义函数”小节
扩展点	用户定义函数。存储过程	用户定义函数。MapReduce 脚本	第 396 页的“MapReduce 脚本”小节

数据类型

Hive 支持原子和复杂数据类型。原子数据类型包括数值型、布尔型和字符串类型。复杂数据类型包括数组、映射和结构。Hive 的数据类型在表 12-3 中列出。注意，列出的是它们在 HiveQL 中使用的形式而不是它们在表中序列化存储的格式(参见第 387 页“存储格式”小节)。

表 12-3. Hive 的数据类型

类别	类型	描述	示例
基本数据类型	TINYINT	1 字节(8 位)有符号整数，从-128 到 127	1
	SMALLINT	2 字节(16 位)有符号整数，从-32 768 到 32 767	1
	INT	4 字节(32 位)有符号整数，从-2 147 483 648 到 2 147 483 647	1
	BIGINT	8 字节(64 位)有符号整数，从-9 223 372 036 854 775 808 到 9 223 372 036 854 775 807	1
	FLOAT	4 字节(32 位)单精度浮点数	1.0
	DOUBLE	8 字节(64 位)双精度浮点数	1.0
	BOOLEAN	true/ false	TRUE
	STRING	字符串	'a', "a"
复杂数据类型	ARRAY	一组有序字段。字段的类型必须相同	array(1,2)[a]

类别	类型	描述	示例
	MAP	一组无序的键/值对。键的类型必须是原子的；值可以是任何类型的。同一个映射的键的类型必须相同，值的类型也必须相同	map('a',1,'b',2)
	STRUCT	一组命名的字段。字段的类型可以不同	struct('a',1,1.0)[b]

a 数组、映射和结构的文字形式可以通过函数得到：array()、map()、struct()三个函数都是 Hive 的内置函数。

b 从 Hive 0.6.0 开始，列命名为 *col1*、*col2*、*col3* 等。

基本类型

和传统数据库相比，Hive 只支持原子数据类型中的很小一部分。目前 Hive 并不支持时间相关数据类型(日期和时间)，但它提供把 Unix 时间戳(以整型存放) 到字符串的转换函数。因此，对于大多数常用的日期操作，在 Hive 中也能实现。

虽然有些 Hive 的原子数据类型的命名受到 MySQL 数据类型名称(其中有些和 SQL-92 相同)的影响，但这些数据类型基本对应于 Java 中的类型。有四种有符号整数类型：TINYINT，SMALLINT，INT 以及 BIGINT，分别等价于 Java 的 byte，short，int 和 long 原子数据类型。它们分别为 1 字节、2 字节、4 字节和 8 字节有符号整数。

Hive 的浮点数据类型 FLOAT 和 DOUBLE，对应于 Java 的 float 和 double 类型，分别为 32 位和 64 位浮点数。和有些数据库不同，它不提供浮点数值控制有效数字或小数位位置的选项。

HIve 提供 BOOLEAN 数据类型用于存储真值(true)和假值(false)。Hive 只提供了一种存储文本的数据类型 STRING。该类型是一个变长字符串。Hive 的 STRING 类似于其他数据库的 VARCHAR，但它不能声明其中最多能存储多少个字符。其中最多能存储 2 GB 的字符数(理论上)，但如果真要物化存储那么大的值，效率肯定很低。Sqoop 提供了大对象的支持，详见第 489 页的“导入大对象”小节。

类型转换

原子数据类型形成了一个 Hive 进行隐式类型转换的层次。例如，如果某个表达式要使用 INT，那么 TINYINT 会被转换为 INT。但是，Hive 不会进行反向转换，它会返回错误，除非使用 CAST 操作。

隐式类型转换规则概述如下：任何整数类型都可以隐式地转换为一个范围更广的类型。所有整数类型、FLOAD 和(可能令人惊讶的)STRING 类型都能隐式转换为 DOUBLE。TINYINT、SMALLINT 和 INT 都可以转换为 FLOAT。BOOLEAN 类型不能转换为其他任何数据类型。

可以使用 CAST 操作显式进行数据类型转换。例如，CAST('1' AS INT)将把字符串'1'转换成整数值 1。如果强制类型转换失败——如执行 CAST('X' AS INT)——那么表达式会返回空值 NULL。

复杂类型

Hive 有三种复杂数据类型：ARRAY、MAP 和 STRUCT。ARRAY 和 MAP 和 Java 中的同名数据类型类似，而 STRUCT 是一种记录类型，它封装了一个命名的字段集合。复杂数据类型允许任意层次的嵌套。复杂数据类型声明必须使用尖括号符号指明其中数据字段的类型。如下所示的表定义有三列，每一列对应一种复杂的数据类型：

```
CREATE TABLE complex (
  col1 ARRAY<INT>,
  col2 MAP<STRING, INT>,
  col3 STRUCT<a:STRING, b:INT, c:DOUBLE>
);
```

如果我们把表 12-3 中“文字示例”列中所示 ARRAY、MAP 和 STRCUT 类型的数据加载到表中(第 387 页的“存储格式”小节会介绍需要什么格式的文件)，那么下面的查询将展示每种类型的字段访问操作：

```
hive> SELECT col1[0], col2['b'], col3.c FROM complex;
1    2    1.0
```

操作与函数

Hive 提供的普通 SQL 操作包括：关系操作(例如等值判断 x='a'，空值判断 x IS NULL，模式匹配 x LIKE 'A%')，算术操作(例如加法 x+1)，以及逻辑操作(例如逻辑或(OR)x OR y))。这些操作和 MySQL 的操作一样，它们和 SQL-92 不同：||是逻辑或(OR)，而不是字符串“连接”(concatenation)。在 MySQL 和 Hive 中，字符串连接应该用 concat 函数。

Hive 提供了大量的内置函数——太多了以至于这里无法一一列举。这些函数分成几个大类，包括数学和统计函数、字符串函数、日期函数(用于操作表示日期 的字符串)、条件函数、聚集函数以及处理 XML(使用 xpath 函数)和 JSON 的函数。

可以在 Hive 外壳环境中用 SHOW FUNCTIONS 获取函数列表。①要了解某个特定函数的使用帮助，可以使用 DESCRIBE 命令：

```
hive> DESCRIBE FUNCTION length;
length(str) - Returns the length of str
```

① 或从 *http://wiki.apache.org/hadoop/Hive/LanguageManual/UDF* 获取 Hive 函数参考手册。

在此，如果没有你需要的内置函数，可以自己编写函数，详情参见第 402 页的“用户自定义函数”小节。

表

Hive 表格逻辑上由存储的数据和描述表格中数据形式的相关元数据组成。数据一般存放在 HDFS 中，但它也可以放在其他任何 Hadoop 文件系统中，包括本地文件系统或 S3。Hive 把元数据存放在关系数据库中，而不是放在 HDFS 中(参见第 373 页的“metastore”小节)。

在这一节中，我们将进一步了解如何创建表格、Hive 提供的不同物理存储格式以及如何导入这些不同格式数据。

> **多数据库／模式支持**
>
> 很多关系数据库提供了多个“命名空间”(namespace)的支持。这样，用户和应用就可以隔离到不同的数据库或模式中。在写作本书时，Hive 的所有表在同一个默认的命名空间中。但是，Hive 0.6.0 计划支持多数据库，并提供 `CREATE DATABASE` *`dbname`*、`USE` *`dbname`* 以及 `DROP DATABASE` *`dbname`* 这样的语句。

托管表和外部表

在 Hive 中创建表时，默认情况下 Hive 负责管理数据。这意味着 Hive 把数据移入它的“仓库目录”(warehouse directory)。另一种选择是创建一个“外部表”(external table)。这会让 Hive 到仓库目录以外的位置访问数据。

这两种表的区别表现在 LOAD 和 DROP 命令的语义上。先来看托管表(managed table)。加载数据到托管表时，Hive 把数据移到仓库目录。例如：

```
CREATE TABLE managed_table (dummy   STRING);
LOAD DATA INPATH '/user/tom/data.txt' INTO  table  managed_table;
```

把文件 *hdfs://user/tom/data.txt* 移动到 Hive 的仓库目录中 *managed_table* 表的目录，即 *hdfs://user/hive/warehouse/managed_table*。①

① 只有源和目标文件在同一个文件系统中移动才会成功。当然，作为特例，如果用了 `LOCAL` 关键字，Hive 会把本地文件系统的数据复制到 Hive 的仓库目录(即使它们在同一个文件系统中)。在其他所有情况下，最好把 `LOAD` 视为一个移动操作。

由于加载操作就是文件系统中的文件移动，因此它的执行速度很快。但记住，即使是托管表，Hive 也并不检查表目录中的文件是否符合为表所声明的模式。如果有数据和模式不匹配，只有在查询时才会知道。我们通常要通过查询为缺失字段返回的空值 NULL 才知道存在不匹配。可以发出一个简单的 SELECT 语句来查询表中的若干行数据，从而检查数据是否能够被正确解析。

如果随后要丢弃一个表，可使用：

```
DROP TABLE managed_table;
```

然后这个表(包括它的元数据和数据)会被一起删除。在此我们要重复强调，因为最初的 LOAD 是一个移动操作，而 DROP 是一个删除操作，所以数据会彻底消失。这就是 Hive 所谓的“托管数据”的含义。

对于外部表而言，这两个操作的结果就不一样了：由你来控制数据的创建和删除。外部数据的位置需要在创建表的时候指明：

```
CREATE EXTERNAL TABLE external_table (dummy STRING)
  LOCATION '/user/tom/external_table';
LOAD DATA INPATH ’/user/tom/data.txt’ INTO  TABLE external_table;
```

使用 EXTERNAL 关键字以后，Hive 知道数据并不由自己管理，因此不会把数据移到自己的仓库目录。事实上，在定义时，它甚至不会检查这一 外部位置是否存在。这是一个非常重要的特性，因为这意味着你可以把创建数据推迟到创建表之后才进行。

丢弃外部表时，Hive 不会碰数据，而只会删除元数据。那么，应该如何选择使用哪种表呢？在多数情况下，这两种方式没有太大的区别(当然 DROP 语义除外)，因此这只是个人喜好问题。作为一个经验法则，如果所有处理都由 Hive 完成，应该使用托管表。但如果要用 Hive 和其他工具来处理同一个数据集，应该使用外部表。普遍的用法是把存放在 HDFS(由其他进程创建)的初始数据集用作外部表使，然后用 Hive 的变换功能把数据移到托管的 Hive 表。这一方法反之也成立——外部表(未必在 HDFS 中)可以用于从 Hive 导出数据供其他应用程序使用。[①]

① 也可以用 INSERT OVERWRITE DIRECTORY 把数据导出到 Hadoop 文件系统中。但是和外部表不同，这时你不能控制输出的格式。导出的数据是用 Control-A 分隔的文本文件。复杂数据类型则以 JSON 表示进行序列化。

需要使用外部表的另一个原因是你想为同一个数据集关联不同的模式。

分区和桶

Hive 把表组织成“分区”(partition)。这是一种根据“分区列”(partition column，如日期)的值对表进行粗略划分的机制。使用分区可以加快数据分片(slice)的查询速度。

表或分区可以进一步分为“桶”(bucket)。它会为数据提供额外的结构以获得更高效的查询处理。例如，通过根据用户 ID 来划分桶，我们可以在所有用户集合的随机样本上快速计算基于用户的查询。

分区

以分区的常用情况为例。考虑日志文件，其中每条记录包含一个时间戳。如果我们根据日期来对它进行分区，那么同一天的记录就会被存放在同一个分区中。这样做的优点是：对于限制到某个或某些特定日期的查询，它们的处理可以变得非常高效。因为它们只需要扫描查询范围内分区中的文件。注意，使用分区并不会影响大范围查询的执行：我们仍然可以查询跨多个分区的整个数据集。

一个表可以以多个维度来进行分区。在根据日期对日志进行分区以外，我们可能还要进一步根据国家对每个分区进行子分区(subpartition)，以加速根据地理位置进行的查询。

分区是在创建表的时候[①]用 PARTITIONED BY 子句定义的。该子句需要定义列的列表。例如，对前面提到的假想的日志文件，我们可能要把表记录定义为由时间戳和日志行构成：

```
CREATE TABLE logs (ts BIGINT, line STRING)
PARTITIONED BY (dt STRING, country STRING);
```

在我们把数据加载到分区表的时候，要显式指定分区值：

```
LOAD DATA LOCAL INPATH 'input/hive/partitions/file1'
INTO TABLE logs
PARTITION (dt='2001-01-01', country='GB');
```

① 但是，在创建表后可以使用 ALTER TABLE 语句来增加或移除分区。

在文件系统级别，分区只是表目录下嵌套的子目录。把更多文件加载到日志表以后，目录结构可能像下面这样：

```
/user/hive/warehouse/logs/dt=2010-01-01/country=GB/file1
                                                  /file2
                                       /country=US/file3
                         /dt=2010-01-02/country=GB/file4
                                       /country=US/file5
                                                  /file6
```

日志表有两个日期分区(2010-01-01 和 2010-01-02，分别对应于子目录 dt=2010-01-01 和 dt=2010-01-02)和两个国家分区(GB 和 US，分别对应于嵌套子目录 country=GB 和 country=US)。数据文件则存放在底层目录中。

可以用 SHOW PARTITIONS 命令让 Hive 告诉我们表中有哪些分区：

```
hive> SHOW PARTITIONS logs;
dt=2001-01-01/country=GB
dt=2001-01-01/country=US
dt=2001-01-02/country=GB
dt=2001-01-02/country=US
```

记住，PARTITIONED BY 子句中的列定义是表中正式的列，称为“分区列”(partition column)。但是，数据文件并不包含这些列的值，因为它们源于目录名。

可以在 SELECT 语句中以普通方式使用分区列。Hive 会对输入进行修剪，从而只扫描相关的分区。例如：

```
SELECT ts, dt, line
FROM logs
WHERE country='GB';
```

将只扫描 file1，file2 和 file4。还要注意，这个查询返回 dt 分区列的值。这个值是 Hive 从目录名中读取的，因为它们在数据文件中并不存在。

桶

把表(或分区)组织成桶(bucket)有两个理由。第一个理由是获得更高的查询处理效率。桶为表加上了额外的结构。Hive 在处理有些查询时能够利用这个结构。具体而言，连接两个在(包含连接列的)相同列上划分了桶的表，可以使用 map 端连接(map-side join)高效地实现。

把表划分成桶的第二个理由是使“取样”(sampling)更高效。在处理大规模数据集时，在开发和修改查询的阶段，如果能在数据集的一小部分数据上试运行查询，会带来很多方便。我们在本节的最后将看看如何高效地进行取样。

首先，我们来看如何告诉 Hive 一个表应该被划分成桶。我们使用 CLUSTERED BY 子句来指定划分桶所用的列和要划分的桶的个数：

```
CREATE TABLE bucketed_users (id  INT, name   STRING)
CLUSTERED BY (id) INTO  4  BUCKETS;
```

在这里，我们使用用户 ID 来确定如何划分桶(Hive 使用对值进行哈希并将结果除以桶的个数取余数。这样，任何一桶里都会有一个随机的用户集合。

对于 map 端连接的情况，两个表以相同方式划分桶。处理左边表内某个桶的 mapper 知道右边表内相匹配的行在对应的桶内。因此，mapper 只需要获取那个桶(这只是右边表内存储数据的一小部分)即可进行连接。这一优化方法并不一定要求两个表必须桶的个数相同，两个表的桶个数是倍数关系也可以。用 HiveQL 对两个划分了桶的表进行连接，可参见第 400 页的“map 连接”小节。

桶中的数据可以根据一个或多个列另外进行排序。由于这样对每个桶的连接变成了高效的合并排序(merge-sort)，因此可以进一步提升 map 端连接的效率。以下语法声明一个表使其使用排序桶：

```
CREATE TABLE bucketed_users (id  INT, name   STRING)
CLUSTERED BY (id) SORTED BY (id ASC)  INTO  4  BUCKETS;
```

我们如何保证表中的数据都划分成桶了呢？把在 Hive 外生成的数据加载到划分成桶的表中，当然是可以的。其实让 Hive 来划分桶更容易。这一操作通常针对已有的表。

> Hive 并不检查数据文件中的桶是否和表定义中的桶一致(无论是对于桶的数量或用于划分桶的列)。如果两者不匹配，在查询时可能会碰到错误或未定义的结果。因此，建议让 Hive 来进行划分桶的操作。

有一个没有划分桶的用户表：

```
hive>    SELECT *  FROM  users;
0        Nat
2        Joe
3        Kay
4        Ann
```

要向分桶表中填充成员，需要将 hive.enforce.bucketing 属性设置为 true。[①]这样，Hive 就知道用表定义中声明的数量来创建桶。然后使用 INSERT 命令即可：

```
INSERT OVERWRITE TABLE bucketed_users
SELECT * FROM users;
```

物理上，每个桶就是表(或分区)目录里的一个文件。它的文件名并不重要，但是桶 *n* 是按照字典序排列的第 *n* 个文件。事实上，桶对应于 MapReduce 的输出文件分区：一个作业产生的桶(输出文件)和 reduce 任务个数相同。我们可以通过查看刚才创建的 bucketd_users 表的布局来了解这一情况。运行如下命令：

```
hive> dfs -ls /user/hive/warehouse/bucketed_users;
```

将显示有 4 个新建的文件。文件名如下(文件名包含时间戳，由 Hive 产生，因此每次运行都会改变)：

```
attempt_201005221636_0016_r_000000_0
attempt_201005221636_0016_r_000001_0
attempt_201005221636_0016_r_000002_0
attempt_201005221636_0016_r_000003_0
```

第一个桶里包括用户 ID0 和 4，因为一个 INT 的哈希值就是这个整数本身，在这里除以桶数(4)以后的余数：[②]

```
hive> dfs -cat /user/hive/warehouse/bucketed_users/*0_0;
0Nat
4Ann
```

用 TABLESAMPLE 子句对表进行取样，我们可以获得相同的结果。这个子句会将查询限定在表的一部分桶内，而不是使用整个表：

```
hive> SELECT * FROM bucketed_users
    > TABLESAMPLE(BUCKET 1 OUT OF 4 ON id);
    0     Nat
    4     Ann
```

桶的个数从 1 开始计数。因此，前面的查询从 4 个桶的第一个中获取所有的用户。对于一个大规模的、均匀分布的数据集，这会返回表中约四分之一的数据行。我们也可以用其他比例对若干个桶进行取样(因为取样并不是一个精确的操作，因此这个比例不一定要是桶数的整数倍)。例如，下面的查询返回一半的桶：

```
hive> SELECT * FROM bucketed_users
    > TABLESAMPLE(BUCKET 1 OUT OF 2 ON id);

    0     Nat
```

① 从 Hive 0.6.0 开始，对以前的版本，必须把 mapred.reduce.tasks 设为表中要填充的桶的个数。如果桶是排序的，还需要把 hive.enforce.sorting 设为 true。

② 显式原始文件时，因为分隔字符是一个不能打印的控制字符，因此字段都挤在一起。它所使用的控制字符将在下一节介绍。

```
4    Ann
2    Joe
```

因为查询只需要读取和 TABLESAMPLE 子句匹配的桶，所以取样分桶表是非常高效的操作。如果使用 rand()函数对没有划分成桶的表进行取样，即使只需要读取很小一部分样本，也要扫描整个输入数据集：

```
hive> SELECT *  FROM  users
    > TABLESAMPLE(BUCKET  1  OUT OF  4  ON  rand());
2    Joe
```

存储格式

Hive 从两个维度对表的存储进行管理："行格式"(row format)和"文件格式"(file format)。行格式指行和一行中的字段如何存储。按照 Hive 的术语，行格式的定义由 SerDe 定义。SerDe 是"序列化和反序列化工具"(Serializer-Deserializer)的合成词。

作为反序列化工具进行使用时——也就是查询表时——SerDe 将把文件中字节形式的数据行反序列化为 Hive 内部操作数据行时所使用的对象形式。使用序列化工具时——也就是执行 INSERT 或 CTAS(参见第 392 页的"导入数据"小节)时——表的 SerDe 会把 Hive 的数据行内部表示形式序列化成字节形式并写到输出文件中去。

文件格式指一行中字段容器的格式。最简单的格式是纯文本文件，但是也可以使用面向行的和面向列的二进制格式。

默认存储格式：分隔的文本(delimited text)

如果在创建表时没有用 ROW FORMAT 或 STORED AS 子句，那么 Hive 所使用的默认格式是分隔的文本，每行(line)存储一个数据行(row)。

默认的行内分隔符不是制表符，而是 ASCII 控制码集合中的 Control-A(它的 ASCII 码为 1)。选择 Control-A(在文档中有时记作 Â)作为分隔符是因为和制表符相比，它出现在字段文本中的可能性比较小。在 Hive 中无法对分隔符进行转义，因此，挑选一个不会在数据字段中用到的字符作为分隔符非常重要。

"集合"(collection)元素的默认分隔符为字符 Control-B。它用于分隔 ARRAY 或 STRUCT 的元素或 MAP 的键/值对。默认的映射键(map key)分隔符为字符 Control-C。它用于分隔 MAP 的键和值。表中各行之间用换行符分隔。

前面对分隔符的描述对一般情况下的平面数据结构——即复杂数据类型只包含原子数据类型——都是没有问题的。但是，对于嵌套数据类型，这还不够。事实上，嵌套的层次决定了使用哪种分隔符。

例如，对于数组的数组，外层数组的分隔符如前所述是 Control-B 字符，但内层数组则使用分隔符列表中的下一项(Control-C 字符)作为分隔符。如果不确定 Hive 使用哪个字符作为某个嵌套结构的分隔符，可以运行下面的命令：

```
CREATE TABLE nested
AS
SELECT array(array(1, 2), array(3, 4)) FROM  dummy;
```

然后再使用 `hexdump` 这样的命令来查看输出文件的分隔符。实际上，Hive 支持 6 级的分隔符，分别对应于 ASCII 编码的 1，2，……，8。但是你只能重载其中的前三个。

因此，以下语句：

```
CREATE TABLE ...;
```

等价于下面显式说明的语句：

```
CREATE TABLE ...
ROW  FORMAT   DELIMITED
  FIELDS   TERMINATED  BY '\001'
  COLLECTION ITEMS  TERMINATED  BY '\002' MAP  KEYS TERMINATED  BY '\003'
  LINES  TERMINATED  BY '\n' STORED AS  TEXTFILE;
```

注意，我们可以使用八进制形式来表示分隔符——例如，001 表示 Control-A。

Hive 在内部使用一个名为 `LazySimpleSerDe` 的 SerDe 来处理这种分隔格式以及我们在第 7 章看到的面向行的 MapReduce 文本输入和输出格式。这里使用前缀"lazy"的原因是这个 SerDe 对字段的反序列化是延迟处理的——只有在访问字段时才进行反序列化。但是，由于文本以本来冗长的形式进行存放，所以这种存储格式并不紧凑。比如，一个布尔值事实上是以文本字符串 `true` 或 `false` 的形式存放的。

这种简单的格式有很多好处，例如，使用其他工具(包括 MapReduce 程序或 Streaming)来处理这样的格式非常容易。但是，还可以选择一些更紧凑和高效的二进制 SerDe。表 12-4 列出了一部分可用的 SerDe。

二进制 SerDe 不应该和默认的 `TEXTFILE` 格式(或显式的 STORED AS TEXTFILE 子句)一起使用。二进制数据行中几乎总是包含换行符，这会导致 Hive 把行截断，从而在反序列化时失败。

表 12-4. Hive 的 SerDe

SerDe 名称	Java 包	描述
LazySimpleSerDe	org.apache.hadoop.hive.serde2.lazy	这是默认的 SerDe。采用分隔的文本格式，采用延迟的字段访问
LazyBinarySerDe	org.apache.hadoop.hive.serde2.lazybinary	LazySimpleSerDe 的一个更高效的实现。二进制形式的延迟字段访问。用于像临时表这样的内部使用
BinarySortableSerDe	org.apache.hadoop.hive.serde2.binarysortable	类似于 LazyBinarySerDe 的二进制 SerDe，但它针对排序进行了优化，损失了部分空间(但它仍然比 LazySimpleSerDe 精简很多)
ColumnarSerDe	org.apache.hadoop.hive.serde2.columnar	针对 RCFile 格式的基于列的存储的 LazySimpleSerDe 变种
RegexSerDe	org.apache.hadoop.hive.contrib.serde2	一种根据用正则表达式给出的列读取文本数据的 SerDE。它也能使用格式表达式写入数据。对于读取日志文件有用。它的效率不高，因此不适宜于普通的存储
ThriftByteStreamTypedSerDe	org.apache.hadoop.hive.serde2.thrift	读取 Thrift 编码的二进制数据的 SerDe 对于写的支持正在开发中(*https://issues.apache.org/jira/browse/HIVE-706*)
HBaseSerDe	org.apache.hadoop.hive.hbase	用于在 HBase 中存储数据的 SerDe。HBase 存储使用 Hive 存储句柄(handler)。句柄统一了行格式和文件格式的角色。存储句柄通过 STORED BY 子句指定。它代替了 ROW FORMAT 和 STORED AS 子句。相关信息可访问 *http://wiki.apache.org/hadoop/Hive/HBaseIntegration*

二进制存储格式：顺序文件和 RCFile

Hadoop 的顺序文件格式(参见第 116 页的“SequanceFile”小节)是一种针对顺序和记录(键/值对)的通用二进制格式。在 Hive 中，可以在 `CREATE TABLE` 语句中通过声明 `STORED AS SEQUENCEFILE` 来使用顺序文件。

使用序列文件一个主要的优点是它们支持可分割(splittable)的压缩。如果你有一系列序文件是在 Hive 外创建的，则无需额外设置，Hive 也能读取它们。另一方面，如果想使用压缩顺序文件来存储 Hive 产生的表，则需要设置几个相应的属性来使用压缩(参见第 84 页的“在 MapReduce 中使用压缩”小节)：

```
hive> SET hive.exec.compress.output=true;
hive> SET mapred.output.compress=true;
hive> SET mapred.output.compression.codec=org.apache.hadoop.io.compress.GzipCodec;
hive> INSERT OVERWRITE TABLE ...;
```

顺序文件是面向行的。这意味着同一行中的字段作为一个顺序文件记录存储在一起。

Hive 提供了另一种二进制存储格式，称为 RCFile，表示按列记录文件。RCFile 除了按列的方式存储数据以外，其他方面都和序列文件类似。RCFile 把表分成行分片(row split)，在每一个分片中先存所有行的第一列，再存它们的第二列，依此类推。图 12-3 用图示说明了这种存储方式。

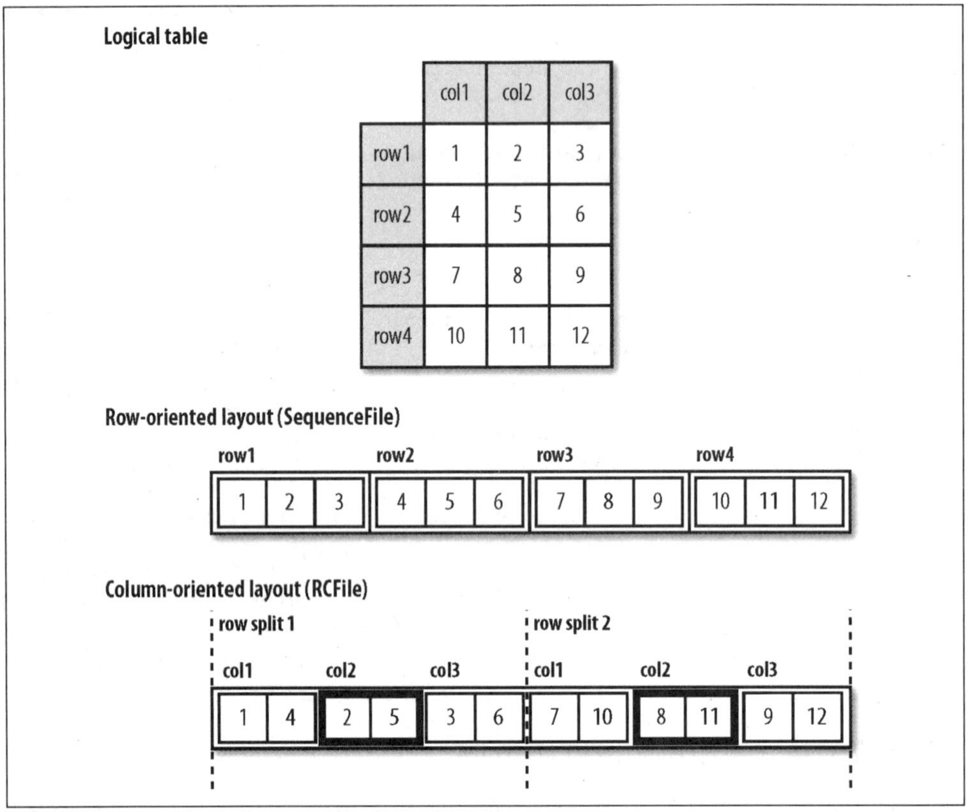

图 12-3. 面向行的和面向列的存储

面向列的存储布局(colunm-driented layout)方式可以使一个查询跳过那些不必访问的列。让我们考虑一个只需要处理图 12-3 中表第 2 列的查询。在像顺序文件这样面向行的存储中，即使其实只需要读取第二列，整个数据行(存储在顺序文件的一条记录中)也都会被加载到内存中。虽说在某种程度上“迟反序列化”(lazy deserialization)策略在访问列字段时进行反序列化能节省一些处理开销，但这仍然不能避免从磁盘读入一个数据行所有字节而额外付出的开销。

如果使用面向列的存储，只需要把文件中第 2 列所对应的那部分(图中的阴影部分)读入内存。

一般来说，面向行的存储格式对于那些只访问表中一小部分行的查询比较有效。相反，面向行的存储格式适合同时处理一行中很多列的情况。如果存储空间足够，可以使用第 394 页的“CREATE TABLE...AS SELECT”小节介绍的子句来复制一个表，创建它的另一种存储格式，从而直观地比较查询负载下两种存储格式在性能上的差异。

在 Hive 中，可以使用如下的 CREATE TABLE 子句来启用面向列的存储：

```
CREATE TABLE ...
ROW  FORMAT   SERDE 'org.apache.hadoop.hive.serde2.columnar.ColumnarSerDe'
STORED AS  RCFILE;
```

示例：RegexSerDe

现在让我们看看如何使用另一种 SerDe 来进行存储。我们将使用一个功能定制模块 SerDa，它采用一个正则表达式从一个文本文件中读取定长的观测站元数据：

```
CREATE TABLE stations (usaf STRING,  wban   STRING,  name   STRING)
ROW  FORMAT   SERDE 'org.apache.hadoop.hive.contrib.serde2.RegexSerDe'
WITH SERDEPROPERTIES  (
"input.regex" =  "(\\d{6}) (\\d{5}) (.{29}) .*"
);
```

在前面的示例中，我们为了说明文本是如何分隔的，已经在 ROW FORMAT 子句中使用了 `DELIMITED` 关键字。在这个示例中，我们用另一种方式，用 `SERDE` 关键字和实现 SerDe 的 `Java` 类的完整类名，即 `org.apache.hadoop.hive.contrib.serde2.RegexSerDe`，来指明使用哪个 SerDe。

SerDe 可以用 WITH SERDEPROPERTIES 子句来设置额外的属性。在这里，我们要设置 `RegexSerDe` 特有的 `input.regex` 属性。

`input.regex` 是在反序列化期间将要使用的正则表达式模式，用来返回表示数据行(row)中一组列的文本行。正则表达式匹配时使用 Java 的正则表达式语法(参见 *http://java.sun.com/javase/6/docs/api/java/util/ regex/Pattern.html*)。我们通过识别一组一组的括号来确定列(称为捕获组，即 capturing group)。①在这个示例中，有三个捕获组：usaf(六位数的标识符)、wban(五位数的标识符)以及名称(29 个字符的定长列)。

① 有时，可能要在正则表达式中使用括号，而不希望这些括号被当作捕获所用的符号。例如，模式(ab)+可用于匹配一个或多个连续的 ab 字符串。这时的解决办法是在左括号后加问号?表示“非捕获组”(noncapturing group)。有多种表示非捕获组的构造结构(参见 Java 文档)，但在这个示例中，我们可以用(?ab)+来避免某个文本序列被捕获。

我们像以前一样，用如下 LOAD DATA 语句向表中输入数据：

```
LOAD DATA LOCAL INPATH "input/ncdc/metadata/stations-fixed-width.txt" INTO
TABLE stations;
```

回想一下，LOAD DATA 把文件复制或移动到 Hive 的仓库目录中(在这里，由于源在本地文件系统中，所以使用的是复制操作。)加载操作并不使用表的 SerDe。

当我们从文件中检索数据时，如下面这个简单查询所示，反序列化会调用 SerDe，从而使每一行的字段都能被正确解析出来：

```
hive> SELECT * FROM stations LIMIT 4;
10000       99999   BOGUS NORWAY
010003      99999   BOGUS NORWAY
010010      99999   JAN  MAYEN
010013      99999   ROST
```

导入数据

我们已经见过如何使用 LOAD DATA 操作，通过把文件复制或移到表的目录中，从而把数据导入 Hive 的表(或分区)。也可以用 INSERT 语句把数据从一个 Hive 表填充到另一个；或在新建表的时候使用 CTAS 结构。CTAS 是 CREATE TABLE...AS SELECT 的缩写。

如果想把数据从一个关系数据库直接导入 Hive，可以看一下 Sqoop。详情参见第 487 页的“导入数据和 Hive”小节。

INSERT OVERWRITE TABLE

下面是 INSERT 语句的一个示例：

```
INSERT OVERWRITE TABLE target
SELECT col1, col2
  FROM source;
```

对于分区的表，可以使用 PARTITION 子句来指明数据要插入哪个分区：

```
INSERT OVERWRITE TABLE target
PARTITION (dt='2010-01-01')
SELECT col1, col2
  FROM source;
```

OVERWRITE 关键字在这两种情况下都是强制的。这意味着目标表(对于前面的第一个例子)或 2010-01-01 分区(对于第二个例子)中的内容会被 SELECT 语句的结果替换掉。在本书写作时，Hive 并不支持用 INSERT 语句向已经填充了内容的非分区表或分区添加记录。如果要那样做，可以使用不带 OVERWRITE 关键字的 LOAD DATA 操作。

从 Hive 0.6.0 开始，可以在 SELECT 语句中通过使用分区值来动态指明分区：

```
INSERT  OVERWRITE  TABLE target
PARTITION  (dt)
SELECT col1, col2, dt
FROM  source;
```

这种方法称为“动态分区插入”(dynamic-partition insert)。这一特性默认是关闭的，所以在使用前需要先把 hive.exec.dynamic.partition 设为 true。

> 和其他数据库不同，Hive(现在)并不支持在 INSERT 语句中直接给出一组记录的文字形式。也就是说，Hive 不允许 INSERT INTO…VAL USES…形式的语句。

多表插入

在 HiveQL 中，可以把 INSERT 语句倒过来，把 FROM 子句放在最前面，查询的效果是一样的：

```
FROM  source
INSERT  OVERWRITE  TABLE target
  SELECT col1, col2;
```

可以在同一个查询中使用多个 INSERT 子句，这样的语法会让查询的含义更清楚。这种“多表插入”(multitable insert)方法比使用多个单独的 INSERT 语句效率更高，因为只需要扫描一遍源表就可以生成多个不相交的输出。

下面的例子根据气象数据集来计算多种不同的统计数据：

```
FROM records2
INSERT OVERWRITE TABLE stations_by_year
  SELECT year, COUNT(DISTINCT station)
  GROUP BY year
INSERT OVERWRITE TABLE records_by_year
  SELECT year, COUNT(1)
  GROUP BY year
INSERT OVERWRITE TABLE good_records_by_year
  SELECT year, COUNT(1)
 WHERE temperature != 9999
    AND (quality = 0 OR quality = 1 OR quality = 4 OR quality = 5 OR quality = 9)
     GROUP BY year;
```

这里只有一个源表(records2)，但有三个表用于存放针对这个源表的三个不同查询所产生的结果。

CREATE TABLE...AS SELECT

把 Hive 查询的输出结果存放到一个新的表往往非常方便，这可能是因为输出结果太多，不适宜于显示在控制台上或基于输出结果还有其他后续处理。

新表的列的定义是从 SELECT 子句所检索的列导出的。在下面的查询中，目标表有两列，分别名为 col1 和 col2，它们的数据类型和源表中对应的列相同：

```
CREATE TABLE target
AS
SELECT col1, col2
FROM  source;
```

CTAS 操作是原子的，因此如果 SELECT 查询由于某种原因失败，是不会创建新表的。

表的修改

由于 Hive 使用“读时模式”(schema on read)，所以在创建表以后，它非常灵活地支持对表定义的修改。但一般需要警惕，在很多情况下，要由你来确保修改的数据体现了新的结构。

可以使用 ALTER TABLE 语句来重命名表：

```
ALTER TABLE source RENAME  TO target;
```

在更新表的元数据以外，ALTER TABLE 语句还把表目录移到新名称所对应的目录下。在这个示例中，*/user/hive/warehouse/source* 被重命名为 */user/hive/warehouse/target*。对于外部表，这个操作只更新元数据，而不会移动目录。

Hive 允许修改列的定义，添加新的列，甚至用一组新的列替换表内已有的列。

例如，考虑添加一个新列：

```
ALTER TABLE target ADD  COLUMNS  (col3  STRING);
```

新的列 col3 添加在已有(非分区)列的后面。数据文件并没有被更新，因此原来的查询会为 col3 的所有值返回空值 null(当然，除非文件中原来就已经有额外的字段)。因为 Hive 并不允许更新已有的记录，所以需要使用其他机制来更新底层的文件。为此，更常用的做法是创建一个定义了新列的新表，然后使用 SELECT 语句把数据填充进去。

修改一个表的元数据——如列名或数据类型(假设原来的数据类型可以用新的数据类型来解释)——更为直观。

要想更进一步地了解如何修改表的结构，包括添加或丢弃分区、修改和替换列，修改表和 SerDe 的属性，相关信息可访问 Hive wiki，网址为 *http://wiki.apache.org/hadoop/Hive/ LanguageManual/DDL*。

表的丢弃

DROP TABLE 语句用于删除表的数据和元数据。如果是外部表，就只删除元数据——外部表不会受到影响。

如果要删除表内的所有数据但要保留表的定义(如 MySQL 的 delete 或 TRUNCATE)，删除数据文件即可。例如：

```
hive> dfs -rmr /user/hive/warehouse/my_table;
```

Hive 把缺少文件(或根本没有表对应的目录)的表认为是空表。另一种达到类似目的的方法是使用 LIKE 关键字创建一个与第一个表模式相同的新表：

```
CREATE TABLE new_table LIKE  existing_table;
```

查询数据

这一节讨论如何使用 SELECT 语句的各种形式从 Hive 中检索数据。

排序和聚集

在 Hive 中可以使用标准的 ORDER BY 子句对数据进行排序。但这里有一个潜在的不利因素。ORDER BY 能够预期产生完全排序的结果，但是它是通过只用一个 reducer 来做到这一点的。所以对于大规模的数据集，它的效率非常低。Hive 将来的发布版本有望使用第 237 页“全排序”小节介绍的技术来支持高效的并行排序。

在很多情况下，并不需要结果是全局排序的。此时，可以换用 Hive 的非标准的扩展 SORT BY。SORT BY 为每个 reducer 产生一个排序文件。

在有些情况下，你需要控制某个特定行应该到哪个 reducer，通常是为了进行后续的聚集操作。这就是 Hive 的 DISTRIBUTE BY 子句所做的事情。下面的例子根据年份和气温对气象数据集进行排序，以确保所有具有相同年份的行最终都在同一个 reducer 分区中：[①]

```
hive> FROM  records2
    > SELECT year,  temperature
    > DISTRIBUTE  BY year
```

① 这是在 Hive 中对第 241 页“辅助排序”小节所讨论内容的另一种实现。

```
    > SORT BY year ASC,  temperature DESC;
1949    111
1949    78
1950    22
1950    0
1950 -  11
```

同一个年份的气温已经在同一文件中分好组并且(以降序)排好序。后续的查询(或把这个查询作为内嵌子查询的查询，参见第 400 页的“子查询”小节)可以利用这一点。

如果 SORT BY 和 DISTRIBUTE BY 中所用的列相同，可以缩写为 CLUSTER BY 以便同时指定两者所用的列。

MapReduce 脚本

使用 Hadoop Streaming、TRANSFORM、MAP、REDUCE 子句这样的方法，便可以在 Hive 中调用外部脚本。假设我们像例 12-1 那样，用一个脚本来过滤不符合某个条件的行(删除低质量的气温读数)。

例 12-1. 过滤低质量气象记录的 Python 脚本

```
#!/usr/bin/env  python

import re
import sys

for line in sys.stdin:
  (year,  temp, q) =  line.strip().split()
  if (temp != "9999" and re.match("[01459]",  q)):
    print "%s\t%s" %   (year,  temp)
```

我们可以像下面这样使用这个脚本：

```
hive> ADD  FILE   /path/to/is_good_quality.py;
hive> FROM  records2
    > SELECT TRANSFORM(year,  temperature, quality)
    > USING  'is_good_quality.py'
    > AS  year, temperature;
1949    111
1949    78
1950    0
1950    22
1950 -  11
```

在运行查询之前，我们需要在 Hive 中注册脚本。通过这一操作，Hive 知道需要把脚本文件传输到 Hadoop 集群上(参见第 253 页的“分布式缓存”小节)。

查询本身把 `year`，`temperature` 和 `quality` 这些字段以制表符分隔的行的形式流式传递给脚本 *is_good_quality.py*，并把制表符分隔的输出解析为 `year` 和 `temperature` 字段，最终形成查询的输出。

这一示例并不使用 reducer。如果要用查询的嵌套形式，我们可以指定 map 和 reduce 函数。这一次我们用 MAP 和 REDUCE 关键字。但在这两个地方用 SELECT TRANSFORM 也能达到同样的效果。max_temperature_reduce.py 脚本的内容参见例 2-11：

```
FROM (
  FROM records2
  MAP year, temperature, quality
  USING 'is_good_quality.py'
  AS year, temperature) map_output
REDUCE year, temperature
USING 'max_temperature_reduce.py' AS year, temperature;
```

连接

使用 Hive 和直接使用 MapReduce 相比，好处在于它简化了常用操作。想想在 MapReduce 中实现“连接”(join)要做的事情(参见第 247 页的“连接”小节)，在 Hive 中进行连接操作就能充分体现这个好处。

内连接

内连接是最简单的一种连接。输入表之间的每次匹配都会在输出表里生成一行。让我们来考虑两个演示用的小表：sales 列出了人名及其所购商品的 ID；things 列出商品的 ID 和名称：

```
hive> SELECT * FROM sales;
Joe     2
Hank    4
Ali     0
Eve     3
Hank    2
hive> SELECT * FROM things;
2    Tie
4    Coat
3    Hat
1    Scarf
```

我们可以像下面这样对两个表进行内连接：

```
hive> SELECT sales.*, things.*
    > FROM sales JOIN things ON (sales.id = things.id);
Joe     2    2    Tie
Hank    2    2    Tie
Eve     3    3    Hat
Hank    4    4    Coat
```

FROM 子句中的表(sales)和 JOIN 子句中的表(things)用 ON 子句中的谓词进行连接。Hive 只支持等值连接(equijoin)，这意味着在连接谓词中只能使用等号。在这个示例中，等值条件是两个表的 id 列必须相同。

有些数据库，例如 MySQL 和 Oracle，允许在 SELECT 语句的 FROM 子句中列出要连接的表，而在 WHERE 子句中指定连接条件。但是 Hive 并不支持这种语法，所以下面的语句会由于解析出错而导致运行失败：

```
SELECT sales.*,  things.*
FROM  sales,  things
WHERE  sales.id =  things.id;
```

Hive 只允许在 FROM 子句中出现一个表。要进行连接操作，必须遵循 SQL-92 中 JOIN 子句的语法。

在 Hive 中，可以在连接谓词中使用 AND 关键字分隔的一系列表达式来连接多个列。还可以在查询中使用多个 JOIN...ON...子句来连接多个表。Hive 会智能地以最少 MapReduce 作业数来执行连接。

单个的连接用一个 MapReduce 作业实现。但是，如果多个连接的连接条件中使用了相同的列，那么平均每个连接可以至少用一个 MapReduce 作业来实现。[1]你可以在查询前使用 EXPLAIN 关键字来查看 Hive 将为某个查询使用多少个 MapReduce 作业：

```
EXPLAIN
SELECT sales.*,  things.*
FROM  sales JOIN  things ON  (sales.id =  things.id);
```

EXPLAIN 的输出中有很多查询执行计划的详细信息，包括抽象语法树、Hive 执行各阶段之间的依赖图以及每个阶段的信息。一个阶段可能是 MapReduce 作业文件移动这样的操作。如果要查看更详细的信息，可以在查询前使用 EXPLAIN EXTENDED。

Hive 目前使用基于规则的查询优化器来确定查询是如何执行的。但在将来，Hive 很有可能会增加一个基于代价的优化器。

外连接

外连接可以让你找到连接表中不能匹配的数据行。在前面的示例里，我们在进行内连接时，Ali 那一行没有出现在输出中。因为她所购商品的 ID 没有在 things 表中出现。如果我们把连接的类型改为 LEFT OUTER JOIN，查询会返回左侧表(sales)中的每一个数据行，即使有些行无法与这个表所要连接的表(things)中的任何数据行对应：

```
hive> SELECT sales.*,  things.*
    >  FROM  sales LEFT  OUTER JOIN   things ON  (sales.id =  things.id);
 Ali    0     NULL   NULL
```

① JOIN 子句中表的顺序很重要：一般最好将最大的表在最后。详细的信息，包括如何为 Hive 的查询规划器给出提示，请访问 *http://wiki.apache.org/hadoop/Hive/LanguageManual/Joins*。

```
Joe    2    2    Tie
Hank   2    2    Tie
Eve    3    3    Hat
Hank   4    4    Coat
```

注意，此时返回了 Ali 所在的数据行，但因为这一行无匹配，所以 things 表的对应列为空值 NULL。

Hive 也支持“右外连接”(right outer join)，即和左连接相比交换两个表的角色。在这里，things 表中的所有商品，即使没有任何人购买它们(围巾)，也会返回：

```
hive> SELECT sales.*,  things.*
    > FROM  sales RIGHT  OUTER JOIN things ON (sales.id =  things.id);
NULL    NULL    1       Scarf
Joe     2       2       Tie
Hank    2       2       Tie
Eve     3       3       Hat
Hank    4       4       Coat
```

最后，还有一种“全外连接”(full outer join)，即两个连接表中的所有行在输出中都有对应的行：

```
hive> SELECT sales.*,  things.*
    > FROM  sales FULL OUTER JOIN things ON (sales.id = things.id);
Ali     0       NULL    NULL
NULL    NULL    1       Scarf
Joe     2       2       Tie
Hank    2       2       Tie
Eve     3       3       Hat
Hank    4       4       Coat
```

半连接

Hive(在本书写作时)并不支持 IN 子查询，但可以使用 LEFT SEMI JOIN 来达到相同的效果。

考虑如下 IN 子查询，它能够查找 things 表中在 sales 表中出现过的所有商品：

```
SELECT *
FROM  things
WHERE  things.id IN  (SELECT id from sales);
```

我们可以像下面这样重写这个查询：

```
hive> SELECT *
    > FROM  things LEFT  SEMI  JOIN   sales ON  (sales.id =  things.id);
2    Tie
3    Hat
4    Coat
```

写 LEFT SEMI JOIN 查询时必须遵循一个限制：右表(sales)只能在 ON 子句中出现。例如，我们不能在 SELECT 表达式中引用右表。

map 连接

如果有一个连接表小到足以放入内存，Hive 就可以把较小的表放入每个 mapper 的内存来执行连接操作。如果要指定使用 map 连接，需要在 SQL 中使用 C 语言风格的注释，从而给出提示：

```
SELECT /*+ MAPJOIN(things) */ sales.*, things.*
FROM sales JOIN things ON (sales.id = things.id);
```

执行这个查询不使用 reducer，因此这个查询对 RIGHT 或 FULL OUTER JOIN 无效，因为只有在对所有输入上进行聚集(reduce)的步骤才能检测到哪个数据行无法匹配。

Map 连接可以利用分桶的表(参见第 384 页的“桶”小节)，因为作用于桶的 mapper 加载右侧表中对应的桶即可执行连接。这时使用的语法和前面提到的在内存中进行连接是一样的，只不过还需要用下面的语法启用优化选项：

```
SET hive.optimize.bucketmapjoin=true;
```

子查询

子查询是内嵌在另一个 SQL 语句中的 SELECT 语句。Hive 对子查询的支持很有限。它只允许子查询出现在 SELECT 语句的 FROM 子句中。

> 其他数据库允许子查询几乎任何表达式可以出现的地方，例如在 SELECT 语句待检索值的列表中或 WHERE 子句中。很多使用子查询的地方都可以重写为连接操作。因此，如果发现 Hive 不支持你写的子查询，可以看看能不能把它写成连接操作。例如，一个 IN 子查询可以写成一个半连接或连接(参见第 397 页的“连接”小节)。

下面的查询可以找到每年每个气象站最高气温的均值：

```
SELECT station, year, AVG(max_temperature)
FROM (
  SELECT station, year, MAX(temperature) AS max_temperature
  FROM records2
  WHERE temperature != 9999
    AND (quality = 0 OR quality = 1 OR quality = 4 OR quality = 5 OR quality = 9)
  GROUP BY station, year
) mt
GROUP BY station, year;
```

这里的子查询用于计算每个气象站/日期组合中的最高气温，然后外层查询使用 AVG 聚集函数计算这些最高读数的均值。

外层查询像访问表那样访问子查询的结果，这是为什么必须为子查询赋予一个别名(mt)的原因。子查询中的列必须有唯一的名称，以便外层查询可以引用这些列。

视图

视图是一种用 SELECT 语句定义的“虚表”(virtual table)。视图可以用来以一种不同于磁盘实际存储形式把数据呈现给用户。现有表中的数据常常需要以一种特殊的方式进行简化和聚集以便于后期处理。视图也可以用来限制用户，使其只能访问授权可以看到的表的子集。

在 Hive 中，创建视图时并不把视图“物化”(materialize)存储到磁盘上。相反，视图的 SELECT 语句只是在执行引用视图的语句时才执行。如果一个视图要对“基表”(base table)进行大规模的变换，或视图的查询会频繁执行，可能需要新建一个表，并把视图的内容存储到新表中，以此手工来物化它(参见第 394 页的“CREATE TABLE...AS SELECT”小节)。

我们可以用视图重写前一节中的查询，它用于查找每年各个气象站气温最大值的均值。首先，让我们为有效记录(即有特定 quality 值的记录)创建一个视图：

```
CREATE VIEW valid_records
AS
SELECT *
FROM records2
WHERE temperature != 9999
  AND (quality = 0 OR quality = 1 OR quality = 4 OR quality = 5 OR quality = 9);
```

创建视图时并不执行查询，查询只是存储在 metastore 中。SHOW TABLES 命令的输出结果里包括视图。可以使用 DESCRIBE EXTENDED view_name 命令来查看某个视图的详细信息，包括用于定义它的那个查询。

接下来，让我们为每个观测站每年的最高气温创建第二个视图。这个视图基于 valid_record 视图：

```
CREATE VIEW max_temperatures (station,  year, max_temperature)
AS
SELECT station,  year, MAX(temperature) FROM  valid_records
GROUP BY station,  year;
```

在这个视图定义中，我们显式地列出了列的名称。我们这么做是因为最高气温列是一个聚集表达式，如果我们不指明， Hive 会自己创建一个别名(例如_c2)。我们也可以在 SELECT 语句中使用 AS 子句来为列命名。

有了这两个视图，现在我们就可以执行查询了：

```
SELECT station,  year, AVG(max_temperature)
FROM  max_temperatures
GROUP BY station,  year;
```

这个查询的结果和前面使用子查询的查询是一样的。特别的，Hive 为它们所使用的 MapReduce 作业的个数也是一样的：都是两个，每个 GROUP BY 使用一个。从这个例子可以看到，Hive 可以把使用视图的查询组织成一系列作业，效果与不使用视图的查询一样。换句话说，Hive 在执行时，不会在不必要的情况下物化视图。

Hive 中的视图是只读的，所以无法通过视图向基表加载或插入数据。

用户定义函数

你要写的查询有时无法轻松(或根本不能)使用 Hive 提供的内置函数来表示。通过编写“用户定义函数”(user-defined function，UDF)，有 Hive，插入用户写的处理代码并在查询中调用它们，变得更简单。

UDF 必须用 Java 语言编写。Hive 本身也是用 Java 写的。对于其他编程语言，可以考虑使用 `SELECT TRANSFORM` 查询，有了它，可以让数据流式通过用户定义脚本(参见第 396 页的“MapReduce 脚本”小节)。

Hive 中有三种 UDF：(普通)UDF、UDAF(用户定义聚集函数，user-defined aggregate function)以及 UDTF(用户定义表生成函数，user-defined table-generating function)。它们接受输入和产生输出的数据行在数量不同。

- UDF 操作作用于单个数据行，且产生一个数据行作为输出。大多数函数(例如数学函数和字符串函数)都属于这一类。
- UDAF 接受多个输入数据行，并产生一个输出数据行。像 `COUNT` 和 `MAX` 这样的函数都是聚集函数。
- UDTF 操作作用于单个数据行，且产生多个数据行——一个表——作为输出。

和其他两种类型相比，表生成函数的知名度较低。所以让我们来看一个示例。考虑这样一个表，它只有一列 `x`，包含的是字符串数组。回头看看表的定义和填充方式是很有启发的：

```
CREATE TABLE arrays (x ARRAY<STRING>) ROW
FORMAT   DELIMITED
  FIELDS   TERMINATED  BY '\001'
  COLLECTION ITEMS  TERMINATED  BY '\002';
```

注意，ROW FORMAT 子句指定数组中的项用 Control-B 字符分隔。我们要加载的示例文件内容如下，为了显示方便，用 B^ 表示 Control-B 字符：

```
a^Bb
c^Bd^Be
```

在运行 LOAD DATA 命令以后，下面的查询可以确认数据已正确加载：

```
hive >  SELECT *
FROM arrays; ["a","b"]
["c","d","e"]
```

接下来，我们可以使用 `explode` UDTF 对表进行变换。这个函数为数组中的每一项输出一行。因此，在这里，输出的列 `y` 的数据类型为 `STRING`。其结果 是，表被“平面化”(flattened)成五行：

```
hive > SELECT explode(x) AS y FROM arrays;
a
b
c
d
e
```

带 UDTF 的 SELECT 语句在使用时有一些限制(例如不能检索额外的列表达式)，使实际使用时这些语句的用处并不大。为此，Hive 支持 `LATERAL VIEW` 查询，后者更强大。这里不介绍 `LATERAL VIEW` 查询。相关详情可访问 *http://wiki.apache.org/hadoop/Hive/LanguageManual/LateralView*。

编写 UDF

为了演示编写和使用 UDF 的过程，我们将编写一个简单的剪除字符串尾字符的 UDF。Hive 已经有一个内置的名为 `trim` 的函数，所以我们把自己的函数称为 `strip`。`Strip` Java 类的代码如例 12-2 所示。

例 12-2. 剪除字符串尾字符的 UDF

```
package com.hadoopbook.hive;

import org.apache.commons.lang.StringUtils; import
org.apache.hadoop.hive.ql.exec.UDF; import org.apache.hadoop.io.Text;

public class  Strip  extends UDF {
  private Text result  =  new  Text();

  public  Text evaluate(Text  str) {
    if (str ==  null) {
      return null;
    }
      result.set(StringUtils.strip(str.toString())); return result;
  }
```

```
  public  Text evaluate(Text  str, String stripChars)  {
    if (str ==  null) {
      return null;
    }
    result.set(StringUtils.strip(str.toString(), stripChars));
    return result;
  }
}
```

一个 UDF 必须满足下面两个条件。

1. 一个 UDF 必须是 `org.apache.hadoop.hive.ql.exec.UDF` 的子类。

2. 一个 UDF 必须至少实现 `evaluate()`方法。

`evaluate()`方法不是由接口定义的，因为它可接受的参数的个数、它们的数据类型及其返回值的数据类型都是不确定的。Hive 会检查 UDF，看能否找到和函数调用相匹配的 `evaluate()`方法。

这个 `Strip` 类有两个 `evaluate()`方法。第一个方法去除输入的前导和结束的空白字符；而第二个方法则去除字符串尾出现在指定字符集合中的任何字符。实际的字符处理工作交由 Apache Commons 项目里的 `StringUtils` 类来完成。所以代码中唯一值得一提的是对 Hadoop Writable 库中 `Text` 的使用。Hive 实际支持在 UDF 中使用 Java 的基本类型(以及其他一些像 `java.util.List` 和 `java.util.Map` 这样的类型)。所以，下面这样的函数签名(signature)的效果是一样的：

```
public String evaluate(String str)
```

但是，通过使用 `Text`，我们可以利用对象重用的优势，增效节支。因此一般推荐使用这种方法。

为了在 Hive 中使用 UDF，我们需要把编译后的 Java 类打包(package)成一个 JAR 文件(可以用本书所附代码输入 `ant hive` 来完成)，并在 Hive 中注册这个文件：

```
ADD JAR /path/to/hive-examples.jar;
```

我们还需要为 Java 的类名起一个别名：

```
CREATE TEMPORARY  FUNCTION strip AS  'com.hadoopbook.hive.Strip';
```

这里的 `TEMPORARY` 关键字强调了这样的事实：UDF 只是为这个 Hive 会话过程定义的(它们并没有在 metastore 中持久化存储)。事实上，这意味着你需要在每个脚本或会话的最开始添加 JAR 文件并定义函数。

作为调用 ADD JAR 的另一种方法，还可以在 Hive 启动时指定查找附加 JAR 文件的路径，这个路径会被加入 Hive 的类路径(包括 MapReduce 的类路径)。这种技术对于每次运行 Hive 时自动添加你的 UDF 库是很有用的。

有两种指明路径的办法：在 hive 命令后传递--auxpath 选项：

```
% hive --auxpath /path/to/hive-examples.jar
```

或在运行 Hive 前设置 HIVE_AUX_JARS_PATH 环境变量。附加路径可以是一个用逗号分隔的 JAR 文件路径列表或包含 JAR 文件的目录。

现在 UDF 可以像内置函数一样使用：

```
hive> SELECT strip('bee') FROM  dummy;
bee
hive> SELECT strip('banana', 'ab') FROM  dummy;
nan
```

注意，UDF 名不是大小写敏感的：

```
hive> SELECT STRIP('bee') FROM  dummy;
bee
```

编写 UDAF

聚集函数比普通的 UDF 难写得多，因为值是在块内进行聚集的(这些块可能分布在很多 Map 或 Reduce 任务中)，从而实现时要能够把部分的聚集值组合成最终结果。实现此功能的代码最好用示例来进行解释。所以，让我们来看一个简单的 UDAF 的实现，它用于计算一组整数的最大值(例 12-3)。

例 12-3. 计算一组整数中最大值的 UDAF

```
package com.hadoopbook.hive;

import org.apache.hadoop.hive.ql.exec.UDAF;
import org.apache.hadoop.hive.ql.exec.UDAFEvaluator;
import org.apache.hadoop.io.IntWritable;

public class Maximum  extends UDAF {

  public static class MaximumIntUDAFEvaluator implements UDAFEvaluator {

    private IntWritable result;

    public void init() {
      result =  null;
    }
```

```
  public boolean iterate(IntWritable value) {
    if (value == null) {
      return true;
    }
    if (result ==  null) {
      result = new IntWritable(value.get());
    } else {
      result.set(Math.max(result.get(), value.get()));
    }
      return true;
    }

    public IntWritable terminatePartial()  {
      return result;
    }

    public boolean merge(IntWritable other) {
      return iterate(other);
    }

    public IntWritable terminate {
      return result;
    }
  }
}
```

这个类的结构和 UDF 的稍有不同。UDAF 必须是 `org.apache.hadoop.hive.ql.exec.UDAF`(注意 UDAF 中的“A”)的子类，且包含一个或多个嵌套的、实现了 `org.apache.hadoop.hive.ql.exe` 的静态类。在这个示例中，只有一个嵌套类，`MaximumIntUDAFEvaluator`。但是我们也可以添加更多的计算函数(如 `MaximumLongUDAFEvaluator` 和 `MaximumFloatUDAFEval`)来提供计算长整型、浮点型等类型数最大值的 UDAF 的重载。

一个计算函数必须实现下面这 5 个方法(处理流程如图 12-4 所示)。

init()

: `init()`方法负责初始化计算函数并重设它的内部状态。在 `MaximumIntUDAFEvaluator` 中，我们把存放最终结果的 `IntWritable` 对象设为 `null`。我们使用 `null` 来表示目前还没有对任何值进行聚集计算，这和对空集 `NULL` 计算最大值应有的结果是一致的。

iterate()

: 每次对一个新值进行聚集计算时都会调用 `iterate()`方法。计算函数要根据聚集计算的结果更新其内部状态。`iterate()`接受的参数和 Hive 中被调用函数的参数是对应的。在这个示例中，只有一个参数。方法首先检查参数值是否为 `null`，如果是，则将其忽略。否则，`result` 变量实例就被设为这个参数的整数值(如果这是方法第一次接受输入)，或设为当前值和参数值中的较大值(如果已经接受过一些值)。如果输入值合法，我们就让方法返回 `true`。

terminatePartial()

Hive 需要部分聚集结果时会调用 `terminatePartial()`方法。这个方法必须返回一个封装了聚集计算当前状态的对象。在这里，使用 `IntWritable` 对已知的最大值或在没有值时的空值进行封装即可。

merge()

在 Hive 决定要合并一个部分聚集值和另一个部分聚集值时会调用 `merge()`方法。该方法接受一个对象作为输入。这个对象的类型必须和 `terminatePartial()`方法的返回类型一致。在这个示例里，`merge()`方法可以直接使用 `iterate()`方法，因为部分结果的聚集和原始值的聚集的表达方法是相同的。但一般情况下不能这样做(我们后面会看到更普遍的示例)，这个方法实现的逻辑会合并计算函数和部分聚集的状态。

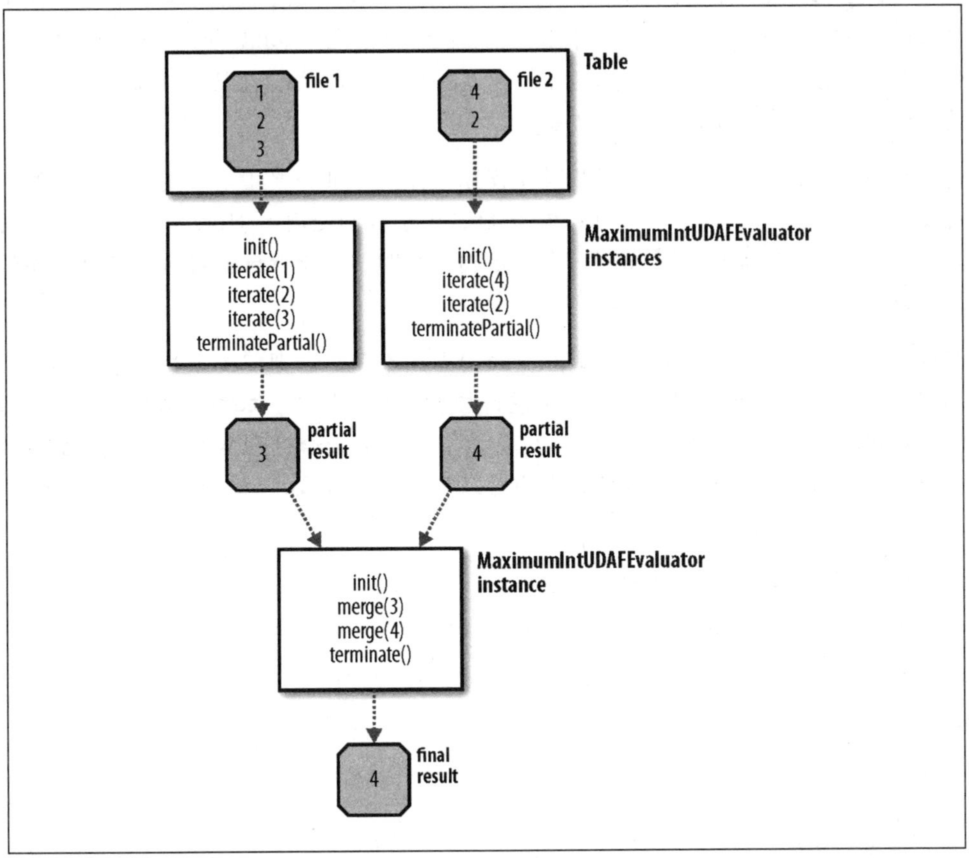

图 12-4. 包含 UDAF 部分结果的数据流

terminate()

Hive 需要最终聚集结果时会调用 terminate()方法。计算函数需要把状态作为一个值返回。在这里，我们返回实例变量 result。

现在让我们来执行这个新写的函数：

```
hive> CREATE TEMPORARY FUNCTION maximum AS 'com.hadoopbook.hive.Maximum';
hive> SELECT maximum(temperature) FROM records;
110
```

一个更复杂的 UDAF

前面的示例有一个特别的现象：部分聚集结果可以使用和最终结果相同的类型(IntWritable)来表示。对于更复杂的聚集函数，情况并非如此。考虑一个计算一组 double 类型值均值的 UDAF，就可以看出这一点。从数学角度来看，要把两个部分的均值合并成最终的均值是不可能的(见第 30 页的“combiner”小节)。作为替代，我们可以用一对数——目前已经处理过的 double 值的和以及目前已经处理过的数的个数——来表示部分聚集结果。

这个思路在 UDAF 中的实现如例 12-4 所示。注意，部分聚集结果用一个嵌套的静态类 struct 实现，类名是 PartialResult，由于我们使用了 Hive 能够处理的字段类型(Java 原子数据类型)，所以 Hive 足够“聪明”，能够自己对这个类进行序列化和反序列化。

在这个示例中，merge()方法和 iterate()方法不同。它把“部分和”(partial sum)和“部分计数值”(partial count)分别进行加法合并。此外，terminatePartial()的返回类型为 PartialResult——这个类型当然不会给调用函数的用户看到——terminate()的返回类型则是最终用户可以看到的 DoubleWritable。

例 12-4. 计算一组 double 值均值的 UDAF

```
package com.hadoopbook.hive;

import org.apache.hadoop.hive.ql.exec.UDAF;
import org.apache.hadoop.hive.ql.exec.UDAFEvaluator;
import org.apache.hadoop.hive.serde2.io.DoubleWritable;

public class Mean extends UDAF {

  public static class MeanDoubleUDAFEvaluator implements UDAFEvaluator {
    public static class PartialResult {
      double sum;
      long count;
    }

    private PartialResult partial;
```

```
    public void init() {
      partial = null;
    }

    public boolean iterate(DoubleWritable value) {
      if (value == null) {
        return true;
      }
      if (partial == null) {
        partial = new PartialResult();
      }
      partial.sum += value.get();
      partial.count++;
      return true;
    }

    public PartialResult terminatePartial() {
      return partial;
    }

    public boolean merge(PartialResult other) {
      if (other == null) {
        return true;
      }
      if (partial == null) {
        partial = new PartialResult();
      }
      partial.sum += other.sum;
      partial.count += other.count;
      return true;
    }

    public DoubleWritable terminate() {
      if (partial == null) {
        return null;
      }
      return new DoubleWritable(partial.sum / partial.count);
    }
  }
}
```

第 13 章

HBase

(作者：Jonathan Gray 和 Michael Stack)

HBase 基础

HBase 是一个在 HDFS 上开发的面向列的分布式数据库。如果需要实时地随机读/写超大规模数据集，就可以使用 HBase 这一 Hadoop 应用。

虽然数据库存储和检索的实现可以选择很多不同的策略，但是绝大多数解决办法——特别是关系数据库技术的变种——不是为大规模可伸缩的分布式处理设计的。很多厂商提供了复制(replication)和分区(partitioning)解决方案，让数据库能够从单个节点上扩展出去，但是这些附加的技术大都属于"事后"的解决办法，而且非常难以安装和维护。而且这些解决办法常常要牺牲一些重要的 RDBMS 特性。在一个"扩展的"RDBMS 上，连接、复杂查询、触发器、视图以及外键约束这些功能要么运行开销大，要么根本无法用。

HBase 从另一个方向来解决可伸缩性的问题。它自底向上地进行构建，能够简单地通过增加节点来达到线性扩展。HBase 并不是关系型数据库，它不支持 SQL。但在特定的问题空间里，它能够做 RDBMS 不能做的事：在廉价硬件构成的集群上管理超大规模的稀疏表。

HBase 的一个典型应用是 webtable，一个以网页 URL 为主键的表，其中包含爬取的页面和页面的属性(例如语言和 MIME 类型)。webtable 非常大，行数可以达十亿级(billion)。在 webtable 上连续、批处理地运行用于分析和解析的 MapReduce 作业，从而获取相关的统计信息，增加验证的 MIME 类型列，供搜索引擎进行索引的解析后的文本内容。与此同时，"爬取器"(crawler)随机地以不同速度访问表中的不同行，更新它们的内容；在用户点击访问网站的缓存页面时，这些随机访问的页面实时提供给他们使用。

背景

HBase 项目是由 Powerset 公司的 Chad Walters 和 Jim Kelleman 在 2006 年末发起的。当时，它是根据 Google 的 Chang 等人刚发表的论文“Bigtable: A Distributed Storage System for Structured Data”(*http://labs.google.com/papers/bigtable.html*)来设计的。2007 年 2 月，Mike Cafarella 提供代码，形成了一个基本可以用的系统，然后 Jim Kellerman 接手继续推进项目。

HBase 的第一个发布版本是在 2007 年 10 月和 Hadoop 0.15.0 捆绑在一起发布的。2010 年 5 月，HBase 从 Hadoop 子项目升级成 Apache 顶层项目。HBase 的产品用户包括 Adobe，StumbleUpon，Twitter 以及 Yahoo 的一些小组。

概念

在这小节中，我们只对 HBase 的核心概念进行快速、简单的介绍。掌握这些概念至少有助于消化后续内容。[1]

数据模型的“旋风之旅”

应用把数据存放在带标签的表中。表由行和列组成。表格“单元格”(cell)——由行和列的坐标交叉决定——是有版本的。默认情况下，版本号自动分配，是 HBase 插入单元格时的时间戳。单元格的内容是未解释的字节数组。

表中行的键也是字节数组。所以理论上，任何东西都可以表示成二进制形式，然后转化为长整型的字符串或直接对数据结构进行序列化，来作为键值。表中的行根据行的键值(也就是表的主键)进行排序。排序根据字节序进行。所有对表的访问都要通过表的主键。[2]

行中的列分成“列族”(column family)。所有的列族成员有相同的前缀。因此，像列 *temperature:air* 和 *temperature:dew_point* 都是列族 *temperature* 的成员，而 *station:identifier* 则属于 *station* 族。[3]列族的前缀必须由“可打印的”(printable)字符组成。而修饰性的结尾字符，即列族修饰符，可以为任意字节。

① 更多详情，可以参考 Hbase wik 的 HBase Architecture(HBase 体系结构)的页面网址为(*http://wiki.apache.org/hadoop/Hbase/HbaseArchitecture*。

② 在本书写作时，github 上至少有两个项目已经在 HBase 上增加了二级索引(secondary index)。

③ HBase 中，为了方便，使用冒号(:)来分隔列族和列族修饰符(qualifier)。这是写在 HBase 代码里的，不能修改。

一个表的列族必须作为表模式定义的一部分预先给出。但是新的列族成员可以随后按需要加入。例如，只要目标表中已经有了列族 *station*，那么客户端就在更新时提供新的列 *station:address*，并存储它的值。

物理上，所有的列族成员都一起存放在文件系统中。所以，虽然我们前面把 HBase 描述为一个面向列的存储器，但更准确的说法实际上是它是一个面向列族的存储器。由于调优和存储都是在列族这个层次上进行的，所以最好使所有列族成员都有相同的“访问模式”(access pattern)和大小特征。简而言之，HBase 表和 RDBMS 中的表类似，单元格有版本，行是排序的，而只要列族预先存在，客户端随时可以把列添加到列族中去。

区域

HBase 自动把表水平划分成“区域”(region)。每个区域由表中行的子集构成。每个区域由它所属于的表、它所包含的第一行及其最后一行(不包括这行)来表示。一开始，一个表只有一个区域。但是随着区域开始变大，等到它超出设定的大小阈值，便会在某行的边界上把表分成两个大小基本相同的新分区。在第一次划分之前，所有加载的数据都放在原始区域所在的那台服务器上。随着表变大，区域的个数也会增加。区域是在 HBase 集群分布数据的最小单位。用这种方式，一个因为太大而无法放在单台服务器上的表会被放到服务器集群上，其中每个节点都负责管理表所有区域的一个子集。表的加载也是使用这种方法把数据分布到各个节点去的。在线的所有区域按次序排列就构成了表的所有内容。

加锁

无论对行进行访问的事务牵涉多少列，对行的更新都是“原子的”(atomic)。这使得“加锁模型”(locking model)能够保持简单。

实现

正如 HDFS 和 MapReduce 由客户端、从属机(slave)和协调主控机(master)——(即 HDFS 的 namenode 和 datanode，以及 MapReduce 的 jobtracker 和 tasktracker)——组成，HBase 也采用相同的模型，它用一个 Master 节点协调管理一个或多个 Regionserver 从属机(见图 13-1)。HBase 主控机(master)负责启动(bootstrap)和全新的安装、把区域分配给注册的 Regionserver，恢复 Regionserver 的故障。Master 的负载很轻。Regionserver 负责零个或多个区域的管理以及响应客户端的读写请求。Regionserver 还负责区域的划分，并通知 HBase Master 有了新的子区域(daughter region)，这样主控机就可以把父区域设为离线，并用子区域替换父区域。

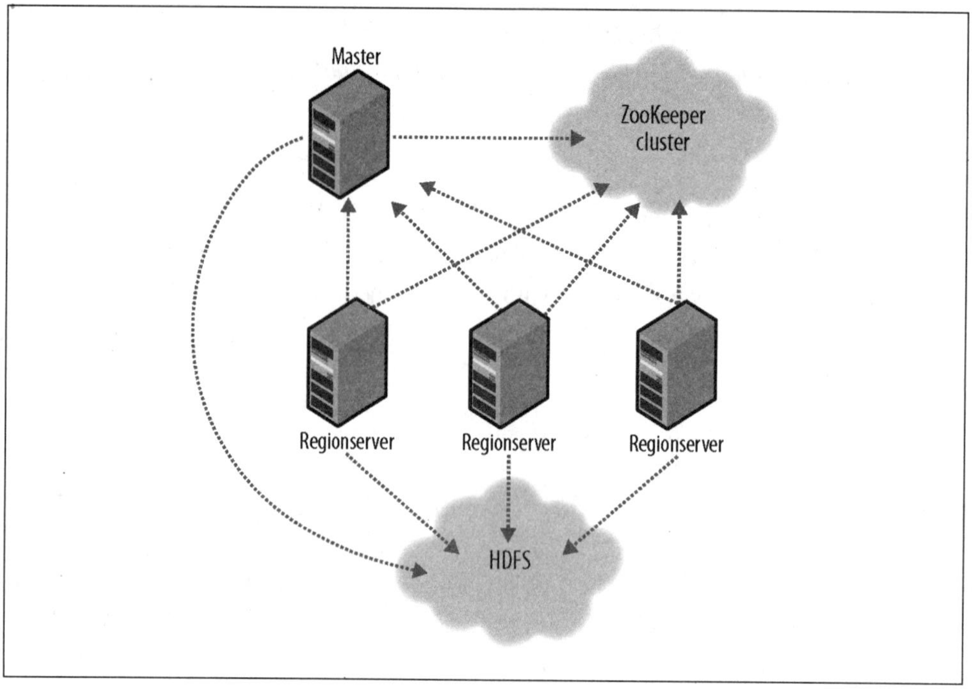

图 13-1. HBase 集群的成员

HBase 依赖于 ZooKeeper。默认情况下，它管理一个 ZooKeeper 实例，作为集群的"权威"(authority)。HBase 负责根目录表(root catalog table)的位置、当前集群主控机地址类似重要信息的管理。如果区域的分配过程中有服务器崩溃，就通过 ZooKeeper 来协调分配。在 ZooKeeper 上管理分配事务的状态有助于在恢复时可以从崩溃服务器遗留的状态开始继续分配。在启动一个客户端到 HBase 集群的连接时，客户端必须至少拿到到集群所传递的 ZooKeeper 整体(ensemble)的位置。这样，客户端才能访问 ZooKeeper 层次，了解集群的属性，如服务器的位置。[①]

类似于在 Hadoop 中可以通过 *conf/slaves* 文件查看 datanode 和 tasktracker，Regionserver 从属机节点列在 HBase 的 *conf/regionservers* 文件中。启动和结束服务的脚本也使用 Hadoop 一样基于 SSH 的远程命令机制来运行。集群的站点配置(site-specific configuration)在 HBase 的 `conf/hbase-site.xml` 和 `conf/hbase-env.sh` 文件中。它们的格式和 Hadoop 项目中对应的格式相同(参见第 9 章)。

① HBase 也可以配置为使用已有的 ZooKeeper 集群。

对于 HBase 和 Hadoop 上相同的服务或类型，HBase 实际上直接使用或继承 Hadoop 的实现。在无法直接使用或继承时，HBase 会尽量遵循 Hadoop 的模型。例如，HBase 使用 Hadoop Configuration 系统，所以它们的配置文件格式相同。对于作为用户的你来说，这意味着你使用 HBase 时感觉就像使用 Hadoop 一样“亲切”。HBase 只是在增加特殊功能时才不遵循这一规则。

HBase 通过 Hadoop 文件系统 API 来持久化存储数据。有多种文件系统接口的实现——一种是本地文件系统接口，一种是 KFS 文件系统、Amazon S3 以及 HDFS(Hadoop Distributed Filesystem，Hadoop 分布式文件系统)的接口——HBase 可以使用其中任何一种。我们介绍的都是针对 HDFS 的内容，除非另外说明，但在默认情况下，HBase 写的都是本地文件系统。如果是体验一下新装 HBase，这是没有问题的，但如果稍后要使用 HBase 集群，首要任务通常是把 HBase 的存储配置为指向 HDFS 集群。

运行中的 HBase

HBase 内部保留名为-ROOT-和.META.的特殊目录表(catalog table)。它们维护着当前集群上所有区域的列表、状态和位置。-ROOT-表包含.META.表的区域列表。.META.表包含所有用户空间区域(user-space region)的列表。表中的项使用区域名作为键。区域名由所属的表名、区域的起始行、区域的创建时间以及对其整体进行的 MD5 哈希值(即对表名、起始行、创建的时间戳进行哈希后的结果)组成。① 如前所述，表的键是排序的。因此，要查找一个特定行所在的区域只要在目录表中找到第一个键大于或等于给定行键的可。区域变化时——即分裂、禁用/启用(disable/enable)、删除、为负载均衡重新部署区域或由于 Regionserver 崩溃而重新部署区域时——目录表会进行相应的更新。这样，集群上所有区域的状态信息就能保持是最新的。

新连接到 ZooKeeper 集群上的客户端首先查找-ROOT-的位置。然后客户端通过-ROOT-获取所请求行所在范围所属.META.区域的位置。客户端接着查找.META.区域来获取用户空间区域所在节点及其位置。接着，客户端就可以直接和管理那个区域的 Regionserver 进行交互。

每个行操作可能要访问三次远程节点。为了节省这些代价，客户端会缓存它们遍历-ROOT-时获取的信息和.META.位置以及用户空间区域的开始行和结束行。

① 例如，表 TestTable 中起始行为 xyz 的区域名称为：TestTable,xyz,1279729913622.1b6e176fb8d8aa88fd4ab6bc80247ece.。在表名、起始行、时间戳中间使用逗号分隔，而表名总是以句号(点)结束。

这样，它们以后不需要访问`.META.`表也能得知区域存放的位置。客户端在碰到错误之前会一直使用所缓存的项。当发生错误时——即区域被移动了——客户端会再去查看`.META.`获取区域的新位置。如果`.META.`区域也被移动了，客户端会再去查看`-ROOT-`。

到达 Regionserver 的写操作首先追加到“提交日志”(commit log)，然后加入内存中的 memstore。如果 memstore 满，它的内容会被“刷入”(flush)文件系统。

提交日志存放在 HDFS 中，因此即使一个 Regionserver 崩溃，提交日志仍然可用。如果发现一个 Regionserver 不能访问——通常因为服务器的 znode 在 ZooKeeper 中过期了——主控机会根据区域对死掉的 Regionserver 的提交日志进行分割。在重新分配后，在打开并使用死掉的 Regionserver 上的区域之前，这些区域会找到刚分割得到的文件，其中包括还没有持久化存储的更新。这些更新会被“重做”(replay)使区域恢复到服务器失败前夕的状态。

在读的时候首先查看区域的 memstore。如果在 memstore 中找到了需要的版本，直接返回即可。否则，需要按照次序从新到旧检查“刷新文件”(flush file)，直到找到满足查询的版本，或所有刷新文件都处理完为止。

有一个后台进程负责在刷新文件个数到达一个阈值时压缩它们。它把多个文件重新写入一个文件，因为读操作检查的文件越少，它的执行效率越高。在压缩时，超出模式所设最大值的版本以及被删除或过期的单元格会被清理掉。在 Regionserver 上，另外有一个独立的进程监控着刷新文件的大小，一旦文件大小超出预先设定的最大值，便会对区域进行分割。

安装

挑选一个 Apache Download Mirror(Apache 下载镜像，网址为 *http://www.apache.org/dyn/closer.cgi/hbose*)，下载一个 HBase 的稳定发布版本，然后在本地文件系统解压。示例如下：

```
% tar xzf hbase-x.y.z.tar.gz
```

和用 Hadoop 一样，首先需要告诉 HBase 系统中的 Java 在哪里。如果设置了 `JAVA_HOME` 环境变量，把它指向了正确的 Java 安装，HBase 则会使用那个 Java 安装。这样便不需要进行其他配置。否则，可以通过编辑 HBase 的 *conf/hbase-env.sh*，把 `JAVA_HOME` 变量指向 Java 1.6.0 版本(参见附录 A 的示例)，从而设置 HBase 所使用的 Java 安装。

> 和 Hadoop 一样，HBase 需要使用 Java 6。

为了方便，把 HBase 的二进制文件目录加入命令行路径中。示例如下：

```
% export HBASE_HOME=/home/hbase/hbase-x.y.z
% export PATH=$PATH:$HBASE_HOME/bin
```

要获取 HBase 的选项列表，输入以下命令：

```
% hbase
Usage: hbase <command>
where <command> is one of:

  shell            run the HBase shell
  master           run an HBase HMaster node
  regionserver     run an HBase HRegionServer node
  zookeeper        run a Zookeeper server
  rest             run an HBase REST server
  thrift           run an HBase Thrift server
  avro             run an HBase Avro server
  migrate          upgrade an hbase.rootdir
  hbck             run the hbase 'fsck' tool

 or
  CLASSNAME        run the class named CLASSNAME
Most commands print help when invoked w/o parameters.
```

测试驱动

要启动一个使用本地文件系统/*tmp* 目录作为持久化存储的 HBase 临时实例，键入以下命令：

```
% start-hbase.sh
```

这会启动一个独立(standalone)的 HBase 实例。它使用本地文件系统作为持久化存储。默认情况下，HBase 会使用/*tmp/hbase-$USERID*。①

要管理 HBase 实例，键入以下命令启动 HBase 外壳环境(shell)即可：

```
% hbase shell
HBase Shell; enter 'help<RETURN>' for list of supported commands.
Type "exit<RETURN>" to leave the HBase Shell
Version: 0.89.0-SNAPSHOT, ra4ea1a9a7b074a2e5b7b24f761302d4ea28ed1b2, Sun Jul 18
15:01:50 PDT 2010 hbase(main):001:0>
```

这将启动一个加入一些 HBase 特有命令的 Jruby IRB 解释器。输入 `help` 然后按 `RETURN` 键可以查看已分组的外壳环境的命令列表。输入 `help COMMAND_GROUP` 可以查看某一类命令的帮助，而输入 `help COMMAND` 则能获得某个特定命令的帮助信息和用法示例。命令使用 Ruby 的格式来指定列表和目录。主帮助屏幕的最后包含一个快速教程。

现在，让我们创建一个简单的表，添加一些数据，再把表清空。

要新建一个表，必须对你的表命名，并定义其模式。一个表的模式包含表的属性和一个列族的列表。列族本身也有属性。可以在定义模式时依次定义它们。列族的属

① 在独立模式(standalone mode)下，HBase 主控机、Regionserver 和 ZooKeeper 实例都运行在同一个 JVM 中。

性示例包括列族是否应该在文件系统中压缩存储，一个单元格要保存多少个版本等。模式可以修改，需要时把表设为“离线”(offline)即可。外壳环境中使用 `disable` 命令可以把表设为离线，使用 `alter` 命令可以进行必要的修改，而 `enable` 命令则可以把表重新设为“在线”(online)。

要想新建一个名为 test 的表，使其只包含一个名为 data 的列，表和列族属性都为默认值，则键入以下命令：

```
hbase(main):007:0> create 'test', 'data'
0 row(s) in 1.3066 seconds
```

> 如果前面有命令没有成功完成，那么外壳环境会提示错误并显示堆栈跟踪 (stack trace) 信息。这时你的安装肯定没有成功。请检查 HBase 日志目录中的主控机日志，查看哪里出了问题。默认的日志目录是 *${HBASEHOME}/logs*。

关于如何在定义模式时添加表和列族的属性的示例，可参见 `help` 命令的输出。为了验证新表是否创建成功，运行 `list` 命令。这会输出用户空间中的所有表：

```
hbase(main):019:0> list
test
1 row(s) in 0.1485 seconds
```

要插入在列族 *data* 上不同行和列的三项数据，并列出表的内容，输入如下：

```
hbase(main):021:0> put 'test', 'row1', 'data:1', 'value1'
0 row(s) in 0.0454 seconds
hbase(main):022:0> put 'test', 'row2', 'data:2', 'value2'
0 row(s) in 0.0035 seconds
hbase(main):023:0> put 'test', 'row3', 'data:3'’, 'value3'
0 row(s) in 0.0090 seconds
hbase(main):024:0> scan 'test'
ROW      COLUMN+CELL
  row1   column=data:1, timestamp=1240148026198, value=value1
  row2   column=data:2, timestamp=1240148040035, value=value2
  row3   column=data:3, timestamp=1240148047497, value=value3
3 row(s) in 0.0825 seconds
```

请注意我们是如何做到在添加三个新列的时候不修改模式的。

要移除这个表，必须在丢弃它前，首先把它设为禁用：

```
hbase(main):025:0> disable 'test'
09/04/19 06:40:13 INFO client.HBaseAdmin: Disabled test
0 row(s) in 6.0426 seconds
hbase(main):026:0> drop 'test'
09/04/19 06:40:17 INFO client.HBaseAdmin: Deleted test
0 row(s) in 0.0210 seconds
hbase(main):027:0> list
0 row(s) in 2.0645 seconds
```

通过运行以下命令来关闭 HBase 实例：

```
% stop-hbase.sh
```

要了解如何设置分布式的 HBase，把它指向一个运行中的 HDFS，查看 HBase 文档中的 Getting Started 小节，网址为 *http://hadoop.apache.org/hbase/docs/current/api/overview-summany.html# overview_description*。

客户端

和 HBase 集群进行交互，有很多种不同的客户端可供选择。

Java

HBase 和 Hadoop 一样，都是用 Java 开发的。例 13-1 展示了应该如何在 Java 中实现第 417 页“测试驱动”小节中列出的外壳环境操作。

例 13-1. 基本的表管理和访问

```
public class ExampleClient {
  public static void main(String[] args) throws IOException {
    Configuration config = HBaseConfiguration.create();

    // Create table
    HBaseAdmin admin = new HBaseAdmin(config);
    HTableDescriptor htd = new HTableDescriptor("test");
    HColumnDescriptor hcd = new HColumnDescriptor("data");
    htd.addFamily(hcd);
    admin.createTable(htd);
    byte [] tablename = htd.getName();
    HTableDescriptor [] tables = admin.listTables();
    if (tables.length != 1 && Bytes.equals(tablename, tables[0].getName())) {
      throw new IOException("Failed create of table");
    }

    // Run some operations --a put, a get, and a scan --against the table.
    HTable table = new HTable(config, tablename);
    byte [] row1 = Bytes.toBytes("row1");
    Put p1 = new Put(row1);
    byte [] databytes = Bytes.toBytes(” data” );
    p1.add(databytes, Bytes.toBytes("1"), Bytes.toBytes("value1"));
    table.put(p1);
    Get g = new Get(row1);
    Result result = table.get(g);
    System.out.println("Get: " + result);
    Scan scan = new Scan();
    ResultScanner scanner = table.getScanner(scan);
    try {
      for (Result scannerResult: scanner) {
```

```
        System.out.println(" Scan: " + scannerResult);
      }
    } finally {
      scanner.close();
    }

    // Drop the table
    admin.disableTable(tablename);
    admin.deleteTable(tablename);

  }
}
```

这个类只有一个主方法。为了简洁，我们没有给出导入包的信息。在这个类中，我们首先创建一个 org.apache.hadoop.conf.Configuration 实例。我们让 org.apache.hadoop.hbase.HBaseConfiguration 类来创建这个实例。这个类会返回一个读入了程序 classpath 下 hbase-site.xml 和 hbase-default.xml 文件中 HBase 配置信息的 Configuration。这个 Configuration 接下来会被用于创建 HBaseAdmin 和 HTable 实例。HBaseAdmin 和 HTable 这两个类在 Java 的 org.apache.hadoop.hbase.client 包中。HBaseAdmin 用于管理 HBase 集群，添加和丢弃表。HTable 则用于访问指定的表。Configuration 实例指向了执行这些代码的集群上的这些类。

要创建一个表，我们需要首先创建一个 HBaseAdmin 的实例，然后让它来创建名为 test、只有一个列族 data 的表。在我们的示例中，表的模式是默认的。可以是用 org.apache.hadoop.hbase.HTableDescripttor 和 org.apache.hadoop.hbase.HColumnDescriptor 中的方法来修改表的模式。接下来的代码测试了表是否真的创建了。接着，程序对新建的表进行操作。

要对一个表进行操作，我们需要新建一个 org.apache.hadoop.hbase.client.HTable 的实例，并把我们的 Configuration 实例和我们要操作的表的名称传递给它。在新建 HTable 以后，我们新建一个 org.apache.hadoop.hbase.client 的实例。我们使用 Put 把单个的单元格值 value1 放入名为 row1 的行的名为 data:1 的列上。列名通过两部分指定；列族名是字节类型的——在前面代码中是 databytes——而接着列族修饰词用 Bytes.toBytes(“1”)。接着，我们新建一个 org.apache.hadoop.hbase.client.Get 来获取刚添加的单元格。然后，再使用一个 org.apache.hadoop.hbase.client.Scan 来扫描新建的表，并打印扫描结果。

最后，我们首先禁用表，接着删除它。这样一来，便把表清空了。在丢弃表前必须先禁用它。

MapReduce

org.apache.hadoop.hbase.mapreduce 包中的类和工具有利于将 HBase 作为 MapReduce 作业的源/输出。TableInputFormat 类可以在区域的边界进行分割，

使 map 能够拿到单个的区域进行处理。`TAbleOutputFormat` 将把 reduce 的结果写入 HBase。例 13-2 中的 `RowCounter` 类可以在 HBase 的 `mapreduce` 包中找到。它用 `TableInputFormat` 来运行一个 map 任务，以计算行数。

例 13-2. 一个计算 HBase 表中行数的 MapReduce 应用程序

```
public class RowCounter {
  /** Name of this 'program'. */
  static final String NAME = "rowcounter";

  static class RowCounterMapper
  extends TableMapper<ImmutableBytesWritable, Result> {
    /** Counter enumeration to count the actual rows. */
    public static enum Counters {ROWS}

    @Override
    public void map(ImmutableBytesWritable row, Result values,
      Context context)
    throws IOException {
      for (KeyValue value: values.list()) {
        if (value.getValue().length > 0) {
          context.getCounter(Counters.ROWS).increment(1);
          break;
        }
      }
    }
  }

  public static Job createSubmittableJob(Configuration conf, String[] args)
  throws IOException {
    String tableName = args[0];
    Job job = new Job(conf, NAME " _"  + tableName);
    job.setJarByClass(RowCounter.class);
    // Columns are space delimited
    StringBuilder sb = new StringBuilder();
    final int columnoffset = 1;
    for (int i = columnoffset; i < args.length; i++) {
      if (i > columnoffset) {
        sb.append(”  ” );
      }
      sb.append(args[i]);
    }
    Scan scan = new Scan();
    scan.setFilter(new FirstKeyOnlyFilter());
    if (sb.length() > 0) {
      for (String columnName :sb.toString().split(”  ” )) {
        String [] fields = columnName.split(” :”);
        if(fields.length == 1) {
          scan.addFamily(Bytes.toBytes(fields[0]));
        } else {
          scan.addColumn(Bytes.toBytes(fields[0]), Bytes.toBytes(fields[1]));
        }
      }
    }
    // Second argument is the table name.
    job.setOutputFormatClass(NullOutputFormat.class);
    TableMapReduceUtil.initTableMapperJob(tableName, scan,
      RowCounterMapper.class, ImmutableBytesWritable.class, Result.class, job);
```

```
    job.setNumReduceTasks(0);
    return job;
  }

  public static void main(String[] args) throws Exception {

    Configuration conf = HBaseConfiguration.create();
    String[] otherArgs = new GenericOptionsParser(conf, args).getRemainingArgs();
    if (otherArgs.length < 1) {
      System.err.println(" ERROR: Wrong number of parameters: " + args.length);
      System.err.println(" Usage: RowCounter <tablename> [<column1> <column2>...]" );
      System.exit(-1);
    }
    Job job = createSubmittableJob(conf, otherArgs);
    System.exit(job.waitForCompletion(true) ? 0 : 1);
  }
}
```

这个类使用了第 135 页“辅助类 GenericOptionParser，Tool 和 ToolRunner”小节介绍的 `GenericOptionParser`，用于解析命令行参数。内部类 `RowCounterMapper` 实现了 HBase 的 `TableMapper` 抽象。后者是 `org.apache.hadoop.mapreduce.Mapper` 的“特化”(specialization)。它设定 map 的输入类型由 `TableInputFormat` 来传递。`createSubmittableJob()`方法对添加到配置的参数进行解析。配置由命令行传递，指出我们要运行 `RowCounter` 的表和列。解析结果用于配置 `org.apache.hadoop.hbase.client.Scan` 的实例。这是一个扫描用的对象。它将被传递给 `TableInputFormat`，并用于限制 `Mapper` 所能看到的信息。注意这里是如何设置扫描的过滤器（即 `org.apache.hadoop.hbase.filter.FirstKeyOnlyFilter` 的实例)的。这个过滤器告诉服务器，让它在运行服务器端任务时只需要验证一行是否有数据项。这样可以加快行计数的速度。`createSubmittableJob()`方法为了设置所使用的 map 类、设定输入格式为 `TableInputFormat`，还调用了 `TableMapReduceUtil.initTableMapJob()`这一工具方法(utility method)。map 很简单。它只测试行为否是空。如果为空，就不对行进行计数。否则，使 `Coun-ters.ROWS` 增 1。

Avro、REST 和 Thrift

HBase 提供了 Avro，REST 和 Thrift 接口。在使用 Java 以外的编程语言和 HBase 交互时，会用到这些接口。在所有情况下，Java 服务器上都运行着一个 HBase 客户端实例。它负责协调 Avro、REST 和 Thrift 请求和 HBase 集群间的双向交互。由于需要代理这些请求和响应工作，因此使用这些接口比直接使用 Java 客户端更慢。

REST

如果要启动一个 *stargate* 实例(stargate 是 HBaseREST 服务的名称)，可以运行下面的命令：

```
% hbase-daemon.sh start rest
```

这将启动一个服务器实例，默认情况下使用端口号 8080，在后台运行，并捕捉 HBase *logs* 目录下日志文件中服务器的任何动静。

客户端可以要求响应以 JSON 格式、Google 的 protobuf 格式或 XML 格式输出。采用哪种格式取决于客户端的 HTTP *Accept* 头的设置：

```
% hbase-daemon.sh stop rest
```

如何进行 REST 客户端请求的文档和示例见 REST wiki 页面，网址为 *http://wiki.apache.org/hadoop/Hbase/stargate*。

Thrift

同样，可以运行以下命令启动运行 Thrift 客户端的服务器，从而启动 Thrift 服务：

```
% hbase-daemon.sh start thrift
```

这将启动一个在后台运行的服务器实例，默认端口号为 9090，捕捉 HBase *logs* 目录下日志文件中的服务器的任何动静。HBase Thrift 文档①记录了用于生成类的 Thrift 版本。HBase Thrift IDL 可以在 HBase 源代码的 *src/main/resources/org/apache/hadoop/hbase/thrift/Hbase.thift* 中找到。

要终止 Thrift 服务器，键入以下命令即可：

```
% hbase-daemon.sh stop thrift
```

Avro

Avro 服务器的启动和终止与启动和终止 Thrift 或 REST 服务方式相同。Avro 服务器在默认情况下使用端口号 9090。

示例

虽然 HDFS 和 MapReduce 是用于对大数据集进行批处理的强大工具，但对于读或写单独的记录，效率却很低。在这个示例中，我们将看到如何用 HBase 来填补它们之间的鸿沟。

① *http://hbase.apache.org/docs/current/api/org/apache/hadoop/hbase/thrift/package-summary.html*。

前面几章描述的气象数据集包含过去 100 多年上万个气象站的观测数据。这个数据集还在继续增长，它的大小几乎是无限的。在这个示例中，我们将构建一个 Web 界面来让用户查看不同观测站的数据。这些数据按照时间顺序分页显示。为此，让我们假设数据集非常大，观测数据达到上亿条记录，且气温更新数据到达的速度很快——比如从全球观测站收到超过每秒 10 万次更新。不仅如此，我们还假设这个 Web 应用必须能够满足及时(most up-to-date)观测数据显示，即在收到数据后大约 1 秒就能显示结果。

对数据集的第一个要求使我们排除了使用 RDBMS 实例，而可能选择 HBase。对于查询延时的第二个要求排除了直接使用 HDFS。MapReduce 作业可以用于建立索引以支持对观测数据进行随机访问，但 HDFS 和 MapReduce 并不擅长在有更新到达时维护索引。

模式

在我们的示例中，有两个表。

Stations

> 这个表包含观测站数据。行的键是 `stationid`。这个表还有一个列族 `info` 它能作为键/值字典支持对观测站信息的查找。字典的键就是列名 `info:name`，`info.location` 以及 `info:description`。表是静态的。在这里，列族 *info* 的设计类似于 RDBMS 中表的设计。

Observations

> 这个表存放气温观测数据。行的键是 `stationid` 和逆序时间戳构成的组合键。这个表有一个列族 `data`，它包含一列 `airtemp`，其值为观测到的气温值。

我们对模式的选择取决于我们希望以多高的效率来读取 HBase。行和列以字典序升序保存。虽然有二级索引和正则表达式匹配工具，但这些工具的性能仍然较低。所以，清楚地认识到自己为最有效地存储和读取数据而希望以多高的效率来查询数据，非常关键，

在 `stations` 表中，显然选择 `stationid` 作为键，因为我们总是根据特定站点的 id 来访问观测站的信息。但 `obserbations` 表使用的是一个组合键(把观测的时间戳加在键之后)。这样，同一个观测站的观测数据就会被分组放到一起，使用逆序时间戳(`Long.MAX_VALUE-epoch`)的二进制存储，系统把每个观测站观测数据中最新的数据存储在最前面。

在外壳环境中，可以用以下方法来定义表：

```
hbase(main):036:0> create 'stations', {NAME => 'info', VERSIONS => 1}
0 row(s) in 0.1304 seconds
hbase(main):037:0> create 'observations', {NAME => 'data', VERSIONS => 1}
0 row(s) in 0.1332 seconds
```

在两个表中，我们都只对表单元格的最新版本感兴趣，所以 VERSIONS 设为 1。这个参数的默认值是 3。

加载数据

观测站的数量相对较少，所以我们可以使用任何一种接口来插入这些观测站的静态数据。

但是，假设我们要加载数十亿条观测数据。这种数据导入是一个极为复杂的过程，是一个需要长时间运行的数据库操作。MapReduce 和 HBase 的分布式模型让我们可以充分利用集群。通过把原始输入数据复制到 HDFS，接着运行 MapReduce 作业，我们就能读到输入数据并将其写入 HBase。

例 13-3 展示了一个 MapReduce 作业，它将观测数据从前几章所用的输入文件导入 HBase。

例 13-3. 从 HDFS 向 HBase 表导入气温数据的 MapReduce 应用

```
public class HBaseTemperatureImporter extends Configured implements Tool {

  // Inner-class for map
  static class HBaseTemperatureMapper<K, V> extends MapReduceBase implements
      Mapper<LongWritable, Text, K, V> {
    private NcdcRecordParser parser = new NcdcRecordParser();
    private HTable table;

    public void map(LongWritable key, Text value,
      OutputCollector<K, V> output, Reporter reporter)
    throws IOException {
      parser.parse(value.toString());
      if (parser.isValidTemperature()) {
        byte[] rowKey = RowKeyConverter.makeObservationRowKey(parser.getStationId(),
          parser.getObservationDate().getTime());
        Put p = new Put(rowKey);
        p.add(HBaseTemperatureCli.DATA_COLUMNFAMILY,
          HBaseTemperatureCli.AIRTEMP_QUALIFIER,
          Bytes.toBytes(parser.getAirTemperature()));
        table.put(p);
      }
    }

    public void configure(JobConf jc) {
      super.configure(jc);
      // Create the HBase table client once up-front and keep it around
      // rather than create on each map invocation.
```

```
    try {
      this.table = new HTable(new HBaseConfiguration(jc), " observations" );
    } catch (IOException e) {
      throw new RuntimeException(" Failed HTable construction" , e);
      }
    }

    @Override
    public void close() throws IOException {
      super.close();
      table.close();
    }
  }

  public int run(String[] args) throws IOException {

    if (args.length != 1) {
      System.err.println(" Usage: HBaseTemperatureImporter <input>" );
      return -1;

    }
    JobConf jc = new JobConf(getConf(), getClass());
    FileInputFormat.addInputPath(jc, new Path(args[0]));
    jc.setMapperClass(HBaseTemperatureMapper.class);
    jc.setNumReduceTasks(0);
    jc.setOutputFormat(NullOutputFormat.class);
    JobClient.runJob(jc);
    return 0;

  }

  public static void main(String[] args) throws Exception {
    int exitCode = ToolRunner.run(new HBaseConfiguration(),
        new HBaseTemperatureImporter(), args);
    System.exit(exitCode);
  }
}
```

HBaseTemperatureImporter 有一个名为 HbaseTemperatureMapper 的内部类，它类似于第 5 章的 MaxTemperatureMaper 类。外部类实现了 Tool，并对调用 HBaseTemperatureMapper 内部类进行设置。HBaseTemperatureMapper 和 MaxTemperatureMapper 的输入相同，所进行的解析方法—都使用第 5 章所介绍的 NcdcRecordParser 来进行——也相同。解析时会检查输入是否为有效的气温。但是不同于在 MaxTemperatureMapper 中仅把有效气温加输出集合中，这个类把有效的气温值添加到 HBase 的 observations 表的 *data:airtemp* 列。(我们使用了从 HBase 的 TemperatureCli 类中导出的 data 和 airtemp 静态定义。后面对此会有介绍。)在 configure()方法中，我们对 observations 表新建了一个 HTable 实例。在后面调用 map 和 HBase 进行交互时会用到它。最后，在 HTable 实例中调用 close 把所有尚未清空的写缓存中的数据刷入磁盘。

行的键是在 RowKeyConverter 上的 makeObservationRowKey()方法中，用观测站 ID 和观测时间创建的：

```
public class RowKeyConverter {

  private static final int STATION_ID_LENGTH = 12;

  /**
   * @return A row key whose format is: <station_id> <reverse_order_epoch>
   */
  public static byte[] makeObservationRowKey(String stationId,
      longobservationTime){
    byte[]row=newbyte[STATION_ID_LENGTH+Bytes.SIZEOF_LONG];
    Bytes.putBytes(row,0,Bytes.toBytes(stationId),0,STATION_ID_LENGTH);
    longreverseOrderEpoch=Long.MAX_VALUE-observationTime;
    Bytes.putLong(row,STATION_ID_LENGTH,reverseOrderEpoch);
    returnrow;
  }

}
```

观测站 ID 其实是一个定长字符串，所以在转换时利用了这个事实。makeOvservationRowKey()中使用的 Byte 类来自 HBase 工具包。它包含字节数组和普通的 Java 和 Hadoop 数据类型间的转换方法。在 makeObservationRowKey()中，Bytes.putLong()方法用来填充键的字节数组。Bytes.SIZEOF_LONG 常量用来确定数据行的键的数组大小和其中元素的位置。

我们可以用下面的命令来运行程序：

```
% hbase HBaseTemperatureImporter input/ncdc/all
```

对优化的一些说明

- 要特别当心导入导致锁定表的情况，这时所有的客户端都对同一个表的区域(在单个节点上)进行操作，然后再对下一个区域进行操作，依次进行。这时加载操作并没有均匀地分布在所有区域上。这通常是由“排序后输入”(sorted input)和切分的原理共同造成的。如果在插入数据前，针对行的键按数据排列的次序进行随机处理，可能有助于减少这种情况。在我们的示例中，基于当前 stationid 值的分布情况和 TextInputFormat 分割数据的方式，上传操作应该足以保证足够的分布式特性。①

- 每个任务只获得一个 HTable 实例。实例化 HTable 是有代价的，所以如果为每个插入操作实例化一个 HTable，会对性能造成负面影响，因此，我们会在 configure()步骤设置 HTable。

① 如果一个表是新的，并且一开始只有一个区域。此时所有的更新都会到这个区域，直到区域分裂为止。即使数据行的键是随机分布的，我们也无法避免这种情况。这种启动现象意味着上传数据在开始时比较慢，直到有足够多的区域被分布到各个节点，集群的成员都能够参与到上传为止。不要把这种情况和我们这里说明的情况混为一谈，它们是不同的。

- 默认情况下，每个 HTable.put(put)在进行插入操作时事实上不使用任何缓存。可以使用 HTable.setAutoFlush(false)，接着设置写缓存的大小，以此禁用 HTable 的自动刷入特性。插入的数据占满写缓存之后，缓存才会被刷入存储。但要记住，必须在每个任务的最后手工调用 HTable.flushCommits()或 HTable.close()，后者会调用 HTable.flushCommits()，以确保缓存中最后没有剩下未被刷入的更新。这可以在 mapper 重载的 close()中完成。
- HBase 包含 TableInputFormat 和 TableOutputFormat。它们可用于帮助把 Hbase 作为源或目标的 MapReduce(见例 13-2)。也可以像在第 5 章那样使用 MaxTemperatureMapper，增加一个 reducer 任务来接收 MaxTemperatureMapper 的输出并通过 TableOutputFormat 把结果导入 HBase。

Web 查询

为了实现一个 Web 应用，我们将直接使用 HBase 的 Java API。在这里，我们将深刻体会到选择模式和存储格式的重要性。

最简单的查询就是获取静态的观测站信息。这一类查询在传统数据库中也很简单，但 HBase 提供了额外的控制功能和灵活性。我们把 info 列族作为键/值字典(列名作为键，列值作为值)，代码如下所示：

```
public Map<String, String> getStationInfo(HTable table, String stationId)
    throws IOException {
  Get get = new Get(Bytes.toBytes(stationId));
  get.addColumn(INFO_COLUMNFAMILY);
  Result res = table.get(get);
  if (res == null) {
    return null;
  }
  Map<String, String> resultMap = new HashMap<String, String>();
  resultMap.put(" name" , getValue(res, INFO_COLUMNFAMILY, NAME_QUALIFIER));
  resultMap.put(" location" , getValue(res, INFO_COLUMNFAMILY, LOCATION_QUALIFIER));
  resultMap.put("description", getValue(res, INFO_COLUMNFAMILY,
    DESCRIPTION_QUALIFIER));
  return resultMap;
  }

  private static String getValue(Result res, byte [] cf, byte [] qualifier) {
    byte [] value = res.getValue(cf, qualifier);
    return value == null? "": Bytes.toString(value);
  }
```

在这个示例中，getStationInfo()接收一个 HTable 实例和一个观测站 ID。为了获取观测站的信息，我们使用 HTable.get()来传递一个设置为获取已定义列族 INFO_COLUMNFAMILY 中所有内容的 Get 实例。

get()的结果返回给 Result。它包含数据行，我们可以通过操作需要的列单元格来取得单元格的值。getStationInfo()方法把 Result Map 转换为更便于使用的由 String 类型的键和值构成的 Map。

我们已经看出为什么在使用 HBase 时需要工具函数了。在 HBase 上，为了处理底层的交互，我们已经开发出越来越多的抽象。但是，理解它们的工作机理以及各个存储选项之间的差异，非常重要。

和关系型数据库相比，HBase 的一个强项是不需要我们预先设定列。所以在将来，如果每个观测站在这三个必有的属性以外还有几百个可选的属性，我们便可以直接插入这些属性而不需要修改模式。当然，应用中读和写的代码是需要修改的。在示例中，我们可以把显式获取各个值的代码改为循环遍历 Result 来获取每个值。

我们将在 Web 应用中使用 HBase 扫描器(scanner)来检索观测数据。

在这里，需要的是 Map<ObservationTime,OvervedTemp>结果。我们将使用 NavigableMap<Long,Integer>，因为它提供的结果是有序的，且有一个 descendingMap()方法。这样，我们就可以既可以用升序也可以用降序来访问观测数据了。代码如例 13-4 所示。

例 13-4. 检索 HBase 表中某范围内气象站观测数据行的方法

```
public NavigableMap<Long, Integer> getStationObservations(HTable table,
    String stationId, long maxStamp, int maxCount) throws IOException {
  byte[] startRow = RowKeyConverter.makeObservationRowKey(stationId, maxStamp);
  NavigableMap<Long, Integer> resultMap = new TreeMap<Long, Integer>();
  Scan scan = new Scan(startRow);
  scan.addColumn(DATA_COLUMNFAMILY, AIRTEMP_QUALIFIER);
  ResultScanner scanner = table.getScanner(scan);
  Result res = null;
  int count = 0;
  try {
    while ((res = scanner.next()) != null && count++ < maxCount) {
      byte[] row = res.getRow();
      byte[] value = res.getValue(DATA_COLUMNFAMILY, AIRTEMP_QUALIFIER);
      Long stamp = Long.MAX_VALUE
        Bytes.toLong(row, row.length -Bytes.SIZEOF_LONG, Bytes.SIZEOF_LONG);
      Integer temp = Bytes.toInt(value);
      resultMap.put(stamp, temp);
    }
  } finally {
    scanner.close();
  }
  return resultMap;
}
```

```
/**
 * Return the last ten observations.
 */
public NavigableMap<Long, Integer> getStationObservations(HTable table,
    String stationId) throws IOException {
  return getStationObservations(table, stationId, Long.MAX_VALUE, 10);
```

getStationObservations()方法接受观测站 ID、由 maxStamp 定义的范围以及最大数据行数(maxCount)作为参数。注意，返回的 NavigableMap 实际上是按降序排列的。如果想以升序读它，需要使用 NavigableMap.descendingMap()。

扫描器

HBase“扫描器”(scanner)和传统数据库中的“游标”(cursor)或 Java 中的“迭代器”(iterator)类似。它和后者的不同在于在使用后需要关闭。扫描器按次序返回数据行。用户使用设置的 Scan 对象实例作为 scan 参数，调用 HTable.getScanner(scan)，以此来获取 HBase 中一个表上的扫描器。通过 Scan 实例，你可以传递扫描开始位置和结束位置的数据行、返回结果中要包含的列以及(可选的)运行在服务器端的过滤器。[①] ResultScanner 接口是调用 HTable.getScanner()时返回的接口。它没有 Javadoc，它的定义如下：

```
public interface ResultScanner extends Closeable, Iterable<Result> {
public Result next() throws IOException;
public Result [] next(int nbRows) throws IOException;
public void close();

}
```

可以查看接下来的一个或多个数据行。每次调用 next()都会访问一次 Regionserver。因此，一次获取多行可以显著提升性能。[②]

① 要想进一步了解 HBase 中服务器端的过滤机制，请访问 *http://hadoop.apache.org/hbase/docs/current/api/org/apache/hadoop/hbase/filter/package-summary.html*。

② 默认情况下，配置选项 hbase.client.scanner.caching 设为 1。也可以设置 Scan 实例自己缓存(cache)/预取(prefetch)数据的多少。扫描器每次会在幕后获取你指定的这么多结果，把这些结果放在客户端，并只有在当前这批结果都被取光后才再去服务器端获取下一批结果。较大的缓存值会使扫描器运行得较快，但会在客户端使用较多的内存。而且，还要避免把缓存值设得太高，因为会导致客户端用于处理一批数据的时间超出扫描器的租借时间(lease period)。如果在扫描器租借到期前，客户端没能再次访问服务器，那么服务器端扫描器所用的资源会在服务器端被垃圾收集器自动回收。默认的扫描器租借时间是 60 秒，它在 hbase.regionserver.lease.period 中设置。如果扫描器租借过期，客户端会收到一个 UnknownScannerException 异常。

在前面的示例中，把数据存成 `Long.MAX_VALUE-stamp`，其优势还不是特别明显。如果要根据“偏移量”(offset)和“限制范围”(limit)来获取最新观测数据，这种存储方式的优势就特别明显。而这种查询在 Web 应用中是屡见不鲜的。如果观测数据直接用实际的时间戳来存放，我们就只能根据偏移量和限制范围高效地获取最老的观测数据。要获取最新的数据意味着要拿到所有的数据，直到最后才能获得结果。从 RDBMS 转向 HBase 的一个主要原因就是 HBase 允许这种“提早过滤”(early-out)的情况。

HBase 和 RDBMS 的比较

HBase 和其他面向列的数据库常常被拿来和更流行的传统关系数据库(或简写为 RDBMS)进行比较。虽然它们在实现和设计上的出发点有着较大的区别，但它们都力图解决相同的问题。所以，虽然它们有很多不同点，但我们仍然能够对它们进行公正的比较。

如前所述，HBase 是一个分布式的、面向列的数据存储系统。它通过在 HDFS 上提供随机读写来解决 Hadoop 不能处理的问题。HBase 自底层设计开始即聚焦于各种可伸缩性问题：表可以很“高”(数十亿个数据行)；表可以很“宽”(数百万个列)；水平分区并在上千个普通商用机节点(commodity node)上自动复制。表的模式是物理存储的直接反映，使系统有可能提供高效的数据结构的序列化、存储和检索。但是，应用程序的开发者必须承担重任，选择以正确的方式使用这种存储和检索方式。

严格来说，RDBMS 是一个遵循“Codd 的 12 条规则”(Codd’s 12 Rules)的数据库。标准的 RDBMS 是模式固定、面向行的数据库且具有 ACID 性质和复杂的 SQL 查询处理引擎。RDBMS 强调事务的“强一致性”(strong consistency)、参照完整性(referential integrity)、数据抽象与物理存储层相对独立，以及基于 SQL 语言的复杂查询支持。在 RDBMS 中，可以非常容易地建立“二级索引”(secondary index)，执行复杂的内连接和外连接，执行计数、求和、排序、分组等操作，或对表、行和列中的数据进行分页存放。

对于大多数中小规模的应用，MySQL 和 PostgreSQL 之类现有开源 RDBMS 解决方案所提供的易用性、灵活性、产品成熟度以及强大、完整的功能特性几乎是无可替代的。但是，如果要在数据规模和并发读写这两方面中的任何一个(或全部)上进行大规模扩展(scale up)，就会很快发现 RDBMS 的易用性会让你损失不少性能，而如果要进行分布式处理，更是非常困难。RDBMS 的扩展通常要求打破 Codd 的规则，如放松 ACID 的限制，使 DBA 的管理变得复杂，并同时放弃大多数关系型数据库引以为荣的易用性。

成功的服务

这里将简单介绍一个典型的 RDBMS 如何进行扩展。下面给出一个成功服务从小到大的生长过程。

服务首次提供公开访问

  服务从本地工作站迁移到已定义模式的共享、远程 MySQL 实例。

服务越来越受欢迎；数据库收到太多的读请求

  用 memcached 来缓存常用查询结果。这时读不再是严格意义上的 ACID；缓存数据必须在某个时间到期。

对服务的使用继续增多；数据库收到太多的写请求

  通过购买一个 16 核、128 GB RAM、配备一组 15k RPM 硬盘驱动器的增强型服务器来垂直升级 MySQL。非常昂贵。

新的特性增加了查询的复杂度；包含很多连接操作

  对数据进行反规范化以减少连接的次数。(这和 DBA 培训时所教的不一样！)

服务被广泛使用；所有的服务都变得非常慢

  停止使用任何服务器端计算(server-side computation)。

有些查询仍然太慢

  定期对最复杂的查询进行“预物化”(prematerialize)，尝试在大多数情况下停使用连接。

读性能尚可，但写仍然越来越慢

  放弃使用二级索引和触发器 (没有索引了？)

迄今为止，如何解决以上扩展问题并没有一个清晰的解决办法。无论怎样，都需要开始横向进行扩展。可以尝试在大表上进行某种分区或查看一些能提供多主控机的商业解决方案。

无数应用、行业以及网站都成功实现了 RDBMS 的可伸缩性、容错和分布式数据系统。它们都使用了前面提到的很多策略。但最终，你所拥有的已经不再是一个真正的 RDBMS。由于妥协和复杂性问题，系统放弃了很多易用性特性。任何种类从属复本或外部缓存都会对反规范化的数据引入弱一致性(weak consistency)。连接和二级索引的低效意味着绝大多数查询成为主键查找。而对于多写入机制(multi writer)的设置很可能意味着根本没有实际的连接，而分布式事务会成为一个噩梦。这时，要管理一个单独用于缓存的集群，网络拓扑会变得异常复杂。即使有一个做了那么多妥协的系统，你仍然忍不住会担心主控机崩溃，或在几个月后，数据或负载可能会增长到当前的 10 倍。

HBase

让我们考虑 HBase，它具有以下特性。

没有真正的索引

行是顺序存储的，每行中的列也是，所以不存在索引膨胀的问题，而且插入性能和表的大小无关。

自动分区

在表增长的时候，表会自动分裂成区域，并分布到可用的节点上。

线性扩展和对于新节点的自动处理

增加一个节点，把它指向现有集群，并运行 Regionserver。区域自动重新进行平衡，负载会均匀分布。

普通商用硬件支持

集群可以用 1000 到 5000 美金的单个节点搭建，而不需要使用单个得花 5 万美金的节点。RDBMS 需要大量 I/O，因此要求更昂贵的硬件。

容错

大量节点意味着每个节点的重要性并不突出。不用担心单个节点失效。

批处理

MapReduce 集成功能使我们可以用全并行的分布式作业根据“数据的位置”(location awareness)来处理它们。

如果你没日没夜地担心数据库(正常运行时间、扩展性问题、速度)，应该好好考虑从 RDBMS 转向使用 HBase。你应该使用一个针对扩展性问题的解决方案，而不是性能越来越差却需要大量投入的曾经可用的方案。有了 HBase，软件是免费的，硬件是廉价的，而分布式处理则是与生俱来的。

实例：HBase 在 Streamy.com 的使用

Streamy.com 是一个实时新闻聚合器和社会化分享平台。它有很多功能特性。我们最早是在 PostgreSQL 上开始的，实现很复杂。PostgreSQL 是一个很棒的产品，社区支持很好，代码很漂亮。我们尝试了教材中所有可以在扩展时提速的技巧，甚至为了适应我们的应用需求而修改了代码。一开始，我们利用了 RDBMS 的所有优点。但是，我们逐渐一一放弃了这些特性。最后，所有的团队都成为了 DBA(需要在开发的同时考虑管理任务)。

我们的确解决了碰到的很多问题，但是有两个问题最终迫使我们必须寻求 RDBMS 以外的解决办法。

Streamy 从几千个 RSS 源爬取数据，并对其中的上亿个信息项进行聚合。除了必须存储这些信息项以外，我们应用中有一个复杂的查询需要从一个源的集合中读取按时间排序的列表。极端情况下，在单个查询中会牵涉数千个源及其的所有信息项。

超大规模的信息项表

一开始，只有一个信息项表。但是，大量的二级索引导致插入和更新非常慢。我们开始把数据项分成几个一对一链接的表来存储其他信息，通过这种方式把静态字段和动态字段区分开，根据字段查询方式来对字段分组，并据此进行反规范化。即使做了这些修改，单独的各个更新操作也需要重写整个记录，所以要跟踪信息项的统计信息就很难做到可扩展。重写记录、更新索引都是 RDBMS 的固有特性，它们是不能去除的。我们对表进行了分区，由于有时间属性可以作为自然分区的属性，所以这本身并不困难。但应用的复杂性还是很快超出我们能够控制的范围。我们需要另一种解决办法!

超大规模的排序合并

对按时间进行排序的列表进行“排序合并”(sort merge)是 Web 2.0 应用中常见的操作。相应的 SQL 查询示例可能如下所示：

```
SELECT id, stamp, type FROM streams
  WHERE type IN ('type1','type2','type3','type4',...,'typeN')
  ORDER BY stamp DESC LIMIT 10 OFFSET 0;
```

假设 id 是 streams 上的主键，在 stamp 和 type 上有二级索引，RDBMS 的查询规划器会像下面这样处理查询：

```
MERGE (
  SELECT id, stamp, type FROM streams
    WHERE type = 'type1' ORDER BY stamp DESC,
  ...,
  SELECT id, stamp, type FROM streams
    WHERE type = 'typeN' ORDER BY stamp DESC
  ) ORDER BY stamp DESC LIMIT 10 OFFSET 0;
```

这里的问题是我们只要最前面的 10 个 ID。但查询规划器实际会物化整个合并操作，然后在再最后限定返回结果。简单地对每个 type 使用堆排序(heap sort)让你可以在有 10 个结果以后就进行“提早过滤”(early out)。在我们的应用中，每个 type 可以有数万个 ID，因此物化整个列表再进行排序极其缓慢，而且没有必要。事实上，我们进一步写了一个定制的 PL/Python 脚本，用一系列的查询来进行堆排序。查询如下：

```
SELECT id, stamp, type FROM streams
  WHERE type = 'typeN'
  ORDER BY stamp DESC LIMIT 1 OFFSET 0;
```

如果从 typeN 中获得了结果(在堆中第二个最近的项)，我们继续执行下面的查询：

```
SELECT id, stamp, type FROM streams
  WHERE type = 'typeN'
  ORDER BY stamp DESC LIMIT 1 OFFSET 1;
```

在几乎所有情况下，这都胜于直接用 SQL 实现和采用查询规划器的策略。在 SQL 最差的执行情况下，我们采用 Python 过程的方法比它们要快一个数量级。我们发现，要想满足需求，需要不停尝试优于查询规划器的方法。

在这里，我们再一次觉得需要有其他解决办法。

有了 HBase 以后的日子

我们的基于 RDBMS 的系统始终能够正确地满足我们的需求：问题出在可扩展性上。如果重点关注扩展和性能问题而非正确性，最终少不了千方百计地找出捷径，并针对问题进行定制优化。一旦开始为数据的问题开始实现自己的解决方案，RDBMS 的开销和复杂性就成为障碍。逻辑抽象和存储层的独立性与 ACID 要求成为巨大的屏障。它们成为在开发可扩展系统时无法承受的负担。HBase 只是一个分布式、面向列、支持排序映射的存储系统。它唯一进行抽象的部分就是分布式处理，而这正是我们不想自己面对的。另一方面，我们的业务逻辑(business logic)是高度定制化和优化的。HBase 并不试图处理我们的所有问题。这些部分我们自己能够处理得更好。我们只依靠 HBase 来处理存储的扩展，而不是业务逻辑。能够把精力集中在我们的应用和业务逻辑，而不需要关心数据的扩展问题，使我们完全得到了解放。

我们目前已经有包含数亿数据行和数万列的表。能够存储这样的数据让人感到兴奋，而不是恐惧。

Praxis

在这一小节，我们将讨论在应用中运行 HBase 集群时用户常碰到的一些问题。

版本

一直到 HBase 0.20，HBase 的版本都对应于 Hadoop 的版本。某个版本的 HBase 能够和任何“小版本”(minor version)相同的 Hadoop 共同运行。小版本就是两个小数点之间的数字(如，HBase 0.20.5 的小版本是 20)。HBase 0.20.5 可以和 Hadoop 0.20.2 一起运行，但 HBase 0.19.5 不能和 Hadoop 0.20.0 一起运行。

但从 HBase 0.90[①]开始，两者之间的联系不复存在。Hadoop 的开发周期也变长了，和 HBase 的开发周期不再匹配。此外，改变版本号联系还有一个原因是想让一个 HBase 版本可以运行在多版本的 Hadoop 上。例如，HBase 0.90.x 在 Hadoop 0.20.x 和 0.21.x 上都能运行。

这意味着必须保证运行的 Hadoop 和 HBase 版本是兼容的。请检查下载版本的“要求”(requirement)一节。如果运行不兼容的版本，幸运的话，系统会抛出异常，报告版本不兼容。如果两者相互之间根本不能交换版本信息，你会发现 HBase 集群在启动后很快就挂在那里，停止运行。以上两种情况还会在系统升级时碰到。升级后，由于清除得不干净，仍然可以在类路径上找到老版本 HBase 或 Hadoop。

HDFS

HBase 使用 HDFS 的方式与 MapReduce 使用 HDFS 的方式截然不同。在 MapReduce 中，首先打开 HDFS 文件，然后 map 任务流式处理文件的内容，最后关闭文件。在 HBase 中，数据文件在启动时就被打开，并在处理过程中始终保持打开状态，这是为了节省每次访问操作需要打开文件的代价。所以，HBase 更容易碰到 MapReduce 客户端不常碰到的问题：

文件描述符用完

由于我们在连接的集群上保持文件的打开状态，所以用不了太长时间就可能达到系统和 Hadoop 设定的限制。例如，我们有一个由三个节点构成的集群，每个节点上运行一个 datanode 实例和一个 Regionserver。如果我们正在运行一个加载任务，表中有 100 个区域和 10 个列族。我们允许每个列族平均有两个“刷入文件”(flush file)。通过计算，我们知道同时打开了 100×10×2，即 2000 个文件。此外，还有各种外部扫描器和 Java 库文件占用了文件描述符。每个打开的文件在远程 datanode 上至少占用一个文件描述符。一个进程默认的文件描述符限制是 1024。当我们使用的描述符个数超过文件系统的 *ulimit* 值，我们会在日志中看到“*Too many open files*”(打开了太多文件)的错误信息。但在这之前，往往就已经能看出 HBase 的行为不正常。发生哪种错误行为是不一定的。要修正这个问题需要增加文件描述符的 *ulimit* 参数值。[②]可以通过查看 Regionserver 日志的前几行来确定运行中的 HBase 是否设置了足够多的文件描述符。日志中列出系统的重要组件(如使用的 JVM)以及环境设置(如描述符的 *ulimit* 值)。

① 为什么是 0.90？我们希望不要让人误认为我们取得了突破，所以我们把新版本的版本号设定为和 Hadoop 的版本号有一个很大的差距。

② 如何调高集群的 *ulimit* 值，可参见 HBase FAQ，网址为 *http://wiki.apache.org/hadoop/Hbase/FAQ*。

datanode 线程用完

和前面的情况类似，Hadoop 的 datanode 上同时运行的线程数不能超过 256 这一限制值。给定前面所描述的表的情况，我们很容易看到很快就会达到这一限制值，因为每个 datanode 在写操作时，到文件块的每个打开的连接都会使用一个线程。如果查看 datanode 日志，会看到"xceiverCount 258 exceeds the limit of concurrent xcievers 256"(xceiverCount258 超过了并发 xcievers 的 256 限制)这样的出错信息。同样，很可能在你看到日志中的出错信息之前，HBase 的行为就已经出错了。这时需要在 HDFS 中把 `dfs.datanode.max.xcievers` 的值调高，并重启集群。①

Sync

必须在有可用 sync 的 HDFS 上使用 HBase。否则会丢失数据。这意味着需要在 Hadoop 0.21.x 版本上或在 `branch-0.20-append` 分支②上编译的版本上运行 HBase。`branch-0.20-append` 在 Hadoop 0.20 版本里添加了可用的 sync/append(同步/追加)。③

用户界面

HBase 在主控机上运行了一个 Web 服务器，它能提供运行中集群的状态视图。默认情况下，它监听 60010 端口。主界面显示了基本的属性(包括软件版本、集群负载、请求频率、集群表的列表)和加入的 Regionserver 等。在主界面上单击选中 Regionserver 会把你带到那个 Regionserver 上运行的 Web 服务器。它列出了这个服务器上所有区域的列表及其他基本的属性值(如使用的资源和请求频率)。

度量

Hadoop 有一个度量(metric)系统。可以用它每过一段时间获取系统重要组件的信息，并输出到上下文(context)，详情参见第 306 页"度量"小节。启用 Hadoop 度量系统，并把它捆绑入 Ganglia 或导出到 JMX，从而得到集群上正在做和刚才做的事情的视图。HBase 也有它自己的度量——请求频率、组件计数、资源使用情况等——可以通过 Hadoop 上下文获得它们。相关信息可参见 HBase *conf* 目录下的 *hadoop-metrics-properties* 文件。④

① 详细信息请参考 HBase 的"故障排除指南"(troubleshooting guide)，网址为 *http://wiki.apache.org/hadoop/Hbase/Troubleshooting*。

② 可以从 *http://svn.apache.org/repos/asf/hadoop/common/branches/branch-0.20-append/* 获得 branch-0.20-append 分支。

③ 在 Hadoop 0.21 或 0.20-append 之前，Regionserver 如果崩溃，写入 HDFS 提交日志的写操作是无法恢复为未正常关闭的文件的。因此，所有的编辑操作，无论在崩溃时已经写入多少，都会丢失。

④ 是的，虽然这个文件是用来设置 HBase 度量的，但它是为 Hadoop 命名的。

模式的设计

单元格是有版本的，数据行是有序的，只要列族存在，列便可以由客户端随时添加；除了这三个特性以外，HBase 的表和 RDBMS 中的表是类似的。但是，在为 HBase 设计模式时，需要考虑这些不同点。但最重要的是考虑数据的访问方式。所有的数据都是通过主键进行访问的。所以在设计时，最主要的问题是知道如何查询这些数据。在对 HBase 这样的面向列(族)的存储设计模式时，另一件需要记住的事情是它可以以极小的开销管理较宽的稀疏表。[①]

连接

HBase 并没有内置对数据库连接的支持。但是“宽表”(wide table)使我们并不需要让一个表和第二个表或第三个表进行数据库连接。一个宽行有时可以容下一个主键相关的所有数据。

行键

应该把较多的精力用于设计行的键。在本章的气象数据示例，复合的行键利用观测站作为前缀，对同一个观测站的气温数据进行分组。反向时间戳后缀使我们可以按时间序读到从最近到最远的气温数据。一个精心设计的复合键可以用来对数据进行聚类，以配合数据的访问方式。

设计复合键时，可能需要用 0 来填充数据，使行键可以正确排序。否则，会碰到由于只考虑字节序而导致 10 排在 2 之前的情况。

如果键是整数，则应该使用二进制形式，而不是把数据持久化成字符串类型，这样可以节省存储空间。

计数器

在 StumbleUpon，第一个在 HBase 上部署的产品特性是为 `stumbleupon.com` 前端维护计数器。计数器以前存储在 MySQL 中，但计数器的更新太频繁，计数器所导致的写操作太多，所以 Web 设计者必须对计数值进行限定。使用 `org.apache.hadoop.hbase.HTable` 的 `incrementColumnValue()`方法以后，计数器每秒可以实现数千次更新。

① 引自 Daniel J. Abadi 的文章“Column-Stores for Wide and Sparse Data”，网址为 *http://db.csail.mit.edu/projects/cstore/abadicidr07.PDf*。

批量加载

HBase 有一个高效的“批量加载”(bulk loading)工具。它从 MapReduce 把以内部格式表示的数据直接写入文件系统，从而实现批量加载。顺着这条路，我们加载 HBase 实例的速度比用 HBase 客户端 API 写入数据的方式至少快一个数量级。这个工具的相关介绍可访问 *http://hbase.apache.org/docs/current/bulk-loads.html*。它还能向使用中的表批量加载数据。

第 14 章

ZooKeeper

迄今为止，本书中我们一直在学习大规模数据处理技术。但本章的内容则有所不同，介绍了如何使用 ZooKeeper 来构建一般的分布式应用。ZooKeeper 是 Hadoop 的分布式协调服务。

编写分布式应用是困难的，主要在于会出现“部分失败“(partial failure)。当一条消息在网络中两个节点之间传送时，如果出现网络错误，发送者无法知道接收者是否已经收到这条消息。接收者可能在出现网络错误之前就已经收到这条消息，也有可能没有收到，又或接收者的进程已经死掉。发送者能够获得真实情况的唯一途径就是重新连接接收者，并向它发出询问。这就是部分失败：即我们甚至不知道一个操作是否已经失败。

由于部分失败是分布式系统固有的特征，因此使用 ZooKeeper 并不能根除部分失败，当然它也不会隐藏部分失败。[①] ZooKeeper 可以提供一组工具，使你在构建分布式应用时能够对部分失败进行正确处理。

ZooKeeper 还具有以下特点。

ZooKeeper 是简单的

ZooKeeper 的核心是一个精简的文件系统，它提供一些简单的操作和一些额外的抽象操作，例如，排序和通知。

ZooKeeper 是富有表现力的

ZooKeeper 的原语操作是一组丰富的“构件”(building block)，可用于实现很多协调数据结构和协议。相关的例子包括：分布式队列、分布式锁和一组同级节点中的“领导者选举“(leader election)。

① 引自 J.Waldo 等人的文章“*A Note on Distributed Computing*” (1994)，*http://research.sun.com/techrep/1994/smli_tr-94-29.pdf*。即，分布式编程与本地编程有着根本的不同，这种差异是无法用一篇简单的论文讲清楚的。

ZooKeeper 具有高可用性

ZooKeeper 运行于一组机器之上，并且在设计上具有高可用性，因此应用程序完全可以依赖于它。ZooKeeper 可以帮助系统避免出现单点故障，因此你可以构建一个可靠的应用。

ZooKeeper 采用松耦合交互方式

在 ZooKeeper 支持的交互过程中，参与者不需要彼此了解。例如，ZooKeeper 可以被用作一个"约会"(rendezvous)机制，让进程在不了解其他进程(或网络状况)的情况下能够彼此发现并进行交互。参与协调的各方甚至可以不必同时存在，因为一个进程可以在 ZooKeeper 中留下一条消息，在该进程结束后，另外一个进程还可以读取这条消息。

ZooKeeper 是一个资源库

ZooKeeper 提供了一个关于通用协调模式实现和方法的开源共享存储库，能使程序员免于编写这类通用的协议(这通常是很难写对的)。所有人都能够对这个资源库进行添加和改进，久而久之，会使每个人都从中受益。

同时，ZooKeeper 也是高性能的。在它的诞生地 Yahoo!公司，对于写为主的工作负载来说，ZooKeeper 的基准吞吐量已经超过每秒 10 000 个操作；对于常规的以读为主的工作负载来说，吞吐量更是高出好几倍。[①]

安装和运行 ZooKeeper

首次尝试使用 ZooKeeper 时，最简单的方式是在一台 ZooKeeper 服务器上以独立模式(standalone mode)运行。例如，可以在一台用于开发的机器上尝试运行。运行 ZooKeeper 需要安装有 Java 6，因此首先要确认已经安装了 Java 6。ZooKeeper 提供 Windows 版本的脚本，因此在 Windows 环境中运行 ZooKeeper 时不需要 Cygwin。只支持使用 Windows 作为开发平台，而不能作为生产平台。

可以从 Apache 的 ZooKeeper 发布页面(*http://hadoop.apache.org/zookeeper/releases.html*)下载 ZooKeeper 的一个稳定版本，然后在合适的位置将下载的压缩包解压：

```
% tar xzf zookeeper-x.y.z.tar.gz
```

ZooKeeper 提供了少数几个能够运行服务并与之交互的二进制文件，可以很方便地将包含这些二进制文件的目录加入命令行路径：

① 详细的基准数据可以参见 Patrick Hunt、Mahadev Konar、Flavio P. Junqueira 和 Benjamin Reed 的优秀论文"ZooKeeper: Wait-free coordination for Internet-scale systems"(USENIX Annual Technology Conference, 2010)。

```
% export ZOOKEEPER_INSTALL=/home/tom/zookeeper-x.y.z
% export PATH=$PATH:$ZOOKEEPER_INSTALL/bin
```

在运行 ZooKeeper 服务之前，我们需要新建一个配置文件。这个配置文件习惯上命名为 *zoo.cfg*，并保存在 *conf* 子目录中。也可以把它保存在*/etc/zookeeper* 子目录中；如果设置了环境变量 `ZOOCFGDIR`，也可以保存在该环境变量所指定的目录中。配置文件的内容例如下：

```
tickTime=2000
dataDir=/Users/tom/zookeeper
clientPort=2181
```

这是一个标准的 Java 属性文件，本例中所定义的三个属性是以独立模式运行 ZooKeeper 所需的最低要求。简单地说，`tickTime` 属性指定了 ZooKeeper 的基本时间单元(以毫秒为单位)；`dataDir` 属性指定了 ZooKeeper 存储持久数据的本地文件系统位置；`clientPort` 属性指定了 ZooKeeper 用于监听客户端连接的端口(通常使用 2181 端口)。应该将 `dataDir` 属性修改为系统所要求的本地文件系统位置。

定义好合适的配置文件之后，我们现在可以启动一个本地 ZooKeeper 服务器：

```
% zkServer.sh start
```

使用 `nc`(`telnet` 也可以)发送 `ruok` 命令(“Are you OK?”)到监听端口，检查 ZooKeeper 是否正在运行：

```
% echo ruok | nc localhost 2181
imok
```

`imok` 是 ZooKeeper 在说“I'm OK”。还有其他一些用于和 ZooKeeper 进行交互的命令，都采用类似的四个字母组合。这些命令中的大多数是用于查询，例如：`dump` 命令用于列出会话和“短暂”(ephemeral)znode；`envi` 命令用于列出服务器属性；`reqs` 命令用于列出未完成的请求；`stat` 命令用于列出服务统计信息和连接的客户端。不过也有一些命令用于更新 ZooKeeper 的状态，例如：`srst` 命令用于重置服务统计信息；从运行 ZooKeeper 服务器的主机上发出 `kill` 命令可以关闭 ZooKeeper。

要想进一步了解 ZooKeeper 的监控(更多的四字母命令)，可以参考 ZooKeeper 的 JMX 支持。相关内容可以在 ZooKeeper 的文档中找到(*http://hadoop.apache.org/zookeeper/*)。

示例

假设有一组服务器用于为客户端提供某种服务。我们希望每个客户端都能找到其中一台服务器，这样它们就可以使用这项服务。在这个例子中，一个挑战是如何维护这组服务器的列表。

这组服务器的成员列表显然不能存储在网络中的单个节点上，否则该节点的故障将意味着整个系统的故障(我们希望这个成员列表是高度可用的)。假设我们有一种可靠的方法解决了这个成员列表的存储问题。如果其中一台服务器出现故障，我们仍然需要解决如何从服务器成员列表中将它删除的问题。某个进程需要负责删除故障服务器，但注意不能由故障服务器自己来完成，因为故障服务器已经不再运行！

我们所描述的不是一个被动的分布式数据结构，而是一个主动的、能够在某个外部事件发生时修改数据项状态的数据结构。ZooKeeper 提供这种服务，所以让我们看看如何使用它来实现这种众所周知的组成员管理应用。

ZooKeeper 中的组成员关系

理解 ZooKeeper 的一种方法就是将其看作一个具有高可用性的文件系统。但这个文件系统中没有文件和目录，而是统一使用“节点”(node)的概念，称为 znode。znode 既可以作为保存数据的容器(如同文件)，也可以作为保存其他 znode 的容器(如同目录)。所有的 znode 构成一个层次化的命名空间。一种自然的建立组成员列表的方式就是利用这种层次结构，创建一个以组名为节点名的 znode 作为父节点，然后以组成员名(服务器名)为节点名来创建作为子节点的 znode。图 14-1 给出了一组具有层次结构的 znode。

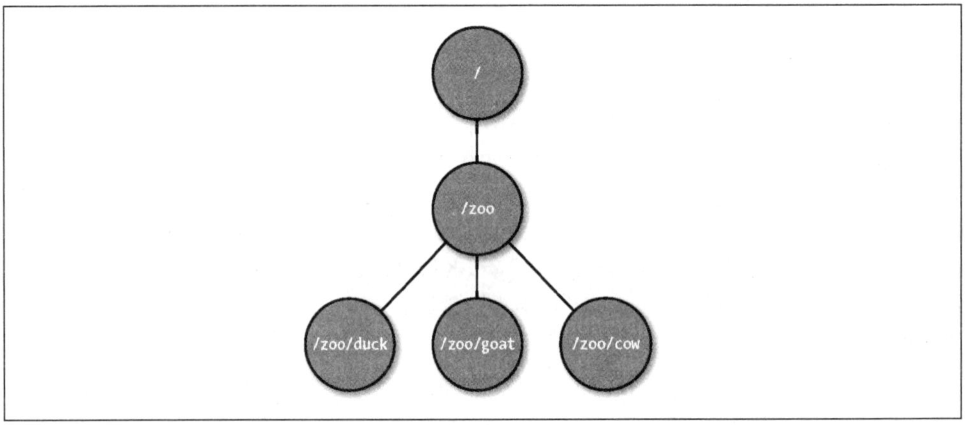

图 14-1. ZooKeeper 中的 znode

在这个示例中，我们没有在任何 znode 中存储数据，但在一个真实的应用中，你可以想象将关于成员的数据存储在它们的 znode 中，例如主机名。

创建组

让我们通过编写一段程序的方式来介绍 ZooKeeper 的 Java API，这段示例程序用于为组名为/zoo 的组创建一个 znode。参见例 14-1。

例 14-1. 该程序在 Zookeeper 中新建表示组的 znode

```
public class CreateGroup implements Watcher {

  private static final int SESSION_TIMEOUT = 5000;

  private ZooKeeper zk;
  private CountDownLatch connectedSignal = new CountDownLatch(1);

  public void connect(String hosts) throws IOException, InterruptedException {
    zk = new ZooKeeper(hosts, SESSION_TIMEOUT, this);
    connectedSignal.await();
  }
  @Override
  public void process(WatchedEvent event) { // Watcher interface
    if (event.getState() == KeeperState.SyncConnected) {
      connectedSignal.countDown();
    }
  }

  public void create(String groupName) throws KeeperException,
      InterruptedException {
    String path = "/" + groupName;
    String createdPath = zk.create(path, null/*data*/, Ids.OPEN_ACL_UNSAFE,
        CreateMode.PERSISTENT);
    System.out.println("Created " + createdPath);
  }

  public void close() throws InterruptedException {
    zk.close();
  }

  public static void main(String[] args) throws Exception {
    CreateGroup createGroup = new CreateGroup();
    createGroup.connect(args[0]);
    createGroup.create(args[1]);
    createGroup.close();
  }
}
```

main()方法执行时，创建了一个 CreateGroup 的实例并且调用了这个实例的 connect()方法。connect 方法实例化了一个新的 ZooKeeper 类的对象，这个类是客户端 API 中的主要类，并且负责维护客户端和 ZooKeeper 服务之间的连接。ZooKeeper 类的构造函数有三个参数：第一个是 ZooKeeper 服务的主机地址(可指定端口，默认端口是 2181)；[①]第二个是以毫秒为单位的会话超时参数(这里我们设成 5 秒)，后文中将给出该参数的详细解释；第三个参数是一个 Watcher 对象的实例。Watcher 对象接收来自于 ZooKeeper 的回调，以获得各种事件的通知。在这

① 对于复制模式下的 ZooKeeper 服务来说，这个参数是一个以逗号分隔的服务器(主机和可选端口)列表。

个例子中，CreateGroup 是一个 Watcher 对象，因此我们将它传递给 ZooKeeper 的构造函数。

当一个 ZooKeeper 的实例被创建时，会启动一个线程连接到 ZooKeeper 服务。由于对构造函数的调用是立即返回的，因此在使用新建的 ZooKeeper 对象之前一定要等待其与 ZooKeeper 服务之间的连接建立成功。我们使用 Java 的 CountDownLatch 类(位于 java.util.concurrent 包中)来阻止使用新建的 ZooKeeper 对象，直到这个 ZooKeeper 对象已经准备就绪。这就是 Watcher 类的用途，在它的接口中只有一个方法：

```
public void process(WatchedEvent event);
```

客户端已经与 ZooKeeper 建立连接后，Watcher 的 process()方法会被调用，参数是一个表示该连接的事件。在接收到一个连接事件(以 Watcher.Event.KeeperState 的枚举型值 SyncConnected 来表示)时，我们通过调用 CountDownLatch 的 countDown()方法来递减它的计数器。锁存器(latch)被创建时带有一个值为 1 的计数器，用于表示在它释放所有等待线程之前需要发生的事件数。在调用一次 countDown()方法之后，计数器的值变为 0，则 await()方法返回。

现在 connect()方法已经返回，下一个执行的是 CreateGroup 的 create()方法。在这个方法中，我们使用 ZooKeeper 实例中的 create()方法来创建一个新的 ZooKeeper 的 znode。所需的参数包括：路径(用字符串表示)、znode 的内容(字节数组，本例中使用空值)、访问控制列表(简称 ACL，本例中使用了完全开放的 ACL，允许任何客户端对 znode 进行读写)和创建 znode 的类型。

有两种类型的 znode：短暂的和持久的。创建 znode 的客户端断开连接时，无论客户端是明确断开还是因为任何原因而终止，短暂 znode 都会被 ZooKeeper 服务删除。与之相反，当客户端断开连接时，持久 znode 不会被删除。我们希望代表一个组的 znode 存活的时间应当比创建程序的生命周期要长，因此在本例中我们创建了一个持久的 znode。

create()方法的返回值是 ZooKeeper 所创建的路径，我们用这个返回值来打印一条表示路径成功创建的消息。当我们查看“顺序 znode”(sequential znode)时，会发现 create()方法返回的路径与传递给该方法的路径不同。[①]

为了观察程序的执行，我们需要在本地机器上运行 ZooKeeper，然后可以输入以下命令：

```
% export CLASSPATH=build/classes:$ZOOKEEPER_INSTALL/*: $ZOOKEEPER_INSTALL/lib/*:\
$ZOOKEEPER_INSTALL/conf
% java CreateGroup localhost zoo
Created /zoo
```

① 译者注：第 452“顺序号”小节将介绍顺序 znode 的命名方式。

加入组

这个应用的下一部分是一段用于注册组成员的程序。每个组成员将作为一个程序运行，并且加入到组中。当程序退出时，这个组成员应当从组中被删除。为了实现这一点，我们在 ZooKeeper 的命名空间中使用短暂 znode 来代表一个组成员。

例 14-2 中的程序 `JoinGroup` 实现了这个想法。在基类 `ConnectionWatcher` 中，对创建和连接 ZooKeeper 实例的程序逻辑进行了重构，参见例 14-3。

例 14-2. 用于将成员加入组的程序

```
public class JoinGroup extends ConnectionWatcher {

  public void join(String groupName, String memberName) throws KeeperException,
      InterruptedException {
    String path = "/" + groupName + "/" + memberName;
    String createdPath = zk.create(path, null/*data*/, Ids.OPEN_ACL_UNSAFE,
      CreateMode.EPHEMERAL);
    System.out.println("Created " + createdPath);
  }

  public static void main(String[] args) throws Exception {
    JoinGroup joinGroup = new JoinGroup();
    joinGroup.connect(args[0]);
    joinGroup.join(args[1], args[2]);

    // stay alive until process is killed or thread is interrupted
    Thread.sleep(Long.MAX_VALUE);
  }
}
```

例 14-3. 用于等待建立与 ZooKeeper 连接的辅助类

```
public class ConnectionWatcher implements Watcher {

  private static final int SESSION_TIMEOUT = 5000;

  protected ZooKeeper zk;
  private CountDownLatch connectedSignal = new CountDownLatch(1);

  public void connect(String hosts) throws IOException, InterruptedException {
    zk = new ZooKeeper(hosts, SESSION_TIMEOUT, this);
    connectedSignal.await();
  }

  @Override
  public void process(WatchedEvent event) {
    if (event.getState() == KeeperState.SyncConnected) {
    connectedSignal.countDown();
  }
}

public void close() throws InterruptedException {
```

```
    zk.close();
  }
}
```

JoinGroup 的代码与 CreateGroup 的非常相似。在它的 join()方法中，创建短暂 znode 作为组 znode 的子节点，然后通过休眠来模拟正在做某种工作，直到该进程被强行终止。接着，你会看到随着进程终止，这个短暂 znode 被 ZooKeeper 删除。

列出组成员

现在，我们需要一段程序来查看组成员(见例 14-4)。

例 14-4. 用于列出组成员的程序

```
public class ListGroup extends ConnectionWatcher {

  public void list(String groupName) throws KeeperException, InterruptedException {
  String path = "/" + groupName;

  try {
    List<String> children = zk.getChildren(path, false);
    if (children.isEmpty()) {
      System.out.printf("No members in group %s\n", groupName);
      System.exit(1);
    }
    for (String child : children) {
      System.out.println(child);
      }
  } catch (KeeperException.NoNodeException e) {
    System.out.printf("Group %s does not exist\n", groupName);
    System.exit(1);
  }
}

public static void main(String[] args) throws Exception {
  ListGroup listGroup = new ListGroup();
  listGroup.connect(args[0]);
  listGroup.list(args[1]);
  listGroup.close();
  }
}
```

在 list()方法中，我们调用了 getChildren()方法来检索并打印输出一个 znode 的子节点列表，调用参数为该 znode 的路径和设为 false 的观察标志。如果在一个 znode 上设置了观察标志，那么一旦该 znode 的状态改变，关联的观察(Watcher)会被触发。虽然在这里我们可以不使用观察，但在查看一个 znode 的子节点时，也可以设置观察，让应用程序接收到组成员加入、退出和组被删除的有关通知。

在这段程序中，我们捕捉了 KeeperException.NoNodeException 异常，代表组的 znode 不存在时，这个异常就会被抛出。

让我们看看 ListGroup 程序是如何工作的。起初，由于我们还没有在组中添加任何成员，因此 zoo 组是空的：

```
% java ListGroup localhost zoo
No members in group zoo
```

我们可以使用 JoinGroup 来向组中添加成员。由于这些作为组成员的 znode 不会自己终止(因为 sleep 语句)，所以我们以后台进程的方式来启动它们：

```
% java JoinGroup localhost zoo duck &
% java JoinGroup localhost zoo cow &
% java JoinGroup localhost zoo goat &
% goat_pid=$!
```

最后一行命令保存了将 goat 添加到组中的 Java 进程的 ID。我们需要保存这个进程 ID，以便能够在查看组成员之后杀死该进程：

```
% java ListGroup localhost zoo
goat
duck
cow
```

为了从组中删除一个成员，我们杀死了 goat 所对应的进程：

```
%
kill $goat_pid
```

几秒钟之后，由于进程的 ZooKeeper 会话已经结束(超时设置为 5 秒)，所以 goat 会从组成员列表中消失，并且所对应的短暂 znode 也已经被删除。

```
% java ListGroup localhost zoo
duck
cow
```

让我们回顾一下，看看已经做到了哪一步。对于参与到一个分布式系统中的节点，我们已经有了一个建立节点列表的方法。这些节点也许彼此并不了解。例如，一个想使用列表中节点来完成某些工作的客户端，能够在这些节点不知道客户端的情况下发现它们。

最后，注意，组成员关系管理并不能解决与节点通信过程中出现的网络问题。即使一个节点是一个组中的成员，在与其通信的过程中仍然会出现故障，这种故障必须以一种合适的方式解决(重试、使用组中另外一个成员等)。

ZooKeeper 命令行工具

ZooKeeper 提供了一个命令行工具用于在其命名空间内进行交互。我们可以使用这个工具列出*/zoo znode* 之下的 znode 列表，如下所示：

```
% zkCli.sh localhost ls /zoo
Processing ls
```

```
WatchedEvent: Server state change. New state: SyncConnected
[duck, cow]
```

不使用任何参数直接运行这个命令行工具，可以显示该工具的使用帮助。

删除组

为了使这个例子比较完整，让我们来看看如何删除一个组。ZooKeeper 类提供了一个 delete()方法，该方法有两个参数：路径和版本号。如果所提供的版本号与 znode 的版本号一致，ZooKeeper 会删除这个 znode。这是一种乐观的加锁机制，使客户端能够检测出对 znode 的修改冲突。通过将版本号设置为-1，可以绕过这个版本检测机制，不管 znode 的版本号是什么而直接将其删除。

ZooKeeper 不支持递归的删除操作，因此在删除父节点之前必须先删除子节点。在例 14-5 中，DeleteGroup 类用于删除一个组及其所有成员。

例 14-5. 用于删除一个组及其所有成员的程序

```
public class DeleteGroup extends ConnectionWatcher {

  public void delete(String groupName) throws KeeperException,
      InterruptedException {
    String path = "/" + groupName;

    try {
      List<String> children = zk.getChildren(path, false);
      for (String child : children) {
        zk.delete(path + "/" + child, -1);
      }
      zk.delete(path, -1);
    } catch (KeeperException.NoNodeException e) {
      System.out.printf("Group %s does not exist\n", groupName);
      System.exit(1);
    }
  }

  public static void main(String[] args) throws Exception {
    DeleteGroup deleteGroup = new DeleteGroup();
    deleteGroup.connect(args[0]);
    deleteGroup.delete(args[1]);
    deleteGroup.close();
  }
}
```

最后，我们可以删除之前所创建的 zoo 组：

```
% java DeleteGroup localhost zoo
% java ListGroup localhost zoo
Group zoo does not exist
```

ZooKeeper 服务

ZooKeeper 是一个具有高可用性的高性能协调服务。在本节中，我们将从三个方面来了解这个服务：模型、操作和实现。

数据模型

ZooKeeper 维护着一个树形层次结构，树中的节点被称为 znode。znode 可以用于存储数据，并且有一个与之相关联的 ACL。ZooKeeper 被设计用来实现协调服务(通常使用小数据文件)，而不是用于大容量数据存储，因此一个 znode 能存储的数据被限制在 1 MB 以内。

ZooKeeper 的数据访问具有原子性。客户端在读取一个 znode 的数据时，要么读到所有的数据，要么读操作失败，不会只读到部分数据。同样，写操作将替换 znode 存储的所有数据。ZooKeeper 会保证写操作不成功就失败，不会出现部分写之类的情况，也就是不会出现只保存客户端所写部分数据的情况。ZooKeeper 不支持添加操作。这些特征都是与 HDFS 所不同的。HDFS 被设计用于大容量数据存储，支持流式数据访问和添加操作。

znode 通过路径被引用。像 Unix 中的文件系统路径一样，在 ZooKeeper 中路径被表示成用斜杠分割的 Unicode 字符串。与 Unix 中的文件系统路径不同，ZooKeeper 中的路径必须是绝对路径，也就是说每条路径必须从一个斜杠字符开始。此外，所有的路径表示必须是规范的，即每条路径只有唯一的一种表示方式，不支持路径解析。例如，在 Unix 中，一个具有路径/a/b 的文件也可以通过路径/a/./b 来表示，原因在于“.”在 Unix 的路径中表示当前目录(“..”表示当前目录的上一级目录)。在 ZooKeeper 中，“.”不具有这种特殊含义，这样表示的路径名是不合法的。

在 ZooKeeper 中，路径由 Unicode 字符串构成，并且有一些限制(见 ZooKeeper 的参考文档)。字符串“zookeeper”是一个保留词，不能将它用作一个路径组件。需要特别指出的是，ZooKeeper 使用*/zookeeper* 子树来保存管理信息，比如关于配额的信息。

注意，ZooKeeper 的路径与 URI 不同，前者在 Java API 中通过 `java.lang.String` 来使用，而后者是通过 Hadoop *Path* 类(或 `java.net.URI`)来使用。

znode 有一些性质非常适合用于构建分布式应用，我们将在接下来的几个小节中进行讨论。

短暂 znode

znode 有两种类型：短暂的和持久的。znode 的类型在创建时确定并且之后不能再修改。在创建短暂 znode 的客户端会话结束时，ZooKeeper 会将该短暂 znode 删除。相比之下，持久 znode 不依赖于客户端会话，只有当客户端(不一定是创建它的那个客户端)明确要删除该持久 znode 时才会被删除。短暂 znode 不可以有子节点，即使是短暂子节点。

虽然每个短暂 znode 都会被绑定到一个客户端会话，但它们对所有的客户端还是可见的(当然，还是要符合其 ACL 的定义)。

对于那些需要知道特定时刻有哪些分布式资源可用的应用来说，使用短暂 znode 是一种理想的选择。本章前面的例子就使用短暂 znode 来实现一个组成员管理服务，让任何进程都知道在特定的时刻有哪些组成员可用。

顺序号

顺序(sequential)znode 是指名称中包含 ZooKeeper 指定顺序号的 znode。如果在创建 znode 时设置了顺序标识，那么该 znode 名称之后便会附加一个值，这个值是由一个单调递增的计数器(由父节点维护)所添加的。

例如，如果一个客户端请求创建一个名为/a/b-的顺序 znode，则所创建 znode 的名字可能是/a/b-3。[①]如果稍后，另外一个名为/a/b-的顺序 znode 被创建，计数器会给出一个更大的值来保证 znode 名称的唯一性，例如，/a/b-5。在 Java 的 API 中，顺序 znode 的实际路径会作为 `create()`调用的返回值被传回给客户端。

在一个分布式系统中，顺序号可以被用于为所有的事件进行全局排序，这样客户端就可以通过顺序号来推断事件的顺序。在第 470 页的“锁服务”小节中，可以了解如何使用顺序 znode 来实现共享锁。

观察[②]

znode 以某种方式发生变化时，“观察”(watch)机制可以让客户端得到通知。可以针对 ZooKeeper 服务的操作来设置观察，该服务的其他操作可以触发观察。例如，客户端可以对一个 znode 调用 `exists` 操作，同时在它上面设定一个观察。如果这个 znode 不存在，则客户端所调用的 `exists` 操作将会返回 `false`。如果一段时间之后，另外一个客户端创建了这个 znode，则这个观察会被触发，通知前一个客户端这个 znode 被创建。在下一小节中，将完整介绍哪些操作会触发其他操作。

观察只触发一次。[③]为了能够多次收到通知，客户端需要重新注册所需的观察。在

① 习惯上(并非必需)在顺序 znode 的路径名后会跟一个连字符，使其顺序号更易读并且易于(被应用程序)解析。

② 译者注：在原文中，作者在论及观察时分别使用过 Watch、Watches 和 Watcher，其中 Watches 是 Watch 的复数形式，Watcher 是所对应的类的名称。在本译文中，译者将统一使用“观察”这个术语进行表述。

③ 对连接事件的回调除外，这种观察不需要重新注册。

前面的例子中，如果客户端希望收到更多 znode 是否存在的通知(例如在这个 znode 被删除时也能收到通知)，则需要再次调用 exists 操作来设定一个新的观察。

在第 463 页的“配置服务”小节中，将有一个例子来演示如何使用观察来更新集群的配置。

操作

如表 14-1 所示，ZooKeeper 中有 9 种基本操作。

表 14-1. ZooKeeper 服务的操作

操作	描述
`create`	创建一个 znode(必须要有父节点)
`delete`	删除一个 znode(该 znode 不能有任何子节点)
`exists`	测试一个 znode 是否存在并且查询它的元数据
`getACL, setACL`	获取/设置一个 znode 的 ACL
`getChildren`	获取一个 znode 的子节点列表
`getData, setData`	获取/设置一个 znode 所保存的数据
`sync`	将客户端的 znode 视图与 ZooKeeper 同步

ZooKeeper 中的更新操作是有条件的。在使用 delete 或 setData 操作时必须提供被更新 znode 的版本号(可以通过 exists 操作获得)。如果版本号不匹配，则更新操作会失败。更新操作是非阻塞操作，因此一个更新失败的客户端(由于其他进程同时在更新同一个 znode)可以决定是否重试，或执行其他操作，并且它这样做不会阻塞其他进程的执行。

虽然 ZooKeeper 可以被看作是一个文件系统，但出于简单性的需要，有一些文件系统基本操作被它摒弃了。由于 ZooKeeper 中的文件较小并且总是整体被读写，因此没有必要提供打开、关闭或查找操作。

> sync 操作与 POSIX 文件系统中的 fsync()操作是不同的。如前所述，ZooKeeper 中的写操作具有原子性，一个成功的写操作会保证将数据写到 ZooKeeper 服务器的持久存储介质中。然而，ZooKeeper 允许读到的数据滞后于 ZooKeeper 服务的最新状态，因此客户端可以使用 sync 操作来使自己保持最新状态。相关详情请参见第 458 页的“一致性”小节。

API

对于 ZooKeeper 客户端来说，主要有两种语言绑定可以使用：Java 和 C；当然也可以使用 Perl、Python 和 REST 的 contrib 绑定(binding)。对于每一种绑定来说，在执行操作时都可以选择同步执行或异步执行。

我们已经看过同步执行的 Java API。下面是 exists 操作的签名，它返回一个封装有 znode 元数据的 Stat 对象(如果 znode 不存在，则为 null)：

```
public Stat exists(String path, Watcher watcher) throws KeeperException,
        InterruptedException
```

在 ZooKeeper 类中同样可以找到异步执行的签名，如下所示：

```
public void exists(String path, Watcher watcher, StatCallback cb, Object ctx)
```

因为所有异步操作的结果都是通过回调来传送的，因此在 Java API 中异步方法的返回类型都是 void。调用者传递一个回调的实现，从 ZooKeeper 接收到响应时，其方法被调用。在这种情况下，回调的是 StatCallback 接口，它有以下方法：

```
public void processResult(int rc, String path, Object ctx, Stat stat);
```

其中 rc 参数是返回代码，对应于 KeeperException 的代码。每个非零代码都代表一个异常，在这种情况下，stat 参数是 null。path 和 ctx 参数对应于客户端传递给 exists()方法的参数，用于识别这个回调所响应的请求。ctx 参数可以是任意对象，当 path 参数不能提供足够的信息时，客户端可以通过 ctx 参数来区分不同请求。如果 path 参数提供了足够的信息，可以将 ctx 参数设成 null。

实际上，有两个 C 语言的共享库。单线程库 zookeeper_st 只支持异步 API，并且主要在没有 pthread 库或 pthread 库不稳定的平台上使用。大部分开发人员都使用多线程库 zookeeper_mt，它既支持同步 API 也支持异步 API。要想进一步了解如何构建和使用 C 语言 API，请参考 ZooKeeper 安装位置下 *src/c* 目录中的 *README* 文件。

我该使用同步 API 还是异步 API？

两种类型的 API 提供相同的功能，因此选择哪一种只是风格问题。例如，如果你习惯于事件驱动的编程模型，则异步 API 更合适一些。

异步 API 允许你以流水线方式处理请求，这在某些情况下可以提供更好的吞吐量。想象一下，你打算读取一大批 znode，并且分别对它们进行处理。如果使用同步 API，每一个读操作都会阻塞进程，直到该读操作返回；但如果使用异步 API，你可以非常快地启动所有的异步读操作，并且在另外一个单独的线程中来处理它们的返回请求。

观察触发器

在读操作 exists、getChildren 和 getData 上可以设置观察，这些观察可以被写操作 create、delete 和 setData 触发。ACL 相关的操作不参与任何观察。当一个观察被触发时会产生一个观察事件，这个观察和触发它的操作共同决定了观察事件的类型。

- 当所观察的 znode 被创建、删除或其数据被更新时，设置在 exists 操作上的观察将被触发。
- 当所观察的 znode 被删除或其数据被更新时，设置在 getData 操作上的观察将被触发。创建 znode 不会触发 getData 操作上的观察，因为 getData 操作成功执行的前提是 znode 必须已经存在。
- 当所观察的 znode 的一个子节点被创建或删除时，或所观察的 znode 自己被删除时，设置在 getChildren 操作上的观察将会被触发。你可以通过观察事件的类型来判断被删除的是 znode 还是其子节点：NodeDelete 代表 znode 被删除；NodeChildrenChanged 代表一个子节点被删除。

表 14-2 列出了观察及其触发器的组合。

表 14-2. 设置观察的操作及其对应的触发器

设置观察的操作	观察触发器				
	create		delete		setData
	znode	子节点	znode	子节点	
exists	NodeCreated		NodeDeleted		NodeDataChanged
getData			NodeDeleted		NodeDataChanged
getChildren		NodeChildrenChanged	NodeDeleted	NodeChildrenChanged	

一个观察事件中包含涉及该事件的 znode 的路径，因此对于 NodeCreated 和 NodeDeleted 事件来说，可通过路径来判断哪一个节点被创建或删除。为了能够在 NodeChildrenChanged 事件发生之后判断是哪些子节点被修改，需要重新调用 getChildren 来获取新的子节点列表。与之类似，为了能够在 NodeDataChanged 事件之后获取新的数据，需要调用 getData。在这两种情况下，从收到观察事件到执行读操作(getChildren 或 getData)期间，znode 的状态可能会发生改变，所以，在写程序的时候必须牢记这一点。

ACL

每个 znode 被创建时都会带有一个 ACL 列表，用于决定谁可以对它执行何种操作。

ACL 依赖于 ZooKeeper 的客户端身份验证机制。ZooKeeper 提供了下面几种身份验证模式。

digest

通过用户名和密码来识别客户端。

host

通过客户端的主机名(hostname)来识别客户端。

ip

通过客户端的 IP 地址来识别客户端。

在建立一个 ZooKeeper 会话之后，客户端可以对自己进行身份验证。虽然 znode 的 ACL 列表会要求所有的客户端是经过验证的，但 ZooKeeper 的身份验证过程却是可选的。在这种情况下，客户端必须通过自己对自己进行验证来支持对 znode 的访问。这里有一个使用 digest 模式(用户名和密码)进行身份验证的例子：

```
zk.addAuthInfo("digest", "tom:secret".getBytes());
```

每个 ACL 都是身份验证模式、符合该模式的一个身份和一组权限的组合。例如，如果我们打算给域 *example.com* 下的客户端对某个 znode 的读权限，可以使用 `host` 模式、`example.com` 的 ID 和 `READ` 权限在该 znode 上设置一个 ACL。在 Java 语言中，我们可以使用如下方式来创建这个 ACL 对象：

```
new ACL(Perms.READ, new Id("host", "example.com"));
```

表 14-3 列出了一个完整的权限集合。注意，`exists` 操作并不受 ACL 权限的限制，因此任何客户端都可以调用 `exists` 来检索一个 znode 的状态或查询一个 znode 是否存在。

表 14-3. ACL 权限

ACL 权限	允许的操作
CREATE	create(子节点)
READ	getChildren getData
WRITE	setData
DELETE	delete(子节点)
ADMIN	setACL

在类 `ZooDefs.Ids` 中有一些预定义的 ACL，`OPEN_ACL_UNSAFE` 是其中之一，它将所有的权限(不包括 ADMIN 权限)授予每个人。

此外，ZooKeeper 还支持可插入的身份验证机制，如果需要的话，它可以集成第三方的身份验证系统。

实现

ZooKeeper 服务有两种不同的运行模式。一种是“独立模式”(standalone mode)，即只有一个 ZooKeeper 服务器。这种模式较为简单，比较适合于测试环境(甚至可以在单元测试中采用)，但是不能保证高可用性和恢复性。在生产环境中的 ZooKeeper 通常以“复制模式”(replicated mode)运行于一个计算机集群上，这个计算机集群被称为一个“集合体”(ensemble)。ZooKeeper 通过复制来实现高可用性，只要集合体中半数以上的机器处于可用状态，它就能够提供服务。例如，在一个有 5 个节点的集合体中，任意 2 台机器出现故障，都可以保证服务继续，因为剩下的 3 台机器超过了半数。注意，6 个节点的集合体也只能够容忍 2 台机器出现故障，因为如果 3 台机器出现故障，剩下的 3 台机器没有超过集合体的半数。出于这个原因，一个集合体通常包含奇数台机器。

从概念上来说，ZooKeeper 是非常简单的：它所做的就是确保对 znode 树的每一个修改都会被复制到集合体中超过半数的机器上。如果少于半数的机器出现故障，则最少有一台机器会保存最新的状态。其余的副本最终也会更新到这个状态。

然而，这个简单想法的实现却不简单。ZooKeeper 使用了 Zab 协议，该协议包括两个可以无限重复的阶段。

阶段 1：领导者选举

集合体中的所有机器通过一个选择过程来选出一台被称为“领导者”(leader)的机器，其他的机器被称为“跟随者”(follower)。一旦半数以上(或指定数量)的跟随者已经将其状态与领导者同步，则表明这个阶段已经完成。

阶段 2：原子广播

所有的写请求都被转发给领导者，再由领导者将更新广播给跟随者。当半数以上的跟随者已经将修改持久化之后，领导者才会提交这个更新，然后客户端才会收到一个更新成功的响应。这个用来达成共识的协议被设计成具有原子性，因此每个修改要么成功要么失败。这类似于数据库中的两阶段提交协议。

> **ZooKeeper 是否使用 Paxos？**
>
> 否。ZooKeeper 的 Zab 协议不同于众所周知的 Paxos 算法(Leslie Lamport, "Paxos Made Simple," ACM SIGACT News [*Distributed Computing Column*] 32, 4 [Whole Number 121, December 2001] 51–58.)。虽然有些类似，但是 Zab 在操作方面是不同的，例如它依靠 TCP 来保证其消息顺序。
>
> 有关 Zab 的描述，可参见 Benjamin Reed 和 Flavio Junqueira 的论文"A simple totally ordered broadcast protocol"(LADIS '08: *Proceedings of the 2nd Workshop on Large-Scale Distributed Systems and Middleware*, pages 1–6, New York, NY, USA, 2008. ACM)。
>
> Google 的 Chubby 锁服务(Mike Burrows, "The Chubby Lock Service for LooselyCoupled Distributed Systems," November 2006, *http://labs.google.com/papers/chubby.html*)是基于 Paxos，它的功能与 ZooKeeper 的功能类似。

如果领导者出现故障，其余的机器会选出另外一个领导者，并和新的领导者一起继续提供服务。随后，如果之前的领导者恢复正常，便成为一个跟随者。领导者选举的过程是非常快的，根据一个已发表的结果[①]来看，只需要大约 200 毫秒，因此在领导者选举的过程中不会出现性能的明显降低。

在更新内存中的 znode 树之前，集合体中的所有机器都会先将更新写入磁盘。任何一台机器都可以为读请求提供服务，并且由于读请求只涉及内存检索，因此非常快。

一致性

理解 ZooKeeper 的实现基础有助于理解其服务所提供的一致性保证。对集合体中机器所使用的术语"领导者"和"跟随着"是恰当的，它们表明了一点，即一个跟随者可能滞后于领导者几个更新。这也表明了一个事实，在一个修改被提交之前，只需要集合体中半数以上而非全部机器已经将其持久化。对于 ZooKeeper 来说，理想的情况就是将客户端都连接到与领导者状态一致的服务器上。每个客户端都可能被连接到领导者，但客户端对此无法控制，甚至它自己也无法知道是否连接到领导者。[②]参见图 14-2。

每一个对 znode 树的更新都被赋予一个全局唯一的 ID，称为 *zxid*(代表"ZooKeeper Transaction ID")。ZooKeeper 决定了分布式系统中的顺序，它对所有的更新进行排序，如果 *zxid* z_1 小于 z_2，则 z_1 一定发生在 z_2 之前。

① Yahoo! 的报告，网址为 *http://hadoop.apache.org/zookeeper/docs/current/zookeeperOver.html*。

② 可以对 ZooKeeper 进行配置，使领导者不接受任何客户端连接。在这种情况下，领导者的唯一任务就是协调更新。可以通过将 `leaderServes` 属性设置为 `no` 来实现这一点。推荐在超过 3 台服务器的集合体中使用该设置。

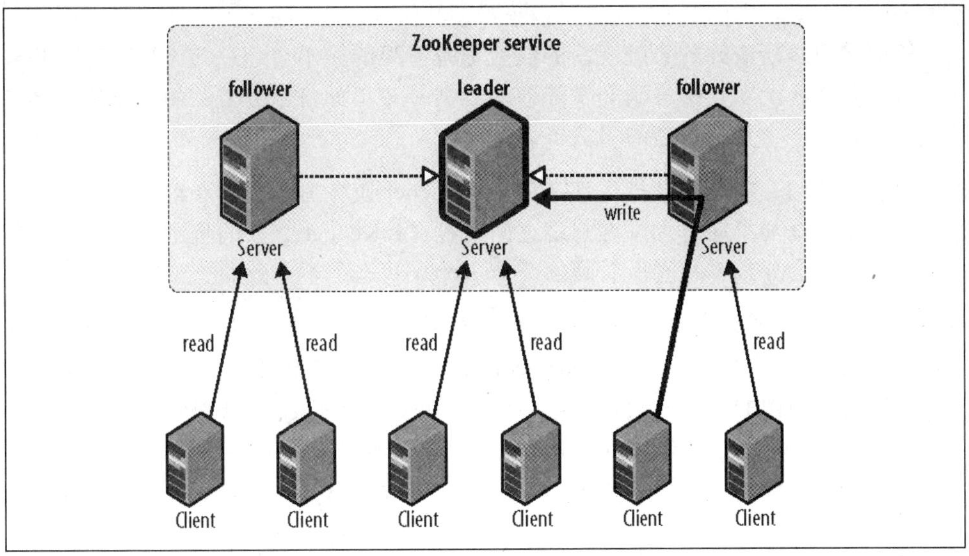

图 14-2. 跟随者响应读请求，领导者提交写请求

在 ZooKeeper 中设计中，以下几点考虑保证了数据的一致性。

顺序一致性

来自任意特定客户端的更新都会按其发送顺序被提交。也就是说，如果一个客户端将 znode *z* 的值更新为 *a*，在之后的操作中，它又将 *z* 的值更新为 *b*，则没有客户端能够在看到 *z* 的值是 *b* 之后再看到值 *a*(如果没有其他对 *z* 的更新)。

原子性

每个更新要么成功，要么失败。这意味着如果一个更新失败，则不会有客户端会看到这个更新的结果。

单一系统映像

一个客户端无论连接到哪一台服务器，它看到的都是同样的系统视图。这意味着，如果一个客户端在同一个会话中连接到一台新的服务器，它所看到的系统状态不会比在之前服务器上所看到的更老。当一台服务器出现故障，导致它的一个客户端需要尝试连接集合体中其他的服务器时，所有滞后于故障服务器的服务器都不会接受该连接请求，除非这些服务器赶上故障服务器。

持久性

一个更新一旦成功，其结果就会持久存在并且不会被撤销。这表明更新不会受到服务器故障的影响。

及时性

任何客户端所看到的系统视图的滞后都是有限的，不会超过几十秒。这意味着与其允许一个客户端看到非常陈旧的数据，还不如将服务器关闭，强迫该客户端连接到一个状态较新的服务器。

出于性能的原因，所有的读操作都是从 ZooKeeper 服务器的内存获得数据，它们不参与写操作的全局排序。如果客户端之间通过 ZooKeeper 之外的机制进行通信，则这个性质可能会导致客户端所看到的 ZooKeeper 状态是不一致的。

例如，客户端 A 将 znode z 的值从 a 更新为 a'，接着 A 告诉 B 去读 z 的值，而 B 读到的值是 a 而不是 a'。这与 ZooKeeper 的一致性保证是完全兼容的(这种情况称为“跨客户端视图的同时一致性”)。为了避免这种情况发生，B 应该在读 z 的值之前对 z 调用 `sync` 操作。`sync` 操作会强制 B 所连接的 ZooKeeper 服务器“赶上”领导者，这样当 B 读 z 的值时，所读到的将会是 A 所更新的(或后来更新的)。

> 容易混淆的是，只能以异步调用的方式来使用 `sync` 操作。因为你不需要等待调用的返回，ZooKeeper 会保证任何后续的操作都在服务器的 `sync` 操作完成后才执行，哪怕这些操作是在 `sync` 操作完成之前发出的。

会话

每个 ZooKeeper 客户端的配置中都包括集合体中服务器的列表。在启动时，客户端会尝试连接到列表中的一台服务器。如果连接失败，它会尝试连接另一台服务器，以此类推，直到成功与一台服务器建立连接或因为所有 ZooKeeper 服务器都不可用而失败。

一旦客户端与一台 ZooKeeper 服务器建立连接，这台服务器就会为该客户端创建一个新的会话。每个会话都会有一个超时的时间设置，这个设置由创建会话的应用来设定。如果服务器在超时时间段内没有收到任何请求，则相应的会话会过期。一旦一个会话已经过期，就无法重新打开，并且任何与该会话相关联的短暂 znode 都会丢失。会话通常长期存在，而且会话过期是一种比较罕见的事件，但对应用来说，如何处理会话过期仍是非常重要的。详情可参见第 466 页的“可复原的 ZooKeeper 应用”小节。

只要一个会话空闲超过一定时间，都可以通过客户端发送 ping 请求(也称为心跳)保持会话不过期。(ping 请求由 ZooKeeper 的客户端库自动发送，因此在你的代码中不需要考虑如何维护会话。)这个时间长度的设置应当足够低，以便能够检测出服务器故障(由读超时体现)，并且能够在会话超时的时间段内重新连接到另外一台服务器。

ZooKeeper 客户端可以自动地进行故障切换，切换至另一台 ZooKeeper 服务器，并且，关键的一点是，在另一台服务器接替故障服务器之后，所有的会话(和相关的短暂 znode)仍然是有效的。

在故障切换过程中，应用程序将收到断开连接和连接至服务的通知。当客户端断开连接时，观察通知将无法发送；但是当客户端成功恢复连接后，这些延迟的通知会被发送。当然，在客户端重新连接至另一台服务器的过程中，如果应用程序试图执行一个操作，这个操作将会失败。这充分体现了在真实的 ZooKeeper 应用中处理连接丢失异常的重要性。详情可参见第 466 页的“可复原的 ZooKeeper 应用”小节。

时间

在 ZooKeeper 中有几个时间参数。“滴答”(tick time)参数定义了 ZooKeeper 中的基本时间周期，并被集合体中的服务器用来定义交互时间表。其他设置都是根据滴答参数来定义的，或至少受它限制。例如，会话超时(session timeout)参数的值不可以小于 2 个滴答并且不可以大于 20 个滴答。如果你试图将会话超时参数设置在这个范围之外，它将会被自动修改到这个范围之内。

通常将滴答参数设置为 2 秒(2000 毫秒)，对应于允许的会话超时范围是 4 到 40 秒。在选择会话超时设置时有几点需要考虑。

较短的会话超时设置会较快地检测到机器故障。在组成员管理的例子中，会话超时的时间就是用来将故障机器从组中删除的时间。但避免将会话超时时间设得太低，因为繁忙的网络会导致数据包传输延迟，从而可能会无意中导致会话过期。在这种情况下，机器可能会出现“振动”(flap)现象：在很短的时间内反复离开而后重新加入组。

对于那些创建较复杂暂时状态的应用程序来说，由于重建的代价较大，因此比较适合设置较长的会话超时。在某些情况下，可以对应用程序进行设计，使它能够在会话超时之前重启，从而避免出现会话过期的情况(这适合于对应用进行维护或升级)。服务器会为每个会话分配一个唯一的 ID 和密码，如果在建立连接的过程中将它们传递给 ZooKeeper，可以用于恢复一个会话(只要该会话没有过期)。将会话 ID 和密码保存在稳定存储器中后，可以将一个应用程序正常关闭，然后在重启应用之前凭借所保存的会话 ID 和密码来恢复会话环境。

你可以将这个特征看成是一种用来帮助避免会话过期的优化技术。但不能因此忽略对会话过期异常的处理，因为机器的意外故障也会导致会话过期，或即使应用程序是正常关闭，也有可能没有在它的会话过期之前完成重启——无论什么原因。

一般的规则是，ZooKeeper 集合体中的服务器越多，会话超时的设置应越大。连接超时、读超时和 ping 周期都被定义为集合体中服务器数量的函数，因此集合体中服务器数量越多，这些参数的值反而越小。如果频繁遇到连接丢失的情况，应考虑增大超时的设置。可以使用 JMX 来监控 ZooKeeper 的度量指标，例如请求延迟统计。

状态

ZooKeeper 对象在其生命周期中会经历几种不同的状态(参见图 14-3)。你可以在任何时刻通过 getState()方法来查询对象的状态：

```
public States getState()
```

States 被定义成代表 ZooKeeper 对象不同状态的枚举类型值(不管是什么枚举值，一个 ZooKeeper 的实例在一个时刻只能处于一种状态)。在试图与 ZooKeeper 服务建立连接的过程中，一个新建的 ZooKeeper 实例处于 CONNECTING 状态。一旦建立连接，它就会进入 CONNECTED 状态。

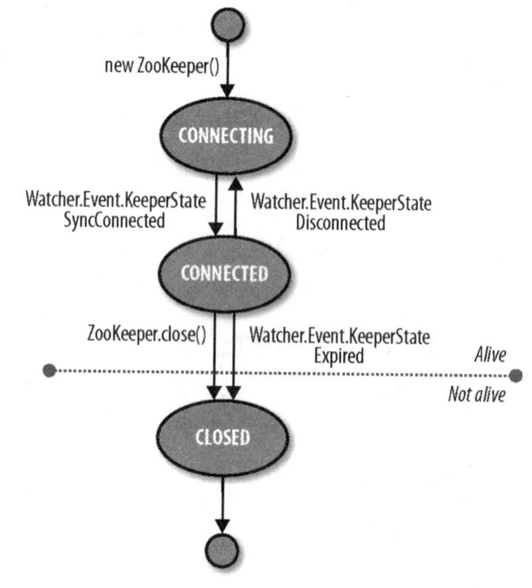

图 14-3. ZooKeeper 状态转换图

通过注册观察对象，使用了 ZooKeeper 对象的客户端可以收到状态转换通知。在进入 CONNECTED 状态时，观察对象会收到一个 WatchedEvent 通知，其中 KeeperState 的值是 SyncConnected。

ZooKeeper 的观察对象肩负着双重责任：一方面它可以用来获得 ZooKeeper 状态变化的相关通知(如本节所述)；另一方面还可以用来获得 znode 变化的相关通知(参见第 455 页的“观察触发器”小节)。传递给 ZooKeeper 对象构造函数的(默认的)观察用于监视状态变化。监视 znode 变化可以使用一个专用的观察对象(将其传递给适当的读操作)，也可以通过读操作中的布尔标识来设定是否共享使用默认的观察。

ZooKeeper 实例可以断开，然后重新连接到 ZooKeeper 服务，此时它的状态就在 CONNECTED 和 CONNECTING 之间转换。如果它断开连接，观察会收到一个 Disconnected 事件。注意，这些状态转换都是由 ZooKeeper 实例自己发起的，如果连接丢失，它会自动尝试重新连接。

如果 close()方法被调用或出现会话超时(观察事件的 KeeperState 值为 Expired)时，ZooKeeper 实例会转换到第三个状态 CLOSED。一旦处于 CLOSED 状态，ZooKeeper 对象不再被认为是活跃的(可以对 States 使用 isAlive()方法来测试)，并且不能再用。为了重新连接到 ZooKeeper 服务，客户端必须创建一个新的 ZooKeeper 实例。

使用 ZooKeeper 来构建应用

在一定程度上了解 ZooKeeper 之后，我们接下来要用 ZooKeeper 编写一些有用的应用程序。

配置服务

配置服务是分布式应用所需要的基本服务之一，它使集群中的机器可以共享配置信息中那些公共的部分。简单地说，ZooKeeper 可以作为一个具有高可用性的配置存储器，允许分布式应用的参与者检索和更新配置文件。使用 ZooKeeper 中的观察机制，可以建立一个活跃的配置服务，使那些感兴趣的客户端能够获得配置信息修改的通知。

让我们来编写一个这样的服务。我们通过两个假设来简化所需实现的服务(稍加修改就可以取消这两个假设)。第一，我们唯一需要存储的配置数据是字符串，关键字是 znode 的路径，因此我们在每个 znode 上存储了一个键/值对。第二，在任何时候只有一个客户端会执行更新操作。除此之外，这个模型看起来就像是有一个主人(类似于 HDFS 中的 namenode)在更新信息，而他的工人则需要遵循这些信息。

我们在名为 ActiveKeyValueStore 的类中编写了如下代码：

```
public class ActiveKeyValueStore extends ConnectionWatcher {

  private static final Charset CHARSET = Charset.forName("UTF-8");

  public void write(String path, String value) throws InterruptedException,
      KeeperException {
    Stat stat = zk.exists(path, false);
    if (stat == null) {
      zk.create(path, value.getBytes(CHARSET), Ids.OPEN_ACL_UNSAFE,
        CreateMode.PERSISTENT);
    } else {
      zk.setData(path, value.getBytes(CHARSET), -1);
    }
  }
}
```

write()方法的任务是将一个关键字及其值写到 ZooKeeper。它隐藏了创建一个新的 znode 和用一个新值更新现有 znode 之间的区别，而是使用 exists 操作来检测 znode 是否存在，然后再执行相应的操作。其他值得一提的细节是需要将字符串值转换为字节数组，因为我们只用了 UTF-8 编码的 getBytes()方法。

为了说明 ActiveKeyValueStore 的用法，我们编写了一个用来更新配置属性值的类 ConfigUpdater，如例 14-6 所示。

例 14-6. 用于随机更新 ZooKeeper 中的属性

```
public class ConfigUpdater {

    public static final String PATH = "/config";

    private ActiveKeyValueStore store;
    private Random random = new Random();

    public ConfigUpdater(String hosts) throws IOException, InterruptedException {
        store = new ActiveKeyValueStore();
        store.connect(hosts);
    }

    public void run() throws InterruptedException, KeeperException {
      while (true) {
          String value = random.nextInt(100) + "";
          store.write(PATH, value);
          System.out.printf("Set %s to %s\n", PATH, value);
          TimeUnit.SECONDS.sleep(random.nextInt(10));
      }
    }
```

```
    public static void main(String[] args) throws Exception {
        ConfigUpdater configUpdater = new ConfigUpdater(args[0]);
        configUpdater.run();
    }
}
```

这个程序很简单，ConfigUpdater 中定义了一个 ActiveKeyValueStore，它在 ConfigUpdater 的构造函数中连接到 ZooKeeper。run()方法永远在循环，在随机时间以随机值更新*/config* znode。

接下来，让我们看看如何读取*/config* 配置属性。首先，我们在 ActiveKeyValueStore 中添加一个读方法：

```
public String read(String path, Watcher watcher) throws InterruptedException,
    KeeperException {
  byte[] data = zk.getData(path, watcher, null/*stat*/);
  return new String(data, CHARSET);
}
```

ZooKeeper 的 getData()方法有三个参数：路径、一个观察对象和一个 Stat 对象。Stat 对象由 getData()方法返回的值填充，用来将信息回传给调用者。通过这个方法，调用者可以获得一个 znode 的数据和元数据，但在这个例子中，由于我们对元数据不感兴趣，因此将 Stat 参数设为 null。

作为配置服务的用户，ConfigWatcher(见例 14-7)创建了一个 ActiveKeyValueStore 对象 store，并且在启动之后调用了 store 的 read()方法(在 displayConfig() 方法中)，将自身作为观察传递给 store。displayConfig()方法用于显示它所读到的配置信息的初始值。

例 14-7. 该用应观察 ZooKeeper 中属性的更新情况，并将其打印到控制台

```
public class ConfigWatcher implements Watcher {

  private ActiveKeyValueStore store;

  public ConfigWatcher(String hosts) throws IOException, InterruptedException {
    store = new ActiveKeyValueStore();
    store.connect(hosts);
  }

  public void displayConfig() throws InterruptedException, KeeperException {
    String value = store.read(ConfigUpdater.PATH, this);
    System.out.printf("Read %s as %s\n", ConfigUpdater.PATH, value);
  }

  @Override
  public void process(WatchedEvent event) {
    if (event.getType() == EventType.NodeDataChanged) {
    try {
      displayConfig();
    } catch (InterruptedException e) {
      System.err.println("Interrupted. Exiting.");
      Thread.currentThread().interrupt();
```

```
    } catch (KeeperException e) {
      System.err.printf("KeeperException: %s. Exiting.\n", e);
    }
    }
  }

  public static void main(String[] args) throws Exception {
    ConfigWatcher configWatcher = new ConfigWatcher(args[0]);
    configWatcher.displayConfig();

    // stay alive until process is killed or thread is interrupted
    Thread.sleep(Long.MAX_VALUE);
  }
}
```

当 ConfigUpdater 更新 znode 时，ZooKeeper 产生一个类型为 EventType.NodeDataChanged 的事件，从而触发观察。ConfigWatcher 在它的 process()方法中对这个事件做出反应，读取并显示配置的最新版本。

由于观察仅发送单次信号，因此每次我们调用 ActiveKeyValueStore 的 read()方法时，都将一个新的观察告知 ZooKeeper——确保我们可以看到将来的更新。此外，我们还是不能保证接收到每一个更新，因为在收到观察事件通知与下一次读之间，znode 可能已经被更新过，而且可能是很多次，由于客户端在这段时间没有注册任何观察，因此不会收到通知。对于示例中的配置服务，这不是问题，因为客户端只关心属性的最新值，最新值优先于之前的值。但是，一般情况下，这个潜在的问题是不容忽视的。

让我们看看如何使用这个程序。在一个终端窗口中运行 ConfigUpdater：

```
% java ConfigUpdater localhost
Set /config to 79
Set /config to 14
Set /config to 78
```

然后紧接着在另一个窗口启动 ConfigWatcher：

```
% java ConfigWatcher localhost
Read /config as 79
Read /config as 14
Read /config as 78
```

可复原的 ZooKeeper 应用

关于分布式计算的第一个误区[①]是“网络是可靠的”。按照他们的观点，程序总是有一个可靠的网络，因此当程序运行在真正的网络中时，往往会出现各种各样的故障。让我们看看各种可能的故障模式，以及能够解决故障的措施，使我们的程序在面对故障时能够及时复原。

① 参见 *http://en.wikipedia.org/wiki/Fallacies_of_Distributed_Computing*。

在 Java API 中的每一个 ZooKeeper 操作都在其 throws 子句中声明了两种类型的异常，分别是 InterruptedException 和 KeeperException。

InterruptedException 异常

如果操作被中断，则会有一个 InterruptedException 异常被抛出。在 Java 语言中有一个取消阻塞方法的标准机制，即针对存在阻塞方法的线程调用 interrupt()。一个成功的取消操作将产生一个 InterruptedException 异常。ZooKeeper 也遵循这一机制，因此你可以使用这种方法来取消一个 ZooKeeper 操作。使用了 ZooKeeper 的类或库通常会传播 InterruptedException 异常，使客户端能够取消它们的操作。[①]

InterruptedException 异常并不意味着有故障，而是表明相应的操作已经被取消，所以在配置服务的示例中，可以通过传播异常来中止应用程序的运行。

KeeperException 异常

如果 ZooKeeper 服务器发出一个错误信号或与服务器存在通信问题，抛出的则是 KeeperException 异常。针对不同的错误情况，KeeperException 异常存在不同的子类。例如，KeeperException.NoNodeException 是 KeeperException 的一个子类，如果你试图针对一个不存在的 znode 执行操作，抛出的则是该异常。

每一个 KeeperException 异常的子类都对应一个关于错误类型信息的代码。例如，KeeperException.NoNodeException 异常的代码是 KeeperException.Code.NONODE(一个枚举值)。

有两种方法被用来处理 KeeperException 异常：一种是捕捉 KeeperException 异常并且通过检测它的代码来决定采取何种补救措施；另一种是捕捉等价的 KeeperException 子类并且在每段捕捉代码中执行相应的操作。

KeeperException 异常分为三大类。

状态异常 当一个操作因不能被应用于 znode 树而导致失败时，就会出现状态异常。状态异常产生的原因通常是在同一时间有另外一个进程正在修改 znode。例如，如果一个 znode 先被另外一个进程更新了，根据版本号执行 setData 操作的进程就会失败，并收到一个 KeeperException.BadVersionException 异常，这是因为版本号不匹配。程序员通常都知道这种冲突总是存在的，也都会编写代码来进行处理。

一些状态异常会指出程序中的错误，例如 KeeperException.NoChildrenForEphemeralsException 异常，试图在短暂 znode 下创建子节点时就会抛出该异常。

① 详情请参阅 Brian Goetz 的优秀文章“Dealing with InterruptedException”，网址为 *http://www.ibm.con/developerworks/java/library/j-jtp05236.html*。

可恢复的异常　可恢复的异常是指那些应用程序能够在同一个 ZooKeeper 会话中恢复的异常。一个可恢复的异常是通过 KeeperException.ConnectionLossException 来表示的，它意味着已经丢失了与 ZooKeeper 的连接。ZooKeeper 会尝试重新连接，并且在大多数情况下重新连接会成功，并确保会话是完整的。

但是 ZooKeeper 不能判断与 KeeperException.ConnectionLossException 异常相关的操作是否成功执行。这种情况就是部分失败的一个例子(在本章开始时提到的)。这时程序员有责任来解决这种不确定性，并且根据应用的情况来采取适当的操作。

在这一点上，就需要对“幂等”(idempotent)操作和“非幂等”(Nonidempotent)操作进行区分。幂等操作是指那些一次或多次执行都会产生相同结果的操作，例如读请求或无条件执行的 setData 操作。对于幂等操作，只需要简单地进行重试即可。

对于非幂等操作，就不能盲目地进行重试，因为它们多次执行的结果与一次执行是完全不同的。程序可以通过在 znode 的路径和它的数据中编码信息来检测是否非幂等操作的更新已经完成。在第 471 页的“可恢复的异常”小节中，我们将通过实现一个锁服务来讨论如何处理失败的非幂等操作。

不可恢复的异常　在某些情况下，ZooKeeper 会话会失效——也许因为超时或因为会话被关闭(两种情况下都会收到 KeeperException.SessionExpiredException 异常)，或因为身份验证失败(KeeperException.AuthFailedException 异常)。无论上述哪种情况，所有与会话相关联的短暂 znode 都将丢失，因此应用程序需要在重新连接到 ZooKeeper 之前重建它的状态。

可靠的配置服务

让我们回到 ActiveKeyValueStore 的 write()方法，它由一个 exists 操作紧跟着一个 create 操作或 setData 操作组成：

```
public void write(String path, String value) throws InterruptedException,
    KeeperException {
  Stat stat = zk.exists(path, false);
  if (stat == null) {
    zk.create(path, value.getBytes(CHARSET), Ids.OPEN_ACL_UNSAFE,
      CreateMode.PERSISTENT);
  } else {
    zk.setData(path, value.getBytes(CHARSET), -1);
  }
}
```

作为一个整体，write()方法是一个幂等操作，所以我们可以对它进行无条件重试。这里有一个 write()方法修改后的版本，能够循环执行重试。

其中设置了重试的最大次数 MAX_RETRIES 和两次重试之间的时间间隔 RETRY_PERIOD_SECONDS：

```
public void write(String path, String value) throws InterruptedException,
KeeperException {
  int retries = 0;
  while (true) {
     try {
       Stat stat = zk.exists(path, false);
       if (stat == null) {
         zk.create(path, value.getBytes(CHARSET), Ids.OPEN_ACL_UNSAFE,
             CreateMode.PERSISTENT);
       } else {
          zk.setData(path, value.getBytes(CHARSET), stat.getVersion());
       }
     } catch (KeeperException.SessionExpiredException e) {
       throw e;
     } catch (KeeperException e) {
       if (retries++ == MAX_RETRIES) {
       throw e;
       }
       // sleep then retry
       TimeUnit.SECONDS.sleep(RETRY_PERIOD_SECONDS);
     }
  }
}
```

这段代码没有在 KeeperException.SessionExpiredException 异常处进行重试，因为当一个会话过期时，ZooKeeper 对象会进入 CLOSED 状态，此状态下它不能再进行重新连接(参见图 14-3)。我们只是简单地将这个异常重新抛出①并且让调用者创建一个新的 ZooKeeper 实例，以重试整个 write()方法。一个简单的创建新实例的方法是创建一个新的 ConfigUpdater(我们实际上已将其改名为 ResilientConfigUpdater)用于恢复过期会话：

```
public static void main(String[] args) throws Exception {
  while (true) {
    try {
      ResilientConfigUpdater configUpdater =
        new ResilientConfigUpdater(args[0]);
      configUpdater.run();
    } catch (KeeperException.SessionExpiredException e) {
      // start a new session
    } catch (KeeperException e) {
      // already retried, so exit
      e.printStackTrace();
      break;
    }
  }
}
```

① 另外一种编写代码的方式是只使用一段用于 KeeperException 异常的捕捉代码，然后检测所捕获异常的编码值是否为 KeeperException.Code.SESSIONEXPIRED。你使用哪种方式取决于编程风格，因为两种方式的效果相同。

处理会话过期的另一种方法是在观察中(在这个例子中应该是 ConnectionWatcher)寻找类型为 Expired 的 KeeperState，然后在找到的时候创建一个新的连接。即使我们收到 KeeperException.SessionExpiredException 异常，这种方法还是可以让我们在 write()方法内不断重试，因为连接最终是能够重新建立的。不管我们采用何种机制从过期会话中恢复，重要的是，这种不同于连接丢失的故障类型，需要进行不同的处理。

> 实际上，这里忽略了另一种故障模式。当 ZooKeeper 对象被创建时，它会尝试连接一个 ZooKeeper 服务器。如果连接失败或超时，那么它会尝试连接集合体中的另一台服务器。如果在尝试集合体中所有服务器之后仍然无法建立连接，它会抛出一个 IOException 异常。由于所有 ZooKeeper 服务器都不可用的可能性很小，所以某些应用程序选择循环重试操作，直到 ZooKeeper 服务可用为止。

这仅仅是一种重试处理策略——还有许多其他策略，例如使用“指数退回”(exponential backoff)，每次将重试的间隔乘以一个常数。Hadoop 内核中的 org.apache.hadoop.io.retry 包是一组工具，用于以可重用的方式将重试逻辑加入代码，因此它对于构建 ZooKeeper 应用非常有用。

锁服务

分布式锁在一组进程之间提供了一种互斥机制。在任何时刻，只有一个进程可以持有锁。分布式锁可以用于在大型分布式系统中实现领导者选举，在任何时间点，持有锁的那个进程就是系统的领导者。

> 不要将 ZooKeeper 自己的领导者选举和使用 ZooKeeper 基本操作实现的一般的领导者选举服务混为一谈。ZooKeeper 自己的领导者选举机制是不对外公开的，我们这里所描述的一般领导者选举服务则不同，它是为那些需要与主进程保持一致的分布式系统所设计的。

为了使用 ZooKeeper 来实现分布式锁服务，我们使用顺序 znode 来为那些竞争锁的进程强制排序。思路很简单：首先指定一个作为锁的 znode，通常用它来描述被锁定的实体，称为*/leader*；然后希望获得锁的客户端创建一些短暂顺序 znode，作为锁 znode 的子节点。在任何时间点，顺序号最小的客户端将持有锁。例如，有两个客户端差不多同时创建 znode，分别为*/leader/lock-1* 和*/leader/lock-2*，那么创建*/leader/lock-1* 的客户端将会持有锁，因为它的 znode 顺序号最小。ZooKeeper 服务是顺序的仲裁者，因为它负责分配顺序号。

通过删除 znode */leader/lock-1* 即可简单地将锁释放；另外，如果客户端进程死亡，对应的短暂 znode 也会被删除。接下来，创建*/leader/lock-2* 的客户端将持有锁，因为它顺序号紧跟前一个。通过创建一个关于 znode 删除的观察，可以使客户端在获得锁时得到通知。

如下是申请获取锁的伪代码。

1. 在锁 znode 下创建一个名为 *lock-*的短暂顺序 znode，并且记住它的实际路径名(`create` 操作的返回值)。
2. 查询锁 znode 的子节点并且设置一个观察。
3. 如果步骤 1 中所创建的 znode 在步骤 2 中所返回的所有子节点中具有最小的顺序号，则获取到锁。退出。
4. 等待步骤 2 中所设观察的通知并且转到步骤 2。

羊群效应

虽然这个算法是正确的，但还是存在一些问题。第一个问题是这种实现会受到“羊群效应”(herd effect)的影响。考虑有成百上千客户端的情况，所有的客户端都在尝试获得锁，每个客户端都会在锁 znode 上设置一个观察，用于捕捉子节点的变化。每次锁被释放或另外一个进程开始申请获取锁的时候，观察都会被触发并且每个客户端都会收到一个通知。“羊群效应”就是指大量客户端收到同一事件的通知，但实际上只有很少一部分需要处理这一事件。在这种情况下，只有一个客户端会成功地获取锁，但是维护过程及向所有客户端发送观察事件会产生峰值流量，这会对 ZooKeeper 服务器造成压力。

为了避免出现羊群效应，我们需要优化通知的条件。关键在于只有在前一个顺序号的子节点消失时才需要通知下一个客户端，而不是删除(或创建)任何子节点时都需要通知。在我们的例子中，如果客户端创建了 znode */leader/lock-1*、*/leader/lock-2* 和*/leader/lock-3*，那么只有当*/leader/lock-2* 消失时才需要通知*/leader/lock-3* 对应的客户端；*/leader/lock-1* 消失或有新的 znode */leader/lock-4* 加入时，不需要通知该客户端。

可恢复的异常

这个申请锁的算法目前还存在另一个问题，就是不能处理因连接丢失而导致的 `create` 操作失败。如前所述，在这种情况下，我们不知道操作是成功还是失败。由于创建一个顺序 znode 是非幂等操作，所以我们不能简单地重试，因为如果第一次创建已经成功，重试会使我们多出一个永远删不掉的孤儿 znode(至少到客户端会话结束前)。不幸的结果是将会出现死锁。

问题在于，在重新连接之后客户端不能够判断它是否已经创建过子节点。解决方案是在 znode 的名称中嵌入一个 ID，如果客户端出现连接丢失的情况，重新连接之后它便可以对锁节点的所有子节点进行检查，看看是否有子节点的名称中包含其 ID。如果有一个子节点的名称包含其 ID，它便知道创建操作已经成功，不需要再创建子节点。如果没有子节点的名称中包含其 ID，则客户端可以安全地创建一个新的顺序子节点。

客户端会话的 ID 是一个长整数，并且在 ZooKeeper 服务中是唯一的，因此非常适合在连接丢失后用于识别客户端。可以通过调用 Java ZooKeeper 类的 `getSessionId()` 方法来获得会话的 ID。

在创建短暂顺序 znode 时应当采用 *lock-<sessionId>-*这样的命名方式，ZooKeeper 在其尾部添加顺序号之后，znode 的名称会形如 *lock-<sessionId>-<sequenceNumber>*。由于顺序号对于父节点来说是唯一的，但对于子节点名并不唯一，因此采用这样的命名方式可以让子节点在保持创建顺序的同时能够确定自己的创建者。

不可恢复的异常

如果一个客户端的 ZooKeeper 会话过期，那么它所创建的短暂 znode 将会被删除，已持有的锁会被释放，或是放弃了申请锁的位置。使用锁的应用程序应当意识到它已经不再持有锁，应当清理它的状态，然后通过创建并尝试申请一个新的锁对象来重新启动。注意，这个过程是由应用程序控制的，而不是锁，因为锁是不能预知应用程序需要如何清理自己的状态。

实现

正确地实现一个分布式锁是一件棘手的事，因为很难对所有类型的故障都进行正确的解释处理。ZooKeeper 带有一个 Java 语言编写的生产级别的锁实现，名为 `WriteLock`，客户端可以很方便地使用它。

更多分布式数据结构和协议

使用 ZooKeeper 可以实现很多不同的分布式数据结构和协议，例如“屏障”(barrier)、队列和两阶段提交协议。有趣的是它们都是同步协议，即使我们使用异步 ZooKeeper 基本操作(如通知)来实现它们。

ZooKeeper 网站(*http://hadoop.apache.org/zookeeper/*)提供了一些用于实现分布式数据结构和协议的伪代码。ZooKeeper 本身也带有一些标准方法的实现，放在安装位置下的 *recipes* 目录中。

BookKeeper

BookKeeper 是一个具有高可用性和可靠性的日志服务。它可以用来提供预写式日志(write-ahead logging)，这是一项在存储系统中用于保证数据完整性的常用技术。在一个使用预写式日志的系统中，每一个写操作在被应用前都先要写入事务日志。使用这个技术，我们不必在每个写操作之后都将数据写到永久存储器上，因为即使出现系统故障，也可以通过重新执行事务日志中尚未应用的写操作来恢复系统的最后状态。

BookKeeper 客户端所创建的日志被称为 ledger，每一个添加到 ledger 的记录被称为 ledger entry，每个 ledger entry 就是一个简单的字节数组。ledger 由复制 ledger 数据的 bookie 服务器进行管理。注意，ledger 数据不存储在 ZooKeeper 中，只有元数据保存在 ZooKeeper 中。

传统上，为了让使用预写式日志的系统更加稳定，必须解决保存事务日志的节点故障问题。通常通过某种方式复制事务日志来解决这个问题。例如，Hadoop HDFS 中的 namenode 会将它的编辑日志写到多个磁盘上，每个磁盘都是一个典型的 NFS 装入盘。然而，主节点出现故障时，还是需要手动完成故障恢复。通过提供具有高可用性的日志服务，BookKeeper 承诺提供透明的故障恢复，因为它可以容忍 Bookie 服务器的故障。

BookKeeper 位于 ZooKeeper 安装位置的 *contrib* 目录下，在那里可以找到它的更多相关用法。

生产环境中的 ZooKeeper

在生产环境中，应当以复制模式运行 ZooKeeper。在这里，我们将讨论维护 ZooKeeper 服务器的集合体时需要考虑的一些问题。但是，本节的内容不够详尽，因此你应当参考“ZooKeeper 管理员指南”来获得详细的最新操作指南，包括支持的平台、推荐的硬件、维护过程和配置属性。

可恢复性和性能

在安放 ZooKeeper 所用的机器时，应当考虑尽量减少机器和网络故障可能带来的影响。在实践过程中，一般是跨机架、电源和交换机来安放服务器，这样，这些设备中的任何一个出现故障都不会使集合体损失半数以上的服务器。ZooKeeper 需要在集合体的所有服务器之间建立低延迟的连接，鉴于此，一个集合体只限于为一个数据中心提供服务。

ZooKeeper 中有一个“观察节点”(observer node)的概念，指没有投票权的跟随者。由于观察节点不参与写请求过程中达成共识的投票，因此使用观察节点可以让 ZooKeeper 集群在不影响写性能的情况下提高读操作的性能。[①]此外，将投票节点安放在一个数据中心，将观察节点安放在另一个数据中心，可以使 ZooKeeper 集群跨越多个数据中心。

ZooKeeper 是具有高可用性的系统，对它来说，最关键的是能够及时地履行其职能。因此，ZooKeeper 应当运行在专用的机器上。如果有其他应用程序竞争资源，会导致 ZooKeeper 的性能明显下降。

通过对 ZooKeeper 进行配置，可以使它的事务日志和数据快照分别保存在不同的磁盘驱动器上。默认情况下，两者都保存在 `dataDir` 属性所指定的目录中，但是通过为 `dataLogDir` 属性设置一个值，便可以将事务日志写在该值所指定的那个位置。通过指定一个专用的设备(不只是一个分区)，一个 ZooKeeper 服务器可以以最大速率将日志写到磁盘，因为写日志是顺序写，并且没有寻址操作。由于所有的写操作都是通过领导者来完成的，增加服务器并不能提高写操作的吞吐量，所以提高性能的关键是写操作的速度。

如果写操作的进程被交换到磁盘上，性能会受到不利的影响。这是可以避免的，将 Java 堆的大小设置为小于机器上可用的物理内存即可。ZooKeeper 脚本可以从它的配置目录中获取一个名为 *java.env* 的文件，这个文件用来设置 `JVMFLAGS` 环境变量，包括设置 Java 堆的大小(和任何其他所需的 JVM 参数)。

配置

ZooKeeper 服务器集合体中，每个服务器都有一个数值型的 ID，服务器 ID 在集合体中是唯一的，并且取值范围在 1 到 255 之间。可以通过一个名为 *myid* 的纯文本文件设定服务器的 ID，这个文件保存在 `dataDir` 参数所指定的目录中。

为每台服务器设置 ID 只完成了工作的一半。我们还需要将集合体中其他服务器的 ID 和网络位置告诉所有的服务器。在 ZooKeeper 的配置文件中必须为每台服务器添加下面这行配置：

```
server.n=hostname:port:port
```

① 详情参见 Henry Robinson 的文章“Observers: Making ZooKeeper Scale Even Further”，网址为 *http://www.cloudera.com/blog/2009/12/observers-making-zooker-scale-even-further/*。

n 的值就是服务器的 ID。这里有 2 个端口设置：第一个是跟随者用来连接领导者的端口；第二个端口用于领导者选举。这里有一个包含有三台机器的复制模式下 ZooKeeper 集合体的配置例子：

```
tickTime=2000
dataDir=/disk1/zookeeper
dataLogDir=/disk2/zookeeper
clientPort=2181
initLimit=5
syncLimit=2
server.1=zookeeper1:2888:3888
server.2=zookeeper2:2888:3888
server.3=zookeeper3:2888:3888
```

服务器在 3 个端口上进行监听：2181 端口用于客户端连接；对于领导者来说，2888 端口用于跟随者连接；3888 端口用于领导者选举阶段的其他服务器连接。当一个 ZooKeeper 服务器启动时，它读取 *myid* 文件用于确定自己的服务器 ID，然后通过读取配置文件来确定应当在哪个端口进行监听，同时确定集合体中其他服务器的网络地址。

连接到这个 ZooKeeper 集合体的客户端在 `ZooKeeper` 对象的构造函数中应当使用 `zookeeper1:2181`、`zookeeper2:2181` 和 `zookeeper3:2181` 作为主机字符串。

在复制模式下，有两个额外的强制参数：`initLimit` 和 `syncLimit`，两者都是以滴答参数的倍数进行度量。

`initLimit` 参数设定了允许所有跟随者与领导者进行连接并同步的时间。如果在设定的时间段内，半数以上的跟随者未能完成同步，领导者便会宣布放弃领导地位，然后进行另外一次领导者选举。如果这种情况经常发生(可以通过日志中的记录发现这种情况)，则表明设定的值太小。

`syncLimit` 参数设定了允许一个跟随者与领导者进行同步的时间。如果在设定的时间段内，一个跟随者未能完成同步，它将会自己重启。所有关联到这个跟随者的客户端将连接到另一个跟随者。

这些是建立和运行一个 ZooKeeper 服务器集群所需的最少设置。“ZooKeeper 管理员指南”列出了更多的配置选项，特别是性能调优方面的。

第 15 章

开源工具 Sqoop

(作者：Aaron Kimball)

Hadoop 平台的最大优势在于它支持使用不同形式的数据。HDFS 能够可靠地存储日志和来自不同渠道的其他数据，MapReduce 程序能够解析多种"即席"(ad hoc)数据格式，抽取相关信息并将多个数据集组合成非常有用的结果。

但是为了能够和 HDFS 之外的数据存储库进行交互，MapReduce 程序需要使用外部 API 来访问数据。通常，一个组织中有价值的数据都存储在关系型数据库系统(RDBMS)中。Sqoop 是一个开源工具，它允许用户将数据从关系型数据库抽取到 Hadoop 中，用于进一步的处理。抽取出的数据可以被 MapReduce 程序使用，也可以被其他类似于 Hive 的工具使用。一旦形成分析结果，Sqoop 便可以将这些结果导回数据库，供其他客户端使用。

在本章中，我们将了解 Sqoop 是如何工作的，并且学习如何在数据处理流水线中使用它。

获取 Sqoop

在几个地方都可以获得 Sqoop。该项目的主要位置是在 *http://github.com/cloudera/sqoop*，这里有 Sqoop 的所有源代码和文档。在这个站点可以获得 Sqoop 的官方版本和当前正在开发的新版本的源代码。这里还提供项目编译说明。另外，Cloudera's Distribution for Hadoop 也包含一个 Sqoop 安装包，以及与之兼容的 Hadoop 版本和类似于 Hive 的其他工具。

如果已经安装了从 github 下载的一个版本，它将被放在一个类似于 */home/yourname/sqoop-x.y.z/*的目录中。我们称这个目录为`$SQOOP_HOME`。可以通过运行可执行脚本`$SQOOP_HOME/bin/sqoop`来启动 Sqoop。

如果使用 Cloudera 的发行版安装了一个版本，那么安装包会把 Sqoop 的脚本放在类似于*/usr/bin/sqoop* 的标准位置。可以通过在命令行上简单地键入 `sqoop` 来运行它。

(无论通过何种方式安装 Sqoop，从现在起我们就用 `sqoop` 来执行这个脚本。)

不带参数运行 Sqoop 是没有什么意义的：

```
% sqoop
Try sqoop help for usage.
```

Sqoop 被组织成一组工具或命令。不选择工具，Sqoop 便无所适从。`help` 是其中一个工具的名称，它能够打印出可用工具的列表，如下所示：

```
% sqoop help
usage: sqoop COMMAND [ARGS]

Available commands:
  codegen             Generate code to interact with database records
  create-hive-table   Import a table definition into Hive
  eval                Evaluate a SQL statement and display the results
  export              Export an HDFS directory to a database table
  help                List available commands
  import              Import a table from a database to HDFS
  import-all-tables   Import tables from a database to HDFS
  list-databases      List available databases on a server
  list-tables         List available tables in a database
  version             Display version information

See 'sqoop help COMMAND' for information on a specific command.
```

根据它的解释，通过将特定工具的名称作为参数，`help` 还能够提供该工具的使用说明：

```
% sqoop help import
usage: sqoop import [GENERIC-ARGS] [TOOL-ARGS]

Common arguments:
  --connect <jdbc-uri>     Specify JDBC connect string
  --driver <class-name>    Manually specify JDBC driver class to use
  --hadoop-home <dir>      Override $HADOOP_HOME
  --help                   Print usage instructions

-P                         Read password from console
  --password <password>    Set authentication password
  --username <username>    Set authentication username
  --verbose                Print more information while working
...
```

运行 Sqoop 工具的另外一种方法是使用与之对应的特定脚本。这样的脚本一般被命名为 `sqoop-toolname`，例如，`sqoop-help` 和 `sqoop-import` 等。运行这两个脚本与运行 `sqoop help` 或 `sqoop import` 命令是一样的。

一个导入的例子

在安装 Sqoop 之后，可以用它将数据导入 Hadoop。

Sqoop 可以从数据库导入数据；如果你还没有安装数据库服务器，则需要选择一个。MySQL 是一个支持很多平台的易于使用的数据库。

安装和配置 MySQL 时，可以参考 `http://dev.mysql.com/doc/refman/5.1/en/` 上的文档。特别是第 2 章应该很有帮助。基于 Debian 的 Linux 系统(如 Ubuntu)的用户可以通过键入 `sudo apt-get install mysql-client mysql-server` 进行安装；RedHat 的用户可以通过键入 `sudo yum installmysqlmysql-server` 进行安装。

现在，MySQL 已经安装好，让我们先登录，然后创建一个数据库(例 15-1)。

例 15-1. 创建一个新的 MySQL 数据库模式

```
% mysql -u root -p
Enter password:
Welcome to the MySQL monitor. Commands end with ; or \g.
Your MySQL connection id is 349
Server version: 5.1.37-1ubuntu5.4 (Ubuntu)

Type 'help;' or '\h' for help. Type '\c' to clear the current input
statement.

mysql> CREATE DATABASE hadoopguide;
Query OK, 1 row affected (0.02 sec)

mysql> GRANT ALL PRIVILEGES ON hadoopguide.* TO '%'@'localhost';
Query OK, 0 rows affected (0.00 sec)

mysql> GRANT ALL PRIVILEGES ON hadoopguide.* TO ''@'localhost';
Query OK, 0 rows affected (0.00 sec)

mysql> quit;
Bye
```

前面的密码提示要求你输入 root 用户的密码，就像 root 用户通过密码进行 shell 登录一样。如果你正在使用 Ubuntu 或其他不支持 root 直接登录的 Linux 系统，则键入安装 MySQL 时挑选的密码。

在这个会话中，我们创建了一个新的名为 `hadoopguide` 的数据库模式，本章中我们将一直使用这个数据库模式。接着我们允许所有本地用户查看和修改 `hadoopguide` 模式的内容。最后，关闭这个会话。①

① 当然，在生产环境中，我们需要更谨慎地对待访问控制，而这里只是用于演示的目的。上述的授权也假设你正在使用一个伪分布式 Hadoop 实例。如果使用的是一个真正的分布式 Hadoop 集群，至少需要一个启用了远程访问的用户，其帐户用于通过 Sqoop 执行导入和导出。

现在让我们登录到数据库(这次不是作为 root，而是你自己)，然后创建一个将被导入 HDFS 的表(例 15-2)。

例 15-2. 填充数据库

```
% mysql hadoopguide
Welcome to the MySQL monitor. Commands end with ; or \g.
Your MySQL connection id is 352
Server version: 5.1.37-1ubuntu5.4 (Ubuntu)

Type 'help;' or '\h' for help. Type '\c' to clear the current input statement.

mysql> CREATE TABLE widgets(id INT NOT NULL PRIMARY KEY AUTO_INCREMENT,
    -> widget_name VARCHAR(64) NOT NULL,
    -> price DECIMAL(10,2),
    -> design_date DATE,
    -> version INT,
    -> design_comment VARCHAR(100));
Query OK, 0 rows affected (0.00 sec)

mysql> INSERT INTO widgets VALUES (NULL, 'sprocket', 0.25, '2010-02-10',
    -> 1, 'Connects two gizmos');
Query OK, 1 row affected (0.00 sec)

mysql> INSERT INTO widgets VALUES (NULL, 'gizmo', 4.00, '2009-11-30', 4,
    -> NULL);
Query OK, 1 row affected (0.00 sec)

mysql> INSERT INTO widgets VALUES (NULL, 'gadget', 99.99, '1983-08-13',
    -> 13, 'Our flagship product');
Query OK, 1 row affected (0.00 sec)

mysql> quit;
```

在上面的会话中，我们创建了一个名为 `widgets` 的新表。在本章更多的例子中我们都将使用这个虚构的产品数据库。表 `widgets` 有几个不同数据类型的字段。

现在让我们使用 Sqoop 将这个表导入 HDFS：

```
% sqoop import --connect jdbc:mysql://localhost/hadoopguide \
> --table widgets -m 1
10/06/23 14:44:18 INFO tool.CodeGenTool: Beginning code generation
...
10/06/23 14:44:20 INFO mapred.JobClient: Running job: job_201006231439_0002
10/06/23 14:44:21 INFO mapred.JobClient: map 0% reduce 0%
10/06/23 14:44:32 INFO mapred.JobClient: map 100% reduce 0%
10/06/23 14:44:34 INFO mapred.JobClient: Job complete:
job_201006231439_0002
...
10/06/23 14:44:34 INFO mapreduce.ImportJobBase: Retrieved 3 records.
```

Sqoop 的 `import` 工具会运行一个 MapReduce 作业，该作业会连接 MySQL 数据库并读取表中的数据。默认情况下，该作业会并行使用 4 个 map 任务来加速导入过程。每个任务都会将其所导入的数据写到一个单独的文件，但所有 4 个文件都位于同一个目录中。在本例中，由于我们知道只有三行可以导入的数据，因此指定 Sqoop 只使用一个 map 任务(`-m 1`)，这样我们只得到一个保存在 HDFS 中的文件。

我们可以检查这个文件的内容，如下所示：

```
% hadoop fs -cat widgets/part-m-00000
1,sprocket,0.25,2010-02-10,1,Connects two gizmos
2,gizmo,4.00,2009-11-30,4,null
3,gadget,99.99,1983-08-13,13,Our flagship product
```

在本例中使用了连接字符串(jdbc:mysql://localhost/hadoopguide)，表明需要从本地机器上的数据库中读取数据。如果使用了分布式 Hadoop 集群，则在连接字符串中不能使用 `localhost`；否则，与数据库不在同一台机器上运行的 map 任务都将无法连接到数据库。即使是从数据库服务器所在主机运行 Sqoop，也需要为数据库服务器指定完整的主机名。

默认情况下，Sqoop 会将我们导入的数据保存为逗号分隔的文本文件。如果导入数据的字段内容中存在分隔符，则我们可以另外指定分隔符、字段包围字符和转义字符。使用命令行参数可以指定分隔符、文件格式、压缩以及对导入过程进行更细粒度的控制，Sqoop 自带的“*Sqoop User Guide*”，[①]或在 Sqoop 的在线帮助中(`sqoop help import`，在 CDH 中使用 `man sqoop-import`)，可以找到对相关参数的描述。

文本和二进制文件格式

Sqoop 可以将数据导入成几种不同的格式。文本文件(默认)是一种人类可读的数据表示形式，并且是平台独立和最简单的数据格式。但是，文本文件不能保存二进制字段(例如数据库中类型为 `VARBINARY` 的列)，并且不能区分 `null` 值和字符串值“`null`”。为了处理这些情况，应该使用 Sqoop 的 `SequenceFile` 格式。这种文件格式的缺点在于它只面向 Java 语言，并且 Sqoop 的目前版本还不能将其加载到 Hive 中。但是，`SequenceFile` 格式为导入的数据提供了更精确的表示。`SequenceFile` 格式不仅能够使 MapReduce 保留其并行处理同一个文件不同部分的能力，还允许对数据进行压缩。

① 网址为 *http://archive.cloudera.com/cdh/3/sqoop/*。

生成代码

除了能够将数据库表的内容写到 HDFS，Sqoop 还生成了一个 Java 源文件(`widgets.java`)，保存在当前的本地目录中。在运行了前面的 `sqoop import` 命令之后，可以通过 `ls widgets.java` 命令看到这个文件。

代码生成是 Sqoop 导入过程的必要组成部分；在第 483 页的“深入了解数据库导入”小节中，将展示看到 Sqoop 在将源数据库的表数据写到 HDFS 之前，首先用生成的代码对其进行反序列化。

生成的类(`widgets`)中能够保存一条从被导入表中取出的记录。该类可以在 MapReduce 中使用这条记录，也可以将这条记录保存在 HDFS 中的一个 SequenceFile 文件中。在导入过程中，由 Sqoop 生成的 SequenceFile 文件会使用生成的类，将每一个被导入的行保存在其键/值对格式中“值”的位置。

也许你不想将生成的类命名为 `widgets`，因为每一个类的实例只对应于一条记录。我们可以使用另外一个 Sqoop 工具来生成源代码，但并不执行导入操作，这个生成的代码仍然会检查数据库表，以确定与每个字段相匹配的数据类型：

```
% sqoop codegen --connect jdbc:mysql://localhost/hadoopguide \
> --table widgets --class-name Widget
```

codegen 工具只是简单地生成代码；它不执行完整的导入操作。我们指定希望生成一个名为 `Widget` 的类，这个类将被写到 `Widget.java` 文件中。在之前执行的导入过程中，我们还可以指定`--class-name` 和其他代码生成参数。如果你意外地删除了生成的源代码，或希望使用不同于导入过程的设定来生成代码，都可以用这个工具来重新生成代码。

如果计划使用导入到 SequenceFile 文件中的记录，你将不可避免地用到生成的类(对 SequenceFile 文件中的数据进行反序列化)。在使用文本文件中的记录时，不需要用生成的代码，但在第 486 页的“使用导入的数据”小节中，我们将看到 Sqoop 生成的代码有助于解决数据处理过程中的一些繁琐问题。

其他序列化系统

随着 Sqoop 的不断发展，Sqoop 对数据进行序列化和交互的方法也在不断增加。在写作这一章的时候，最新的 Sqoop 版本要求生成的代码必须实现 `Writable` 接口。将来的 Sqoop 版本应当支持基于 Avro 的序列化和模式生成(参见第 103 页的“Avro”小节)，允许你在项目中使用 Sqoop，无须集成生成的代码。

深入了解数据库导入

如前所述，Sqoop 是通过一个 MapReduce 作业从数据库中导入一个表，这个作业从表中抽取一行行记录，然后将记录写入 HDFS。MapReduce 是如何读取记录的？本节将解释 Sqoop 的底层工作机理。

图 15-1 粗略演示了 Sqoop 是如何与源数据库及 Hadoop 进行交互的。像 Hadoop 一样，Sqoop 是用 Java 语言编写的。Java 提供了一个称为 JDBC(Java Database Connectivity)的 API，应用程序可以使用这个 API 来访问存储在 RDBMS 中的数据以及检查数据的性质和类型。大多数数据库厂商都提供 JDBC 驱动程序，其中实现了 JDBC API 并包含用于连接其数据库服务器的必要代码。

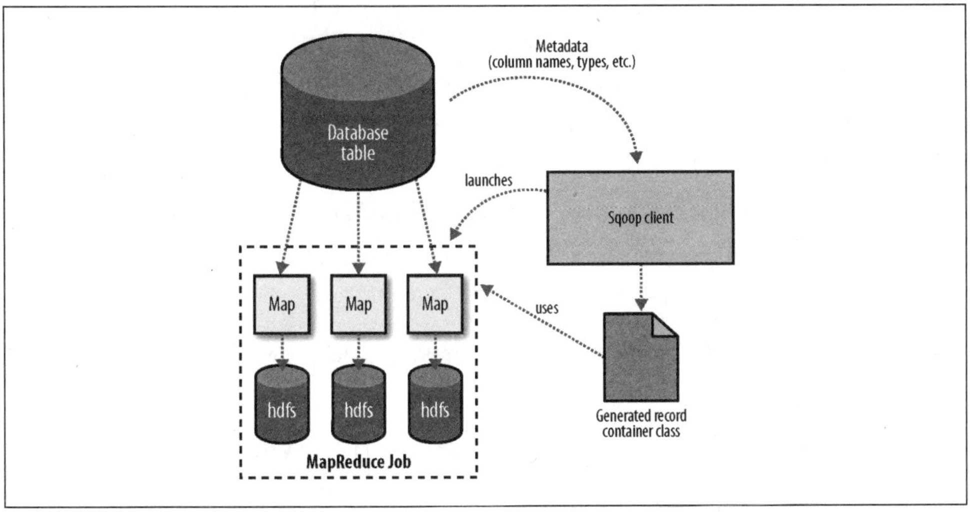

图 15-1. Sqoop 的导入过程

根据用于访问数据库的连接字符串中的 URL，Sqoop 尝试预测应该加载哪个驱动程序。你可能仍然需要下载 JDBC 驱动并且将其安装在你的 Sqoop 客户端上。在 Sqoop 无法判定使用哪个 JDBC 驱动程序时，用户可以明确指定如何将 JDBC 驱动程序加载到 Sqoop。这使 Sqoop 能够广泛支持各种数据库平台。

在导入开始之前，Sqoop 使用 JDBC 来检查将要导入的表。它检索出表中所有的列以及列的 SQL 数据类型。这些 SQL 类型(`VARCHAR`、`INTEGER` 等)被映射到 Java 数据类型(`String`、`Integer` 等)，在 MapReduce 应用中将使用这些对应的 Java 类型来保存字段的值。Sqoop 的代码生成器使用这些信息来创建对应表的类，用于保存从表中抽取的记录。

例如，之前提到的 Widget 类包含下列方法，这些方法用于从抽取的记录中检索所有的列：

```
public Integer get_id();
public String get_widget_name();
public java.math.BigDecimal get_price();
public java.sql.Date get_design_date();
public Integer get_version();
public String get_design_comment();
```

不过，对于导入来说，更关键的是 DBWritable 接口的序列化方法，这些方法能使 Widget 类和 JDBC 进行交互：

```
public void readFields(ResultSet __dbResults) throws SQLException;
public void write(PreparedStatement __dbStmt) throws SQLException;
```

JDBC 的 ResultSet 接口提供了一个用于从查询结果中检索记录的游标；这里的 readFields()方法将用 ResultSet 中一行数据的列来填充 Widget 对象的字段。前面的 write()方法允许 Sqoop 将新的 Widget 行插入表，这个过程称为“导出”(exporting)。第 491 页的“执行导出”小节将进一步讨论。

Sqoop 启动的 MapReduce 作业用到一个 InputFormat，它可以通过 JDBC 从一个数据库表中读取部分内容。Hadoop 提供的 DataDrivenDBInputFormat 能够为几个 map 任务对查询结果进行划分。

使用一个简单的查询通常就可以读取一张表的内容，例如：

```
SELECT col1,col2,col3,... FROM tableName
```

但是，为了获得更好的导入性能，人们经常将这样的查询划分到多个节点上执行。查询是根据一个“划分列”(splitting column)来进行划分的。根据表的元数据，Sqoop 会选择一个合适的列作为划分列(通常是表的主键)。主键列中的最小值和最大值会被读出，与目标任务数一起用来确定每个 map 任务要执行的查询。

例如，假设 widgets 表中有 100 000 条记录，其 id 列的值为 0～99 999。在导入这张表时，Sqoop 会判断出 id 是表的主键列。启动 MapReduce 作业时，用来执行导入的 DataDrivenDBInputFormat 便会发出一条类似于 SELECT MIN(id), MAX(id) FROM widgets 的查询语句。检索出的数据将用于对整个数据集进行划分。假设我们指定并行运行 5 个 map 任务(使用-m 5)，这样便可以确定每个 map 任务要执行的查询分别为：SELECT id, widget_name, ... FROM widgets WHERE id >= 0 AND id < 20000，SELECT id, widget_name, ... FROM widgets WHERE id >= 20000 AND id < 40000，…，以此类推。

划分列的选择是影响并行执行效率的重要因素。如果 id 列的值不是均匀分布的(也许在 id 值 50 000 到 75 000 的范围内没有记录)，那么有一部分 map 任务可能只有很少或没有工作要做，而其他任务则有很多工作要做。在运行一个导入作业时，用户可以指定一个列作为划分列，从而调整作业的划分使其符合数据的真实分布。如果使用-m 1让一个任务执行导入作业，就不再需要这个划分过程。

在生成反序列化代码和配置 InputFormat 之后，Sqoop 将作业发送到 MapReduce 集群。map 任务执行查询并且将 ResultSet 中的数据反序列化到生成类的实例，这些数据要么直接保存在 SequenceFile 文件中，要么在写到 HDFS 之前被转换成分隔的文本。

导入控制

Sqoop 不需要每次都导入整张表。例如，可以指定仅导入表的部分列。用户也可以在查询中加入 WHERE 子句，以此来限定需要导入的记录。例如，如果上个月已经将 id 为 0～99 999 的记录导入，但本月供应商的产品目录中增加了 1000 种新部件，那么导入时在查询中加入子句 WHERE id >= 100000，就可以实现只导入所有新增的记录。用户提供的 WHERE 子句会在任务分解之前执行，并且被下推至每个任务所执行的查询中。

导入和一致性

在向 HDFS 导入数据时，重要的是要确保访问的是数据源的一致性快照。从一个数据库中并行读取数据的 Map 任务分别运行在不同的进程中。因此，它们不能共享一个数据库事务。保证一致性的最好方法就是在导入时不允许运行任何进程对表中现有数据进行更新。

直接模式导入

Sqoop 的架构允许它在多种可用的导入方法中进行选择。多数数据库都使用上述基于 DataDrivenDBInputFormat 的方法。一些数据库提供了能够快速抽取数据的特定工具。例如，MySQL 的 mysqldump 能够以大于 JDBC 的吞吐率从表中读取数据。在 Sqoop 的文档中将这种使用外部工具的方法称为“直接模式”(direct mode)。由于直接模式并不像 JDBC 方法那样通用，所以必须由用户明确地启动(通过--direct 参数)。(例如，MySQL 的直接模式不能处理大对象数据——类型为 CLOB 或 BLOB 的列，Sqoop 需要使用 JDBC 专用的 API 将这些列载入 HDFS。)

对于那些提供了此类特定工具的数据库，Sqoop 使用这些工具能够得到很好的效果。采用直接模式从 MySQL 中导入数据通常比基于 JDBC 的导入更加高效(就 map 任务和所需时间而言)。Sqoop 仍然并行启动多个 map 任务，接着这些任务将分别创建 mysqldump 程序的实例并且读取它们的运行结果，其效果类似于 Maatkit(*http://www.maatkit.org*)工具集中 `mk-parallel-dump` 的分布式实现。

即使是用直接模式来访问数据库的内容，元数据的查询仍然是通过 JDBC 来实现的。

使用导入的数据

一旦数据导入 HDFS，就可以供定制的 MapReduce 程序使用。导入的文本格式数据可以供 Hadoop Streaming 中的脚本或以 TextInputFormat 为默认格式运行的 MapReduce 作业使用。

为了使用导入记录的个别字段，必须对字段分隔符(以及转义/包围字符)进行解析，抽出字段的值并转换为相应的数据类型。例如，在文本文件中，“sprocket”部件的 `id` 被表示成字符串“`1`”，但必须被解析为 Java 的 `Integer` 或 `int` 类型的变量。Sqoop 生成的表类能够自动完成这个过程，使你可以将精力集中在真正要运行的 MacReduce 作业上。每个自动生成的类都有几个名为 `parse()`的重载方法，这些方法可以对表示为 `Text`、`CharSequence`、`char[]`或其他常见类型的数据进行操作。

名为 `MaxWidgetId` 的 MapReduce 应用(在示例代码中)可以找到具有最大 ID 的部件。

这个类可以和 *Widget.java* 一起编译成一个 JAR 文件。在编译时需要将 Hadoop(*hadoop-core-version.jar*)和 Sqoop(*sqoop-version.jar*)的位置加入类路径。然后，类文件就可以合并成一个 JAR 文件，并且像这样运行：

```
% jar cvvf widgets.jar *.class
% HADOOP_CLASSPATH=/usr/lib/sqoop/sqoop-version.jar hadoop jar \
> widgets.jar MaxWidgetId -libjars /usr/lib/sqoop/sqoop-version.jar
```

`MaxWidgetId.run()`方法在运行时，以及 map 任务在集群上运行时(通过 `-libjars` 参数)，这条命令确保了 Sqoop 位于本地的类路径中(通过 `$HADOOP_CLASSPATH`)。

运行之后，HDFS 的 *maxwidgets* 路径中便有一个名为 *part-r-00000* 的文件，其内容如下：

```
3,gadget,99.99,1983-08-13,13,Our flagship product
```

注意，在这个 MapReduce 示例程序中，一个 `Widget` 对象从 mapper 发送到 reducer；这个自动生成的 `Widget` 类实现了 Hadoop 提供的 `Writable` 接口，该接口允许通过 Hadoop 的序列化机制来发送对象，以及写入到 SequenceFile 文件或从 SequenceFile 文件读出对象。

这个 `MaxWidgetID` 的例子是建立在新的 MapReduce API 之上的。虽然某些高级功能(例如使用大对象数据)只有在新的 API 中使用起来才更方便，但无论新旧 API，都可以用来构建依赖于 Sqoop 生成代码的 MapReduce 应用。

导入的数据与 Hive

如第 12 章所述，对于很多类型的分析任务来说，使用类似于 Hive 的系统来处理关系操作有利于加快分析任务的开发。特别是对于那些来自于关系数据源的数据，使用 Hive 是非常有帮助的。Hive 和 Sqoop 共同构成了一个强大的服务于分析任务的工具链。

假设在我们的系统中有另外一组数据记录，来自一个基于 Web 的部件采购系统。这个系统返回的记录文件中包含部件 ID、数量、送货地址和订单日期。

下面是此类记录的例子：

```
1,15,120 Any St.,Los Angeles,CA,90210,2010-08-01
3,4,120 Any St.,Los Angeles,CA,90210,2010-08-01
2,5,400 Some Pl.,Cupertino,CA,95014,2010-07-30
2,7,88 Mile Rd.,Manhattan,NY,10005,2010-07-18
```

通过使用 Hadoop 来分析这组采购记录，我们可以洞察我们的销售业务。这些数据与来自关系数据源(`widgets` 表)的数据相结合，可以使我们做得更好。在这个例子中，我们将计算哪个邮政编码区域的销售业绩最好，便可以让我们的销售团队更加关注于该区域。为了做到这一点，我们同时需要来自销售记录和 `widgets` 表的数据。

上述销售记录数据保存在一个名为 *sales.log* 的本地文件中。

首先，让我们将销售数据载入 Hive：

```
hive> CREATE TABLE sales(widget_id INT, qty INT,
    > street STRING, city STRING, state STRING,
    > zip INT, sale_date STRING)
    > ROW FORMAT DELIMITED FIELDS TERMINATED BY ',';
OK
Time taken: 5.248 seconds
hive> LOAD DATA LOCAL INPATH "sales.log" INTO TABLE sales;
Copying data from file:/home/sales.log
Loading data to table sales
OK
Time taken: 0.188 seconds
```

Sqoop 能够根据一个关系数据源中的表来生成一个 Hive 表。既然我们已经将 `widgets` 表的数据导入到 HDFS，那么我们就直接生成相应 Hive 表的定义，然后加载保存在 HDFS 中的数据：

```
% sqoop create-hive-table --connect jdbc:mysql://localhost/hadoopguide \
> --table widgets --fields-terminated-by ','
...
10/06/23 18:05:34 INFO hive.HiveImport: OK
10/06/23 18:05:34 INFO hive.HiveImport: Time taken: 3.22 seconds
10/06/23 18:05:35 INFO hive.HiveImport: Hive import complete.
% hive
hive> LOAD DATA INPATH "widgets" INTO TABLE widgets;
Loading data to table widgets
OK
Time taken: 3.265 seconds
```

在为一个特定的已导入数据集创建相应的 Hive 表定义时，我们需要指定该数据集所使用的分隔符。否则，Sqoop 将允许 Hive 使用它自己的默认分隔符(与 Sqoop 的默认分隔符不同)。

> Hive 的数据类型不如大多数 SQL 系统的丰富。很多 SQL 类型在 Hive 中都没有直接对应的类型。当 Sqoop 为导入操作生成 Hive 表定义时，它会为数据列选择最合适的 Hive 类型。这样可能会导致数据精度的下降。出现这种情况时，Sqoop 会弹出一条警告信息，如下所示：
>
> ```
> 10/06/23 18:09:36 WARN hive.TableDefWriter:
> Column design_date had to be
> cast to a less precise type in Hive
> ```

如果想直接从数据库将数据导入到 Hive，可以将上述的三个步骤(将数据导入 HDFS；创建 Hive 表；将 HDFS 中的数据导入 Hive)缩短为一个步骤。在进行导入时，Sqoop 可以生成 Hive 表的定义，然后直接将数据导入 Hive 表。如果我们还没有执行过导入操作，就可以使用下面这条命令，根据 MySQL 中的数据直接创建 Hive 中的 `widgets` 表：

```
% sqoop import --connect jdbc:mysql://localhost/hadoopguide \
> --table widgets -m 1 --hive-import
```

> 使用`--hive-import` 参数来运行 `sqoop import` 工具，可以从源数据库中直接将数据载入 Hive；它自动根据源数据库中表的模式来推断 Hive 表的模式。这样，只需要一条命令，你就可以在 Hive 中来使用自己的数据。

无论选择哪一种数据导入的方式，现在我们都可以使用 widgets 数据集和 sales 数据集来计算最赚钱的邮政编码地区。让我们来做这件事，并且把查询的结果保存在另外一张表中，以便将来使用：

```
hive> CREATE TABLE zip_profits (sales_vol DOUBLE, zip INT);
OK

hive> INSERT OVERWRITE TABLE zip_profits
    > SELECT SUM(w.price * s.qty) AS sales_vol, s.zip FROM SALES s
    > JOIN widgets w ON (s.widget_id = w.id) GROUP BY s.zip;
...
3 Rows loaded to zip_profits
OK

hive> SELECT * FROM zip_profits ORDER BY sales_vol DESC;
...
OK
403.71 90210
28.0   10005
20.0   95014
```

导入大对象

很多数据库都具有在一个字段中保存大量数据的能力。取决于数据是文本还是二进制类型，通常将其保存在表中 CLOB 或 BLOB 类型的列中。数据库一般会对这些“大对象”进行特殊处理。大多数的表在磁盘上的物理存储都如图 15-2 所示。通过行扫描来确定哪些行匹配特定查询的条件时，通常需要从磁盘上读出每一行的所有列。如果也是以这种方式“内联”存储大对象，它们会严重影响扫描的性能。因此，一般将大对象与它们的行分开存储，如图 15-3 所示。在访问大对象时，需要通过行中包含的引用来“打开”它。

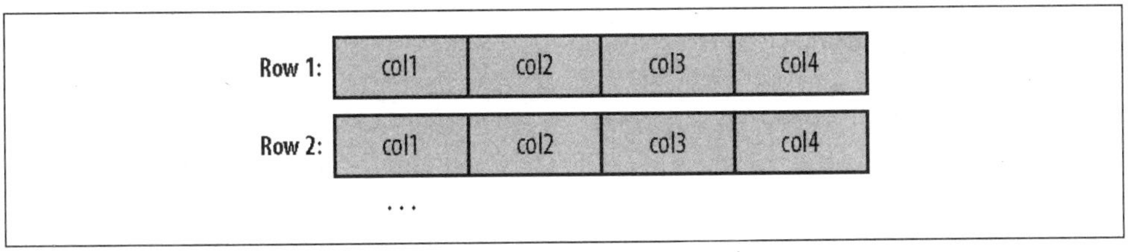

图 15-2. 数据库通常以行数组的方式来存储表，行中所有列存储在相邻的位置

在数据库中使用大对象的困难表明，像 Hadoop 这样的系统更适合于处理大型的、复杂的数据对象，也是存储此类信息的理想选择。Sqoop 能够从表中抽取大对象数据，并且将它们保存在 HDFS 中供进一步处理。

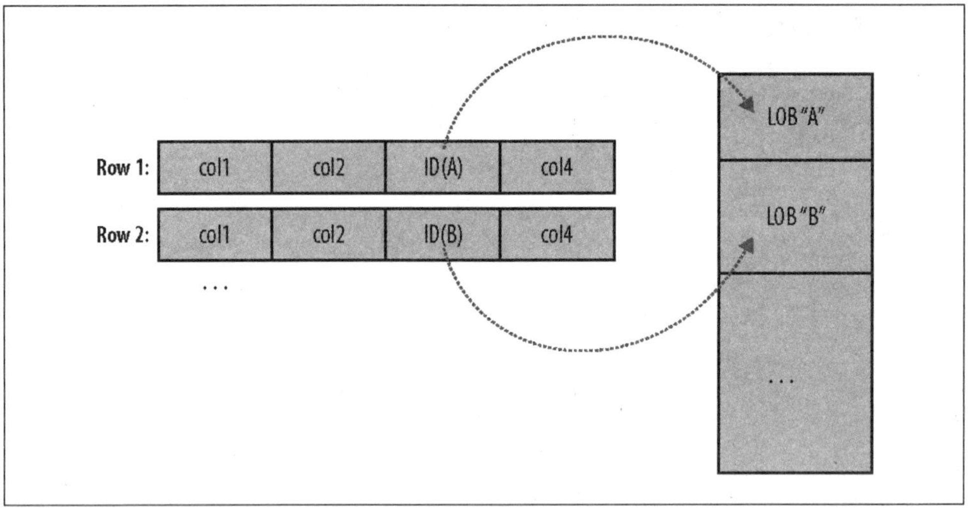

图 15-3. 大对象通常保存在单独的存储区域，行的主存储区域包含指向大对象的间接引用

同在数据库中一样，MapReduce 在将每条记录传递给 mapper 之前一般要对其进行“物化”(Materialize)。如果单条记录真的很大，这将非常低效。

如前所示，Sqoop 导入的记录在磁盘上的存储格式与数据库的内部数据结构非常相似：一个将每条记录的所有字段放在一起的记录数组。当在导入的记录上运行一个 MapReduce 程序时，每个 map 任务必须将读入记录的所有字段完全物化。如果 MapReduce 程序仅有很小一部分输入记录的大对象字段的内容是有用的，那么将所有记录完全物化将使程序效率低下。此外，从大对象的大小来看，在内存中进行完全物化也许是不可能的。

为了克服这些困难，Sqoop 将导入的大对象数据存储在 LobFile 格式的单独文件中。LobFile 格式能够存储非常大的单条记录(使用了 64 位的地址空间)。LobFile 文件中的每条记录保存一个大对象。LobFile 格式允许客户端持有对记录的引用，而不访问记录内容。可以通过 `java.io.InputStream`(用于二进制对象)或 `java.io.Reader`(用于字符对象)来访问记录。

在导入一条记录时，所有的“正常”字段会在一个文本文件中一起物化，同时还生成一个指向保存 CLOB 或 BLOB 列的 LobFile 文件的引用。例如，假设我们的 `widgets` 表有一个名为 `schematic` 的 BLOB 字段，该字段用于保存每个部件的原理图。

导入的记录可能像下面这样：

```
2,gizmo,4.00,2009-11-30,4,null,externalLob(lf,lobfile0,100,5011714)
```

externalLob(...)是对外部存储大对象的一个引用，这个大对象以 LobFile 格式(lf)存储在名为 *lobfile0* 的文件中，同时还给出了该对象在文件中的字节位移和长度。

在使用这条记录时，`Widget.get_schematic()`方法会返回一个类型为 `BlobRef` 的对象，用于引用 `schematic` 列，但这个对象并不真正包含记录的内容。`BlobRef.getDataStream()` 方法实际会打开 LobFile 文件并返回一个 `InputStream`，用于访问 `schematic` 字段的内容。

在使用一个 MapReduce 作业来处理许多 `Widget` 记录时，可能你只需要访问少数几条记录的 `schematic` 字段。单个原理图数据可能有几兆大小或更大，使用这种方式时，只需要承担访问所需大对象的 I/O 开销。

在一个 map 任务中，`BlobRef` 和 `ClobRef` 类会缓存对底层 LobFile 文件的引用。如果你访问几个顺序排列记录的 `schematic` 字段，就可以利用现有文件指针来定位下一条记录。

执行导出

在 Sqoop 中，“导入”(import)是指将数据从数据库系统移动到 HDFS。与之相反，“导出”(export)是将 HDFS 作为数据源，而将一个远程数据库作为目标。在前面的几个小节中，我们导入了一些数据并且使用 Hive 对数据进行了分析。我们可以将分析的结果导出到一个数据库中，供其他工具使用。

将一张表从 HDFS 导出到数据库时，我们必须在数据库中创建一张用于接收数据的目标表。虽然 Sqoop 可以推断出哪个 Java 类型适合存储 SQL 数据类型，但反过来却是行不通的(例如，有几种 SQL 列的定义都可以用来存储 Java 的 `String` 类型，如 `CHAR(64)`、`VARCHAR(200)`或其他一些类似定义)。因此，必须由用户来确定哪些类型是最合适的。

我们打算从 Hive 中导出 `zip_profits` 表。首先需要在 MySQL 中创建一个具有相同列顺序及合适 SQL 类型的目标表：

```
% mysql hadoopguide
mysql> CREATE TABLE sales_by_zip (volume DECIMAL(8,2), zip INTEGER);
Query OK, 0 rows affected (0.01 sec)
```

接着我们运行导出命令：

```
% sqoop export --connect jdbc:mysql://localhost/hadoopguide -m 1 \
> --table sales_by_zip --export-dir /user/hive/warehouse/zip_profits \
> --input-fields-terminated-by '\0001'
...
10/07/02 16:16:50 INFO mapreduce.ExportJobBase: Transferred 41 bytes in 10.8947
seconds (3.7633 bytes/sec)
10/07/02 16:16:50 INFO mapreduce.ExportJobBase: Exported 3 records.
```

最后，我们可以通过检查 MySQL 来确认导出成功：

```
% mysql hadoopguide -e 'SELECT * FROM sales_by_zip'
+--------+-------+
| volume | zip |
+--------+-------+
| 28.00 | 10005 |
| 403.71 | 90210 |
| 20.00 | 95014 |
+--------+-------+
```

在 Hive 中创建 zip_profits 表时，我们没有指定任何分隔符。因此 Hive 使用了自己的默认分隔符：字段之间使用 Ctrl-A 字符(Unicode 编码 0x0001)分隔，每条记录末尾使用一个换行符分隔。当我们使用 Hive 来访问这张表的内容时(SELECT 语句)，Hive 将数据转换为制表符分隔的形式，用于在控制台上显示。但是直接从文件中读取这张表时，我们要将所使用的分隔符告知 Sqoop。Sqoop 默认记录是以换行符作为分隔符，但还需要将字段分隔符 Ctrl-A 告之 Sqoop。可以在 sqoop export 命令中使用--input-fields-terminated-by 参数来指定字段分隔符。Sqoop 在指定分隔符时支持几种转义序列(以字符'\'开始)。在前面的导出例子中，所用的转义序列被包围在'单引号'中，以确保 shell 会按字面意义处理它。如果不使用引号，前导的反斜杠就需要转义处理(例如，--input-fields-terminated-by \\0001)。表 15-1 列出了 Sqoop 所支持的转义序列。

表 15-1. 转义序列可以用于指定非打印字符作为 Sqoop 中字段和记录的分隔符

转义序列	描述
\b	退格
\n	换行
\r	回车
\t	制表符
\’	单引号
\”	双引号
\\	反斜杠
\0	NUL。用于在字段或行之间插入 NUL 字符，或在用于--enclosed-by、--optionally-enclosed-by 和--escaped-by 参数时表示禁用包围/转义
\0ooo	一个 Unicode 字符代码点的八进制表示，实际的字符由八进制值 ooo 指定
\0x*hhh*	一个 Unicode 字符代码点的十六进制表示，采用\0xhhh 的形式，其中 hhh 是十六进制值。例如，--fields-terminated-by '\0x10'指定的是回车符

深入了解导出

Sqoop 导出功能的架构与其导入功能的非常相似，参见图 15-4。在执行导出操作之前，Sqoop 会根据数据库连接字符串来选择一个导出方法。对于大多数系统来说，Sqoop 都会选择 JDBC。然后，Sqoop 根据目标表的定义生成一个 Java 类。这个生成的类能够从文本文件中解析记录，并能够向表中插入类型合适的值(除了能够读取 `ResultSet` 中的列)。接着会启动一个 MapReduce 作业，从 HDFS 中读取源数据文件，使用生成的类解析记录，并且执行选定的导出方法。

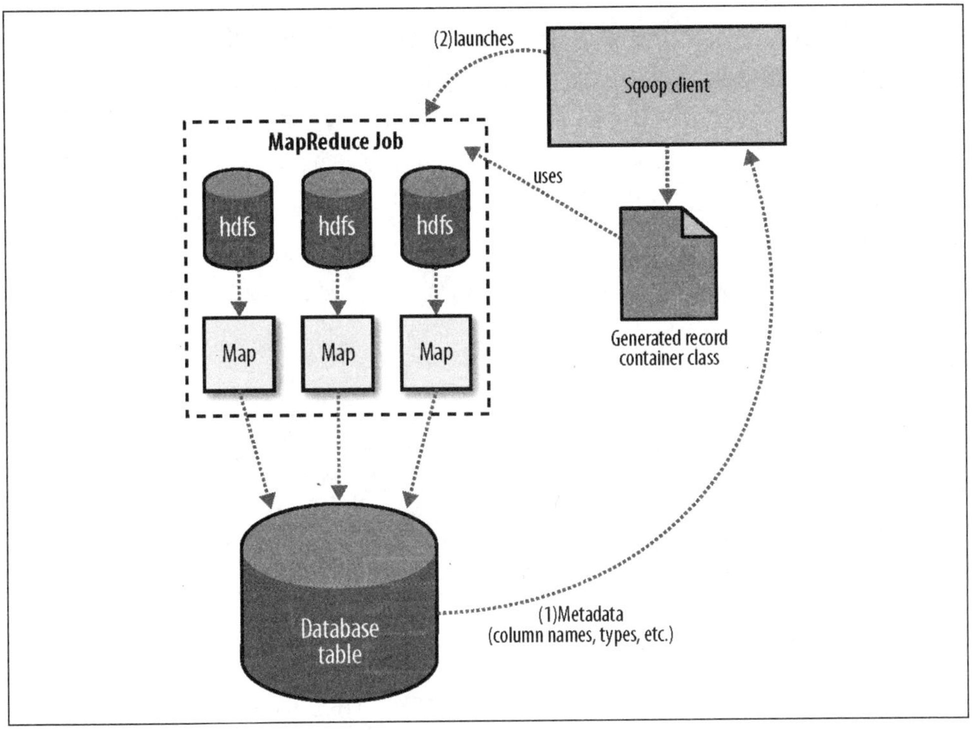

图 15-4. 使用 MapReduce 并行执行导出

基于 JDBC 的导出方法会产生一批 `INSERT` 语句，每条语句会向目标表中插入多条记录。在大部分的数据库系统中，通过一条语句插入多条记录的执行效率要高于多次执行插入单条记录的 `INSERT` 语句。多个单独的线程被用于从 HDFS 读取数据并与数据库进行通信，以确保涉及不同系统的 I/O 操作能够尽量重叠执行。

对于 MySQL 数据库来说，Sqoop 可以采取使用 `mysqlimport` 的直接模式方法。每个 map 任务会生成一个 `mysqlimport` 进程，该进程通过本地文件系统上的一个命名 FIFO 通道进行通信。

然后，数据通过这个 FIFO 通道流入 `mysqlimport`，然后被写入数据库。

虽然从 HDFS 读取数据的 MapReduce 作业大多根据所处理文件的数量和大小来选择并行度(map 任务的数量)，但 Sqoop 的导出工具允许用户明确设定任务的数量。由于导出性能会受并行的数据库写入线程数量的影响，所以 Sqoop 使用 `CombineFileInputFormat` 类将输入文件分组分配给少数几个 map 任务去执行。

导出与事务

进程的并行特性，导致导出操作往往不是原子操作。Sqoop 会生成多个并行执行的任务，分别导出数据的一部分。这些任务的完成时间各不相同，即使在每个任务内部都使用事务，不同任务的执行结果也不可能同时提交。此外，数据库系统经常使用固定大小的缓冲区来存储事务数据，这使一个任务中的所有操作不可能在一个事务中完成。Sqoop 每导入几千条记录便执行一次提交，以确保不会出现内存不足的情况。在导出操作进行过程中，提交过的中间结果都是可见的。因此在导出过程完成前，不要启动那些要使用导出结果的应用程序，否则这些应用会看到不完整的导出结果。

更有问题的是，如果任务失败(由于网络问题或其他问题)，它们会从头开始重新导入自己负责的那部分数据，因此可能会插入重复的记录。在写作本章时，Sqoop 还不能避免这种可能性。在启动导出作业之前，应当在数据库中设置必要的约束(例如，定义一个主键列)以保证数据行的唯一性。虽然将来版本的 Sqoop 可能会使用更好的恢复逻辑，但现在还没有做到。

导出和 SequenceFile

之前的导出示例是从一个 Hive 表中读取源数据，该 Hive 表以分隔文本文件形式保存在 HDFS 中。Sqoop 也可以从非 Hive 表的分隔文本文件中导出数据。例如，Sqoop 可以导出 MapReduce 作业结果的文本文件。

Sqoop 还可以将存储在 SequenceFile 中的记录导出到输出表，不过有一些限制。SequenceFile 中可以保存任意类型的记录。Sqoop 的导出工具从 SequenceFile 中读取对象，然后直接发送到 `OutputCollector`，由它将这些对象传递给数据库导出 `OutputFormat`。为了能让 Sqoop 使用，记录必须被保存在 SequenceFile 键/值对格式的“值”部分，并且必须继承抽象类 `com.cloudera.sqoop.lib.SqoopRecord`(像 Sqoop 生成的所有类那样)。

如果基于导出目标表，使用 codegen 工具(sqoop-codegen)为记录生成一个 SqoopRecord 的实现，那你就可以写一个 MapReduce 程序，填充这个类的实例并将它们写入 SequenceFile。接着，sqoop-export 就可以将这些 SequenceFile 文件导出到表中。还有另外一种方法，即将数据放入 SqoopRecord 实例，然后保存到 SequenceFile 中。如果数据是从数据库表导入 HDFS 的，那么在经过某种形式的修改后，可以将结果保存在持有相同数据类型记录的 SequenceFile 中。

在这种情况下，Sqoop 应当利用现有的类定义从 SequenceFile 中读取数据，而不是像导出文本记录时所做的那样，为执行导出生成一个新的(临时的)记录容器类。通过为 Sqoop 提供--class-name 和--jar-file 参数，可以禁止它生成代码，而使用现有的记录类和 jar 包。在导出记录时，Sqoop 将使用指定 jar 包中指定的类。

在下面的例子中，我们将重新导入 widgets 表到 SequenceFile 中，然后再将其导出到另外一个数据库表：

```
% sqoop import --connect jdbc:mysql://localhost/hadoopguide \
> --table widgets -m 1 --class-name WidgetHolder --as-sequencefile \
> --target-dir widget_sequence_files --bindir .
...
10/07/05 17:09:13 INFO mapreduce.ImportJobBase: Retrieved 3 records.

% mysql hadoopguide
mysql> CREATE TABLE widgets2(id INT, widget_name VARCHAR(100),
    -> price DOUBLE, designed DATE, version INT, notes VARCHAR(200));
Query OK, 0 rows affected (0.03 sec)

mysql> exit;

% sqoop export --connect jdbc:mysql://localhost/hadoopguide \
> --table widgets2 -m 1 --class-name WidgetHolder \
> --jar-file widgets.jar --export-dir widget_sequence_files
...
10/07/05 17:26:44 INFO mapreduce.ExportJobBase: Exported 3 records.
```

在导入过程中，我们指定使用 SequenceFile 格式，并且将 jar 文件放入当前目录(使用--bindir)，这样便可以重用它。否则，它会被保存在一个临时目录中。然后我们创建一个用于导出的目标表，该表在模式上稍有不同但与源数据兼容。在接下来的导出操作中，我们使用现有的生成代码从 SequenceFile 中读取记录并将它们写入数据库。

第 16 章

实例分析

Hadoop 在 Last.fm 的应用

Last.fm：社会音乐史上的革命

Last.fm 创办于 2002 年，它是一个提供网络电台和网络音乐服务的社区网站，向用户提供很多服务，例如免费听音乐和音乐下载，音乐及重大事件推荐，个性化图表服务以及其他很多服务。每个月大约有 2500 万人使用 Last.fm，因而产生大量需要处理的数据。一个例子就是用户传输他们正在收听的音乐信息(也就是收藏“scrobbling”)。Last.fm 处理并且存储这些数据，以便于用户可以直接访问这些数据(用图表的形式)，并且可以利用这些数据来推断用户的个人音乐品味、喜好和喜爱的艺术家，然后用于寻找相似的音乐。

Hadoop 在 Last.fm 中的应用

随着 Last.fm 服务的发展，用户数目从数千增长到数百万，这时，存储、处理和管理这些用户数据渐渐变成一项挑战。幸运的是，当大家认识到 Hadoop 技术能解决众多问题之后，Hadoop 的性能迅速稳定下来，并被大家积极地运用。2006 年初，Last.fm 开始使用 Hadoop，几个月之后便投入实际应用。Last.fm 使用 Hadoop 的理由归纳如下。

- 分布式文件系统为它所存储的数据(例如，网志，用户收听音乐的数据)提供冗余备份服务而不增加额外的费用。
- 可以方便地通过增添便宜、普通的硬件来满足可扩展性需求。
- 当时 Last.fm 财力有限，Hadoop 是免费的。

- 开源代码和活跃的社区团体意味着 Last.fm 能够自由地修改 Hadoop，从而增添一些自定义特性和补丁。
- Hadoop 提供了一个弹性的容易掌握的框架来进行分布式计算。

现在，Hadoop 已经成为 Last.fm 基础平台的关键组件，目前包括 2 个 Hadoop 集群，涉及 50 台计算机、300 个内核和 100 TB 的硬盘空间。在这些集群上，运行着数百种执行各种操作的日常作业，例如日志文件分析、A/B 测试评测、即时处理和图表生成。本节的例子将侧重于介绍产生图表的处理过程，因为这是 Last.fm 对 Hadoop 的第一个应用，它展示出 Hadoop 在处理大数据集时比其他方法具有更强的功能性和灵活性。

用 Hadoop 产生图表

Last.fm 使用用户产生的音轨收听数据来生成许多不同类型的图表，例如针对每个国家或个人音轨数据的一周汇总图表。许多 Hadoop 程序处理收听数据和产生这些图表，它们可以以天、周或月为单位执行。图 16-1 展示了这些数据在网站上如何显示的一个例子，本例是音乐的周排行统计数据。

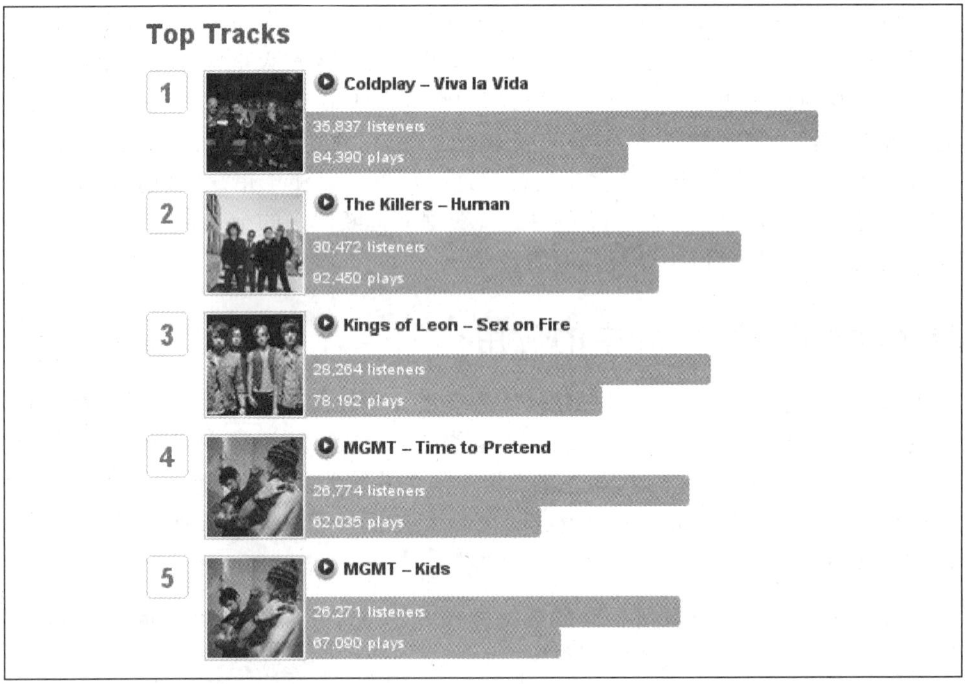

图 16-1. Last.fm 音乐排行统计图表

通常情况下，Last.fm 有两种收听信息。

- 用户播放自己的音乐(例如，在 PC 机或其他设备上听 MP3 文件)，这种信息通过 Last.fm 的官方客户端应用或一种第三方应用 (有上百种)发送到 Last.fm。
- 用户收听 Last.fm 某个网络电台的节目，并在本地计算机上通过流技术缓冲一首歌。Last.fm 播放器或站点能被用来访问这些流数据，然后它能给用户提供一些额外的功能，比如允许用户对她收听的音频进行喜爱、跳过或禁止等操作。

在处理接收到的数据时，我们对它们进行分类：一类是用户提交的收听的音乐数据从现在开始，第一类数据称为“scrobble”(收藏数据)；另一类是用户收听的 Last.fm 的电台数据(从现在开始，第二类数据称为“radio listen”(电台收听数据)。为了避免 Last.fm 的推荐系统出现信息反馈循环的问题，对数据源的区分是非常重要的，而 Last.fm 的推荐系统只使用 scrobble 数据。Last.fm 的 Hadoop 程序的一项重要任务就是接受这些收听数据，做统计并形成能够在 Last.fm 网站上进行显示和作为其他 Hadoop 程序输入的数据格式。这一过程是 Track Statistics(音轨统计)程序实现的，它就是在以下几节描述的实例。

Track Statistics 程序

音乐收听信息被发送到 Last.fm 时，会经历验证和转换阶段，最终结果是一系列由空格分隔的文本文件，包含的信息有用户 ID(userId)、音乐(磁道)ID(trackId)、这首音乐被收藏的次数(Scrobble)、这首音乐在电台中收听的次数(Radio)以及被选择跳过的次数(Skip)。表 16-1 包含一些采样的收听数据，后面介绍的例子将用到这些数据，它是 Track Statistics 程序的输入(真实数据达 GB 数量级，并且具有更多的属性字段，为了方便介绍，这里省略了其他的字段)。

表 16-1. 收听数据

UserId	TrackId	Scrobble	Radio	Skip
111115	222	0	1	0
111113	225	1	0	0
111117	223	0	1	1
111115	225	1	0	0

这些文本文件作为初始输入提供给 Track Statistics 程序，它包括利用这个输入数据计算各种数据值的两个作业和一个用来合并结果的作业(见图 16-2)。

Unique Listeners 作业模块统计收听同一首音频的不同用户数，通过累计不同用户对该音频文件的第一次访问而忽略同一用户对这一文件的多次访问，即可得到该数值。Sum 作业模块通过对所有用户的所有收听信息进行计数来为每个音频统计收听总数、收藏总数、电台收听总数以及被跳过的总数。

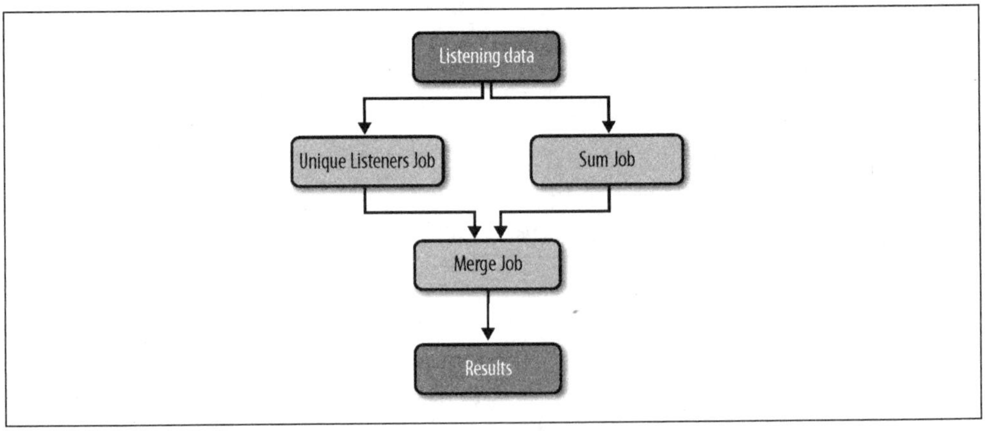

图 16-2. 音频状态统计作业

尽管这两个作业模块的输入格式是相同的，我们仍然需要两个作业模块，因为 Unique Listeners 作业模块负责为每个用户对每个音频产生统计值，而 Sum 作业模块为每个音频产生统计值。最后 Merge 作业模块负责合并由这两个模块产生的中间输出数据得到最终统计结果。运行这段程序的最终结果是对每个音频产生以下几项数值：

- 不同的听众数
- 音频的收藏次数
- 音频在电台中的点播次数
- 音频在电台中被收听的总次数
- 音频在电台广播中被跳过的次数

下面我们将详细介绍每个作业模块和它的 MapReduce 阶段。请注意，由于篇幅有限，所提供的代码段已被简化。要想下载完整的代码，请参考本书“前言”。

计算不同的听众数

Unique Listeners 作业模块用于计算每个音频的不同收听用户数。

UniqueListenerMaper `UniqueListenerMaper` 程序处理用空格分隔的原始收听数据，然后对每个 track ID(音频 ID)产生相应的 user ID(用户 ID)：

```
public void map(LongWritable position, Text rawLine, OutputCollector<IntWritable,
   IntWritable> output, Reporter reporter) throws IOException {

String[] parts = (rawLine.toString()).split(" ");
```

```
  int scrobbles =
Integer.parseInt(parts[TrackStatisticsProgram.COL_SCROBBLES]);
  int radioListens =
Integer.parseInt(parts[TrackStatisticsProgram.COL_RADIO]);
  // if track somehow is marked with zero plays - ignore
  if (scrobbles <= 0 && radioListens <= 0) {
    return;

  }
  // if we get to here then user has listened to track,
  // so output user id against track id
  IntWritable trackId = new IntWritable(
    Integer.parseInt(parts[TrackStatisticsProgram.COL_TRACKID]));
  IntWritable userId = new IntWritable(
    Integer.parseInt(parts[TrackStatisticsProgram.COL_USERID]));
  output.collect(trackId, userId);
}
```

UniqueListenersReducer UniqueListenersReducer 接收到每个 track ID 对应的 user ID 数据列表之后，把这个列表放入 Set 类型对象以消除重复的用户 ID 数据。然后输出每个 track ID 对应的这个集合的大小(不同用户数)。但是如果某个键对应的值太多，在 set 对象中存储所有的 reduce 值可能会有内存溢出的危险。实际上还没有出现过这个问题，但是为了避免这一问题，我们可以引入一个额外的 MapReduce 处理步骤来删除重复数据或使用辅助排序的方法(详细内容请参考第 241 页的“辅助排序”小节)。

```
public void reduce(IntWritable trackId, Iterator<IntWritable> values,
    OutputCollector<IntWritable, IntWritable> output, Reporter reporter)
    throws IOException {

  Set<Integer> userIds = new HashSet<Integer>();
  // add all userIds to the set, duplicates automatically removed (set contract)
    while (values.hasNext()) {
    IntWritable userId = values.next();
    userIds.add(Integer.valueOf(userId.get()));
  }
  // output trackId -> number of unique listeners per track
  output.collect(trackId, new IntWritable(userIds.size()));
}
```

表 16-2 是这一作业模块的样本输入数据。map 输出结果如表 16-3 所示，reduce 输出结果如表 16-4 所示。

表 16-2. 作业的输入

Line of file LongWritable	UserId IntWritable	TrackId IntWritable	Scrobbled Boolean	Radio play Boolean	Skip Boolean
0	11115	222	0	1	0
1	11113	225	1	0	0
2	11117	223	0	1	1
3	11115	225	1	0	0

表 16-3. map 输出

TrackId `IntWritable`	UserId `IntWritable`
222	11115
225	11113
223	11117
225	11115

表 16-4. reduce 输出

TrackId `IntWritable`	#listeners `IntWritable`
222	1
225	2
223	1

统计音频使用总数

Sum 作业相对简单，它只为每个音轨累计我们感兴趣的数据。

SumMapper 输入数据仍然是原始文本文件，但是这一阶段对输入数据的处理完全不同。期望的输出结果是针对每个音轨的一系列累计值(不同用户、播放次数、收藏次数、电台收听次数和跳过次数)。为了方便处理，我们使用一个由 Hadoop Record I/O 类产生的 `TrackStats` 中间对象，它实现了 `WritableComparable` 方法(因此可被用作输出)来保存这些数据。mapper 创建一个 `TrackStats` 对象，根据文件中的每一行数据对它进行值的设定，但是“不同的用户数”(unique listener count)这一项没有填写(这项数据由 merge 作业模块填写)。

```
public void map(LongWritable position, Text rawLine,
    OutputCollector<IntWritable, TrackStats> output, Reporter reporter)
    throws IOException {

  String[] parts = (rawLine.toString()).split(" ");
  int trackId = Integer.parseInt(parts[TrackStatisticsProgram.COL_TRACKID]);
  int scrobbles = Integer.parseInt(parts[TrackStatisticsProgram.COL_SCROBBLES]);
  int radio = Integer.parseInt(parts[TrackStatisticsProgram.COL_RADIO]);
  int skip = Integer.parseInt(parts[TrackStatisticsProgram.COL_SKIP]);
  // set number of listeners to 0 (this is calculated later)
  // and other values as provided in text file
  TrackStats trackstat = new TrackStats(0, scrobbles + radio, scrobbles, radio, skip);
  output.collect(new IntWritable(trackId), trackstat);
}
```

SumReducer 在这一过程，reducer 执行和 mapper 相似的函数——对每个音频使用总数情况进行统计，然后返回一个总的统计数据：

```
public void reduce(IntWritable trackId, Iterator<TrackStats> values,
    OutputCollector<IntWritable, TrackStats> output, Reporter reporter)
    throws IOException {

TrackStats sum = new TrackStats(); // holds the totals for this track
while (values.hasNext()) {
    TrackStats trackStats = (TrackStats) values.next();
    sum.setListeners(sum.getListeners() + trackStats.getListeners());
    sum.setPlays(sum.getPlays() + trackStats.getPlays());
    sum.setSkips(sum.getSkips() + trackStats.getSkips());
    sum.setScrobbles(sum.getScrobbles() + trackStats.getScrobbles());
    sum.setRadioPlays(sum.getRadioPlays() + trackStats.getRadioPlays());
  }
  output.collect(trackId, sum);
}
```

表 16-5 是这个部分作业的输入数据(和 Unique Listener 作业模块的输入一样)。map 的输出结果如表 16-6 所示，reduce 的输出结果如表 16-7 所示。

表 16-5. 作业输入

Line LongWritable	UserId IntWritable	TrackId IntWritable	Scrobbled Boolean	Radioplay Boolean	Skip Boolean
0	11115	222	0	1	0
1	11113	225	1	0	0
2	11117	223	0	1	1
3	11115	225	1	0	0

表 16-6. map 输出

TrackId IntWritable	#listeners IntWritable	#plays IntWritable	#scrobbles IntWritable	#radioplays IntWritable	#skips IntWritable
222	0	1	0	1	0
225	0	1	1	0	0
223	0	1	0	1	1
225	0	1	1	0	0

表 16-7. reduce 输出

TrackId IntWritable	#listeners IntWritable	#plays IntWritable	#scrobbles IntWritable	#radioplays IntWritable	#skips IntWritable
222	0	1	0	1	0
225	0	2	2	0	0
223	0	1	0	1	1

合并结果

最后一个作业模块需要合并前面两个作业模块产生的输出数据：每个音频对应的不同用户数和每个音频的使用统计信息。为了能够合并这两种不同的输入数据，我们采用了两个不同的 mapper(对每一种输入定义一个)。两个中间作业模块被配置之后可以把他们的输出结果写入路径不同的文件，`MultipleInputs` 类用于指定 mapper 和文件的对应关系。下面的代码展示了作业的 `JobConf` 对象是如何设置来完成这一过程的：

```
MultipleInputs.addInputPath(conf, sumInputDir,
  SequenceFileInputFormat.class, IdentityMapper.class);

MultipleInputs.addInputPath(conf, listenersInputDir,
  SequenceFileInputFormat.class, MergeListenersMapper.class);
```

虽然单用一个 mapper 也能处理不同的输入，但是示范解决方案更方便，更巧妙。

MergeListenersMapper 这个 mapper 用来处理 `UniqueListenerJob` 输出的每个音轨的不同用户数据。它采用和 `SumMapper` 相似的方法创建 `TrackStats` 对象，但这次它只填写每个音轨的不同用户数信息，不管其他字段：

```
public void map(IntWritable trackId, IntWritable uniqueListenerCount,
    OutputCollector<IntWritable, TrackStats> output, Reporter reporter)
    throws IOException {
  TrackStats trackStats = new TrackStats();
  trackStats.setListeners(uniqueListenerCount.get());
  output.collect(trackId, trackStats);
}
```

表 16-8 是 mapper 的一些输入数据；表 16-9 是对应的输出结果。

表 16-8. MergeListenersMapper 的输入

TrackId `IntWritable`	#listeners `IntWritable`
222	1
225	2
223	1

表 16-9. MergeListenersMapper 的输出

TrackId	#listeners	#plays	#scrobbles	#radio	#skips
222	1	0	0	0	0
225	2	0	0	0	0
223	1	0	0	0	0

IdentityMapper `IdentityMapper` 被配置用来处理 `SumJob` 输出的 `TrackStats` 对象，因为不要求对数据进行其他处理，所以它直接输出输入数据(见表 16-10)。

表 16-10. IdentityMapper 的输入和输出

TrackId `IntWritable`	#listeners `IntWritable`	#plays `IntWritable`	#scrobbles `IntWritable`	#radio `IntWritable`	#skips `IntWritable`
222	0	1	0	1	0
225	0	2	2	0	0
223	0	1	0	1	1

SumReducer 前面两个 mapper 产生同一类型的数据：每个音轨对应一个 `TrackStats` 对象，只是数据赋值不同。最后的 reduce 阶段能够重用前面描述的 `SumReducer` 来为每个音轨创建一个新的 `TrackStats` 对象，它综合前面两个 `TrackStats` 对象的值，然后输出结果(见表 16-11)。

表 16-11. SumReducer 的最终输出

TrackId `IntWritable`	#listeners `IntWritable`	#plays `IntWritable`	#scrobbles `IntWritable`	#radio `IntWritable`	#skips `IntWritable`
222	1	1	0	1	0
225	2	2	2	0	0
223	1	1	0	1	1

最终输出文件被收集后复制到服务器端，在这里一个 Web 服务程序使 Last.fm 网站能得到并展示这些数据。如图 16-3 所示，这个网页展示了一个音频的使用统计信息：接听者总数和播放总次数。

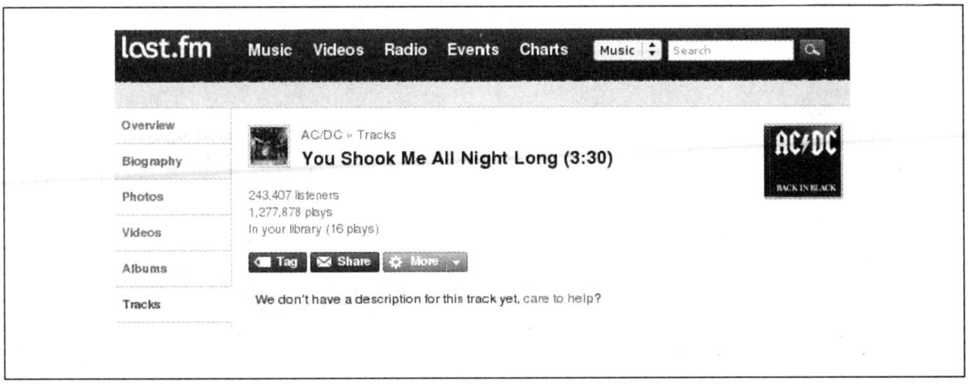

图 16-3. TrackStats 结果

总结

Hadoop 已经成为 Last.fm 基础框架的一个重要部件，它用于产生和处理各种各样的数据集，如网页日志信息和用户收听数据。为了让大家能够掌握主要的概念，这里讲述的例子已经被大大地简化；在实际应用中输入数据具有更复杂的结构并且数据处理的代码也更加繁琐。虽然 Hadoop 本身已经足够成熟可以支持实际应用，但它仍在被大家积极地开发，并且每周 Hadoop 社区都会为它增加新的特性并提升它的性能。Last.fm 很高兴是这个社区的一分子，我们是代码和新想法的贡献者，同时也是对大量开源技术进行利用的终端用户。

(作者：Adrian Woodhead 和 Marc de Palol)

Hadoop 和 Hive 在 Facebook 中的应用

概要介绍

Hadoop 可以用于构造核心的后台批处理以及近似实时计算的基础架构。它也可用于保存和存档大规模数据集。在下面这个实例中，我们将主要考察后台的数据架构以及 Hadoop 在其中充当的角色。我们将描述假想的 Hadoop 配置，使用 Hive 的可能性——Hive 是建立于 Hadoop 基础上的数据仓库和 SQL 体系结构的开源代码——和使用该体系架构构建的各种各样的商业及产品应用。

Hadoop 在 Facebook 的使用

发展史

随着 Facebook 网站的使用量增加，网站上需要处理和存储的日志和维度数据激增。在这种环境下对任何一种数据处理平台的一个关键性要求是它必须具有快速的支持系统扩展的应变能力。此外，由于工程资源有限，所以系统必须是可信的，并且易于使用和维护。

最初，Facebook 使用的数据仓库都是在 Oracle 系统上实现的。在我们遇到可扩展性和性能方面的问题之后，开始调查是否有开源技术能够应用到我们的环境中。这次调查工作的一部分内容就是我们部署了一个相对小规模的 Hadoop 实例对象，并且把一部分核心数据集发布到这个实例对象上。Hadoop 对我们来说有相当大的吸引力，一是因为 Yahoo!内部就一直使用这一技术来完成后台数据处理需求，二是因为我们熟知 Google 提出并普及使用的 MapReduce 模型的简单性和可扩展性。

我们最初的原型系统开发得非常成功：工程师们都喜欢它能在合理的时间范围内处理大数量级数据的能力，这是我们以前所没有的处理能力。能用自己熟悉的编程语言来进行数据处理工作(使用 Hadoop Streaming)，他们也感到非常高兴。把我们的核心数据集发布到一个集中式数据仓库也非常方便。几乎同时，我们开始开发 Hive 工具。这使用户在 Hadoop 集群上处理数据变得更加容易，因为普通的计算需求都能用大多数程序员和分析师们熟悉的 SQL 语句来表达。

因此，集群的规模和使用迅速增长，现在 Facebook 正在运行世界第二大 Hadoop 集群系统。在写这篇文章的时候，我们在 Hadoop 上存放的数据超过了 2 PB，每天给它加载的数据超过 10 TB。我们的 Hadoop 系统具有 2400 个内核，大约 9 TB 的内存，并且在一天之中的很多时间点，这些硬件设备都是满负荷运行的。根据系统的增长情况，我们能够迅速地进行集群规模扩展，而且我们已经能够利用开放资源的优点，通过修改 Hadoop 代码让它适应我们的需求。同时我们也对开放资源做出了贡献，比如我们开发的一些 Hadoop 核心组件，我们提供的 Hive 的开放资源代码，Hive 现在是 Hadoop 的一个子项目。

使用情况

在 Facebook，对 Hadoop 至少有下面四种相互关联但又不同的用法。

- 在大规模数据上产生以天和小时为单位的概要信息。这些概要信息在公司内用于各种不同的目的：
  - 基于这些概要信息产生的报告，可供工程或非工程职能组用来制定产品决策。概要信息包含用户数、网页浏览次数和网站访问时间的增长情况
  - 提供在 Facebook 上进行广告营销活动的相关的效果数据
  - 对网站属性的后台处理，比如计算你喜欢的人和应用程序
- 在历史数据上运行即时作业。数据分析结果有助于产品组和执行主管解决问题。
- 成为我们日志数据集的实用而长期的存档存储器。
- 通过特定的属性进行日志事件查询(用这些属性对日志建立索引)，这可以用于维护网站的完整性并且保护用户免受垃圾邮件程序的侵扰。

数据架构

图 16-4 展示了我们数据架构的基本组件以及这些组件间的数据流。

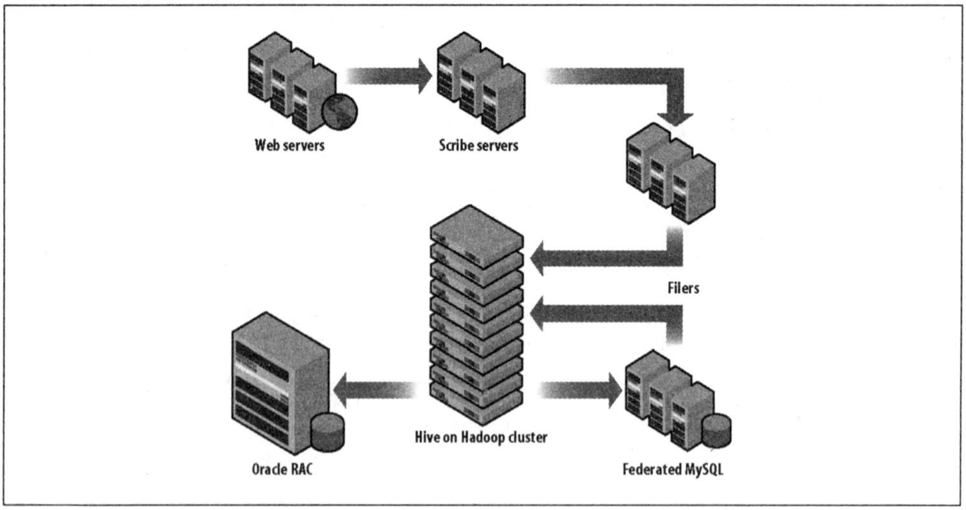

图 16-4. Facebook 的数据仓库架构

如图 16-4 所示，数据处理过程中使用了以下组件。

Scribe(记录器)

日志数据是由 Web 服务器以及内部服务如搜索后台(Search backend)产生的。我们使用了 Scribe(记录)组件，它是 Facebook 开发的一个开源日志收集服务，它把几百个日志数据集(每天有几十个 TB 的数据量)存放在几个 NFS(网络文件服务器)上。

HDFS(Hadoop 分布式文件系统)

大部分的日志数据被复制存入一个中央的 HDFS 系统。每一天，维度数据也从我们内部的 MySQL 数据库复制到这个 HDFS 文件系统。

Hive/Hadoop(Hive 数据仓库)

我们使用由 Facebook 开发的 Hadoop 的一个子项目“Hive”为 HDFS 收集的所有数据创建一个数据仓库。HDFS 中的文件包括来自 Scribe 的日志数据和来自 MySQL 的维度数据，它们都作为可以访问的具有逻辑分区的表(table)。Hive 提供了一种类 SQL 的查询语言，它配合 MapReduce 创建/发布各种概要信息和报表以及对这些表格数据执行历史分析。

Tools(工具集)

建立于 Hive 之上的浏览器界面允许用户通过几次简单的鼠标点击来创建和发出 Hive 查询(依次启动 MapReduce 作业)。

Traditional RDBMS(传统的关系数据库系统)

我们使用 Oracle 和 MySQL 数据库来发布这些概要信息。虽然这些数据库存储的数据量相对较小，但是查询频度很高并且我们需要对查询做出实时响应。

DataBee

它是一个内部的 ETL(数据提取、转换和加载，即 Extraction-Transformation-Loading)工作流软件，它可以为跨所有数据处理作业的可靠批处理提供一个通用的框架。

Scribe 数据存储在网络文件系统层(NFS tier)，这些数据被复制作业持续复制到 HDFS(集群上)。NFS 设备被挂接在 Hadoop 层，因而复制处理便成为在 Hadoop 集群上运行的只有 map 阶段的作业。这使扩展复制处理变得更容易，而且使其具有错误恢复的能力。目前，我们每天用这种方法从 Scribe 复制 6 TB 以上的数据到 HDFS。我们每天也从 MySQL 层下载多达 4 TB 的维度数据到 HDFS。这些把数据从 MySQL 复制出来的 map 作业，我们很容易在 Hadoop 集群上进行调度执行。

Hadoop 配置

Hadoop 部署工作的中心思想是一体性(consolidation)。我们使用一个单独的 HDFS 系统，大量的处理工作在一个单独的 MapReduce 集群上完成(运行一个单独的 jobtracker)。这样做的原因很简单。

- 只运行一个集群可以最小化管理成本。
- 数据不必复制。对于前面描述的使用情况，我们可以在同一个位置得到所有的数据。
- 所有的部门都使用同一个计算机集群可以极大地提升效率。
- 我们的用户工作在一个相互协作的环境下，因此对于服务质量的要求还不是很繁重(至少就目前而言)。

我们也拥有一个单独的共享的 Hive 元数据存储工具(用 MySQL 数据库)，它管理 HDFS 上存储的所有 Hive 表涉及的元数据信息。

假想的使用情况

这一节，我们将描述几个典型问题，它们在大型网站上很普遍，由于涉及的开销和规模都太大，所以这些问题很难通过传统的数据仓库管理技术来解决。Hadoop 和 Hive 技术对解决这些问题提供了一种扩展性更好、更有效的方法。

广告客户的洞察力和广告性能

Hadoop 最普遍的一个用途是为大量数据产生概要信息。通常用于大型广告网络，如 Facebook 广告网络，Google AdSense，等等，为广告商提供他们所发布的广告的常规汇总统计信息这样一项特有的功能，这样做可以有效地帮助广告商调整他们的广告营销活动。

在大规模数据集上计算广告效果相关数据是一种数据密集型操作，Hadoop 和 Hive 在可扩展性和计算开销上的优势真的有助于在合理的时间和资金消耗范围内完成这些计算。

许多广告网络为广告商提供了标准的基于 CPC 和 CPM 的广告计费单位。CPC 广告计费是根据广告的“点击数计费”(cost-per-click)：广告商根据访问这个网站的用户对广告的点击总数付费。另一方面，CPM 广告计费是根据在这个网站上看这个广告的人的比例计费。先不管这些标准计费单位，在最近几年，具有更多动态内容的广告支持对个体用户进行不同的内容剪辑(个性化广告定制)，这样一种活动也在网络广告业中变得普遍起来。Yahoo!通过 SmartAds 来实现个性化广告定制，而 Facebook 给广告商提供了 Social Ads。而后者允许广告商把来自用户朋友网络的信息嵌入到广告中；例如，一则 Nike 广告可能指向某用户的一位朋友，而这个朋友近期刚好也喜欢这个品牌，并且在 Facebook 上和朋友公开共享这个喜好。另外，Facebook 也为广告商提供了 Engagement Ad 广告形式，通过对广告发表意见/嵌入视频交互，用户可以更有效地和广告交互。总之，在线广告网络为广告商们提供了各种广告发布途径，广告商们感兴趣的是其广告营销活动的相关效果数据，而这种多样性又为计算各种各样的效果数据增添了难度。

首先，广告商们希望知道总共有多少用户观看或点击了他们的广告以及有多少独立用户。对于动态广告，他们甚至会对这些汇总信息的分类感兴趣，如通过广告单元播放的动态信息分类或通过用户对广告的参与活动分类。例如，一个特定的广告可能向 3 万个不同用户播放了 10 万次。类似地，一段嵌入到 Engagement Ad 的视频可能已经被 10 万个不同的用户观看。另外，通常我们会针对每则广告、每次广告营销活动和每个帐户汇总报告这些效果相关数据。一个帐号有可能会对应多个广告营销活动，而每个活动可能运行多则网络广告。最后，广告网络通常会根据不同时间间隔报告这些数据。典型的时间段有天、周、月(起始日期相同)和月(固定天数)，甚至有时候是整个广告周期。再者，在数据分片和切割的方法中，广告商们也想查看数据的地理分布情况，比如，对于某一则特定广告，亚太地区的浏览者或点击者占多大比率。

很明显，这里有四种主要的维度层次分类：帐户、广告营销活动和广告维度；时间段维度；交互类型维度；用户维度。最后一个用来指明独立用户的人数，而其他三个是描述广告的相关属性。用户维度也可用来产生浏览和点击用户的地理分布汇总图。总而言之，所有这些信息都有利于广告商们调整广告营销活动，从而提高他们在广告网络上的广告效果。除了这些数据流水线具有多维特性之外，从处理的数据量以及每天数据量的增长速度来看，如果没有 Hadoop 这样的技术，大型广告网络的规模扩展会非常困难。举个例子，写这篇文章的时候，Facebook 为了计算广告的效果数据，每天所处理的日志数据量大约是 1 TB 数量级(非压缩数据)。2008 年 1 月，每天处理的日志数据量大约是 30 GB，那么目前这个数据量已经增长了 30 倍。随着硬件的增加，Hadoop 扩展性增强的特性是使这些数据流能以最小的任务配置修改来适应数据的增长。通常，配置修改涉及增加数据流上进行密集型计算部分 Hadoop 作业模块的 reducer 的个数。目前，这些计算模块中最大的部分运行 400 个 reducer(比 2008 年 1 月所用的 50 个 reducer 增加了 8 倍)。

即时分析和产品反馈

除了产生定期报告之外，数据仓库解决方案的另一种主要应用是能够支持即时分析和产品反馈解决方案。例如，一个典型的网站对其产品做了修改，产品经理或工程师们通常会基于与这个新特性相关的用户交互信息和点击率来推断这个新特性的影响。产品团队甚至希望对这个改变带来的影响做更深入的分析，这个分析有可能针对不同区域和国家进行，例如这个改变是否使美国用户的点击率增加或印度用户的使用减少。使用了 Hive 和普通的 SQL 数据库之后，在 Hadoop 上可以完成很多类似的分析工作。点击率的测定方法可以简单地表达成广告的曝光数和与此新特性相关链接点击次数之间的联系。这种数据能和地理位置信息结合起来用于计算产品的改变对不同区域用户产生的影响。因此，通过对这些数据进行聚集运算，我们可以得到平均点击率在不同地理区域上的分布。Hive 系统用几行 SQL 查询语句就可以简单方便地表达所有这些工作需求(这也将相应地产生多个 Hadoop 作业)。如果只需要估算，可以使用 Hive 本身支持的取样函数取一组样本用户数据，然后运行同样的查询语句。其中有些分析工作需要使用自定义 map 和 reduce 脚本与 Hive SQL 联合执行，这种脚本也可以轻松嵌入到 Hive 查询语句。

一个更加复杂的分析工作的典型例子是估算在过去一整年里每分钟登录到网站的峰值用户数。这个工作涉及对网页浏览日志文件采样(因为人气网站的网页浏览日志文件总数是很庞大的)，根据时间对它们分组，然后运行自定义 reduce 脚本找出不同时间点的新用户数。这是一个要求同时使用 SQL 和 MapReduce 来解决终端用户问题的典型例子，很容易利用 Hive 来解决这样的问题。

数据分析

Hive 和 Hadoop 可以轻松用于为数据分析应用进行训练和打分工作。这些数据分析应用能跨度不同领域，如人气网站、生物信息公司和原油勘探公司。对于在线广告网络产业来说，这种应用的一个典型实例是预测什么样的广告特征能使广告更容易被用户注意。通常，训练阶段涉及确定响应度量标准和预测性的特征。在本例中，评测广告效用的一个良好度量标准可以是点击率。广告的一些有趣的特征可能是广告所属的垂直产业、广告内容、广告在网页中的位置等。Hive 可以简便易行地收集训练数据，然后把它们输送到数据分析引擎(通常是 R 程序或 MapReduce 应用)。在本例中，不同的广告效果数据和属性特征可以被结构化为 Hive 的表格。用户可以方便地对数据进行取样(R 程序只能处理有限数据集，因此取样是必须的)，使用 Hive 查询语句执行适合的聚集和连接操作然后整合成一个响应表，它包含着决定广告效用最重要的广告特征。然而，取样会有信息损失，有些更加重要的数据分析应用就在 MapReduce 框架体系之上并行实现流行的数据分析内核程序来减少信息损失。

一旦模型训练出来，就可以部署，用于根据每天的数据进行打分评估工作。但是大多数数据分析任务并不执行每日评测打分工作。实际上，其中有很多数据分析任务具有即时的性质，要求做到一次性分析，然后结果作为输入进入产品设计过程。

Hive

概述

刚开始使用 Hadoop 时，我们很快就倾倒于它的可扩展性和有效性。然而，我们担心它是否可以被广泛采用，主要是因为用 Java 写 MapReduce 程序的复杂度问题(还有培训用户写这种程序的代价)。我们知道很多公司的工程师和分析师很了解 SQL，它是一种查询和分析数据的工具，并且我们也清楚很多人都精通几门脚本语言，如 PHP 和 Python。因此，我们必须开发出一种软件来解决用户精通的脚本语言和 Hadoop 编程所需语言不同的问题。

很明显，我们的很多数据集是结构化的，而且能够很容易进行数据分割。这些要求很自然地形成一个结果：我们需要一个系统，它可以把数据模型化成表格和数据块，并且它能够提供类似 SQL 的查询和分析语言。另外，能把使用用户所选编程语言编写的自定义 MapReduce 程序嵌入查询这一能力也非常重要。这个系统就是 Hive。Hive 是一个构建于 Hadoop 之上的数据仓库架构，在 Facebook 充当着重要的工具，用于对 Hadoop 中存储的数据进行查询。在下面几个小节，我们将详细描述这一系统。

数据的组织

在所有数据集中，数据的组织形式是一致的，被压缩、分区和排序之后进行存储。

压缩

几乎所有数据集都采用 gzip codec 存储成顺序文件。旧的数据采用 bzip 重新压缩，这样可以比用 gzip 编码压缩更多。bzip 压缩的速度比 gzip 慢，但是对旧数据的访问频率要低很多，因此考虑到节省硬盘空间，这种性能损失还是很值得的。

分区

大部分数据集是根据日期进行分区的。独立的分区块被加载到 Hive 系统，PX 把每个分区块加载到 HDFS 的一个单独的目录下。大多数情况下，这种分区只根据相关联的记录日志文件(scribe logfile)的时间戳进行。然而，在某些情况下，我们扫描数据，然后基于日志条目里能找到时间戳进行数据划分。回顾前面的介绍，我们也将根据各种特征进行数据分区(如国家和日期)。

排序

在一张表里，每个分区块通常根据某个唯一标识(ID)进行排序(如果 ID 存在的话)。这样的设计有几个主要的优点：

- 在这样的数据集上容易执行取样查询操作；
- 我们能基于排序数据建立索引；
- 对具有唯一标识的数据进行聚集和连接，运算更有效。

每日的 MapReduce 作业会把数据加载成 long-term 数据格式(和近实时的数据导入处理不同)。

查询语言

Hive 查询语言和 SQL 类似。它具有传统的 SQL 的构造，如 `join`，`group by`，`where`，`select`，`from` 从句和 `from` 从句的子查询。它尽量把 SQL 命令转换成一系列的 MapReduce 作业。除普通的 SQL 从句之外，它还有一些扩展功能，如具有在查询语句中描述自定义 mapper 和 reducer 脚本的功能，有对数据进行一次扫描就可以把它们插入多个表、数据块、HDFS 和本地文件的功能，有在样本数据而不是全部数据集上执行查询的功能(在测试查询的时候，这个功能非常有用)。Hive metastore 存储了表的元数据信息，它提供元数据给 Hive 编译器，从而进行 SQL 命令到 MapReduce 作业的转换。

通过数据块修剪，map 端的聚合和其他一些特色功能，编译器会尝试创建可以优化查询运行时间的方案。

在数据流水线中使用 Hive

另外，Hive 提供了在 SQL 语句里表达数据流水线的能力，并采用简单方便的方式合并这些数据流，这一功能能够并且已经提供了大量的所需的灵活性。这一功能对于改进中或开发中的系统和产品尤其有用。处理数据流时所需的许多操作都是大家非常了解的 SQL 操作，如 join，group by 和 distinct aggregation。由于 Hive 能够把 SQL 语句转换成一系列 Hadoop MapReduce 作业，所以创建和维护这些数据流水线就非常容易。在这一节，我们用一个假想的广告网络的例子，通过展示使用 Hive 来计算广告商所需的某些典型汇总表来说明 Hive 这些方面的功能。例如，假设某个在线广告网络在 Hive 系统里把广告信息存储在名为 dim_ads 的表里，把和某个广告曝光相关的信息存储在名为 impression_logs 表里，impression_logs 表里数据根据日期进行分区，那么在 Hive 系统中查询 2008-12-01 这天的广告曝光数(广告网络会把广告营销中的每个和总的广告曝光数定期反馈给广告商)可以表达为如下 SQL 语句：

```
SELECT a.campaign_id, count(1), count(DISTINCT b.user_id)
FROM dim_ads a JOIN impression_logs b ON(b.ad_id = a.ad_id)
WHERE b.dateid = '2008-12-01'
GROUP BY a.campaign_id;
```

这也是大家能在其他 RDMS(关系数据库系统)如 Oracle 和 DB2 等上使用的典型的 SQL 语句。

为了从前面同样的连接数据上以广告和帐户为单位计算每天的广告曝光次数，Hive 提供了同时做多个 group by 操作的能力，查询如下所示(类似 SQL 语句但不是严格意思上的 SQL)：

```
FROM(
  SELECT a.ad_id, a.campaign_id, a.account_id, b.user_id
  FROM dim_ads a JOIN impression_logs b ON (b.ad_id = a.ad_id)
  WHERE b.dateid = '2008-12-01') x
INSERT OVERWRITE DIRECTORY 'results_gby_adid'
  SELECT x.ad_id, count(1), count(DISTINCT x.user_id) GROUP BY x.ad_id
INSERT OVERWRITE DIRECTORY 'results_gby_campaignid'
  SELECT x.campaign_id, count(1), count(DISTINCT x.user_id) GROUP BY x.campaign_id
INSERT OVERWRITE DIRECTORY 'results_gby_accountid'
  SELECT x.account_id, count(1), count(DISTINCT x.user_id) GROUP BY x.account_id;
```

在 Hive 增添的一项优化功能中，其中一项是查询能被转换成一系列适用于“偏斜数据”(skewed data)的 Hadoop MapReduce 作业。实际上，join 操作转换成一个 MapReduce 作业，三个 group by 操作转换成四个 MapReduce 任务，其中第一个任务通过 unique_id 产生部分聚集数据。这一功能非常重要，因为 impression_logs 表的数据在 unique_id 的分布比在 ad_id 上的分布更均匀(通常在一个广告网络中，有些广告占主导地位，因为其客户分布更均匀)。因此，通过 unique_id 计算部分聚集能让数据流水线把工作更均匀地分配到各个 reducer。简单改变查询中的日期谓词，同一个相同的查询模板便可以用于计算不同时间段的效果数据。

但是计算整个广告周期的数据可以采用更好的方法，如果使用前面介绍的计算策略，我们必须扫描 impression_logs 表中的所有分区。因此，为了计算整个广告周期的数据，一个更可行的方法是在每天的中间表的分区上执行根据 ad_id 和 unique_id 的分组操作。这张表上的数据可以和次日的 impression_logs 合并增量产生整个周期的广告效果数据。例如，要想得到 2008-12-01 日的广告曝光数据，就需要用到 2008-11-30 日对应的中间表分区数据块。如下面的 Hive 查询语句所示：

```
INSERT OVERWRITE lifetime_partial_imps PARTITION(dateid='2008-12-01')
SELECT x.ad_id, x.user_id, sum(x.cnt)
FROM (
  SELECT a.ad_id, a.user_id, a.cnt
  FROM lifetime_partial_imps a
  WHERE a.dateid = '2008-11-30'
  UNION ALL
  SELECT b.ad_id, b.user_id, 1 as cnt
  FROM impression_log b
  WHERE b.dateid = '2008-12-01'
) x
GROUP BY x.ad_id, x.user_id;
```

这个查询为 2008-12-01 计算局部合计数据，它可以用来计算 2008-12-01 的数据以及 2008-12-02 的数据(这里没有展示)。SQL 语句转换成一个单独 Hadoop MapReduce 作业，它实际上是在合并的输入流上做 group by 计算。在这个 SQL 语句之后，可以做如下的 Hive 查询，它为每个分组计算出实际的数据(与前面对日数据流水线的查询相似)。

```
FROM(
  SELECT a.ad_id, a.campaign_id, a.account_id, b.user_id, b.cnt
    FROM dim_ads a JOIN lifetime_partial_imps b ON (b.ad_id = a.ad_id)
    WHERE b.dateid = '2008-12-01') x
  INSERT OVERWRITE DIRECTORY 'results_gby_adid'
    SELECT x.ad_id, sum(x.cnt), count(DISTINCT x.user_id) GROUP BY x.ad_id
  INSERT OVERWRITE DIRECTORY 'results_gby_campaignid'
    SELECT x.campaign_id, sum(x.cnt), count(DISTINCT x.user_id) GROUP BY x.campaign_id
  INSERT OVERWRITE DIRECTORY 'results_gby_accountid'
    SELECT x.account_id, sum(x.cnt), count(DISTINCT x.user_id) GROUP BY x.account_id;
```

Hive 和 Hadoop 都是批处理系统，它们计算数据的延迟超出了常用的 RDBMS，如 Oracle 和 MySQL。因此，在许多情况下，把 Hive 和 Hadoop 系统产生的概要信息加载到传统的 RDBMS，让用户通过不同的 BI(商业智能)工具或网络门户来使用这些数据仍然很有用。

存在的问题与未来工作计划

公平共享

Hadoop 集群通常同时运行多个“日常生产作业”(production daily job)和“即时作业”(ad hoc job)，日常生产作业需要在某个时间段内完成计算任务，而即时作业则可能具有不同的优先级以及不同的计算规模。在选择典型安装时，日常生产作业倾向于整夜运行，这时来自用户运行的即时作业的干扰最小。然而，大规模即时作业和生产作业之间的工作时间重合常常是不可避免的，如果没有充分健壮的保障措施，这种作业重合会导致生产作业的延迟。ETL(数据提取、转换和加载)处理也包含几个近实时的作业，它们都必须以小时为间隔地运行(包括从 NFS 服务器复制 Scribe 数据以及在某些数据集上以小时为单位的概要数据计算等处理)。它也意味着只要有一个意外作业就会使整个集群当机，使生产处理处于危险境地。

Facebook 开发并且贡献给 Hadoop 系统的 Hadoop 公平共享作业调度器(job scheduler)为许多这样的问题提供了解决方案。它为特定作业池中的作业保留保障性计算资源，同时让闲置资源可以被任何作业使用。通过在各个池之间以一种公平手段分配计算资源也可以防止大规模作业霸占集群资源。在集群里，内存是其中一种竞争比较激烈的资源。我们对 Hadoop 系统做了一些修改，如果发现 jobtracker 的内存短缺，Hadoop 就会减缓或遏制作业提交。这能保证用户进程能够得到合理的进程内存限额，并且为了阻止在同一个节点运行的 MapReduce 作业影响 HDFS 后台程序(主要是因为大内存消耗)，可以放置一些监控脚本程序。日志目录存储在单独的硬盘分区，并且定期清理，我们认为把 MapReduce 中间存储放在单独的硬盘分区上也是有用的。

空间管理

硬盘容量管理仍然是一个大挑战——数据的增长带来了硬盘使用的急速增加。数据集日益攀升的许多发展中公司面临着同样的问题。在许多情况下，很多数据实际上是临时数据。这种情况下，我们可以使用 Hive 的保留期设置，并且可以以 bzip 格式重新压缩以节省空间。尽管从硬盘存储的观点来看配置可能非常对称，但增加一个高存储密度机器层来管理旧数据可能会有很大好处。这将使 Hadoop 存储存档数据的消费变得更便宜。然而，对这些数据的访问应该是容易的。目前我们正在为这一个数据存档层的实现而努力工作，统一旧数据处理的方方面面。

Scribe-HDFS 集成

目前，Scribe 编写了几个 NFS 文件存档器(filer)，然后前面所描述的自定义复制作业(copier job)就从这里收集和传送数据给 HDFS。我们正致力于让 Scribe 直接把数据写入其他的 FS 实例对象。这将简化 Scribe 的扩展和管理。基于对 Scribe 的正常运行时间的高要求它的目标 HDFS 对象可能不同于生产 HDFS 系统(因此它不会因为用户作业而出现负载/停机的问题)。

改进 Hive

Hive 系统仍然处于活跃的开发阶段。人们关注着几个重要特性的开发，如 `order by`，支持 `having` 从句，更多聚集函数，更多内置函数，日期类型，数据类型，等等。同时，我们也在进行大量优化工作，如谓词下推和共同子表达式消除。在集成方面，正在开发 JDBC 和 ODBC 驱动程序用于和 OLAP 及 BI 工具集成。通过所有这些优化措施，我们希望能够释放 MapReduce 和 Hadoop 的潜能，把它更进一步推向非工程化社区以及用于 Facebook。该项目相关的更多详细信息，请访问 *http://hadoop.apache.org/hive/*。

(作者：Joydeep Sen Sarma 和 Ashish Thusoo)

Nutch 搜索引擎

背景介绍

Nutch 这个框架用于构建立可扩展的网络爬虫(crawler)和搜索引擎。它是 Apache 软件基金会(Apache Software Foundation)的一个项目，Lucene 的一个子项目，遵循 Apache 许可(2.0)。

我们并不想多么深入地细究网络爬虫的知识——这个案例研究的目的是展示 Hadoop 是如何实现搜索引擎各种典型、复杂处理任务的。感兴趣的用户可以在 Nutch 官方主页(*http://lucene.apache.org/nutch*)找到项目相关的大量专门信息。可以这样说，为了创建和维护一个搜索引擎，必须要有下面的子系统。

网页数据库

　　这个数据库跟踪网络爬虫要抓取的所有网页和它们的状态，如上一次访问的时间，它的抓取状态信息，刷新间隔，内容校验和，等等。用 Nutch 的专用名词来说，这个数据库称为 *CrawlDb*。

爬取网页清单

网络爬虫定期刷新其 Web 视图信息，然后下载新的网页(以前没有抓取的)或刷新它们认为已经过期的网页。这些准备爬取的候选网页清单，Nutch 称为 *fetchlist*。

原始网页数据

网页内容从远程网站下载，以原始的未解释的格式在本地存储成字节数组。Nutch 称这种数据为 *page content*。

解析的网页数据

网页内容用适合的解析器进行解析——Nutch 为各种流行格式的文档提供了解析器，如 HTML，PDF，Open Office 和 Microsoft Office，RSS 等。

链接图数据库

对于计算基于链接(link)的网页排序(page rank)值来说，如 PageRank，这个数据库是必须的。对于 Nutch 记录的每一个 URL，它会包含一串指向它的其他的 URL 值以及这些 URL 关联的锚文本(在 HTML 文件的`<a href="..">`锚文本`</a>`元素中得到)。这个数据库称为 *LinkDb*。

全文检索索引

这是一个传统的倒排索引，基于搜集到的所有网页元数据与抽取到的纯文本内容而建立。它是使用卓越的 Lucene 库(*http://lucene.apache.org/java*)来实现的。

前面我们简略地提到 Hadoop 作为一个组件在 Nutch 系统上得到实现，试图用它提高 Nutch 系统的可扩展性以及解决那些由集中式数据处理模型引起的一系列瓶颈问题。Nutch 也是第一个移植到 Hadoop 架构之上的公开的概念证明应用，后来它成为 Hadoop 的一部分，并且事实证明，把 Nutch 算法和数据结构移植到 Hadoop 架构所需的工作量惊人地少。这一特点有可能激励大家把 Hadoop 的开发作为一个子项目，为除 Nutch 之外的其他应用提供可重用的架构。

目前，几乎所有的 Nutch 工具都通过运行一个或多个 MapReduce 作业来处理数据。

数据结构

在 Nutch 系统中维护着几种主要的数据结构，它们都利用 Hadoop I/O 类和数据格式来构造。根据数据使用目的和数据创建之后的访问方式，这些数据可以使用 Hadoop 的映射(map)文件或顺序(sequence)文件进行保存。

因为数据是 MapReduce 的作业产生和处理的，而这一过程反过来又会执行几个 map 和 reduce 任务，所以它的硬盘存储格式符合常用的 Hadoop 输出格式，即

MapFileOutputFormat 和 SequenceFileOutputFormat 两种格式。精确地说，数据被保存成几个 map 文件或顺序文件，而文件数和创建数据作业中的 reduce 任务数相等。为了简单，在下面几节的介绍中，我们忽略格式差异。

CrawlDb

CrawlDb 存储每个 URL 的当前状态信息，存储文件是 map 文件，形式是<url, CrawlDatum>，这里键使用文本格式，值使用 Nutch 特定的 CrawlDatum 类型(它实现 Writable 接口)。

为了对这些记录提供快速的随机访问能力(用户想在 CrawlDb 里面检查个人记录信息的时候)，这些数据被存储成 map 文件而不是顺序文件。

CrawlDb 最初是通过 Injector 工具创建的，它只是简单地把初始 URL 列表(种子列表)的纯文本文件转换成一个 map 文件，格式如前所述。接着，用爬取和解析的网页信息来对它做更新。稍后将对此进行详细介绍。

LinkDb

这个数据库为 Nutch 记载的每个 URL 存储“入链接”(incoming link)信息。它采用 map 文件格式<url, Inlinks>进行存储，其中 Inlinks 是 URL 列表和锚文本数据。注意，这些信息在网页数据收集阶段并不是立刻可以得到的，但是可以获取反向信息，就是这个页面的“出链接”(outlink)信息。反向链接的信息获取是通过一个 MapReduce 作业完成的，相关详情可参见后文。

分段

在 Nutch 定义中，“分段”(segment)指的是爬取和解析 URL 组。图 16-5 展示了分段的创建和处理过程。

一个分段(文件系统里的一个目录)包含以下几个部分(它们只不过是一些包含 MapFileOutputFormat 或 SequenceFileOutputFormat 格式数据的子目录)。

content

content 包含下载页面的原始数据，存储为 map 文件，格式是<url, Content>。为了展示缓存页的视图，这里使用 map 文件存储数据，因为 Nutch 需要对文件做快速随机的访问。

crawl_generate

它包含将要爬取的 URL 列表以及从 CrawlDb 取到的与这些 URL 页相关的当前状态信息，对应的顺序文件的格式<url, CrawlDatum>。这个数据采用顺序文件存储，原因有二：第一，这些数据是按顺序逐个处理的；第二，map 文件排序键值的不变性不能满足我们的要求。我们需要尽量分散属于同一台主机的 URL，以此减少每个目标主机的负载，这就意味着记录信息基本上是随机排列的。

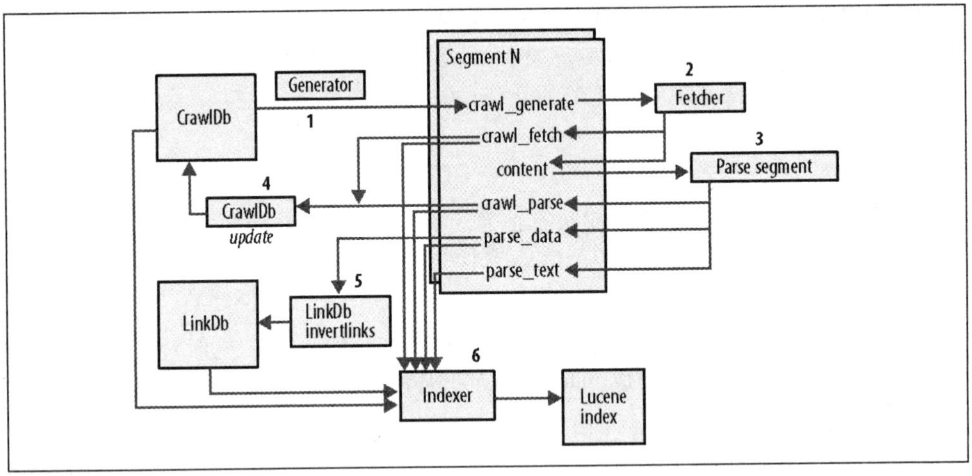

图 16-5. 分割

crawl_fetch

它包含数据爬取的状态信息，即爬取是否成功，响应码是什么，等等。这个数据存储在 map 文件里，格式是`<url, CrawlDatum>`。

crawl_parse

每个成功爬取并解析的页面的出链接列表都保存在这里，因此 Nutch 通过学习新的 URL 可以扩展它的爬取前端页。

parse_data

解析过程中收集的元数据；其中还有页面的出链接(frontier)列表。这些信息对于后面介绍的建立反向图(入链接—ink)是相当关键的。

parse_text

页面的纯文本内容适合用 Lucene 进行索引。这些纯文本存储成 map 文件，格式是`<url, ParseText>`，因此要展示搜索结果列表的概要信息(摘要)的时候，Nutch 可以快速地访问这些文件。

Generator 工具(图 16-5 中编号 1)运行的时候，CrawlDb 里面的数据就会产生一些新的分段，并且开始只包括要爬取的 URL 列表(是 `crawl_generat` 下的子目录)。当这个列表经过几个步骤的处理之后，该分段就从处理工具那里收集输出数据并存放在一系列的子目录里面。

例如，*content* 从 *Fetecher* 工具(2)接收数据，这个工具根据 *fetchlist* 的 URL 列表下载网页原始数据。这个工具也把 URL 的状态信息存储在 *crawl_fetch* 里面，因此这些数据后来可以用于更新 *CrawlDb* 的页面状态信息。

在分段工具中的其他小模块接收来自 Parse 分段工具(3)的数据，这个工具读入网页内容，然后基于声明的(或检测到的)MIME 类型，选择合适的内容解析器，最后把解析结果存为三部分：

crawl_parse，*parse_data* 和 *parse_text*。然后这些数据被用于更新 CrawlDb(4)和创建 LinkDb(5)。

这些分段数据一直保留到它们包含的所有数据都过期为止。Nutch 采用的是可配置的最大时间限制的方法，当页面保存的时间段超过这个时间限制后，这个页面会被强制进行重新获取；这将有助于操作员淘汰所有过期的分段数据(因为他能肯定超过这个时间限制之后，这个分段里面的所有页面都已经被重新爬取)。

分段数据用来创建 Lucene 索引(【6】——主要是 *parse_text* 和 *parse_data* 部分的数据)，但是它也提供一种数据存储机制来支持对纯文本数据和原始内容数据的快速检索。当 Nutch 产生摘要信息的时候(和查询最匹配的文档文本片段)，需要第一种纯文本数据；第二种原始数据提供了展现页面的缓存视图的能力。这两种用例下，或是要求产生摘要信息或是要求展现缓存页面，都是直接从 map 文件获取数据。实际上，即使是针对大规模数据，直接从 map 文件访问数据的效率都很高。

Nutch 系统利用 Hadoop 进行数据处理的精选实例

下面几节描述了几种 Nutch 工具的相关详细信息，主要用于说明 Nutch 系统如何利用 MapReduce 模型来完成具体的数据处理任务。

链接逆转

爬取到的 HTML 页面包含 HTML 链接，这些链接可能指向它本身(内部链接)或指向其他网页。HTML 链接从源网页指向目标网页，参见图 16-6。

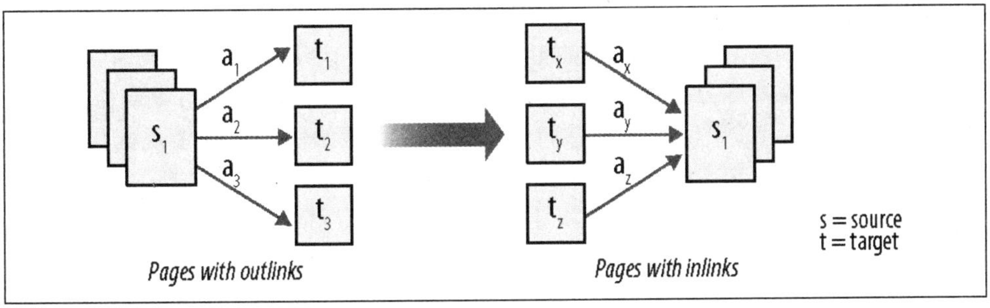

图 16-6. 链接逆转

然而，许多计算网页重要性(或质量)的算法需要反向链接的信息，也就是那些具有链接指向当前页面的网页。进行网页爬取的时候，我们并不能得到这些信息。另外，如果能把入链接的锚文本也用于索引，索引也会受益，因为这些锚文本可以从语义上丰富当前页面的内容。

如前所述，Nutch 收集出链接信息，然后用这些数据构造一个 LinkDb，它包含这种反向链接数据，以入链接和锚文本的形式存放。

本小节概述一下 LinkDb 工具的实现过程——为了展现处理过程的清晰画面，忽略了很多细节描述(如 URL 规范化处理和过滤)。我们主要描述一个典型的实例来解释为什么 MapReduce 模型能够如此合适地地应用到一个搜索引擎所要求的这种关键数据转换处理任务。大规模搜索引擎需要处理大量的网络图数据(许多页面都有很多出/入链接)，Hadoop 提供的并行处理和容错机制使得这样的处理成为可能。另外，使用 map-sort-reduce 基本操作可以很容易地表达链接逆转这一过程，我们将在下面进行介绍。

下面的代码片段展示了 LinkDb 工具的作业初始化过程：

```
JobConf job = new JobConf(configuration);
FileInputFormat.addInputPath(job, new Path(segmentPath, "parse_data"));
job.setInputFormat(SequenceFileInputFormat.class);
job.setMapperClass(LinkDb.class);
job.setReducerClass(LinkDb.class);
job.setOutputKeyClass(Text.class);
job.setOutputValueClass(Inlinks.class);
job.setOutputFormat(MapFileOutputFormat.class);
FileOutputFormat.setOutputPath(job, newLinkDbPath);
```

可以看出，这个作业的输入源数据是爬取的 URL 列表(键)以及相应的 `ParseData` 记录，`ParseData` 包含的其中一项数据是每个页面的出链接信息，它是一个数组。一个出链接记录包含目标 URL 以及相应的锚文本。

这个作业的输出也是一个 URL 列表(键)，但是值是入链接，它其实只是一个包含目标 URL 和锚文本的特殊的入链接集合。

也许出乎我们意料，这些 URL 一般以纯文本形式存储和处理，而非以 java.net.URL 或 java.net.URI 实例的形式。这么做有几个原因：从下载内容里提取的 URL 通常需要做规范化处理(如把主机名变成小写形式，解析相对路径)，或它们是已经坏掉或无效的 URL，或它们引用的是不支持的协议。许多规范化和过滤操作能更好地表达成文本模式，它可以跨一个 URL 的多个组成部分。此外，考虑到链接分析，我们也许仍然想处理和计算这些无效的 URL。

让我们进一步查看 `map()`和 `reduce()`的实现——在这个例子中，它们非常简单以至于这两个函数可以在同一个类里实现：

```
public void map(Text fromUrl, ParseData parseData,
  OutputCollector<Text, Inlinks> output, Reporter reporter) {
  ...
  Outlink[] outlinks = parseData.getOutlinks();
  Inlinks inlinks = new Inlinks();
  for (Outlink out : outlinks) {
```

```
    inlinks.clear(); // instance reuse to avoid excessive GC
    String toUrl = out.getToUrl();
    String anchor = out.getAnchor();
    inlinks.add(new Inlink(fromUrl, anchor));
    output.collect(new Text(toUrl), inlinks);
  }
}
```

从这个代码段可以看到，对每个出链接，我们的 map()函数产生一对<toUrl, Inlinks>，其中 Inlinks 只包含一个 Inlink，该 Inlink 是由 fromUrl 和它的锚文本组成。链接的指向实现了反转。

接着，这些只有一个元素的 Inlinks 用 reduce()方法实现聚集处理：

```
public void reduce(Text toUrl, Iterator<Inlinks> values,
    OutputCollector<Text, Inlinks> output, Reporter reporter) {
  Inlinks result = new Inlinks();
  while (values.hasNext()) {
    result.add(values.next());
  }
  output.collect(toUrl, result);
}
```

从这段代码来看，很明显我们已经得到了我们想要的数据——即指向 toUrl 变量的所有 fromUrl 列表以及相应的锚文本信息。逆转过程完成。

然后这些数据以 MapFileOutputFormat 格式保存，形成新的 LinkDb 数据库。

产生 fetchlist

现在来看一个更加复杂的用例。fetchlist 产生于 CrawlDb 的数据(map 文件的格式是<url, crawlDatum>，其中 crawlDatum 包含 URL 的状态信息)，它存放准备爬取的 URL 列表，然后 Nutch Fetcher 工具处理这个列表。Fetcher 工具本身是一个 MapReduce 应用程序(后面会介绍)。也就是说输入数据(被分成 N 份)将由 N 个 map 任务处理——Fetcher 工具强制执行这样的规则，SequenceFileInputFormat 格式的数据不能继续切分。前面我们简单提过，fetchlist 是通过一个特殊的方法产生的，因此 fetchlist 的每部分数据(随后由每个 map 任务处理)必须满足特定的要求。

1. 来自同一台主机的所有 URL 最后要放入同一个分区。这是必须的，以便 Nutch 可以轻松实现 in-JVM(java 虚拟机里)宿主级封锁来避免目标主机超载。
2. 为了减少发生宿主级的封锁，来自同一台主机的 URL 应该尽量分开存放(比如和其他主机的 URL 充分混合)。

3. 任何一个单独主机的 URL 链接数不能多于 x 个，从而使得具有很多 URL 的大网站相对于小网站来说，就不会占主导地位(来自小网站的 URL 仍然有机会被爬取)。

4. 具有高网页排序值的 URL 应该优先于低的那些 URL。

5. 在 fetchlist 中，URL 总数不能超过 y。

6. 输出数据分区数应该和最优的爬取 map 任务数目一致。

本例中，需要实现两个 MapReduce 作业来满足所有这些要求，如图 16-7 所示。同样地，为了简洁，对下面的列表内容，我们将跳过对这些步骤的某些细节描述。

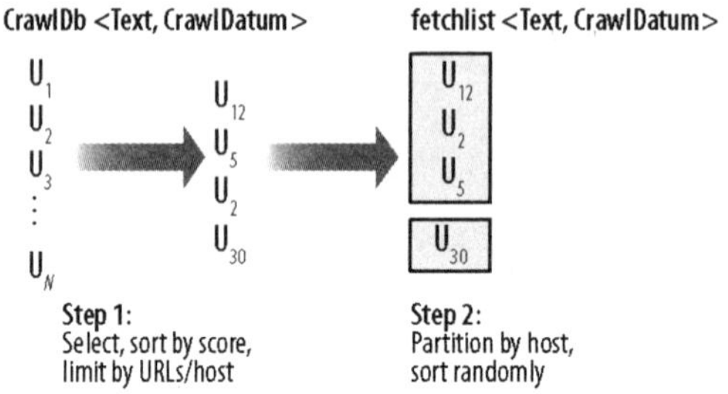

图 16-7. 产生 fetchlist

步骤 1：选择，基于网页排序值排序，受限于每台主机的 URL 数 这一步骤，Nutch 运行一个 MapReduce 作业来选择一些被认为有资格爬取的 URL 列表，并根据它们的网页排序值(赋给每个页面的浮点数，如 `PageRank` 值)对它们进行排序。输入数据来自 CrawlDb，后者是一个`<url, datum>`格式的 map 文件。这一作业的输出是`<score, <url, datum>>`格式的 sequence 文件，根据排序值降序排列。

首先，我们来看一下作业的设置：

```
FileInputFormat.addInputPath(job, crawlDbPath);
job.setInputFormat(SequenceFileInputFormat.class);
job.setMapperClass(Selector.class);
job.setPartitionerClass(Selector.class);
job.setReducerClass(Selector.class);
FileOutputFormat.setOutputPath(job, tempDir);
job.setOutputFormat(SequenceFileOutputFormat.class);
job.setOutputKeyClass(FloatWritable.class);
job.setOutputKeyComparatorClass(DecreasingFloatComparator.class);
job.setOutputValueClass(SelectorEntry.class);
```

`Selector` 类实现了 3 个函数：mapper，reducer 和 partitioner。最后一个函数非常有趣：`Selector` 用了一个自定义的 `Partitioner` 把来自同一主机的 URL 分配给同一个 reduce 任务，这样我们就能满足前面列表的要求 3-5。

如果我们不重写默认的 partitioner，来自同一主机的 URL 最终会输出到不同的分区里面，这样我们就不能跟踪和限制 URL 总数，因为 MapReduce 任务彼此之间不做任何交流。那么现在的情况是，属于同一台主机的所有 URL 都会由同一个 reduce 任务处理，这意味着我们能控制每台主机可以选择多少个 URL。

实现一个自定义的 partitioner，从而把需要在同一个任务中处理的数据最终放入同一个分区，是很简单的。同一个任务处理的数据就会被放在同一个分区里。我们首先来看一下 Selector 类如何实现 Partitioner 接口(它只包含一个方法)：

```
/** Partition by host. */
public int getPartition(FloatWritable key, Writable value, int numReduceTasks)
{
  return hostPartitioner.getPartition(((SelectorEntry)value).url, key,
    numReduceTasks);
}
```

这个方法返回在 0 到 numReduceTasks - 1 之间的一个整数，numReduceTasks 是化简任务数。它简单地用原始的 URL 替换了键，URL 数据从 SelectorEntry 获取，这样做就可以把 URL(不是页面排序值)传递给 PartitionUrlByHost 类实例对象，并且在这里计算出 URL 属于的切分号：

```
/** Hash by hostname. */
public int getPartition(Text key, Writable value, int numReduceTasks) {
  String urlString = key.toString();
  URL url = null;
  try {
    url = new URL(urlString);
  } catch (MalformedURLException e) {
    LOG.warn("Malformed URL: '" + urlString + "'");
  }
  int hashCode = (url == null ? urlString : url.getHost()).hashCode();
  // make hosts wind up in different partitions on different runs
  hashCode ^= seed;

  return (hashCode & Integer.MAX_VALUE) % numReduceTasks;
}
```

从这个代码片断能看到，分区号的计算只针对 URL 的主机部分的地址，这意味着属于同一个主机的所有 URL 最终会被放入同一个分区。

这个作业的输出数据根据网页排序值降序排列。因为 CrawlDB 中有很多记录有同样的排序值，所以我们不能用 MapFileOutputFormat 来存储输出文件，否则会违反 map 文件严格基于主键排序的固定规则。

细心的读者会注意到一点，因为我们不直接使用初始键值，但是我们又想保留这种初始的键值对。这里使用一个 SelectorEntry 类把初始的键值对传递给下一步骤处理过程。

Selector.reduce()函数跟踪计算 URL 的总数和每个主机对应的最大 URL 数，

然后简单地摒弃多余的记录。注意，必须对 URL 总个数的限制进行近似化处理。

我们用总的限制数除以 ruduce 任务的个数得到当前任务允许拥有的 URL 的个数的限制范围。但是我们并不能肯定每个任务都能够得到平均的分配数；实际上在大多数情况下很难实现，因为在各个主机中分布的 URL 数目是不均匀的。不管怎么样，对于 Nutch 来说，这种近似的控制已经足够了。

步骤 2：逆转，基于主机分区，随机排序 在前面，我们用<score, selectorEntry>格式存储了一个顺序文件。现在我们必须产生<url, datum>格式的顺序文件来满足前面描述的要求 1，2 和 6。这个处理步骤的输入数据是步骤 1 的输出数据。

下面的代码片断展示了这个作业过程的初始设置：

```
FileInputFormat.addInputPath(job, tempDir);
job.setInputFormat(SequenceFileInputFormat.class);
job.setMapperClass(SelectorInverseMapper.class);
job.setMapOutputKeyClass(Text.class);
job.setMapOutputValueClass(SelectorEntry.class);
job.setPartitionerClass(PartitionUrlByHost.class);
job.setReducerClass(PartitionReducer.class);
job.setNumReduceTasks(numParts);
FileOutputFormat.setOutputPath(job, output);
job.setOutputFormat(SequenceFileOutputFormat.class);
job.setOutputKeyClass(Text.class);
job.setOutputValueClass(CrawlDatum.class);
job.setOutputKeyComparatorClass(HashComparator.class);
```

SelectorInverseMapper 类简单地删除了当前键(排序值)，抽取原始的 URL 并且把它设置为键，使用 SelectorEntry 作为值。细心的读者可能质疑："为什么我们不再进一步，同时再抽取原始的 CrawlDatum，把它作为值？"详情参见后文。

这个作业的最终输出是顺序文件，格式是<Text, CrawlDatum>，但是 map 阶段我们得到的输出是<Text, SelectorEntry>格式。我们必须指出为 map 输出采用不同的键/值类对象，必须用 setMapOutputKeyClass() 和 setMapOutputValueClass()这两个类设置函数——否则，Hadoop 会假定我们用的类与为 reduce 和 reduce 输出声明的类一样(这种矛盾通常会导致作业失败)。

map 阶段的输出使用 PartitionUrlByHost 类对象进行切分，因此它又把来自同一主机的 URL 分配到同一个分区。这就满足要求 1。

一旦数据从 map 任务移到 reduce 任务，Hadoop 就会根据输出数据键 comparator 的结果对数据排序，这里的 comparator 是 HashComparator 类对象。这个类采用简单的哈希机制来混合 URL，这个机制可保证来自同一主机的 URL 会被尽量放在一起。

为了满足要求 6，我们把 reduce 任务的数量设置成希望的 Fetcher map 任务的数量(前面提到的 numParts)，记住,每个 reduce 分区稍后将用于创建一个单独的 Fetcher map 任务。

PartitionReducer 类负责完成最后一步，即把<url,selectorEntry>数据转换成<url, crawlDatum>数据。使用 HashComparator 的一个令人惊讶的副作用是几个 URL 可能具有同样的哈希值，并且 Hadoop 调用 reduce()函数时只传送遇到的第一个键对应的值，具有相等键值的记录被认为是一样的而被删除。现在能明白当初为什么我们必须在 SelectorEntry 类的记录中保留所有的 URL 值，因为我们可以从遍历的值中抽取 URL。下面是这个方法的实现：

```
public void reduce(Text key, Iterator<SelectorEntry> values,
    OutputCollector<Text, CrawlDatum> output, Reporter reporter) throws
IOException {
  // when using HashComparator, we get only one input key in case of hash
collisions
  // so use only URLs extracted from values
  while (values.hasNext()) {
    SelectorEntry entry = values.next();
    output.collect(entry.url, entry.datum);
  }
}
```

最终，reduce 任务的输出在 Nutch 分段目录中 crawl_generate 子目录下以 SequenceFileOutputFormat 格式保存。输出文件满足前面的 1-6 项全部要求。

Fetcher：正在运行的多线程类 MapRunner

Nutch 的 Fetcher 应用程序负责从远程站点下载网页内容。因此，为了尽量减少爬取 fetchlist 的时间，对于这个处理过程来说使用每个机会来做并行处理相当重要。

在 Fetcher 应用中，已经有一级并行机制——输入 fetchlist 的若干个分区被分配给多个 map 任务。然而，这么做实际上远远不够：顺序下载来自不同主机(见前一节对 HashComparator 的介绍)的 URL 相当浪费时间。因为，Fetcher 的 map 任务使用多个工作线程同时处理这种数据。

Hadoop 使用 MapRunner 类来实现对输入数据记录的顺序处理。Fetcher 类实现自己的 MapRunner 类，它使用若干个线程并行处理输入记录。

先从这个作业的设置开始：

```
job.setSpeculativeExecution(false);
FileInputFormat.addInputPath(job, "segment/crawl_generate");
job.setInputFormat(InputFormat.class);
job.setMapRunnerClass(Fetcher.class);
FileOutputFormat.setOutputPath(job, segment);
job.setOutputFormat(FetcherOutputFormat.class);
job.setOutputKeyClass(Text.class);
job.setOutputValueClass(NutchWritable.class);
```

首先，我们关闭推测执行(speculative execution)。我们不能同时让几个 map 任务从同一个主机下载内容，因为这可能会打破宿主级的负载限制(如并发请求数和每秒请求数)。

其次，我们使用自定义的 InputFormat 对象来防止 Hadoop 将输入数据分区进一步切分为更小的块(分片)导致 map 任务的数量超过输入分区的数量。这么做又一次保证我们可以控制宿主级的访问限制。

输出数据用自定义的 OutputFormat 对象来存储，通过使用 NutchWirtable 类的数据值，它新建了几个输出 map 文件和顺序文件。NutchWritable 类是 GenericWritable 的子类，它能传递几种不同 Writable 类的实例对象，但必须事先声明。

Fetcher 类实现 MapRunner 接口，我们把这个类设置为作业的 MapRunner 实现。相关代码如下：

```
public void run(RecordReader<Text, CrawlDatum> input,
    OutputCollector<Text, NutchWritable> output,
                 Reporter reporter) throws IOException {
  int threadCount = getConf().getInt("fetcher.threads.fetch",  10);
  feeder = new QueueFeeder(input, fetchQueues, threadCount * 50);
  feeder.start();

  for (int i = 0; i < threadCount; i++) {   // spawn threads
    new FetcherThread(getConf()).start();
  }
  do {                                       // wait for threads to exit
    try {
      Thread.sleep(1000);
    } catch (InterruptedException e) {}
    reportStatus(reporter);
  } while (activeThreads.get() > 0);
}
```

Fetcher 类提前读取许多输入记录数据，使用 QueueFeeder 线程把输入记录放入为每个主机建立的队列中。然后启动几个 FetcherThread 实例对象，它们将读取每个主机对应的队列数据，这时 QueueFeeder 继续读取输入数据来填充这些队列。每个 FetcherThread 读取全部非空队列中的数据项。

与此同时，map 任务的主线程也在不停运转等待所有的线程完成它们的作业。它定期向系统报告状态以保证 Hadoop 不会认为这个任务已经死掉并把它杀掉。一旦所有项目处理完，循环过程就结束，控制权返回 Hadoop，然后 Hadoop 认为这个 map 任务即将完成。

索引器：使用自定义的 OutputFormat 类

这是一个 MapReduce 应用程序示例，它不会产生顺序文件或 map 文件，相反它的输出是一个 Lucene 索引。

再提一下，因为 MapReduce 应用可能由几个 reduce 任务组成，所以这个应用的输出可能包含几个不完整的 Lucene 索引。

Nutch Indxer 工具使用 CrawlDb，LinkDb 和 Nutch 分段爬取状态信息，解析状态，页面元数据和纯文本数据)的信息，因此这个作业的设置部分将包括添加几个输入路径：

```
FileInputFormat.addInputPath(job, crawlDbPath);
FileInputFormat.addInputPath(job, linkDbPath);
// add segment data
FileInputFormat.addInputPath(job, "segment/crawl_fetch");
FileInputFormat.addInputPath(job, "segment/crawl_parse");
FileInputFormat.addInputPath(job, "segment/parse_data");
FileInputFormat.addInputPath(job, "segment/parse_text");
job.setInputFormat(SequenceFileInputFormat.class);
job.setMapperClass(Indexer.class);
job.setReducerClass(Indexer.class);
FileOutputFormat.setOutputPath(job, indexDir);
job.setOutputFormat(OutputFormat.class);
job.setOutputKeyClass(Text.class);
job.setOutputValueClass(LuceneDocumentWrapper.class);
```

分散存储在这些输入位置的一个 URL 的所有相应记录需要合并起来新建 Lucene 文档(将被加入索引)。

`Indexer` 的 `Mapper` 类把输入数据(无论是源数据或是实现类)简单地封装到 `NutchWritable` 中，这样 reduce 阶段可能要使用不同的类来接收不同的源数据，而且它仍然能够一致地为 map 和 reduce 步骤的输出值声明一个单独的输出值类(类似于 `NutchWritable` 类)。

`Reducer` 方法遍历同一个键(URL)对应的所有值，解封数据(fetch `CrawlDatum`，CrawlDb `CrawlDatum`，LinkDb `Inlinks`，`ParseData` 和 `ParseText`)，并用这些信息构建一个 Lucene 文档，后者被 `WritableLuceneDocumentWrapper` 对象封装并被收集。除了所有文本内容外(纯文本数据或是元数据)，这个文档也包含类似 `PageRank` 值的信息(取自 CrawlDb)。Nutch 使用这种数值(score)来设置 Lucene 文档的权重值。

`OutputFormat` 方法是这个工具最有意思的部分：

```
public static class OutputFormat extends
  FileOutputFormat<WritableComparable, LuceneDocumentWrapper> {

public RecordWriter<WritableComparable, LuceneDocumentWrapper>
  getRecordWriter(final FileSystem fs, JobConf job,
     String name, final Progressable progress) throws IOException {
  final Path out = new Path(FileOutputFormat.getOutputPath(job), name);
  final IndexWriter writer = new IndexWriter(out.toString(),
                     new NutchDocumentAnalyzer(job), true);

  return new RecordWriter<WritableComparable, LuceneDocumentWrapper>() {
    boolean closed;
    public void write(WritableComparable key, LuceneDocumentWrapper value)
```

```
      throws IOException {                     // unwrap & index doc
    Document doc = value.get();
    writer.addDocument(doc);
    progress.progress();
  }

  public void close(final Reporter reporter) throws IOException {
    // spawn a thread to give progress heartbeats
    Thread prog = new Thread() {
      public void run() {
        while (!closed) {
          try {
            reporter.setStatus("closing");
            Thread.sleep(1000);
          } catch (InterruptedException e) { continue; }
            catch (Throwable e) { return; }
        }
      }
     };
    try {
      prog.start();
      // optimize & close index
      writer.optimize();
      writer.close();
    } finally {
      closed = true;
    }
   }
  };
}
```

当请求生成一个 RecordWriter 类的实例对象时，OutputFormat 类通过打开一个 IndexWriter **对象**新建一个 Lucene 索引。然后，针对 reduce 方法中收集的每个新的输出记录，它解封 LuceneDocumentWrapper 对象中的 Lucene 文档，并把它添加到索引。

reduce 任务结束的时候，Hadoop 会设法关闭 RecordWriter 对象。本例中，关闭的过程可能持续较长时间，因为我们想在关闭它之前进行索引优化工作。在这段时间中，因为已经没有任何进度更新，所以 Hadoop 可能会推断该任务已经被挂起，然后它可能会尝试杀死这个任务。因此，我们首先启动一个后台线程来传送让人安心的进度更新消息，然后才开始索引优化工作。一旦优化完成，我们便停止进度更新线程。现在输出索引得以创建、优化和停止更新，它已经准备好应用于任何搜索应用程序中。

总结

这里对 Nutch 系统的简短综述其实忽略了很多细节，比如错误处理、日志记录、URL 过滤和规范化，处理重定向或其他形式的网页“别名”(如镜像)，剔除重复内容，计算 PageRank 值等。在这个项目的官方主页和 wiki 页面(*http://wiki.apache.org/nutch*)，可以找到这些方面的介绍及其他更多信息。

当前，Nutch 正在被很多组织或个人用户使用。然而，运作一个搜索引擎要求有大量的投资来支持硬件配备，系统集成，自定义开发和索引维护；因此，在大多数情况下，Nutch 用于构建商业的垂直或针对领域的搜索引擎。

Nutch 正处于积极的开发中，并且该项目紧跟 Hadoop 的最新版本。因此，它将继续成为使用 Hadoop 作为核心部件，并且具有良好产出的应用实例。

(作者：Andrzej Białecki)

Rackspace 的日志处理

Rackspace Hosting 一直为企业提供管理系统，以同样的方式，Mailtrust 在 2007 秋变成 Rackspace 的邮件分部。Rackspace 目前在几百台服务器上为 100 多万用户和几千家公司提供邮件服务。

要求/问题

通过系统传输 Rackspace 用户的邮件产生了相当大的“文件”路径信息，它们以各种格式的日志文件的形式存放，每天大约有 150 GB。聚集这些数据对系统发展规划以及了解用户如何使用我们的系统是非常有帮助的，并且，这些记录对系统故障排查也有好处。

假如一封邮件发送失败或用户无法登陆系统，这时非常重要的事是让我们的客服能找到足够的问题相关信息开始调试。为了能够快速发现这些信息，我们不能把日志文件放在产生它们的机器上或以其原始格式存放。相反，我们使用 Hadoop 来做大量的日志处理工作，而其结果被 Lucene 索引之后用来支持客服的查询需求。

日志

数量级最大的两种日志格式是由 Postfix 邮件发送代理和 Microsoft Exchange Server 产生的。所有通过我们系统的邮件都要在某个地方使用 Postfix 邮件代理服务器，并且大部分消息都要穿越多个 Postfix 服务器。Exchange 是必须独立的系统，但是其中有一类 profix 服务器充当一个附加保护层，它们使用 SMTP 协议在各个环境下的托管邮箱之间传递消息。

消息要穿越很多机器，但是每个服务器只知道邮件的目的地，然后发送邮件到下一个负责的服务器。因此，为了给消息建立完整的历史信息，我们的日志处理系统需要拥有系统的全局视图。Hadoop 给予我们的最大帮助是：随着我们的系统发展壮大，系统日志量也随之增长。为了使我们的日志处理逻辑仍然可行，我们必须确保它能扩展。MapReduce 就是一个可以处理这种数据增长的完美系统架构。

简史

我们日志处理系统的前几个版本都基于 MySQL 的，但随着我们拥有越来越多的日志机器，我们达到了一个 MySQL 服务器能够处理的极限。虽然该数据库模式已经进行了适度的非规范化处理，使其能够较轻松地进行数据切片，但目前 MySQL 对数据分区的支持仍然很脆弱。我们没有在 MySQL 上去实现自己的切片和处理方案，而是选择使用 Hadoop。

选择 Hadoop

一旦选择在 RDBMS(关系型数据库管理系统)上对数据进行分片存储，你就丧失了 SQL 在数据集分析处理方面的很多优势。Hadoop 使我们能够使用针对小型数据集使用的同样的算法来轻松地并行处理所有数据。

收集和存储

日志收集

产生日志的服务器分布在多个数据中心，但目前我们只有一个单独的 Hadoop 集群，位于其中一个数据中心(见图 16-8)。为了汇总日志数据并把它们放入集群，我们使用 syslog-ng(Unix syslog 机制的替代机制)和一些简单的脚本来控制在如何 Hadoop 上新建文件。

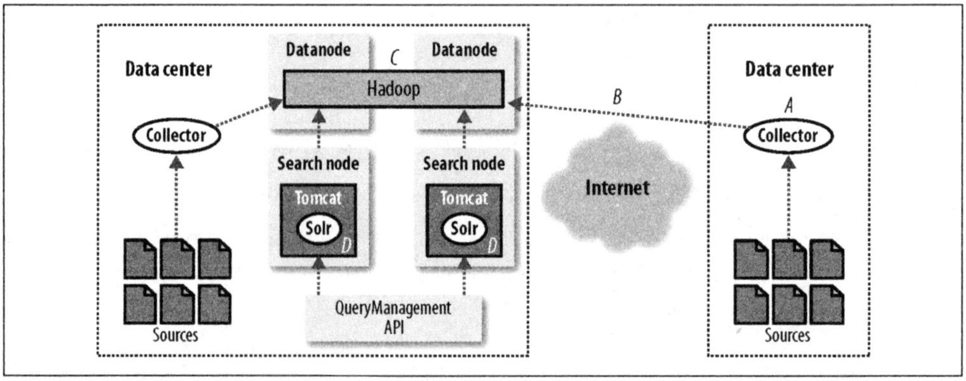

图 16-8. Rackspace 的 Hadoop 数据流

在一个数据中心里，syslog-ng 用于从 *source*(源)机器传送日志数据到一组负载均衡的 *collector*(收集器)机器。在这些收集器上，每种类型的日志数据被汇成一个单独的数据流，并且用 gzip 格式进行轻量级的压缩(图 16-8 步骤 A)。远程收集器的数据通过 SSH 通道跨数据中心传送到 Hadoop 集群所在的“本地收集器”(local collector)上(步骤 B)。

一旦压缩的日志流到达本地收集器，数据就会被写入 Hadoop(步骤 C)。目前我们使用简单的 Python 脚本把输入数据缓存到本地硬盘，并且定期使用 Hadoop 命令行界面把数据放入 Hadoop 集群。当缓存日志数据量达到 Hadoop 数据块大小的倍数或是缓存已经经过了足够长的时间时，脚本程序开始复制日志缓存数据到 Hadoop 的各个输入文件夹。

这种从不同数据中心安全地汇总日志数据的方法在 Hadoop 支持 SOCKS 之前就已经有人开发使用了，SOCKS 是通过 `hadoop.rpc.socket.factory.class.default` 参数和 `SocksSocketFactory` 类实现的。通过直接使用远程收集器对 SOCKS 的支持和 HDFS(分布式 Hadoop 文件系统)的 API(应用程序编程接口)，我们能够从系统中消除一个磁盘的写入操作和降低系统的复杂性。我们计划在将来的开发中实现一个使用这些特性的替代品。

一旦原始日志被存放到 Hadoop 上，这些日志就已经准备好交给我们的 MapReduce 作业处理了。

日志存储

我们的 Hadoop 集群目前包含 15 个 datanode(数据节点)，每个节点都使用普通商用 CPU 和 3 个 500 GB 的硬盘。我们对文件使用默认的复本因子 3，这些文件有 6 个月的存档期限，其中两个复本用于其他用途。

Hadoop 的 namenode(域名节点)使用的硬件和 datanode 相同。为了提供比较高的可用性，我们使用两个辅助 namenode 和一个虚拟 IP，该 IP 可以很容易地指向 3 台机器中具有 HDFS 快照的硬盘。这表明在故障转移情形下，根据辅助 namenode 的快照时间，我们可能会丢失最多 30 分钟的数据。虽然这对于我们的日志处理应用来说是可接受的，但是其他 Hadoop 应用可能要求通过为 namenode 镜像提供共享存储的能力来实现无损的故障转移。

日志的 MapReduce 模型

处理

在分布式系统中，唯一标识符令人失望的是它们极少是真正唯一的。所有的电子邮件消息都拥有一个(所谓的)唯一标识符，叫 message-id，它由消息发起的主机产生，但是一个不良客户端能够轻松发送重复消息副本。另外，因为 Postfix 设计者并不相信 message-id 可以唯一地标识消息，所以他们不得不提出设计一个独立的

ID(标识)叫 queue-id，在本地机器的生命周期内唯一。

尽管 message-id 趋向于成为消息的权威标识，但在 Postfix 日志中，需要使用 queue-id 来查找 message-id。看例 16-1 第二行(为了适合页面大小，日志行的格式做了调整)，你将发现十六进制字符串 `1DBD21B48AE`，它就是该行消息的 queue-id。因为日志收集的时候(可能每隔几小时进行一次)，每个消息(包括它的 message-id)的信息都输出到单独的行，所以让我们的解析代码保留消息状态是必要的。

例 16-1. Postfix 日志行

```
Nov 12 17:36:54 gate8.gate.sat.mlsrvr.com postfix/smtpd[2552]: connect from hostname
Nov 12 17:36:54 relay2.relay.sat.mlsrvr.com postfix/qmgr[9489]: 1DBD21B48AE:
from=<mapreduce@rackspace.com>, size=5950, nrcpt=1 (queue active)
Nov 12 17:36:54 relay2.relay.sat.mlsrvr.com postfix/smtpd[28085]: disconnect from
hostname
Nov 12 17:36:54 gate5.gate.sat.mlsrvr.com postfix/smtpd[22593]: too many errors
after DATA from hostname
Nov 12 17:36:54 gate5.gate.sat.mlsrvr.com postfix/smtpd[22593]: disconnect from
hostname
Nov 12 17:36:54 gate10.gate.sat.mlsrvr.com postfix/smtpd[10311]: connect from
hostname
Nov 12 17:36:54 relay2.relay.sat.mlsrvr.com postfix/smtp[28107]: D42001B48B5:
to=<mapreduce@rackspace.com>, relay=hostname[ip], delay=0.32, delays=0.28/0/0/0.04,
dsn=2.0.0, status=sent (250 2.0.0 Ok: queued as 1DBD21B48AE)
Nov 12 17:36:54 gate20.gate.sat.mlsrvr.com postfix/smtpd[27168]: disconnect from
hostname
Nov 12 17:36:54 gate5.gate.sat.mlsrvr.com postfix/qmgr[1209]: 645965A0224: removed
Nov 12 17:36:54 gate2.gate.sat.mlsrvr.com postfix/smtp[15928]: 732196384ED: to=<m
apreduce@rackspace.com>, relay=hostname[ip], conn_use=2, delay=0.69, delays=0.04/
0.44/0.04/0.17, dsn=2.0.0, status=sent (250 2.0.0 Ok: queued as 02E1544C005)
Nov 12 17:36:54 gate2.gate.sat.mlsrvr.com postfix/qmgr[13764]: 732196384ED: removed
Nov 12 17:36:54 gate1.gate.sat.mlsrvr.com postfix/smtpd[26394]: NOQUEUE: reject: RCP
T from hostname 554 5.7.1 <mapreduce@rackspace.com>: Client host rejected: The
sender's mail server is blocked; from=<mapreduce@rackspace.com> to=<mapred
uce@rackspace.com> proto=ESMTP helo=<mapreduce@rackspace.com>
```

从 MapReduce 的角度看，日志的每一行是一个单独的键/值。第一步，我们需要把所有的行和一个单独的 queue-id 键联系起来，然后执行 reduce 过程判断日志消息值数据是否能表明这个 queue-id 对应的数据是完整的。

类似地，一旦我们拥有一个消息完整的 queue-id，在第二步，我们需要根据 message-id 对消息进行分组。我们把每个完整的 queue-id 和 message-id 对应(Map)起来，让它们作为键(key)，而它对应的日志行作为值(value)。在 Reduce 阶段，我们判断针对某个 message-id 的所有的 queue-id 是否都表明消息已经离开我们的系统。

邮件日志的 MapReduce 作业的两阶段处理和它们的 `InputFormat` 与 `OutputFormat` 形成了一种“分阶段事件驱动架构”(staged event-driven architecture，

SEDA)应用类型。在 SEDA 里，一个应用被分解为若干个“阶段”，“阶段”通过数据队列区分。在 Hadoop 环境下，队列可能是 MapReduce 作业使用的 HDFS 中的一个输入文件夹或 MapReduce 作业在 Map 和 Reduce 处理步骤之间形成的隐性的数据队列。

在图 16-9 中，各个阶段之间的箭头代表数据队列，虚线箭头表示隐性的 MapReduce 数据队列。每个阶段都能通过这些队列发送键值对(SEDA 称之为事件或消息)给其他处理阶段。

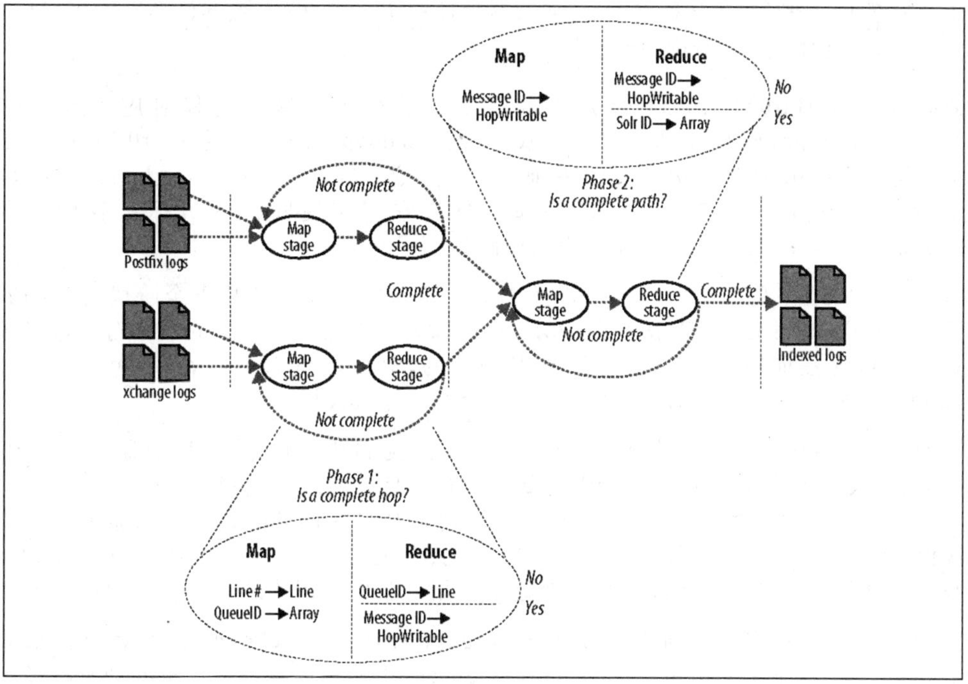

图 16-9. MapReduce 链

阶段 1：Map 在我们的邮件日志处理作业的第一阶段，Map 阶段的输入或是以行号为键、以对应的日志消息为值的数据，或是以 queue-id 为键、以对应的日志消息数组作为值的数据。当我们处理来自输入文件数据队列的源日志文件的时候，产生第一种类型的输入，而第二种类型是一种中间格式，它用来表示一个我们已经试图处理但因为 queue-id 不完整而重新进行数据排队的 queue-id 的状态信息。

为了能处理这两种格式的输入，我们实现了 Hadoop 的 `InputFormat` 类，它根据 `FileSplit` 输入文件的扩展名把工作委托给底层的 `SequenceFileRecordReader` 类或 `LineRecordReader` 类处理。这两种输入格式的文件来自 HDFS 中不同的输入文件夹(数据队列)。

阶段 1：Reduce　在这一阶段，Reduce 根据 queue-id 是否拥有足够的日志行来判定它是否完整。假如 queue-id 已经完整，便输出以 message-id 作为键、以 HopWritable 对象为值的数据对。否则，queue-id 被设置为键，日志行数组重新列队并和下一组原始日志进行 Map 处理。这个过程将持续到 queue-id 已经完整或操作超时。

> HopWritable 对象是 POJO 对象(Plain Old Java Objects，简单 Java 对象)，实现了 Hadoop 的 `Writable` 接口。它从一台单独服务器的视角完整地描述一条消息，包括发送地址和 IP，消息发送给其他服务器的尝试记录，标准的消息头信息。

通过实现 `OutputFormat` 类完成输出不同的结果，这一过程对应于我们的两个 `InputFormat` 对象输入格式。在 Hadoop API 在版本 r0.17.0 添加 `MultipleSequenceFileOutputFormat` 类之前，我们已经实现 `MultipleSequenceFileOutputFormat` 类，它们实现同样的目标：我们需要 Reduce 作业的输出对根据其键的特点存储到不同的文件。

阶段 2：Map　在邮件日志处理作业的第二个步骤，输入是从上个阶段得到的数据，它是以 message-id 为键、以 `HopWritable` 类对象数据为值的数据对。这一步骤并不包含任何逻辑处理：而是使用标准的 `SequenceFileInputFormat` 类和 `IdentityMapper` 类简单地合并来自第一阶段的输入数据。

阶段 2：Reduce　在最终的 reduce 步骤，我们想判断针对某个通过系统的 message-id，收集到的所有 `HopWritable` 对象是否能表示它经过系统的整个消息路径。一条消息路径实际上是一个有向图(通常是没有循环的，但如果服务器被错误设置，有可能会包含循环)。在这个图里，点代表服务器，可标记多个 queue-id，服务器之间消息的传送形成了边。对这个应用，我们使用的是 JGraphT 图库。

对于输出，我们又一次使用 `MultiSequenceFileOutputFormat` 类对象。如果 reducer 判定对于某个 message-id 的所有 queue-id 能够创建一条完整的消息路径，消息就会被序列化，并排队等候 `SolrOutputFormat` 类的处理。否则，消息的 `HopWritable` 对象会被列入阶段 2：Map 阶段，然后使用下一批 queue-id 等待重新处理。

`SolrOutputFormat` 类包含一个嵌入式 Apache Solr 实例对象——Solr wiki(*http://wiki.apache.org/solr/EmbeddedSolr*)最初提出的一种流行的方法——来产生本地硬盘的索引信息。关闭 `OutputFormat` 类包括把硬盘索引压缩到输出文件的最终地址。与使用 Solr's HTTP 接口或直接使用 Lucene 相比，这种方法有以下几个优点：

- 我们能实施 Solr 模式(*http://wiki.apache.org/solr/SchemaXml*)；
- Map 和 Reduce 保持幂等性；
- 搜索节点不承担索引负载。

我们目前使用默认的 HashPartitioner 类来决定 Reduce 任务和特定键之间的对应关系，就是说键是半随机分布的。在以后的新版系统中，我们将实现一个新的 Partitioner，它通过发送地址(我们最通用的搜索词)来切分数据。一旦索引以发送者为单位分割，我们就能够使用地址的哈希值来判断在哪里合并或查询索引，并且我们的搜索 API 也只需要和相关的对地址的哈希值节点进行通信交流。

合并相近词搜索

在一系列的 MapReduce 阶段完成之后，一系列不同计算机会得知新的索引的信息，进而可以进行索引合并。这些搜索节点它们还运行 Apache Tomcat 和 Solr 来托管已经完成的索引信息，这些搜索节点不仅具有把索引合并置于本地磁盘的服务(见图 16.8 步骤 D)，它们还运行 Apache Tomeate 和 Solr 来托管已完成的索引信息。

来自 SolrOutputFormat 类的每个压缩文件都是一个完整的 Lucene 索引，Lucene 提供 IndexWriter.addIndexes() 方法支持快速合并多个索引。我们的 MergeAgent 服务把每个新索引解压到 Lucene RAMDirectory 或 FSDirectory(根据文件的大小)，把它们合并到本地硬盘，然后发送一个<commit/>请求给 Solr 实例，后者负责提供索引服务并使更新后的索引能够用于查询处理。

切片 Query/Management(查询/管理) API 是一个 PHP 代码层，它主要是处理输出索引在所有搜索节点上的“切片”(sharding)。我们使用一个简单的“一致性哈希”(consistent hashing)来判定搜索节点和索引文件之间的对应关系。目前，索引首先按照创建时间切片，然后再根据其文件名的哈希值切片，但是我们计划将来用对发送地址的哈希值来取代对文件名的哈希值(见阶段 2：Reduce)。

因为 HDFS 已经处理了 Lucene 索引的复制问题，所以没有必要在 Solr 实例中保留多个副本。相反，在故障转移时，相应的搜索节点会被完全删除，然后由其他节点负责合并索引。

搜索结果 使用这个系统，从产生日志到获得搜索结果供客服团队使用，我们获得了 15 分钟的周转时间。

我们的搜索 API 支持 Lucene 的全部查询语法，因此我们常常可以看到下面这样的复杂查询：

```
sender:"mapreduce@rackspace.com" -recipient:"hadoop@rackspace.com"
recipient:"@rackspace.com" short-status:deferred timestamp:[1228140900 TO 2145916799]
```

查询返回的每个结果都是一个完整的序列化消息路径，它表明了各个服务器和接收者收是否收到了这个消息。现在我们把这个路径用一个 2D 图展示出来(图 16-10)，用户可以通过扩展自己感兴趣的节点来和这个图互动，但是在这个数据的可视化方面还有很多需要改进的地方。

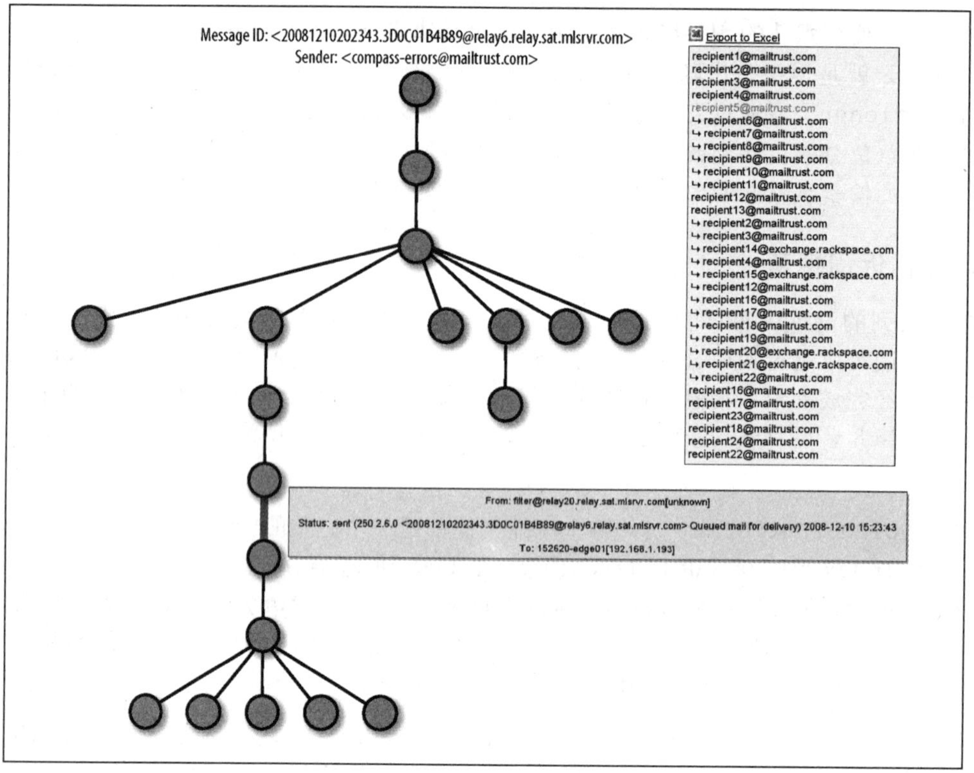

图 16-10. 数据树

为分析进行存档

除了为客服提供简短词语的搜索功能之外，我们也对日志数据的分析感兴趣。

每晚，我们运行一系列的 MapReduce 作业，它们的输入是白天产生的索引数据。我们实现了 `SolrInputFormat` 类对象，它可以拖回并解压索引，然后用对的形式输出每个文档。使用这种 `InputFormat` 类，我们可以遍历一天产生的所有消息路径，可以回答我们邮件系统的几乎任何问题，包括：

- 每个域的数据(病毒程序，垃圾邮件，连接状况，收件人)
- 最有效的垃圾邮件规则
- 特定用户产生的负载
- 消息量反弹的原因
- 连接的地理分布信息
- 特定机器之间的平均时间延迟

因为在 Hadoop 上，我们拥有好几个月的压缩索引信息，所以还能够回顾性地回答夜间日志概要工作忽略的问题。例如，我们近期想确定每个月消息发送量最大的 IP 地址，这个任务我们可以通过一个简单的一次性 MapReduce 作业来完成。

(作者：Stu Hood)

关于 Cascading

Cascading 是一个开源的 Java 库和应用程序编程接口(API)，它为 MapReduce 提供了一个抽象层。它允许开发者构建出能在 Hadoop 集群上运行的复杂的、关键任务的数据处理应用。

Cascading 项目始于 2007 年夏天。它的第一个公开版本，即版本 0.1，发布于 2008 年 1 月。版本 1.0 发布于 2009 年 1 月。从该项目的主页 *http://www.cascading.org/* 可以下载二进制版本，源代码以及一些加载项模块。

map 和 reduce 操作提供了强大的原语操作。然而，在创建复杂的、可以被不同开发者共享的合成性高的代码时，它们粒度级别似乎不合适。再者，许多开发者发现当他们面对实际问题的时候，很难用 MapReduce 的模式来思考问题。

为了解决第一个问题，Cascading 用简单字段名和一个数据元组模型值来替代 MapReduce 使用的键和值，而该模型的元组是由值的列表构成的。对第二个问题，Cascading 直接从 Map 和 Reduce 操作分离出来，引入了更高层次的抽象：Function，Filter，Aggregator 和 Buffer。

其他一些可选择的方案在该项目初始版本公开发布的同时基本上也出现了，但 Cascading 的设计初衷是对它们进行补充和完善。主要是考虑到大部分可选的架构都是对系统强加一些前置和后置条件或有其他方面的要求而已。

例如，在其他几种 MapReduce 工具里，运行应用程序之前，你必须对数据进行预格式化处理、过滤或把数据导入 HDFS(Hadoop 分布式文件系统)。数据准备步骤必须在系统的程序设计抽象之外完成。相反，Cascading 提供方法实现把数据准备和管理作为系统程序设计抽象的组成部分。

该实例研究将首先介绍 Cascading 的主要概念，最后概括介绍 ShareThis 如何在自己的基础框架上使用 Cascading。

如果希望进一步了解 Cascading 处理模型，请参见项目主页上的“Cascading 用户手册”。

字段、元组和管道

MapReduce 模型使用键和值的形式把输入数据和 Map 函数，Map 函数和 Reduce 函数以及 Reduce 函数和输出数据联系起来。

但据我们所知，实际的 Hadoop 应用程序通常会将多个 MapReduce 作业链在一起。看一下用 MapReduce 模型实现的一个典型的字数统计例子。如果需要根据统计出来的数值进行降序排列，这是一个可能的要求，它将需要启动另一个 MapReduce 作业来进行这项工作。

因此，理论上来说，键和值的模式不仅把 Map 和 Reduce 绑定到一起，它也把 Reduce 和下一次的 Map 绑定了，这样一直进行下去(图 16-11)。即键/值对源自输入文件，流过 Map 和 Reduce 操作形成的链，并且最后终止到一个输出文件。实现足够多这样链接的 MapReduce 应用程序，便能看出一系列定义良好的键/值操作，它们被一遍一遍地用来修改键/值数据流的内容。

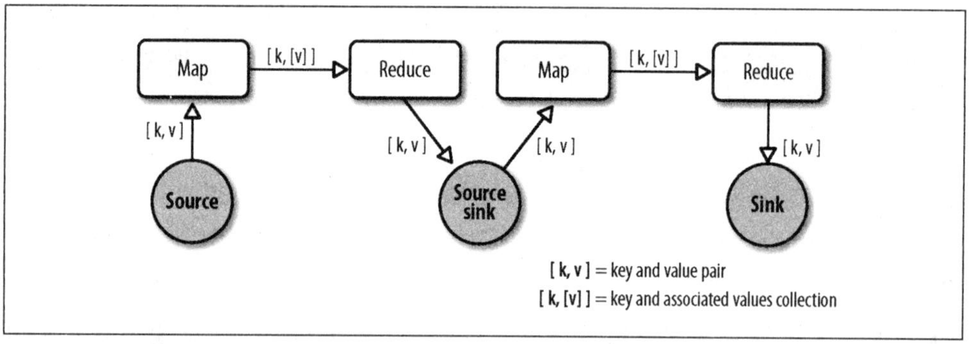

图 16-11. 基于 MapReduce 的计数和排序

Cascading 系统通过使用具有相应字段名的元组(与关系型数据库中的表名和列名类似)来替代键/值模式的方法简化了这一处理流程。在处理过程中，由这些字段和元组组成的流数据在它们通过用户定义的、由管道(pipe)链接在一起的操作时得以处理(图 16-12)。

因此，MapReduce 的键和值被简化成如下形式。

字段

字段是一个 `String`(字符串)类型的名称集合(如“first_name”)、表示位置信息的数值(如 `2` 和 `-1` 分别是第三和最后一个位置)或是两者混合使用的集合，与列名非常像。因此字段用来声明元组里值的名称和通过名称在元组中选出对应的值。后者就像执行 SQL 的 `select` 语句。

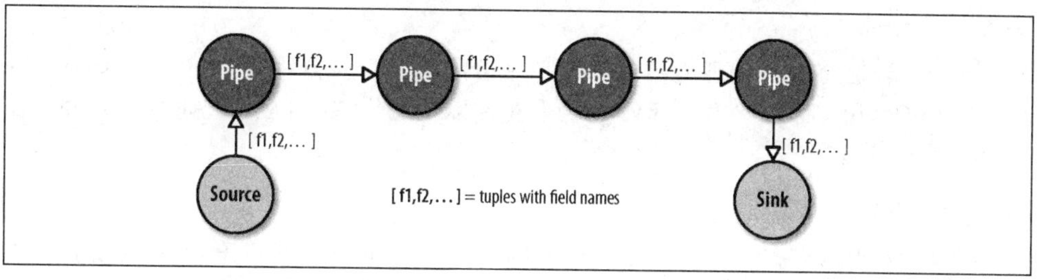

图 16-12. 由字段和元组链接的管道

元组

元组就是由 `java.lang.Comparable` 类对象组成的数组。元组与数据库中的行或记录类似。

Map 和 Reduce 操作都被抽象隐藏到一个或多个管道实例之后(图 16-13)。

Each

`Each` 管道一次只处理一个单独的输入元组。它可以对输入元组执行一个 `Function` 或一个 `Filter` 操作(后文马上要介绍)。

GroupBy

`GroupBy` 管道在分组字段上对元组进行分组。该操作类似于 SQL 的 `group by` 语句。如果元组的字段名相同，它也能把多个输入元组数据流合并成一个元组数据流。

CoGroup

`CoGroup` 管道既可以实现元组在相同的字段名上连接，也可以实现基于相同字段的分组。所有的标准连接类型(内连接—inner join，外连接—outer join 等)以及自定义连接都可以用于两个或多个元组数据流。

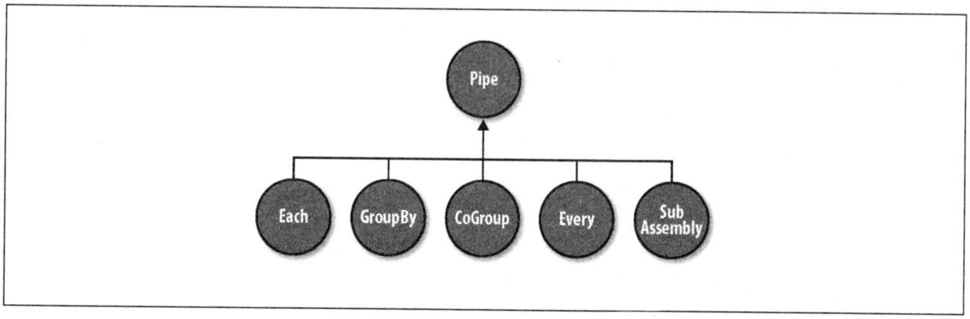

图 16-13. 管道类型

Every

Every 管道每次只处理元组的一个单独分组的数据，分组数据可以由 GroupBy 或 CoGroup 管道产生。Every 管道可以对分组数据应用 Aggregator 或 Buffer 操作。

SubAssembly

SubAssembly 管道允许在一个单独的管道内部进行循环嵌套流水线处理，或反过来，一个管道也可以被嵌入更加复杂的流水线处理中。

所有这些管道被开发者链接在一起形成“管道流水线处理流程”，这里每个流水线可以有很多输入元组流(源数据，source)和很多输出元组流(目标数据，sink)(见图 16-14)。

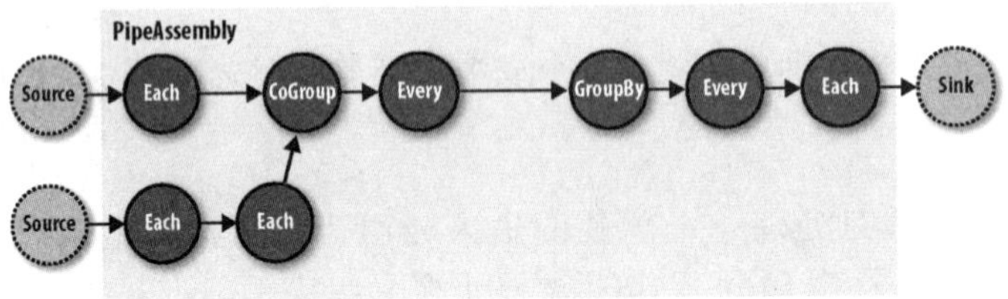

图 16-14. 简单的管道流水线

从表面上看来，这可能比传统的 MapReduce 模型更复杂。并且，不可否认，相较于 Map，Reduce，Key 和 Value，这里涉及的概念更多。但实际上，我们引入了更多的概念，它们必须都工作协助提供不同的功能。

例如，如果一个开发者想对 reducer 的输出值提供“辅助排序”功能，她将需要实现 Map、Reduce，一个“合成”Key(嵌套在父 Key 中的两个 Key)，值，partitioner、一个用于“输出值分组”的 comparator 和一个“输出键”的 comparator，所有这些概念以各种方式结合协作使用，并且在后续的应用中几乎不可重用。

在 Cascading 里，这项工作只对应一行代码：`new GroupBy(<previous>, <groupingfields>, <secondary sorting fields>)`，其中 `previous` 是数据源管道。

操作

如前所述，Cascading 通过引入一些替换性操作脱离了 MapReduce 模式，这些操作或应用于单个元组，或应用于元组分组(图 16-15)。

Function

Function 作用于单个的输入元组，对每个输入，它可能返回 0 或多个输出元组。Function 操作供 Each 类型的管道使用。

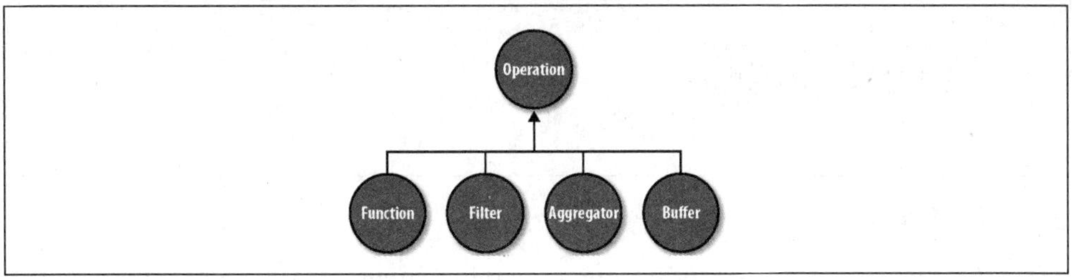

图 16-15. 操作类型

Filter

Filter 是一种特殊的函数，它的返回值是 boolean(布尔)值，用于指示是否把当前的元组从元组流中删除。虽然定义一个函数也能实现这一目的，但是 Filter 是为实现这一目的而优化过的操作，并且很多过滤器能够通过逻辑运算符(如 And、Or、Xor 和 Not)分组，可以快速创建更复杂的过滤操作。

Aggregator

Aggregator 对一组元组执行某种操作，这些分组元组是通过一组共同字段分组得到的。比如，字段“last-name”值相同的元组。常见的 Aggregator 方法是 Sum(求和)、Count(计数)，Average(均值)、Max(最大)和 Min(最小)。

Buffer

Buffer 和 Aggregator 操作类似，不同的是，它被优化用来充当一个“滑动窗口”扫描一个唯一分组中所有的元组。当开发者需要有效地为一组排序的元组插入遗漏的值时，或计算动态均值的时候，这个操作非常有用。通常，处理元组分组数据的时候，Aggregator 也是一个可选的操作，因为很多 Aggregator 能够有效地链接起来工作，但有时，Buffer 才是处理这种作业的最佳工具。

管道流水线创建的时候，这些操作便绑定到各管道(图 16-16)。

Each 和 Every 类型的管道提供了一种简单的元组选择机制，它们可以选择一些或所有的输入元组，然后把这些选择的数据传送给它的子操作。并且我们有一个简单的机制把这些操作的结果和原来的输入元组进行合并，然后产生输出元组。这里并不详细说明机制，它使得每个操作只关心参数指定的元组值和字段，而不是当前输入元组的整个字段集。其次，操作在不同应用程序之间重用，这点和 Jave 方法重用的方式相同。

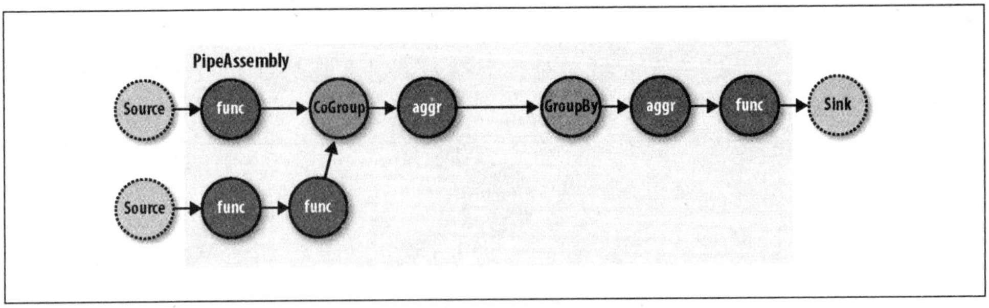

图 16-16. 操作流程

例如，在 Java 中，声明一个方法 concatenate(String first, Stringsecond)，比直接定义 concatenate(Person person)更抽象。第二个方法的定义，concatenate()函数必须“了解”Person 对象；而第一个方法的定义并不清楚数据来自哪里。Cascading 操作展现了同样的抽象能力。

Tap 类、Scheme 对象和 Flow 对象

在前面的几个图中，我们多次提到源数据(source)和目标数据(sink)。在 Cascading 系统中，所有的数据都是读自或写入 Tab 类实例，但是它们是通过 Scheme 对象被转换成或取自元组实例对象。

Tap

Tap 类负责如何访问数据以及从哪个位置访问数据。例如，判断数据是存于 HDFS 还是存于本地？在 Amazon S3 中，还是跨 HTTP 协议进行访问？

Scheme

Scheme 类负责读取原始数据并把它们转换成元组格式/或把元组数据写入原始数据格式文件，这里的原始数据可以是文本行、Hadoop 二进制的顺序文件或是一些专用格式数据。

注意，Tap 类对象不是管道处理流程的一部分，因此它们不是 Pipe 类型。

但是当 Tap 对象在集群上变得可执行的时候，它们就和管道组件关联到一起。当一个管道处理流程与必要的几个源和目标数据 Tap 实例关联一起后，我们就得到一个 Flow 对象。Flow 对象是在管道处理流程与指定数量的源及目标数据 Tap 关联时创建的，而 Tap 对象的功能是输出或获取管道流程期望的字段名。就是说，如果 Tap 对象输出一个具有字段名“line”的元组(通过读取 HDFS 上的文件数据)，那么这个管道流程头部必须也希望字段名是“line”。否则，连接管道处理流程和 Tap 的处理程序会立刻失败并报错。

因此，管道处理流程实际上就是数据处理定义，并且它们本身不是“可执行”的。在它们可以在集群上运行之前，必须连接到源和目标 Tap 对象。这种把 Tap 和管道处理流程分开处理的特性使 Cascading 系统非常强大。

如果认为管道处理流程和 Java 类相似，那么 `Flow` 就像 `Java` 对象实例(图 16-17)。也就是说，在同一个应用程序里面，同样的管道处理流程可以被实例化很多次从而形成新的 `Flow`，不用担心它们之间会有任何干扰。如此一来，管道处理流程就可以像标准 Java 库一样创建和共享。

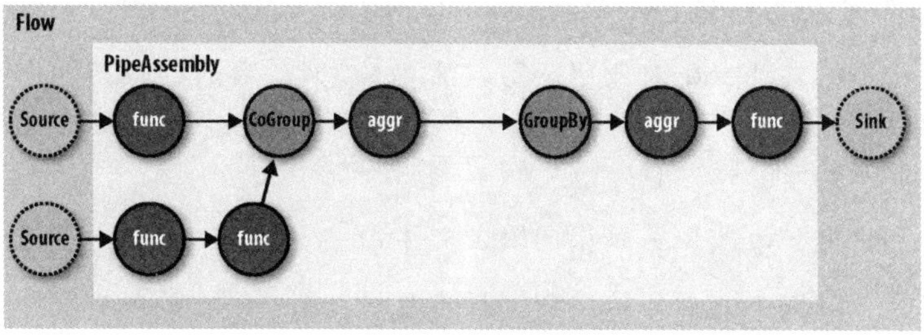

图 16-17. 流水线处理过程

Cascading 实战

现在我们知道 Cascading 是什么，清楚地了解它是如何工作的，但是用 Cascading 写的应用程序是什么样子呢？我们来看看例 16-2。

例 16-2. 字数统计和排序

```
Scheme sourceScheme =

  new TextLine(new Fields("line")); ❶
Tap source =
  new Hfs(sourceScheme, inputPath); ❷

Scheme sinkScheme = new TextLine(); ❸
Tap sink =
  new Hfs(sinkScheme, outputPath, SinkMode.REPLACE); ❹

Pipe assembly = new Pipe("wordcount"); ❺

String regexString = "(?<!\\pL)(?=\\pL)[^ ]*(?<=\\pL)(?!\\pL)";
Function regex = new RegexGenerator(new Fields("word"), regexString);
assembly =
  new Each(assembly, new Fields("line"), regex); ❻

assembly =
  new GroupBy(assembly, new Fields("word")); ❼

Aggregator count = new Count(new Fields("count"));
assembly = new Every(assembly, count); ❽

assembly =
  new GroupBy(assembly, new Fields("count"), new Fields("word")); ❾
```

```
FlowConnector flowConnector = new FlowConnector();
Flow flow =
  flowConnector.connect("word-count", source, sink, assembly); ❿

flow.complete();⓫
```

❶ 创建一个新的 Scheme 对象读取简单的文本文件，为每一行名为“line”字段(被 Fields 对象声明)输出一个新的 Tuple 对象。

❸ 创建一个新的 Scheme 对象用于写简单文本文件，并且它期望输出的是一个具有任意多个字段/值的 Tuple 对象。假如有多个值要输出，这些值在输出文件里将以制表符分隔。

❷ 创建源和目标 Tap 实例分别指向输入文件和

❹ 输出目录。目标 Tap 对象输出数据时将覆盖目录下现有的所有文件。

❺ 构建管道处理流程的头，并把它命名为“wordcount”。这个名称用于绑定源及目标数据到这个管道处理流程。多个头或尾要求必须有自己唯一的名称。

❻ 构建具有一个函数的 Each 类型管道，它将解析 line 字段里的每个词，把解析结果放入一个新的 Tuple 对象。

❼ 构建 GroupBy 管道，它将创建一个新的 Tuple 组，实现基于 word 字段的分组。

❽ 构建一个具有 Aggregator 操作的 Every 类型管道，它将对基于不同词的分组 Tuple 对象分别进行字数统计。统计结果存于 count 的字段里。

❾ 构建 GroupBy 类型管道，它将根据数值对 count 字段进行分组，形成新的 Tuple 分组，然后对 word 字段值进行辅助排序。结果是一组基于 count 字段值升序排列的 count 字段值和 word 字段的值列表。

❿ 用 Flow 对象把管道处理流程和数据源及目标联系起来，然后

⓫ 在集群上执行这个 Flow。

在这个例子里，我们统计输入文件中的不同单词的数量，并根据它们的自然序(升序)进行排序。假如有些词的统计值相同，这些词就根据它们的自然顺序(字母序)排序。

这个例子有一个明显的问题，即有些词可能会有大写字母；例如，“the”和“The”，当它出现在句首的时候就是“The”。因此我们可以插入一个新的操作来强制所有单词都转换为小写形式，但是我们意识到那些需要从文档中解析词语的所有将来的应用都必须做同样的操作，因此我们决定创建一个可重用的管道 SubAssembly，如同我们在传统应用程序中创建一个子程序一样(参见例 16-3)。

例 16-3. 创建一个 SubAssembly

```
public class ParseWordsAssembly extends SubAssembly ❶
  {
  public ParseWordsAssembly(Pipe previous)
    {
    String regexString = "(?<!\\pL)(?=\\pL)[^ ]*(?<=\\pL)(?!\\pL)";
    Function regex = new RegexGenerator(new Fields("word"), regexString);
    previous = new Each(previous, new Fields("line"), regex);

    String exprString = "word.toLowerCase()";
    Function expression =
    new ExpressionFunction(new Fields("word"), exprString,String.class); ❷

    previous = new Each(previous, new Fields("word"), expression);
    setTails(previous); ❸
    }
}
```

❶ 声明 SubAssembly 是子类，它本身是一种管道类型。

❷ 创建一个 Java 的表达式函数，它将调用 toLowerCase()方法来处理“word”字段对应的字符串类型值。我们要传入表达式函数期望的“word”字段的 Java 类型，这里是 String 类型。后台用 Janino(*http://www.janino.net/*)来编译。

❸ 我们必须告知 SubAssembly 的父类这个管道子组件在哪里结束。

首先，我们新建一个 SubAssembly 类，它管理我们的“解析词”管道组件。因为这是一个 Java 类，所以可用于其他任何应用程序，当然这要求它们处理的数据中有 word 字段(例 16-4)。注意，也有办法可以使这个函数更加通用，这些方法在“Cascading 用户手册”中都有介绍。

例 16-4. 用一个 SubAssembly 扩展单词计数和排序

```
Scheme sourceScheme = new TextLine(new Fields("line"));
Tap source = new Hfs(sourceScheme, inputPath);

Scheme sinkScheme = new TextLine(new Fields("word", "count"));
Tap sink = new Hfs(sinkScheme, outputPath, SinkMode.REPLACE);

Pipe assembly = new Pipe("wordcount");

assembly =
  new ParseWordsAssembly(assembly); ❶

assembly = new GroupBy(assembly, new Fields("word"));

Aggregator count = new Count(new Fields("count"));
assembly = new Every(assembly, count);

assembly = new GroupBy(assembly, new Fields("count"), new Fields("word"));
```

```
FlowConnector flowConnector = new FlowConnector();
Flow flow = flowConnector.connect("word-count", source, sink, assembly);

flow.complete();
```

❶ 我们用 `ParseWordsAssembly` 管道组件替换了之前例子中的 `Each` 类型管道。最后，我们只是用新的 `SubAssembly` 类型子管道替代了前面 `Every` 类型管道和单词解析函数。有必要的话，还可以继续进行更深入的嵌套处理。

灵活性

后退一步，让我们来看看这个新的模型给我们带来了什么好处，或更妙的是，消除了哪些不足。

可以看出，我们不必再用 MapReduce 作业模式来考虑问题，或考虑 `Mapper` 和 `Reducer` 接口的实现问题，后续的 MapReduce 作业和前面的 MapReduce 作业如何绑定或链接。在运行的时候，Cascading"规划器"(planner)会算出最优的方法把管道处理流程切分成 MapReduce 作业，并管理作业之间的链接(图 16-18)。

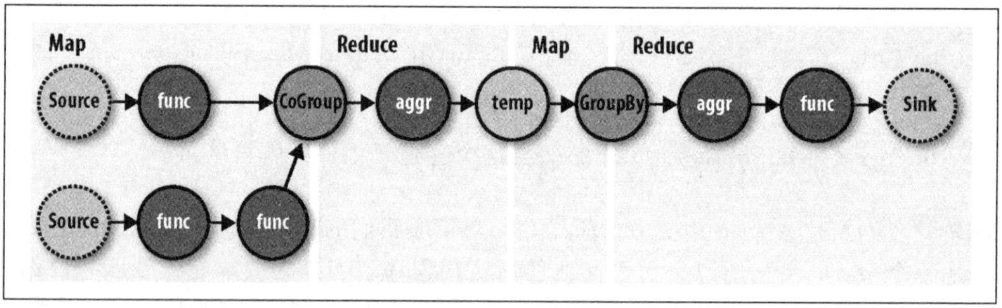

图 16-18. 怎么把 Flow 翻译成链式 MapReduce 作业

因此，开发者可以以任何粒度来构造自己的应用程序。它们可以一开始就只是一个很小的做日志文件过滤处理的应用程序，但是后来可以根据需要不断增添新的功能。

Cascading 是一个 API 而不是类似 SQL 的字符串句法，因此它更灵活。首先，开发者能用他们熟悉的语言创建特定领域语言(domain-specific language，DSL)，像 Groovy，JRuby，Jython，Scala 等(示例参见项目网站)。其次，开发者能对 Cascading 不同的部分进行扩展，像允许自定义 Thrift 或 JSON 对象使其能读写，并且允许它们以元组数据流的形式传送。

Hadoop 和 Cascading 在 ShareThis 的应用

ShareThis 是一个方便用户共享在线内容的共享网络。通过单击网页上或浏览器插件上的一个按钮，ShareThis 允许用户无缝地访问他们的任何在线联系人及在线网络，并且允许他们通过电子邮件，IM，Facebook，Digg，手机 SMS 等方式共享它们的内容，而这一过程的执行甚至不要求他们离开当前的访问网页。发布者能配置他们的 ShareThis 按钮来标记服务的全球共享能力，如此推动网络流量，刺激传播活动，追踪在线内容的共享。通过减少网页不需要的内容及提供通过社会网络、隶属组和社区实时的内容发布功能，ShareThis 还简化了社区媒体服务。

ShareThis 用户通过在线窗口共享网页和信息时，一个连续的事件数据流就进入 ShareThis 网络。这些事件首先要过滤和处理，然后传送给各种后台系统，包括 AsterData，Hypertable 和 Katta。

这些事件的数据量能达到很大数量级，数据量太大以致于传统的系统无法处理。这种数据的“污染”(dirty)也很严重，主要归咎于流氓软件系统的“注入式攻击”、网页缺陷或错误窗口。因此，ShareThis 选择为后台系统部署 Hadoop 作为预处理和处理协调管理(orchestration)前台。他们也选择使用 Amazon Web 服务(基于弹性云计算平台 EC2)来托管其服务器，并且使用 Amazon S3(简单服务存储服务)提供长期的存储功能，目的是利用其弹性的 MapReduce 模式(Elastic MapReduce，EMR)。

这里着重介绍“日志处理管道”(图 16-19)。日志处理管道只是简单地从 S3 文件夹(bucket)里读取数据，进行处理(稍后介绍)，然后把结果存入另一个文件夹。简单消息队列服务(Simple Queue Service，SQS)用于协调各种事件的处理，用它来标记数据处理执行程序的开始和完成状态。下行数据流是一些其他的处理程序，它们用于拖动数据装载 AsterData 数据仓库，如从 Hypertable 系统获取 URL 列表作为网络爬取工具的下载源，或把下载的网页推入 Katta 系统来创建 Lucene 索引。注意，Hadoop 系统是 ShareThis 整个架构的中心组件。它用于协调架构组件之间的数据处理和数据移动工作。

有了 Hadoop 系统作为前端处理系统，在所有事件日志文件被加载到 AsterData 集群或被其他组件使用之前，它会基于一系列规则基于一系列规则对数据进行解析、过滤、清理和组织。AsterData 是一个集群化数据仓库系统，它能支持大数据存储，并允许使用标准的 SQL 语法发出复杂的即时查询请求。ShareThis 选择 Hadoop 集群来进行数据清理和准备工作，然后它把数据加载到 AsterData 集群实现即时分析和报告处理。尽管使用 AsterData 也有可能达到我们的目的，但是在处理流程的第一阶段使用 Hadoop 系统来抵消主数据仓库的负载具有重要意义。

为了简化开发过程，制定不同架构组件间的数据协调规则以及为这些组件提供面向开发者的接口，Cascading 被选为主要的数据处理 API。这显示出它和“传统的” Hadoop 用例的差别，它们主要是用“Hadoop”来实现对存储数据的查询处理。

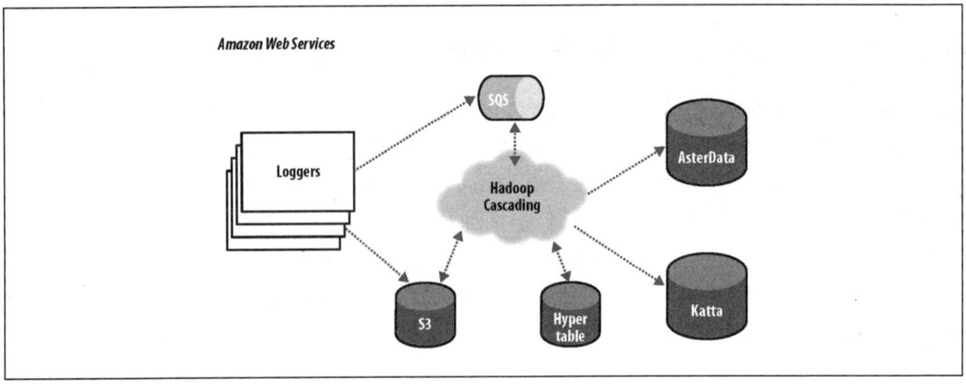

图 16-19. ShareThis 日志处理管道

相反的，Cascading 和 Hadoop 的结合使用为端到端的完整解决方案提供了一个更好、更简单的结构，因此对用户来说更有价值。

对于开发者来说，Cascading 的学习过程很简单，它从一个简单的文本解析单元测试(通过创建 `cascading.ClusterTestCase` 类的子类)开始，然后把这个单元程序放入有更多规则要求的处理层，并且在整个过程中，与系统维护相关的应用逻辑组织不变。Cascading 用以下几种方法帮助保持这种逻辑组织的不变性。首先，独立的操作(`Function`，`Filter` 等)都可以进行独立写和测试。其次，应用程序被分成不同的处理阶段：一个阶段是解析，一个阶段是根据规则要求进行处理，最后一个阶段是封装/整理数据，所有这些处理都是通过前述的 `SubAssembly` 基础类实现的。

ShareThis 的日志文件数据看起来非常像 Apache 日志文件，它们有日期/时间戳、共享 URL、引用页 URL 和一些元数据。为了让分析下行数据流使用这些数据，这些 URL 必须先解压(解析查询字符串数据和域名等)。因此需要创建一个高层的 `SubAssembly` 对象来封装解析工作，并且，如果字段解析很复杂，`SubAssembly` 子对象就可被嵌入来解析一些特定字段。

我们使用同样的方式来应用处理规则。当每个 `Tuple` 对象通过 `SubAssembly` 对象实例的时候，如果有任何规则被触发，该对象就会被标记上标签“坏”(bad)。具有“坏”字标签的 `Tuple` 对象，会被附上被标记的原因用于后来的审查工作。

最后，创建一个切分 `SubAssembly` 对象来做两件事。第一，用于对元组数据流进行分流处理，一个数据流针对标记“好”(good)的数据，另一个针对标记“坏”的数据。第二件是，切分器把数据切分成片，如以小时为单位。为了实现这一动作，只需要两个操作：第一个是根据已有数据流的 timestamp(时间戳)创建区间段；第二个是使用 interval(区间)和 good/bad 元数据来创建目录路径(例如，“05/good/”中“05”是早上 5 点，“good”是经过所有规则验证的数据)。这个路径然后被

Cascading TemplateTap 使用，这是一个特殊的 Tap 类型，它可以根据 Tuple 对象值把元组数据流动态输出到不同的路径位置。

本例中，“path”值被 TemplateTap 用来创建最终输出路径。

开发者也创建了第四个 SubAssembly 类型对象——它用于在单元测试时应用 Cascading Assertion(断言)类。这些断言用来复查规则组件和解析 SubAssembly 做的工作。

在例 16-5 的单元测试中，我们看到 partitioner 没有被检测，但是它被放入另外一个这里没有展示的集成测试中了。

例 16-5. Flow 单元测试

```
public void testLogParsing() throws IOException
  {
  Hfs source = new Hfs(new TextLine(new Fields("line")), sampleData);
  Hfs sink =
    new Hfs(new TextLine(), outputPath + "/parser", SinkMode.REPLACE);

  Pipe pipe = new Pipe("parser");

  // split "line" on tabs
  pipe = new Each(pipe, new Fields("line"), new RegexSplitter("\t"));

  pipe = new LogParser(pipe);

  pipe = new LogRules(pipe);

  // testing only assertions
  pipe = new ParserAssertions(pipe);

  Flow flow = new FlowConnector().connect(source, sink, pipe);

  flow.complete(); // run the test flow

  // verify there are 98 tuples, 2 fields, and matches the regex pattern
  // for TextLine schemes the tuples are { "offset", "line }
  validateLength(flow, 98, 2, Pattern.compile("^[0-9]+(\\t[^\\t]*){19}$"));
  }
```

针对集成和部署，许多 Cascading 内置属性都可以使该系统和外部系统更容易集成，并进行更大规模的处理工作。

在生产环境中运行时，所有的 SubAssembly 对象都连接起来并规划到一个 Flow 对象里，但是除了有源和目标 Tap 对象之外，我们也设计了 trap(捕捉)Tap 类型(图 16-20)。通常，当远程的 Mapper 或 Reducer 任务的操作抛出一个异常的时候，Flow 对象就会失败并杀死它管理的所有 MapReduce 作业。当一个 Flow 有 trap 的时候，所有的异常都会被捕捉并且造成异常的数据信息会被保存到当前这个捕捉程序对应的 Tap 对象里。然后可以在不终止当前 Flow 的情况下，继续处理下一个 Tuple 对象。有时你想让程序在出现错误的时候就停止，但在这里，ShareThis 开发者知道在生产系统运行的时候，他们能同时回览并查看“失败”的数据，然后更新其单元测试。丢失几个小时的处理时间比丢失几个坏记录数据更糟糕。

使用 Cascading 的事件监听器，Amazon SQS 可被集成进来。当一个 Flow 结束的时候，系统就发送一条消息来通知其他系统它们已经可以从 Amazon S3 上获取准备好的数据了。当 Flow 处理失败的时候，会有不同的消息发送，向其他的进程报警。

其余的位于不同的独立集群的下行数据流进程将在中断的日志处理管道位置处开始处理。现在日志处理管道一天运行一次，因此没有必要让 100 个节点的集群闲着运转 23 个小时。因此我们是每 24 小时执行一次终止和启用操作。

将来，在小型的集群上根据业务需求，增加运行间歇期到每 6 个小时一次或 1 小时一次都是非常简单的。其他的集群系统可以独立地根据各自负责的业务需要以不同的间隔期启用或关闭。例如，网络数据爬取组件(使用 Bixo，它是 EMI 和 ShareThis 开发的基于 Cascading 的网络数据爬取工具)可以在一个小型集群上与 Hypertable 集群协作连续运转。这种随需应变的模型在 Hadoop 上运行良好，每个集群都能把工作负载调节到它期望处理的数量级。

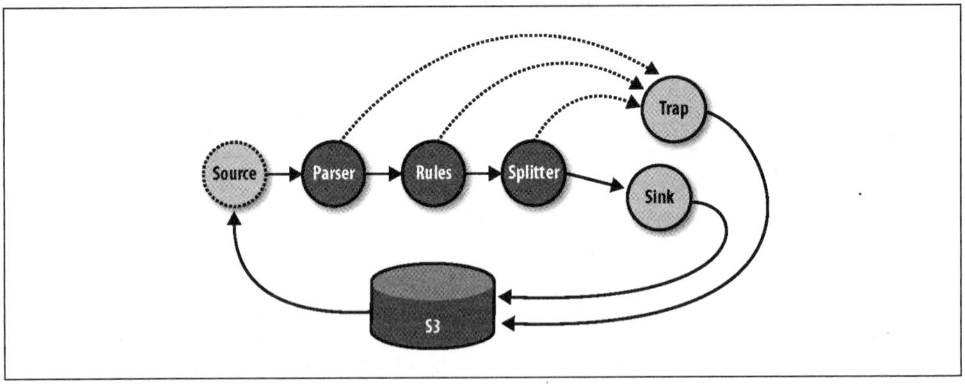

图 16-20. ShareThis 日志处理 Flow

总结

对于处理和协调跨不同架构组件的数据的移动这个问题，Hadoop 是一个非常强大的平台。它唯一的缺点是它的主要计算模型是 MapReduce。

Cascading 的目标是(不用 MapRedue 模式来考虑设计方案的情况下)帮助开发者通过使用一个逻辑定义良好的 API 来快速而简单地建立强大的应用程序，而同时又把提高数据分布、复制、分布式处理管理的性能和程序活性的工作都留给了 Hadoop。

如果访问该项目的网站(*http:www.cascading.org/*)，可以读到更多关于 Cascading 的信息，同时可以加入在线社区，并可以下载范例应用程序。

(作者：Chris K.Wensel)

Apache Hadoop 的 TB 字节数量级排序

这篇文章来自 http://sortbenchmark.org/YahooHadoop.pdf，它写于 2008 年 5 月。每年，Jim Gray 和他的后继者定义一系列的 benchmark (基准测试程序)用以发现最快的排序程序。几年来，万亿字节排序(TB Sort)和其他排序的 benchmarks 及其获胜者都在 http://sortbenchmark.org/ 网站列出。2009 年 4 月，Arun Murthy 和我在每分钟排序(目标是在一分钟之内排序尽可能多的数据)的竞争中获胜，我们在 1406 个 Hadoop 节点上在 59 秒之内完成了对 500 GB 数据的排序工作。在同一个集群上我们也对 1 TB 的数据进行了排序，花了 62 秒的时间。2009 年，我们使用的集群和下面列出的硬件配置相似，不同的是网络较好，与前一年相比，我们机架间的超载比由 5：1 变成了 2：1。我们对节点之间产生的中间数据也采用了 LZO 压缩方法。我们也在 3658 个节点上在 975 分钟之内完成了对 1 个 PB 数据的排序，平均速度达到每分钟排序 1.03 TB 数据。关于 2009 年的排序结果，详情请参见 http://developer.yahoo.net/blogs/hadoop/2009/05/hadoop_sorts_a_ petabyte_in_162.html。

Apache Hadoop 是一个开源软件框架，它显著简化了分布式数据密集型应用程序的编写。它提供了一个基于 Google File System[①](Google 文件系统)的分布式文件系统，它还提供了对 MapReduce 模型[②]的实现，用于管理分布式计算。因为 MapReduce 模型的主要原语操作(primitive)是分布式排序，所以大部分自定义代码都与获取期望的功能紧密相关。

我写了三个 Hadoop 应用来执行万亿字节数据排序。

1. `TeraGen` 是一个用于产生数据的 MapReduce 程序。
2. `TeraSort` 对输入数据取样，并用 MapReduce 模型对数据进行全序排列。
3. `TeraValidate` 是一个用于验证输出有序性的 MapReduce 程序。

整个程序是大约 1000 行的 Java 代码，它将被放在 Hadoop 范例目录下。

`TeraGen` 产生输出数据，它的代码和 C 语言版本是完全一样的，包括换行和特定的键值定义。它根据预期的任务数把数据切分成期望的数据行数，并把数据行段分配给每个 map 作业。map 作业让随机数产生器产生第一行数据的正确值，然后产生其他行的数据。

① S. Ghemawat、H. Gobioff 和 S. -T. Leung 的文章“The Google File System”发表于 *19th Symposium on OperatingSystems Principles* (October 2003), Lake George, NY: ACM。

② J. Dean 和 S. Ghemawat 的文章“MapReduce: Simplified Data Processing on Large Clusters”发表于 *Sixth Symposiumon Operating System Design and Implementation* (December 2004), San Francisco, CA。

最终运行时，我为 TeraGen 配置使用 1800 个任务在 HDFS 上产生总数达 100 亿行的数据，HDFS 上每个文件块的大小是 512 MB。

除了一个自定义的 partitioner 之外，TeraSort 的其他部分都是一个标准的 MapReduce 排序程序，这个 partitioner 使用了一个已经排序的 *N*−1 个取样的键值，用这个列来定义每个 reduce 作业键的范围。值得一提的是，所有的键如 *sample*[*i*−1] <= *key* <*sample*[*i*]都被发送到 reduce *i*。这就保证，reduce *i* 的输出都比 reduce *i*+1 的值小。为了加速数据分区过程，这个 partitioner 构建了一个两层的字典树 (two-level trie)索引，基于键的前两个字节，它可以快速地为取样的键建立索引。TeraSort 在作业被提交之前通过对输入数据取样并把样本列表写入 HDFS 来产生样本键。我写了一个输入和输出格式供三个应用共同使用，它负责以正确格式读写文本文件。因为竞赛没有要求输出文件需要在多个节点上复制，所以我们为 reduce 作业输出设置的复本数是 1 而不是默认的 3。我为这个作业配置使用了 1800 个 map 作业、1800 个 reduce 作业、io.sort.mb，io.sort.factor、fs.inmemory.size.mb 以及足够大的任务堆内存，它可以保证直到 map 作业结束都不用把过渡性数据写入硬盘。取样器使用了 100 000 个键来决定 reduce 作业的取值范围，然而从图 16-21 可以看出，各个 reduce 作业的数据分布不是很完美，更多取样会对这个分布有所改善。在图 16-22 中，可以看到在作业执行期间运行的任务的分布情况。

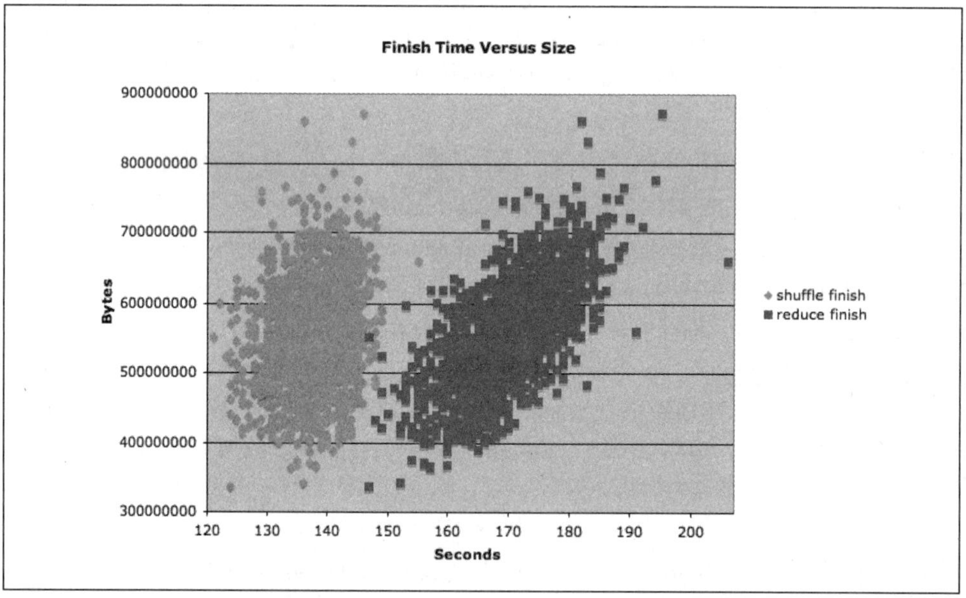

图 16-21. reduce 作业输出数据的大小和作业结束时间的分布图

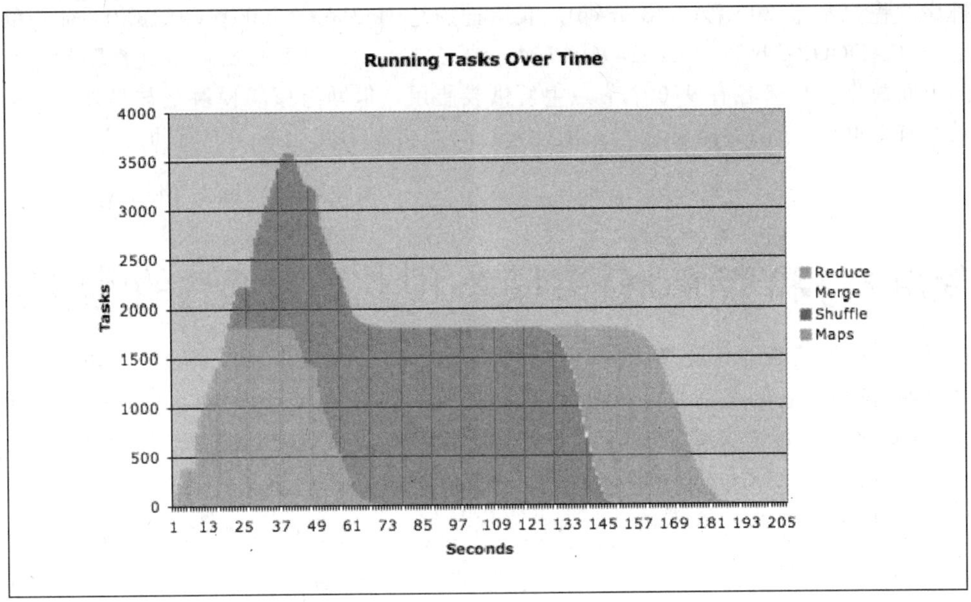

图 16-22. 整个运行时间内每个阶段的任务数

`TeraValidate` 确保输出是全局排序的。它为输出文件目录中的每个文件新建一个 map 作业，每个 map 作业确保每个键值都不大于前一个。这个 map 作业也产生每个文件的第一个和最后一个键的记录，reduce 作业确保文件 *i* 的第一个键值大于文件 *i*-1 的最后一个键。如果出了问题，顺序错误的键值产生会作为 reduce 作业的输出而汇报出来。

我使用的集群如下：

- 910 个节点
- 每个节点有 2 个 2.0 Ghz 的双核 Xeon 芯片
- 每个节点有 4 个 SATA 硬盘
- 每个节点有 8 GB 的 RAM(随机访问内存)
- 每个节点有 1 千兆比特的以太网
- 每个机架上安放 40 个节点
- 从每个机架到中心内核有 8 千兆比特的以太网上行连接
- Red Hat Enterprise Linux Server 5.1 版(内核 2.6.18)
- Sun Java JDK 1.6.0_05-b13

排序过程只花了 209 秒(3.48 分钟)。我运行的是 Hadoop trunk(pre-0.18.0)，使用的是为 HADOOP-3443 和 HADOOP-3446 编写的补丁，它要求最后从硬盘删除所有的中间数据。尽管我有 910 个节点主要供我使用，但网络核心模块是与另外一个活跃的有 2000 个节点的集群共享，因此运行时间会因为其他节点的活动而变化。

(作者：Owen O'Malley, Yahoo!)

使用 Pig 和 Wukong 来探索 10 亿数量级边的网络图

超大规模的网络是非常有魅力的。它们所能建模的东西是非常普遍的：假如你有一堆东西(我们称它们是节点，node)，它们是相关联的(边，edge)，并且假如节点和边(node/edge 元数据)能叙述一个故事的话，你就能得到一个网络图。

我以前做过一个称为 Infochimps 的项目，这是一个发现、共享或出售数据集的全球性网站。在 Infochimps 网站，我们有很多技术可以应用于加入我们项目数据集的任何有趣的网络图。我们主要使用 Pig(见第 11 章)和 Wukong (*http:github.com/mrflip/wutong*)，这是我们用 Rubby 语言开发的处理 Hadoop 流数据的工具箱。这些工具，我们便可以用简单的脚本语言(如下面给出的例子一样)——基本上所有这些脚本都不超过一页——来处理 terabyte(千兆，TB)量级的图数据。在 infochimps.org 上查询“network”得到以下几个数据集。[①]

- 社交网络，如 Twitter 或 Facebook。我们客观地把人模型化为节点，把关系(@mrflip 和@tom_e_white 是朋友)或行为(@infochimps 提到了@hadoop)模型化为边。用户已发送的清息数和所有这些消息的词集便是节点元数据的各个重要信息片段。
- 链接的文档集(如维基百科或整个网络数据集)。[②]每个页面是一个节点(把标题、浏览次数和网页类别作为节点元数据)。每个超链接是一条边，用户从一个页面点击进入另一个网页的频率作为边的元数据。
- c.elegans 线虫[③]研究项目中的神经元(节点)和突触(边)的联系。

① 参见 *http://infochimps.org/search?query=network*。
② 参见 *http://www.datawrangling.com/wikipedia-page-traffic-statistics-dataset*。
③ 参见 *http://www.wormatlas.org/neuronalwiring.html*。

- 高速公路地图，出口是节点，高速公路的分段是边。Open Street Map 项目的数据集是拥有全球性覆盖的地点名称(节点元数据)，街道编号范围(边的元数据)及更多其他信息。[①]

- 或是一些不易发现的隐秘的图，假如你能用一个有趣的系统来做分析的话，这个网络图就会很清晰。浏览几百万条 Twitter 消息，为同一条消息中出现的每对非键盘字符产生一条边。简单地通过观察“often, when humans use **最**, they also use **近**”这句话，你就能重建人类语言地图(参见图 16-23)。

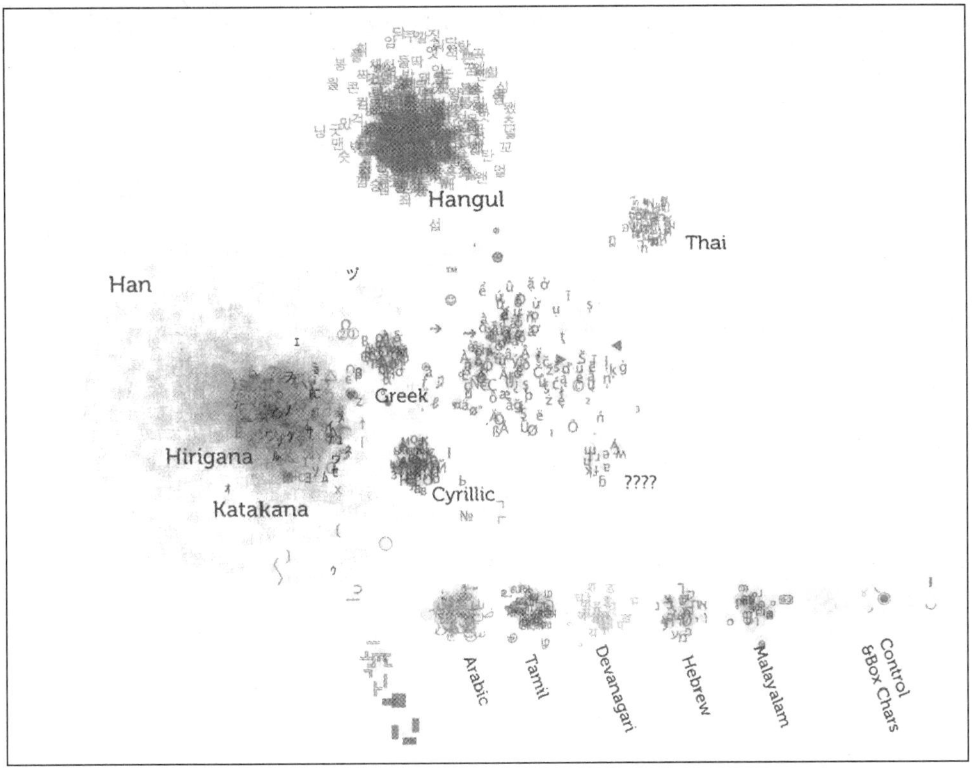

图 16-23. Twitter 语言地图

① 网址为 *http://www.openstreetmap.org/*。

这些有机相连的网络图让人惊讶的地方是，如果有足够的数据，一系列功能强大的工具软件通常就能够使用这种网络结构来揭示出更深刻的知识。例如，我们可以使用同一种算法[①]的各种变体来做下面各个任务：

- 对维基百科链接文档集，找出最重要的网页。Google 使用这个算法的更加精良的改进版来确定排序靠前的搜索结果。
- 确定 Twitter 社区图中的名人和专家。如果用户的跟随者人数比用户“trstrank”(一种排序值)推算出的数高出很多，就说明他们往往就是垃圾制造者。
- 通过收集 5 年以上的几百万个匿名考试分数来预测某个学校在学生教育问题上的影响力。

测量社区

在 Infochimps 集合中，最有趣的网络是对 Twitter 社区图进行大规模爬取所得到的网络。它有多达 9 千万个节点和 20 亿条边，这个图对于帮助我们理解人们的谈话和掌握他们之间的关系来说是一个非常了不起的工具。下面利用三种方法来总结用户社区的特征，使用的是“谈论 Infochimps 或 Hadoop 的用户”[②]子图：

- 和他们一起讨论的用户(@reply 图)是谁？
- 他们是否与参与问题讨论的人者互换了意见(对称链接)？
- 在该用户的社区里，有多少用户彼此相关(聚类因子)？

每个人都在和我说话：Twitter 回复关系图

Twitter 允许你回复其他人的消息，从而参与谈论。因为这是一种明显的公众行为，所以回复就代表一种强的“社会性标记”(social token)：它表明对别人谈论事情感兴趣，并表明这种兴趣值得转播。

处理过程的第一步是用 Wukong 完成的，Wukong 是面向 Hadoop 的 Ruby 程序库。它能让我们编写出处理多个 TB 级数据流的小而灵活的程序。以下代码片断取自一个用于表示 twitter 消息(或 tweet)[③]的类：

```
class Tweet < Struct.new(:tweet_id, :screen_name, :created_at,
                         :reply_tweet_id, :reply_screen_name, :text)
  def initialize(raw_tweet)
```

① 它们都是稳态的网络流处理问题。那些在链接的文档中徘徊的不断变化的网络冲浪人群总是访问最有趣的网页。对社区网络交互信息的分析结果暗含了社区资本的变化，它突出显示了每个社区里面最中心的用户。一年年学生的学习进展情况用提高或降低的考试分数来表示，它暗示了每个学校对普通学生群体在教育上的影响。

② 这样选择，与社区网络自我为中心思想保持一致。

③ 在这本书的网站上，可以找到完整的可运行的代码。

```
    # ... gory details of parsing raw tweet omitted
  end

  # Tweet is a reply if there's something in the reply_tweet_id slot
  def is_reply?
    not reply_tweet_id.blank?
  true
end
```

Twitter 的 Stream API 可以让大家轻松得到千兆字节的消息。[①] 它们是原始的 JSON 格式数据：


```
{"text":"Just finished the final draft for Hadoop: the Definitive Guide!",
  "screen_name":"tom_e_white","reply_screen_name":null,"id":3239897342,
  "reply_tweet_id":null,...}
{"text":"@tom_e_white Can't wait to get a copy!",
  "screen_name":"mrflip","reply_screen_name":"tom_e_white","id":3239873453,
  "reply_tweet_id":3239897342,...}
{"text":"@josephkelly great job on the #InfoChimps API.
  Remind me to tell you about the time a baboon broke into our house.",
  "screen_name":"wattsteve","reply_screen_name":"josephkelly",
  "id":16434069252,...}
{"text":"@mza Re: http://j.mp/atbroxmr Check out @James_Rubino's
  http://bit.ly/clusterfork ? Lots of good hadoop refs there too",
  "screen_name":"mrflip","reply_screen_name":"@mza","id":7809927173,...}
{"text":"@tlipcon divide lots of data into little parts. Magic software
  gnomes fix up the parts, elves then assemble those into whole things
  #hadoop","screen_name":"nealrichter","reply_screen_name":
  "tlipcon","id":4491069515,...}
```


reply_screen_name 和 reply_tweet_id 让你能跟随整个交流过程(否则正如你看到的，这两个值被设置为 null)。我们找到每个回复，并且输出相应的用户 ID，然后形成一条边：[②]

```
class ReplyGraphMapper < LineStreamer
  def process(raw_tweet)
    tweet = Tweet.new(raw_tweet)
    if tweet.is_reply?
      emit [tweet.screen_name, tweet.reply_screen_name]
    end
  end
end
```

mapper 从 LineStreamer 类派生出来，LineStreamer 类把每一行作为一个单独记录提供给 process 方法。我们只需定义 process 方法；其余的工作由 Wukong 和 Hadoop 完成。这个案例里，我们使用原始 JSON 格式的记录来创建 tweet 对象。遇到用户 A 回复用户 B 的地方，就输出一条边，记作用制表符分割的 A 和 B。原始输出数据如下所示：

```
% reply_graph_mapper --run raw_tweets.json a_replies_b.tsv
mrflip tom_e_white
```

① 参考 Twitter 开发网站(*http://dev.twitter.com*)或者使用 Hayes Davis 的 Flamingo 这样的工具(*http://github.com/hayesdavis/flamingo*)。

② 实际上，我们当然是用数字形式的 ID，而不是帐户名，但关注帐户名比较容易。为了保持图理论讨论的一般性，我准备简单介绍一些细节，不打算详细介绍加载和执行方面的入门级知识。

```
wattsteve        josephkelly
mrflip           mza
nealrichter  tlipcon
```

这条边读作“a 回复 b”，并且我们把这个关系翻译成一条有向“出”边：@wattsteve 向@josephkelly 传了社会资本。

边对(edge)与邻接表(list)

上述网络是采用“边对”(edge pair)方式来表示网络方法。它很简单，并且对入(in)和出(out)边来说，它们有同样的起始点，但是这样会引入一些重复数据。从节点的角度来看，把信息都集中到链接源节点可以表达相同的信息(并节省一些磁盘空间)。我们把这个称作“邻接列表”(adjacency list)，它能用 Pig 工具通过一个简单的 GROUP BY 操作产生。加载数据文件：

```
a_replies_b = LOAD 'a_replies_b.tsv' AS (src:chararray, dest:chararray);
```

在源节点上进行分组，我们可以找到从每个节点出来的边：

```
replies_out = GROUP a_replies_b BY src;
DUMP replies_out

(cutting,{(tom_e_white)})
(josephkelly,{(wattsteve)})
(mikeolson,{(LusciousPear),(kevinweil),(LusciousPear),(tlipcon)})
(mndoci,{(mrflip),(peteskomoroch),(LusciousPear),(mrflip)})
(mrflip,{(LusciousPear),(mndoci),(mndoci),(esammer),(ogrisel),(esammer),(watt
steve)})
(peteskomoroch,{(CMastication),(esammer),(DataJunkie),(mndoci),(nealrichter),
...
(tlipcon,{(LusciousPear),(LusciousPear),(nealrichter),(mrflip),(kevinweil)})
(tom_e_white,{(mrflip),(lenbust)})
```

度(degree)

对影响力，一种简单而有用的度量就是一个用户收到的回帖数。用图的术语来说，是度(degree)(因为这是一个有向图，所以入度(in-degree)尤其重要。

Pig 的嵌套 FOREACH 语法能使我们在一次数据扫描之后，计算参与进来的不同的回帖者数、(邻居节点)以及回帧：[①]

```
a_replies_b = LOAD 'a_replies_b.tsv' AS (src:chararray, dest:chararray);
replies_in = GROUP a_replies_b BY dest; -- group on dest to get in-links
replies_in_degree = FOREACH replies_in {
nbrs = DISTINCT a_replies_b.src;
GENERATE group, COUNT(nbrs), COUNT(a_replies_b);
};
DUMP replies_in_degree
```

① 由于边对记录的规模比较小以及 Hadoop 实现细节的繁琐，mapper 也许会很早把数据存储到硬盘上。如果 jobtracker 的运行界面上出现“spilled records”严重超出“map output records”，请试着提高 io.sort.record.percent 类型参数：

```
PIG_OPTS="-Dio.sort.record.percent=0.25 -Dio.sort.mb=350" pig my_file.pig
```

```
(cutting,1L,1L)
(josephkelly,1L,1L)
(mikeolson,3L,4L)
(mndoci,3L,4L)
(mrflip,5L,9L)
(peteskomoroch,9L,18L)
(tlipcon,4L,8L)
(tom_e_white,2L,2L)
```

在这个示例里，@peteskomoroch 有 9 个邻居节点和 18 个回帖，远远多于其他大多数节点的数据。社交网络中度的大小通常存在很大的区别。大多数用户都只有少数几个回帖，但是少数的名人——如@THE_REAL_SHAQ(篮球明星 Shaquille O'Neill)或@sockington(一只虚构的猫)—能收到上百万的回帖。相比之下，公路地图上几乎每个交叉点都是十字形的。[①]由于度的巨大偏差而产生的偏斜数据流对如何处理这样的图数据有很大的影响——后面会有更多介绍。

对称链接

有几百万人在 twitter 上给@THE_REAL_SHAQ 回帖声援支持的时候，他不回复这几百万者是可以理解的。如图所示，我经常和@mndoci 交流，[②]让我们之间的边是“对称链接”(symmetric link)。这精确地反映了我和@mndoci 有更多共同兴趣(相较于@THE_REAL_SHAQ)。

找到对称链接的一个方法是获取那些同时出现在 A Replied To B(A 回帖给 B)边集合和 A Replied By B(B 回帖给 A)的边集合的边。我们能通过内部“自连接”(inner self-jion)操作来实现交集操作，以此来发现对称链接：[③]

```
a_repl_to_b = LOAD 'a_replies_b.tsv' AS (user_a:chararray, user_b:chararray);
a_repl_by_b = LOAD 'a_replies_b.tsv' AS (user_b:chararray, user_a:chararray);
-- symmetric edges appear in both sets
a_symm_b_j = JOIN a_repl_to_b BY (user_a, user_b),
                  a_repl_by_b BY (user_a, user_b);
...
```

但是，这个过程结束之后，它将发送两个完全的边-对列表给 reduce 阶段，这要求系统提供双倍内存。如果从一个节点的角度来看，能看出一个对称链接等同于一对边的话：一个出一个进，那么我们能做得更好。按照升序把节点排放在第一个存储槽内，我们可以得到这个无向图——但是我们把链接的方向保存为边的一种元数据：

```
a_replies_b = LOAD 'a_replies_b.tsv' AS (src:chararray, dest:chararray);
a_b_rels = FOREACH a_replies_b GENERATE
  ((src <= dest) ? src : dest) AS user_a,
  ((src <= dest) ? dest : src) AS user_b,
```

① 能想到的最大的异常体就是位于英国斯温顿的著名大转盘“Magic Roundabout”，它的度是 10，*http://en.wikipedia.org/wiki/Magic_Roundabout_%28Swindon%29*。

② Deepak Singh，开源数据提倡者，Amazon AWS 云计算的业务开发经理。

③ Pig 目前的版本对自连接操作的定义不是很清晰，因此我们只是像这里显示的那样加载不同名称的关系到表中。

```
  ((src <= dest) ? 1 : 0) AS a_re_b:int,
  ((src <= dest) ? 0 : 1) AS b_re_a:int;
DUMP a_b_rels

(mrflip,tom_e_white,1,0)
(josephkelly,wattsteve,0,1)
(mrflip,mza,1,0)
(nealrichter,tlipcon,0,1)
```

现在我们收集每对节点间的所有边。一个对称边在每个方向至少有一个回帖：

```
a_b_rels_g = GROUP a_b_rels BY (user_a, user_b);
a_symm_b_all = FOREACH a_b_rels_g GENERATE
  group.user_a AS user_a,
  group.user_b AS user_b,
  (( (SUM(a_b_rels.a_re_b) > 0) AND
     (SUM(a_b_rels.b_re_a) > 0) ) ? 1 : 0) AS is_symmetric:int;
  DUMP a_symm_b_all

  (mrflip,tom_e_white,1)
  (mrflip,mza,0)
  (josephkelly,wattsteve,0)
  (nealrichter,tlipcon,1)
  ...

  a_symm_b = FILTER a_symm_b_all BY (is_symmetric == 1);
  STORE a_symm_b INTO 'a_symm_b.tsv';
```

这里有一部分输出，显示`@mrflip`和`@tom_e_white`之间存在一个对称链接：

```
(mrflip,tom_e_white,1)
(nealrichter,tlipcon,1)
...
```

社区提取

到目前为止，我们已经提供了节点度量(入度)和边度量的方法(对称链接判定)。让我们进一步看看如何度量邻居关系：一个指定用户的朋友中有多少人彼此之间是朋友？同时，我们将产生一个边集来实现前一个例子那样的可视化展示。

获取邻居

选择一个种子节点(这里是`@hadoop`)。首先，“收集”(round up)种子节点的邻居节点：

```
a_replies_b = LOAD 'a_replies_b.tsv' AS (src:chararray, dest:chararray);
-- Extract edges that originate or terminate on the seed
n0_edges = FILTER a_replies_b BY (src == 'hadoop') OR (dest == 'hadoop');
-- Choose the node in each pair that *isn't* our seed:
n1_nodes_all = FOREACH n0_edges GENERATE
  ((src == 'hadoop') ? dest : src) AS screen_name;
n1_nodes = DISTINCT n1_nodes_all;
DUMP n1_nodes
```

现在我们把这个邻居集和开始节点集进行交集处理，从而找出所有始于 n1_nodes 集合的边：

```
n1_edges_out_j = JOIN a_replies_b BY src,
                      n1_nodes BY screen_name USING 'replicated';
n1_edges_out = FOREACH n1_edges_out_j GENERATE src, dest;
```

我们得到的图的复本数据(超过 10 亿条边)仍然太大而不能搬入内存。但另一方面，一个单独用户的邻居人数很少会超过百万，所以它可以轻松地读入内存。在 JOIN 操作里包含 USING 'replicated'是用来指导 Pig 做一个 map 端的连接操作(也称作 fragment replicate join，片断复制连接)。Pig 把 n1_nodes 关系读入内存当作一个查找表，然后把整个边集的数据连续地载入内存。只要连接条件满足——src 在 n1_nodes 查询表中——它就产生输出。没有 reduce 步骤意味着速度得以显著提升。

为了只留下源和目标节点都是种子节点的邻居的边，重复执行如下连接操作：

```
n1_edges_j = JOIN n1_edges_out BY dest,
                  n1_nodes BY screen_name USING 'replicated';
n1_edges = FOREACH n1_edges_j GENERATE src, dest;
DUMP n1_edges

(mrflip,tom_e_white)
(mrflip,mza)
(wattsteve,josephkelly)
(nealrichter,tlipcon)
(bradfordcross,lusciouspear)
(mrflip,jeromatron)
(mndoci,mrflip)
(nealrichter,datajunkie)
```

社区度量标准和 1 百万×1 百万数量级的问题

把@hadoop，@cloudera 和@infochimps 作为种子节点，我把类似的脚本应用到 20 亿条消息集中来创建图 16-24(这个图在本书网站上也有)。

你可以看到，这种大数据社区的关联度是很高的。名人(如@THE_REAL_SHAQ)的链接邻居更稀疏。我们可以用“集聚系数”(clustering coefficient)来表示这样的关系，定义为：实际的 n1_edges 和可能的最大数目的 n1_edges 的比值。值的范围是从 0(邻居节点互不关联)到 1(邻居节点两两互相关联)。集聚系数值高，表明它是一个凝聚性高的社区。集聚系数值较低的表明社区节点的兴趣很分散(如@THE_REAL_SHAQ 节点的情况)，或表明这是一个非有机组织社区，可能存在垃圾帐户。

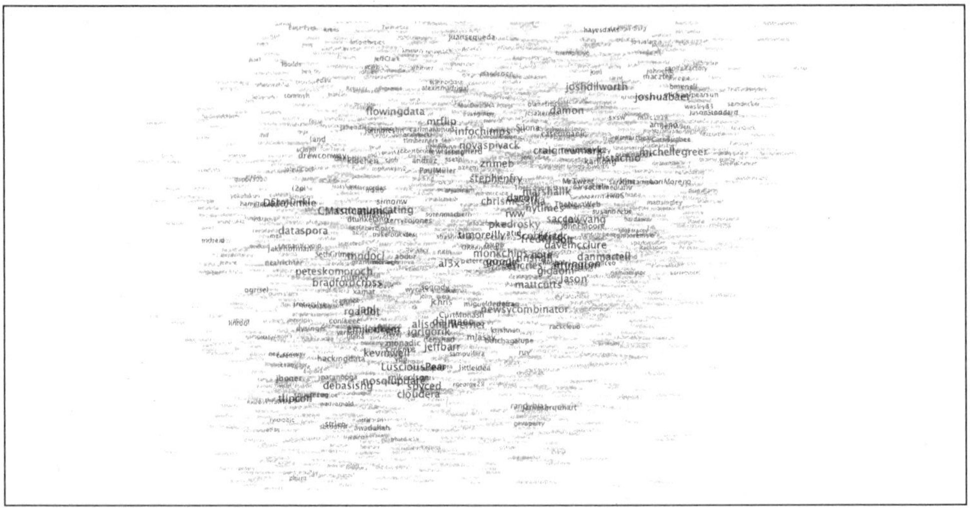

图 16-24. Twitter 上的大数据社区

在全局数据上利用局部属性

我们已经算出了对一个节点、一条边以及一个邻居的社区度量标准。那么面对整个网络该怎么做？这里没有足够的篇幅来讲述这个问题，但是通过在图上产生每个“三角关系”，你能同时测量每个节点的集聚系数值。对每个用户，比较他们所属的三角关系的个数及其链接度，就可以得到集聚系数值。

请注意，还记得我们前面对节点度巨大差异性的讨论吗？不假思索地扩展前面的方法会导致数据的激增——流行音乐明星`@britneyspears`(在 2010 年 7 月有 520 万粉丝，42 万关注)或`@WholeFoods`(170 万粉丝，60 万关注)，每个人都会产生上万亿的数据记录。更糟糕的是，因为大社区具有稀疏的集聚系数，所以所有这些数据都几乎会被扔掉！我们有更优雅的方法在整个图上做数据处理。[①]但一定要牢记现实世界是如何描述这个问题的。如果你断言`@britneyspears` 和这 42 万人不是朋友，你可以只保留强链接。给每条边赋权重(考虑关注数、是否是对称链接等因素)并且给来自某个节点的链接数设置上限。这将大幅缩减中间数据的规模，但仍然可以合理地估计社区凝聚性。

(作者：Philip (flip) Kromer, Infochimps)

① 参见 *http://www.slideshare.net/ydn/3-xxl-graphalgohadoopsummit2010*——Yahoo! Research 的 Sergei Vassilvitskii(@vsergei)和 Jake Hofman(@jakehofman)明智地扔掉大部分图数据，从而解决了几个图问题。

附录 A

安装 Apache Hadoop

在一台计算机上安装成功 Hadoop 非常方便(面向集群的安装方法，请参见第 9 章)。最快的方式是从 Apache Software Foundation Mirror 下载一个二进制发布包并运行。

本附录将介绍如何安装 Hadoop 的 Common、HDFS 和 MapReduce。本书提到的其他项目的安装方法已经包含在相应章的开始部分。

先决条件

Hadoop 以 Java 语言写就，因而需要在本地计算机上预安装 Java 6 或更新版本。尽管其他 Java 安装包也声称支持 Hadoop，但使用最广的仍然要数 Sun 的 JDK。

Hadoop 能运行在 Unix 或 Windows 平台上。Linux 是 Hadoop 唯一支持的生产平台，在其他的 Unix 系统(包括 Mac OS X)上也可以运行 Hadoop 进行开发工作。Windows 仅限于作为开发平台，另外需要借助于 Cygwin。如果计划以伪分布模式(参见后续解释)运行 Hadoop，则在安装 Cygwin 的过程中必须包含 *openssh* 包。

安装

首先，决定以什么用户的身份来运行 Hadoop。如果只是想尝试安装过程或开发 Hadoop 程序，最简单的方式就是用用户的私有账号进行安装。

从 Apache Hadoop 发布页面(*http://hadoop.apache.org/coases.html*)下载一个稳定的发布包(通常被打包为一个 gzipped tar 文件)，再解压缩到本地文件系统中：

```
% tar xzf hadoop-x.y.z.tar.gz
```

在运行 Hadoop 安装程序之前，需要指定 Java 在本地系统中的路径。如果系统的 JAVA_HOME 环境变量已经正确地指向一个 Java 安装，且用户也希望使用该 Java 安装，则无需进行其他配置。这通常在一个 shell 启动文件中设置，例如 *~/.bash_profile* 或 *~/.bashrc*。否则，仍需编辑 *conf/hadoop-env.sh* 文件来设置 **JAVA_HOME** 变量的值，以指定 Java 安装。例如，在我的 Mac 机器上，是这样编辑的：

```
Export JAVA_HOME=/System/Library/Frameworks/JavaVM.framework/Version/1.6.0/Home
```

表示 Hadoop 对应的是 1.6.0 版本的 Java。在 Ubuntu 系统中，等价的行是：

```
export JAVA_HOME=/usr/lib/jvm/java-6-sun
```

创建一个指向 Hadoop 安装目录(例如 HADOOP_INSTALL)的环境变量，再把 Hadoop 安装目录放在命令行路径上，是非常方便的。例如：

```
% export HADOOP_INSTALL=/home/tom/hadoop-x.y.z
% export PATH=$PATH:$HADOOP_INSTALL/bin
```

可输入以下指令来判断 Hadoop 是否运行。

```
% hadoop version
Hadoop 0.20.2
Subversion https://svn.apache.org/repos/asf/hadoop/common/branches/branch-0.20 -r 911707
Compiled by chrisdo on Fri Feb 19 08:07:34 UTC 2010
```

配置

Hadoop 的各个组件均可利用 XML 文件进行配置。*core-site.xml* 文件用于配置 Common 组件的属性，*hdfs-site.xml* 文件用于配置 HDFS 属性，而 *mapred-site.xml* 文件则用于配置 MapReduce 属性。这些配置文件都放在 *conf* 子目录中。

> Hadoop 的早期版本仅采用一个站点配置文件 *hadoop-site.xml* 来配置 Common、HDFS 和 MapReduce 组件。从 0.20.0 版本开始，该文件一分为三，各对应一个组件。属性名称不变，只是放到新的配置文件之中。另外，在 *docs* 子目录中还存放三个 HTML 文件，即 *core-default.html*、*hdfs-default.html* 和 *mapred-default.html*，它们分别保存各组件的默认属性设置。

Hadoop 的运行模式有以下三种。

独立模式(standalone 或 local mode)

无需运行任何守护进程(daemon)，所有程序都在单个 JVM 上执行。由于在本机模式下测试和调试 MapReduce 程序较为方便，因此该模式适宜用在开发阶段。

伪分布模式(pseudo-distributed model)

Hadoop 守护进程运行在本地机器上，模拟一个小规模的集群。

全分布模式(fully distributed model)

Hadoop 守护进程运行在一个集群上。此模式的设置请参见第 9 章。

在特定模式下运行 Hadoop 需要关注两个因素：正确设置属性和启动 Hadoop 守护进程。表 A-1 列举了配置各种模式所需要的最小属性集合。在本机模式下，将使用本地文件系统和本地 MapReduce 作业运行器；在分布式模式下，将启动 HDFS 和 MapReduce 守护进程。

表 A-1. 不同模式的关键配置属性

组件名称	属性名称	独立模式	伪分布模式	全分布模式
Common	fs.default.name	file:/// (默认)	hdfs://localhost/	hdfs://namenode/
HDFS	dfs.replication	N/A	1	3 (默认)
MapReduce	mapred.job.tracker	local (默认)	localhost:8021	jobtracker:8021

可以阅读第 266 页的“Hadoop 配置”小节了解更多配置信息。

本机模式

由于默认属性专为本模式所设，且无需运行任何守护进程，因此在本机模式下不需要更多操作。

伪分布模式

配置文件的内容如下，放在 *conf* 目录中(其实也可以把配置文件放在任意目录中，只要启动守护进程时使用 **--config** 选项)。

```
<?xml version="1.0"?>
<!-- core-site.xml -->
<configuration>
  <property>
    <name>fs.default.name</name>
    <value>hdfs://localhost/</value>
  </property>
</configuration>
<?xml version="1.0"?>
<!-- hdfs-site.xml -->
<configuration>
  <property>
    <name>dfs.replication</name>
    <value>1</value>
```

```
  </property>
</configuration>
<?xml version="1.0"?>
<!-- mapred-site.xml -->
<configuration>
  <property>
    <name>mapred.job.tracker</name>
    <value>localhost:8021</value>
  </property>
</configuration>
```

配置 SSH

如前所述，在伪分布模式下工作时必须启动守护进程，而启动守护进程的前提是已经成功安装 SSH。Hadoop 并不严格区分伪分布模式和全分布模式，它只是启动集群主机集(由 *slaves* 文件定义)的守护进程：SSH-ing 到各个主机并启动一个守护进程。在伪分布模式下，(单)主机就是本地计算机，因而伪分布模式也可视作全分布模式的一个特例。需要指出的是，必须确保用户能够 SSH 到本地主机，并不输入密码即可登录。

首先，确保 SSH 已经安装，且服务器正在运行。例如，在 Ubuntu 上，可通过以下指令进行测试：

```
% sudo apt-get install ssh
```

在 Windows+Cygwin 环境下，用户可以通过运行 **ssh-host-config -y** 来搭建一台 SSH 服务器(前提是已经成功安装 **openssh** 包)。

在 Mac OS X 系统中，确保 Remote Login(在系统“首选项”|“共享”下)对当前用户(或所有用户)可用。

然后，基于空口令创建一个新 SSH 密钥，以启用无密码登录。

```
% ssh-keygen -t rsa -P '' -f ~/.ssh/id_rsa
% cat ~/.ssh/id_rsa.pub >> ~/.ssh/authorized_keys
```

用以下指令进行测试：

```
% ssh localhost
```

如果成功，则无需键入密码。

格式化 HDFS 文件系统

在使用 Hadoop 前，必须格式化一个全新的 HDFS 安装。通过创建存储目录和 namenode 持久化数据结构的初始版本，格式化过程创建了一个空的文件系统。由于 namenode 管理文件系统的元数据，而 datanode 可以动态地加入或离开集群，因此这个格式化过程并不涉及 datanode。同理，用户也无需关注文件系统的规模。集群中 datanode 的数量决定着文件系统的规模。datanode 可以在文件系统格式化之后的很长一段时间内按需增加。

格式化 HDFS 文件系统非常方便。只需键入如下指令：

```
% hadoop namenode -format
```

启动和终止守护进程

为启动 HDFS 和 MapReduce 守护进程，键入如下指令：

```
% start-dfs.sh
% start-mapred.sh
```

> 如果配置文件没有默认的 *conf* 目录中，则在启动守护进程时使用 --config 选项，该选项采用绝对路径指向配置目录：
>
> ```
> % start-dfs.sh --config path-to-config-directory
> % start-mapred.sh --config path-to-config-directory
> ```

本地计算机将启动三个守护进程：一个 namenode、一个辅助 namenode 和一个 datanode。可以浏览 *logs* 目录(在 Hadoop 安装目录下)中的日志文件来检查守护进程是否成功启动，或通过 Web 界面：在 *http://localhost:50030/* 查看 jobtracker 或在 *http://localhost:50070/* 查看 namenode。此外，Java 的 `jps` 命令也能查看守护进程是否正在运行。

终止守护进程也很容易，示例如下：

```
% stop-dfs.sh
% stop-mapred.sh
```

全分布模式

在集群上安装 Hadoop 还需要考虑更多因素，所以第 9 章专门对此模式进行了全面描述。

附录 B

Cloudera's Distribution for Hadoop

Cloudera's Distribution for Hadoop(即 Cloudera 公司发布的 Hadoop，简称 *CDH*)基于最新稳定版本的 Apache Hadoop，有许多补丁、向后移植和更新。Cloudera 公司以多种不同的形式进行发布，包括源码和二进制 tar 文件、RPM、Debian 包、VMware image 和在云上运行 CDH 的脚本。CDH 是在 Apache 2.0 许可下发布的自由软件，用户可从 *http://www.cloudera.com/hadoop/*获得。

为了简化部署，Cloudera 还在公共的 yum 和 apt 存储库中提供了若干个包，因此只用一条指令就能在计算机上安装和配置 Hadoop。即使是新手用户，不借助手册也可成功安装整个 Hadoop 集群。

CDH 管理着跨组件版本，并提供一个稳定的平台供许多包一起运行。以 CDH3 为例，它包含下列包，其中许多包均在本书中做过介绍：

- HDFS——自我修复的分布式文件系统
- MapReduce——强大的并行数据处理框架
- Hadoop Common——一组支持 Hadoop 子项目的工具
- HBase——支持随机读/写访问的 Hadoop 数据库
- Hive——在大数据集合上的类 SQL 查询和表
- Pig——数据流语言和编译器
- Oozie——针对互相依赖的 Hadoop 作业的工作流
- Sqoop——利用集成到 Hadoop **的**数据库和数据仓库
- Flume——高可靠、可配置的数据流集合
- Zookeeper——面向分布式应用的协调服务
- Hue——可视化 Hadoop 应用的用户接口框架和 SDK

要下载 CDH，请访问 *http://www.cloudera.com/downloads/*。

附录 C

准备 NCDC 天气数据

这里首先简要介绍如何准备原始天气数据文件，以便我们能用 Hadoop 对它们进行分析。如果打算得到一份数据副本供 Hadoop 进行处理，可按照本书配套网站(网址为 *http://www.hadoopbook.com/*)给出的指导进行操作。随后再解释如何处理原始的天气文件。

原始数据实际是一组经过 *bzip2* 压缩的 *tar* 文件。每个年份的数据单独放在一个文件中。部分文件列举如下：

```
1901.tar.bz2
1902.tar.bz2
1903.tar.bz2
...
2000.tar.bz2
```

各个 *tar* 文件包含一个 *gzip* 压缩文件，描述各个气象站某一年度的天气记录。(事实上，由于在存档中的各个文件已经预先压缩过，因此再利用 bzip2 进行压缩就显得多余了)。示例如下：

```
% tar jxf 1901.tar.bz2
% ls -l 1901 | head
011990-99999-1950.gz
011990-99999-1950.gz
...
011990-99999-1950.gz
```

由于气象站数以万计，所以整个数据集实际上是由大量小文件构成的。鉴于 Hadoop 在处理少数大文件的情况下更方便、更高效，所以在本例中，我们将每个年度的数据解压缩到一个文件中，并以年份命名。上述操作可由一个 MapReduce 程序来完成，以充分利用其并行处理能力的优势。下面具体看看这个程序。

该程序只有一个 map 函数，无 reduce 函数，因为 map 函数可并行处理所有文件操作，无需整合步骤。这项处理任务能够用一个 Unix 脚本进行处理，因而在这里使用面向 MapReduce 的 `Streaming` 接口比较恰当。请看例 C-1。

例 C-1. 利用 bash 脚本来处理原始的 NCDC 数据文件并将其存储在 HDFS 中

```
#!/usr/bin/env bash

# NLineInputFormat gives a single line: key is offset, value is S3 URI
read offset s3file

# Retrieve file from S3 to local disk
echo "reporter:status:Retrieving $s3file" >&2
$HADOOP_INSTALL/bin/hadoop fs -get $s3file .

# Un-bzip and un-tar the local file
target=`basename $s3file .tar.bz2`
mkdir -p $target
echo "reporter:status:Un-tarring $s3file to $target" >&2
tar jxf `basename $s3file` -C $target

# Un-gzip each station file and concat into one file
echo "reporter:status:Un-gzipping $target" >&2
for file in $target/*/*
do
  gunzip -c $file >> $target.all
  echo "reporter:status:Processed $file" >&2
done

# Put gzipped version into HDFS
echo "reporter:status:Gzipping $target and putting in HDFS" >&2
gzip -c $target.all | $HADOOP_INSTALL/bin/hadoop fs -put - gz/$target.gz
```

输入是一个小的文本文件(*ncdc_files.txt*)，列出了所有待处理文件的名称(这些文件放在 S3 文件系统中，因此能够以 Hadoop 所认可的 S3 URI 的方式被引用)。示例如下：

```
s3n://hadoopbook/ncdc/raw/isd-1901.tar.bz2
s3n://hadoopbook/ncdc/raw/isd-1902.tar.bz2
...
s3n://hadoopbook/ncdc/raw/isd-2000.tar.bz2
```

通过将输入格式指定为 `NLineInputFormat`，每个 mapper 接受一行输入(包含必须处理的文件)。处理过程在脚本中解释，但简单说来，它会解压缩 *bzip2* 文件，然后将该年份所有文件整合为一个文件。最后，该文件以 *gzip* 进行压缩，并拷贝至 HDFS 之中。注意，使用指令 `hadoop fs -put-`能从标准输入中获得数据。

状态消息输出到“标准错误”(以 `reporter:status` 为前缀)，可以解释为 MapReduce 状态更新。这告诉 Hadoop 该脚本正在运行，并未挂起。

运行 Streaming 作业的脚本如下：

```
% hadoop jar $HADOOP_INSTALL/contrib/streaming/hadoop-*-streaming.jar \
  -D mapred.reduce.tasks=0 \
  -D mapred.map.tasks.speculative.execution=false \
  -D mapred.task.timeout=12000000 \
  -input ncdc_files.txt \
  -inputformat org.apache.hadoop.mapred.lib.NLineInputFormat \
  -output output \
  -mapper load_ncdc_map.sh \
  -file load_ncdc_map.sh
```

易知，由于这是一个“只有 map”的作业，所以 reduce 任务的数量被设置为 0。这个脚本还关闭了推测执行，因此重复的任务并没有写相同的文件。不过，第 187 页“任务附属文件”小节所讨论的方法也可以。任务超时参数被设置为较大，因此 Hadoop 并没有杀掉这些长时间运行的任务(例如，在解压缩文件或将文件复制到 HDFS 时，不会汇报进展状态。)

最后，调用 *distcp* 将文件从 HDFS 中复制出来，再存档到 S3 文件系统中。

索引

为方便中文版读者快速参考，本书基本对照原书页码进行排版，并在此保留原书索引。

B

C

D

E

F

G

I

J

K

L

M

N

O

P

S

T

U

V

W

X

Y

Z